日本漢詩整理與研究彙編 第一輯

①

主　編　莫文沁　張　錦

學苑出版社

本叢書爲：2016 年度教育部人文社會科學重點研究基地
重大項目"日本漢詩彙編與研究"
（批准號：16JJD750021）階段性成果
《日本詩史》《日本詩選》項目

第一主持人　莫文沁　湖北第二師範學院外國語學院講師
　　　　　　　　　　首都師範大學中國詩歌研究中心客座研究員

第二主持人　張　錦　廣島大學研究生博士在讀
　　　　　　　　　　首都師範大學中國詩歌研究中心客座研究員

教育部人文社會科學重點研究基地
首都師範大學中國詩歌研究中心成果

總目錄

第一冊

    總序 / 1

    前言 / 1

    日本詩史 / 159

第二冊

    日本詩選正編 / 263

第三冊

    日本詩選續編 / 761

    江村北海著述目錄 / 1207

    人名索引 / 1209

    後記 / 1259

本冊目錄

總序 / 1

前言 / 1

日本詩史 / 159

總　序

　　2017年1月，中共中央辦公廳、國務院辦公廳印發的《關於實施中華優秀傳統文化傳承發展工程的意見》指出："中華文化源遠流長、燦爛輝煌。……實施中華優秀傳統文化傳承發展工程，是建設社會主義文化强國的重大戰略任務，對於傳承中華文脈、全面提升人民羣衆文化素養、維護國家文化安全、增强文化軟實力，推進國家治理體系和治理能力現代化具有重要意義。"

　　十八大以來，黨中央對文化建設高度重視，把文化建設提到了很重要的地位，特別是把文化自信和道路自信、理論自信、制度自信并列爲中國特色社會主義"四個自信"。日前勝利召開的十九屆五中全會，明確提出到2035年建成文化强國。我國的國家文化軟實力、中華文化影響力必將得到進一步提升。

　　本叢書就是本着文化强國這一精神，通過域外漢詩這一中國傳統文化在日本傳播與影響的文化遺產，揭示中國傳統文化在日本傳播與影響的文脈，彰顯中國古典詩歌對日本文化的深刻的長遠的影響。

2020年初，一衣帶水的東隣日本捐贈給湖北的物資上面寫着："豈曰無衣，與子同裳！"又有一批物資上寫着："山川異域，風月同天。"我們在感受日本人民心系疫情、助力中國人民戰勝疾病的深情的同時，更感受到了這些詩句所閃耀的愛和美的智慧之光。

中國和日本的文化影響和交流，可以説是以詩爲紐帶的。日本江户時代的學者江村北海（1717—1788）所著的《日本詩史》（明和八年，即1771年刊）中稱日本自"天智天皇登極，而後鸞鳳揚音，圭璧發綵，藝文始足商榷云"。江村北海所説的"藝文"與《論語·先進》篇中的"文學"是一個概念，不同於近代以來自西方流入的"文藝"或"文學"概念。其最根本的區別在於，前者屬於學問和道德的範疇，如日本第一部漢詩集《懷風藻》（天平勝寶三年，即751年成書）所言的"調風化俗，莫尚於文。潤德光身，孰先於學"。

《懷風藻·序》寫道："橿原建邦之時，天造草創，人文未作……王仁始導蒙於輕島，辰爾終敷教於譯田，遂使俗漸洙泗之風，人趨齊魯之學。逮乎聖德太子，設爵分官，肇制禮義，然而專崇釋教，未遑篇章。及至淡海先帝之受命也，恢開帝業，弘闡皇猷，道格乾坤，功光宇宙。既而以爲，調風化俗，莫尚於文，

總 序

潤德光身,孰先於學。爰則建庠序,徵茂才,定五禮,興百度,憲章法則,規模弘遠,夐古以來,未之有也。於是三階平煥,四海殷昌,旒纊無爲,巖廊多暇。旋招文學之士,時開置醴之游。當此之際,宸翰垂文,賢臣獻頌,雕章麗筆,非唯百篇。但時經亂離,悉從煨燼。言念湮滅,軫悼傷懷。自茲以降,詞人間出……遠自淡海,云暨平都,凡一百二十篇,勒成一卷……"[1]

這段序言可視爲自傳説中的"橿原(位於今奈良縣)建邦",即古代國家的創立至《懷風藻》編訖的 751 年間日本列島的人文歷史。其中的"王仁始導蒙於輕島",是指《宋書·倭國傳》所記載的"倭王贊"(約 5 世紀前期)時期,朝鮮半島百濟國的知識人王仁帶來了《論語》《千字文》等書籍。從此,日本列島從蒙昧步入了文字文明社會。也就是説,漢字成爲日本列島記事交流、文化教育的唯一文字[2]。日本史學家認爲,"通過《古事記》《日本書紀》這些天皇家史書和最原始的'原帝紀''原舊辭'等史料,我們推測稻荷山鐵劍銘文上'辛亥年'(471)等 115 文字應該是欽明朝(實際不存在的天皇名字,是奈良朝的史官們杜撰的,学界用此僅表明日本史上的一个历史時期——引者按)前後的史料。朝鮮半島的新羅國於 545 年前後着手編撰國史,日本

---

[1] 江口孝夫《懷風藻》,講談社 2000 年第 24—33 頁。
[2] 1968 年埼玉縣行田市稻荷山古墳出土的鐵劍上有"辛亥年(471)七月"等 115 字銘文,銘記著日本列島"獲加多支鹵大王"等人名及相關事項。參見小林芳規《圖説日本的漢字》,大修館書店 1998 年第 21 頁。

列島的倭國大約也在這一時期前後着手歷史書的編纂。這表明這一時期日本列島王權國家意識的形成"[1]。這也是日本著名史學家、原京都大學教授上田正昭所指出的"漢字同日本民族的形成和國家的成立、發展有着密切的聯繫"的歷史依據。從此，在日本列島"倭"（和）民族和"倭"（和）國家意識下，思想文化上如《懷風藻·序》所言，"俗漸洙泗之風，人趨齊魯之學"，即日本列島"倭"（和）民族推廣孔子儒家的學風，普遍學習孔子儒家的學問。

《懷風藻·序》中寫道："余撰此文意者，爲將不忘先哲遺風，故以懷風名之云爾。"[2]《懷風藻》開篇首位詩人爲"淡海朝大友皇子"，這位大友皇子在《懷風藻》詩集編成1119年後的明治三年（1870），被日本明治政府追諡爲"弘文天皇"。

日本明治政府何以同《懷風藻》詩集的編者一樣，"不忘先哲遺風"呢？對照一下明治二十三年（1890）10月30日日本政府頒佈的《教育敕語》就會明瞭。

　　朕惟我皇祖皇宗肇國宏遠，樹德深厚。我臣民克忠克孝，億兆一心，世世濟厥美，此我國體之精華，教育之淵源，亦實存此。爾臣民孝父母，友兄弟，夫婦相和，博愛及衆，修學習業，以啟發智能，成就德器，進而廣公益，開世務。常重國憲，遵國

---

1 和田萃《大系日本歷史（2）古墳時代》，小學館1988年第295頁。
2 江口孝夫《懷風藻》，講談社2000年第33頁。

總　序

法……是如不獨成朕忠良之臣民，又足以顯彰爾祖先之遺風……[1]

原來《懷風藻》中的"調風化俗，莫尚於文"的儒家教養主義詩學觀和文學觀，如《教育敕語》所申明的那樣一直貫穿在日本文化和教育的傳統之中。這一傳統的第一要素，就是民族認同意識，即愛國主義精神。

天智天皇（626—671）"爰則建庠序，徵茂才，定五禮，興百度……旋招文學之士，時開置醴之游"（《懷風藻·序》）。日本正是在這一系列教育、文化及人才隊伍等皆具備的條件之上，才有了以《懷風藻》漢詩集爲代表的詩文化的興盛。

日本"上世紀如從唐家政而取士"（市河寬齋《日本詩紀·凡例》，《日本詩紀》爲日本江户時代三大詩選集之一），這一制度始於日本飛鳥時代（592—710）。具體而言，國家秀才進士科攷試，有明經科、文章科和明法科，《大寶律令》（大寶元年，即701年制定頒佈，律六卷，全十一卷，直到天平寶字元年，即757年《養老律令》頒佈，一直是飛鳥、奈良時代國家的基本法典）規定，文章科的教材爲《文選》《爾雅》。天平寶字二年（758）淳仁天皇即位儀式，其中一項爲授予年齡25歲以上的大學生、醫針生、曆算生、天文生和陰陽生位（散官）一階，賜予明經、文章、明法、音、算、醫針、陰陽、天文、曆算學生共57人每

---

[1] 明治神宮編《明治天皇詔敕謹解》，講談社1973年第868—869頁。

人絲十絇，文人善詩者再加賜十絇。

在前代律令的基礎上，更加完善且集大成式的平安時代中期（967）施行的《延喜式》卷二十"大學寮"律令中規定："凡應講說者：《禮記》《左傳》各限七百七十日。《周禮》《禮儀》《毛詩》《律》，各四百八十日。《周易》三百一十日。《尚書》《論語》，令各二百日。《孝經》六十日。《三史》《文選》各准大經。《公羊》《穀梁》《孫子》《五曹》《九章》《六章》《綴術》各准小經。《三開》《重差》《周髀》《海島》《九司》，亦共准小經。"日本的大學寮草創於天智天皇時期，這一培養中央官吏的最高學府，在日本的教育和文化史上具有舉足輕重的地位。就官學教科書而言，把《毛詩》和《律》同《周禮》《儀禮》歸爲大經類，把《三史》（《史記》《漢書》《後漢書》）和《文選》歸爲准大經類，這充分證明了飛鳥時代到平安時代（794—1185）末，在日本的大學寮教育中，文史哲是一體不可分的，即用"文學"或江户時代所稱的"藝文"而稱之。

正是在這一傳統教育和文化背景下，日本近現代教育依然把詩教放在重要的位置。現在的日本小學國語教科書中有李白《静夜思》、杜甫《絶句》（"江碧鳥逾白"）、孟浩然《春曉》、蘇軾《春夜》、高啟《尋胡隱君》等。初中國語教科書中有李白《黄鶴樓送孟浩然之廣陵》、杜甫《春望》、王維《送元二使安西》等。高中國語教材中有李白《早發白帝城》《贈汪倫》《山中問答》《峨眉山月歌》《送友人》《子夜吴歌》、杜甫《旅夜書懷》《春夜喜雨》

總 序

《登岳陽樓》《月夜》《登高》、王維《雜詩》《竹裡館》、王之渙《登鸛鵲樓》、耿湋《秋日》、韋應物《秋夜寄丘二十二員外》、柳宗元《江雪》、劉禹錫《秋風引》、於武陵《勸酒》、王翰《涼州詞》、高適《除夜作》、張繼《楓橋夜泊》、杜牧《江南春》《贈別》《山行》、高駢《山亭夏日》、白居易《長恨歌》《香爐峯下新卜山居,草堂初成,偶題東壁》《八月十五日夜,禁中獨直,對月憶元九》、李商隱《登樂游原》等詩人的著名詩作。

這裡要特別言明的是,中日傳統的詩教文化與近代以來西方文化中的隸屬於"文學"或"文藝"的"詩歌"概念不同,而是具有"調風化俗,莫尚於文,潤德光身,孰先於學"(《懷風藻》)的教育立身先導作用的韻文體文本。這一源於中國,澤被於日本的詩教文化,其核心屬於哲學的範疇,即古希臘"哲學"這一詞滙所定義的對智慧的愛。

中國詩歌和受中國詩歌文化影響而產生的日本漢詩,閃爍着智慧之愛,"調風化俗""潤德光身",讓人們在音樂般的詩韻律動中,滋潤哲理和人類之愛,使人們昇華心靈,相親相扶,共鑄安泰和諧。

李均洋 佐藤利行
2020 年初冬吉日

前　言

一、江村北海和《日本詩史》《日本詩選》

　　江村北海（1713—1788）名綬，字君錫，號北海，京都人。父伊藤龍洲是儒學者，兄伊藤錦里和弟清田儋叟皆爲俊才。江村北海 21 歲繼承了京都儒學界名門江村義庵的家業，29 歲任宮津藩京邸留守居役，直到 51 歲藩主青山幸道移封美濃郡上時辭去這一任職。隨後在京都締結了賜杖堂詩社，熱心於漢詩創作，并向門人教授詩學。據江户時代皆川洪園校閲的《日本諸宗人物志》，江村北海"以詩文爲業，講説經義，名價甚高"。[1]

　　江村北海著《日本詩史》，明和八年即 1771 年刊。

---

[1] 皆川洪園校閲《日本諸宗人物志》上・下，利渉堂 1800 年。

江村北海編《日本詩選》正編十卷，從 157 部已刊或手稿詩書日記中，精選了元和元年（1615）至安永二年（1773）間 511 名詩人的 1414 首詩作，於安永三年（1774）刊行。繼《日本詩選》正編之後，又編輯了《日本詩選續編》八卷，收錄 622 名詩人的 1278 首詩作，於安永八年（1779）刊行。可以說《日本詩選》是德川幕府開府以來 160 多年間的江戶時代前半期的詩選集。

　　江村北海在《日本詩選作者姓名》中寫道："作者已夥，鄉貫氏族，不堪詳錄。是以日本詩史，儒林姓名錄，及停雲集等諸書所載，今悉省錄或書曰見某書，省筆減簡不得不然耳。"就是說，《日本詩選》的一部分詩人介紹從略，可參見《日本詩史》中的相關詩人介紹。

　　另外，《日本詩史》涉及 600 餘名日本詩人，其中江戶時代約 300 餘位占半數，可見江村北海對江戶詩壇的重視。也可以說，《日本詩史》和《日本詩選》猶如姊妹篇，是研究江戶時代前期日本詩歌的不可或缺的重要文獻。

二、四大詩選集

　　日本學者豬口篤志曾就日本漢詩選集有如下總括："平安朝以後日本漢詩選集幾乎斷絕了，可進入江戶時代又再次出現……最應關注的是江村北海編《日本詩選》十卷・續編八卷、市河寬

前　言

齋編《日本詩紀》五十卷、友野霞舟編《熙朝詩薈》一百十卷，明治時代俞樾編《東瀛詩選》四十卷·補遺四卷。"[1]

市河寬齋（1749—1820）編《日本詩紀》，天明六年（1786）刊，收集了日本平治（1159）年代以上日本自古以來的漢詩，是名符其實的日本奈良、平安時代漢詩集。

友野霞舟（1791—1849）編《熙朝詩薈》，弘化四年（1847）刊，選收了日本近世元和元年（1615）至天保年間（1830—1843）1484位詩人共14,145首詩作，可以說是江戶時代200多年間的詩選集。

清末我國著名學者俞樾（1821—1906）編《東瀛詩選》（光緒九年（1883）年刊）四十卷·補遺四卷，選收537位日本詩人共5319首詩作。其中補遺41至44卷中收錄了大友皇子等江戶時代以前的日本古代277位詩人的詩作，第44卷中收錄了木內芳軒等明治時代（1868—1911）前期24位詩人的詩作，其餘皆是江戶時代（1603—1867）詩人的詩作。

加上前述江村北海編《日本詩選》，可以說，這四大詩選集幾乎囊括了日本漢詩起源至江戶時代的所有日本漢詩精品，同時還選錄了一部分明治時代前期的漢詩。

---

[1] 豬口篤志《日本漢詩鑒賞辭典》，角川書店1980年第36頁。

三、《日本詩選》編選方針和詩學價值

江村北海著《日本詩史》(明和八年,即 1771 年刊)的詩論精神和詩學理念貫穿於《日本詩選》中,這就是:(1)尊重詩人個性、包容中庸之詩選方針;(2)"字法句法自然葉規矩"即"詞工"詩選方針。《日本詩選》是江戶時代前半期 160 多年間"文教與武德并隆"之和平時代的詩歌精品,是研究江戶時代詩歌發展與詩歌思想精神及社會文化效用的重要文本,也是從詩歌讀解江戶時代元和至安永 160 多年間社會風貌的心路畫卷,具有獨特的社會文化史料價值。

(一)"膾炙與羊棗"——姓同而名異的"文運復旺""文運益盛"之詩選

江村北海在《日本詩選·序》中寫道:

(前略)膾炙與羊棗,吾嗜我所嗜,唯此而已。(中略)但近時學者勤營門戶,黨同伐異,持論過激,褒乎致諸九天之上,貶乎擠諸九地之下,比比者天下皆是也。我則異於是。(後略)[1]

本着這一尊重個性、包容中庸之詩選方針,江村北海從以下

---

[1] 江村北海編《日本詩選》,見富士川英郎·松下忠·佐野正巳編《詞華集·日本漢詩》第二卷,汲古書院 1983 年第 67 頁。

前　言

從157部已刊或手稿詩書日記中採擷了511名詩人共1414首詩作而成正編十卷。

　1. 覆醬集（石川丈山詩集，有續集，已刻）

　2. 草山集（僧元政詩集，已刻）

　3. 活所遺稿（那波道圓詩集，已刻）

　4. 老圃堂集（那波木菴詩稿，已刻）

　5. 剛齋殘稿（江村宗珉詩集，已刻）

　6. 芝山會稿（大高季明著，已刻）

　7. 遯菴詩集（宇都由的詩集，已刻）

　8. 排悶集（江村宗流詩集，已刻）

　9. 坦菴文集（伊藤宗恕集，藏家）

　10. 居閑集（伊藤龍洲詩集，藏家）

　11. 青甸集（江村毅菴詩集，藏家）

　12. 竹墩詩集（江村青郊詩稿，藏家）

　13. 桐葉編（笠原玄蕃詩集，已刻）

　14. 竹雨齋詩集（余元徵著，已刻）

　15. 釣虛弄筆（清水春流著，已刻）

　16. 唐翁詩集（僧唐翁著，已刻）

　17. 鎌倉紀行（戶田幹著，已刻）

　18. 葵心集（度會勘解由著，已刻）

　19. 神皋遺篇（宮崎文庫藏書）

　20. 廣足詩集（同上）

21. 紹述詩集（伊藤東涯詩集，已刻）

22. 出思稿（松原一清詩集，已刻）

23. 芝軒略稿（鳥山輔寬詩集，已刻）

24. 芝軒吟稿（同上）

25. 香軒略稿（鳥山輔門詩集，已刻）

26. 西山樵唱（入江若水著，已刻）

27. 扶桑千家詩（元禄中，築前古野元軌輯録，已刻）

28. 扶桑名賢詩集（寶永中，京師書林，林義端輯録，已刻）

29. 扶桑名勝詩集（延寶中、京師書肆纂輯，已刻）

30. 八居題詠（享保中，京師書肆輯，已刻）

31. 熙朝文苑（張藩井鼎臣著，已刻）

32. 歸鞍吟草（築前神屋亨著，已刻）

33. 覆窠編（大井守静遺稿，未刻）

34. 白石詩稿（新井白石詩鈔，已刻）

35. 白石餘稿（同上）

36. 鳩巢文集（室鳩巢集，已刻）

37. 停雲集（新井白石纂録，已刻）

38. 鍾秀集（祇南海纂，未刻）

39. 南海詠物集（祇伯玉詩鈔，未刻）

40. 蛻巖文集（梁景鸞集，已刻）

41. 琴浦小集（僧東明詩集，已刻）

42. 巖居稿（僧月潭詩集，已刻）

前　言

43. 漁家傲（僧百拙詩集，已刻）

44. 琴所遺稿（澤維顯詩集，已刻）

45. 海南集（關鐸詩集，已刻）

46. 凌雲樓集（三河星野龍著，已刻）

47. 芙蓉集（谷子祥著，已刻）

48. 南陽集（那波祐昌著，已刻）

49. 三角集（奧田士亨著，已刻）

50. 金澤披沙（録金澤諸子詩，未刻）

51. 蘐園録稿（輯蘐園諸子詩，已刻）

52. 防邱詩選（輯張藩諸子詩，已刻）

53. 崑玉集（淺舜臣著，已刻）

54. 玉壺詩稿（木公達著，已刻）

55. 蓬左詩歸（井鼎臣著，未刻）

56. 徂徠詩集（物茂卿詩集，已刻）

57. 東野遺稿（藤東壁詩集，已刻）

58. 周南文集（縣次公集，已刻）

59. 紫芝園稿（太宰德夫集，已刻）

60. 南郭文集（服子遷集，四編，并刻）

61. 金華文集（平子和集，已刻）

62. 鍾情集（服維恭詩鈔，已刻）

63. 蘭亭詩集（高子式著，已刻）

64. 江陵集（僧萬菴詩集，已刻）

65. 松浦集（僧大潮詩集，已刻）

66. 爽鳩詩稿（三河雍子方詩集，已刻）

67. 芙蓉記（莊子謙著，已刻）

68. 樵漁餘適（富春叟詩集，已刻）

69. 灞山詩集（長門田長溫著，已刻）

70. 萍游詩卷（平君舒著，未刻）

71. 長門餘稿（縣次公錄，未刻）

72. 明霞遺稿（宇士新文集，已刻）

73. 宇士朗遺稿（未刻）

74. 蘭陵遺稿（田良暢集，已刻）

75. 南陵集（荒木田正富詩集，今在刻）

76. 昨非集（僧梅莊詩鈔，已刻）

77. 不生和尚稿（同上，未刻）

78. 無孔笛（僧無隱詩集，已刻）

79. 雜華編（同上）

80. 邀翠館詩集（伊藤君夏詩集，未刻）

81. 南山遺稿（晁君採詩集，未刻）

82. 鶴皋詩集（小栗元愷詩集，今在刻）

83. 楢氏遺草（楢林伯啓詩集，已刻）

84. 甘谷遺稿（菅晨曜詩集，未刻）

85. 嵊州遺稿（岡仲錫詩集，已刻）

86. 東皋初稿（加賀橫山太夫詩集，已刻）

前　言

87. 莊岳楚語（乾祐直著，已刻）

88. 逍遥草（僧道寧詩集，已刻）

89. 芳翠窩詩稿（武欽繇詩鈔，未刻）

90. 嘯臺餘響（服伯和詩集，未刻）

91. 介石稿（僧終南詩集，已刻）

92. 一雨詩稿（僧悟心詩集，已刻）

93. 慎菴遺稿（藪慎菴詩集，未刻）

94. 馬陵詩稿（竹政辰詩鈔，未刻）

95. 薔薇館詩集（芥彦章詩集，已刻）

96. 雨新菴詩集（僧金龍詩集，已刻）

97. 草廬詩集（龍君玉集，三編，并刻）

98. 金蘭詩集（龍君玉纂，已刻）

99. 綰柳篇（香居敬輯，已刻）

100. 晝錦集（彦根袁景陳輯，已刻）

101. 嘯社吟稿（永田俊平纂，已刻）

102. 生駒山人集（孔世傑集，已刻）

103. 孔雀樓集（清君錦詩集，在刻）

104. 龍門集（劉維翰詩集，二編，已刻）

105. 嚶鳴館詩集（紀平洲著，已刻）

106. 踏海集（服仲英著，已刻）

107. 大湫集（南宮喬卿著，已刻）

108. 弊箒集（松秀雲詩集，已刻）

109. 玉山集（秋子羽詩集，已刻）
110. 東海稿（東海豁中稿，未刻）
111. 宮水詩集（度會末雅詩集，已刻）
112. 鳳臺小稿（平義憲詩集，已刻）
113. 靜齋文集（齊大禮著，已刻）
114. 探勝草（內山栗齋著，已刻）
115. 新川集（岡田挺之詩集，已刻）
116. 舟山詩稿（櫻井良幹詩集，未刻）
117. 三洲近體稿（林文肅著，已刻）
118. 東溪講外集（僧亮潤著，已刻）
119. 環空遺偈（僧環空詩鈔，已刻）
120. 愚亭遺稿（江村秉詩集，未刻）
121. 濟洲遺稿（山根道晋詩集，已刻）
122. 落楓稿（村中漸詩集，未刻）
123. 太室集（幡文華詩集，已刻）
124. 靜思亭集（赤松國鸞著，已刻）
125. 敝箒集（赤松大業詩集，未刻）
126. 垂葭遺稿（烏成章著，已刻）
127. 名流春游編（同上）
128. 花月吟稿（明和中，浪華書肆纂刻）
129. 寰海詩稿（僧寰海詩集，已刻）
130. 愛日園稿（田子明詩鈔，未刻）

前 言

131. 小草詩筐（合麗王著，未刻）

132. 京游草（同上）

133. 北游草（同上）

134. 東游草（同上）

135. 空華菴集（僧雪鼎詩集，未刻）

136. 玄圃集（大江穉圭詩集，已刻）

137. 華山詩集（嶋津琴王詩集，未刻）

138. 讚海詩刪（同人著，未刻）

139. 阿山叢桂集（同人著，未刻）

140. 南江遺稿（友淵宜卿詩集，未刻）

141. 岸翁遺稿（岸季英詩集，未刻）

142. 三橘集（川井立牧三兄弟詩集，未刻）

143. 六甲遺稿（武谷泉詩集，未刻）

144. 鶯山遺稿（永德信詩稿，未刻）

145. 石城遺稿（原子章詩稿，未刻）

146. 映山漫稿（福尚修遺稿，未刻）

147. 草菴稿（僧蘭陵著，已刻）

148. 春莊詩集（端文仲詩集，未刻）

149. 觀鷲堂詩集（永田俊平詩集，在刻）

150. 綿山詩稿（柚木仲素詩集，未刻）

151. 松蘿館詩集（巖垣亮卿詩集，在刻）

152. 玩鷗詩集（賀伯魏詩集，在刻）

153. 春菴詩稿（田文卿詩集，未刻）

154. 冬至三百首（僧亮融、大菅集、松景韶，三人，一日百首，未刻）

155. 換璋編（藤世式詩集，在刻）

156. 歸家日記（井上氏著，已刻）

157. 中山詩稿（立花氏著，已刻）

編輯續編八卷時，引用文獻在以上前編的基礎上，又增加了以下詩集或珍貴遺稿等：

1. 彥山名勝詩集 正德年間 書肆梓行

2. 雲林詩稿 神户由道著

3. 澹園初稿 秋以正著

4. 牧山遺稿 國守義著

5. 春山遺稿 岡魯直著

6. 高東岳遺稿 高重純

7. 杕杜集 高道昂著

8. 鶴皋遺稿 栗元愷著

9. 清音樓集 山良由著

10. 翠山樓集 石作貞著

11. 詠物百首 松延年著

12. 鼎石詩集 山瑛著

誠如菅原在家在爲平安書肆、玉樹堂發行的北海先生著《日本詩選》撰寫的卷端題言中所說，這部詩選是江户時代一百五十多年來"文運復旺""文運益盛"之標誌,且"搜羅海内諸家,博採而精擇。如斯選者未之有矣。先生功於藝苑,豈鮮少哉"[1]。

的確,從169部詩書、日記、遺稿等文獻中選出1046位詩人之2692首詩作,可謂精選細挑;而江户時代前半期160多年間,竟有169部第一手日本漢詩文獻可供選擷,可證"文運復旺""文運益盛"。

(二)《日本詩選》同《熙朝詩薈》詩選之比較

如前所述,繼江村北海編《日本詩選》刊行以後74年即弘化四年(1847),友野霞舟編《熙朝詩薈》問世。

把《日本詩選》同《熙朝詩薈》詩選加以比較,可看出兩者有以下同異之處。

(1)《日本詩選》卷之一五言古詩開篇為室直清古風二首,《熙朝詩薈》卷第三十一選室直清二百十四首,也有此古風二首,并撰附室直清小傳及有關室直清詩評。

(2)《日本詩選》卷之一五言古詩中收錄源璵《送復軒之南海》詩一首,《熙朝詩薈》卷第三十選源璵百八十二首,也有此詩。

(3)《日本詩選》卷之一五言古詩中收錄澤維顯《櫻島二子見過山亭》詩一首,《熙朝詩薈》卷第五十二選澤維顯三十四首,也有此詩。

---

[1] 江村北海編《日本詩選》,見富士川英郎・松下忠・佐野正巳編《詞華集・日本漢詩》第二卷,汲古書院1983年第1版第65頁。

（4）《日本詩選》卷之一五言古詩中收錄伊藤縉《古意》《詠懷》《即事》《夏夕讌會》詩四首，《熙朝詩薈》卷第六十九選伊藤縉百十首，也有此四首詩。

（5）《日本詩選》卷之一五言古詩中收錄秋儀《枯魚過河泣》《晚歸》《九日諸公見過林亭》詩三首，《熙朝詩薈》卷第六十選秋儀百四十首，有《枯魚過河泣》《晚歸》二首，未收錄《九日諸公見過林亭》。

（6）《日本詩選》卷之一五言古詩中收錄祇園瑜《詠孔雀》《下山逢故夫》詩二首，《熙朝詩薈》卷第三十四選祇園瑜百九十首，有《詠孔雀》，未收錄《下山逢故夫》。

（7）《日本詩選》卷之一五言古詩中收錄服元雄《詠史》《燕子》詩二首，《熙朝詩薈》卷第四十三選服元雄五十八首，有《燕子》，未收錄《詠史》。

（8）《日本詩選》卷之一五言古詩中收錄梁田邦美《雜詠》詩四首，《熙朝詩薈》卷第三十六選梁田邦美百八十七首，收錄《雜詠》詩中其一，另三首未收錄。

（9）《日本詩選》卷之一五言古詩中收錄服元喬《人日登臺》《答田彥愛二首》《奉答越君瑞先生見懷二首》《餞別於士茹歸西京（原詩四首 今選其一）》詩六首，《熙朝詩薈》卷第四十二選服元喬二百六首，收錄《答田彥愛二首》其二，另五首均未收錄。

（10）《日本詩選》卷之一五言古詩中收錄物茂卿《有所思》《古風五解送縣次公還鄉》詩二首，《熙朝詩薈》卷第三十六選物

前 言

茂卿百三首,此二首均未收録。

(11)《日本詩選》卷之一五言古詩中收録縣孝孺《踰碓日嶺》《八月十四夜(二首節一)》詩二首,《熙朝詩薈》卷第四十一選縣孝孺四十三首,此二首均未收録。

(12)《日本詩選》卷之一五言古詩中收録高維馨《詠懷》《早春贈宮子雲》詩二首,《熙朝詩薈》卷第四十四選高維馨八十三首,此二首均未收録。

(13)《日本詩選》卷之一五言古詩中收録僧原資《擬古》詩一首,《熙朝詩薈》卷第一百三選僧原資七十三首,未收録此詩。

(14)《日本詩選》卷之一五言古詩中收録宇鼎《小集得爲字》詩一首,《熙朝詩薈》卷第五十一選宇鼎八十七首,未收録此詩。

(15)《日本詩選》卷之一五言古詩中收録服天游《春夜宴野氏莊》詩一首,《熙朝詩薈》卷第七十三選服天游八首,未收録此詩。

從以上初步對比統計可見,相同的一位詩人,如室直清,《日本詩選》僅精選古風2首,而《熙朝詩薈》收214首,是前者一百多倍。再如源璵,《日本漢詩》收1首,而《熙朝詩薈》收182首,是前者180倍。澤維顯,《日本詩選》收1首,而《熙朝詩薈》收34首。伊藤縉,《日本詩選》收4首,而《熙朝詩薈》收110首,等等。

這些對比統計說明,江村北海編《日本詩選》的第一個特點是:精選。這是與後來問世的江户時代的另一大詩選集《熙朝詩薈》所不同的編選思想與方針。

《日本詩選》編輯的第二個特點是：唯此一家獨選而其他詩選集未選。

如《日本詩選》收日本江广時代思想家、漢學者物茂卿（荻生徂徠、1667—1728)《有所思》《古風五解送縣次公還鄉》詩2首，《熙朝詩薈》雖收其103首詩，但卻未選《日本詩選》所收之2首。

再如：《日本詩選》收縣孝孺《踰碓日嶺》《八月十四夜（二首節一）》詩2首，《熙朝詩薈》雖收其詩43首，但卻未選《日本詩選》所收之2首；《日本詩選》收高維馨《詠懷》《早春贈宮子雲》詩2首，《熙朝詩薈》雖收其詩83首，但卻未選《日本詩選》所收之2首；《日本詩選》收僧原資《擬古》詩1首，《熙朝詩薈》卷雖收其詩73首，但卻未選《日本詩選》所收之1首；《日本詩選》收宇鼎《小集得爲字》詩1首，《熙朝詩薈》雖收其詩87首，但卻未選《日本詩選》所收之1首；《日本詩選》收服天游《春夜宴野氏莊》詩1首，《熙朝詩薈》雖收其詩8首，但卻未選《日本詩選》所收之1首；《日本詩選》收服元喬《人日登臺》等詩6首，《熙朝詩薈》雖收其詩206首，但卻未選《日本詩選》所收《人日登臺》《答田彥愛二首其一》《奉答越君瑞先生見懷二首》《餞別於士茹歸西京其一》等5首；《日本詩選》收秋儀《九日諸公見過林亭》等詩3首，《熙朝詩薈》雖收其詩140首，但未選《日本詩選》所收《九日諸公見過林亭》1首；《日本詩選》收服元雄《詠史》等詩2首,《熙朝詩薈》雖收其詩58首,但未選《日本詩選》所收《詠史》1首。

從以上論述可知,《日本詩選》同江户時代的另一代表性詩選集《熙朝詩薈》相比,具有兩個顯著的編選特點:其一爲精選,從前述157部詩文日記中精選出511位詩人之1414首詩作;其二爲選收了唯此一家獨選而其他詩選如《熙朝詩薈》不選的江户時代元和元年(1615)至安永二年(1773)間的詩。

(三)《日本詩選》同《東瀛詩選》之比較

俞樾在《東瀛詩選》凡例中寫道:"諸詩人年代先後、未得其詳、但以序文所書年號、約略編次、前後舛錯、在所不免。江村君錫《日本詩選》凡例云:'序次作者初在以年爲前後、而竟不能盡。然父子、兄弟、或連書焉、或不連書焉、混淆紛錯、無復緒。'在本國人且然、況於異邦人乎。姑以君錫之言自解曰:'詩之巧拙、無關録次前後。'"

《東瀛詩選》直接從《日本詩選》中採録了以下詩人的詩作:

卷39(僧侶)

1. 元政(日政 前已録)
2. 若霖
3. 宜牧
4. 令椿(湛堂)
5. 敬雄(金龍)

6. 浄壽（終南）

7. 浄芳

8. 實聞（荃菴）

9. 百拙

10. 法霖

11. 圓乘（了玄）

12. 元明（悟心）

13. 圓照（普明）

14. 全統（大圭）

15. 大潮（元皓 前已錄）

16. 凍滴

17. 宗勗（勖）

18. 環空

19. 法嶺

20. 恕行

21. 道眼

22. 無隱

卷40（女流漢詩人）

1. 井上氏（井上通）

2. 琴和氏

3. 小河氏（小川加津）

4. 立花氏（立花玉蘭）

前言

5. 荒木田氏（荒木田麗）

6. 日野氏（日野小儾）

卷41（補遺）

1. 秋儀（玉山）

2. 伊藤縉（君夏）

3. 松秀雲

4. 赤松鴻

5. 祇園瑜

6. 太宰純

7. 柳川三省

8. 岡孝先

9. 鳥山宗成（鳥山崧岳）

10. 下川貴慶（下川東里）

11. 澤維顯

12. 江村簡（義菴）

13. 桂義樹（綵巖）

14. 莊允益

15. 片猷（片山北海）

16. 井潛（仲龍）

17. 菅元容（菅元容）

18. 山維熊（子祥）

19. 勝彥龍（子昇）

20. 蓋九齡（伯壽）

21. 山本利盛

22. 笠原龍鱗

23. 清絢

《日本詩選》和《東瀛詩選》中選收詩人詩作最多的皆爲服部南郭和高野蘭亭。

江村北海在《日本詩史》、俞樾在《東瀛詩選》中分別如下評價服部南郭和高野蘭亭：

服子遷，名元喬，號南郭。所著《南郭文集》，自初編至四編，并行於世。蓋徂徠没後，物門之學，分而爲二，經義推春臺，詩文推南郭。余按，我邦詩，元和以前，唯有僧絶海，元和以後，漸有其人。而白石、蜕巖、南海，其選也。今以南郭較夫三子，南郭天授，不及白石，工警不及蜕巖，富麗不及南海，而竟難爲三子之下者，何哉。操觚年少，悟入此關，始可與言詩耳。蓋白石天授超凡，辭藻絶塵，誠不可及。若就其全集論之，清雅秀婉，絢綵溢目，而悲壯沉鬱、渾雄蒼老者，集中無幾。南海唯是一味綺麗，後勤超脱，卻屑屑乎纖巧矣。蜕巖天縱之才，奇正互用，變幻百出，神工鬼警，孤高獨立於古今之間。惜乎用才太過。如前論者，蓋用才太過，有傷風雅。譬之，士庶陪矦家讌席，有時笑謔歌唱，亦無害也。太過則有類俳優。南郭能守地步，不求勝於一句一章，而全功於一卷一集。今閱其集，初編瑕纇頗多，二編十存二三,三編四編,最粹然矣。乃知此老剪裁,老益精到。因謂作者無才則已,有小才,而欲大用之,醜態畢露,最可戒也。大才大用,誠爲快絕。而僅欲快絕,易侵三尺。十分之才,每用六七分,正是詩家極至工夫。南郭能解此義。百尺竿頭,不肯進步,反是難至地位。南郭次子,名恭,字願卿,幼稱才穎,年僅十九而没。有遺稿,名《鍾情集》,其中《閒莊子謙登芙蓉、以寄》詩中聯曰"不曾登臨堪小魯,更知呼吸近逼天。人間長仰三峯雪,海上回看九點煙",可謂翩翩有逸氣。又《送客》絕句曰"秋風颯颯雨紛紛,匹馬孤舟兩岸分。萬里江山如黛色,相望能不嘆離羣。"亦佳。南郭晚年,撫西仲英爲子,亦已没矣。其著作,余未覽之。(《日本詩史》卷四)

服元喬,字子遷,平安人,著有《南郭先生文集》四十卷。
子遷爲物君茂卿高第,而其全集中論學之作殊鮮似於經學微不逮焉。然其詩則頗有出藍之嘆。五七言古詩韻高且有詞藻。而七律尤所擅長,沉雄博厚,儼然有少陵遺韻。在東國詩人中固卓然成家者也。文集中有《寐隱解》一篇,以寐爲隱,余甚喜誦之。蓋以世事勞形苦心,而託寐以忘焉,詞旨灑然,意其爲人,殆有得於蒙莊之學者乎。(《東瀛詩選》卷三)

高子式,名維馨,號蘭亭。年十七,喪明,專志詩詞。生平所作殆萬首,貴介公子,爭延講詩,名聲籍甚於一時。其詩剪裁

整密，音韻清暢，雖不及白石、蛻巖、南郭等大家名家，在小家數，則可稱上首者。(《日本詩史》卷四)

　　高野維馨，字子式，號東野，又號蘭亭，東都人，著有《蘭亭詩集》十卷。

　　東野受業於物徂徠。生十七歲而失明，遂廢百事，惟詩是務。自物氏倡爲古文辭，門下極一時之盛，而推翹楚者，則惟服南郭、高東野二子云。東野論詩大旨謂，宋元之世詩道衰息，明興，王、李二公揭旗鼓於中原，詩道復盛。然王博而雜，李精而密。欲法唐人者，非修於鱗氏之業，復於何得之乎？其宗尚如此。今讀其七律，信爲有明七子一派，雖不免虎賁中郎之誚，然詞藻高翔，風骨嚴重，固亦一時之傑作也。

　　七律中未選佳句，如"陽春自唱三峯雪，明月深探大海流""歲晚蘼蕪青草路，天寒滄海白雲鄉""玉魚長夜沉銀海，石馬千秋護翠微""龍宮水冷芙蓉沼，佛塔秋晴翡翠煙""三輔樓臺春窈窕，五侯冠蓋日縱橫""玉節浮雲西極動，錦帆秋色大荒過""孤客思歸彈短鋏，美人垂淚泣前魚""風穴煙霞懸日月，仙潭冰雪出芙蓉""病來高枕西山雪，老去銜杯大海雲""碣石春囊逮萬雉""扶桑旭日照三臺""山迴雲棧蒼苔滑，水瀉仙巖碧澗寒""人煙寒動砧聲急，海嶠雲晴鴈路長""滄海雲迎詞翰白，赤城霞借酒杯丹""薄游玩世浮雲外，短髮論交落日前""湖海久拚雙白髮，風塵誰問舊綈袍"如此等句，置之滄溟集中不能辨楮葉。

前 言

(《東瀛詩選》卷五)

　　江村北海編《日本詩選》和俞樾編《東瀛詩選》中分別選服部南郭和高野蘭亭詩如下。

　　《日本詩選》所選服部南郭詩:

　　　1.《人日登臺》

　　　2.《答田彥愛》(2首)

　　　3.《奉答越君瑞先生見懷》(2首)

　　　4.《餞別於士茹,歸西京》

　　　5.《聞笛》

　　　6.《漢宮詞》

　　　7.《早雲寺覽古》

　　　8.《難波客捨歌》

　　　9.《新霽寄人》

　　　10.《酬宇士朗春日見寄》

　　　11.《集飲長藩松浦氏此日寓目矦園》

　　　12.《宇土矦凌霄閣雨集探韻》

　　　13.《首夏松前氏西莊得青字》

　　　14.《草堂春興》

　　　15.《參政縢公府,詠小池芙蓉,得四支》

　　　16.《應人請賦得竹不改色爲岡田公壽》

　　　17.《乙卯之冬,猗蘭矦莊,五松館側,生靈芝賦此奉賀》

18.《諸子集觀鄴中西園圖》

19.《鐮倉懷古》

20.《舟下鹿洲江濶不見渚涯》

21.《登吉祥閣》

22.《奉謁東叡大王》

23.《送友人游宦長崎》

24.《奉和松前公青山別莊作》

25.《白賁墅》

26.《牛門分得出塞》

27.《夜下墨水》

28.《秋夜別友人得安字》

29.《起復謝問疾諸君》

30.《三日尋子昌莊》

31.《長安道》

32.《東都四時歌夏》

33.《雪後即興》

34.《題畫》

合計36首,其中五言古詩6首、七言古詩4首、五言律詩6首、五言排律4首、七言律詩7首、五言絕句4首、七言絕句5首。

《東瀛詩選》所選服部南郭詩:

1.《詠懷》(9首)

前　言

2.《奉答越君瑞先生見懷》(2首)

3.《明月篇，倣初唐體》

4.《酒人行，贈越君瑞》

5.《烏子嘆》

6.《釣客行》

7.《夜讌》

8.《上石氏望海樓》

9.《寄浦子彬》

10.《江上雜詩》(6首)

11.《和子和雨中見寄》

12.《雨中東壁德夫見過》

13.《送人之京》(2首)

14.《寄周南縣次公》(2首)

15.《送人歸隱西京南山》

16.《和島歸德雨後上金龍山》

17.《早春有感》(2首)

18.《秋懷》(2首)

19.《寒山》

20.《歲暮和江生漫興作，生時罷官》(2首)

21.《偶成》(5首)

22.《縣次公客捨飲》

23.《古意》

24.《就子和飲歸路值雨賦贈》

25.《燕歌行》

26.《步出夏門行》

27.《獨漉篇》

28.《難波客捨歌》

29.《白馬篇》

30.《送獨雄師還信州》（2首）

31.《早春游望》

32.《山寺避暑》

33.《春日經赤羽橋》

34.《寄憶西京於士朗》

35.《中川舟中》

36.《早春》

37.《鐮倉懷古》（7首）

38.《宕山望海》（2首）

39.《登總州國府臺，是里見氏亡處又有氏胡祠》（2首）

40.《酬築波石生見寄》

41.《送山功二子還湖中》

42.《早秋小集》

43.《送人游浪華》

44.《旅懷》

45.《酬林伯古之駿州見貽》

前　言

46.《送人游相中》

47.《得瀧彌八書詩聞督鄉學作此卻寄》(2首)

48.《暮春登山》

49.《當壚曲》

50.《答田彥愛》(2首)

51.《停雲館歌奉贈滕公子》

52.《小督詞》

53.《送倉孟隣還京兼寄芥元章》

54.《送吉蘭皋歸薩摩》

55.《歲暮集得前字》

56.《送人歸隱西京北山》

57.《客夜聞雁》

58.《夏日桂花樓飲得泉字》

59.《秋夢》

60.《逍遥館席上分得一東，奉贈滕公子雲夢先生》

61.《春臺兄六十初度，門人共觴紫芝園社過時，聞之寄以爲壽》

62.《送友人游宦長崎》

63.《早秋苦熱携酒海亭，得風字》(2首)

64.《游玉笥山》(4首)

65.《鹿洲觀海》(2首)

66.《夏日閒居》(6首)

67.《楊柳枝詞》

68.《秋宮詞》

69.《早涼》

70.《送蒼溟尊者還西京壽光院》

71.《秋夜長》

72.《春草》

73.《經關原》（2首）

74.《和霞關公病中九日之作》

75.《奉訪猗蘭老矣隱居》

76.《奉和金井矣秋日在藩，見寄懷都下諸子之作》

77.《舊宮人》

78.《山下泉，得中字》

79.《夏日飲田家》

80.《流螢篇》

共125首，其中五言古詩18首、五言律詩24首、七言律詩64首、七言絕句11首、七言古詩5首、四言古詩1首、五言絕句2首。

《日本詩選》所選高野蘭亭詩：

1.《詠懷》

2.《早春贈宮子雲》

3.《園中栽花盛開》

4.《烏山矣席上贈大鵬禪師》

前　言

  5.《護洲雜詩》

  6.《上巳前一日》

  7.《擬秋宵寓直》

  8.《壬八月江水大溢》

  9.《九日上金龍與稷卿賦》

  10.《出塞》

  11.《雪中登吉祥閣》

  12.《行徑七里濱》

  13.《僧房守歲》

  14.《折楊柳》

  15.《題畫》

  16.《題畫其二》

  17.《鐮倉懷古》

  18.《從軍行》

  19.《明妃曲》

  20.《送田子明兄弟還湖中》

  21.《十日簡文卿》

共 21 首。

《東瀛詩選》所選高野蘭亭詩：

  1.《詠懷》

  2.《雜詩》（3 首）

  3.《公讌詩》

4.《楊花篇》

5.《秋夜長》

6.《雪中懷越君瑞松月館》

7.《贈谷文卿》

8.《大堤曲》

9.《答徂徠先生贈梅花》

10.《感懷》

11.《偶成》（2首）

12.《秋日汎湖》

13.《即事》

14.《夜雨客至》

15.《得宮子雲書卻寄》

16.《卜居雜詠》（4首）

17.《寄秋文學子羽》（3首）

18.《寄文卿》（3首）

19.《秋日偶作》（4首）

20.《奉送泉侯戍衛浪華》

21.《自遣》

22.《冬日》

23.《寄服子遷》

24.《寄稷卿》

25.《寄石叔潭》

前　言

26.《江都眺望》

27.《春興》(2首)

28.《答周南瀧彌八》

29.《答芥彥章見贈》

30.《西京》

31.《長安月》

32.《哭田伯隣》

33.《贈高翼之》

34.《秋日草堂雨集》(2首)

35.《藝洲晴望》

36.《墨水覽古》

37.《答桂貞輔見寄懷》(2首)

38.《冬日登樓望芙蓉》

39.《偶成》

40.《秋日登樓與谷子真賦》

41.《答崎子允見寄》(2首)

42.《春夜相良矦叢桂居陪烏山矦桃源公，同諸子賦》

43.《奉謁梶井王東叡山客館應教》

44.《寄土準夫》

45.《和江毛卿秋日病起登海樓》

46.《明月樓》

47.《奉送泉矦鎮浪華》

48.《在中郎祠》

49.《陪宇土矦海樓避暑得來字》

50.《除夜明月樓集示諸子》

51.《病中偶作》

52.《夜別東洲禪師，留題歸源精捨》

53.《答鎮西野秀才見寄懷》

54.《奉答膳所矦見寄懷》

55.《春興》

56.《送堀大夫從肥後矦歸藩》

57.《送滕子常還西京》

58.《寄題源子操西山亭》

59.《鴻臺覽古》

60.《秋日新晴明月樓集》

61.《九日山緒谷三子，過飲明月樓送余游鎌山草堂》

62.《自遣》

63.《夜宿玉雲精捨值雨》

64.《奉寄烏山矦戍衛浪華城》

65.《寄懷高翼之》

66.《即事》

67.《暮春有感》

68.《中秋游畫島賞月》

69.《早春》(2首)

70.《江中八勝》(8首)

71.《春閨怨》

72.《秋閨怨》

73.《秋思》

74.《月夜三叉口汎舟》

75.《送人南歸》

76.《奉寄松塢原公》(4首)

77.《春日行》(2首)

78.《寄君修》(6首)

79.《送子德歸勢南》

80.《夜飲子祥樓懷月夜,同諸子賦》

81.《題小景》

82.《春日》(2首)

共117首,其中五言古詩8首、七言古詩4首、五言律詩25首、五言絕句8首、七言律詩50首、七言絕句19首、六言絕句3首。

(四)"文教與武德并隆"之和平時代的《日本詩選》

詩之興隆有賴盛世和平,對此,江村北海曾在明和庚寅年(1770)付梓的《日本詩史》卷之三和卷之四中有過以下精湛論述。

古曰，文學盛衰有關乎世道汙隆，信哉，徵之我邦。夫誰曰，不然，神武天皇，東征綏其士女，帝功於是爲盛，然時屬草昧，遐荒猶阻王化，應神天皇登極，而後三韓稽顙，蝦夷獻琛，巍巍桓桓，莫以尚焉。於是我邦始有六經云。仁德天皇爲皇子時，受經於百濟博士，講明唐虞之治，即位後，施爲靡不由焉，是以海內乂安，衆庶仰之如日月，戴之如父母，仁慈恭儉之化，入民心者，至深且固，歷千百世，無有攜貳，胡厥盛哉。自時厥後，列聖相承，文教日闡，餘波及翰墨者，汪洋於弘仁天曆間，可謂帝業與文學偕盛也。延久已降，朝綱解紐，文事日廢，一壞於保元，再壞於承久，糜爛於元弘建武之後。迄乎足利氏失其鹿，邦國分裂，戰爭無已，生民塗炭，到此而極，藝苑事業，無復孑遺矣。既而天厭喪亂，織田氏豐臣氏迭興，中州稍削平，然并無學無術。馬上得之，欲馬上治之，是以天人不與。或業壞垂成，或祚止一世，要之撥亂反正，天必有待。而奎壁發綵於久暗之後，固非偶然也。若夫神祖，聖文神武，上翊戴帝室，下煦育億兆，干戈擾攘中，遹訪耆老，以橐籥治道，廣募遺書，以潤色鴻業。又命惺窩先生，講析經史之義，於是羅山先生，應聘東都。夫然後猛將勇士，稍知嚮學，而邦國頖宮尋興，士業日廣，至今百六十年。玉燭繼光，金甌無虧，風化之美，彝倫之正，亘古所無。而近時文華之蔚，無讓漢土。今論列其一二，未遑縷舉云。[1]

---

[1] 江村北海著《日本詩史》，見富士川英郎・松下忠・佐野正巳編《詞華集・日本漢詩》第二卷，汲古書院 1983 年第 1 版見第 28 頁。

前　言

　　關東古稱用武之地，猛將勇士，史不絕書。而文雅之士，不少概見。迨於神祖營建東都，置弘文院，設學士職，文教與武德并隆，終成人文淵藪。羅山林先生，際會風雲，首唱斯文於東土，芝蘭奕葉，長爲海內儒宗，無俟曹邱生也。[1]

　　可以説，江村北海編《日本詩選》時江户時代詩壇的興隆是被稱作"帝業與文學皆盛"的奈良時代和平安時代也不能比肩的。把市河寬齋編《日本詩紀》同江村北海編《日本詩選》兩者所引用的書目數量（前者共 53 部，而後者竟達 157 部，是前者的幾乎 3 倍）加以對比，就一目了然了。

　　《日本詩選》的特色之一，是貫穿了編者的詩論精神。

　　江村北海所著《日本詩史》卷之三至卷之五，開卷首述有近世儒學之祖美譽的藤原惺窩（1561—1619），并例舉其"體格亡論"即不論詩格的《訪豐臣長嘯席上賦云》七言四句"意致曲折，足證温藉（蘊藉）"。[2] 衆所周知，藤原惺窩的學風不僅是朱子學，還包容陸象山和王陽明的心學及老莊道學和佛學。江村北海例舉的這首《訪豐臣長嘯席上賦云》，實可當作一首哲理詩來讀。

　　《日本詩選》雖然未選藤原惺窩的任何一首詩，但卻選了《熙

---

1 江村北海著《日本詩史》，見富士川英郎・松下忠・佐野正巳編《詞華集・日本漢詩》第二卷，汲古書院 1983 年第 1 版見第 40 頁。
2《訪豐臣長嘯席上賦云》："君是讓花花讓君，有花此地久留君，入門先問花無恙，莫道先花更後君。"江村北海著《日本詩史》，見富士川英郎・松下忠・佐野正巳編《詞華集・日本漢詩》第二卷，汲古書院 1983 年第 1 版第 28-29 頁。

朝詩薈》未選入的、江户時代元禄至享保期（1688—1736）的儒者、古文辭學派[1]之祖荻生徂徠（1667—1728）的五言古風兩首：

有所思
冉冉白日徂，坐看庭草滋。
朔風吹我裳，嘆息歲暮時。
人生自有老，老至亦何悲。
富貴儻爾來，榮名非可持。
置酒高堂上，聊以娛佳期。
秦箏間胡筘，嘈雜侑我卮。
酒酣淚如霰，君子有所思。
良朋滿四坐，此悲少人知。

古風五解送縣次公還鄉
遠道三千里，所歷鬱糾紛。
名山與大澤，況復出白雲。
白雲巧虧蔽，何以能望君。

---

[1] 古文辭學派—受中國明代古文辭學派李攀龍‧王世貞的影響，主張用古代中國語讀四書五經等儒學經典，批判宋學‧朱子學的主觀性。得意門生有以經學‧經濟思想研究著名的太宰春台（1680—1747），有以漢詩文著名的服部南郭（1686—1759）等。

前 言

君行從五馬，道路有輝光。
君歸還鄉裏，妻孥樂一堂。
君行誠不惡，居者徒悲傷。
我無黃鵠翼，安能從君游。
君馬嘶西風，徘徊不能留。
人生都如此，誰抱千秋憂。
去矣策君馬，北上岐嶒巔。
回顧中原色，芙蓉高燭天。
是我送君意，皎皎遥爲懸。
艤舟廣陵渚，君亦援瑶琴。
聽濤寫妙散，微我孰知音。
贈我非此物，何以慰我心。[1]

荻生徂徠的這兩首五言古風，前首《有所思》把人生暮年的"思"，即對人生的徹悟寫得入木三分，"酒酣淚如霰"一句可謂寫實又寫意，"淚"一歡與悲俱在其中，人生真境也。後首《古風五解送縣次公還鄉》，雖爲送別詩，但其中"聽濤寫妙散、微我孰知音"詩句，一下子把讀者引到了"詩"之自然與"妙散"即"妙哲""妙理"之詩境。原來詩人的知音乃自然與妙哲之共有者。

---

[1] 江村北海編《日本詩選》，見富士川英郎·松下忠·佐野正巳編《詞華集·日本漢詩》第二卷，汲古書院 1983 年第 1 版第 82 頁。

中國清末的儒者俞樾（1821—1907）編《東瀛詩選》卷一首選林羅山詩13首，讚揚"其古詩，善押險韻，氣力雄厚，已足使舉鼎臏絕者望而卻步矣[1]"。如前所述，江村北海著《日本詩史》卷之四中，對林羅山不無褒美之辭："首唱斯文於東土，芝蘭奕葉，長爲海內儒宗"，但《日本詩選》中卻未選其一首詩而選了前述荻生徂徠的五言古風兩首。

這是爲何？

原來林羅山雖"長爲海內儒宗"，但"詞不工"[2]。友野霞舟編《熙朝詩薈》卷五收林忠（林羅山）詩129首，在詩人小傳中引用了前述江村北海著《日本詩史》卷之四從"關東古稱用武之地"到"長爲海內儒宗，無俟曹邱生也"[3]這一段對林羅山的評價，又引《錦天山房詩語》道：

羅山先生父子天資既高，學殖亦至，博聞彊識，海內無敵。但氣運所拘，未能全脫當時陋習，往往招後輩譏刺。然著述之多，雄健富贍，其言足徵者甚多（後略）[4]

---

1 曹昇之・歸青點校《東瀛詩選》上冊，中華書局2016年第1版第1頁。
2 曹昇之・歸青點校《東瀛詩選》上冊，中華書局2016年第1版第1頁。
3 熙朝詩薈刊行会編纂《日本的漢詩人和名詩》第一卷，ゆまに書房1983年第386頁。
4 熙朝詩薈刊行会編纂《日本的漢詩人和名詩》第一卷，ゆまに書房1983年第388頁。

前 言

　　但友野霞舟并未對林羅山的詩作做具體評論，倒是中國清末的俞樾在其編《東瀛詩選》中引用原善著《先哲叢談》，指摘其詩"詞不工"。

　　江村北海51歲辭去宮津藩京邸留守居一職，在京都結成賜杖堂詩社，收徒教授詩學。江村北海著《授業編》中寫道："諸州初學之徒，就余乞詩之正削輩甚多。余就其中一試，初學之學殖幾無有，但有天生之詩才，初僅學作絶句，然字法句法自然葉規矩，不勞正削即可造詩之形。"[1]

　　由此可知，江村北海身爲詩社教授者，有詩"字法句法自然葉規矩"之準繩，所以在《日本詩選》中自然不選被俞樾認爲"詞不工"的林羅山詩了。

　　也就是說，"詞不工"即詩有違"字法句法自然葉規矩"這一作詩法則，是難以入選《日本詩選》的。

　　江村北海著《日本詩史》卷之五所論壓卷詩人爲端文仲（名隆，字文仲，號春莊，江戶人，天明八年—1788年卒）：

　　如端文仲爲善詩者，文仲東都人，失意去鄉西游，窮困益甚。前日，播磨堀生，口占文仲秋日游巨椋湖詩三首，記得一首："欲得新詩漫獨游，斜陽半晌又爲留。菰浦經雨沙初冷，雁驚畏人禾未收。山色猶明危塔外，水煙徐起去帆頭。終宵弄月知何處，萬

---

[1] 江村北海著《授業編》，見《江戸時代庶民文庫》，太空社2015年第222頁。

頃汪汪風露秋。"[1]

《日本詩選》選端隆（文仲）詩兩首：

秋晴

天氣乍晴秋正涼，江山樹色敞斜陽。

長虹一半成橋勢，遠水準舖入鏡光。

適意巖阿唯鳥跡，投身世路各羊腸。

旗亭小酌雖添興，憨愧村村農事忙。

九日同諸君上黑龍山（山在越前）

佳節唯應作客愁，翻從好友酌山樓。

半開菊見前宵雨，已秀禾知閭國秋。

新故情濃堪盡醉，往來途熟約重游。

小詩吟澁無由謝，憨愧杯盤晚未妝。[2]

江村北海《日本詩史》所論及《日本詩選》所選端隆（文仲）這三首詩，從詩題和詩句上可知爲詠秋之作。《秋日游巨椋

---

[1] 江村北海編《日本詩選》，見富士川英郎・松下忠・佐野正巳編《詞華集・日本漢詩》第二卷，汲古書院 1983 年第 1 版第 58 頁。
[2] 江村北海編《日本詩選》，見富士川英郎・松下忠・佐野正巳編《詞華集・日本漢詩》第二卷，汲古書院 1983 年第 1 版第 153 頁。

湖》一首,把斜陽下湖浜沙灘的初冷、月下萬頃湖面的風霜寒露描述得如一幅工筆畫。《秋晴》一首,在秋日斜陽下的天色水光、旗亭酒興、農事繁忙中又曲折蘊藉著"世路羊腸",耐人尋味。《九日同諸君上黑龍山》一首爲重陽佳節之作,在重陽節前的夜雨賞菊及佳節當日新朋故友的一醉方休的"歡喜"中又曲折蘊藉著"客愁",一正一反,詩意幽深。尤其是端隆(文仲)"善詩",即詩句"字法句法自然葉規矩",讀來朗朗上口,餘音繞梁。

"文教與武德并隆"之和平時代的《日本詩選》唯此一家所收詩作有何詩境詩意呢?

《日本詩選》卷之一五言古詩,祇園瑜作《下山逢故夫》:

下山逢故夫

上山採蘼蕪,下山逢故夫。

蘼蕪尚有香,夫妻情豈無。

枕席成胡越,容顔今已殊。

新人未譜性,好慎奉舅姑。[1]

江村北海在詩末評點道:"樸而婉矣,怨而不違。樂府古歌

---

[1] 江村北海編《日本詩選》,見富士川英郎・松下忠・佐野正巳編《詞華集・日本漢詩》第二卷,汲古書院 1983 年第 1 版第 81 頁。

謳妙境。"[1]

　這首古詩雖抒發的是離異夫妻的悲情,但和平時代的山村庶民的勞作和"性"情及"好慎奉舅姑"即侍奉孝敬家長的傳統美德,如一首田園牧歌,悲中盈喜,讓讀者亦悲亦樂。

　日本詩選卷之一五言古詩,梁田邦美《雜詠》二、三、四首:

雜詠二

玉露湛草野,秋花倩粲開。

一夕驚颷至,綵艷委塵埃。

候蟲失庇蔭,麋鹿鳴且哀。

佇立青松下,三嘆賦悲哉。

雜詠三

宿昔如蘭臭,飄零散四陲。

生離猶有合,游魂去何之。

秋燈風雨夜,往事空復思。

開箱得錦字,清揚宛在茲。

月下沙棠柶,花間金屈卮。

豈無新相識,菁菁獨自悲。

---

[1] 江村北海編《日本詩選》,見富士川英郎・松下忠・佐野正巳編《詞華集・日本漢詩》第二卷,汲古書院 1983 年第 1 版第 81 頁。

雜詠四

昔我客濃州，一登養老山。
斷崖數百仞，青壁不可攀。
水簾分兩道，逆落白雲間。
林風散珠玉，濺射洗塵顏。
別來三十秋，膏肓留泉石。
夢從羽人游，煙霞繞巾舄。
神漿飲椒蘭，頓覺換精魄。
飄然駕蒼虬，天閶違咫尺。[1]

  雜詠二、三都以秋爲背景，前首在"秋花倩粲開"中卻是"綵艷委塵埃"的詩情上的大反轉，"失庇蔭""鳴且哀"，不由得詩人"三嘆賦悲哉"；後者在"秋燈風雨夜"中，思問"游魂去何之"？故友的"錦字"，"月下""花間"的游誼，這一切一切的君子之誼，豈是有了"新相識"就能忘懷的——詩人爲此而"獨自悲"。雜詠三把和平時代的"君子之誼"美德表現得淋漓盡致。

  雜詠四背景是詩人濃州故地重游，三十年，"養老山""斷崖""青壁""水簾""白雲"的景致記憶猶新，但人生境界上卻是道仙般的徹悟："夢從羽人游，煙霞繞巾舄。神漿飲椒蘭，頓

---

[1] 江村北海編《日本詩選》，見富士川英郎‧松下忠‧佐野正巳編《詞華集‧日本漢詩》第二卷，汲古書院1983年第1版第82頁。

覺換精魄。飄然駕蒼虬，天閻違咫尺。"人生如夢，"羽人"之"精魄"自由自在。

《日本詩選》卷之一五言古詩，縣孝孺詩二首：

踰確日嶺

西登確日嶺，反顧吾嬬鄉。
吾嬬渺無極，煙樹帶朝陽。
征馬慘不進，行人憂且傷。
躊躇弔古昔，吾嬬不可望。

八月十四夜（二首節一）

微微生雲間，哏哏昇中天。
清暉燿萬戶，素影落百川。
樹咸冒瓊瑤，人俱比神仙。
對此誰不娛，疣疴復爲蠲。
瞻望經幾人，輝光無閒年。
良遇苦難值，歲華逝不還。
美酒宜忘老，晤言誠可嘆。
終宵樂未央，明夜許蟬聯。[1]

---

[1] 江村北海編《日本詩選》，見富士川英郎・松下忠・佐野正巳編《詞華集・日本漢詩》第二卷，汲古書院1983年第1版第82–83頁。

前　言

　　前首《踰碓日嶺》，江村北海在詩末評點道："此用日本武尊之語，眷戀東都友社，章短而意長，風流可嘉。"[1] 把東都友社比喻爲"吾嬬鄉"[2]，把和平年間離別東都的情懷力透紙背地抒發了出來。

　　後首《八月十四夜》，詠唱對象爲傳統佳節中秋節前夜。"人俱比神仙""終宵樂未央""美酒宜忘老"等詩句把和平時代的中秋節氣氛烘托記述得如西方的油畫般逼真可見。

　　《日本詩選》卷之一五言古詩中，服元喬詩五首，《熙朝詩薈》未見：

人日登臺

　　城南有高臺，乘春且登臨。
　　春風吹萬物，光澤動園林。
　　況逢人日嘉，繁華自可尋。
　　宮觀何鬱鬱，闤闠麗城陰。
　　車馬多貴客，歡娛愜賞心。

---

[1] 江村北海編《日本詩選》，見富士川英郎・松下忠・佐野正巳編《詞華集・日本漢詩》第二卷，汲古書院 1983 年第 1 版第 82 頁。

[2] "吾嬬鄉"這一歷史典故見《日本書紀》卷第七景行天皇四十年是歲："於是日本武尊曰、蝦夷凶首咸伏其辜。唯信濃國・越國頗未從化，則自甲斐化轉曆武藏・上野、西逮於碓日阪。時日本武尊每有顧弟橘媛之情。故登碓日嶺、而東南望之三歎曰、吾嬬者耶。故因號山東諸國曰吾嬬國也"。小島憲之・直木孝次郎・西宮一民《日本書紀》①、小學館 1994 年第 378–380 頁。

剪綵競相贈，奇巧直萬金。
顧此應和氣，蕩滌開懷襟。
寄言幽谷鳥，亦應改好音。

答田彥愛二首 其一

秋風摧庭樹，白露復爲霜。
感此變哀候，中心坐悲傷。
鴻雁碣石來，遠過濱海鄉。
爲我傳尺帛，中有相思長。
故人憶在昔，旦夕金門傍。
冠佩何委蛇，司直稱賢良。
不意浮雲變，沒跡天一方。
時物怙春和，夕日回朝陽。
且勉爾遐志，願復愛景光。

奉答越君瑞先生見懷 二首

一

燦燦機中綺，佳人裁爲衣。
遺我展殷勤，被服發光輝。
衣上錦繡字，織出以相思。
忽見感君心，恐令傍人知。
不如藏之固，且待歡娛時。

前言

二

昔栽畹中蘭，隨時發芳香。

盛年忽一逝，憔悴徒憂傷。

凜凜歲且除，耿耿恨夜長。

悠悠遠游子，短褐寒無裳。

思此青雲士，愛慕在景光。

鴻鵠自千里，逸翩何縱橫。

爲我謂鴻鵠，四海誠難忘。

餞別於士茹，歸西京（原詩四首，今選其一）

笑言不斯須，曷爲復西行。

游子戀家親，感念發中誠。

俶裝將即路，跪申別離情。

離情各更深，別筵羣友生。

絲竹互且起，中厨酒尚盈。

門有將辭馬，蕭蕭自悲鳴。

合坐慘相顧，慷慨激歌聲。[1]

"人日"這一日本的傳統節俗源自中國，節日爲農曆正月初七，同農曆三月三日的上巳、農曆五月五日的端午、農曆七月七

---

1 江村北海編《日本詩選》，見富士川英郎·松下忠·佐野正巳編《詞華集·日本漢詩》第二卷，汲古書院1983年第1版第83頁。

日的七夕、農曆九月九日的重陽一起爲傳統的五節日，蘊含著深厚的中日傳統文化的内涵。詩人在這首詩裏，描述了人日沐浴著春光登臺攬勝的習俗，謳歌了和平時日的"繁華"與"和氣"。"寄言幽谷鳥，亦應改好音。"詩人期盼幽谷百鳥，都加入到這"好音"的合唱中，展示了和平時代的"歡娛愜賞心"之情懷。

《答田彥愛二首其一》，是一首贈友詩，"時物怙春和"和"且勉爾遯志"兩句爲詩眼。冬去春來，萬物復興，依仗的是和煦的春光，遭不測之變而"没跡天一方"即丢官失信的友人，且需待"春和"即天時地利人和之時機的到來。"遯志"即遁志，"遯"爲中國十三經之首的《易》中六十四卦之三十三卦，"艮下乾上。《彖》曰：'遯亨'，遯而亨也。剛當位而應，與時行也。'小利貞'，浸而長也。遯之時義大矣哉。《象》曰：'君子好遯，小人否'也"[1]。這首詩，其實是一首人生處世之哲理詩。

《奉答越君瑞先生見懷二首》，其一實爲情詩；其二爲游子雖有"鴻鵠""四海之志"，但卻"憔悴徒憂傷"，詩人把理想與現實之反差，紀實般地書寫了下來。

《餞別於士茹歸，西京》爲一首送别詩，詩人以"俶裝""跪申""絲竹""中厨酒""合坐""歌聲"等江户時代的送别禮儀細節，描寫與抒情結合，使"離情"在特定的江户和平時代的送别禮儀中呈現了出來，既感人又有風俗志實錄之風格。

---

[1] 古籍編輯室編《十三經》，中國國學出版社2007年第2版，第10頁。

前　言

《日本詩選》卷之一五言詩，高維馨詩二首：

詠懷
寒暑互代謝，奄忽歲雲除。
凝霜被庭樹，百卉咸凋枯。
慄冽北風厲，吹我蓬蓽居。
短褐不掩骭，攬帶起踟躕。
浮雲逝不返，頹陽逼桑榆。
人生天地間，少壯在斯須。
朱顏忽已改，玄髮一何疏。
願借黃鵠翅，高飛翔太虛。

早春贈宮子雲
汎汎長流水，白日照江春。
徘徊芳洲上，隨流採白蘋。
馨香可以贈，遠道思佳人。
佳人不可見，惆悵望青天。
關河阻且長，執手將何年。
憂傷使人老，雙涕霑衣巾。[1]

---

[1] 江村北海編《日本詩選》，見富士川英郎・松下忠・佐野正巳編《詞華集・日本漢詩》第二卷，汲古書院1983年第1版第83–84頁。

江村北海評點道:"子式古詩風韻有餘,但模擬太過,所以爲累。"[1]

的確,高維馨(高野蘭亭,名維馨,字子式,1704—1757)的這兩首詩雖"模擬太過",即明顯的模擬曹操等詩人古風之嫌,但"風韻有餘",即詩作的情趣可嘉。江村北海編《日本詩選》收此二首,而友野霞舟編《熙朝詩薈》卻未收,顯現了《日本詩選》精選的標準之一乃重視風韻情趣。

《日本詩選》卷之一五言古詩,收僧原資詩一首:

擬古

落日下高臺,餘照翳更微。

江湖漫無際,客心轉淒悲。

豈曰舟無檝,故鄉不可歸。

不歸何以爾,中心有所違。

木葉蕭蕭下,商飇飄客衣。

惆悵思所懽,歲晚損容輝。[2]

江村北海評點道:"萬菴辭藻雋拔,近體故當行矣,若夫古

---

[1] 江村北海編《日本詩選》,見富士川英郎・松下忠・佐野正巳編《詞華集・日本漢詩》第二卷,汲古書院1983年第1版第84頁。
[2] 江村北海編《日本詩選》,見富士川英郎・松下忠・佐野正巳編《詞華集・日本漢詩》第二卷,汲古書院1983年第1版第84頁。

前　言

詩則雋語或害古意，此章婉雅可嘉。"[1]

前述江村北海編《日本詩選》的一個編選思想與方針，就是"精選"。江村北海關於這首《擬古》詩的評語，又證明了這一點。友野霞舟編《熙朝詩薈》中收僧原資 73 首詩，而《日本詩選》僅收此一首。原因是其他詩均未被江村北海認可，惟有《擬古》一首"婉雅可嘉"，符合入選《日本詩選》的標準。

這首《擬古》的"婉雅"之處在於，寫思鄉卻突出"中心有所違"，結束詩句"惆悵思所懽，歲晚損容輝"，"思"與"損"相對，婉雅雋永，耐人深思咀嚼。

《日本詩選》卷之一五言古詩，收宇鼎詩一首：

小集得為字

少年執銳志，多病欲何為。
林叢幾榮枯，綠髮漸成絲。
寧及饑與渴，沉淪愧明時。
客來歌相和，同調有塤篪。
塤篪各自奏，囂塵暫相遺。
羨彼巖穴士，心事夙自知。[2]

---

[1] 江村北海編《日本詩選》，見富士川英郎・松下忠・佐野正巳編《詞華集・日本漢詩》第二卷，汲古書院 1983 年第 1 版第 84 頁。
[2] 江村北海編《日本詩選》，見富士川英郎・松下忠・佐野正巳編《詞華集・日本漢詩》第二卷，汲古書院 1983 年第 1 版第 84 頁。

這首詩的骨格是"爲"字。詩人敘述了"少年"時的"銳志"與"多病",後半段寫與客"歌相和","同調有塤箎",即醉心於詩樂,以至于互相遺忘了"囂塵",抒發了和平時代詩樂的魅力和陶冶力。

《日本詩選》卷之一五言古詩,收服天游詩一首:

春夜宴野氏莊

解道良宴會,幽墅娛佳賓。
蘭燈繼白日,晤言心曲伸。
相對酌金罍,何辭杯行頻。
四時相推轂,奄忽復値春。
朱華覆綠水,惠風徐轉蘋。
鴻雁何嗷嗷,求友在何濱。
茲夕知何夕,逢斯賢主人。
勸我以美酒,贈我以奇珍。
奇珍果何物,瓊瑤絕纖塵。[1]

這首春日夜宴詩,點題在結束兩句:"奇珍果何物,瓊瑤絕纖塵",即詩友們行酒作詩交流,記述抒發了和平時代的詩友之情和詩文之盛。

---

[1] 江村北海編《日本詩選》,見富士川英郎・松下忠・佐野正巳編《詞華集・日本漢詩》第二卷,汲古書院1983年第1版第84頁。

前　言

　　《日本詩選》卷之一五言古詩，收秋儀詩三首，其中《九日諸公見過林亭》，友野霞舟編《熙朝詩薈》未見：

九日諸公見過林亭

弱齡戀中林，棲遲杳以深。
白雲來庭際，英英覆鳴琴。
巖壑收陽縣，水木含夕陰。
茲焉集好友，綢繆寄賞心。
芙蓉灼柔翰，薜荔間重襟。
況有芳菊酒，酌言發長吟。
世事勿復道，且坐聽秋禽。[1]

　　以九月九日重陽節爲背景的詩，是一個古老且富有新意的詩題，這首詠重陽節的詩的塲景是山林間，好友會集，鳴琴品芳菊酒，詩興大發而長吟不已。但"世事勿復道"，惟有山林間"秋禽"之音值得傾耳聆聽。詩之和平時代的崇尚自然、琴詩之樂的主題烘然而現。

　　《日本詩選》卷之一五言古詩，收服元雄詩二首，其中《詠史》一首，友野霞舟編《熙朝詩薈》未見：

---

[1] 江村北海編《日本詩選》，見富士川英郎・松下忠・佐野正巳編《詞華集・日本漢詩》第二卷，汲古書院1983年第1版第84頁。

詠史

太古濟斯民，神聖降蒼穹。
乘龍翔紫海，正域暘谷東。
四隅三萬里，車書長一同。
日升臨六合，光自我邦通。
赫赫耶摩都，爰作橿原宮。
皇基何所卜，世祀傳無窮。[1]

這首《詠史》詩，記述了日本萬世一系的天皇史跡，雖是廣爲人知的神話傳說及正史紀實，但這首詩卻有著深刻的時代意義，即後來爲江户後期的詩人、史學家兼政治家賴山陽（1780—1832）在《日本外史》中批判平安時代末以來的武家政治，包括鐮倉、室町以來至江户的將軍政權，是反國體的體制，不是日本的傳統國體。[2] 所謂傳統國體，就是這首《詠史》詩中所詠唱的"皇基何所卜，世祀傳無窮"，即萬世一系的天皇國體。可以説，這首《詠史》詩是"尊王論，國政回歸皇室"的先聲。

---

1 江村北海編《日本詩選》，見富士川英郎・松下忠・佐野正巳編《詞華集・日本漢詩》第二卷，汲古書院1983年第1版第84頁。
2 參見黑川洋一《關於菅茶山的〈開元琴歌〉》，《懷德》1989年第58卷第21頁。

四、底本

日本江户時代中期的詩學者江村北海（1713–1788）著《日本詩史》，具有一定的開創意義，是研究日本詩史必不可少的重要文獻。

我們整理這部文獻所依據的底本是：

明和八年辛卯歲六月
平安書林勢州津
西村市郎右衛門・林伊兵衛・吉村吉左衛門・大森傳右衛門刻本
平安書肆　載文堂・文錦堂・風希堂・玉樹堂　發行

即1771年伊勢國平安書林的刻本。

江村北海編《日本詩選》（正編・續編），被譽爲江户時代最有代表性的三大詩選集之一（另兩部是市河寬齋編《日本詩紀》和友野霞舟編《熙朝詩薈》）。

我們整理《日本詩選》正編和續編所據底本是：
正編：安永三年甲午正月　唐本屋吉左衛門發行
續編：安永八年己亥十月　唐本屋吉左衛門發行
即1774年和1779年的文本。

五、目錄

整理後的目錄爲：

《日本詩史》

（一）武川幸順撰《日本詩史序》

（二）柚木太玄撰《日本史詩序》

（三）日本詩史凡例

（四）日本詩史卷之一

（五）日本詩史卷之二

（六）日本詩史卷之三

（七）日本詩史卷之四

（八）日本詩史卷之五

（九）清絢撰《日本詩史跋》

《日本詩選正編》

（一）權中納言菅原在家撰《卷首題言》

（二）日本詩選序

（三）日本詩選凡例

（四）日本詩選採擇書目

（五）日本詩選作者姓名

（六）日本詩選總目

（七）日本詩選卷之一　五言古詩

前　言

1. 室直清《古風二首（原題云，贈伊蒿先生，藤井徵君）》一、二
2. 源璵（白石）《送復軒之南海》
3. 祇園瑜（南海）《詠孔雀》《下山逢故夫》
4. 梁田邦美《雜詠四首》一、二、三、四
5. 澤維顯《櫻島二子見過山亭》
6. 物茂卿《有所思》《古風五解送縣次公還鄉》
7. 縣孝孺《踰碓日嶺》《八月十四夜青松館集（二首節一）》
8. 服元喬《人日登臺》《答田彥愛二首》一、二《奉答越君瑞先生見懷二首》一、二《餞別於士茹，歸西京（原詩四首，今選其一）》
9. 高維馨《詠懷》《早春贈宮子雲》
10. 僧原資《擬古》
11. 宇鼎（士新）《小集得爲字》
12. 服天游（蘇門）《春夜宴野氏莊》
13. 劉維翰（龍門）《擬古》
14. 秋儀（玉山）《枯魚過河泣》《晚歸》《九日諸公見過林亭》
15. 服元雄（仲英）《詠史》《燕子》
16. 松崎維時《哭源稷卿（原詩四首，此選二首）》一、二
17. 伊藤縕（君夏）《古意》《詠懷》《即事》《夏夕讌會》

18. 柳美啓《東山游》《秋初雜詠（原詩數首，今選其一）》

19. 皆川願《秋日游山寺》

20. 松秀雲《羽林騎閨人》《招隱》《憶尾生》

21. 龍公美《詠懷》

22. 鳥宗成《折花》《謝和州南溪師來訪，見惠團扇》

23. 赤松鴻《坂越寓居歲晚作》

24. 岡思潛（孔彰）《送赤松大業西歸（原詩六首，今選其一）》

25. 春政紹《歲晚作》

26. 清絢《雜詩二首》一、二《曉發木下驛》

27. 江村秉（愚亭）《東郊步月口號》

28. 柚木太玄《立秋前一夕，陪君錦先生，汎舟椋湖》

29. 永忠原《古意》

30. 僧顯常《鸚哥》

31. 僧慈周（六如）《冬夜懷高雄某上人》

32. 畑柳安（黃山）《高雄山賞楓》

（八）日本詩選卷之二 七言古詩

1. 源璵（白石）《老少年行（自注云，老少年草名，一名雁來紅，又有一種十樣錦，一名錦西風）》《謝泉南唐生所贈棉布，因憶南紀祇伯玉》

2. 祇園瑜《詠鸚鵡》《詠紅梅（自注云，花名未開紅，在京師誓願寺中，相傳宮女和泉式部所植）》《雨竹》

前 言

3. 梁田邦美《謝美濃部氏惠雜花》《答桂綵巖》

4. 桂義樹《讀赤城義人錄》

5. 湖玄泰《看花有感》

6. 堀正超《春江花月夜》

7. 宇鼎《煮茗歌》

8. 藤煥圖《少年行》

9. 太宰純《神巫行》

10. 服元喬《聞笛》《漢宮詞》《早雲寺覽古》《難波客捨歌》

11. 高維馨《園中栽花盛開》

12. 田憲章（子漢）《姑蘇臺歌》

13. 劉維翰（龍門）《寄島子行》

14. 秋儀（玉山）《春鶯囀》《鍾馗挈鬼圖》

15. 服元雄（仲英）《秋夜吟》《羽林郎騎射歌》

16. 松惟時《送大泉大夫水明卿》

17. 僧大潮《驛捨書懷》

18. 伊藤縉《七夕詞》《題崑崙石》

19. 柳美啓《題桃源圖》

20. 芥煥《懸壺館歌（自注云，贈劉長叔）》

21. 松秀雲《流螢篇》《雀羅篇》

22. 龍公美《長相思》

23. 赤松鴻《答劉文翼見寄》

24. 鳥宗成《長安道》

25. 平延齡《浦島行》

26. 赤松勳（大業）《龍安寺晚歸（寺在播州）》

27. 清絢《銕拐行》《白雪魚歌》

28. 江村秉《携諸子華頂良恩精捨避暑，得二冬》

29. 柚木太玄《妓王篇》

30. 下川貴慶《城南客捨歌》

31. 僧慈周（六如）《春夜送人卜隱湖中》《將西歸預賦贈叡山鈴上人》

32. 巖垣彦明《鬪龍灘（播州龍野名勝）》

（九）日本詩選卷之三 五言律詩上

1. 那波方《游銀閣寺》

2. 那波守之《游金閣寺》

3. 僧元政《三游平等院》《草山晚眺》

4. 江村宗珉《游妙光寺》《冬日自尼崎歸京舟中作》

5. 松永昌三《春月》

6. 太田林菴《旅夜》

7. 安東元簡《早行》

8. 宇都由的《游清水寺》

9. 伊藤宗恕《汎舟葛野川》《芭蕉翁邀宴東郊別業》《春日偶作》

10. 松下見樑《秀野亭作（原十首，選二首）》一、二

11. 村上友佺《夏日游紫雲山》《秋日閑情》《秋日郊行》

前 言

12. 伊藤長胤《夏日同游紫雲山》《秋郊閑望》

13. 木貞幹《早秋郊行遂過僧寺》

14. 江村簡《逾大內嶺（嶺在丹後州）》

15. 伊藤元基《火後寄宿妙覺寺僧房》《妙覺寺寓居對月》

16. 鳥山輔寬《垂絲海棠》《浪華郭外移居》

17. 鳥山輔門《春日游川崎亭子》《八月十六夜集古松館》

18. 笠原龍鱗《與二客上東山》《寒夜客懷》

19. 柳川三省《春月有感》《對花懷舊》《西皋晚步》《觀獵》

20. 澤維顯《春日病中作》《偶作》

21. 江兼通《上巳浮舟望嵐山花》《宿釣雪翁者齋》《游西王寺》

22. 瀨維賢《訪江山人》

23. 富逸《游竹浦》

24. 堀正超《癸亥中秋，伏見法藏寺作》《磨針嶺酒樓望琵琶湖》

25. 堀正修《海雲席上次某叟韻》

26. 僧百拙《歲暮》《自玉壺樓歸途歷馬山（但州）》

27. 室直清《自賀州赴京道中作》《次韻井處士秋夜宴集》《觀獵》

28. 源璵（白石）《送春》《小集同賦庭上未開梅》《新鶯出谷》《葛城峯》《武庫山》《吉見里》《佐野浦》

29. 祇園瑜《螢火》《送藤文鵬》《博多歸帆》《哭石處士》

30. 雨森東《歸雁》

31. 服願（維恭）《九月十三夜作》

32. 僧若霖《客捨新秋》

33. 梁田邦美《碧於亭》《和河間生，秋過楠子墓作》《擬冬送人游邊》《詠孔雀》《巨川長流，爲會津大夫西鄉氏賦》

34. 桂義樹《辛亥正月，拜三緣山台廟，恭賦》

35. 湖玄泰《送熊子孺西上》《冬日城南別莊》

36. 物茂卿《林臥》《早行》

37. 滕煥圖《白山雜詠》

38. 縣孝孺《中秋》《江州道中》

39. 太宰純《贈縣次公》《九月六日狩蘭臺集，賦此奉呈》《哭攜謙先生》

40. 平玄中《九日有感》《冬日雜詩（八首選二）》一、二

41. 服元喬《新霽寄人》《酬宇士朗春日見寄》《集飲長藩松浦氏，此日寓目疾園》《宇土疾凌霄閣雨集探韻》《首夏松前氏西莊，得青字》《草堂春興（五首選一）》

42. 高維馨《烏山疾席上，贈大鵬禪師》《薐洲雜詩》《上巳前一日》《擬秋宵寓直》《壬八月，江水大溢》

43. 鳴鳳卿《宿牛頭寺》

44. 雍正長《答竹處見寄》

45. 守煥明《懷仙閣小集得深字》

46. 岡孝先《春夜宴友人莊》《春日田家》

前　言

47. 木實聞《同諸子分題得武矦廟》

48. 田良暢《夏日同諸子游國府臺》

49. 僧原資《里伯龍來訪》《佛原有感》《鐮倉懷古》

50. 僧元皓《春晚》《澱河舟中作》

51. 僧圓乘《春日過山寺得鳴字》

52. 僧堅卓《和滕東壁》

53. 松儀《送田藍田之京師》《春日病懷》

54. 岡島達《送友》

55. 菅晨曜《哭楢伯啓》

56. 宇鼎（士新）《偶作》《小集得流字》《病篤謝來訪諸客》

57. 宇鑒（子朗）《送人還山》

58. 星野龍（子雲）《山居》

59. 鵜士寧《僧西游不還》

60. 田長温《秋夜》

61. 源敏樹《咸光上人房，觀壁上西湖圖》

62. 石正漪《七夕同集鵲巢亭得浮字》

63. 山根清《露》

64. 林義卿（東溟）《送人之賀州》

65. 飯田居謙《龍江汎舟》

66. 瀧長愷（彌八）《月下懷友》

67. 秋儀（玉山）《銅雀妓》《龜泉羣螢爲觀水翁賦》《代簡答鄉人》

68. 井通熙《登白雲山》

69. 湯元禎（之祥）《春日病中漫成（七首録一）》

70. 田好銑《以詩代書贈蘭皋師（十五首録二）》一、二

71. 松秀雲《題日間賀江亭》《野游值雨》

72. 井鼎臣《至日有感》

73. 木貞寬《漫興》

74. 千諸成《堂成》《月夜懷關西諸弟》

75. 奧田士亨《夜踰志賀山歸京》

76. 谷鶯（士章）《夏日放舟》《山房》

77. 那波祐昌《中秋懷芙蓉捨集》

78. 乾祐直（莊岳）《仲夏喜越中某生來訪》

79. 岸季英（芳洲）《寒山》

80. 春政紹《訪北海先生（爾時余在城南遂初園）》

81. 三上義從（宗順）《過水士遜後亭》

82. 田温信（東閣）《宿嵯峩》

83. 香國典（太常）《夜泊》

84. 井敏卿（松菴）《送成龍淵歸朝鮮》

85. 野公臺（子賤）《智乘院集，得中字（有小引略之）》一、二

86. 種濟（元民）《同前得杯字》

87. 田明（士亮）《首夏，巖同甫、野子賤、種元民，携饌具，集知乘院同諸君賦，分得天字》

前　言

88. 谷友信（文卿）《同前得青字》

89. 餘承裕（子綽）《同得風字》

90. 山維熊（子祥）《同前得林字》《漫興》

91. 田景化（之躬）《蓬蒿》

92. 福尚修（承明）《蒹葭堂集》

93. 僧宜牧《夏日卧病》

94. 僧寶性《寄夢澤君》

95. 僧圓照（普明）《僧房看花》

（十）日本詩選卷之四 五言律下

1. 武欽繇（梅龍）《登南叡岳》《夜過逢阪》

2. 服天游（蘇門）《游和歌浦》《春游仁和寺（寺舊寬平帝離宫）》《送某生歸隱鄉里》

3. 伊藤縕（君夏）《將赴東都（三首録一）》《踰薩埵嶺》《七月二十一日雷雨》《和雪鼎上人箕山瀑布作》《峽中（越前道中）》

4. 伊藤善韶（忠藏）《寄題三原妙正寺》

5. 芥煥（彦章）《依竹堂集》《首夏再游依竹堂》

6. 柳美啓（子明）《春日雜興（十首録二）》一、二

7. 渡守時（南平）《季冬和田雨龍》

8. 清絢（君錦）《詠菊》《次龜峯和尚見寄韻》

9. 皆川願（伯恭）《秋雨漫成》

10. 那波師曾（魯堂）《北海先生見枉次韻奉謝》

11. 宮奇（筠圃）《游仙游巖》

12. 僧全統（大圭）《大堰清流（嵯峨十勝之一）》

13. 僧承堅（翠巖）《真淨花雲（同上）》

14. 僧令椿（湛堂）《春月》

15. 龍公美（草廬）《中秋無月》《三橋客樓飲賦得明月滿前川》《答尾陽西河生見寄》《書懷》

16. 孔文雄（世傑）《還自浪華》

17. 兄臧（樂郊）《野望》

18. 鳥宗成（宇内）《春日郊行》《題友人田廬》《冬夜得家書》《仲冬集松濤樓》《合神童患痘疾，詩以訪之》

19. 田章（鳴門）《題畫》《秋山寄興》

20. 僧顯常（蕉中）《七夕作》《游永源寺（十首錄一）》《哭宇士新先生（十首錄一）》

21. 僧敬雄（金龍）《登飛雲閣》《某莊蓮池》

22. 服元雄（仲英）《好雨知時節》《春日郊行，值雨，過丈人莊》《感春》

23. 劉維翰《草堂春興》《送人歸南紀》

24. 松崎維時《遷捨》《同井子慎君璋，郊行尋花》一、二

25. 紀德民（平洲）《題羽處士隱居》《送人游宇治》

26. 南宮岳《春日同子元太一郊游》《秋日河村右中山房》

27. 僧淨壽（終南）《移居東皋》《酬丹公》

28. 僧元明（悟心）《賀龍文師住南山》

前　言

29. 赤松鴻（良平）《春盡有感》《馬山客捨,悼館主人失偶》

30. 赤松勳（大業）《途中晚眺》

31. 近藤篤《賦得野無遺賢》

32. 井潛（仲龍）《夜飲得佳字》《春雨中,山陽客捨,送人從矦駕東歸》

33. 澤貞雄（平藏）《木曾道中》

34. 度會末雅（雅樂）《春日閑居》《暮春游威勝寺》

35. 高彝（君秉）《爲原公俞悼內》

36. 岡思潛（孔彰）《長嘯》

37. 副士定（保卿）《擬月夜上省中樓》《十七夜諸子過飲分得七陽》

38. 江村秉（愚亭）《游霞谷真宗禪院》《同諸子賦秋雨得十四鹽》

39. 柚木太玄（仲素）《巫山高》《秋日陪花山右丞相,游淨妙庵》

40. 端隆（文仲）《小倉堤歸途值雪》《送高維亭歸省》

41. 合離（麗王）《石動山（在能登州）》《終南悟心二禪師,并隣結盧,因贈》

42. 葛張（子琴）《晚秋野望》《端午後一日,芥彥章見過,留酌》

43. 岡元鳳（公翼）《抵松尾村宿夕霽菴（二首）》一、二（松尾村在若州,非京師之西者）《十月五日,同倪高二子,

游高雄》

44. 賴維寬（千秋）《過子岳》《春初過子琴》

45. 賴惟疆（千齡）《閑興》

46. 西川泰節（白水）《春日山行得時字》

47. 建孝銑（澤夫）《觀德堋（市橋矦偕樂園十二詠中名題）》《調馬埒（同上）》

48. 福嘉貞（士標）《宿山家》

49. 大江資衡（玄圃）《奉陪大納言菅公游西王寺》

50. 村漸（中漸）《移居》

51. 平信好（盧門）《客中》

52. 石川貞（太一）《秋雨夜，懷長崎縣伯壽》

53. 岡田挺之《江津》

54. 林文肅（敬夫）《天然寺》

55. 僧惠實（雪鼎）《歷栗殼嶺》

56. 僧慈周（六如）《夏日寓懷》

57. 源義宜《夏日漫成》

58. 源義根《冬夜宴高言守宅》

59. 山良由（蘇門）《聞筝》

60. 藤共建（子樹）《寄懷源少卿》《和袁希寔寄贈之作》

61. 本多成要（左門）《早行》

62. 榊原敬之（幸八）《初冬游狛太夫別墅》《暮春書懷（有小引略之）》

前　言

63. 下川貴慶（貴一）《夜》《郊居》

64. 江思齋（省卿）《避暑》

65. 源敏（東溪）《寄懷田子亮》《岐岨道中雜詩（十首錄一）》

66. 內田士顯（長卿）《歲暮吟》

67. 中島徽樸（子淳）《湖上》

68. 乘竹良弼《月夜獨釣》

69. 櫻井良幹《送中村正謙歸泉州》

70. 福謙（益夫）《洛陽客捨，喜柚仲素過訪》

71. 內山之明（栗齋）《中秋》

72. 隱秀明（士遠）《春日游某氏別業》

73. 平九齡（壽王）《贈某故人》

74. 岡豹（君章）《阿波客中雜詩（十首錄一）》

75. 飯田美允（玄野）《高津春望》

76. 北山彰（元章）《寄懷小野耘業在平安》

77. 篠應道（安道）《送田夢鶴還秋田》

78. 小山儀（伯鳳）《鳥羽道中》

79. 武谷泉（六甲）《夏日村居》

80. 僧淨芳《川口汎舟》

81. 伊藤榮吉（士善）《將赴有馬舟下漠河》

82. 巖垣彥明（亮卿）《溫泉寺》《石山寺》

83. 久保信行（君利）《次韻子淳（子淳住大津）》

84. 永田忠原（俊平）《雪夜訪友》

85. 早苗三寧《題壁》

86. 清勳（公績）《北野探梅》

87. 今大路源浦《懷讚州妙高文》

88. 畠中正盈（寬齋）《岐岨道中》

89. 餘公瑟（伯玉）《除夜》

90. 鎌田鵬（玄珠）《歲暮》

91. 僧魯州《夏日偶成》

92. 僧實聞（荃菴）《游山寺》

93. 度會末顯《夏日遡宮川》

94. 荒木田興正《仲春訪正木見龍》

95. 片岡承行（子順）《首夏漫興》

96. 馬島安榮（君用）《雪中尋梅》

97. 河合維修《中秋無月和答田生》

98. 山英《白鶴老人集得長字》

99. 山處和（其一）《送金龍上人還京》

100. 朱義（君宜）《滄洲書至，云，還自海西，今在京師，寓於法泉寺，贈此促歸》

101. 高浚（士明）《夏日訪觀上人》

102. 佐伯樸（季䑃）《客中秋雨》

103. 松山猷（子楨）《秋夜有感》

104. 鈴木有弘《游理性院》

前　言

105. 滕周（子山）《秋夕》

106. 田千秋（夢鶴）《倦夜》

107. 竹吉泰《宿全良寺》

108. 東璞《江亭》

109. 熊阪邦（子彥）《題某上人房》

110. 中島恒久（子成）《秋夜得霜字》

111. 岡壽卿（元齡）《春日臥病》

112. 永井貞卿（孝幹）《舟次牛渚》

113. 宇都維潭（士龍）《冬夜雨，讌集紅梅館》

114. 奧山久武（如山）《海樓避暑》

115. 島津義張（琴王）《淡州雜詩（五首錄一）》

116. 荒川爲攷《同諸子游今浦（今浦或稱琴浦）》

117. 岡冰室《擬宮中行樂詞》

118. 鈴裕（仲舒）《舟中晚望》

119. 北山皓（白甫）《謁春臺先生墓》

120. 田中遜之（箕山）《五日游禪林院，聽諸子奏樂》

121. 中山惟貞（子幹）《次韻宅美卿春日江村作》

122. 橘雍（子和）《夏夜小集得深字》

123. 伊藤維寧《秋日訪井子豐臥病》

124. 三宅芳隆（嘯山）《九月十三夜》

125. 藤有行《秋日臥病》

126. 村綱尚《山中》

127. 桑公祥《竹林避暑》

128. 蘆玄虎（文炳）《送人歸讚州》

129. 關虎（叔文）《登高》

130. 僧玄韻（棲霞）《和雲律師韻》

131. 僧香嚴《秋夜書懷》

132. 立花氏《梅雨新晴》

133. 荒木田氏《姪興正齋前花發得香字》

（十一）日本詩選卷之五 五言排律

1. 伊藤長胤《菅公子冠，且有攀桂之榮，陪筵恭賦》

2. 室直清《賦得殿閣生微涼》《秋夜旅懷》

3. 源璵（白石）《賦得碧瓦霜寒》《九月十三日賀平子壽七十（自注云，子壽三世名醫者，命題云菊契千秋，即和歌題也云）》《中秋汎舟暮過牛頭寺》《八月十六夜海天望月作》

4. 梁田邦美《癸卯元日》《和谷子炳十六夕對月見寄韻》

5. 太宰純《送大潮禪師歸省西肥作》

6. 服元喬《參政滕公府，詠小池芙蓉，得四支》《應人請，賦得竹不改色，爲岡田公壽》《乙卯之冬，猗蘭矦莊五松館側生靈芝，賦此奉賀》《諸子集，觀鄴中西園圖》

7. 高維馨《九日上金龍山，與稷卿賦》《出塞》

8. 宇鼎《中納言菅公挽詞》

9. 秋儀（玉山）《晨起望東山晴雪》

10. 服元雄（仲英）《春色滿皇州》《樂山公子見枉村莊賦

前 言

奉謝》

11. 松崎惟時《邊馬有歸心》

12. 伊藤縉《御溝新柳》《春風扇微和》《秋山極天净》

13. 柳美啓《春臺晴望》《同木士豹,上叡岳絶頂》

14. 皆川願《微雲淡河漢》

15. 松秀雲《游富春山》《現嶺道中作》

16. 南宮喬卿《雨中卧病,簡山共之,田子鳳》

17. 副保卿《同賦秋江夜泊,得秋字》

18. 烏宗成《驅蝗》

19. 田章(鳴門)《登金閣寺》

20. 合離(麗王)《贈賣茶翁(有自注略不載)》

21. 葛張(子琴)《世肅席上,同諸子,詠瓶中紅白梅花》《三日游青松院(院在上福島,古稱鵲林)》《三月八日游墨江》

22. 岡元鳳(公翼)《和葛子琴游墨江十二韻》

23. 清絢《春臺望》

24. 江村秉(愚亭)《鮫人潛織(唐時試士詩題)》

25. 柚木太玄《八月十七夜,陪北海先生,及二令子,道卿,孔均,賞月廣澤,得無字》

26. 僧令椿(湛堂)《假山》

27. 僧顯常《九日歸京舟中》

28. 僧慈周(六如)《南紀桃谷丈,寄寓台麓讀書,賦贈》

（十二）日本詩選卷之六 七言律詩上

1. 村上友佺（東嶺）《梅花》《歲晚小集作》

2. 松下見樣《詠鷹》

3. 伊藤長胤《詠塵》《中秋無月》

4. 鳥山輔寬（碩夫）《三月晦日送別》《季春游谷口亭次友人韻》

5. 鳥山輔門《中秋無月》

6. 澤維顯（宮內）《秋夜喜子登來訪》

7. 江村簡（義菴）《尼南晚望，次冬嶺老人韻》

8. 江村悰實《和登山韻》《訪岳陽翁》

9. 伊藤元基（宜齋）《野宮懷古》《長濱眺望》

10. 堀正超（景山）《侍讌藝庚應命賦呈（有小序略之）》

11. 堀正修（南湖）《次韻鼎洲師》

12. 大井守靜《郊行有感》

13. 入江兼通（若水）《西河卜居次某韻》《游猪飼氏廣澤別墅》

14. 柳川三省（滄洲）《擬宮人入道》《新年書懷》《送人之濃州》

15. 僧百拙《澱川舟中作》

16. 室直清（鳩巢）《早發魚津（越中地名）》《琵琶湖上作》

17. 源璵（白石）《鶏冠花》《冬日牡丹》《少年行》《和山

前 言

咸中秋韻》《祇生席上贈白峯》《重和室直清次春初韻》《見梁景鶯寄鶴樓詩，悵然有感，因和其韻》

18. 祇園瑜《詠燕》《詠白鷺》《恭奉次小倉藤公賜韻二首》一、二

19. 雨東（伯陽）《贈隱士》

20. 南景衡（思聰）《中秋對月》《次祇伯玉寄岡石梁韻以寄二首》一、二

21. 南景春（國華）《北溪眺望（但州妙見山八詠之一）》

22. 岡島達《秋日寄南紀祇伯玉》

23. 真子明《癸未季秋，長崎留別宴上，賦十日菊，兼寄江東諸友》

24. 大地昌言《行郡歷珠洲三崎（能登州）》

25. 小谷繼成《暮春游山》

26. 小瀨良正《元旦作》

27. 僧法霖《春興》

28. 僧若霖《澁谷道中》

29. 梁田邦美《七夕》《詠園中梅花》《寄湖玄岱》《和滕鳳陽（鳳陽余兄少時表號）》《同諸客，今泉氏宅，賞花，得西字》

30. 田助（鶴樓）《夏日江村》

31. 桂義樹（綵巖）《八島懷古二首》一、二

32. 湖玄泰（栢山）《用銀臺唱和韻，寄赤石梁蛻巖》

33. 物茂卿《春臺望》《春日懷次公》《和大潮禪師見訪》

34. 藤煥圖（東壁）《贈川上人》

35. 縣孝孺（次公）《山崎道中》《東都得弄璋報》

36. 太宰純《寧樂懷古》《下館丹矣，見枉徂徠先生山房，謹賦一律奉呈》

37. 平玄中（金華）《上西臺矣，矣時拜參政》《題島歸德水亭》

38. 服元喬（子遷）《鐮倉懷古》《舟下鹿洲江瀾不見渚涯》《登吉祥閣》《奉謁東叡大王》《送友人游官長崎》《奉和松前公，青山別莊作》《白賁墅》

39. 服維恭《聞莊子謙登芙蓉，不勝企望，短述以寄》

40. 高維馨《雪中登吉祥閣》《行徑七里濱》《僧房守歲》

41. 鳴鳳卿《御命，陪二藤公，汎舟隅田川》

42. 岡孝先《水閣避暑》

43. 元維寧《宿山寺》

44. 木實聞《和答默公病中見寄》

45. 莊允益（子謙）《登芙蓉（五首錄二）》一、二

46. 石正狷《雪夜宴太田矣第》《夏日同平子和宴懷仙樓》

47. 田好銑（子澤）《梅雨中，得叡山善光上人書及詩，賦此代簡謝，答（五首錄一）》《夏日，同諸上人，汎舟楊柳橋下》

48. 源敏樹《酬田子瓊，至日，同東溪南宇二大夫，宴勝

前　言

子齊席上見懷》

49. 秋儀（玉山）《詠霙靆鏡》《哭南子和》

50. 田憲章《鐮倉懷古（八首録二）》一、二

51. 井通熙（子叔）《送子羽還藩》

52. 山根清《臨池竹》《題大隱軒》

53. 僧原資《寓麴坊值星夕有作》《中秋舍虛亭》

54. 僧元皓《四月朔，舟中坐雨》

55. 宇鼎《擬長安春望》《擬上黄鶴樓》《奉寄物先生（五首録一，别有小引）》

56. 武欽繇《登清水寺大悲閣》《卜居》

57. 服天游《奉賀右大辨菅公進參議》《游三井寺》《送木文炳游江洲》

58. 伊藤繙《函嶺》《望海》《冬日海棠》《答子顯》《晚秋答弟君錦（君錦在越前）》

59. 清綏（君履）《丙戌春，余六十初度》

60. 春政紹《秋夜偶作》

61. 小栗元愷（子佐）《紅梅》《擬贈道士》《同諸子登後瀨山（山在若狹）》

62. 田公望（望之）《失鶴》

63. 瀧長愷（彌八）《有所思》

64. 松秀雲《夏日游山寺》《和百非上人席上》

65. 千鼎臣《十四夜，鈴津二公及泰默二尊者，辱臨席上

得六魚》

66. 千諸成《秋懷二首》一、二

67. 井知亮《同諸子游鈴公南莊》

68. 木貞貫《酬三州觀如上人見寄》

69. 湯元禎（之祥）《級川驛重留別君修》《答赤松大業見寄懷》

70. 野公臺（子賤）《訪箕山人》《智乘院集，賦呈諸君》

71. 高羽（翼之）《送松山太夫塚越君歸藩》

72. 安於慶（吉父）《侍游三山（山有徐福祠）》

73. 僧圓乘（了玄）《春日同諸君上東叡山》

74. 僧宜牧《游寺》

（十三）日本詩選卷之七 七言律下

1. 伊藤長堅（蘭嵎）《賦得籠中孤鴛鴦》

2. 松波光興（士發）《聞雁》

3. 石川正恒（麟洲）《赤間關懷古》

4. 田中履道《秋居漫詠》

5. 柳美啓（士明）《雨中過木津堤》《晚下菟江》

6. 芥煥（彥章）《抄秋與伯卿上如意山》《哭大通禪師》

7. 那波師曾（魯堂）《同賦早春登江樓》

8. 渡守時（南平）《暮秋與橋柳二兄詣赤山祠》

9. 皆川願（伯恭）《鴛鴦》《賦得宿雨能消御路塵》

10. 清絢（君錦）《擬唐人主家應製作》《奉送中將藤公使

築紫》一、二《和禾升卿登天台山（三首錄一）》《粟津懷古》《崑崙奴》《江樓（越前客中作）》

11. 片猷（孝秩）《同賦早春登江樓》

12. 鳥山宗成（宇內）《二月十六日，乘舟過三頭向本莊，游崇禪寺松林》《中秋六國亭觀月》《琵琶湖汎月》《送田鼎一歸金澤》

13. 田章（鳴門）《葛子琴宅，詠殘海棠花》《九日寄片北海先生》

14. 孔文雄（世傑）《秋日郊行》《客中偶作》《寄沼文進》

15. 龍公美（草廬）《浪華懷古》《同岡文韶游鹿苑寺》《都門早秋》《酬孔世傑》《得藤子樹詩及書卻寄》

16. 合離（麗王）《登東福寺閣示丹叔禪師》

17. 葛張（子琴）《北海先生致仕，作此奉寄》《哭菅甘谷》

18. 僧顯常（蕉中）《奉賀宰相菅公，及侍從公，上丁講經》《秋日西出七條》

19. 僧淨壽（終南）《登樓寄懷諸昆仲》

20. 僧元明（悟心）《秋日上東叡山》《客中新歲》

21. 僧敬雄（金龍）《月夜月伏樓小集》

22. 服元雄（仲英）《寄題日笑望海樓》《金井笑有伉儷之戚，詩以奉慰》《春日宴某笑墨水莊》

23. 劉維翰（龍門）《登樓》

24. 松崎維時（君修）《關原（二首錄一）》《送赤松國鶯

還赤穗》

25. 紀德民（平洲）《歲初得矣澤浪華之信喜賦》

26. 南宮岳（大湫）《秋夜懷大眉子茂，余時客湖東》《洞津芝原子篤致書，書中説秋來再邀余，因賦此答寄》

27. 湖岳《秋晚郊行》

28. 赤松鴻《登阪越圓通閣》《酬劉文翼見寄兒勳之作》

29. 赤松勳（大業）《訪避喧亭》

30. 梁田蕭（象水）《三島驛，贈朝鮮國南秋月》

31. 岡思潛《暮春游玉川》

32. 副士定（保卿）《送人游函關》

33. 近藤篤《酬蘭臺先生〈抄秋登東叡大悲閣見懷〉之作》

34. 井潛（仲龍）《滕君一，從日光廟使，賦別》《三日，井子章宅宴會，同賦花下尋盟》《嵯峨懷古》

35. 祇園尚濂（師援）《鉛山即事》

36. 度會末雅《同賦金谷故園得春字》

37. 高彝（君秉）《分題賦司馬相如》

38. 僧萬龜（文川）《登東都慈眼山寄，鎮公》

39. 江村秉（愚亭）《丹波道中》《若狹客中作》《武南山宅看花》

40. 柚木太玄《嵯峨懷古》《寄題三原妙正寺》

41. 端隆（文仲）《秋晴》《九日同諸君上黑龍山（山在越前）》

前　言

42. 源之熙（君績）《泥塑美人》

43. 巖垣彥明（亮卿）《秋思》《游圓通山》

44. 伊藤榮吉《感秋》

45. 岡元鳳（公翼）《高津春望》《平安寓捨答，葛子琴見寄》

46. 僧慈周（六如）《早春源子澤西游，辱臨草堂》《同日席上分韻得十一尤》

47. 菅晨曜（甘谷）《至日》

48. 飯田美允（玄野）《奉寄宇士新先生》

49. 友淵宜卿《同友人海寺觀花》

50. 賴惟寬（千秋）《玉江橋春望贈子琴》

51. 賴惟彊（百載）《得弟萬書卻寄》

52. 大江資衡（玄圃）《澱江夜泊》

53. 齊必簡（大禮）《九日》

54. 平信好《還俗尼》

55. 石川貞（太一）《七夕過第三橋》

56. 幡文華《春日感懷》

57. 僧凍滴《湖中四時晚景，春（四首錄二）》《同冬》

58. 僧惠誾《暮春即事》

59. 源義人《春日游海濱》

60. 山政禮（子慎）《高岸寺避暑》

61. 菅元容《中秋游築夫洲（五首錄一）》

62. 藤共建（子樹）《戲詠鯉魚膾》

63. 功君章《哭松崎子允》

64. 櫻井良幹《送乘子賁之丹後》

65. 杉信生（子適）《九日》

66. 榊原敬之《早春郊行》

67. 前田翹（君舉）《九日寄懷錦里先生》

68. 下川貴慶《螢》

69. 源義質（子敬）《金華山》

70. 南川維遷（文璞）《游溫泉寺（在依勢菰野山中）》

71. 山維熊（秋水）《登高》

72. 福世謙（益夫）《和柚仲素》

73. 河子龍（伯潛）《壽北海江村先生五十》

74. 內山之明（栗齋）《夏日櫻社朝望》

75. 萱成章《還鄉飲中公宅奉諸公》

76. 神山正孝《病起》

77. 岡豹（君章）《同諸子游西孟清中濱莊》

78. 北山彰（元章）《河港即事》

79. 藤仲導（環夫）《冬野望》

80. 草加親賢（公輔）《寄隄正平》

81. 明石景文（龜藏）《呈君錦先生》

82. 荒木喬（子遷）《挹翠軒即事》

83. 荒木堅（子剛）《再游平野》

84. 尾藤肇（志尹）《舟游墨江》《初秋書懷》

前 言

85. 小山儀（伯鳳）《京師客中上巳（客捨在鴨川濆）》

86. 井廣正（雲卿）《幽居》

87. 田妥壽（雨龍）《秋夜，弘源禪院，奉和君錦先生》

88. 芥元澄（子泉）《送石君潜赴東都》

89. 僧宗昺《寄蘇門先生》

90. 僧環空《雨新菴，同諸子賦，得侵韻》

91. 賀象（伯魏）《賀人卜居》

92. 香山彰《春日同諸子汎舟琵琶湖》

93. 永田忠原《庚寅秋九月十六日，蘇門先生小祥忌，舊社同賦〈秋夜感懷〉》

94. 石作貞《汎舟桑海，贈君謹兄》

95. 荒木田興正《癸巳三月，同賦〈東山賞花〉，奉壽北海江村先生六十（三首錄一）》

96. 井孝德（太室）《春盡》

97. 阪通（文策）《哭武梅龍先生》

98. 木弘恭（世肅）《萱君君譽書堂集得醪字》

99. 山田敬之《贈川青洲》

100. 片岡承行《送人游須磨》

101. 鄭宏《寄京師故人》

102. 竹川政辰（馬陵）《九日過飲子祥（時余將還鄉）》

103. 島田則裕《九月十三夜，遥懷藍水先生》

104. 田維禎（士祥）《秋蝶》

105. 服元濟（美冲）《十月友人宅看菊》

106. 山英（子成）《谷日》《長安春望》

107. 松山猷（子楨）《九日懷洛陽舊社》

108. 吹田定孝（繼志）《寄滕子篤（時在東都）》

109. 佐伯樸（季驥）《送公庸游楯岳（一曰立山）》

110. 朱義（君宜）《中山道中（在飛驒州）》

111. 久保信行（君利）《哭中村生》

112. 宇都潭（士龍）《九日同諸子上旗山望海》

113. 永井貞卿（孝幹）《浪華客中九日》

114. 岡壽卿（元齡）《藤門懷古》

115. 島津義張《月夜送人》

116. 原武雅《崎陽舟中作》

117. 源逸（伯民）《秋興》

118. 源義之《同諸子陪北海先生游嵯峨》

119. 平義綱（紀宗）《夙發逢阪訪京師故人》

120. 早苗三寧《寄滕子山》

121. 勝彥龍（子昇）《神泉苑》

122. 平寬（君栗）《寄懷清君錦先生》

123. 阪熙（惟熙）《題加藤清正廟》

124. 倉溫（伯玉）《晚秋對月有感》

125. 大菅圭《冬至》

126. 蓋九齡（伯壽）《客中秋懷》

前 言

127. 村蒙《松島汎舟》

128. 長國華（春父）《上八栗寺最高頂（山在讚州）》

129. 小倉深造（若虛）《訪葛子琴數日留宿》

130. 梅幸高（北溟）《擬送人從軍》

131. 申東作《呈南郭先生》

132. 青木欽曾（孝夫）《江北道中》

133. 滕軌（世式）《秋日同諸君登白華大悲閣》

134. 僧中誠（思三）《奉謝北海先生過訪》

135. 僧法嶺《訪曉應尊者（尊者住淨名寺）》

136. 僧了超《三日湖上》

137. 僧理空（龍臺）《中秋對月得庚韻》

138. 日野氏《春詞》

139. 清勳（公績）《送伊藤士善歷岐岨赴東都》《冬日郊行》

（十四）日本詩選卷之八 五言絕句

1. 石川丈山《野寺》

2. 那波方（道圓）《岐岨道中》

3. 笠原龍鱗（玄蕃）《秋夕》《倦夜》

4. 柳川三省《關山月》

5. 伊藤長胤《月下聞砧》

6. 澤維顯《山中》

7. 伊藤元基《自浪華至尼崎途中作》

8. 鳥山輔門《晚步》

9. 室滄浪《茅店殘月》

10. 源璵（白石）《採蓮曲》一、二《歲寒林》《海棠岸》《題斷琴圖》

11. 祇園瑜（南海）《歲暮寄宮麟洲》《送寶渚子歸江北二首》一、二

12. 雨森東（芳洲）《長安道》

13. 肥元成（允仲）《寄京洛故人》

14. 梁田邦美（蛻巖）《詠籠中鶯》《詠千日紅》《古意》《姊妹詞》

15. 田助（鶴樓）《春盡送人》

16. 僧法霖《失釵怨》

17. 桂義樹《夜雨》

18. 湖玄泰（栢山）《賜閑亭雜詠（原詩二十首，今錄其二）》一、二

19. 堀正超《北山寶幢寺看楓》一、二

20. 服子遷《長安道》《東都四時歌夏》《雪後即興》《題畫》

21. 平玄中《過山伯麟舊居》

22. 高維馨《折楊柳》《題畫》一、二《鎌倉懷古》

23. 松尚綱（子錦）《絕句》

24. 源義治（京國）《詠史》

25. 柳里恭（公美）《蘆湖》《馬入舟中》

前 言

26. 山根清（子濯）《曉鶯》

27. 瀧長愷（彌八）《大堤曲》

28. 水業元《艷曲二首》一、二

29. 秋儀（玉山）《五日伏陽旅館作（三首選一）》《老馬》《弄玉》《山中》

30. 僧原資（萬菴）《重詠鶯湖二首》一、二

31. 僧元皓（大潮）《感秋》

32. 宇鼎（士新）《詠秋海棠》《奉謝菅公賜果餌》

33. 宇鑒（士朗）《江行》《訪隱者不遇》

34. 藪弘篤（慎菴）《名劍》

35. 星野龍《漁村二首》一、二

36. 秦正富《少年行》

37. 秦要正《元日》

38. 菅晨曜（甘谷）《客捨花樹歌二首》一、二

39. 兄臧（臧宗）《早春》

40. 松秀雲《琵琶橋》

41. 武欽繇（梅龍）《冬夜》《早行》

42. 服天游（伯和）《梅雨》《俠客》

43. 伊藤縉（惣治）《採蓮曲（五首録二）》一、二，《題雜畫》《客中》

44. 芥煥（彥章）《絕句》《松風》

45. 柳美啓（士明）《宿僧院得妙字》《陌上遇雪》《同士

乾真如堂看楓》

46. 渡守時（南平）《發草津到梅木村》

47. 鳥宗成《風帆來去（江洲堅田十景之一）》《芥彥章過訪》

48. 合離《望芙蓉》《梅若冢》

49. 龍公美（草廬）《雁》《夢梅》《鳥羽田（河內途中吟）》《江上送客》

50. 孔文雄（世傑）《螢》《贈子明》

51. 清絢（君錦）《聞雁》《月夜游太元宮》《將赴播，口占上二兄》《同從兄君履，游石寶殿（在播州）》

52. 僧顯常（蕉中）《新晴》

53. 僧惠仁《竹生島》

54. 僧無相《冰室（在京師北，古昔藏冰之處）》

55. 僧敬雄（金龍）《春日入都》《留客》

56. 服元雄（仲英）《倚松館（佐倉矦觀瀾苑八景之一）》

57. 劉維翰（龍門）《少年行》《南總曉發》

58. 松崎維時（君修）《排悶（二首錄一）》

59. 紀德民（平洲）《看花》

60. 南宮岳（大湫）《秋夜小集，懷田君祐》《家書不至》

61. 湖岳（松江）《中山道雜詠（八首錄一）》

62. 赤松鴻（國鸞）《行路難》《春眠》

63. 赤松勳（大業）《寄岡孔彰》《途中別僧知快》

前　言

64. 孔思潛（孔彰）《別意》

65. 副士定（保卿）《尋梅》《記東海道民謳》

66. 高彝（君秉）《薄香詞（薄香地名，海舶湊泊之處）》

一、二

67. 田章（鳴門）《裝劍》

68. 度會末雅《嵯峨步月》

69. 江村秉（愚亭）《訪雨龍》《秋晚西郊即事》

70. 柚木太玄《王昭君》《磯浪（和歌題）》

71. 源之熙（君績）《春虹》《來青閣》

72. 巖垣彥明（亮卿）《俠客》

73. 伊藤榮吉（士善）《綠陰》《莫愁樂（三首節一）》

74. 僧周契（寰海）《深江夜雨》《掃庭》

75. 建孝銑（澤夫）《關山月》

76. 南維遷《新竹》

77. 齊必簡《題畫》

78. 田敬（孔夷）《鸚鵡石》

79. 僧義龍《播州道中》

80. 僧竺鳳《同上》

81. 源乘富（豹隱）《秋江有感》

82. 源義宜《秋涼》

83. 源義智《牧童》

84. 山政禮（東皋）《早秋夜坐》

85. 源康純《青樓曲》

86. 源敏（東溪）《贈隱者》《山中》

87. 中島徽樸《秋日閑居》

88. 源義質《江南意》

89. 雨森溫《春夜》

90. 下川貴慶《春意》

91. 阪威之《訪山家》《宿寺》

92. 內山之明《還鄉作》

93. 岡豹《唐崎孤松》

94. 北山彰（元章）《江上》

95. 福嘉貞（士標）《老梅》

96. 平賀晉人《博多歲初，次韻獨笑主人》

97. 荒木田興正《題畫菊》

98. 永田忠原《北野看調馬》

99. 清勳（公績）《竹露（二首錄一）》

100. 藤本敬《送烏翼卿之東都》

101. 隱廣福《途中別人》

102. 今大路源浦《春日作》

103. 岡汝肅（雲臥）《夜雪》

104. 永井貞卿《渚月亭》

105. 永井明卿《南都雜詠》

106. 岡長祐《病劇不省人事，數日始蘇作》

前言

107. 山根泰德《山居》
108. 吉田文獻《秋風引》
109. 石作貞（士幹）《春閨》
110. 佐伯樸《神通川（在越中）》《柳》
111. 佐伯寧（公静）《過駒回（在越後）》
112. 山英《春暮寄題野氏柳蔭捨》
113. 山東溪《江南曲》
114. 守屋元泰《夏夜》
115. 三浦言《烏夜啼》
116. 上田濟世（君美）《長安道》
117. 中島恒久《採蓮曲》
118. 田景化（之龍）《江南曲》
119. 武谷泉（六甲）《夫婦池》
120. 梅幸高（北溟）《秋興》
121. 薩埵元雌（雄甫）《歸省至三河碧海郡》
122. 荒木堅（子剛）《偶成》
123. 北山熙（元寧）《秋興》
124. 三宅芳隆《春宮思》《送西肥宗天》
125. 早苗三寧《石龍山》
126. 田爲章（文卿）《笠取山中》
127. 奧平重該《楊柳浦》
128. 原舍（子章）《不寐》

129. 西貞（三菴）《將進酒得春字》

130. 田鳳（朝陽）《下巴水》

131. 栗道因《無題》

132. 越智克忠（士明）《暮春郊行》

133. 中藤陬（子元）《山行》

134. 小西好古《子夜四時歌夏》

135. 尾瞻（百里）《七夕》

136. 僧道眼《二兒島》（在若洲）

137. 僧圓識《春臺望》

138. 僧恕行《邊城秋思》

139. 僧了行《春夜聞笛》

140. 僧石蘭《月下寄山中人》

141. 立花氏《山居》

142. 松禎卿《贈祇伯玉》

143. 三宅緝明《劍》

（十五）日本詩選卷之九 七言絕句上

1. 那波守之《贈江村剛齋》

2. 江村悰珉《郊行》《月夜汎舟》

3. 僧元政《伏見途中》

4. 宇都宮的《客中偶作》

5. 伊藤維楨（仁齋）《即事》

6. 北村可昌（篤所）《和州道中》

前　言

7. 伊藤宗恕（坦菴）《游吉水山得華字》

8. 村上友佺《題梅》《題畫》

9. 山本利盛《獨木橋》

10. 余元徵《細雨》

11. 伊藤長胤（東涯）《贈小山生之東行》《即事》

12. 烏山輔寬《樓上遠眺》《客中春日》

13. 烏山輔門《茶煙》《秋日郊行》

14. 笠原龍鱗（玄蕃）《春望》《柳》《登槙尾山》

15. 松原一清《宿西條驛》

16. 柳川三省《曉鶯》

17. 長野方義《秋閨》

18. 大井守靜《僧捨晚春》

19. 江兼通（若水）《春日舟中作》

20. 堀正超（景山）《江南春》《楊柳枝》

21. 澤維顯（宮內）《擬軍城早秋》《冬夜感懷》

22. 富逸（春叟）《送珠上人赴奧》《中秋》

23. 僧月潭《前村》

24. 僧百拙《舟中》《秋日過小倉陂》

25. 室直清（鳩巢）《富岳》《宮詞》《春遲》《柳絮》

26. 源璵（白石）《紀司馬席上和宮詞韻》《次玉隱師惠韻》《春初寄田長元在山北》《和井尚綱客中秋興韻》《中秋作（原詩四首，今選其一。自注云，己巳八月十五日生女，名曰清娘，

志其時也。是歲甲戌之春,清娘夭矣,今夕對月,鍾情更甚)》

27. 祇園瑜《玉島澄暉(和歌浦十二景)》《和白石井公春晚見憶韻》一、二

28. 雨森東《梅》

29. 松浦儀(禎卿)《無題》一、二

30. 岡島達《步月》

31. 原希翊《和客中感春作》

32. 田子彝《和竹枝詞》

33. 肥允仲《客中》

34. 梁田邦美《登鐵拐峯》《游中氏園,和昇上人梅花韻》《鹽谷晚歸口號(鹽谷邑名在赤石東)》《伯夷叩馬圖》《賦得春帆細雨來》

35. 湖玄泰《初夏游光明山》

36. 僧東明《游勝尾寺》

37. 僧道寧《賦水邊紅葉》

38. 僧無隱《送客》

39. 物茂卿《送縣次公》《送君上人之京》《懷富山人》

40. 滕煥圖(東野)《送人之築後》

41. 縣孝孺《林祭酒宅,同賦庭樹發春輝》

42. 太宰純《稻叢懷古》《九月十三夜,蓮光寺翫月》《馬山遇雨,贈逆旅主人》

43. 平玄中《早發深川》《春日古河道中》

前　言

44. 服元喬《牛門分得出塞》《夜下墨水》《秋夜別友人，得安字》《起復謝問疾諸君》《三日尋子昌莊》

45. 高維馨《從軍行》《明妃曲》《送田子明兄弟還湖中》《十日簡文卿》

46. 島鳳卿（皈德）《吳宮詞》

47. 土昌英（伯曄）《宮詞》

48. 平義質《上長興山》

49. 岡井孝先《謝子玉贈竹榻》

50. 木實聞（蘭皋）《雪夜玄洲公宅分韻得頭字》

51. 田良暢（子舒）《晚下墨水》

52. 鵜士寧《城門雪》

53. 晁泰亮《歲杪思家》《和杏隱叟游南山》

54. 雍正長（子方）《早春書懷》

55. 山根清（華陽）《春思》

56. 田泰（士雅）《出塞行》

57. 田公望（望之）《春日行》

58. 瀧長愷（彌八）《姬人怨服散》《送別山玄琳功子舍（二子江人，時余有西京行）》

59. 井通熙（子叔）《當壚曲》

60. 江忠囿（南溪）《西宮秋怨》

61. 高羽（翼之）《長干行》

62. 水業元（博泉）《春宮詞》

63. 秋儀（玉山）《漢宮詞》《江都春日行（六首錄二）》一、二

64. 僧元皓（大潮）《春雪夜，澱河舟中作》《四月朔對雨》《寓懷》

65. 僧原資（萬菴）《採蓮曲》《冬日即景》

66. 僧圓乘《春日游墨水得春字》

67. 宇鼎（士新）《春思》《明霞軒（五首錄一）》《送深卿（六首錄一，深卿蓋攝人學京者）》

68. 宇鑒（士朗）《從軍行》《擬塞上逢故人》《失鶴》《睡起》

69. 伊藤長堅（蘭隅）《戍樓春月》

70. 奧田士亨《答若州都築老丈》

71. 福島未茂《訪隱者不遇》

72. 秦正富（君忠）《聞笛》

73. 菅元繼（雄峯）《岸柳》

74. 渡邊不遠《臨江亭夜坐》

75. 唐金興隆《游明光浦》

76. 臼田香（升叔）《答越中人》

77. 楢榮迪（伯啓）《寄答屈子幹（十首錄一）》

78. 江村如圭（復所）《牧童》

79. 水謙（士遜）《天橋舟中和北海先生》

80. 僧玉泉《春盡》

81. 僧承堅（翠嚴）《春雨》

前　言

82. 僧無隱《九日過故人舊館》

83. 松秀雲《答喬子貫》《舒嘯臺春日即興》

84. 千諸成《漢宮四時怨夏》

85. 木貞寬《題仕女圖》

86. 武欽繇（梅龍）《游仙曲》

87. 服天游（蘇門）《上如意山》《送人游赤石》

88. 村漸（中漸）《二水亭避暑》《歲晚書懷》

89. 兄臧《涼州詞》《題扇面富士山》

90. 藤門周齋《秋日》

91. 唐崎彥明《將赴平安買舟出港》

92. 青葉廣（士弘）《題僧院》

93. 岡長裕《春日訪隱士不遇》

94. 左正彬（文藏）《送秀貞游有馬山》

95. 仲和（道齋）《將歸阿州留別諸子》

96. 慶德武遇《驛路歲暮有感》

97. 荒木田息雅《二見浦晚景》

98. 吹田定敏《送人歸山》

99. 岡德瑜《簡木世肅乞酒》

100. 松山造《幽居》

101. 川田資哲《別渡長年》

102. 田中仲純《偶作》

103. 原田直（溫夫）《某氏宅看海棠》

104. 齊藤願仲《夜下漠河》

105. 木原正直《聞雁》

106. 僧越宗《古寺夜興》

107. 僧惠寶（雪鼎）《落葉山（馬山溫泉之西山）》

108. 僧空賢《秋閨怨》

109. 僧浄慧《無題》

110. 僧雪巖《奉呈楽山公子（三首録一）》

（十六）日本詩選卷之十 七言絕句下

1. 伊藤縉《塞下曲》《野渡遲舟》《濃州道中》《皈家志喜》

2. 柳美啓《旅泊夜雨》

3. 芥煥《早春游望》《楚宮詞》

4. 宇成憲（醴泉）《游仙曲》

5. 清綏（藍鄉）《寄題蒹葭堂》

6. 皆川願《採蓮曲》《牡丹》

7. 渡守時《與諸友伏見尋梅》

8. 清絢《游仙曲》一、二《採蓮曲》《春日偶作》《雪夜泊舟》

9. 鳥宗成《秋夜即事》《寄南越梅北溟》《生玉池亭》

10. 田章（鳴門）《籔氏二水亭四時，夏》

11. 孔文雄《春日雜興》《少年行》

12. 龍公美《楊柳枝詞》《秋閨怨》《送木君恕，從勝山矦，之東都》《伏水宿僧本玄房》

前　言

13. 源敬義（道卿）《初秋》
14. 柚木知雄《春曉》
15. 近藤篤《暮春懷鄉》《聞雁有感》
16. 湯元禎《寄子業》《讚海舟歸，遭風惡浪猛，慨然賦之》
17. 赤松鴻《雪中懷友》《馬山客捨》
18. 赤松勳《奉命恭題金波樓》
19. 江村秉（愚亭）《唐崎》《題畫虎》
20. 葛張（子琴）《冬日游野寺》
21. 合離（麗王）《謁徂徠先生墓》一、二
22. 賴惟寬（千秋）《留別平紀宗》《早發古河》
23. 岡元鳳《冬牡丹》《楚宮詞》
24. 端隆《楊柳枝》一、二《暮秋雜詠（五首錄一）》
25. 源之熙《雪後尋梅》《落梅》
26. 僧顯常《奈良宿中沼氏》《牛瀑丹楓》
27. 僧敬雄（金龍）《函谷關》《淺間嶺》《仙人床》
28. 僧萬龜（文川）《夏詩》《林蘭渚，邀余於京師，余暫還故園》
29. 服元雄（仲英）《客中九日》《雪夜望漁火》
30. 劉維翰（龍門）《暮春郊行》《懷島子行》
31. 田好銑《暮秋送無動上人從王駕之日光山》
32. 源敏樹（稷卿）《吳宮怨》
33. 紀德民《送仲栗之攝州》

34. 松崎維時《涼州詞》《春夜松山世子席上作》

35. 南宮岳《山家閨怨》《聞子規懷太一》

36. 建孝銑《元弘宮詞》一、二

37. 梁田蕭《春夜裁縫》

38. 大江資衡《幡文華宅集，同賦花下對酌》

39. 齊必簡《秋望》

40. 湖岳（松江）《冬日養痾山中，簡城中友人》

41. 僧六如《丙戌晚春赴東都旅中作》一、二、三

42. 巖垣彥明《江上夜泊》《漁村夕照》

43. 伊藤榮吉《郊行》《能因法師墓》

44. 久保信行《送泉昌安歸奧州》

45. 永田忠原《九日》

46. 石作貞《送蘭江師之西京》

47. 平賀晉人《宿田城》

48. 伊藤聖訓《夏雨》

49. 僧凍滴《江村即事》《逢俠者》

50. 源義根《送人游葛城山》

51. 山良由《客中聞子規》

52. 山政禮《夏晚雨晴》

53. 稻葉正美《春日宴城西別墅，次文卿韻》

54. 源康純《答子樹見懷，用其韻》

55. 源敏（東溪）《山中》

前　言

56. 乘竹良弼《暮秋游山寺》

57. 內山之明《春日感懷》

58. 神山政孝《腰越萬福寺，觀辨慶書》

59. 防寬《留別金邸監》

60. 尾藤肇（志尹）《雨後早行，用鵜芝翁韻》

61. 藤仲導《美人病起》

62. 副士定（保卿）《擬禁中看月作，分得看字》《隴西行》

63. 僧中誠（思三）《奉謝北海先生來訪》

64. 僧道祐（雪樵）《漁夫》

65. 清勳（公績）《西院春望得歸字》《採蓮曲》

66. 香山彰《晨發水口驛》《春日病中》

67. 春政美《鴨川別墅偶作》

68. 組屋翰《夏宮詞》

69. 吹田定孝《郊游》

70. 賀象（伯魏）《分題得貧家雪》

71. 中島徽樸《清泉館惜春》

72. 下川貴慶《渡口》《郊行》

73. 雨森增質《雪夜》

74. 阪田靖《偶作》

75. 淺見寔《送子顯之東武》

76. 藤國紀《欲見一條山之瀑布久矣，官事鞅掌未果，因有感作》

77. 度會末顯《擬金谷園懷古》

78. 荒木田興正《松風，應某禪師需》

79. 林文肅《寄慰千莪湖》

80. 藤元昺（文二）《懷菅文哉》

81. 片岡承行《荷香入簾》

82. 竹川政辰《八橋覽古》

83. 井高登（子龍）《晚春送景眺歸東都》

84. 城懋《携河生游逍遥軒》

85. 鄭宏《美人對鏡》

86. 河合維修《採蓮曲》

87. 伊達彰《送人之京師》

88. 島田則裕《春日寄懷仰霞樓中諸子》

89. 田維圭《送士祥兄之湖中》《暮春即事》

90. 服元濟《夏日作》

91. 山田東溪《暮秋贈友》

92. 佐伯樸（季艤）《牡丹》《自伏見抵浪華舟中作》

93. 高浚（子明）《月夜懷朗公》

94. 朱義（君宜）《偶作》

95. 野義見（有隣）《瀑布》

96. 僧大幻（寂照）《卧病逢中秋》

97. 僧處一《春江浮舟》

98. 井孝德（太室）《梅花落》

前　言

99. 安於慶《平安客捨作》
100. 平君舒《殘春》
101. 菅善（千秋）《南鴨祠》
102. 熊阪邦《中秋書懷》
103. 東海儀《首夏即事》《月夜汎江》
104. 中井積善《邊詞》《宮怨》
105. 篠應道（安道）《留別諸子》
106. 橘雍《春江曲》
107. 橘溫（子玉）《首夏雜興》
108. 橘維發《春盡，問津亭，同陶齊賦》
109. 井廣正《春日臥病》
110. 西村直（孟清）《自中濱還家舟中作》
111. 岡施國《某園小集贈主人》
112. 福元素《嚴島朝望》
113. 田早胤（雪航）《中秋新晴》
114. 荒木喬《大坂》
115. 田敬（孔夷）《題曳尾亭壁》
116. 中谷東洲《贈地藏寺上人》《送僧之京師》
117. 明石景文《美人畫寐》
118. 青山寬《送人之丹後》
119. 岡壽卿《宿須磨》
120. 永井貞卿《赤石夜泊》《早春送西公倫之安藝》

121. 永井明卿《秋夜》

122. 安武（子桓）《山寺》

123. 山根泰德《夏夜汎舟》

124. 山根道晉《送子恭謝病還故鄉》

125. 小田村直道《聽箏》

126. 島津義張《長川即事（長川水名）》

127. 湯顯道《夏夜汎舟》

128. 中山敬《送菅維忠之東都》

129. 野上國幹《恭觀日光山祀事》

130. 草香孝敏《十日菊》

131. 管晉帥《和元協春游》

132. 城和光（子邈）《同賴阿松過天心居》

133. 隱廣福《早度鈴鹿關》

134. 加藤知雄（鹵山）《秋日送人之浪華》

135. 薩元雌（雄甫）《分題賦得十書九不達》

136. 田爲章（文卿）《江畔尋花》

137. 餘弘瑟（伯玉）《中秋》

138. 三宅芳龍《塞下曲》《秋閨怨》

139. 田敬（敬中）《送人之薩摩》

140. 拾一豹（斑卿）《悼笙工秦氏》

141. 巖信成（子功）《送菅伯倫再游京師》

142. 山愚卿《寄答田生》

前　言

143. 島意征（由陽）《草蟲》

144. 馬嶋安榮《山行大霧》

145. 倉田元頤《塞下曲》

146. 永島紀修（明甫）《送良子謹再入京》

147. 荒木田氏筠《游西行谷》

148. 度會光隆《同前》

149. 永田知章《首夏山樓即事》

150. 藤昵（子昵）《彥城山根君宅看菊》

151. 田鳳（朝陽）《聞石蘭上人種竹有此寄》

152. 上林駒（馬卿）《題某山房》

153. 清伯瑜《江南曲》

154. 間英（太彥）《夏夜》

155. 松井篤（敏仲）《秋日》

156. 渡邊登（公庸）《舟橋》

157. 加治良馴（千里）《澱河舟中》

158. 芳野播（於谷）《客中春盡》

159. 岡淵（子龍）《楊柳送客》

160. 松好古《春寒》

161. 平時春《酌酒與故人》

162. 武衛賴雄《桂花亭看菊宴》

163. 高橋言守《同前，余臥病，不得陪游》

164. 賴阿萬《賦得美人垂釣》

165. 龍世華（子春）《長安春游》

166. 僧亮融《他鄉七夕（去歲至日一日試百首中作）》

167. 大菅集《冬至宴集（同上）》

168. 松景韶《秋江送別（同上）》

169. 馬正參（文璧）《訪隱者不遇》

170. 僧亮潤（真詣）《踏雲逕》

171. 僧楞山《山中桃花》

172. 僧實聞（荃菴）《江上送客》

173. 僧了觀《明月來相照》

174. 僧祥春《登愛宕山呈識上人》

175. 僧紹拙《丹後智恩寺作》

176. 僧靈隱（應山）《長州別泰成師》

177. 井上氏（通）《天龍河》

178. 琴和氏《對月有感》

179. 小河氏《夏夜作》

（十七）日本詩選補遺

1. 江村悰流《客中秋懷（自註云亡妻訃至）》

2. 北圃恭《秋晚到柳瀨》

3. 安田棟隆《竹軒》

4. 田敬《奉和北海先生游天龍寺》

5. 僧覺净（文清）《客中秋雨分韻》

6. 宇成憲《寄題三原妙正寺》

前　言

　　7. 武川幸順《攝政近衛相公，手賜禁色扇，曰，朝參特許用之，時正月八日也》

　　8. 僧法蘭《寄題長嘯亭》

　　9. 永原紀《靜夜思》

　　10. 賀鷹（士揚）《貴船廟下作》

　　11. 大高季明《題谷生城西別業》

　　12. 小栗元愷（鶴皋）《春宮曲》

　　13. 石文瑩（子龍）《和藤周齋見寄韻》

　　14. 野田寶《即事》

　　15. 廣野儀《夏日汎舟》

　　16. 僧明脫（月泉）《九月十三夜臥病作》《冬夜》

（十八）清絢撰《日本詩選跋》

《日本詩選續編》

（一）江村綬撰《日本詩選續編首卷題言》

（二）續編首卷

　　1. 九條公・左大臣《飛雲閣》

　　2. 花山院公・前內大臣《雙峯夕照》

　　3. 廣幡公・前內大臣《子規》《夏日游加茂》一、二《夏夜即事》

　　4. 菊亭公・大納言《草菴月（和歌題）》

　　5. 勘解由小路公・前大納言《寄月祝君（和歌題）》

6. 小倉公・前大納言《松嵐亭席上卒賦贈百拙禪師》

7. 中御門公・前大納言《園蝶》

8. 愛宕公・前大納言《山家月》

9. 五條公・前大納言《蕭寺月》

10. 四辻公・前大納言《大津驛留別諸公》《木曾山中詠》《龍脊橋》

11. 松殿公・中納言《東郊望》

12. 冷泉公・前中納言《河柳》

13. 風早公・前中納言・正二位《題昇仙石》

14. 高辻公・前中納言《次由道梅花韻》

15. 五條公・前中納言《立秋》

16. 平松公・前中納言《踏花塢》

17. 唐橋公・參議《澤邊月（和歌題）》《次首夏韻》

18. 唐橋公・前中納言《嘯月坡》

19. 芝山公・參議《防海風帆》

20. 勘解由小路公・從三位《海邊月》

21. 千種公・三品源公《初夏游某園亭》《過勝尾寺》《登箕尾山》《題僧房》《燈下菊》《破扇》《宮詞》

22. 巖倉公・左少將《立秋前一夕同諸友集》《登樓》

23. 輪王寺公辨法親王《風月自清夜》

24. 輪王寺公遵法親王《侍常寧殿恭詠垂絲櫻應詔》《夏日陪追涼殿敕問山房暑天何如賦此奉答》《題富岳圖》《奉賀

前　言

今上皇帝登極》《奉獻太上皇》《滄浪池》

25. 妙法院堯恕法親王《雨中偶作》《游清凉山贈海晏禪師》

26. 梶井盛胤法親王《春巖開花》

27. 一乘院真敬法親王《雪夜吟》《首夏即景》

28. 持明院僧正·良胤《山家冬》《旅》

29. 本願寺門主·本願寺十四世《避暑龍安寺》

30. 本願寺門主·同十五世《西江浪聲》

31. 本願寺門主·同十六世《鼇溪觀梅》

32. 本願寺門主·稱新門主《緋桃》《同賦春色滿皇州》

33. 守山矦·從四位《寅賓閣》

34. 樂山公子·從四位《游玉笥山》《天妃山》《寅賓閣送守山矦》

35. 前橋矦·從四位《奉賀太翁八十八歲華誕》《送源敬義還京》

36. 肥後矦·從四位·諱宣紀《賀江村節齋八十》

37. 肥後矦·從四位·諱重賢《石山作》

38. 南部矦《竹臺洞天》

39. 白河矦·四品源公《寄滕子璋》《寄懷壺山老矦》

40. 郡山矦·四品源公《和紀君禹》《和紀君禹，七月既望夜，汎舟林池之作》《寄濱松矦》《雜詩》《遥寄懷紀君禹》《春曉用孟浩然韻》《留別處明》《夜月》《江行》《月夜樓上感懷》

41. 膳所矦·朝散太夫《病中作》《和滕子璋》

42. 金井矦・朝散太夫《餞武陵潮音閣》《奉和君爲大兄見寄》

43. 諏訪矦・朝散太夫《答泉矦病居秋懷》《罹災後答滕子璋見寄》《答謝宮川矦》《應相良矦》《答謝宮川矦自浪華見寄》《送人之葛西》

44. 大久保矦・朝散太夫《答壺山矦宿余居見贈》《明月軒對酌得軒字》

45. 宇土矦・朝散太夫《過壺山老矦》《桑落酒一壺，鄙詩二絕，并奉贈子璋藤君》一、二

46. 日出矦・朝散太夫《早秋送訊長老歸京》《昭君怨》《過雕龍矦花園》《送相良矦協衛駿府》

47. 赤穗矦・朝散太夫《汎舟墨水》《長安月》《秋夜江口泊舟》

48. 壺山矦・朝散大夫《招隱詩》《公讌》《夏晚別莊漫興》《賀東里先生五十初度》《圓光寺紫藤》《明月軒對酌得明字》《夏日村居》《薔薇花贈曄公》《題惠遠過虎溪圖》《寫得萱竹雙青圖賀山子祥母六十》

49. 神户矦・朝散太夫《答士和》《夏日偶作》《夏日獨坐》《薩埵眺望》

50. 宮川矦・朝散大夫《高雄山觀楓》

51. 豹隱公子（見前編）《春日尋野寺》《晚江舟歸》

52. 源興彭・肥後矦弟《和真立上人見贈韻》

前　言

53. 源義裞・山野邊太夫《七夕瑲鳴閣小集分得躋》《九日》《關山月送人》《春暮小集賞花懷谷仙菴（仙菴時在鬢髮山）》

54. 源義妥《和小泉公子晚景之作》

（三）首卷補遺

伊賀矦・從四位侍從《客中惜春（席上分韻）》《賦得霜葉紅於二月花》

（四）日本詩選續編

1. 日本詩選續編序

2. 日本詩選續編凡例

3. 日本詩選續編作者姓名

4. 日本詩選續編總目

5. 日本詩選續編卷之一

（五）五言古詩

1. 源義裞《季秋同諸子集友人園亭分韻得七虞》

2. 栗元愷《擬古》《鳴雁行》《詠史》

3. 山良由《茶白山覽古（山在尾張）》《冰澌》

4. 千伯濟《感遇》

5. 礒谷正卿《江樓送別》《富春汎月》

6. 千葉玄之《詠賢君》《詠賢臣》

7. 野公臺《哭服仲英（二首錄一）》

8. 村盛芳《讀張中丞傳》

9. 宮田明《東里先生墓下作》

10. 劉韶《關壯繆像贊》

11. 藪懋《題畫菊兼壽谷子》

12. 柚木太玄《有感二首》一、二

13. 石作貞《送人歸歧岨（尾州客中）》《宿寺澤瑠璃殿期友人不至》《將登駒岳宿大原村，早起途中作》

14. 山瑛《促織》

15. 高浚《贈松子貞》

16. 平信好《猛虎行》《紫騮馬》

17. 朱義《幽居》

18. 黍漁《湖上偶作》

19. 河合維修《贈起絹》

20. 長中行《有感》

21. 江友益《送古淳風游學京師》

22. 島津義張《歲晚弊園集，平臺公携諸子見枉駕，得悠字》

23. 藤知雄《歲暮感懷》

24. 木生民《有人籠雀遺珉公，公愛養之，不日馴頷，忽焉死矣，公悔而傷之，余爲作哀詞》

25. 三宅芳隆《歲暮家集呈丹邱叟》

以下为七言古詩

26. 大澤猶興《柳絮歌》

27. 鵜孟一《賦得葛城歌送小山晁大夫》

28. 山良由《冬日過田家》

前　言

29. 源義妥《少年行》

30. 橘雍《丹青歌寄若冲山人》

31. 秋以正《淇園歌寄英泉上人》

32. 千伯濟《送橫有功還鄉》

33. 源敏《雜詩》《江上晚歸》

34. 松尾直員《壺山老叟輓歌》

35. 谷友信《勝子嗣五十壽歌》《題四時畫（四首錄一）》

36. 野公臺《養老瀑泉歌，爲大垣岡生壽大翁五十》

37. 松延年《曳布釀歌，贈山子祥谷文卿》

38. 村盛芳《赤城義士歌》

39. 藪愸《琵琶潭歌，送人歸南鄙》《贈劍工伊正良》《畫竹歌》

40. 石作貞《聞友人卜居湖中》《題沉山人居》

41. 古樸《中秋吟寄副士良》

42. 福世謙《所思》

43. 平信好《詠燕》

44. 香山彰《第二橋步月》《中秋前一夕花月亭集示諸君》

45. 松山造《冬日寄懷富山諸子》

46. 田惟禎《春日送某禪師之豐後》

47. 村田綱基《和某游讚州泗渡作》

（六）日本詩選續編卷之二　五言律詩

1. 鈴木堯弼《夜雨》

2. 神户由道《游門氏莊》《游吉田氏亭》《冬日旅望》

3. 井上鷟《晚興》

4. 橘雍《送阪士清》《四橋春望》

5. 栗元愷《搗衣》《早春偶作》一、二《武矦廟》

6. 田粲《早春游望》

7. 岡彪《浪華春望》

8. 山宫維深《發三原（備後州）》

9. 源廣周《夏日山寺》

10. 荊元俊《秋懷》

11. 滕太中《秋雨道中》

12. 馬正恭《塞上曲》

13. 佐佐宗淳《送自息軒常覺師還京》

14. 秋以正《登朝熊山絶頂》

15. 源義根《朝陽園集賦初秋》

16. 晁道恒《夏夕雨》

17. 山良由《驟雨》《圍棊》《煮茶》

18. 屈方舊《秋日寄横有功》

19. 恩田維周《送人歸鄉》

20. 千伯濟《醉月亭夜飲》

21. 松平忠武《游東山》

22. 礒谷正卿《同挺之游白林寺》《遥題飛州朝陸橋》

23. 横山信虔《秋夜懷人》《早發鹽尻驛臨諏訪湖》

前 言

24. 千村義高《納凉》
25. 津金和寬《三叉口汎舟》
26. 平野紀長《野望》
27. 橫井時貫《中秋無月》
28. 柳春明《野望》
29. 岡田壽《春日閑居》
30. 平野順《行過山村》
31. 乾祐直《長夏》
32. 橫田行道《冬日錦里先生原子顯集文仲宅》
33. 下川貴慶《寄滕伯禮（二首録一）》
34. 松永公路《山寺》
35. 源重均《首夏山樓即事》
36. 劉韶《游仙》
37. 高俊《上鞍馬山》
38. 渡守時《初冬過西芳精捨》《謝石君潛留京日見訪》
39. 畑柳安《登紀三井寺》
40. 武公美《訪北山元章途中作》
41. 垣內文徹《興國寺》
42. 後藤世鈞《秋夜會琴客》
43. 田淵龍《感懷（十首録一）》
44. 平元秀《梅花落》《曉發山驛》
45. 關忠貫《歲晚集子惠分韻》

46. 林維德《歲暮歸山》

47. 高盛雄《微雨蕭蕭古驛中》

48. 山允文《曉自古江歸》

49. 新元凱《游須磨寺》

50. 室恭豊《擬送人游洞庭》

51. 奧田元行《秋日多賀村道中》

52. 古屋鬲《次韻岡生胡茄曲》《同梅亭春潮二禪師，游蓮光精捨》

53. 田中雅《寄越州二兄》

54. 呂欽亮《餞飲古君淳風，於垂裕堂》

55. 松尾直員《災後偶作》一、二《哭稷卿（四首錄一）》

56. 大島義寔《密藏院席上，和真尊者韻》

57. 森信門《秋夜聞雁》

58. 布久成《呈瑞林上人》

59. 佐綧《柿本大夫廟》

60. 岡長堅《冬日至高田村題楓樹》

61. 源敏《春日園居》一、二、三

62. 蘆田克誠《暮春，陪松奧二太夫，與日照上人，宴村君山宅，得庚韻》

63. 內田士弘《寄子賤》

64. 南川文璞《秋夜旅懷》

65. 盧玄淳《佐州翁歸鄉草堂成》

前　言

66. 長玄珠《鎌崎溫泉》

67. 谷友信《屈子誄，草堂投詩，賦答（三首錄一）》《災後口占（四首錄一）》

68. 野公臺《喜雨》

69. 角文仲《盆石》

70. 千葉玄之《朔日冬至，飲綠野樓，得開字（主人令郎年甫十歲，溫籍可愛）》《五日觀妓》

71. 松延年《田家》《周洋道中》《冬日江上客居》

72. 村盛芳《同賦田家小春，得心字》

73. 室偉文《秋雨思友》

74. 和之璧《寄宇元章》

75. 高道昂《溪口晚歸》

76. 菅元選《春日山居》

77. 松之幹《游醍醐精捨（三首錄一）》

78. 松山造《游友人亭》

79. 永田知章《登高月院》

80. 高木三省《游仙林寺》

81. 菅沼恒《夏日游山寺》

82. 佐知隆《暮秋汎墨水》《秋日上石山》

83. 櫻井篤忠《穐夜宿山寺》

84. 荻元善《秋江送別》

85. 林貞亮《春陰》《畫山水》

86. 鈴木守約《早行》

87. 松井元規《山房夜話》

（七）日本詩選續編卷之三 五言律詩下

1. 河子龍《夏夕葛子琴宅小集》

2. 古樸《同冢克忠訪菅廟祠官十斑卿分韻》《寄題潮鳴館（三原，宇都士龍書齋）》

3. 藪愨《游仙（十首錄一）》《秋夜舟下澱河》《水明樓夜集》《送人游寧楽》

4. 清勲《春色滿皇州得花字》《出銀閣寺還鹿溪途中口號》《夏日過藤希史夕佳亭》《送田公封、河公象歸濃州》《同亮卿伯魏赴藤子發茶約》

5. 石作貞《春日訪山中友人》《先君遠諱有感》

6. 黍漁《漁父》《汎舟》《寄西士雅》

7. 奧田士元《過函關（四首錄一）》《清眺閣》

8. 岡壽卿《春夜喜雨》《落花》《病馬》《螢火》

9. 高浚《早春偶成》

10. 佐伯樸《冬日野望》《季秋游神江》《神江夜歸》

11. 佐伯寧《秋蟲》《吳山眺望》《秋江晚眺》

12. 松山吉《孟夏平安客捨邂逅鄉友》

13. 吹田定孝《邊城秋思和董甫韻》

14. 朱義《暮春山居》

15. 田維禎《冬夜小集》《游崇福寺》

前　言

16. 香山彰《十四夜月》《十五夜月》《寄題夕佳亭》
17. 阪通《俠客行》
18. 清水綱《冬郊夜歸》
19. 海希賢《假山》《詠楊弓》
20. 杉美典《早行》
21. 石黑暢《送岡功甫歸築前》
22. 大江維翰《美人對鏡》
23. 森正綱《夏日村居》
24. 源義禎《瀑布》
25. 廣冲《題南氏隱居》
26. 紀廣《中秋無月》
27. 矢橋徽《春夜飲縢大人宅分韻》
28. 矢橋龍《將東游題壁》
29. 關祐之《門外》
30. 尾島光齊《東都客中諸子至》
31. 崎芳《駕轉皇州》
32. 高載陽《秋朝雜詠》
33. 田思明《夏日飲田家》
34. 川惟信《夏日偶成》
35. 田早胤《西游共歸寄鳴門兄》
36. 赤石文衡《賦得日照扶桑》
37. 鈴木知周《秋日登高臺寺》

38. 近藤庸顯《山居秋晚》
39. 垣內時中《中龝汎舟》
40. 西川瑚《秋日偶作》一、二
41. 大菅集《送人之上野》
42. 木世輿《花集得十三元》
43. 袁景陳《上宕邱》
44. 西川寬行《海城早秋》
45. 小倉深造《旅中》
46. 井上適《贈某山人》
47. 林維琉《夜泊》
48. 阪本勇《寄平安西子玉》
49. 上田静《題山水圖》
50. 木恭《青松堂集得携字》
51. 嵐元敬《從軍行》
52. 曾根省吾《秋日村居》
53. 田鳳《山行》
54. 山崎寬《他鄉九日》
55. 關玄之《京師客中作》
56. 滕維熊《送僧游京師》
57. 井公禮《梅雨同諸君集蒼卜堂》
58. 武谷成章《病中栖伯啓兄弟見訪》
59. 柳宏《秋日田生見過》

前　言

60. 吉尚春《登吉祥閣》
61. 高士元《秋日野望》
62. 吉安貞《夏日游虎溪》
63. 橋暉仍《谷汲山中作》
64. 關照《山居》
65. 藤伯章《城東即事》
66. 中川愈《旅夜聞雁》
67. 僧大愚《呈北海先生》
68. 僧潮音《三野道中》
69. 僧冲默《早春雜興》
70. 僧闡侃《暮發河內》
71. 僧大幻《與若山君散步》
72. 僧禪軾《贈文卿》《過宿子祥》
73. 僧亮融《偶成》
74. 僧衍機《賀大鵬禪師應請東渡》
75. 僧海量《寶泉房》
76. 僧普觀《呈君山先生》
77. 僧貫道《寄岱州》
78. 僧闡教《秋夜即事》
79. 僧日謙《別新知人》
80. 僧獨雄《夏日偶成》
81. 僧秀存《夏日山居》

82. 僧修《訪北山橘菴先生》

83. 僧了周《赤石客中游海濱》

84. 僧慧海《游神護寺》

以下为五言排律

85. 關忠貫《出塞》

86. 松尾直員《哭頑海禪師》

87. 越智正山《奉答白河矦見寄》

88. 松延年《汪竹里再渡來賦贈》

89. 宮田明《爲園部世子奉壽君矦六十一初度》

90. 藪愨《重陽蓮光寺集得八庚》《聞子友宿小金峯絶頂有此寄》

91. 石作貞《春日山寺》

92. 下川貴慶《春日游集西皋公別墅》

93. 巖垣彦明《羽林藤公奉勅使鴨祠因賦奉呈》

94. 清勲《御溝新柳》《過西皋公別莊》《山茨樓席上分題賦得夢登天》

95. 島津義張《汎舟同子寬世子》

96. 吹田定孝《暮春同潜龍師游松濤菴》

97. 小倉深造《拜八幡神廟有感》

98. 野公臺《滋賀懷古》

99. 西元明《游讚州弥谷寺》

100. 北山憲《東游舟中作》

前言

（八）日本詩選續編卷之四 七言律詩上

1. 源義聚《中秋懷小泉矦》《得矢公栗書賦此寫感》

2. 源義妥《古意》

3. 安積覺《恭應一品大王令賦桐壺白》

4. 酒泉弘《同》

5. 栗山願《同》

6. 德田庸《秋杪谷義父偶至自水府賦此言懷》

7. 盧重裕《寄赤水山人》

8. 山脇敬美《賀白石先生五十華誕》

9. 木保長益《晚夏喜諸君至呈白石先生》

10. 朝倉景純《次蘭山兄見送別韻》

11. 深山良《歲晚奉寄大池先生》

12. 小瀨良正《詠海鼠腸》

13. 鵜孟一《雨中服仲言邀飲海崖酒家》《月夜宿江島》

14. 秋以正《送陸文長還相中》

15. 神户由道《青》《蓮》《和答足立坐》

16. 井上鶯《元日口號》

17. 栗元愷《净昌院集分題得鄺居》《壽西湖佐心齋丈人八十》

18. 橘雍《登天王寺浮圖》

19. 晁道恒《秋閨怨》

20. 山良由《菅相祠（在木曾）》《一谷覽古》《客中聞雁》

21. 横井明《游松洞山》

22. 屈方舊《人日諸君集橫有功宅，余病不至賦寄》

23. 恩田維周《贈泉子饒》

24. 千伯濟《水竹居書懷》《奉送君山先生奉命西到美濃畫地形及古蹟》

25. 松平忠武《送屈秀才游五瀨》

26. 松平秀彥《第一樓賞月》

27. 礒谷正卿《秋夜千葉寺翫月》

28. 衡時敏《秋夜集友人別業得流字》

29. 坂井利允《春日山行值雨》

30. 樋口好古《林亭避暑》

31. 垣內文徹《登南鷲峯》

32. 松永公路《早行》

33. 下川貴慶《秋興》《秋晚贈文仲》

34. 源重均《仙家閨怨》《幽居》

35. 佐佐木長秀《花影》

36. 松波光興《詠水》

37. 賀鷹《省中詠大掖螢火》

38. 劉韶《小集賦新柳》《漁父》

39. 高俊《望琵琶湖》

40. 源範義《牡丹》

41. 畑柳安《恭拜觀聖上登極宸儀》

前　言

42. 松尾直員《子祥向因吏事見禁錮屬聞罷職錮亦解賦贈》《余以特命，再移居青山別莊養痾因寄文卿》

43. 森信門《訪藥園寺贈密師》

44. 布久敬《嚴島》

45. 青木玄武《暮秋宴城南莊》

46. 松崎祐之《夏日江村》

47. 松崎賢《暮春宴南宇大夫宅》

48. 源敏《寄題平紀宗幽暢園》《哭九華山人（五首錄二）》一、二

49. 後藤世鈞《君矦五十壽筵侍宴》

50. 奥田士元《歲晚書懷》

51. 山宮維深《七夕雨唐崎岡野二子來訪》

52. 湯元禎《獨酌有感且憶亡友》

53. 建孝銑《福原懷古》一、二

54. 片猷《江北海先生適過浪華，社友要而奉邀中洲玉川酒樓，余有事不得趁，賦以贈之》

55. 篠應道《寄題三原妙正寺》

56. 岡彪《寄題宇都士龍潮鳴館》

57. 鳥文琴《寄題三原妙正寺》

58. 谷友信《暮春奉陪東叡大王園亭作此謹呈》《寄題白河矦青山館》

59. 松延年《詠石》《紫薇花》《鳳仙花》《鷺》

60. 村盛芳《漁翁》

61. 越智正山《早春携林文華奉訪烏山老矣山莊》

62. 千葉玄之《飲中廷仲樓》《煙波釣叟壽飯島汝文家翁七十》

63. 古屋鬲《歲抄東肥井蟠年見示新著》《留別津子建》《船居》

64. 菅谷千秋《話舊示友》《病中書懷》

65. 原田直《西京寓捨中秋賞月》《恭奉拜謝東叡大王之教》

66. 和之璧《古戰場》

67. 高道昂《答野季產見懷》

68. 室偉文《夏日睡起》

69. 南川文璞《答謝江中建澤夫問賤恙》《初秋懷山中父母寄弟》

70. 伊藤一元《重和答米澤某》《寄懷南宮喬卿》

71. 長玄珠《客中秋興》

72. 高木秉《寄白河某文學》

73. 伊東元豐《呈梅龍先生》

74. 松山造《姨棄山賞月》《海邊賞月》

75. 滕國紀《初夏同人游山寺》

76. 永田知章《游靈巖寺》

77. 關祐之《病起春行》

78. 井忠昌《七夕》

前 言

79. 菅元選《早秋同源甲山游嵯峨》

80. 三宅芳隆《秋日游高臺寺》

81. 平元秀《夜宿海驛》《秋日作和林子行（七首録一）》《自讚州歸明日寄子華》

82. 松安美《送村生游東奧》

83. 梅之精《塞上感秋》

84. 山允文《春日有感》

85. 林維德《清暉樓避暑》

86. 東廉之《春日小集酬竹子正》

87. 崎田勝易《秋日游三瀧寺院》

88. 副昭賢《送古淳風游京師（龍泰寺席上）》

89. 西岡瑗《同》

90. 成廉夫《同》

91. 江方義《同》

92. 石韞玉《同》

93. 田中雅《題曲水圖》

94. 磐瀨行言《七夕書懷》

95. 溝口尚論《寄題備後長井浦》

96. 林貞亮《題五岳山人所畫山水圖》

97. 蘆田克誠《應松太夫請奉題醉月亭》

98. 鈴敏雅《廢寺》

99. 中弘道《送尾子厲歸讚州》

100. 櫻井篤忠《菟道懷古》

101. 大島義寔《寒夜集象水先生亭得五歌》

102. 近藤庸顯《春日臥病寄懷伯孔》《次韻種元民旅情》

103. 角文仲《答姪潤》一、二

104. 木世輿《題環山亭》

105. 飯田豹《澤伯華宅集》

106. 源景美《洛陽春望》

107. 吹田久之《賦竹壽某君四十》

108. 加藤鼎《賦播磨洋送野子崇還玉島》

109. 秋山正芳《賦得人跡板橋霜》

（九）日本詩選續編卷之五 七言律詩下

1. 藪愨《和井元衝韻》《崎陽客捨九日文卿對飲》《過龜道哉懷亡友永鳳介》《紅白二菊》

2. 端隆《夏日家居養痾三首》一、二、三

3. 江村秉《東郊》

4. 伊藤榮吉《送餘伯玉之長崎二首》一、二

5. 阪通《寄題三原宇都士龍潮鳴館》

6. 巖垣彥明《綠樹重陰蓋四隣得眠字》一、二《詠古離宮跡》

7. 古樸《游森氏假山分韻》《寄鳳岡山人》《留宿棲霞園翌朝作》

8. 清勲《寄題三原宇都士龍潮鳴館》《八月晦日得京師故

前　言

人書卻寄(於時余在越國)》《次韻葛子琴見寄》《詠酒》《春水》

9. 賀象《某公山館賞花》《龍安寺雪集》

10. 香山彰《雨中發土山驛》《聞雁》《寄荃菴上人》

11. 山瑛《次服美仲二株寺集，見示司馬子紀韻卻寄二首》一、二

12. 岡壽卿《追悼九畹先生二首》一、二

13. 北山彰《秋日游墨江贈合麗王》《秋日同諸子汎舟河港》

14. 高浚《春日得子貞書卻寄》《多景樓新成》

15. 佐伯樸《同》《秋江晚眺》《送高子明》

16. 佐伯寧《中秋無月集芙蓉樓》《寄懷子明客西京》

17. 松山吉《聞子明遠游歸卧病有寄》

18. 吹田定孝《擬金谷園懷古》《美人騎馬》

19. 石作貞《夏夜汎舟》

20. 宇都宮潭《家慈八十壽詞》

21. 永原紀《冬日森太夫賜高作次韻》

22. 田維禎《半錢》《煙管》

23. 左九成《送人卜隱湖中》《秋日陪金龍師登白華大悲閣》

24. 森球《春日游瑞龍寺》《寄河素陽》

25. 鎌田鵬《蝸牛》

26. 杉美典《春游》

27. 猪尾誠《晚秋郊行》

28. 海希賢《新雁》

29. 橘邕《次岡兄德瑜韻》《寄九華中島氏》
30. 大江維翰《寄題平紀宗幽暢園》
31. 大江維寧《送單海師經木曾還越後》
32. 片岡承行《首夏園林雜興》
33. 馬島安榮《次韻酬京師橘斐矦見寄》
34. 源義禎《和橫山生宮怨》
35. 紀廣《訪道士不遇》
36. 廣冲《贈服栗齋》
37. 矢橋徽《春夜送人》
38. 矢橋龍《秋葉山》
39. 上田靜《登駒岳絕頂》
40. 藤田有行《秋日偶作》一、二
41. 廣野儀《自京歸後奉寄龍川先生》
42. 村田綱基《蛇化章魚》
43. 組德允《九月盡》
44. 清水綱《十六夜潵水賞月和崎士蕃》
45. 黑田唯謹《秋夜書懷寄永田君》
46. 田思明《客中九日》
47. 水谷靖《送小田生之江戶》
48. 久田隼《登長谷寺》
49. 關虎《椿嶺道中》
50. 曾根省吾《經藤碕村謁了重上人墓》

前 言

51. 湊逸我《松城養痾》

52. 清惟瑾《冬日上三井寺》

53. 小倉深造《古戰塲》

54. 菅沼恒《春曉發海驛》

55. 當捨景韶《至静亭春集得先韻》

56. 渡邊秉之《登高明山》

57. 屈廣棟《泳中新歲作》

58. 馬島尚美《送石仲車之陸奧》

59. 石川憲《送友人之三崎》

60. 惠美長敏《石鹿》

61. 木愷《贈菡公》

62. 龜井魯《麑川驛，謁北海江村先生，賦此奉呈。時先生撰〈日本詩選〉，故及七八》

63. 萱來章《中秋前一夕南窗賞月》《有與諸子探梅約，值雨不果，因簡子琴》

64. 堀完《早春送米太夫歸鄉》

65. 井政賀《八代諦堂長老見過因賦贈別》

66. 大城煥《善音堂集初接津輕山文學》

67. 馬成《秋日送人之東奧》

68. 秋遜《賦得松契遐年，奉壽某夫人六十》

69. 巖通亮《秋興（二首録一）》

70. 巖靖《寄懷松子哲》

131

71. 岡維良《送銕牛師之京》

72. 美維禎《春日閑居》

73. 佐黄中《送某上人歸省》

74. 和登《春日閑居》

75. 池匡卿《冬夜從秋先生過孤山亭得寒韻》

76. 岡文《過春光寺》

77. 井杶《長埼客中寄小弟》

78. 僧大愚《酬愚亭先生見寄》

79. 僧宏道《寄題三原妙正寺》

80. 僧崇松《閑居》

81. 僧慈周《江村閑步》《寒夜》

82. 僧明脫《春日六如師齋頭邂逅源子澤》

83. 僧亮融《客中感秋》

84. 僧冲默《送友人之西京》

85. 僧祖禪《寄題宇都士龍潮鳴館》

86. 僧實聞《聞蟬》《落葉》

87. 僧智洲《寄題銷夏樓》

88. 僧道眼《和肥後德溪上人見訪》

89. 僧海量《贈伴蒿溪》

90. 僧延明《奉贈弸中和尚》

91. 僧如彪《至日偶成》

92. 僧辨能《南郭先生宅新成賦賀》

前　言

93. 僧智旭《題元上人幽居》

94. 僧獨雄《眼目山晚眺》

95. 僧攀謝《游天德寺》

96. 僧無所得《答馬子錦見寄》

97. 僧圓璟《聞倉龍渚歸豐前遥有此寄》

98. 琴和氏《秋夜》

（十）日本詩選續編卷之六　五言絶句

1. 神户由道《秋夜宿山房》

2. 橘雍《納涼》

3. 河口光遠《雨中小集得静字》

4. 秋以正《和謀野湖上》

5. 源義宜《幽居》

6. 山良由《元日草》《福島關》《巴淵》

7. 衡時敏《山房書壁》

8. 横井時芳《秋興》

9. 松平秀彦《題畫》

10. 安積覺《古意》

11. 立原豐《題畫》

12. 岡貞起《避暑》《江邊秋雨》

13. 劉韶《題畫》《古意》《無題》《採蓮女》《七夕雨》

14. 户定信《奉和北海先生》

15. 梅幸智《同前》

16. 野成章《八月十六夜》

17. 野公臺《冬雨》

18. 松延年《奉和壺山矦俠客行》

19. 村盛芳《子夜歌》一、二

20. 柚木太玄《子夜夏歌》一、二

21. 巖垣彥明《石寶殿（在播州）》《題赤城義臣碑》

22. 香山彰《夏晚口號》

23. 清勳《朋來逕（下川伯餘，此君園八詠之一）》《春日野望》《晚歸》《秋江》

24. 後藤世鈞《賦松壽某初度》

25. 青葉養浩《會仙巖》

26. 古屋鬲《題畫》

27. 松永公路《蝴蝶》

28. 下川貴慶《待月遇雨》

29. 黍漁《山中作》

30. 佐伯樸《夜猿啼》

31. 佐伯寧《中秋無月》《賞雪》

32. 松山吉《秋夜懷西子明》

33. 朱義《詠史》《送伯瑜之張州》

34. 高道昂《臨江》

35. 青木玄武《冬日郊行》

36. 櫻井篤忠《秋閨怨》

前 言

37. 布久敬《畫竹》《山中》

38. 平元秀《賦楊白花》

39. 關忠貫《題畫》

40. 中相救《歲暮歸山》

41. 滕清風《大堤曲》

42. 田正純《冬日得論字》

43. 田正温《同前得交字》

44. 梅之精《闺怨》

45. 笠正美《古意》

46. 堤益業《橋邊柳》

47. 山允文《冬月》

48. 長玄珠《芳野見花》

49. 役祐誠《誓願寺古梅》

50. 林貞亮《夏日》

51. 田中直之《山生繼業爲醫賦贈》

52. 海希賢《曲肱菴即事》《瀫水舟中》

53. 猪尾誠《真如堂看楓》一、二

54. 杉美典《秋曉》《宮詞》

55. 田維禎《月夜寄藤一元》

56. 左九成《夏日即景》《晚歸》

57. 紀廣《秋葉山中作》《題畫》

58. 加古祥《舞妓浦》

59. 田早胤《冬夜訪友》

60. 宮世恭《柴門清流》

61. 近藤庸顯《淮陰矦》

62. 嵐浚明《敗荷鷺立圖》

63. 嵐元慎《送友人》《機中織錦秦川女》

64. 河合利正《驛路秋日》

65. 草章興《游涪溪》

66. 荻元善《結客》

67. 林翼《明妃曲》

68. 澁谷亮《鶯兒》

69. 河合行慶《春日偶作》

70. 八田維清《塞下曲》

71. 平山惟明《春游曲》

72. 大島義寔《秋夜懷山中友》

73. 伴處《蒹葭池》

74. 澤致《落雁田》

75. 菅沼恒《中川舟中作》

76. 盤瀨行言《游玉川》

77. 堀如圭《江上雜詠》

78. 溝口尚論《凤發須本作》

79. 湯淺兼尚《秋閨怨》

80. 小倉深造《義仲塚》

前　言

81. 永井祥《宿山寺》
82. 永井仲和《曉發》《秋日登樓》
83. 熊坂君行《白雲洞》《隱泉》
84. 廣冲《折楊柳》
85. 藤實義《鏡中月》
86. 河建《客中作》
87. 北貞卿《詠史》
88. 高子元《偶作》
89. 高重純《拜天巖户》
90. 高載陽《題雙宜亭》
91. 肥田子潛《題岡氏隱居》
92. 西川翼《秋日懷洛陽故人》
93. 大菅集《山行》
94. 森正綱《詠柳》
95. 山敬通《雨中春望》
96. 屋葺禮《冬夜》
97. 田淵龍《登牧牛閣》
98. 二木恭《度猿橋》
99. 松永久忠《題鏡山》
100. 林桓虎《春日偶成》
101. 井上充《望桃生》
102. 小野憲《雪中送人》

103. 丹羽直道《游西村梅林》

104. 田緝《山家》

105. 舟因信《偶作》

106. 源教賢《訪隱者不遇》

107. 安藝文江《泉上獨酌》

108. 高桑元仲《春雨》

109. 江村驥《俠客》

110. 齋藤安世《龜尾島途中吟》

111. 水谷和隆《夜雨話舊》

112. 關綽《游西行菴》

113. 公炳園彪《遡大堰川》

114. 堀江德《謝藪田直夫贈梅花》

115. 飯田豹《春日偶作》

116. 國枝守義《宿山寺》

117. 關玄之《湖中孤島》

118. 滕有顯《寄人》

119. 田鑒《子夜春歌》

120. 野村文永《秋望》

121. 松崎文直《南紀道中》

122. 黑田芳故《秋日視田子明》

123. 柚木孟谷《丙申八月十四夜，陪北海先生，賞月城北僧院》

124. 合達《寄人在南都》

125. 江村楠《題琴詩堂（餘伯玉書齋名）》《又用前韻》

126. 僧禪軾《宿玉函山》

127. 僧信海《中秋賞月海上》

128. 僧藏明《綠野亭得船字》

129. 僧日謙《楊柳橋送人》

130. 僧智象《題隱者圖》《題泰立上人房》

131. 僧古溪《山中四時（春）》

132. 僧準《聞笛》

133. 僧淨瑞《登鷄足山思故鄉》

134. 僧秀存《芭蕉》

135. 僧無菴《謝寔公惠茶》

136. 僧澄意《歸山吟》

137. 僧道困《席上得庚韻》

（十一）日本詩選續編卷之七 七言絕句上

1. 今大路玄寅《出東都》

2. 向井元成《含玉神泉》

3. 白井秀胤《奉和守山矦高韻》

4. 三宅緝明《和澹泊先生碧於亭春興》

5. 人見傳《月下雁》

6. 森尚謙《同》

7. 栗山願《漁村秋夕》

8. 加藤博《對菊讀書》

9. 安積覺《春閨》《水仙花》

10. 鵜飼真泰《山寺冬月》

11. 鵜飼真昌《杜鵑》

12. 中村顧言《次韻雪蘭兄在京師與某》

13. 越克敏《初春作》

14. 谷遵《山中四時歌夏》

15. 田長温《送源季鱗》

16. 田包常《早春贈滕卿》

17. 鵜孟一《送人還信中》

18. 晁道恒《塞下曲》

19. 源義宜《海樓月下吟》

20. 山良由《秋日黑水橋晚望》《送山人還山》《寺門晴雪》

21. 橫井明《塞下曲》《旅館書懷》

22. 中村元長《畫梅》

23. 礒谷正卿《燕子花》

24. 屈方舊《和暮水叟見寄》

25. 恩田維周《對花》

26. 衡時敏《甘泉歌》

27. 村井貞篤《搗衣曲》

28. 垣內文徽《送文翼之東都》

29. 富田景周《山居》

前 言

30. 岡貞起《秋夜》一、二
31. 橫田行道《偶作》
32. 松永公路《新秋》《暮春郊行》
33. 下川貴慶《俠客行》
34. 栗元愷《戲題庭中芍藥》《征婦吟》
35. 神户由道《郊吟》《林棲》《訪隱者》《和中秋無月》
36. 橘雍《里社》《寄懷魯山和尚》
37. 平正甫《送中公簡之東都》
38. 藤道政《冬日書懷》
39. 平利《福原懷古》
40. 佐佐木長秀《田家花》
41. 松波光興《詠錢》
42. 源範義《柳》
43. 高俊《春月奉和某公》
44. 劉韶《從軍行》《詠柳》《美人畫寢》
45. 源賴寬《和源龍岡韻》
46. 木季明《明妃曲》
47. 青葉廣《題僧院》
48. 松尾直員《梅柳渡江春》
49. 森信門《蓋山秋月》《得剡山師書，曰，近寓居松山，因有此寄》
50. 森規右《有感》

51. 布久成《一谷懷古》

52. 布久敬《舊宮人》

53. 大田成興《七夕》

54. 滕公純《丹溪散步（在虞城附郭）》《小集同賦寒雨呈北海先生》

55. 尾島光齊《山居雜詠》

56. 馬正恭《望芙蓉》

57. 松平忠敦《秋夜》

58. 當捨以直《塞下曲》

59. 川上成憲《送藤大夫歸高取城》

60. 平元秀《春盡送人》《殘春》《東山觀楓》

61. 關忠貫《春游曲》

62. 中相救《同》《宿山寺》

63. 滕清風《暮春山行》

64. 滕忠雄《重陽前一日送人》

65. 山允文《子規啼》

66. 藤美《嚴島神燈》

67. 松安美《望嚴島》

68. 安徵彥《月夜登樓》

69. 村肅《七夕游日通寺》

70. 室恭先《長安月》《寄田君赫在滄浪亭》

71. 奧田元行《東都客捨重陽》

前　言

72. 桃源藏《春怨》《歸雁》

73. 宇都潭《送都叔度之廣島》

74. 湯元禎《春日擬元人》《秋夜擬明人》

75. 松崎賢《丁亥春》

76. 古屋鬲《尼院》《送別井岡生》

77. 萱來章《送僧赴永平寺》《題蘆雁圖》

78. 武公美《搗衣曲》

79. 源國宣《山居》

80. 盧玄淳《送赤水先生游西京（五首録一）》

81. 長玄珠《留別京師友人》《送人之石城》

82. 役祐誠《漢宮詞》

83. 谷友信《送松子長之崎陽（十二首録二）》一、二

84. 千葉玄之《送僧歸豫州》《送玄路玄玉二禪師歸肥後》

85. 松延年《篠池》《題隱居圖》

86. 村盛芳《游山寺》《雨後下深川舟中戲示通卿》

87. 和之璧《送某州別駕之關東》

88. 高道昂《過廣福寺》

89. 櫻井篤忠《晚望》《遠村燈》

90. 赤松展《漫成》

91. 赤松綸《春夜過道院》

92. 蘆田克誠《軍城早秋》

93. 荒矗《宮詞》

94. 妹尾賢良《春色滿皇州》

95. 下川孝遷《碧瓦霜寒》

96. 菅元選《山房春事》

97. 富安榮《南鴨祠乘涼》

98. 石政直《秋夜宿山寺》

99. 崎芳《客中秋思》

100. 井重之《梧桐》

101. 宇直延《平安四時樂春》

102. 善尚雅《送友人歸南紀》

103. 曾之唯《古寺梅花》

104. 張天雨《白牡丹》

105. 林貞亮《夏雨和某》《採蓮曲》

106. 木生民《折花贈人》

107. 森肅《澱江汎舟》《游芳野山》

108. 垣內仲凱《苦雨》

109. 垣內桐亭《巢燕》

110. 近藤庸顯《懷菅瓚美》《送規則還鄉》

111. 袁景陳《寄巖叔瓊》

112. 西川瑚《送人之參州》《江上漫興》

113. 角文仲《和笙州道人》

114. 飯田豹《暮春訪海量師得鵑字》

115. 木世輿《送人》

前　言

116. 關祐之《重訪志賀山人》
117. 堀口杏菴《冬日麿川作》
118. 松山造《冬景》
119. 嵐元慎《曉發山驛》
120. 嵐元誠《黃備海上作》
121. 熊阪君行《寄懷友人》
122. 高木榮《春日偶作》
123. 高木三省《湖上作》
124. 役春洞《早秋偶成》
125. 春原光觀《抄冬即事》
126. 柳宏《墨水》
127. 中村維禎《訪隱者不遇》
128. 岡吉《園中桃花開》
129. 木碩《花下酌》
130. 永松瑾《別青山》
131. 佐雅文《宮詞》
132. 松岡世濟《留別千頭玄仲》
133. 谷建《遙壽田栢吾乃翁六裘》
134. 多賀渤海《中秋半夜月晴》
135. 泉川奉盈《春日作》
136. 小倉深造《早春貽書葛子琴無報而〈日本詩選〉至》
137. 屋葺禮《江村即事》

138. 林維琉《喜南海禪師過訪》

139. 永維迪《東郊即事》

140. 久恒秀賢《少年行》

141. 藤直亮《送人之東武》

（十二）日本詩選續編卷之八　七言絕句下

1. 藪愨《太平樂》《軍城早秋》《送人歸南紀》《賀古公款自京還時近重陽》

2. 古樸《留別慧範禪師》

3. 端隆《春日病中偶作》一、二

4. 巖垣彥明《嵯峨晚眺》《上巳游鴨水》《柳氏快哉樓》

5. 伊藤榮吉《再次芥彥章見寄韻》《泗渡羣鷺（丹後日間浦十二勝之一）》

6. 清勳《漁村夕照》《虎杖關（在江越之界）》《孟厚賞月玄三堂，余有故不赴，賦贈》《九月訪田雨龍（雨龍在喪三四及之）》

7. 伊藤言章《北野觀調馬》

8. 黍漁《題彭津僧房》

9. 香山彰《飲伏水望莵臺》《春雨游嵯峨》

10. 南川文璞《送楚傾之遠州》《社日諸君見過》

11. 山瑛《山寺避暑》《送某生之京師》

12. 吹田定孝《暮春客中吟》《同伯庶撲道游縹渺樓》

13. 岡壽卿《聽角思歸》《寄衣曲》《湖上秋興》一、二

前　言

14. 永原紀《草堂集》

15. 高浚《初秋養魚亭即事》

16. 佐伯樸《客中聞雁》《謁南南山墓》《城西訪友不遇》

17. 佐伯寧《夜歸》《新雁》《秋盡》

18. 松山吉《夏日汎海》《送從兄仲温赴岐岨》

19. 高登《西郊夜歸》

20. 松倉良《送高子卑歷岐岨赴京師》

21. 松倉修《同》

22. 田維禎《春日山居》

23. 左九成《白銀村賣酒店即事》

24. 紀廣《少年行》

25. 杉美典《尋梅》《過友人故居》

26. 鎌田鵬《病中吟》

27. 猪尾誠《新竹》

28. 藤實義《題林氏別業》

29. 足高文碩《寄山中人》

30. 鳥文琴《秋閨怨》

31. 清水綱《仁和寺賞花》

32. 大江維翰《志賀懷古》

33. 大江維寧《七夕》

34. 廣冲《中秋小集》

35. 高重純《從田口赴山糟山》

36. 高成孟《奉寄白水先生》

37. 湯木忠卿《寄衣曲》

38. 滕忠明《小山池上作》

39. 村田綱尚《月夜獨釣圖》

40. 村田綱基《春宮怨》《春曉》

41. 木崎雅言《夢歸故鄉》

42. 吹田定繁《絟羅村賞桃花得游字》

43. 堀口直《惜春》

44. 小栗元周《春日幽居》

45. 組德允《歲暮家書至》

46. 秋山正芳《悼岡某病沒於東都》

47. 森正綱《秋夜聞雨》

48. 源義禎《夏日村居》

49. 水谷靖《山居雜詠》

50. 丹羽直道《舟中曉望》

51. 早川貞綱《送人之京》

52. 小池信弘《送人還廣陵》

53. 澤元超《題含暉院》

54. 源時驕《夏日郊行》

55. 加古祥《澱隄口號》

56. 林彰《秋閨思》《月下訪友》

57. 中宗矩《月夜浮舟麋川》

前　言

58. 田政敬《浪速夜泊》

59. 杉儀《中秋青嵐亭雅集得飛字》

60. 西因親《同得寒字》

61. 阪田威之《姬人怨服散》

62. 永井祥《別意》

63. 須加篤《送高士明之京師》

64. 橋修《同》

65. 渡邊登《送松子貞還絲魚川》

66. 田鑒《題蓬島石應司馬生需》

67. 滕有顯《松蘿館集得四支》

68. 司馬綱《三保松原》

69. 岸田昆忠《春夜游僧院》

70. 服啓《即事》

71. 井上適《題某家臨池柳》

72. 柴山公輔《晚春吕久堤口號》

73. 小澤襲美《送人還但馬》

74. 滕世賢《上温泉山藥師寺》

75. 伊東元豊《中秋無月得十五删贈友人》

76. 曾根省吾《新凉》

77. 田鳳《水亭晚望》

78. 福井建《夜猿啼》

79. 三上元清《奉呈北海先生》

80. 垣內爲則《七夕》

81. 齋藤安世《夏雨》

82. 佐藤庸矩《訪友人別墅》

83. 水谷和隆《明妃曲》

84. 正木阮禮《楊柳枝》

85. 當捨景韶《秋宮怨》

86. 坂本世直《和子籀見寄懷作》

87. 馬潤《度函關》

88. 中島鉉《塞下曲》

89. 井上充《題洞庭湖圖》

90. 岡本房《水亭避暑》

91. 林之義《湖陽》

92. 橫山重章《送士弘還鄉》

93. 羽塲文貞《留別南川先生門下諸子》

94. 加藤清幸《採蓮曲》

95. 大類元格《秋日旅懷》

96. 築地尚明《舒嘯亭納涼》

97. 安方教《中秋陪公宴》

98. 阪東殷《冬日即事》

99. 岸文《關山月》

100. 上杉賴龍《古寺花》

101. 木愷《途中吟》

前　言

102. 莊治喜《乙未秋，繫船築之柳川，有國禁，不能私發，淹留數旬，不堪鄉思，因有此作》

103. 小野鵠《奉送台州先生陪使君游仙臺》

104. 石川正珀《猿跳》

105. 宮崎重職《秋山晚歸》

106. 舟橋貞克《漁村晚眺》

107. 味岡維重《舟中聞子規》

108. 成水直基《山中孤店》《征婦詞》

109. 大城煥《山居送僧》

110. 伊贇《入赤馬關》

111. 古鼎《尋梅》

112. 岡維良《水竹居即事》《即事（二首錄一）》

113. 富高《浪華作》

114. 山之訓《夜聞落葉》

115. 佐黃中《寄東都高之道》

116. 宇治帷典《寄懷高子友》

117. 阪熙《幽居雜詠》

118. 池匡卿《贈老將》

119. 僧桂洲《感興》

120. 僧慈周《野州道中》《秋夕獨坐》《中川放舟》

121. 僧管雲《秋杪還故山》

122. 僧大幻《秋日作》

123. 僧善亮《和答金臺生見贈》

124. 僧日謙《答總中故人》

125. 僧瑙林《從軍行》

126. 僧寶聞《赴靈山詩社》

127. 僧宗初《行脚歸鄉途中作》

128. 僧海量《訪人不遇》

129. 僧謙《聞合神童東游賦之寄懷》

130. 僧玄門《新雁》

131. 僧普觀《詠石》

132. 僧宥海《和福尾生九日作》

133. 僧智象《次韻中秋》

134. 僧浄瑞《送龍山師之浪華》

135. 僧志剛《月下作》

136. 僧攀謝《寄田仲統》

137. 僧了周《西行菴》

138. 僧慧海《歸燕》

139. 僧妙洞《梅雨》

140. 石川氏《田家春興》

141. 村氏《新晴》

142. 伴氏《汴河曲》《詠雁》

（十三）日本詩選續編補遺 五言古詩

1. 伊質《萬年杯（杯中畫小赤龜）》

前　言

2. 林惟俊《送人之東都》

3. 古鼎《秋山夕興》

（十四）日本詩選續編補遺 七言古詩

1. 藪愨《還山吟送人》

2. 池匡卿《西溪捕魚歌》

3. 江源《暮春送人》

（十五）日本詩選續編補遺 五言律詩

1. 松營之《春日游松濱亭》

2. 有立言《山寺偶成》

3. 堀完《豐州田伯德見贈小松樹因賦謝之》

4. 辛光輔《失鶴》

5. 巖通亮《宴邊將》

6. 美維禎《首夏山園》

7. 板獻《初冬同公楝先生過井大年》

8. 鳥絢《過古谷院》

9. 和登《夏日雜興》

10. 池匡卿《曉行》

11. 僧玄密《村居》

12. 山田君豹《題麿川中谷氏庭松》

13. 岡貞起《春日郊行》

14. 內山藤三《感春》

15. 晁太憲《雪中待友》

16. 中谷友嘉《謝杉西二子來訪》

17. 馬島安榮《春日汎湖》

18. 永原紀《夜泊》

19. 薩元雌《北野春望》

20. 廣野儀《答吹田繼志》

21. 丹羽直道《客堂秋夕》

22. 僧道眼《和村田徂卿大谷口作》

（十六）日本詩選續編補遺 七言律詩

1. 芥煥《送松前湊子淵歸鄉》

2. 大井政績《同僚宴集得章字》

3. 內山藤三《重疊前韻和醉月師》

4. 葛張《諸君見訪同賦得苗字》

5. 賴惟寬《游三原妙正寺》

6. 左鳳《寄題三原妙正寺》

7. 左九成《詠小野小町》

8. 僧禪軾《宿東林寺》《初春東游道中值雪留宿文卿宅》

（十七）日本詩選續編補遺 五言絕句

1. 晁稠池《和南溟夏日游山詩》

2. 古川俊極《島田驛雨中漫成》

3. 廣瀨昆吾《長安道》

4. 內山藤三《曉懷》《夜雨》

5. 有立言《偶成》

6. 伊質《詠鷺》

7. 巖通亮《曉望》

8. 左楨《俠客行》

9. 池匡卿《秋浦歌》

10. 富高《月灣》

11. 山田棩《題畫》

12. 山矩道《山居》

13. 井杶《舟中口占》

14. 村岡顓美《播北道中口吟》

15. 河元休《子夜夏歌》

16. 和田恭《關山月》

17. 久代景陟《尋僧不遇》

18. 僧謙《臨高臺》

（十八）日本詩選續編補遺 七言絕句

1. 晁稠池《十輪寺作》

2. 川口光遠《相州雜詩》

3. 三宅逸平《游清閑寺》

4. 內山藤三《春日即事》《感秋》

5. 戶田勝秀《山行有感》

6. 原元真《初夏偶成》

7. 岡橋世廉《從軍行》

8. 失名《摩尼山》

9. 伴寶宣《東山賞花》

　　10. 平井逸《牧牛巖》

　　11. 堀口直溫《獵塲雪》

　　12. 僧雲卧《和人春郊作》

　　13. 僧義瑞《代人壽某六十》

（十九）日本詩選續編補遺拾遺

　　1. 岡欽《社集同賦夏風得頭字》

　　2. 屋葺禮《愛妾換馬》

　　3. 小栗元周《詠枯木》

　　4. 堀口直《白雪曲》

　　5. 村田綱尚《春江曲》

　　6. 堀田正慶《京師客中送人還越溪》

（二十）原直溫夫撰《題日本詩選續編後》

（二十一）松延年撰《日本詩選續編後序》

（二十二）北海先生著述目錄

六、索引

　　原編者在正編和續編分別附有作者姓名索引，其中包含《日本詩史》所涉及的詩作者。但是，原編詩作者姓名既不按照漢字筆畫排序，也非日語五十音圖順序，檢索起來有一定困難。對此，在原稿所附詩作者姓名的基礎上，我們按漢字拼音排序，對《日本詩史》《日本詩選正編》《日本詩選續編》作者姓名統一進行索引編輯。

七、文字

本書整理時，除新撰文字按國家《通用規範漢字表》（2013年6月版）外，原文盡可能保持原著中的文字原形，如"囦"（"淵"的古字）、"矦"（"侯"的本字）等，以顯現江戶時代漢字使用的形象。

莫文沁　張錦

2020 年 10 月吉日

日本詩史

目　録

序一 / 163

序二 / 167

凡例 / 169

卷之一 / 173

卷之二 / 195

卷之三 / 207

卷之四 / 227

卷之五 / 245

跋 / 261

序 一

　　北海先生著《日本詩史》而成，將上之梓，則命予序之，予受而卒業。自中古而今世，數百千歲之邈焉，自王公而士庶，暨緇流紅粉之雜焉。殘篇賸語，膾炙人口，而其名堙晦無聞者，廣蒐博採，人傳其略，旁及噉名俗子，好事估客，苟其詩可觀者并錄而無遺，蓋不以人廢才也。可謂詞家苦心，藝苑盛舉哉。然而斯史也，逮於近世則詳乎布韋，而略乎冠冕者獨何也。先生博聞廣識，潛心於此者數年，豈其有遺漏哉。

　　然則予之平日慨然於懷者，無乃其有徵乎。蓋吾邦先王之奉神道以設其教，亦迨乎聘舶相通也。則禮樂政刑，無一而不資諸漢唐以為損益者，而其明經文章之選，亦惟無一而非金馬玉堂之則也。故公卿大夫，翕然皆用心於詩賦論頌，而若和歌則其緒餘也耳。延喜中，敕編《古今和歌集》而掌其選者，未必閥閱之冑也。則可知以和歌名其家者，蓋當時縉紳名族之所未必屑也已。

嗟夫自皇綱解紐，學政不振，文事頹敗，殆幾泯沒，於是乎和歌者流，始擅藝柄，夸張相尚，卒乃世之所稱歌仙者，推尊之甚，比之神聖，視其遺什猶典謨。古言或難曉則附以神秘之訣，齋戒傳授，禮最崇重，輒曰和歌之教之道，而王公之學之禮，而穆穆宮禁，奉以為盛典。

吾儕小人，豈敢置一辭。雖然三代聖人之道，有何等秘訣，而吾邦中古，亦未聞有此儀也。降此而曲藝末技之師，亦皆藉此機以干進，則種種衒飾，靡所不屆，而王公大人，或為之甘心，至乃涓吉誓神，恭執弟子禮，傳秘探密，惟日不給，尚何暇屬辭苦心之業之為。宜乎近世廊廟之上，文學寥寥，亡聞於世者，而惟衡門之寒，納衣之陋，獨擅美於草萊之下者，其可勝嘆乎。抑雖世變之使然乎，亦未必無任其責者也。予嘗持斯說將以微諷之，而青雲之與泥塗，其相隔天壤不啻也。將質諸先覺，則自喪吾景山先生，而離羣獨學，日就孤陋，故抑憤蓄疑，隱忍者久之。幸矣，斯史之作也。予多年之所懷，今而足以徵者，不亦喜乎。

北海先生，奕世名儒，學識贍博，可以大有為者。而作此區區文士之舉，蓋其意之所在豈徒哉。以故詩論所及，諸子百家，無所不有，而非寓襃於貶，則視戒於寵，皮裡陽秋，不可測焉。不知先生托之以言其志者，如予所懷，亦在其中乎。庶幾王公大人一閱斯史，或有所憤發，而小用心於文學乎。天廐之種，穀食之養，一日千里，豈敢凡骨駑材之所企及哉。時方昇平，地是土中，王室肅雍，公卿委蛇，有寧處之遑，而無鞅掌之勞。餘力學文，何求無成，況乃乘文明之運，而鳴泰平之美。豈翅鴻業潤飾，皇猷黼黻，可謂吾日出處之國光，赫赫乎足以輝萬邦哉。草莽微臣如順，亦得被其末光者，其喜豈有窮已哉。然則詩史之作也，其關係亦大矣哉。

因不自揣，敢書鄙見，以為之序，并質諸先生云爾。

明和庚寅冬十月　平安　醫員法眼　武川幸順撰

序二

　　余蚤歲，從北海先生學，而得讀異邦之書，談異邦之詩，論異邦之世也。先生之言曰"晉杜征南，旣建策平吳，又潛心訓詁春秋傳，其業可謂勤矣。而猶為不足，刊其成業於碑，為後世之名，其志可謂深矣。夫名不可以已者也。而狥名為利囮，君子弗論也。"余因竊謂，狥名為利囮，異邦人士滔滔皆是。蓋異邦自古者，聖明之主，莫不以舉能求賢為先務。而周時取士，敎官掌之。漢以後設選舉之法，至後世科目益廣。乃童子有科目，耆老有禮徵。是以巖穴之士，能屈王矦之尊，則終南為仕進捷徑，亦何足怪哉。唐時以詩試士，一時躁競，唯詩是務，後人稱詩盛於唐，抑亦時政所使焉。吾邦自穹壤剖判，亘萬世一帝系統，政教槩不與異邦同。況復昇平日久，海內仰無為之化，封建之制，上下分定，士民安業，靡有覬覦之心，靡有躁競之習。即有務為名高者，要是不為科第。則材學可稱，詩篇可傳者有焉。而後輩往往忽近，不必傳者不少，豈可不惜哉。吾先生嘗有感於此，近撰《日本詩史》，并攷其世與其人，以論其詩。嗚呼，先生之業可謂勤矣，先生之志可謂深矣。宜刊而傳之，則後世其有所徵焉。傳曰"頌其詩讀其書，不知其人可乎。"是以論其世也，是尚友也。先生斯舉，其得之哉。

明和庚寅仲冬　柚木太玄謹撰

凡 例

一、是編，論詩以及人。非傳人以及詩，即巨儒宿學，苟無篇章存在者，亦不論載焉。此所以名以詩史之義。

一、是編，本為十卷。起稿丙戌之秋，戊子業就，乃命男惊秉挍焉。但余罷仕，八年於茲，囊橐既竭，剞劂殊艱，因擬割愛先梓其半部。今茲庚寅二月，惊秉羅疾没。鍾情之極，閉户謝客，長夏無事，殆難銷日。乃修舊業，且以遣憂。會弟君錦，自關東還，乃使其重挍，以附剞劂。初為十卷，尚未足稱詞壇陽秋。況删其半，直是藝園芻狗，即弊帚傳哂，抑亦婆心後輩云。

一、五卷中，初卷商榷中古近古，朝廷文學簪纓辭藻，始自白鳳時，迄於慶長末。二卷者，初卷緒餘，其所論載，為武弁，為醫，為隱，為釋氏，為閨閣，年代同上，但閨閣不可多得，則近時亦附焉。第三卷，論述元和以後京師藝文，兼及他州。第四卷，東都兼及他州。第五卷，第三第四兩卷緒餘，論及諸州。

一、是編之作，全在揄揚元和以後藝文，而名以詩史，則不得不原其始也。是以溯洄古昔者，不必廣蒐。蓋古昔詩可徵於今者，莫先乎《懷風藻》。《懷風藻》作者六十餘人，詩凡百二十首。《經國集》雖殘缺，今存者二百餘首。《麗藻集》凡百首，《無題詩集》七百七十首。其餘中古近古，諸集諸選尚多，若人人而評之，篇篇而論之，蕞尔一書非所能辨，故斷不言及。今初卷所録，以林學士所撰《一人一首》為標準，略陳瑜瑕，以成卷者，要之省筆減簡，不能不然。

一、《懷風藻》所載朝紳，始自大納言中臣朝臣大島，訖於中宮少輔葛井連廣成。人必具官銜者，於義當然。是編，本擬亦據其例，至刪為五卷，都除官稱，單録姓名，亦唯省筆減簡，不能不然。

一、是編，初卷所論列，并是朝紳，絕無韋布之士，由古選所收然也。蓋一時藝文，特在青雲之上，而草莽之士，無染指者歟。不然，則懷風、凌雲、經國、無題等諸選，率朝紳所纂輯，是以採擇，不及民間歟。是編，第三卷以下，所論載靡匪布素。元和以後，朝野文武，靡然嚮學，青雲之上，定不乏佳撰。而余意竊謂，以草莽士叨評論尊貴著撰，不敬之甚。以故全不論次。

一、是編，刪為五卷，闕略固所不論，而就其中言之，蓋亦非無差等。京師詳於東都，東都詳於諸州。此非有所私厚薄。余住京師者數十年，於京師文學，頗得要領。東都隔遠，物色既難，況乎他州。余近覽《本朝詩纂》，私欽敬其盛舉。但其中録次京師近時作者，大為憒憒。其薰蕕雜陳亡論耳。若載余伯氏，已錄伯氏姓名，又別舉伯氏舊名舊表號。此以伯氏一人為二人，餘可準知。噫，以宗藩之勢，何求不得，加之文學之職，賓客之盛，承順其美，贊成其業，無所不至。而猶且如此。況余一人心力，管蠡海內，其謬誤奚啻千萬。

一、是編所論次近時作者，必蓋棺論定而後敢論。若夫聲名，顯著當今，下帷延徒，亡論余知與不知，并不舉瑜瑕，蓋譽之似黨，毀之似奪，不能不避嫌疑。但不以講說為業，及湮晦遠名，或羽翼未成者，不拘此例。

一、我邦多複姓，操觚之士，或以為不雅馴，於是往往減為單姓。不翅代北九十九姓，其義得失，姑置之。是編，多完錄姓氏，要使後人易檢索。而亦不盡然者，有說也。余已載諸授業編，因不復贅。地名亦然，遠江州稱袞州，美濃州稱襄陽，金澤為金陵，廣島為廣陵之類，於義有害，是以一槩不書。

一、古曰"作詩之難，論詩更難。"非論之難，論而得中正之難。夫詩體裁隨時，好尚從人。必欲使天下作者歸已所好，一非一是，矯枉過正，其極，變溫柔敦厚之教，開傾危爭競之端。悲夫。孟子曰"夫物之不齊，物之情也。"五色各色其色，未嘗失為其明。夫玄之與黃，孰是取焉，孰非捨焉。余不好為詭言異說以建門戶。是編所論，中古即以中古，近時即以近時，京師即以京師，東都即以東都，人人各逐其體評論。冀無寸木岑樓之差。

一、是編所論載詩，大率近體，絕不及古詩者，中古朝紳詠言，近體間有可錄，至古詩，殊失其旨。元和以後，作者輩出，近體詩，實欲追步中土作者。但五言古詩，未得其面目。護園諸子文集，其首必多載樂府擬古諸篇。然以余論之，尚有可議者，其詳載諸授業編云。

       明和庚寅冬十月　北海江邨綬題於賜杖堂

卷之一

平安 江邨綬君錫 著
弟 清絢君錦 男 悰秉孔均 同校

按史，應神天皇十五年，百濟國博士阿直幾來朝，獻《周易》《論語》《孝經》等書。上悅，使阿直幾授經諸皇子。我邦經學，蓋肇於此云。後阿直幾薦王仁，上乃詔百濟王，徵王仁。王仁至，與阿直幾同侍講諸皇子。上崩，仁德天皇即位，還都浪速，王仁獻梅花頌。所謂三十一言和歌者也。或曰："異域之人，何以作和歌。所獻或是詩章，當時史臣譯通其義耳。"或曰："王仁歸化既久，熟我邦語言，學作和歌。"未知孰是也。要之距今千有四百年，載籍罕傳，其詳不可得而知也。自仁德昇遐，歷世三十，經年四百五十，天智天皇登極，而後鸞鳳揚音，圭璧發綵，藝文始足商榷云。

　　史稱"詩賦之興，自大津王始。"紀淑望亦曰"皇子大津始作詩賦。"而其實大友皇子為始，河島王、大津王次之。大友詩，五言四句"道德承天訓，鹽梅寄真宰。羞無監撫術，安能臨四海。"典重渾樸，為詞壇鼻祖，而無愧者也。大友，天智太子，與大叔龍戰於關原，天命不遂。"安能臨四海"之語，為讖。河島王，有五言八句詩。大津王兼作七言。才皆不及大友。

　　葛野王，大友長子，《游龍門山》詩"命駕游山水，長忘冠冕情。"風骨蒼老，不減皇攷。詳詩意，壬申亂後，潛晦形迹，縱情泉石歟。葛野王，生河邊王，河邊王，生淡海三船。世有才名。

　　至尊睿藻，見於古選者，文武天皇為始。《詠月》五言八句，見《懷風藻》。又《詠雪》曰"林邊疑柳絮，梁上似歌塵。"齊梁佳句。

平城天皇，有《詠櫻花》詩。

嵯峨天皇，天資好文，睿才神敏，宸藻最稱富贍。其七言近體中，警聯殊多。但未免駢麗合掌，亦時風爾耳。如曰"家鄉杳杳多歸志，客路悠悠少故人。雲氣濕衣知近嶽，泉聲驚枕覺隣溪。"沖澹清曠。

弘仁御宇日，平城讓皇在西內，淳和以皇太弟在東宮。三宮融睦，孝友天至，花晨月夕，讌樂相接。宸章往復，幾靡虛日。不直右文美德，實是曠代盛事也。但平城、淳和二帝睿藻，傳者不多。

宇多天皇，有《翫殘菊》七絕。醍醐天皇，有《讀菅氏三代集》七律，二帝御製，止此而已。

村上天皇，亦稱好文，所傳《宮鶯曉囀》七絕，自以為驚絕。史稱"上親製詩題，召詞臣同賦，以為娛樂。"而餘不概見。惜夫。

永延帝《披書見往事》七律，雖語重累，而足見睿思正大。

長曆、永承、延久三帝御製，散見諸書者，皆隻句斷章，無有完者。延久帝，聰明善斷，大有為之君。而在位僅五年而崩，宸章亦淪亡。殊可慨嘆。是時，上距天智即位四百三十年，帝崩後，文教漸不振，世方尚和歌。陵夷迄乎保元、平治，朝廷多故，經學文藝，并不復講者，幾乎百年。尚幸有嘉應帝《內宴》御製一首，見《著聞集》。當時應制作者十餘人，其詩無傳。嘉應帝崩後，歷十七帝百七十年，康永帝即位，元年春宴，以《山家春興》命題。御製詩曰"桃花流水洞中天，不記煙霞多少年。滿目風光塵土外，等閑逢著是神仙。"意境閑雅，語亦圓暢。當時應制詞臣二十二人，詩今存者僅九首，其中如僧貞乘曰"微風時送幽香至，似報前山花已開。"藤國俊曰"游絲百尺飄天上，不及山翁心緒閑。"雖韻格不高，頗見巧致。是時南北戰爭，四郊多壘，而帝能以文雅帥臣僚，不亦偉乎。自康永至天正，又二百年，其間無睿藻見史冊者。至文禄改元之後，有天子《賜源通勝》御製詩。蓋否極而泰，元和文明之運，已兆於此者歟。

皇子諸王之詩，大友、大津、葛野之外，大石王、山前王、仲雄王、犬上王、境部王、大伴王等令藻，見古選者，不過數首。獨長屋王則有數十首。要之，魯衛之政。若論其才俊，無出兼明親王，次則具平、輔仁耳。兼明，醍醐皇子，二品中務卿，世稱前中書王是也。自幼好學，才識絕倫，帝愛重之，欲立為太子。而執政憚其賢明，帝不得已，以承平帝為東宮，兼明為右大臣，賜姓源氏。復為執政所忌，不能久居台司。退隱嵯峨，作《菟裘賦》以見其志。賦中有曰"扶桑豈無影乎，浮雲掩面而乍昏。叢蘭豈不芳乎，秋風吹而先散。"抑鬱之懷可想也。嘗詠《禁中竹》"迸筍纔抽鳴鳳管，蟠根猶點臥龍文。"稱為警拔。又詠《養生方》三言，《憶龜山》雜言，真情暢達。其餘詩賦見古選者，往往可吟哦。

具平親王，村上皇子，二品中務卿，世稱後中書王。《題橘郎中遺稿》七律，悲惋淒惻，一時傳稱。其結句曰"未會茫茫天道理，滿朝朱紫彼何人。"蓋亦為藤原氏發也。又《遥山暮煙》七律，精詣被賞一時。

輔仁親王，延久帝子，《詠賣炭婦》七律，用意懇惻，語亦平整。以親王尊貴，注情於此，豈不賢乎。保平以降，帝子徽音，廖乎無聞。唯有貞常、貞敦兩親王遺篇而已。貞常親王，貞和帝曾孫，《落葉》七絕，見《康富日記》。"枯梢寂寂帶夕陽，滿砌飄塵擁蘚蒼。莫道晚風吹葉盡，老紅卻恐曉來霜。"雖語差晦，用意自工。貞敦親王，貞常曾孫，《江山春意》七絕"江山雨過翠微平，樵唱漁歌弄春晴。風動水南酒旗影，杏村既聽賣花聲。"興象宛然，意致亦婉。

公卿朝紳，著稱詞林，世不乏其人。而蘭玉競芳，鳳毛紹美者，藤原氏、菅原氏、大江氏，次則紀氏、橘氏、源氏、三善氏、小野氏、巨勢氏、滋野氏等，不過十數家。

藤原氏，以淡海文忠公史為首。公盛德大業，位極人臣。宅暎餘暇，留意翰墨，辭藻亦冠絕一時。《元日朝會》詩，五言十二句，見《懷風藻》。華瞻而典則。公生四子，并有才學。長子左大臣武智，繼位台鼎，其詩失傳。次子參議房前，《七夕內宴》詩"瓊筵振雅藻，金閣啓良游。鳳駕飛雲路，龍車度漢流。"駸駸乎王楊盧駱。其次參議宇合，史稱"宇合，有文武才。嘗為聘唐使。"風採可想。四子兵部卿萬里，少長簪裾，而不忘邱壑。常曰"當今，上有聖主，下有賢臣，我曹何為。"放浪琴酒，自稱聖代狂士。《懷風藻》載《暮春讌會》詩，曰"城市元非好，山園賞有餘。"記其實也。

　　武智、房前二公子孫，南北分宗，世官宰輔。椒聊蕃衍，衣冠滿朝。而篇章傳世者，武智曾孫三成有《漁家》雜言，房前曾孫左大臣冬嗣有《奉和聖製宿舊宮》七律，左京大夫衛有《奉和聖製春日感懷》應制七絕，參議道雄有《詠雪》七絕，玄孫彈正少忠令緒有《早春游望》七律，其餘無多。中納言葛野，亦房前曾孫，有辭才。延歷中，為聘唐使，惜著作無傳。葛野子刑部卿常嗣，博學強識，少知名。承和中，為聘唐使。父子妙選，世以為榮。常嗣詩見古選《秋日登叡山》五言近體，中曰"仙梵窗中曙，疎鐘枕上清。"清迥不凡。

　　左大臣時平，有《秋日會城南水石亭、壽藏大師七十》詩。水石亭，公別業，藏大師，大外記大藏善行。公少受業善行，因有斯舉。公以陷菅公，獲罪名教。其人固不足道，而崇師也，重業也，晚近未得其比。當時右文好尚可想。史稱"此會，一時名士畢集。"藤氏勢焰，固當爾，而亦善行之榮幸也。詩今存者二十餘首，紀發昭、三善清行亦在其中。而清行七律得驪珠，其餘鱗甲，無足把翫者。

　　參議菅根，有才子譽，嘗被菅公薦引，後阿附左相而傾菅公。其人固卑，《惜秋翫殘菊》七律，殊不雅馴。此寬平中內宴應制詩，同時作者二十餘人，今存十三首，而藤原氏七人，大納言定國亦有作詩，皆不足錄。

　　藤原氏權勢，至太政大臣道長，窮極滿盛。所謂男公女后，富逾帝室者，其侈麗豪華，震耀一時。而其人好詩善書，亦可嘉尚。公嘗創法成寺，世稱御堂公，又營別業於宇治。高閣層軒，擅流峙之勝。公數往游，有詩云"別業嘗傳宇治名，暮雲路僻隔華京。柴門月靜眠霜色，茅店風寒宿浪聲。排户遥看漁艇去，捲簾斜望雁橋橫。勝游此地人難老，秋興將移潘令情。"意境蕭散，絕無權貴相。公姪內大臣伊周、中納言隆家，并好文詞，而淫凶無取，詩亦不韻。

大納言公任，世稱其多才。大江匡衡嘗評一時詩人，以公任敵齊信。余索其遺篇，寥寥罕傳。若夫《題山川晴景》七律，樸拙不成章。匡衡之言溢美耳。

參議有國，《重陽陪宴》七言長篇，用事錯綜，足見才思。但章法句法未透，難入選耳。有國，參議真夏之後，其高祖創建大刹於洛南日野，自以為大功德，繇是稱日野氏。其父輔道，對策高第，至有國，家聲益振，子孫世名於儒林。

五品為時《題玉井別莊》七律"玉井佳名世所稱，松楹半按碧巖稜。山雲繞屋應褰幔，澗月臨窗欲代燈。梅吐寒花朝見雪，水收幽響夜知冰。池邊何物相尋到，雁作來賓鶴作朋。"雖乏聲格，首尾勻稱，足稱合作。為時女紫式部，以著源語稱於世。

木工頭輔尹，《賦醉時心勝醒時心》，鄙俚可笑，而大江匡衡數稱其才。時論之不足憑，古今同憒憒。

大納言仲實，賦《德配天地》，右京大夫公章《廻交體》，及正時賦《日月光華》，長賴賦《海水不揚波》，公明、敦隆俱賦《走

腳體》，憲光、尹經俱賦《班萬玉》，皆試場詩，殊無佳者。〔正時以下六人，未詳官銜。〕

三品實綱《賀新成太極殿》，右大辨有信《三月盡》，中納言實光《詠傀儡》，左大辨宗光《尚齒會》詩，少納言敦光《夏夜》吟，四品實範《遍照寺》作，五品季綱《東光寺》作，茂明《勸學院》作，知房《秋日即事》，并七言律，見古選。其中不無半聯隻句佳者，而瑕類相半，全佳者絕無。但知房"郊扉暮掩茶煙細，岫幌晴裹桂月幽"，意匠閑澹，全章亦不甚拙。

左衛門尉周光《冬日山家即事》，雖有小疵，自是胸臆中語。故平澹中反覺有味。史稱"周光宦仕不達，有北門嘆。雖居輦轂，常睇山林。"余閱《無題詩集》，載周光詩，多至百首。大抵山居題詠，則史言誠是。

左大辨顯業《三月游長樂寺》七律"寺比五臺形勝地，時當三月艷陽天。山樓鐘盡孤雲外，林戶花飛落日前。"字句工麗，金石鏗鏘。但起結不諧，殊可惜也。余覽前古選集，騷人文士，留題長樂寺者甚多，藤原氏則敦宗、季綱、實兼，并有七律。據其詩，殿堂之美，林泉之勝，巍然一大剎。今則不然。桑滄之變，物外亦然。

東宮學士明衡《花下》吟，雖造語不合，意義自全。明衡，宇合之裔，編《本朝文粹》，有功於藝苑不少。其子刑部卿敦基，夙有詩名，"風生林樾時疑雨，浪洗石稜夏見花。"一時傳稱。

少納言通憲，文章博士實兼子，保元帝乳母夫也。博學多通，辨給而有才略。少時不遇，嘗作詩曰"顧身深識榮枯理，在世偏慵游宦心。"遂薙髮更名信西。保元帝即位，登庸掌機密，恃才果用，志在革弊政，而苛刻少恩，終以此敗。《無題詩集》多載其詩。其子俊憲亦有詞才，官至參議。

大政大臣忠通，相國忠實長子，相國懸車，代為宰輔。後相國溺愛少子左大臣賴長，謀廢公移政柄。而公奉承依依，恭順無虧。惟孝之德足頌，而加有好文之美，豈不偉乎。《無題詩集》載公詩九十首，間有諧合者。左相，公異母弟，少時穎敏，好學能詩，往使相國教以義方，當為棟梁偉材。而趨庭失訓，鬩墻畜姦，保元禍亂，實階於此。如其著作，今猶傳世。

元久中內宴，題《水鄉春望》應制作者，今可徵者十九人，太政大臣良輔以下，藤原氏十五人，中納言資實、中納言親經、式部大輔宗親、左大辨盛經、東宮學士賴範、文章博士宗業、大內記行長等，大率無足錄者。

建保內宴，作者見古選者，藤原氏九人，詩殊無可覽者。蓋保平以降，朝綱解紐，文學衰廢，於是和歌特盛，內宴詠言，和歌為主，詩存籲羊耳。其不精工，不亦宜乎。

中納言基俊、中納言定家，并稱和歌巨匠，有詩傳世，固非其所長。

左大臣兼良，有《避亂江州水口驛、遇雨》作："憶得三生石上緣，一菴風雨夜無眠。今朝更下出前路，老樹雲深哭杜鵑。"按史，公，才學該通和漢，著作殊多，《四書童子訓》其一也。

當時天步艱難，公雖位宰輔，南北播越，憂虞度日，而講明聖經，操觚無廢，此足以有紀也。

　　文明十五年，足利相公第讌會詩，傳者十九首，大政大臣政家、左大臣實遠、內大臣實淳、內大臣通秀、左近衛大將冬良以下，藤原氏十人。文明，上距建保二百六十年，其詩較諸建保，反有可觀。蓋此時雖朝廷文教益廢替，五山禪林詩學盛興，朝紳或因其鼓盪爾歟。

　　內大臣實隆，號逍遙院，致仕後詩云"三十年來朝市塵，扁舟歸去五湖春。平生慚愧無功業，合對白鷗終此身。"每誡子弟曰"吾少年不努力，老來悲傷無及。汝曹宜勿傚尤。"因課子弟謄寫六經及史記、漢書等。世知公為和歌巨擘，而不知有文學。故揭而出之。

　　右所錄外，藤原氏見諸集者，猶有數十人。以繁刪之云，其餘一聯一句，古今傳稱，而全章闕亡者，五品篤《詠砧》"擣處曉愁閨月冷，裁將秋寄寒雲深。"右馬頭季方《三月盡》"林間縱有殘花在，留到明朝不是春。"右少辨雅材《晴景》"松江日落漁舟去，蘿洞雲開隱逕深。"左中辨維成《江上作》"客帆有月風千里，仙洞無人鶴一隻。"大納言齊信《詠妓》"秋月夜閑聞按曲，金風吹落玉簫聲"等，不可枚舉。齊信名價重於一時，而其詩不多見，使人嘆惋。

　　菅原氏，本姓土師，聖武天皇天平元年，賜侍讀土師古人姓菅原。古人子清公，夙有文名。延曆中為聘唐使，有《汴州上源驛值雪》詩云："雲霞未辭舊，梅柳忽逢春。不分瓊瑤屑，飛霑旅客巾。"歷官至左中辨。清公子是善，自幼聰敏，才名顯著，官至參議。

菅原善主、菅原清岡，〔諸家系譜不載二人，官職失攷，江家次第以善主為清岡姪，春齋林子以為清公子。未知孰是。〕并有《詠塵》應制五言排律，中良舟、中良楒、藤原關雄，皆有此題詠。必一時作。較其優劣，二菅最超絕矣。二菅詩，精工整密，力量相等，難為兄弟。今并錄全首，以質具眼者。善主云"大噫籠羣物，惟塵最細微。遇霖時聚斂，承吹乍霏霏。洛浦生神轙，都城染客衣。朝隨行蓋起，暮逐去軒歸。動息常無定，徘徊何處非。冀持老聃旨，長守世間機。"清岡云"微塵浮大道，靄靄隱垂楊。色暗龍媒埒，形飛鳳輦場。徘徊寧有定，動息固無常。逐舞生羅襪，驚歌繞畫梁。因風流細影，伴雪散輕光。無由逢漢主，空此轉康莊。"

右大臣道真，是善子，自古儒臣官至台司者，吉備公之後，有公而已。公之德業，非特東方人士欽戴之，至於遐方異域，聞其風者，靡不景仰。元薩天錫、明宋濂輩歌詩，歷歷可徵也。但世之口碑，往往失實。羅山林子辯駁之，更作公傳。《文集》十三卷，儼然具存，穆如之美，可得而見也。又如《重陽侍宴、同賦菊散一叢金》應制云"微臣採得籬中滿，豈若一經遺在家。"其雅尚，豈徒尋常文士之儔哉。宜乎廟祀千載，威靈顯赫，子孫繩繩，文獻世家也。

文章博士淳茂，右相次子，文才秀發，無愧箕裘。賦《月影滿秋池》云"碧浪金波三五初，秋風計會似空虛。自疑荷葉凝霜早，人道蘆花雨遇餘。岸白還迷松上鶴，潭澄可數藻中魚。瑤池便是尋常號，此夜清明玉不如。"蓋其少時作，稍見工密，惜起句逗漏。

　　大學頭文時，右相孫，大學頭高規子，世所稱菅三品是也。辭才富逸，名價與大江朝綱相拮抗。《題山中仙室》云"桃李不言春幾暮，煙霞無跡惜誰棲。"優柔平暢，元白遺響。又天曆中，應制賦《宮鶯曉囀》云"西樓月落花間曲，中殿燈殘竹裡音。"帝嘆嗟以為不可及。兄左少辨雅規、弟大學助庶幾、子大學頭輔昭、右衛門尉惟熙、從子右中辨資忠，皆有詩名。可謂一門蘭玉追蹤謝家矣。寬弘二年十一月，皇子始讀孝經，禮畢，帝詔詞臣獻詩。侍讀輔正、侍讀宣義，并有應制作。輔正，右相曾孫，宣義文時孫。可見菅氏世能其業。

　　《朝野羣載》載菅才子《沉春引》一首。菅才子，失其名。或曰"永久中人"。詩無足觀者。

　　大學頭是綱、文章博士在良、大學頭時登，皆民部少輔定義子，為右相七世孫。塤篪相和，才名并著。較其力量，亦相伯仲矣。就中是綱《長樂寺》頸聯"樓閣高低隨地勢，林泉奇絕任天然。"景象湊合，氣骨兼完。

　　文章博士為長、大學頭在高、并有《水鄉春望》七絕，俱非佳境。

文章博士在躬、刑部少輔忠貞、大學允永賴、五品斯宗、五品義明，皆稱善詩。而遺篇寥寥，難論造詣。

大江氏，出於平城天皇。至參議音人，始以藝業顯著。世稱江相公是也。音人遺篇散亡，《江談抄》僅載《花落》一絕，尤非佳作。而《談抄》反以為得意詩何耶。音人子式部大輔千古，千古子中納言維時，相紹能業。而維時最知名，世稱江納言。二人詞藻亦複散逸，無足錄者。

參議朝綱，音人孫。天曆中，聲名藉甚。世稱後相公，以別音人。其詠《王昭君》七律頷聯云"邊風吹斷秋心緒，隴水流添夜淚行。"寓巧思於平易。頸聯云"胡角一聲霜後夢，漢宮萬里月前腸。"寄悲壯於幽渺，誠為佳聯。惜乎起句率易，已失冠冕之體。結句卑陋，又絕玉振之響。世傳"朝綱，夢與唐白樂天論詩，爾後才思益進。"蓋當時言詩者，莫不尸祝元白。猶近時輕俊之徒，開口輒稱王元美、李於鱗也。朝綱名重藝苑，所以附會此說也。

文章博士以言，千古曾孫，夙有聲譽，嘗賦《晴浚山川》。源為憲擎節嘆賞。今誦之，有大不協者。又《暮煙》七律，不及具平親王。惟《閑中日月長》一律，似勝他作。而頷聯牽強不成句。《江談鈔》曰"橘在列，不如源順，順不如慶保胤，胤不如江以言。"豈其然乎？談鈔，江帥門人所編錄，故當云爾。噫，虛名溢美，何代不有。

式部大輔匡衡，維時孫，博學強記，文辭宏富，世推大手筆。

以侍讀兩朝，歷任清要，加之累世儒業，高自矜伐。作五言古詩一百韻，詳述遭遇。他章亦多稱宮閫。《文集》三卷行於世。其作類失粗豪，且不免俗習。雖饒篇什，無疵瑕者無幾。

時棟、政時二人，譜第不詳，職業無攷。詩各一首，見《朝野羣載》。

掃部頭佐國，朝綱曾孫。性愛花卉，野史云"佐國死後化蝶。"亦可證有花癖也。《無題詩集》多收其詩，大抵憐芳惜香之作。其中云"六十餘春看不足，他生亦作愛花人。"溫藉脫落，余最嘉之。又有《觀宋國商人獻鸚鵡》四韻云"巧語能言同辨士，綠衣紅嘴異衆禽。可憐舶上經遼海，誰識籠中憶鄧林。"著實明暢，語有次第。當時詠物，無出此右者。惜起結不稱耳。余論大江氏，朝綱上襄，佐國雁行，其他往往名浮其實。

中納言匡房，匡衡曾孫，博涉羣籍，學通古今，最留意國家典章。以八葉儒家，三朝侍讀，名重朝野。嘗為太宰帥，世稱江師。其在宰府，詣菅公廟，作二百韻詩，盛傳一時。其他大篇巨什，經見諸書。而造語淺率卑近，無足採者。但所著《江次第》，至今行於世。要之才敏綜核，而自運非其所長也。子式部大輔隆兼，詩才出藍，不幸早世。

紀氏，武內之後，武內十三世孫大納言紀麻呂，有《春日應制》詩，麻呂子式部大輔古麻呂，有《詠雪》詩，俱載《懷風藻》。麻呂父子之詩，接武乎大津葛野二王，而為公卿先鞭。諸氏詠言，皆買其餘勇。

太宰大貳男人《游芳野》，越前守末《觀魚》，民部少輔末守《送別》，三詩古樸，體格未具，不可加以三尺也。

御依也，虎繼也，紀氏系譜不收，官職無攷。御依有《應制賦落花》七言歌行，蓋弘仁帝幸河陽離宮，有《落花》御製，從幸詞臣，應制奉和。而諸詩散逸，今存者，除御依外，有坂田永河長篇一首已。永河之詩，綵縟可觀，御依不及遠甚。虎繼省試《賦荊璞》五言排律中聯云"潛光深谷裏，韜綵古巖邊。價逐千金重，形將滿月圓。冰霜還謝潔，金石豈齊堅。"精工純至，可稱佳絕。

式部丞長江，麻呂玄孫，有紅梅詩。中納言發昭，字寬，寬平延喜之際，名聲藉甚，至時人與菅右相并稱。余閱其遺篇殊不及所聞。諸選所收《貧女吟》，真兒童語耳。特《山家襍詠》八首，稍有瀟洒致。其子參議叔光，亦有詩名。延喜中，藤左相水石亭賀宴，發昭父子并列其席。叔光之後，紀氏無顯者。至康永中，有紀行親者，《山家春興》云"不識黃鸝棲樹底，一聲啼破滿山霞。"稍有幽況，惜霞字未免俗。紀在昌"岸竹枝低應鳥宿，潭荷葉動是魚游"，紀齊名"仙闬風生空簸雪，野爐火暖未揚煙"，二聯見《朗詠集》，并逸首尾。齊名有重名，江師嘗評當時詩人曰"齊名之詩，如雪朝上瑤臺彈玉箏"。惜遺稿不傳，瑤台雪色，無可髣髴。

橘氏，至常重，始見藝林。而世次官銜，并無所攷。《經國集》載《秋虹》一律。

橘在列，詩名高世，亦關系譜，源順嘗師事焉。在列後為僧，更名尊敬。亡後順為輯遺稿，名《敬公集》。今存者，小作數篇已。

宮內少輔正通，或曰"在列子"，有俊才，而官不達。居恆悒悒，有浮海之嘆。後挈家奔高麗，為彼國大臣。其《贈藤在衡》云"吏部侍郎職侍中，著緋初出紫薇宮。銀魚腰底辭春浪，綾鶴衣間舞曉風。花月一窗交昔密，雲泥萬里眼今窮。省躬還恥相知久，君是當年竹馬童。"其欽羨在衡之超遷，樓惻自己之坎凜者，淋漓乎楮墨間。其棄組投遐，理或有之。

東宮學士直幹，才思拔羣，而遺藻泯闕，殊可惜也。其斷篇隻聯，散見諸書者，皆可稱賞。《贈鄰家》云"春煙遞讓簾前色，曉浪潛分枕上聲"。《宿山寺》云"觸石春雲生枕上，含峯曉月出窗中"。又《游山寺》云"蒼波路遠雲千里，白霧山深鳥一聲"。僧奝然在宋國，雲為霞，鳥為蟲，以為己作示人，彼中人曰"若作雲鳥乃佳。"

左大辨廣相，幼而能詩，九歲召見，屬春暮。應詔云"荒村桃李猶可愛，何況瓊林華苑春。"又《題項羽》云"燈暗數行虞氏淚，夜深四面楚歌聲。"皆非全篇。又作《神護寺鐘序》。菅是善銘，藤敏行書，世以為三絕。

源氏，宗統非一。右大臣常、大納言弘、參議明，皆弘仁帝子，賜源姓者，《經國集》，載其詩，且錄年紀。常十六，弘十五，明十三，其夙慧可知。而三首之外，無復隻字。《經國集》殘缺，十亡其七，無由攷索耳。

大納言湛，弘仁帝孫，有詩見《經國集》。

能登守順，弘仁帝玄孫，學該和漢，所著《和名鈔》行於世。詩篇傳者不多，而《詠白》七言律，當時稱之。起句云"銀河澄朗素秋天，又見林園玉露圓。"誠佳。三四云"毛寶軀歸寒浪底，王弘使立晚花前。"已非佳境。五云"廬州月色隨潮滿"，大有精綵。而對以"葱嶺雲膚與雪連"，癡重殊甚，不惟一聯偏枯，全章為廢。可惜。

左近衛中將英明，系屬寬平帝，菅右相外孫也。《嘆二毛》五言古風，自敘履歷，讀之潸然，語亦不拙。

大納言俊賢、越前守則忠，皆延喜帝之後，篇什僅存。俊賢博洽有重望，著《西宮記》，行於世。

大納言經信，才藝多方，廟議廷論，亦卓越一時。詩雖無警拔，音響頗平。

伊賀守為憲，近體數首，散見諸書，其才不及經信。

孝道也，道濟也，時綱也，未詳其譜系官階，詩則幷傳。就中時綱最名世，賦《宮中薔薇》云"薔薇一種當階發，不啻色濃氣亦薰。紅萼風輕搖錦傘，翠條露重嫋羅裙。飽看新艷嬌宮月，殊勝陳根託潤雲。石竹金錢雖信美，嘗論優劣更非羣。"薔薇潤，見白樂天詩。句末亦用樂天"石竹金錢何瑣細"之義。

平氏，延歷以前已有之，《文華秀麗集》載平五月詩。五月孫有相，亦有詩名。若夫保平之間，宗族滋蔓，貂蟬滿朝者，則皆桓武之裔也。而以文雅稱者無幾，後有參議經高、勘解由次官棟基等，詩皆不足採擇。

小野氏，弘仁中，參議岑守，以文章司命自居。所選《凌雲集》，多載已作。今閱之合作絕無。

小野永見有《田家》詩，小野年永有《新燕》詩。永見為征夷副帥，開府陸奧，擁旄杖節。而眷戀桑麻，其意可嘉。詩亦不拙，年永不詳履歷。

參議篁，博學能文，名聲震世，至今閭閻兒女，莫不知其名。《經國集》載其詩數首，如《隴頭秋月明》六韻，骨氣韻格，直逼盛唐。而造語間失疎鹵，可惜。

春卿、滋陰，官職并無攷。春卿《省試照膽鏡》長律，上半頗能鋪陳，下半猥劣殊甚。然題已險艱，雖近時作家，恐難邊措辭。滋陰《殘菊應制》"金葩留北闕，玉蕊少東籬。"親切題意。〔以下所錄詩人系譜官職，多不可攷者，姑紀其姓名以附重攷，不復一一識別。〕

大伴氏，出自道臣命。大納言旅人，《春日應制》四韻，見《懷風藻》，典實得體。旅人子中納言家持，《上巳游宴》詩，見《萬葉集》。家持領節鉞於奧羽，文武并稱。

大伴池主有《上巳》詩，見《萬葉集》。大伴氏上有《觀渤海貢使入朝》七言律，見《凌雲集》。渤海朝貢始末，具見舊史。後遼太祖滅渤海，改為東丹國，以長子倍為東丹王。其地瀕北海，明時名哈密者。

都氏，本桑原氏。相傳後漢靈帝之後。宮造《伏枕》吟，用賦體，語多悽惻。廣田《詠水中影》五言律，雖頗工，語不雅馴。至腹赤，更姓都氏。其子文章博士良香，詩名最著，如"氣霽風梳新柳髮，冰消波洗舊苔鬚""三千世界眼中盡，十二因緣心裡空"等，膾炙於世，皆非全章。集若干卷，今存文三卷。後來都在中《擣衣篇》，稍可諷詠。

三善氏，或曰"百濟國王之後也。"參議清行，字耀，博學洽聞，器識高遠，文名烜烍乎一時。世對以紀發昭，又與大藏善行并稱，皆非篤論也。《藤左相賀宴》詩，今存者十九首，清行七律在其中，不但野鶴雞羣也。如"紫芝未變南山想，丹露猶凝北闕心"，直是錢劉堂奧，發昭、善行，豈得望其影塵乎。延喜十四年，上封事，論列十二條，又因星變，勸菅公致仕。公左遷後，禁錮諸菅，及門生故吏。人知其冤，無敢言者，而清行上疏論救，其忠憤義烈，前後儒臣，未覯其儔。豈徒文辭超絕時輩哉。特怪，其子孫無聞於藝苑，果無其人歟，抑失其傳歟。

後來有三善為康《古風》一篇，其中云"逕蓬滋兮蓁蓁，泉石清兮磷磷。勞丹心於虎館，曝紅鱗於龍津。驚衰髻於霜雪，瀝老淚於衣巾。"寓旨可悲，語亦淳雅，為康著《朝野羣載》，行於世。

惟良氏，亦百濟王之後。弘仁中，有惟山人春道者，《山寺》作云"紗燈點點千岑夕，月磬寥寥五夜心。"又惟良高尚《宮中殘菊》云"莫問孤叢留野外，唯知一種在宮闈。襲人香氣寧因火，學錦文章不用機。"

安倍氏，首名詩見《懷風藻》，廣庭詩見《凌雲集》，吉人詩見《秀麗集》，皆不足採。唯文繼《晚秋》"朝煙有色看深淺，夕鳥無心闇往來。"可謂以澹調駕巧思矣。

大神高市、大神安麻呂、中臣大島、中臣人足詩，并見《懷風藻》。高市在持統朝，以忠諫骨鯁見稱。大島詩《葉落山逾靜》，有味。

坂上今繼《信濃道中》云"奇石千重峻，畏途九折分。人迷邊地雪，馬躡半天雲。崖冷花難發，溪深景易曛。鄉關何處在，客思日紛紛。"整齊縝密，可謂合作。而當時無稱何也。坂上今雄《送渤海使》云"大海元難涉，孤舟未易廻。不如關塞雁，春去復秋來。"婉而有致。

中科善雄"有月三更靜，無人四壁幽。"大是佳境。

良岑安世，桓武皇子賜姓者，著作甚富，而大率碌碌。

慶滋保胤也，賀陽豐年也，朝野鹿取也，當時甚有聲譽，而遺詩皆不滿人意。菅野真道撰《續日本紀》，文才可想，而詩殊不諧。

善為政《游東光寺》，中原康富《寒山》，多治比清貞《衰柳》，錦部彥公《題僧院》，勇山文雄《宴游》，高邱茅越《神泉苑應制》，上毛野穎人《田家》，田口達音《秋日》等，古選所載，稍足可觀。其他林婆娑《懷古》，淡海福良《田家》，王孝廉《侍宴》，宮部邨繼《過古關》，三原春上《梵釋寺》，朝原道永、揚春師、巧諸勝、大枝永野并詠《雪》，笠仲守《冬日》，高邨田使《梅花》，和氣廣世《落梅花》，布瑠高庭《小池》，常光守《歲除》，治文雄《建除體》等，雖入古選，皆不足錄。

南淵永河、南淵弘貞賦《梁》，淨野夏嗣詠《屛》，石川廣主詠《鬼》，大枝直臣詠《燕》，路永名賦《三數》，清原真友《字訓》詩，伴成益《東平樹》，鳥高名《寶雞祠》，春澄善繩《挑燈杖》，大枝磯麻呂《爨桐》等，皆弘仁中制題，惜時無良工，陶冶未盡，是以荊璞纔剖，而砥礪盈箱，鐘鼓畢陳，而簫韶遠響。諸臣詠物，往往拙累，唯夏嗣、永河二詩，能協題義，語亦清爽。

古昔詩人見諸書者，右所錄外，有巨勢多益、美努淨麻呂、調老人、荊助仁、吉知音、刀利康嗣、田邊百枝、石川石足、道公首名、山田三方、息長臣足、黃文連備、越智廣江、春日藏老、背名行文、調古麻呂、刀利宣令、田中淨足、守部大隅、丹墀廣成、高向諸足、麻田陽春、葛井廣成、高階積善、文室尚相、大和宗雄、島田惟上、島田惟宗、伊與部馬養、採女比良夫、下毛野蟲麻呂、百濟和麻呂、箭集蟲麻呂、伊伎古麻呂、石上乙麻呂等，以繁不錄。

日本詩史卷之一　終

卷之二

平安 江邨綬君錫 著
弟 清絢君錦　男 悰秉孔均 同校

攷諸漢土，古者文武不甚相岐，列國卿大夫，入理庶政，出帥三軍。秦漢以還，文武始岐，所謂隨陸無武，絳灌無文。迄唐中葉，千斛弓，一丁字，更相詬訾。於是橫槊賦詩，據鞍草檄，世稱無幾。況我東土瓊矛探海，寶劍鎮邦，其建極也，素有不同。是以韜鈐詠言，無見古選，後來戰爭之世，反得數人云。

　武藏守細川賴之，《海南偶作》云"人生五十愧無功，花木春過夏已空。滿室蒼蠅掃不去，獨尋禪室挹清風。"賴之行事，見《太平記》。足利義詮既薨，義滿嗣立，賴之執政。內輔幼主，外御猛將，上下倚賴，遠近偃服，功豈不偉然哉。後近臣忌其剛正，讒之義滿，義滿漸信焉，於是辭職，退隱於海南。此詩必其時作也。

　大膳大夫武田晴信，後更名信玄。初年頗參禪好詩，其將某諫曰："主將參禪好詩，猶足利僧還俗。文弱不足有為也。"是時足利學校廢，而為寺，僧徒多事詩偈，故云爾。信玄諸作，載在《甲陽軍鑒》，今不復錄。信玄弟，左馬頭信繁，嘗著《家訓》。其中云"貪他一杯酒，失卻滿船魚。"斯知信繁亦讀書作詩，惜世無傳。信繁孝友，其人可稱。而信玄忌之，所以國祚不長也。

　彈正大弼上杉輝虎，後更名謙信。天正二年，征能登州，圍游佐彈正於七尾城。會九月十三夜，海月清朗，軍中置酒讌會。謙信因賦詩云"露下軍營秋氣清，數行過雁月三更。越山并同能州景，遮莫家鄉念遠征。"將士解作詩及和歌者，各有詠言，極歡而罷。余謂世之談兵者，必稱信玄謙信，二公誠敵手也，但信玄智計絕人。其御軍也，紀律森嚴，所謂量敵而後進，慮勝而後會。要之，其為人也精細，雖由此讀書善詩不異矣。謙信暗嗚叱咤，性如烈火，而讀書作詩，且軍中作此雅會。可謂真英雄真風流也。

大將軍足利義昭，避亂江州，《舟中》詩云"落魄江湖暗結愁，孤舟一夜思悠悠。天翁亦愴吾生否，月白蘆花淺水秋。"詩誠悽婉。公初為僧，為南都一乘院主，宜其能詩。噫足利氏之盛，位亞帝王，富有海內，而季世璅尾，扁舟江湖，去往無地。豈不憫乎哉。

少將豐臣勝俊，豐臣氏時，受封若狹，後退隱京畿，更名長嘯，以和歌稱，所著有《舉白集》，其中載詩數首。

兵部大輔細川藤孝，號幽齋，後更名玄旨，為今肥後矦祖。世知其武略及善和歌，而春齋林子所選《一人一首》，載幽齋《鞍馬山看花》絕句，則知實於文藝注意者。

中納言伊達政宗，今仙臺矦祖。世稱其勇武，而《一人一首》又載其詩。余因謂，賴之以下諸人，生長於干戈擾冗時，南戰北爭，羽檄旁午，何曾得有寧日。不知何暇讀書學詩，此尤不易。元和清平以後，諸藩無事，何為不成。而或優游恬嬉，宴安度日，不啻文學不講，武備亦將并廢者何也。

隱者之詩罕傳，蓋非無隱者，無隱者而能詩者也。《本朝遯史》首載維喬親王。親王文德帝長子，以藤原氏故，不得立焉皇太子，居水無瀨宮，後遷居於京北小野山中。吟詩詠和歌，以為娱樂，亦唯遣其悒悒爾。其詩今無傳者，唯《聞琴》詩，載《朗詠集》，而非完篇也。

延喜中，有稱嵯峨隱君子者。失其姓名，或曰"源姓清名，博學有文，菅右丞、橘參議，與相友善。遇有疑事，即二公就而質問。"其人可想也。或曰"弘仁帝子。"或曰"延喜帝子。"并其詩失傳，惜夫。

《懷風藻》，載民黑人詩，稱曰隱士。亦失其氏族，或曰"野見氏。"其云"泉石行行異，風煙處處同。欲知山中樂，林下有清風。"清迥沖遠，大是隱者本色。

《邂史》，載藤原萬里、高光、周光、為時、橘正通、惟良春道等，余旣前錄。且右數人，雖耽思煙霞，而纏身神綬。或有所激，而遽棄爵祿者，非真隱者也。故不收錄於此云。

余攷古籍，醫之以詩稱者絕無。以今思之，似不可解，如他邦姑置之。今京城中，業講說者，無慮數十人，執謁其門，靡匪醫家子弟，除之無復生徒。而醫生為學，亦唯不過習句讀學作詩，以潤飾自家術業。故雖間有才敏子弟，未至小成，旣已髦其學。蓋儒術文藝，不可立身糊口，而方伎往往興家殖財也。是以近時為醫者，無不作詩，而善詩者至罕矣。余謂古昔為醫，非如近時衆且濫也。宜其不槩見也。迄足利氏時，獨有阪士佛《伊勢紀行》詩云。

阪士佛，名慧勇，號健叟，京師人。數世官醫，給仕足利相公。明德中，除民部卿法印，世稱上池院是也。相公嘗戲之曰

"卿祖名九佛,父名十佛,卿宜名十一佛。"遂以十一佛呼之。後修十一為士,蓋俳優遇也。士佛善和歌及聯歌,有《勢州紀行》,以國字錄之,其中有詩。其一曰"渡口無舟憩樹陰,漁村煙暗日沉沉。寒潮歸去前程遠,又有松濤驚客心。"優柔平暢,頗足誦詠。

　　僧詩見古選者,釋智藏為始。智藏奉天智帝勅,赴唐國,蓋高宗武德年間矣。其詩傳者數首,并無可採。劉禹錫有《贈日本僧智藏》詩。偶同名耳,與此不同。

　　僧辨正,姓秦氏,亦西游唐國。玄宗眷遇甚篤,數召談論,時對圍碁云。然則或與盛唐諸子締交,被其潤色者。而今閱其詩,絕無佳者,可謂空手自玉山還。

　　僧蓮禪,詩名於當時。《無題詩集》載其詩數十首,鄙野殊甚。

　　僧玄惠,不詳氏族。或曰"其初業儒,中為僧,後復還俗。"以著《太平記》,故世稱博文。若其詩,延元中《內宴應制》一首之外,絕不睹他篇。其餘古昔、中世緇流詩偈,見諸選者不少。若空海最稱傑出,而率讚佛喻法之言,非詩家本色,故不收錄。

　　五山禪林之詩,固不易論也。蓋古昔文學,盛於弘仁、天曆,陵夷於延久、寬治,泯没於保元、平治,於是世所謂五山禪林之文學代興,亦氣運盛衰之大限也。北條氏霸於關東也,其族崇尚禪學,創大剎於鎌倉,今建長寺之屬是也。流風所煽,延覃上國,京師五山相尋營構。足利氏盛時,竭海內膏血,窮極土木之工,宏廓輪奐之美,所不必論。其僧徒,大率玉牒之籍,朱門之胄,錦衣玉食,入則重裀,出則高輿,聲名崇重,儀衛森嚴,名是沙門，而富貴過公矦。禁宴公會，優游花月，把弄翰墨，一篇一章，紙價為貴。於是，凡海內談詩者，唯五山是仰。是其所以顯赫乎一時，震盪乎四方也。

　　元和以來，文運日隆，近時學者昂昂乎藐視前古。卝角之童，尚能詆排五山之詩。即其徒亦或倒戈內攻，要非篤論也。余謂五山之詩，佳篇不少，中世稱叢林傑出者，往往航海西游。自宋季世至明中葉，相尋不絕。參學之暇，從事藝苑，師承各異，體裁亦岐。其詩今存者數百千首，夷攷其中，不能不玉石相混也。若夫辭艱意滯，涉議論雜詼謔者，與藉詩以說禪演法者，皆余所不採也。其他平整流暢，清雅縝工者亦多。則不可概而擯之。

　　五山作者，其名可徵於今者，不下百人。而絕海、義堂，其選也，次則太白、仲芳、惟忠、謙巖、惟肖、鄂隱、西胤、玉畹、瑞巖、瑞溪、九鼎、九淵、東沼、南江、心田、村菴之徒，不堪枚舉。

　　絕海、義堂，世多并稱，以為敵手。余嘗讀《蕉堅藁》，又讀《空華集》，審二禪壁壘。論學殖，則義堂似勝絕海。如詩才，則義堂非絕海敵也。絕海詩，非但古昔中世無敵手也，雖近時諸名家，恐棄甲宵遁。何則古昔朝紳詠言，非無佳句警聯。然疵病雜陳，全篇佳者甚稀。偶有佳作，亦唯我邦之詩耳。較之於華人之詩，殊隔逕蹊。雖近時諸名家。以余觀之，亦唯我邦之詩，往往難免俗習。如絕海則不然也。今錄集中佳句若干。五言"流水寒山路，深雲古寺鐘。""夜宿中峯寺，朝尋三泖船。""青山回首處，白鳥去帆前。""山暮秋聲早,樓虛水氣深。""鳥下金繩雪,童燒石室香。""風物皇畿內,江山霸國餘。""千峯收宿雨,萬象弄春暉。""漁篝殘近渚,僧磬徹寒蕪。""寒煙人未爨,野樹鳥相呼。""寒雨黃沙暮,凄風白草秋。""孤館啼猿樹,四郊戎馬塵。"七言"古殿重尋芳草合,諸陵何在斷雲孤。""父老何心悲往事,英雄有怨滿平湖。""一徑松花山雨後,數聲溪鳥石堂前。""絕域林泉淹杖履,大江風雨起魚龍。""百萬已收燕北馬,頻繁休督海南兵。""久雨南山荒紫豆,清秋北渚落紅蓮。""溪獺祭魚青篛裡,杉雞引子白雲中。""霜後年年收芋栗,春前日日劚參苓。""聽經龍去雲歸洞,觀瀑僧回雪滿瓶。""瑤草似雲鋪滿地,琪花如雪照幽厓。""綠蘿窗外三竿日,黃鳥聲中一覺眠。""忠臣甘受屬鏤劍,諸將愁看姑蔑旗"等。有工絕者,有秀朗者,優柔靜遠,瑰奇贍麗,靡所不有。義堂視絕海,骨力有加,而才藻不及。且多禪語,又涉議論。温雅流麗者,集中無幾。如絕句,則有佳者。《懷舊》作云"紛紛世事亂如麻,舊恨新仇只自嗟。春夢醒來人不見,暮簷雨洒紫荊花。"《送人歸京》曰"輦下招提西又東,因君歸去思重重。孤雲海國三年夢,落月長安幾夜鐘。"

二僧之外,太白《春水》曰"春水纔深數尺強,煙波渺渺接天光。落花漲盡江南雨,一夜閑鷗夢也香。"仲芳《題范蠡》曰"五湖煙水綠涵天,月照蘆花秋滿船。吳越興亡雙鬢雪,功名不敢至鷗邊。"南江《送僧游廬山》曰"廬山何處不勝情,蓮社人空芳草生。君去能聽虎溪水,潺湲尚有晉時聲。"大愚《題水竹佳處》

曰"野水侵門脩竹清,君居想合似佳名。山扉半濕斜陽雨,翡翠時來衣桁啼。"村菴《雪夜留客》曰"茅屋休辭一夕稽,君家歸路恐相迷。園林雪白黃昏後,難認梅花籬落西。"正宗《神泉苑應制》曰"上林風物草連空,尚有龍池記古宮。何日宸游留玉輦,神泉純浸五雲紅。"僉師法晚唐,深造巧妙。

宗山、同山,并有《水邊楊柳》詩。宗山曰"漁橋不似官橋暮,不繫金絨只繫船。"同山曰"染不成乾煙雨裏,半如鴨綠半鵝黃。"二詩體裁頗肖,并工縟矣。

曹學佺《明詩選》,載日本僧天祥詩十一首、機先詩五首,二僧被賞乎中土,而湮晦乎我邦,甚可嘆惜。天祥《憶西湖》曰"杭城一別已多年,夢裡湖山尚宛然。三竺樓臺晴似畫,六橋楊柳晚如煙。青雲鶴下梅邊暮,白髮僧談石上緣。午睡醒來倍惆悵,堪看身世老南滇。"又《榆城聽角》曰"十年游子在天涯,一夜秋風又憶家。恨殺黃榆城上角,曉來吹入小梅花。"聲格清亮,唐人典刑。其他我邦詠言,為華人所稱者甚眾。春齋林子《一人一首》,論載詳悉,今不復贅。

朝鮮徐剛中所著《東人詩話》,以"清磬月高知遠寺,長林雲盡辨遙山"為日本僧梵岭詩,余未攷梵岭何人。

余按,古昔宮娥閨媛,揮彤管於國字,抽藻思於和歌,揚芳一時,播美千載者,比比有焉。如詩章無幾,而孝謙帝為始。帝以坤德位九五,中冓之言,言之長也。帝酷崇釋氏,所傳帝詩,亦唯讚佛偈耳。然曰"惠日照千界,慈雲覆萬生。"實俊語也。

按史，先是吉備公為聘唐使，遂留學於唐國，經二十年，至是歸朝。帝師之，學詩學書云云。然則宸藻豈止於此耶，今無所攷耳。

大伴氏，不詳其人。《文華秀麗集》載其《秋月述懷》七律一首。雖非佳作，亦不甚拙。

內親王有智子，弘仁帝第三女，幽貞之質，錦繡之才，古今罕儔。年十七，為賀茂齋院。帝嘗幸齋院，與羣臣賦《春日山莊》詩，各探勒韻，公主亦與焉。公主得塘光行蒼，即賦曰"寂寂幽莊深樹裏，仙輿一降一池塘。棲林孤鳥識春澤，隱澗寒花見日光。泉聲近報初雷響，山色高晴暮雨行。從此更知恩顧厚，生涯何以答穹蒼。"又嘗賦《巫山高》，其結句曰"別有曉猿斷，寒聲古木間。"殊初唐遺響。其餘傳者數首。公主薨年四十一，遺令薄葬，且辭護葬使。其賢明，不特藻繪之美。

惟氏，蓋弘仁時宮女，《經國集》，載《擣衣篇》一首，長短成章。其中云"芙蓉杵，錦石砧，出自華陰與鳳林。擣齊紈，搗楚練。"等數語，最為婉約。此知弘仁右文，教化為至也。諸皇子無不能詩，而皇女有如有智公主。外廷諸臣，才華紛競，而內廷又有如惟氏。使千歲下嘆稱不已。

尼和氏，不詳氏族。或曰"和氣清麻呂姊也。"《經國集》載《古風》一篇，其中云"棲隱多歸趣，從來重練耶。駕言尋此處，處處幾經過"等語，足證心地清淨。

十市採女《和江侍郎》七言四句，載其半載《朗詠集》曰"寒閨獨夜無夫壻，不妨蕭郎柾馬蹄。"世以桑濮鄙焉。或曰"和歌之設教也，亦本諸性情之正，固非誨淫具也。中古風教陵夷，人人假之為花鳥使。紅箋往復，半是芍藥贈言。前史所錄，和歌選集所載，歷歷可證。有靦面目，而當時慣以為常。採女特以詩代和歌耳。如懲其淫風，宜有任咎者，何必尤一女子。"採女之後，悠悠幾百年，閨閣之詩，廖乎無聞。元和文明之後，又得數人，因附錄於左云。

曇華院宮默堂，蓋皇女歸釋者云。《八居題詠》附載其《冬日書懷》曰"寒林蕭索帶風霜，幽竹窗前已夕陽。翫月秋宵猶恨短，尋花春日尚思長。榮枯過眼百年事，憂喜傷心一夢塲。靜對爐香禪坐久，細煙裊裊繞孤床。"理趣超凡，不啻脫紅粉之習，兼遠煙火之氣。

京師女子名留者，年十三，《送人》詩云"蜀魄聲聲更斷腸，離筵今日淚成行。江山迢遞幾千里，不若愁人別恨長。"又有《春山尋花》七律，亦頗成章。二詩見《本朝千家詩》，不錄女子氏族，今不可攷。《千家詩》元祿中，京師書林編輯，距今已八十年。

讚州丸龜士人井上氏女，名通，從東都還丸龜道中，以國字紀行，名《歸家日記》，其中載詩十二首。《天龍河》作云"天龍河上天龍游，龍去河留二水流。二水中分為大小，小斯厲揭大斯舟。"

築後柳川立花氏女，《題山居》云"應是武陵洞，溪流送落花。杳然聞犬吠，何路向仙家。"《江樓賞月》云"江天明月照登樓，十里金波浸檻流。黃鶴仙人誰得見，玉簫吹落桂花秋。"有詩集，名《中山詩稿》。

伊勢山田祠官某婦，荒木田氏，好讀書，善和歌連歌。近學作詩，間有佳篇，婉順不失閨閣本色。《題畫》云"楊柳青邊潤水流，春風倚棹木蘭舟。人家隔在峯巒裏，想像長伴麋鹿游。"又《浪華客中》作云"江湖一望緑連天，日出煙波帆影懸。歸雁幾聲春夢破，故園消息落花邊。"

日本詩史卷之二 終

卷之三

平安　江邨綬君錫　著
弟　清絢君錦　　男　惊秉孔均　同校

古曰"文學盛衰，有關乎世道污隆。"信哉。徵之我邦。夫誰曰不然。神武天皇東征，綏其士女。帝功於是為盛，然時屬草昧，遐荒猶阻王化。應神天皇登極，而後三韓稽顙，蝦夷獻琛。巍巍桓桓，莫以尚焉。於是我邦始有六經云。仁德天皇為皇子時，受經於百濟博士，講明唐虞之治，即位後，施為靡不由焉。是以海內乂安，衆庶仰之如日月，戴之如父母。仁慈恭儉之化，入民心者，至深且固，歷千百世，無有攜貳。胡厥盛哉。自時厥後，列聖相承，文教日闡，餘波及翰墨者，汪洋於弘仁天曆間。可謂帝業與文學偕盛也。延久已降，朝綱解紐，文事日廢。一壞於保元，再壞於承久，糜爛於元弘、建武之後。迄乎足利氏失其鹿，邦國分裂，戰爭無已，生民塗炭，到此而極。藝苑事業，無復孑遺矣。既而天厭喪亂，織田氏、豐臣氏迭興，中州稍削平。然并無學無術，馬上得之，欲馬上治之。是以天人不與，或業壞垂成，或祚止一世。要之撥亂反正，天必有待。而奎壁發綵於久暗之後，固非偶然也。若夫神祖，聖文神武，上翊戴帝室，下煦育億兆，干戈攘擾中，遄訪耆老，以橐籥治道，廣募遺書，以潤色鴻業，又命惺窩先生，講析經史之義。於是羅山先生，應聘東都。夫然後猛將勇士，稍知嚮學，而邦國頖宮尋興，士業日廣，至今百六十年，玉燭繼光，金甌無虧，風化之美，彝倫之正，亘古所無。而近時文華之鬱，無讓漢土。今論列其一二，未遑縷舉云。

　　惺窩，名肅，字斂夫，姓藤原氏。其出處言行，并見《本朝儒宗傳》，今不復贅焉。初為僧，名椿首座。是時五山詩學尚盛，其中有以才鋒稱者，而遇惺窩，則折北不支。以故名，重釋氏。雖歸儒後，不畜妻妾，不御酒肉，人或詰之，則曰"我歸儒也，崇其道耳。不我知者，謂為食色。吾德不足服人，不能不避嫌耳。"先是，京師有唱程朱説者，而猶未普四方。惺窩一出麾之，海内靡然宗之，執弟子禮者，無慮數百人。而羅山、活所、堀正意、松永昌三、最有重名。惺窩已以斯文自任，人憚其共端嚴，而亦能風雅，不廢文字之業。嘗花時游大原，訪豐臣長嘯，席上賦云"君是讓花花讓君，有花此地久留君。入門先問花無恙，莫道先花更後君。"一時游戲之言，體格亡論已。然意致曲折，足證溫藉。

　　活所，名方，字道圓，姓那波氏，後更姓祐生，名觚，播州人。年十八游京師，始謁惺窩。惺窩覽其《詠杜鵑》詩，歎稱焉。由是名價頓發，遂從惺窩，聞濂洛心法，即得其旨歸。元和元年，大駕駐京，召見名儒。活所雖年少，亦在其列。後筮仕肥後，肥後國除，更事紀藩。又以方正端嚴，繼惺窩為京師諸儒冠冕。其弟子號入室者最多，而我先大父為首。正保戊子，卒於京師。有《活所遺稿》十卷，詩凡五百首，其中有雅馴者。《游東求堂》云"寂寞將軍廟，無邊草木肥。苔深過客少，松臥古人非。流水幾時盡，行雲何處歸。長嗟山路暮，幽鳥傍吾飛。"長子木菴，克紹其業，為一時儒宗。

　　木菴。名守之，字元成，嗣職為紀藩文學。後以老病致仕，在家教授。自惺窩至木菴，文學相承，木菴最以毅直稱，而其詩多圓暢者。《游金閣寺》云"相國遺踪在，荒蹊松竹幽。青山千古色，金閣幾人游。山影浮寒水，林聲報素秋。遥憐應永日，臨眺令吾愁。"又《禪林寺看花》云"過眼山花片片飛，如雲如雪映斜暉。共凭百尺樓臺上，自使游人忘暮歸。"遺稿若干卷，名《老圃堂集》。我義祖全菴先生，以同學故，唱和殊多。至今余家藏木菴詩數紙，筆力遒勁，字字飛動。木菴一子名元真，俗稱採女，多病不業，先木菴死。有二孫，余髫年從先攷過其家，是時木菴配某氏猶無恙。令二孫出，見先攷曰"吾家業詩書，世有顯名，吾兒不幸短折，今以二孫累先生。"於是二孫，受業先攷，亡何祖母氏卒，二孫後遂并為醫。那波氏世住播州，家資鉅萬，迄活所事紀藩，歲禄五百石，家道益饒。是以極力典書，至數萬卷。余友師曾，與活所別家而同宗，才名夙著，至今堅苦讀書，其志不小，所謂廢於彼而興於此者歟。

堀敬夫，名正意，號杏菴，惺窩門人，初仕張藩。安藝侯素聞其名，厚禮請之張藩。張藩命應其聘，於是更仕安藝侯。子孫嗣職，世為藝州文學。其詩見《扶桑千家詩》暨《扶桑名勝詩集》。

松永昌三，名遐年，惺窩門人，聲名籍甚於一時矣。承保中，敕以布衣召講春秋經，因名其居曰春秋館，館在西洞院。是時板倉侯為京尹，好學，素重昌三。聞春秋館狹小，為卜宅地於崛川，名曰講習堂。昌三二子，長昌易，次永三。昌三卒，昌易居春秋館，嗣絕。永三居講習堂，子孫能守其緒業云。昌三著述，余不多睹，《名勝詩集》，載《市原山題詠》八首并小序。

三宅亡羊。號寄齋，活所同時人。或曰"亦惺窩弟子。"講说為業。其子子燕，名道乙，始仕備前，《名勝詩集》，載三宅可三《備前八景》詩，疑是其人，若子孫也。

惺窩門人，有菅原玄同，字得菴。有鵜飼信之，字子直。羅山門人，有人見友元、永田道慶。活所門人奧田舒雲，昌三門人野間三竹等，當時并有聲譽。爾時，詩論未透，雅音罕振。今閱諸人遺稿，雖各有低昂，大較魯衛之政。

山崎闇齋，專講性理，如詩章，非其本色。要之其所以不朽在彼，而不在此也。《名賢詩集》載闇齋詩百首，可謂儈父不知好惡也。中村惕齋、藤井蘭齋、米川操軒亦有詩，見《千家詩》。

寬文中，稱詩豪者，無過於石川丈山、僧元政。丈山出處，在世之口碑。已武且文，隱操亦卓然，年九十卒，可謂偉人也。至今京師東北，一乘寺邑，有詩仙堂暨其遺留琴硯等，依然尚存。當時嘯詠其中，誓不入城市。諸名士每經過，談論唱和，以為娛樂。所著有《覆醬集》，韓人權伬者為之序，稱曰日東李杜。余覽其集，句多拙累，往往不免俗習，權伬溢美，不俟辯論。然當時諸儒詠言，率出於性理之緒餘，乏溫柔旨，而丈山獨夢寐山林，襟懷瀟灑，如"窗間殘月影，枕上遠鐘聲""風柳起鶯懶，山花留馬蹄""半壁殘燈影，孤牀落葉聲"等，意象閑雅，殊可諷詠。

僧元政，修持法華，戒律堅固，而雅尚風雅，所著有《草山文集》，嘗結芳於京南深草里，香火到今不斷。其詩雖韻格不高，意義平實。元政本江州士族，鄉有老母，後迎養菴側，孝敬純至。《客中》絕句曰"逐月乘風出竹扉，故山有母淚霑衣。松間一路明如畫，遥識倚門望我歸。"記其實也。先是明人陳元贇，避亂投化，後以山人應張藩聘，時時來游京師，會晤元政，心機契合，締方外盟，有《元元唱和集》。元政詩中有云"人無世事交常淡，客慣方言譚每諧"。亦記其實也。或曰"元政得袁中郎集悦之，以爲帳秘。"余謂中郎詩，祖述白香山，欲矯七子套熟，勤去陳腐，而其弊失諸率易淺俗。元政《贈元贇》曰"公本大唐寶，七十六老人。吾少公卅六，才調況非倫。不知何夙世，合如車雙輪。"等，正是公安委流。或説恐然。

　　明人避亂投化者，元贇之外，有朱之瑜，又有林榮、何倩、顧卿、僧獨立輩。元贇字義都，號既白山人，崇禎進士下第者云。朱之瑜，字楚璵，號舜水，嘗爲魯王賓客，明亡，附商舶來長崎。無人知爲文儒，窮困備至，獨有築後安藤省菴，執謁爲弟子。省菴世事柳川矦，歲禄二百石，於是分其半供舜水，以助薪水。常藩聞之瑜名，聘召，賜禄五百石，眷遇甚篤，年八十餘而終，私謚曰文恭。林、何、顧三人，不詳其顛末。大高季明《芝山稿》中稱三人明儒，推獎特至。意三人止於長崎，而不入京歟，或後再西歸者歟。又《芝山稿》中，説元贇、子瑜之事，與他説異矣。其言曰"陳，杭州販夫，朱，南京漆工，并非知學者。"余未知其孰是也，若詩則元贇爲勝。元贇詩間有佳者，其氣韻蕭索者，亦唯邦亡家破，孤身航海，理固然矣。何林顧三人詩，見《芝山吟稿》暨《名勝詩集》者，鄙俚最甚。僧獨立，名善書，詩亡論耳。之瑜詩余未見焉，或曰"《之瑜文集》三十卷。"

省菴之於之瑜，好學勇義，求諸古人，不可多得。省菴名守約，少時游京，從學昌三，名善屬文，詩亦多傳，間有佳句。

　高季明，本姓大高坂氏，自修為高，字清助，號芝山，土佐州人。其履歷，詳於男義明所撰《高氏家譜》。少時游學兩都之間，博覽而有大志，最研理義，又好著述。有所作，則必致之長崎，請正於林、何、顧三人，三人極口褒賞。其答季明書曰"我輩來貴國，視數家文章，雖各有所長，然或未請章法句法，唯足下所作，盡合規矩。"又曰"足下文章，意深語簡，韓柳歐蘇無過。"又曰"足下詩，格調兼高，宜貴貴國紙。"孟浪諛言，固不足論，而季明信之，妄自夸毗，遂欠精細工夫。《芝山會稿》十二卷，篇章不為不多，而可採者無幾。余酷愛季明慷慨有氣節，因深惜為三人所誤也。

　延寶中，吉田元俊纂《扶桑名勝詩集》。元和以來作者，不下百人，涇渭混淆，其中雖有短長，槩而論之，無足採錄者。平巖仙桂、熊谷立閑、山本洞雲，詠題殊多。余未詳其人，唯有餘元徵《西岡八詠》，體裁頗整。元澄，名澄，號東菴，有《竹雨齋詩集》。

　宇都宮由的，名三近，號遯菴，周防人，昌三門人，講學於京師，有《遯菴詩集》，弟子恕方者輯錄。其序云"先生著述罹災，今所存特晚年作云云"。余閱其集，詩猶千餘首，七絕最多，至七百首。其中云"海色茫茫山色長，孤舟風雨轉淒涼。天涯一夜愁人夢，半在京城半故鄉。"悽愴婉約，可稱佳作。其他則蕪陋淺俗，可笑者不鮮，十刪其九，則可不朽矣。又五言"好花三月錦，啼鳥幾絃琴。千竿遮畏日，一榻納微涼。"亦佳。

松原一清，字孫七，號鶴峯，安藝人，仕本藩，職為行人。幼好讀書，九歲作詩，長而益勤。詩集二卷，名《出思稿》，語多胸臆，不喜踏襲。其《宿西條驛》云"西風驅暑送新涼，不厭前程雲水長。行李更無官事累，悉收秋色滿詩囊。"意度悠遠，足可誦詠。

貝原益軒，名篤信，字子誠，築前人，後隱居京師。元和以來，稱饒著述者，東涯、徂徠之外，蓋無如益軒者。其所撰不為名高，勤益後人，乃至家範、鄉訓、樹藝、製造，亹亹懇懇。余少年時不解事，意輕其學術，今而思之，殊為懺悔。其詩亦樸實矣。益軒之姪損軒，名好古，志尚如同舅氏，著述數種，詩亦頗占地步。又有貝原存齋，余未詳其人。《千家詩》載其《三月盡》作云"今年花事今宵盡，衰老難期來歲春。風光別我我何恨，留與後人千萬春。"可謂知道之言。

村上冬嶺，名友佺，字漫甫，活所門人。余與先大父，同學相友善。余少年時，聞先攷數稱其人，蓋好學天性，其推獎先達，揄揚後學，不啻如自其口出，一以為己任。當時諸儒，會讀二十一史，會月數次，又結詩社，并輪會主，必有酒食。臨期會主或有他故，冬嶺必代為主，以故社會綿綿二十有餘年。後進所作，時有佳句，則擊節嘆稱，吟誦數回，一時藝苑賴之吐氣。其自運亦嬌嬌乎一時矣。今讀冬嶺詩，精深工整，超出前輩。元和以後七言律，到此始得其體。《梅花》云"名園桃李競嬋娟，獨自清寒倚竹邊。東閣題詩人動興，西湖載酒鶴迎船。點苔欲效霏霏雪，傍柳偏含淡淡煙。何處金笳明月下，曉風咽斷更淒然。"《秋夜宴伏見某樓》云"秋入水鄉鳴荻葦，壯游不用賦悲哉。豐城劍氣衝星起，北海樽酒乘月開。萬頃歐沙吞楚澤，千帆賈舶泝蓬萊。此翁曼鑠人爭說，物色行看到釣臺。"又《小集席上作》云"青樽歲晚思難禁，共見頭顱霜色深。忼慨堪收燈下淚，低垂姑任世間心。愁邊一笑比雙璧，老後分陰重寸金。薄宦身閑亦天幸，清時莫作獨醒吟。"又《田家絕句》云"羈思官情兩不知，春耕夏耨鬢成絲。門前垂柳長拂地，不為別離折一枝。"

伊藤仁齋，首斥程朱，創一家學。其說是非，余有別論。東涯《盍簪錄》曰"先人教授生徒，四十餘年，諸州之人，無國不至。唯飛驒、佐渡、壹岐三州人不及門。執謁之士以千數。"要之，亦豪傑之士也。槩其為人，宜不屑聲律也。而詩間有有旨趣者，殊可嘉稱。

東涯，仁齋長子，名長胤，字原藏，其如經義文章，姑捨是。詩亦一時鉅匠。近人動輒曰"東涯詩冗而無法，率而無格。"噫談何容易。東涯篇章最饒，余閱其集，有潤麗者，有素樸者，有精嚴工整者，有平易淺近者，體段難齊。余雖生後時，猶及識東涯。其人溫厚謙抑，口訥訥似於不能言者。與今時學者自託龍門，倨傲養名，懶惰失禮者不同也。人有乞詩，則無論貴賤長少，黽勉應之。大名之下，乞者日眾，所謂卷軸之積，如束筍者。是以其所作，有歷鍛鍊，有出率意，畢竟無害為大家。東涯兄弟五人，其季即今蘭嵎是也。

北村可昌，字伊平，號篤所，江州人，仁齋門人。在京師教授生徒，負笈者四方雲集，朝紳為之弟子者亦衆。元禄中，上皇聞其篤學老而不倦，特宣賜古硯。享保三年卒，壽七十二。碑銘及書，并成貴介手。《名賢詩集》載其詩四十余首。《和州道中作》云"飛雪寒風天漠漠，長途短晷意匆匆。閑雲本是無情物，底事營營西復東。"余近閱《熙朝文苑》，有可昌《謝賜硯表》，其大意，深欽慶為其傳家之寶云。然可昌一男一女，男不肖且癈疾。可昌没後，不知賜硯流落何處。

小川成章，字伯達，號立所，仁齋門人。按東涯《盍簪録》曰"先人教授生徒，殆以千數。小川成章、北村可昌，相從最久，衆推為上足。"又曰"小川吉亨，京師人，壯歲不事家產，晚年卜居北野，稼圃為樂，閑暇手自謄寫異書。有二子曰成章、成材，共從先人受學。成章長而有學行，後仕常藩云云。"據此，則成章亦一時翹楚。其詩見《名賢詩集》及《千家詩》。

松下見林，字子節，京師人。受學先太父，篤志博綜，尤好著述。余家藏其詩若干，氣骨沉雄，翹翹一時，書法亦蒼勁而潤美。其《詠鷹》云"齊野玄霜楚澤冰，十分猛氣正騰騰。目中今已無凡鳥，天外常思制大鵬。利爪幾經紅血戰，奇毛深入白雲層。誰言一飽即颺去，左指右呼憐爾能。"又《題秀野亭》五律十五首，甚有曲致，語繁不録。

緒方維文，字宗哲，亦受業先太父，學成仕土佐矦。男某不業，家遂絕矣。《熙朝文苑》載其詩，而詩非所長也。又曰，《千家詩》載緒方元真詩，余不詳其人，疑是宗哲族也。其《有馬道中作》云"木綿花發稻青青，處處水田龍骨鳴。百里長堤日將午，籃輿且傍樹陰行。"

大町敦素，名質，稱正淳。京師人，受學先太父，詩見《熙朝文苑》。當時梁蛻巖《和徐文長詠雪》七言八十韻，尖新而精巧，膾炙遠近。敦素有和作，倣其體。余少年時，一再睹之，今不復記，可惜。

笠原雲溪，名龍鱗，稱玄蕃，京師人，詩名顯著一時。到今遐陬僻境之士，尚嘖嘖稱焉。蓋自惺窩先生講學於京師，百有餘年於茲，其間雖有以詩賦文章稱者，風俗未漓。學必本經史，以翰墨為緒餘，而雲溪獨以詩行。是時仁齋門人中島正佐者，專業講說，而所講不出四書，終始循環，一日數席。諸州生徒，輻湊其門。雲溪居止，接近正佐，乃以詩授人，生徒以為便。於是雲溪詩名，傳播四方，亦京師學風一變之機會也。雲溪沒，門人竹溪者，鈔其遺稿，梓而行之，名《桐葉編》。其詩嫵媚，足自喜，而氣骨纖弱。如律詩全篇佳者無幾，絕句則間有堪錄者，五言"雷驅殘雲去，雨隨返照收。逐涼多少客，立盡柳塘頭。"七言"白屋寒深古敝裘，朔風徹曉未全休。家童預識雪將至，行汲前溪一曲流。"又曰"雲溪詩，瑕纇最多。"《梅花》七律有"疏影上窗月亦香"句，足稱佳句，而對太不協。又《失鶴》七律，當時喧傳以為絕唱，其頷聯曰"松巢影動猶疑在，薰帳眠驚誤欲呼"，誠佳矣，頸聯殊不協焉。雲溪又有絕句曰"樓蘭介子劍，南越終軍纓。清世成何事，壯心誤此生。"人傳"雲溪卓犖，兼好武術。"其或然也。右《桐葉編》卷末，附載竹溪詩數十首，跋亦竹溪作，而無序，以朝紳和歌一首代之。竹溪余未詳其人，以先師遺稿為翫弄具，且為售巳名奇貨，輕薄亦甚。

柳川順剛，字用中，號震澤，又號雪溪，京師人。《千家詩》載《元日》七律一首，其中云"乾坤於我知雞肋，邱壑何心負鶡冠。"頗錚錚矣。

柳川滄洲，名三省，字魯甫，本姓向井氏，出繼順剛後，冒姓柳川。從木下順菴學，學成不仕，授徒講學。或曰"元和以來，從事翰墨者，雖師承去取不一，大抵於唐祖杜少陵、韓昌黎，於宋宗蘇黃、二陳、陸務觀等。至雲溪，始右唐左宋，而猶未及初盛中晚之目。滄洲出，而後始以盛唐為正鵠。余謂是之時，物徂徠唱古文辭於關東，稱揚明李於鱗、王元美，輕俊子弟靡然爭從。然京師未有為其説者。而今誦滄洲詩，駸駸乎明人聲口，蓋氣運所鼓，作者亦莫知其然而然也。滄洲《送人之美濃》曰"西風萬里動關河，搖落何堪送玉珂。遲暮誰憐平子賦，清時猶唱伯鸞歌。路連山嶽秋雲合，天入江湖旅雁多。聞道濃陽秋水濶，莫將簑笠老煙波。"又《詠曉鶯》七絕曰"香霧冥冥夜色深，黃鶯啼處月初沉。無端喚起梅花夢，能使春心滿上林。"又五絕《關山月》曰"青海孤雲盡，天山片月寒。高樓人不寐，半夜望長安。"

滄洲教授有方，其門人多成材。其最顯者，石川伯卿、上柳公通，及長野方義、渡邊士乾、大橋叔輔之徒。滄洲卒後，皆能守舊學，文會無渝。伯卿、方義已没，公通、士乾、叔輔，今無恙云。

　石川伯卿，名正恒，號麟洲，京師人，滄洲門人。學成仕小倉矦，為人謹愨，而藻思亦蔚然矣。嘗著《辯道解蔽》，駁徂徠説。嗣子今嗣職，為小倉文學。

　長野方義，字之宜，往余於友人壁上，睹其詩數首，今偶記一首，《秋閨怨》云"搖落寒砧秋晚催，黃花成客幾時回。傷心最是南歸雁，萬里飛從君處來。"

　松岡玄達，名成章，號恕菴，又稱怡顏，京師人。博學強記，無不該通，最研擁本草家學。諸國生徒，上其席者，每以百數。少時頗事操觚，後以講學，逐廢吟哦，故所傳詩篇至罕。余家藏其少作數紙，亦自平實。

　堀景山，名正超，字君燕，南湖之從弟，與南湖同為杏菴玄孫。蓋杏菴之後分為二家，并為藝藩文學。景山篤學精通，而和厚近人，循循奬掖後學。是以從游之士多嚮彬雅。其詩結構整齊，亦一時作家。某年卒於京師，藝矦親製碑文，賜之嗣子云。

　堀南湖，名正修，字身之，別號習齋，其學廣搜博採，強記絕人，最精易理。嘗演蘇氏易説，著書數萬言。與景山同為藝藩文學。而其在京師時，准三宮豫樂藤公，數召對清問，禮遇甚優。其卒也，藤公賜親製碑銘。南湖夙好吟哦，暇日多游五山諸刹，與僧徒相唱酬。當是之時，海內方宗唐及明詩，而南湖獨祖宋，最尚子瞻。故譽之者曰"一時無二。"毀之者曰"詩無所解。"要之，南湖才識出羣。如曰"一逕年年蘚，四時日日花。梅每枝枝好，雪教樹樹妍。曲渚舟橫草，深山鐘度花。"雖非大雅中正之音乎，天造奇逸，自有妙處。且古曰"寧為雞口，莫為牛後。"如其言，則南湖亦藝苑夜郎王矣哉。長子名某，長於余數歲，少時有才子稱，已没。今嗣職者為南湖之孫。

僧百拙，卓錫泉溪，為寶藏寺開士。能詩善書，與南湖詩盟法契，往來唱和。余嘗論元和以後釋門之詩，以百拙對萬菴，人無信者。蓋其無信者，以詩體玄黃相判也。如其資才，二僧斤兩大抵相稱，無有輕重。但其志尚相反，軌轍異途耳。蓋萬菴欲莫以禪害詩，百拙欲莫以詩害禪。故萬菴詩，詩必詩人之語，百拙詩，詩必道人之語。是以萬菴詩高華雄麗，百拙詩深艱枯勁，并是假相有意，非其本相也。有詩出於其無意者，萬菴未必無道人之語，百拙間有詩人之語。百拙嘗作《春雨書懷》七絕七首，其一曰"梅花落盡李花開，禊事將來細雨來。半幅疎簾人寂寞，前村野水洗蒼苔。"又《湖山採蓮歌》曰"西湖十里玻璃綠，隔岸仄聞採蓮曲。蕙帶茜裙風自香，荷花入錦人如玉。荷柄斷時需斷腸，藕絲纖纖知難續。畫橈歸去歌聲遥，夕陽波上湖山縟。"

僧西巖，住持南禪天授菴，博覽宏識，禪餘好詩，其名重於叢林，亦能與一時文士往來唱酬。温粹近人，而僧規亦肅，世人欽其學德。享保中，坊間所刻《八居題詠集》中，有伊藤祐之、服部寬齋、梅園正珉、五井純禎、今西春芳和作。祐之，字順卿，號莘野，稱齋宮。寬齋，稱藤九郎，失其名字。正珉，字某，號文石。純禎，字惠迪，號蘭洲。春芳，字陽甫，號白野，稱正立。又有橘洲先生、桃溪先生，余不詳其人。其詩雖不能無少妍媸，要亦娣姒耳。

入江兼通，字子徹，號若水，攝州富田邑人。釀酒為業，家累千金，為人不羈，少時好游狹邪，資產蕩盡。於是憤激讀書學詩，後著山人服，携詩囊，游放諸州。到處聞有文人，則必以詩為贄，造詣會晤。是以江山人詩名，顯著四方。最後結廬京師西山，稱檪谷山人，日與天龍寺僧徒往來唱和。其詩輯為二卷，名《西山樵唱》。序者四人，徂徠、服子遷、富春叟、韓人申維翰，并論其詩為晚唐。以余觀之，其詩頗肖宋陸放翁，但剪裁欠工，容易下筆，故動失諸麁率，可惜已。然詩詩自肺腑出，句句流動，較諸近時諸人，藉口盛唐，勦竊嘉靖七子糟粕，飣餖陳腐者，反有可觀。五言《題水竹園》曰"幽居宜懶性，水竹伴閑吟。洗硯釣魚瀨，題詩棲鳳林。清流聲漱玉，明月影篩金。唯見七賢侶，過橋日訪尋。"又《春日訪詩仙堂》曰"草堂依嶽麓，花竹足風煙。梁引雙雙燕，壁描六六仙。書殘多蝕字，琴古自無絃。欲弔徵君墓，捫蘿陟翠巔。"七言《西山卜居》曰"城西十里避塵緣，卜築溪邊茅數椽。門外誰會載翠柳，竹間本自引清泉。羣峯競秀連崖寺，一水中分入野田。日日行吟詩是業，煙霞痼疾未全痊。"

瀨尾維賢，字俊夫，號用拙齋。京師書林。少時從仁齋學，後與若水歡，遂以詩稱。其詩追步若水，而更淺率矣。《訪江山人》

云"一路斷橋外，孤村杏靄中。柳垂前夜雨，花落暮春風。白屋經年漏，青山與昔同。浮生須痛飲，淺水月朦朧。"先是林義端，字九成者，頗事翰墨，其詩見《千家詩》及《八居題詠》附錄。亦京師書林，稱文會堂者。

烏山碩夫，名輔賢，號芝軒。亦攝人，或云"伏見人"。余少年時，已聞江若水詩名，以為攝之巨擘，未知有碩夫也。迄為邸職，以吏事數往來浪華。一日訪葛子琴，見架上有《芝軒吟稿》，迺知碩夫之遺稿，携歸逆旅，讀之一宵，始歎其作家。其才大率與若水頡頏。細論之，步驟不及若水，而韻度勝之，咀嚼覺有餘味。《上巳》七絕云"不向江邊汎羽觴，雨中閉戶興偏長。松煤細研桃花露，臨得蘭亭字幾行。"又《歸田》詩云"諳得農耕鬢者華，桑田數畝即生涯。荷鋤未減初年力，擬向東菑更藝麻。"

烏山輔門，字某，碩夫子也。《名賢詩集》載少時作數首。《澱河舟中》云"舟行三五里，帆影受風斜。綠漲鴨頭浪，白分燕尾沙。山光籠野色，蓼葉雜蘆花。落日孤城外，炊煙和暮霞。"體裁明媚，可稱合作。如論其才局，似勝乃翁。特怪，爾後寥乎無聞。苗而不秀歟。韞櫝而不出歟。今浪華有烏山雛岳者，蓋別家云。

大井守靜，字篤甫，號蟻亭，亦攝人，家世業賈。篤甫少志學，博綜羣籍，最好藏書。凡奇書珍篇，比捐重貨典之，殆致數千卷。後來京師講說，所著有《蟻亭摭言》。詩集手所撰定，名《覆寞編》。不襲時風，自為一家。《送春》絕句云"煙林布綠葛原東，遲日芳菲不負公。春去春神呼不返，烏紗巾上落花風。"蕭散有趣，但集中數用奇字僻語。如"柳巷晝彈渾不似，杏村夕酌醉如泥。"又有以護花時對共惜春，殊遠風雅。蓋渾不似樂器名，醉如泥，杯名，護花時、共惜春并禽名。

富春叟，或曰桐江山人。享保中，住攝之池田邑。爾時海內方嚮物氏之學，而徂徠及門人，襃稱春叟，詩筒往復，歲時不斷。是以富山人詩名，震乎京攝之間。邑中子弟，爭從春叟游。好事之徒，每歲首，輯春叟及社中詩，為小冊子，名《吳江水韻》，刊行四方。邑人檜桓宗澤者，嘗受學義兄青郊先生，以故年年寄示。其詩似學陳去非者。或曰"春叟，奧州人，嘗以儒業仕柳澤矦，徂徠集中稱田省吾者。"

森億，字昌齡，弱齡翺翔藝苑。大篇巨什，信手揮成，世人往往以才子稱之。是時，京師有郭西翁者，以相術稱。昌齡善病，乃從西翁相。翁曰"君實奇才，惜乎無壽。"昌齡自是縱意游蕩，操觚亦廢，不數年果死。余謂"昌齡檢束修業，尚或保無他。即不幸短折，名聲益馨。"余今錄之，以戒少年才者云。

安田超，字文達，本姓鳥井小路。醫安田立睦，撫而為子。年甫十歲，受學義兄青郊先生，才敏研學。為人白皙，眉目如畫。以詩挑諸文士，詞鋒穎甚。後以奔走於刀圭故，學業遂廢，才亦落矣。

僧惠實，號雪鼎，又號玉幹，住圓德寺，寺在宣風坊，隸於本願寺。與余相識最熟，雪鼎天資清雅，好學能詩。兼學繪事，多畜古今載籍,又愛古畫古法帖及文房古銅器,竭資典之。又性好山水,聞有流峙之奇,雖險遠靡弗造焉。嘗以本願寺主命如土佐州,檢校寺務。迄歸,齎一木箱,其重,封緘亦密。人疑以為寶貨,後開箱,則海濱沙石耳。又嘗赴美濃,游養老瀑布,傍多紫青石,意謂作硯則佳。馱數片而歸,頗費錢鏹。既而石質過堅,不適硯材,乃置之庭際,愛翫竟日。其雅尚,大率此類也。惜壽不得五十,詩亦清雅,類其人云。

宇士新,名鼎,京師人,家世為子錢家,以貰貸寵於衆諸矦。士新耿介,不喜商賈業。與弟士朗辟族別處,不畜妻妾,日夜閉戶勤學。先是物徂徠,唱古文辭於東都。士新說其說,而多病不能東游,乃遣弟士朗從學焉。京師講徂徠之學,自士新始。後來意見漸異,事事反戈徂徠。士新著作頗饒,其文集名《明霞遺稿》。其詩紀律精詳,一字不苟下,遂能以此建旗鼓於一方。蓋亦詩壇雄,加之緊苦力學,志節凜凜,聞其風者,庶可小興起。惜乎資性褊窄,規模甚隘。其詩亦得之苦思力索,是以規度合而變化不足,聲調均而神氣離。弟士朗,名鑒,為人和厚,為衆所愛慕,先士新而沒。詩集行於世,《謏緣錄稿》載《送北子彝侍醫膳所》詩,頗合作矣。

陶山冕,字廷美,稱尚善,土佐州人,東涯門人。其學兼該稗官小說,又通夏音,為醫為儒,并以不遇終。遺文亦散亡,詩素非本色。

岡千里,名曰駒,播磨人,初在攝之西宮邑,以醫為業。一旦投刀圭，而來於京師，專以儒行。是時京師已有悅傳奇小説者，千里兼唱其説，都下羣然傳之。其名躁於一時，千里於是不復作詩。人或乞詩，則辭以不能，於是人人謂"千里文而不詩"，其實非也。余覽千里在播攝時作，亦自當行，所以云爾者有説也。千里急於名，又好勝人，是時東都有服子遷，赤右有梁景鸞，南紀有祇伯玉，詩名聞於海內。千里自量，難與此數子幷驅，而世方勤復古業，左國史漢，人人誦之，託其訓詁，亦足不朽。故廢詩，專意作諸鎬，以網羅其名。既而恐後人以文士觀已，則傳註詩書論孟，以崇其名。然已急於名，又好勝人，故其所論說，引證不精，且以臆見勇斷疑義，或勦襲他人説，以為其著作。雖取快於一時，難免識者指摘。余為千里深惜之云。

　　篠士明，名亮，後更姓武，名欽繇，字聖謨，稱梅龍道人。與余相識最舊。初執謁東涯，又從游士新，後以王門賓客，給仕於妙法院。為人俊爽而有氣節，博覽強志又能談論，彌日徹夜不倦。性多病，數至危篤，然未嘗廢業。明和丙戌年遂卒。其詩尚縱橫，累篇疊章，魂砢滿紙。要，其才長於校閱，而著述非當行也。

　　樋口卜齋，與余親厚，仕今河越矦，為京邸留守。方正廉謹，近時罕儔。明和乙酉年病卒。其在邸職三十五年，對人唯曰未學。雖有著作，未嘗視人。嘗《題楊太真》曰"當時君寵超三千，驚破霓裳花落天。縹渺仙山何處是，人間空自見金鈿。"殊有婉致。卜齋少時，學詩鈴木堯弼，堯弼字俊良，嘗仕某藩，後辭祿放浪京畿。卜齋為余誦其詩若干首，頗有巧思，而世絕不知。由是思之，遺珠棄璧，何啻千百哉。

僧翠巖，住三秀院，院在天龍寺中西南之隅。嵐山近俯軒窗，最為勝景。翠巖以詩以書，其餘雅尚韻事，都下膏粱子弟，嘖嘖稱之。余嘗一過其房，翠巖出生平詩稿示余。小楷端正，籤帙華整。明和戊子某月日，廚下遺火，房捨悉燬，爾時倉皇，庫藏不閉，圖書諸器玩，都歸劫灰，翠巖亦尋歸寂。由是觀之，詩文存亡，亦自有數，不必深罪長吉故人也。

服伯和，名天游，號嘯翁，又稱蘇門居士。京師人，家業織造。伯和以多病故，不服其業，以講說授徒，其為學也。專務博洽，兼窺佛典。性好論駁，撰著頗多。年垂半百，以疾之故，褊急日甚，遂以此沒焉。門人永俊平，携其遺稿，就余請檢校。其詩雖欠精細功夫，氣格幷合。五言《登愛宕山》云"平安西北鎮，石磴幾千盤。峯插層霄起，雨分衆壑看。鶴歸華表古，僧住白雲寒。時有仙軿度，依稀聽玉鑾。"七言《宿山寺》云"微吟曳杖此相尋，纔到上方落照深。倚檻寒雲歸洞口，遶階暗水咽苔陰。山房寧有人間夢，溪月偏聞物外心。只為社中容酒客，淵明一夜在東林。"

日本詩史卷之三　終

卷之四

平安 江邨綬君錫 著
弟 清絢君錦　男 憬秉孔均 同校

關東古稱用武之地，猛將勇士，史不絕書。而文雅之士，不少概見。迄於神祖營建東都，置弘文院，設學士職，文教與武德并隆，終成人文淵藪。羅山林先生際會風雲，首唱斯文於東土，芝蘭奕葉，長為海內儒宗，無俟曹邱生也。

木下錦里，名貞幹，字直夫，又稱順菴。京師人，昌三門人。學成出仕加賀矦，為其文學。憲廟聞其名，徵為侍講。於是從學之士日盛，才俊多出其門。卒，私諡靖恭。《名賢詩集》載靖恭時三十餘首。其中《題楠子墓》云"一心存北闕，三世護南朝。"又《詠百日紅》云"老樹千年綠，名花百日紅。"二聯可謂巧警也。嗣子寅亮，名汝弼，號菊潭。寅亮子，寅道、寅攷詩，并見《熙朝文苑》。

室滄浪，名直清，字詩禮，一字汝玉，別號鳩巢，東都人。幼而穎悟，西學京師，師事木靖恭，衆推為木門高弟。初仕賀藩，文廟時，徵擢為東都學職。嘗著《大學新疏》《義人錄》《駿臺雜話》等書。莫非提起經義，維持明教者也。余嘗謂，經儒不習文藝，文士或遺經業，能兼二者，唯東涯滄浪二儒而已。其訓詁異同不必論也，滄浪詩。五言古體，學陶而未得其自然。七言古風、五言近體，師法少陵，尚隔垣牆。七言近體，祖襲盛唐諸家，而往往出明人逕蹊。若夫五言排律，學力與才氣相駕，豪健騰踔，最為當行。今摘七言雄拔者數聯。"關中豪傑推王猛，江左風流起謝安。""天上雙懸新日月，人間相看舊衣冠。""天連滄海長雲絕，月滿大江灝氣浮。""輦下衣冠尊五品，日邊花萼共三春。""蘭省春傳紅葉賦，鳳池波動紫霞袍。""薦賦何人逢狗監，求才幾處出籠媒。"

新井白石，名君美，字在中，東都人，亦木門高弟也。文廟潛邸時，眷注已渥，繼統之後，遂以遷喬。賜爵五品，號築後守。白石才兼經濟，數參大議。其著撰，往往國家典刑云。若夫詩章，則有《白石詩草》《白石餘稿》。余按：白石，天受敏妙，獨步藝苑。所謂錦心繡腸，咳唾成珠，囈語諧韻者。索諸異邦古詩人中，未可多得者。而今人貴耳賤目，不甚信余言。雨芳洲所著《橘窗茶話》曰"韓人索《白石詩草》者，陸續不已。"可見異邦人猶且玉之。白石嘗和清人魏惟度《八居》七律八首，以溪、西、雞、齊、啼為韻者。請滄浪嗣響，遂傳播京師。京師文士，傚而和者數十人，坊間梓而行焉。白石覽之，前作有與諸人和詩相類者，因再作八首。語無牽強，押韻益穩。又冬日過某家，主人請詩，白石求題。主人書"容奇"二字示之。白石解其意，輒作七律一首。蓋容奇者，雪之訓讀，主人書之以試白石。白石已解其意，故句句徵我邦雪。一座服其敏警。詩云"曾下瓊鋒初試雪，紛紛五節舞容閑。一痕明月茅渟里，幾片落花滋賀山。提劍膽臣尋虎跡，捲簾清氏對龍顏。盆梅剪盡能留客，濟得隆冬無限艱。"此一時游戲，雖不足論全豹，亦可窺其天受之一斑。或問余曰"子極稱白石，詩至白石，蔑以加乎。"曰"非也。如天受誠蔑以加矣。若夫揣摩鍛煉，尚有可論者。要之，天受之富，吐言成章，往往不違思繹。是以瑕疵亦復不鮮。"白石《送人之長安》絕句云"紅亭緑酒畫橋西，柳色青青送馬蹄。君到長安花自老，春山一路杜鵑啼。"四句中，二句全用唐詩。夫剽竊詩律所戒，而煉丹成金，猶可言也。以鉛刀代鏌鋣，將之何謂。"草色青青送馬蹄"，本臨岐妙語，草色送馬蹄，言春草承馬蹄。以柳代草，蹄字無着落，殊為減價。此其一耳，餘可準知。

祇園伯玉，名正卿，後更名瑜，號南海。仕紀藩，任職文學。伯玉髫年，受業木門，有夙慧之稱。一日宴集，人或唱曰"鳶飛魚躍活潑潑"，令坐客為對。伯玉以童子在席末，應聲曰"光風霽月常惺惺"。眾嘆其穎敏。元祿壬申，伯玉年十七，會春分日，自試其才，自午至子，賦得五言律詩一百首。人或疑其宿構。是歲秋分，大會賓客，午漏初下，進請諸賓，各命詩題，對坐談笑，信筆揮霍。夜未半，百首完成。通計前後，凡二百首，藻繪爛漫，而無一句雷同者。滿座驚愕歎服焉。於是其名播揚遠邇。伯玉初在木門，與松楨卿同甲子，眾稱木門二妙。後來伯玉名價益重，世匹之梁蛻巖。余按：《停雲集》載伯玉詩三十首，詞採富麗，蓋少時作。晚歲漸刷鉛華，而神氣融和，殊可傳者。而伯玉墓木已拱，遺稿未出。余未審何故。近時學風輕薄，僅學作詩則已災梓。所謂黃鐘毀棄，瓦釜雷鳴，亦憤憤爾。伯玉嗣子師援，余嘗一再應酬，詩也書也，并似乃翁。

雨森芳洲，名東，字伯陽，京師人。其幼時習句讀之師，為靖恭門人。以故芳洲年十七八，遂束執謁靖恭，靖恭甚稱其才。是時，對馬侯將聘一書記，聞木門多才髦，就而求焉。靖恭因薦芳洲，遂為對馬學職。余按，徂徠嘗唱復古，傲睨一時人士，特於芳洲，稱揚嘖嘖，殆不可解。何則芳洲説經，崇信程朱，至老無變，而徂徠勤排程朱。芳洲文崇韓歐，徂徠必曰東漢以上。芳洲不好明詩，《橘窗茶話》曰"吾案上所置詩集，以陶淵明為首，李杜為第二，韓白東坡為三。"與徂徠論詩，誠冰炭矣。余久疑之。近得其説，已有別論。《橘窗茶話》又曰"京師風俗，各土地神，祠祭之日，遠親故舊，互相延請。吾少年時，揚言曰'殊覺其煩也'柳滄洲在坐，正色曰'一年一次，團欒敍濶，人情於是乎萃矣。何謂煩乎。'吾為之面頳。"余謂滄洲誠長者之言，而芳洲稱之，且自戒失言，亦長者矣哉。近時學風輕薄，藝苑絕無此等人。可歎耳。芳洲長於文，而不長於詩。晚年常對人曰"吾無詩才。生平所作，無慮數百千首，而可視人者，不過數十首也。長子乾，蚤没。孫連，以僅嚴稱，亦已没。次子替治，出繼松浦氏。其子小字文平，弱齡來游京攝，數過余家，殊見才穎，今亦為學職云。

　　松浦禎卿，名儀，號霞沼。《停雲集》曰"禎卿播州人，年甫十三，對馬矦見，以為奇才，請靖恭授業。學成為對州書記。"《橘窗茶話》曰"禎卿十四歲時，置詩草於案上。南草壽，取而覽之，吟誦不已。既而聞其自作，大驚曰'吾謂抄寫唐詩。'對馬矦聞之，乃使其受業木門。"并攷二書，殊有可疑。十三四童子，何以自播州踰海遠抵對州，被矦之眷稱。或從父兄在東都，出入朱邸者。然而草壽長崎人，則亦胡以就其案上覽詩草。此必有其说。要之，凤慧可知也。惜乎，《停雲集》載其詩僅四首，餘絕無睹。禎卿没而無子，以芳洲次子為嗣云。

　　留健甫，名順泰，對州人。本姓阿比留氏，後更姓西山。為本藩學職，亦木門弟子，勤苦讀書，才思敏瞻。元禄戊辰，年二十九，病將死，悉焚詩稿曰"吾輩時文，何用遺為。"靖恭哀惜，為製碑銘云。其詩如"竹外無家羣鳥下，松陰有寺一僧還。"殊佳。《橘窗茶話》曰"對州平田茂，在朝鮮有詩曰'江風送人語，隔岸有歸舟。'金泰敬者，終身吟賞。"平田茂，他無所攷，因附載於此。

　　南部思聰，名景衡，號南山。長崎人，本姓小野氏，少孤，為南部草壽所子畜。因冒其姓。草壽不詳名字，草壽蓋其稱號。後來京師講説，自稱陸沉先生。天和中，為富山矦文學，元禄戊辰年卒。思聰嗣職。思聰初在長崎，學詩於閩人黃公溥，杭人謝叔旦。後從義父在越中，遂游學東都，受業木門。《停雲集》曰"子聰為人，溫恭篤謹，精通經史，文才富瞻，身既多病，自選詩文若干首，名曰《喚起漫草》。正德壬辰，卒於越中，年五十五。"又《橘窗茶話》曰"韓人吳南老，嘗覽子聰《懷環翠園》詩，'雁歸塞北長為客，梅發江南暗憶人'句，極口稱贊云云。"按，環翠園在越之富山，即子聰所居，子聰在東都懷之，作七律十首，其中佳句實多。"窗容西嶺多看雪，圃學東陵半種瓜。""生前不負十千酒，死後何須八百桑。""細雨紅桃應委徑，輕煙綠竹定過牆。""啣花鳥近書窗語，煮茗泉環竹塢過。""欲見春山常洗竹，因憐夜雨亦栽蕉。"思聰三子，長即國華。

　　南部國華，名景春，稱權藏，思聰長子。聰慧絕倫，年甫十三，從父赴東都，游東叡山，作五言古風一百韻，為世所稱。年十八喪父，哀毀過禮。奉母至孝，友愛二弟，行己以道。其為學，博通經史，又慨然有大志。亡何喪母氏，次弟亦亡，國華不堪悲感，遂以享保丁酉，四月二十一日病卒，年僅二十三。季弟亦夭。南氏絕祀。《停雲集》載國華《除夜呈白石》排律一百韻，氣象軒昂，珠璣璀璨。又《妙見山寄題》七律八首，亦復雋拔。使其天假之以年紀，與蛻巖、南海馳逐於藝苑，未知鹿死誰手也。天之忌才，其將謂何。且德者未必有才，而才子往往無行。國華有絕世才，而孝悌恭謹可謂全人。二弟雖童髦，亦已稱難弟。乃翁又篤恭著稱不啻著撰，何以死喪相尋，遂至絕祀。古曰"天與善人。"噫。

　　原希翃、田信威二人，并靖恭門人，靖恭薦諸紀藩。希翃，本姓下山，有故冒外父姓榊原氏，名玄輔，號篁洲。在紀藩著《大明律譯解》。信威，名文，其先朝鮮人。壬辰亂，年尚幼，我邦兵士岡田某者得之，遂冒姓岡田。信威則其孫云。《停雲集》載二人詩數首。

　　山順之、岳仲通、田子彝、石貫卿，亦并靖恭門人。其才藻大抵相若，其鄉貫履歷，詳見《停雲集》。其稱順之曰"年二十餘，始學於木門。刻苦讀書，行義甚修。家貧幷日而食，晏如也。"然則其人最可稱。《九月十三夜、對月》排律，亦自不俗。

深見子新，名玄岱，號天漪，長崎人，以文學善書稱。初以醫術，食穈於薩國。文廟初，聞其有文，録用。其詳見《停雲集》。余謂"天漪以文學榮達。今閱其詩，無甚佳者，何也。"天漪二子，松年、竈齡，并有才學云。

　　三宅用晦，名緝明，號觀瀾，京師人。以文章聞，常藩聘置其史局。文廟時，取補東都學職。《停雲集》所載"寄京師人"詩中聯曰"三更燈火波心市，十里絃歌岸上樓。杜夫魚肥杯可舉，牛王廟古葉將秋。"以其排偶易入世耳，膾炙一時。余謂"三四，為攝之安治川作，則佳矣。鴨水涓涓，曾不容舟。波心二字，殊為無謂。第六句，徒事對偶，粘景不切。牛廟六月，羅穀相摩，香風撲鼻，何曾有此淒凉。"觀瀾又有《詠倭刀》詩，亦見《停雲集》。我邦人詠我邦刀，題曰《詠刀》可也。詎用曰倭？宋、明多此等詩，傚而作之，則曰《擬詠日本刀》，猶可也。觀瀾有重名，而有此破綻何也？或曰"觀瀾亦木門之人。"

　　服部寬齋，前卷已録其人。今閱《停雲集》"寬齋名保庸，字紹卿，東都人。強記力學，且以孝友聞。文廟在藩之日，徵為侍讀云云。"《停雲集》載其詩三首，頗清暢矣。寬齋弟維恭，名願，號橘洲，同伯氏録用。《停雲集》載《九月十三夜作》，首尾匀稱，可録。

　　土肥允仲，名元成，號霞洲，東都人。生而聰悟，及其能言，授書即成誦，六歲作詩。文廟潛邸之日，召見，試講《論語》《中庸》，論辯甚明。且命書其所賦詩，書法亦可觀。於時元録癸未秋八月，允仲年十一云。《停雲集》記允仲事如玆，所謂神童不啻也。余覽《停雲集》所載，詩亦當行。其中《贈京師故人》小絕曰"一別音書斷，相思秦地秋。欲將雙淚寄，墨水不西流。"最存古意。

真子明、都孟明，二人始末，并其詩，見《停雲集》。子明名璋，殊有才思云。所載詩一首，頗佳。

田伯隣，姓益田，名助，號鶴樓。東都賈人，世業賣藥。伯隣少志學，師事白石，遂以詩聞。又以喜客，其名益著。余覽其詩，無甚佳者。要，緣諸名士不朽耳。梁景鸞，有《贈鶴樓書》及《鶴樓集跋》，服子遷有《鶴樓傳》，今并攷之，其人則實可傳者。京攝雅多大賈，而無一人可比擬。近時攝有木世肅，或曰"可當鶴樓"。余悉世肅為人，不同鶴樓。鶴樓以豪，世肅以雅。鶴樓用率，世肅勤博。鶴樓一飲數斗，世肅勺飲不勸。鶴樓唯好作詩，世肅稍多岐矣。鶴樓喜客，無客不樂，最重文學之士，客必得文士，不得則雜賓俗客隨至而歡，世肅亦喜客，無客不樂，非不重文學之士，而兼喜諸好事之徒。

僧法霖，號蘭谷，本小野氏，東都賈人，性恬世利，唯詩之耽。有兒尚幼，出妻獨處，後遂為僧。《停雲集》多載其詩。結構精密，佳篇不鮮。一聯雙句，殊多響亮。今錄其數聯："舟中夢破湖天白，馬上望迷驛樹青。""一水人遙梅耐折，三更夢斷月相親。""鸞鳳長想高人嘯，鸚鵡獨憐處士狂。""花里書窗三月雨，松間禪榻五更風。""只今天下劍無氣，依舊世間錢有神。"

僧若霖，字桃溪，相州人，數往來京攝。東涯《盍簪録》曰"霖善詩兼能書畫，海內文儒之家，參謁殆遍云云。"今覽其詩，實出於法霖之下。如《題某池亭》詩，後聯曰"釣罷孤洲蘋渚繫，魚稀雙鷺蓼汀眠。"前句已係魚事，亦唯一意，餘可以推矣。

梁景鸞，名邦美，號蛻巖，總州人。少游東都，天才巧妙，前無古人，後無繼者。少時負才，不閑小節，故筮仕數跌，屢遇困阨。家徒四壁，而意氣不少撓。嘗以《不能買書》為題，其末句曰"惠車鄴架滿天地，誰信空拳猶突圍。"不知者以為妄且傲。而其《詠雪》詩序中亦曰"余頻年窮甚。書簏中，除四子外，有詩韻一冊，徐文長集半部。"夫空拳突圍，果非虛語也。余謂爾時東都雖人才如林，除白石、南海外，諸子長鎗大戟，恐難敵景鸞空拳。景鸞後仕加納侯。加納侯，今松本侯即是也。亡何亦辭去，最後為赤石儒學。赤石有海嶽之勝，加之隣於攝，近於京師，其業漸以廣被，遂有終焉意。於是湖海之氣日銷，溫潤之德月進。余弱齡在赤石，始謁其人，既已皤皤然矣。而薰然和煦，毫不修邊幅，且天性愛才，循循善獎，不以所長加人。長子小字萬虎，才氣似乎乃翁，以疾廢焉。次子即今嗣職者。余按：蛻巖詩體屢變，為唐為宋元，為初明，為七子，為徐文長，為袁中郎，為鐘、譚。《贈余弟》詩有"我初御風翔，晚而履平地"之句，而亦唯畢竟為一蛻翁之詩云。余謂凡作者患，在才者不勤敲推，勤者未必有才也。蛻巖有天縱才，而極力鍛鍊。何以知其然也？蛻巖與余兄弟交稱忘年，贈答殊多，是皆蛻巖赤石稅駕之後。攷其年紀，蓋六十以後矣。厥後《蛻巖集》出，就而閱之，則往往改二三字，而改者更有理致。乃知八十老翁，孜孜兀兀，潛思字句，宜其能造詣精微。今讀其集，譬猶上崑崙之邱，步步是玉，入栴檀之林，枝枝是香，詩至於此，宜無遺論。而猶有未盡善者何也？蛻巖用才大過耳。張茂先謂陸士衡曰"人常恨才少，而子更患其多。"余於蛻翁復云。

桂山綵巖，名義樹，字君華，東都秘書監云。余在赤石，梁景鸞數稱綵巖詩律精工，因知其作家。後來來信州湖玄岱，亦盛稱綵巖，乃益知其作家。於是歷閱諸選，《玉壺詩稿》載《八島懷古》七律二首。《崑玉集》載《擬金陵懷古》七律一首。《熙朝文苑》載贈人七絕二首。通諸選所載，僅五首，其他無見。京攝年少，往往不知桂秘監為何人。蓋數十年來，東都藝文，播傳於京攝者，特蘐園諸子，其他雖鸞鳳吐音，寥乎無聞。亦可見一時風氣之偏。而綵巖重厚不近名者，亦可徵耳。

物徂徠，以傑出才，駕宏博學，不能守舊業，遂以復古創立門戶。其初一二輕俊，從而鼓吹之，終能海內翕然，風靡雲集。我邦藝文，為之一新，而才俊亦多出其門。至今講說之徒，藉口徂徠，坐皋比而驕生徒者比比不鮮。若夫經義文章，余有別論。徂徠嘗著《唐後詩》《絕句解》，海內由是宗嘉靖七子。喜之者，以徂徠為藝苑之功人，非之者，或以為長輕薄。要，未之深攷耳。余謂明詩之行於近時，氣運使之也，請詳論之。夫詩漢土聲音也。我邦人，不學詩則已，苟學之也，不能不承順漢土也。而詩體每隨氣運遞遷，所謂三百篇，漢魏六朝，唐宋元明，自今觀之，秩然相別。而當時作者，則不知其然，而然者，氣運使之者非耶。我邦與漢土，相距萬里，劃以大海，是以氣運每衰於彼，而後盛於此者，亦勢所不免。其後於彼，大抵二百年。胡知其然，《懷風》《凌雲》二集所收五言四韻，世以為律詩，非也。其詩對偶雖備，聲律未諧，是古詩漸變為近體。齊梁陳隋，漸多其作。我邦承其氣運者，稽其年代，文武天皇大寶元年，為唐中宗嗣聖十四年。上距梁武帝天監元年，凡二百年。弘仁、天長，髣髴初唐，天歷、應和，崇尚元白。并黽勉乎百年之後。五山詩學之盛，當明中世。在彼則李、何、王、李，唱復古於前後，在此則南宋北元，專傳播於一時。其距宋元之際，亦二百年矣。我元祿，距明嘉靖，亦復二百年，則七子詩，當行於我邦，氣運已符合。故有先於徂徠，已稱揚七子者，活所《備忘錄》曰"李滄溟，著唐詩選，甚契余意。學詩者，捨之何適。"又曰"謝茂秦《洞庭湖》，徐子興、吳明卿《岳陽樓》作，氣象雄壯，與絕景相敵，殆可追步少陵、浩然二氏。"永田善齋《膽餘雜錄》亦論及七子，而爾時氣運未熟，故唱之，而無知者。迄徂徠時，其機已熟，白石、滄浪、蛻巖、南海，大抵與徂徠同時，并非買菱園之餘勇者。而其詩雖曰宗唐，亦唯明詩聲格，故云氣運使之也。繇是論之，則或繼今者，雖數百年可知也。或謂余曰"子之論既往似矣。其繼今者何如？"曰"余聞明詩四變。李何一變，王李二變，二袁三變，鐘譚四變，逾變而逾卑焉。最後有陳臥子出，著《明詩選》，吹王李餘燼，而氣運既替，不能復振，清人議論不一。櫟下《書影》苛斥王李為小兒語。歸禺《別裁》紹述臥子，少別機軸，又有專宗晚唐。雖參趨異途，以余觀之，清人篇詠，大抵諸家相似，其縝整雅柔，頗似於元季明初作家。較諸近時所謂明詩者，無剽竊雷同之病，而其氣格則稍淡弱矣。當今京攝才髦所作，往往出於此途。亦氣運所鼓，不得不然。而遐州遠境，至今猶尸祝七子者，氣運推移，有本末，有遲速，猶我邦之於漢土也。"或曰"嚮微徂徠，則明詩之行，可以漸也。徂徠才大氣豪，言多過激，故其行也驟，而其弊亦速。"余按：徂徠詩有二體。初年作，瘦勁雄深，後來影響李王，勤作高華之言。要之，詩非其所長也。徂徠門下，稱多才俊，其顯者，春臺、南郭之外，猶數十人。可謂盛也，然細攷之，則其中大有軒輊。蓋大名之下易成名耳。況赫赫東都，非他邦比。或攀龍附鳳，欻託禁臠，或曳裾授簡，長霑俟鯖，假虎威者，附驥尾者，青雲非難致也。加之邦國士人，各從其君往來，結交同盟，遍滿諸藩，褒同伐異，鼓盪扇揚，靡遐僻不屆，是其所以顯赫一時也。退察其私，則羊質而虎文，名過其實者亦不鮮。簸之淘之，後世自有公論耳。

　　滕東壁，名煥圖，先於諸子執謁徂徠，所著有《東野遺稿》。其詩，在蘐園諸子中，雖華藻不競，而渾樸可稱。

　　縣次公，名孝儒，號周南，周防人，師事徂徠。初次公父良齋，為長藩文學。次公嗣其職，長門泮公曰明倫館，次公司其館事，至今長門多才學之士云。余謂近時文士，得行志，莫若次公。

其著作有《周南文集》。

太宰德夫，名純，號春臺，信州人。初同東壁，從學中野撝謙。撝謙名繼善，字完翁，長崎人，嘗仕關宿矦云。後東壁從游徂徠，數書招德夫，遂歸於物門。其學業行事，詳見於服子遷所撰墓碑，松君修所録行狀。唯斯褊心，往往為人訶斥。而以余論之，則春臺雖褊窄，自信甚確。是以議論透徹，多痛快語，自有過人者。其人以名教自任，而詩亦可觀。嘗著《文論》《詩論》，余初讀之，殊歎其持論平正。後讀《春臺文集》，與二論牴牾者之有，所謂當局者惑歟。不然則初年作耳。纂輯其集者，不刪何也。其詳余有別論。

服子遷，名元喬，號南郭。所著《南郭文集》，自初編至四編，并行於世。蓋徂徠没後，物門之學，分而為二，經義推春臺，詩文推南郭。余按，我邦詩，元和以前，唯有僧絶海，元和以後，漸有其人。而白石、蛻巖、南海，其選也。今以南郭較夫三子，南郭天授，不及白石，工警不及蛻巖，富麗不及南海，而竟難為三子之下者，何哉。操觚年少，悟入此關，始可與言詩耳。蓋白石天授超凡，辭藻絶塵，誠不可及。若就其全集論之，清雅秀婉，絢綵溢目，而悲壯沉鬱、渾雄蒼老者，集中無幾。南海唯是一味綺麗，後勤超脱，卻屑屑乎纖巧矣。蛻巖天縱之才，奇正互用，變幻百出，神工鬼警，孤高獨立於古今之間。惜乎用才太過。如前論者，蓋用才太過，有傷風雅。譬之，士庶陪矦家讌席，有時笑謔歌唱，亦無害也。太過則有類俳優。南郭能守地步，不求勝於一句一章，而全功於一卷一集。今閱其集，初編瑕纇頗多，二編十存二三，三編四編，最粹然矣。乃知此老剪裁，老益精到。因謂作者無才則已，有小才，而欲大用之，醜態畢露，最可戒也。大才大用，誠為快絕。而僅欲快絕，易侵三尺。十分之才，每用六七分，正是詩家極至工夫。南郭能解此義。百尺竿頭，不肯進步，反是難至地位。南郭次子，名恭，字願卿，幼稱才穎，年僅十九而沒。有遺稿，名《鍾情集》，其中《聞莊子謙登芙蓉、以寄》詩中聯曰"不啻登臨堪小魯，更知呼吸近逼天。人間長仰三峯雪，海上回看九點煙。"可謂翩翩有逸氣。又《送客》絕句曰"秋風颯颯雨紛紛，匹馬孤舟兩岸分。萬里江山如黛色，相望能不歎離羣。"亦佳。南郭晚年，撫西仲英為子，亦已沒矣。其著作，余未覽之。

平子和，名玄中，號金華。嘗有詩贈服子遷曰"白髮如絲混弟兄，中原二子奈虛名。"子和之不自量，誠亡論耳。世人亦多與子遷并稱，可謂子和之幸。子和詩，有太佳者，有太不佳者。太佳者，體格雄華，金石鏗鏘。太不佳者，淺陋支離，剿竊陳腐，如出二手。亦唯負才不能精思耳。

高子式，名維馨，號蘭亭。年十七，喪明，專志詩詞。生平所作殆萬首，貴介公子，爭延講詩，名聲藉甚於一時。其詩剪裁整密，音韻清暢，雖不及白石、蛻巖、南郭等大家名家，在小家數，則可稱上首者。

島錦江，名鳳卿，字歸德，東都秘書監。越雲夢，名正珪，字君端，幷名，重於物門。《蕙園錄稿》載其詩。錦江吳官詞、游獵歌，幷合調矣。

菅麟嶼，本姓山田，名弘嗣，字大佐。幼有神童之稱，年十三，德廟召見，尋爲博士。童時游京師，參謁諸儒。爾時余尚幼，侍先人膝下一見之，今不甚記。《錄稿》載其詩二首。

石叔潭，名之清，東都侍衛臣云。亦物門之人。土伯曄，名昌英。守秀緯，名煥明。二人亦有重名，幷業醫。伯曄仕小倉矦，秀緯侍大垣矦。《錄稿》所載秀緯"窗對芙蓉含雪色，檻當滄海抱潮聲。萬家榆柳傳新火，千里鶯花背舊程。"太佳。《吳官怨》小絕亦佳。

芙蓉萬菴、魯寮大潮，二僧殊與物門諸子相歡，詩名高於一世。我邦釋門詩，元和以前，推絕海義堂，元和以後，推萬菴、大潮。余讀《江陵集》，又讀《松浦集》，二僧工力大抵相當。而如才華，則萬菴似進一籌。

源京國，名義治，號華岳。物門諸子，數稱其人，謂當作家。而諸選所載，余未覩其佳者。若夫板美仲，名價不高。而《錄稿》所選"臥閣青山遠，彈琴白日長。山對柴門靜，海連曠野平。故園春欲盡，絕域草初肥。殘夜傳勺斗，頻年臥鐵衣。風裁同卓魯，治行擬龔黃。"又"湖海論交添涕淚，蓬蒿臥病易蹉跎。"卻是諧合。

莊子謙，姓村田，名允益，豐後臼杵人。仕本藩，祗役東都。受業南郭，負才好奇。嘗登富嶽，作《芙蓉記》。凡民庶上嶽者，必齋戒喫素，而後敢上。且相戒不許語山中事跡。子謙作記，始漏造化之秘。亡何子謙暴卒。俗輩以為得罪嶽神。余殊愛子謙《秋懷》二聯曰"青山入夢松蘿月，秋雨關心水竹居。卻恨西都題柱過，且思南畝帶經鋤。"深婉情至，恨不見他篇。

石子游，姓石島，初名正猗，字仲綠，後更名藝，字子游。自稱築波山人、尾張人遷住東都。亦南郭門人，放蕩好酒，不能為家。而以詩才雄豪，稱於一時。嘗游京師，作詩曰"敝裘仗劍入西京，自比能文陸士衡。誰見篇章焚筆硯，豈將詩賦讓簪纓。一時羊酪無人問，千里蓴羹動客情。洛下書生誇博物，寥寥未聞茂先名。"其狂誕大率類此。《玉壺詩稿》錄子游詩殊多。往往神氣軒矗，筆端活動。若濟以精細，則可為詞壇旌門。惜乎，其人輕躁，下筆亦復疎率耳。

《蕿園錄稿》所載五絕，松子錦《春意》"臘雪二三尺，門前不可掃。纔被春風吹，江上盡青草。"又《古別離》"送君黃河湄，黃河幾千里。我思長於河，思人終不已。"七絕，平子彬《登長興山》云"長興山色秀清秋，日抱摩尼寶塔浮。湘水如環歸大海，連天帆影不曾流。"僧了玄《春日游墨水》云"風花處處送江春，古渡蕭條芳草新。為是王孫昔游地，從無百鳥亦愁人。"江子園《秋宮怨》云"琪樹西風白雁過，夜寒如水渺天河。自將紈扇憐秋色，不問昭陽月影多。"并是警絕，自可不朽。其餘作者，當重攷補遺，因不具錄云。

日本詩史卷之四 終

卷之五

平安 江邨綬君錫 著
弟 清絢君錦　男 悰秉孔均 同校

品藻之難也，衒賣者，其聲遠播，而其實未副焉。韜晦者，其文足徵，而其名每湮焉。生其土，而商榷其土藝文，猶且稱難得其要領，何況他邦人士。所謂隔靴搔癢不啻也。余讀淺瞬臣所輯《崑玉集》、木實聞所著《玉壺詩稿》，張藩藝文，管見一斑。但二集，撰次無倫，且不詳作者鄉貫。張人與他邦人，混淆不可分別。則余所謂論列，訛謬故當居多耳。

　　余少年時，就友人案上閱《防邱詩選》，收錄張藩諸家詩，今茫不記。募諸書肆，往往不知其名，殊為悵恨《扶桑千家詩》載清水春流詩，亦未詳其人。

　　木公達，名實聞。今於張藩人士，無所通職。今據《崑玉》《玉壺》二集蠡測之，公達在張藩，或是南面詞壇，傲睨諸子者。詳其詩體，公達必謂"吾能探開天之正源，駕嘉、萬之逸格，殖之以廣博之學，出之以從橫之才，意之所欲，筆必從之。"噫如此則南郭、蛻巖其猶病諸，公達無天受之妙，而強欲籠蓋萬象。是以其詩磊砢而無光澤，莽蒼而無倫理。

　　井鼎臣，本姓千村氏，號夢澤。《玉壺詩稿》載其詩六十餘首，大抵與公達伯仲。如曰"憑驪彈鋏泣，宋玉至秋悲。"直是蒙求標題，且驪彈鋏歌，非泣也。此等之詩，宜無錄。若夫《崑玉集》所載《喜今井生過訪》五律《歲杪書懷》七律，頗為勻稱。要之，急於名而不遑自擇耳。

　　千村力之，名諸成，號我湖，又號笠澤，井鼎臣長子也。《崑玉集》所載，當少時作。然其天授才敏，大逾乃翁。五言"生白憐吾室，草玄避世人。""雀羅將設處，鳳字孰題門。""溝水桶籬後，炊煙橫竹邊。""未值西歸日，空為東武吟。""客心驚短髮，官況戀扁舟。""本識地難縮，逾增鄉國愁。"七言"西風掃檻秋如水，中夜懷人月在霄。""病來空憑烏皮几，夢里重鳴白玉珂。""世上虛名任呼馬，塵中浪跡總亡羊。""頻年風雨徒搔首，何地鶯花更解顏。"等，下字有法，語亦清麗。其餘絕句，殊有佳者。

井出識明，名知亮，號鳳山，力之次弟。其曰"醉後振衣花亂落，庭陰倚杖石崔嵬。""移步山光生杖履，倚樓海色映衣襟。""病來耽句瘦逾甚，醉後發狂意卻寬。"才調雁行伯氏，《崑玉集》載季弟居卿幼時詩。鼎臣有此三子，自足烜赫藝苑。

木君恕，名貞寬，號蓬萊，尾張人。嘗客游京師，後赴東都，講說為業。其詩較之公達、鼎臣，頗占地步。而雋句警聯亦復不多。若夫《崑玉集》所載《中秋無月》云"金莖雲黑光猶動，紫陌燈明夜未深。"聲華可挹。但金莖漢武所設，我邦無此。或曰"唐、明詩中，多用金莖，用之何害。"殊不知唐玄宗、明世宗酷好神仙，詩人假借以詠時事者。此等之事，全於《授業篇》已詳論之。

沖野孝寬，號南溟。田中尚章，名採蕙，號雁宕。晁涵德，名文淵，號玄洲。清水彥八，名虎。賀安長，號精齋。五人并張藩人。其詩見《熙朝文苑》者，不過一二首，姑錄其姓名，以備重攷。

松秀雲，亦張藩人，《熙朝文苑》載其詩七首。頃日大江穉圭刻《玄圃集》，贈余一部，有秀雲序。斯知其人無恙，老益把弄翰墨。

《崑玉》《玉壺》二集，撰次無倫，余已前論。其張人與他邦人，相混不可分別，則姑從二集所錄，以論及一二。若夫張人與不張人，姑置之耳。伊長卿，名章，號崆峒。《玉壺詩稿》載其詩二首。《歲晚寄井良重》七律，雖剿竊嘉靖七子，而漸近自然。但第五句"芳樽萬里河山邈"，不免日上文王之謗。若作芳樽一夕，則佳矣。又贈人小詩"東海多秋思，況逢夜色新。遙知奠水月，不照去年人。"雖無奇警，亦自可誦。德良弼《春城寓目》，華瞻可觀。澤元喜《寄蘭皋、夢澤二子》七律，頗能結構。又《留別諸子》絕句云"落魄無人不可憐"一句，太是悲愴。惜乎結不成語。岡長祐《詠雪》云"一庭地白非關月，萬樹花明不待春。"興象甚肖。惜乎首尾不稱。福昌言《九日》作，中南來《池亭》五律，尾有孚七絕二首，并占得地步。其餘天信景、磯長博、鈴子都、嶺文谿、出敬迓、野俊明、關德亮、元文邦、藤本弘、江子永、林文清、喬惟寧、葉日洞、山泰信、山芝巖、池子圭、仲文輔、井天目、倉立大、關範良、須玉潤、谷秀實、丁忠利、竹山東、馬意信、村馬六、筒恆德、森東發、蒲梧窗、陸知規、吉大鏊、田仲文、源基長、源長英、平蘭溪等，其中不無玉石之辨。而余未詳其人，且二集所載，人不過一二篇，則亦俟重攷云。

《崑玉》《玉壺》二集所載，僧詩亦夥，今論其一二。僧賓性《寄夢澤》云"伏枕青春日，聞君解綬歸。鳥窺移柳地，童待映花扉。採勝支公馬，舞雩會點衣。昨宵芳草夢，相引到漁磯。"頗華暢矣。《興善寺分韻》作亦佳。據二詩，則足稱方外作家。

僧宜牧詩，嘉靖七子之末響，極意勦襲，然其中自有佳者。《宿圓通寺》云"古寺鐘聲度翠微，階庭栢葉亂斜暉。巖中說偈花為雨，定裡忘機月照衣。巢鳥閑窺雙樹入，香煙細結五雲飛。上方遥出藤蘿外，杖錫探奇信宿歸。"首尾勻稱，足稱合作。

僧惠仁詩，《崑玉集》載之殊多。其《京館雜詩》中云"晚來此屋絃歌起，疑是諸天贊我聲。"可謂狂妄。又曰"此中無不有，唯少天女侍。"雖用維摩事，亦復甚矣。近時學者動曰"僧詩不可有香火氣。"余則曰"僧詩不可有香火氣也，又不可無也。蓋有香火氣，以法害詩。無香火氣，以詩累德。"僧家學詩者，宜了得此義。

尾張東隣參河。在參河，則《扶桑千家詩》載村田通信詩，余未詳其人。近時，源京國仕刈谷矦，既已前錄。岡崎矦儒學秋子帥，名以正，所著有《澹園初稿》，余未見之。又田原矦太夫雍子方，有《爽鳩詩稿》。子方，姓鷹見，省見為鷹，又惡鷹字不雅，更為雍姓者。名正長，爽鳩其號。嘗與蘐園諸子歡，是以詩名著聞。余謂蘐園諸子，除服子遷外，孰不勦竊七子者，而莫甚於子方。如曰"薄宦天涯耽濁酒，故人江上感綈袍。"比比是也。要之，以藩國太夫，有此文雅可稱耳。

從參河以東五州，為遠、為駿、為豆、為相，文人才子，意謂當衆。余也孤陋，無所聞見，則不得不倣史之闕文。上野、下野、上總、下總、安房、五州猶夫五州。

　安房東為常陸。常藩當中納言義公時，儒術文藝之盛，至今人稱東平之賢，無俟余言。當時諸子詠言，必有可觀可傳者。但常藩與京師相距隔遠，所謂風馬牛不相及者，茫乎不可攷索。若夫朱子瑜，余已前錄。《扶桑千家詩》載安積覺、內藤真顯、大串元善、青野叔元、一松拙忠、石井收、內藤延春、安藤為明、名越正通、人見野傳、清水三世、相田信也、白井信胤等十三人，同詠菊詩各一首，蓋陪宴授簡之作，一時文雅可想。安積覺，字子先，夙聞其名。所著有《澹泊文集》，余未見之。其餘未詳其人。又鵜飼金平、栗山伯立、森尚謙三人，亦常藩學職。金平名信勝，石齋長子云。

　常陸東北為陸奧，陸奧大國。大小藩府，無慮二十，而仙臺為大。余聞藩中以儒業世祿者，有十數人，而其文藻無所聞見。會津亦大藩，往時山崎闇齋，講學其地，至今人重經業。如其詩章，亦無所聞見。森山，常藩支封，夙以好學。聞藩中或多作家。若夫《本朝詩纂》，可謂盛舉。余嘗過書肆，暫時寓目。其所收載京攝作者，殊有可笑。所謂鸞鳳伏竄，鴟梟翱翔不啻也。亦唯距京攝絕遠，無由物色耳。今余論及關東，胡以異此，為之可發大噱。松前僻在海外，與蝦夷接壤。或曰"陋如之何，不知其地富庶，政寬俗樸，為一樂土。往者富仲達，傳松前矦命，請詩於余。"又松前醫生，來學京師，染指藝苑者，前後不斷。則其地頗響文雅可知也。從陸奧傍北海而西，則有出羽，有越後，二州亦廣大，而其藝業未有所徵，佐渡固亡論耳。

信濃，在越後南。諏訪侯好文藝，讀服子遷集知之，謂下必有甚焉者。亦俟異日攷索。信地以山稱焉，唯松本廓然矣，乃有湖松江在。松江，姓多湖，字玄岱，少時從學桂義樹。能詩能文，兼工臨池之伎。松江父，字元泰，蛻巖、萬菴集中，稱湖栢山是也。栢山父，稱玄甫。至松江三世，以醫仕松本侯，而專以儒術文藝著稱焉。松江尚氣節，慚食糈於方伎。侯察其意，今春使松江嗣子玄室，代松江為侍醫，更命松江為儒學教授。蓋特恩云。

飛驒在信之西北，在萬山中，地出良材。如高山府，號為殷富，俗頗事伎藝，而學事無聞。東涯《盍簪錄》曰"先人講學時，弟子無國不至，唯飛驒、佐渡、壹岐三州人不至。"其土風可知也。然客歲余游越中，高山人某，因富山渡邊公庸，請詩於余。斯知土人，近稍嚮文學。飛驒之北即越中云。

越中都會，有高岡，有富山。富山賀藩支封，閭閻之富，有志學者。往芳野於鵠，游學京師，時問學余弟。厥後，西野士明因於鵠，亦謁余弟。客歲之春，佐伯季艤，游京數過余家。聞余好山水，盛說立山奇絕。遂以秋九月，余游富山，留五十日。季艤名樸，詩才絕人，惜乎不甚好學，不讀書焉。余謂季艤曰"子如讀書三年，可為北陸道第一才子。"季艤曰"小子心期海內，何論北陸。"彼也少年逸氣，漫為大言，恐終不讀書。季艤詩《山居》云"結廬白雲裏，白日亦堪眠。啼鳥時驚夢，山花落枕邊。"又《過岡子龍舊居有感》云"春林鳥返夕陽斜，終日空關叔夜家。

唯有隣人吹玉笛，荒園滿地落梅花。"季艤伯父，佐伯子桂，名望，往為富山矦文學，已没云。士明天授不及季艤，而黽勉讀書，潛思敲推，不懈有成。

能登在越中西北，近時僧環空，出自其地。為僧金龍徒弟，從師在京師。弱齡好吟哦，頗有詩才。一朝短折，有遺稿在。

加賀在越中西。余游越中，路出金澤，泱泱大都會哉，無物不有。如其藝文，但未遑攷。往時木靖恭、室滄浪，并為賀藩文學，已前録。《扶桑千家詩》載平巖仙桂詩，余未詳其人。

越前在加賀西南。自余先大父，以及兄弟，辱越藩文學。余恐事涉不敬，因不論列。而余弟數稱，清園寺瑩上人，信義粹然，且好詩。越前南為美濃州。

在美濃，則岐阜最稱富庶。三十年前，學詩於余者，有十數人。迨余為吏職，都絕音耗，唯山田大藏一人，通問至今。其人於詩，頗有見解，時見合調。大垣亦一都會，如守秀緯，已前録。又谷大齡、田吉記二人詩，見《崑玉集》。嶺三折、鈴木藤助二人詩，見《熙朝文苑》。并美濃人云。美濃之西南為近江。

近江文雅，必推彥藩。有龍草廬，野公臺二人在。又往有澤村伯揚，雖其人没，遺稿行世。伯揚名維顯，稱宮內，號琴所，享保中人。其詩雖乏藻繪之美、鏗鏘之音，而清澹雅整，足稱作家，五言律最當行矣。《早行》中聯云"林聒棲禽散，江平宿霧流。鐘殘黃葉寺，露滿白蘆洲。"江之森山，有宇彥章，時時往來京師，名聲顯著。日野邑則有建達夫，少時頗稱才穎。而數奇轗軻，糊口方伎，遂廢吟哦。可惜。下迫村則有柚木伯華，為仲素兄。好讀書，少時從學義兄青郊先生，辯博且能詩。

若狹在近江西北，《千家詩》載宮腰歷齋詩，余不詳其人。厥後，有小栗鶴皋，在小濱，橐籥一鄉文雅。余嘗覽《崑玉》《玉壺》二集所載，佐元凱者詩甚佳，因詳其人，乃知其為鶴皋。蓋鶴皋，少時有故，客寓於張，爾時變姓名，稱佐佐木才八云。其詩雖蹈襲嘉靖七子，而天授自富，鑪錘有法，是以往往有合調。《登後瀨山》云"峯回徑仄石梯懸，杖屨飄飄度碧天。萬頃海波涵越迴，兩行驛樹入江連。孤城鐘動寒雲外，極浦鳥還落日邊。臨眺自堪鎖世慮，何勞燒煉學登仙。"小濱以鶴皋故，至今言詩者眾。土之豪稱組屋者，數百年之家。今當戶者名翰，字子鳳，博涉羣籍，詩才殊雄，其人亦奇。又吹田定孝，學詩於余，歲時不懈，漸入佳境。若狹西南為丹波。

丹波，則《扶桑千家詩》載人見卜幽詩，未詳其人。近時龜山矦太夫，多好文雅。若夫松崎白圭，詳於服子遷文。今嗣職者君修，文辭益蔚，名聲煥發。篠山，有儒學關士濟。

丹後，則宮津水上士遜，最可傳者。士遜名謙，自幼好讀書，能詩能書。其人篤恭，季世無倫，今既八十餘歲。余恐士遜操行終泯沒，近為著傳略。又有三上宗純，為士遜詩友，亦七十餘云。

自丹後以西，但、因、伯、雲、石、隱、六州藝文、未有所攷。雲州桃并源藏，著《世說攷》，引證精當可嘉。近覽其絕句數首，詩或非長技。

山陰山陽二道，到長門而盡。長門，南北西三面濱海，縣此公以來，以文學聞。次公已前錄。服子遷所撰《周南墓碑》中，列敘門人曰"若山子濯、田望之、津士雅、倉彥平、滕子莩、田子恭、仲子路、魯子泉、林義卿、瀧彌八、縣魯彥、秦貞父，彬彬輩出。"義卿夙講學京師，彌八今在東都，声名烜爀。士雅、子莩前卷已論及。子濯姓山根，名清，號華陽。子遷集中，襃稱特至。《蘐園錄稿》載其詩，如《鶴臺春望》七律，殊雋爽矣。其男泰德，客歲游京師，因武南山見余，頗能論詩，自運亦可觀。爾時謀刻乃翁集。望之、彥平、子恭、子路、子泉、魯彥、貞夫，未詳其人。又左汈真、晁世美二人，見《儒林姓名錄》。又《扶桑千家詩》載山田元欽詩。

　　從長門逾海抵豐前州。土伯曄、石麟洲、前錄。豐後莊子謙亦前錄。豐後而築前，而築後，《扶桑千家詩》收錄二州人士殊多，竹田春菴、黑田一貫、柴田風山、鶴原君玉、荻原隆亮、林恆德、林重一，并前州人。伊藤慎菴、伊藤勝之、松下雲堂，并後州人。若夫貝原氏之於前州，安藤氏之於後州，亦已前錄。又前州神屋亨，著《歸鞍吟草》，其詩雖多蕪累，而議論昂昂，定非碌碌士矣。

　　長崎隸肥前州，往有林道榮、劉宣義、僧玄光、僧獨立、僧道本、僧玄海等，有詩見諸選。道本清人，隨緣到此，所著有《蕭鳴草》。《扶桑名勝詩集》載南部昌明長崎八景詩，余不詳其人，或是草壽兄弟。近時高君秉，詞鋒頗銳。嘗東游京師，締交諸文士。西歸後，作七言律八首，并書寄余。余心許和答而未果，亡何君秉没焉。君秉本姓渡邊，名彝，號暘谷。

　　肥後近時有藝文之稱，秋玉山名聲煥發，詩才可嘉。又藪震菴、墨君徽、水屏山、水博泉四人，見《儒林姓名録》，余未詳其人。

　　薩摩州及隅日二州無攷。對馬學事，前卷論及。

　　自海西九州，沿南海而東，歷長門、周防，到安藝。藝之都會曰廣島，大藩也。其文學，二屈氏及松原一清，并已前録。又味允明，見《姓名録》。其人名虎，號立軒，所著有《問槎録》云。近時竹原邑，有賴惟寬，有才子稱，今住浪華。本莊邑有平賀中南，在京師講説。本莊邑北有佛道寺，奇巖環寺，地極幽邃。往有僧寰海，好詩偈，已寂，有遺稿二卷。閲之疵謬殊多。葢雖有資才，師承不正，致此鹵莽。可惜。

　　三原雖在備後，入藝疢封內。山海環抱，殊覺形勝，頗有好詩者。芥彥章往游其地，尋余游嚴島。彥章貽書三原諸子，為余西道主人。宇士龍、安子桓、川則之，敬待最至。三子好詩，士龍最錚錚矣。三原東有尾道，一名珠浦，地當海陸之衡，人煙稠密，多素封家，而文雅無聞。近有松本達夫者，子桓姻婭也。請《賀島記》於余。其人少時受學東涯，文辭則余不知焉。

　　備中文藝，余未攷之，近總社邑人藤野如水，游京師，數過余家。為人短小黑瘦，口訥訥焉。見之如無才者，會晤再三，漸測其所蘊，殊焉該博。其詩雖乏華藻，意義自全。特怪西歸後，寥乎無音問。

備前，往時熊澤了介，為政其國，舉世所知。余嘗閱松原一清《出思稿》，其《牛窗泊舟》詩有"漁家兒女亦知字，笑將孝經教老翁"句，一時教化可想。至今泮宮之設，尚有典刑云。若夫三宅氏，已前錄。《崑玉集》載近藤士業詩殊多。士業名篤，備前學職云。又湯之祥、井子叔二人，并以文學仕其國。之祥名元禎，子叔名通熙。備前北有美作州，文雅無聞。東則為播磨。

　　播州藩府，西近備前者曰赤穗。赤松良平，以詩雄視其鄉。赤穗東北有龍野，和田宗允，為其儒學，文辭無聞。《儒林姓名錄》以川口子深為姬路矦文學，名光遠，所著有《斯文源流》云。姬路東有麑川邑，邑有清田君履，名綏，號藍卿，余族也。既有學殖，又有文辭，恬不近名，人以長者稱。若夫赤石，梁蛻巖以詩賦雄乎海內，前卷既詳論焉。赤石隔海近對淡州云。

　　淡州航海達阿州。阿州學職有數人，柴野彥助有文辭。去年余弟祇役東都，屢相往來云。由岐浦有井河玄益，謹篤之士，詩文亦如其人。余弟詳錄於《孔雀樓筆記》。平島有島津琴王，時有詩簡寄余。阿州而讚州，《扶桑千家詩》載岡部拙齋詩。近時高松矦文學岡仲錫有文辭，《玉壺詩稿》載其詩云"淼淼春波夕照微，白蘋風起鳥雙飛。曾攀楊柳江橋上，楊柳掛絲人未歸。"婉順可誦。丸龜亦讚之都會，僧羽山往游其地。藩大夫某聞之，要羽山於途，邀游山莊。爾後至今詩簡無斷，其風雅可稱。羽山，余方外友，屢稱其事，余老善忘，不記其大夫名氏。讚州而豫州，松山矦文學前田子繢詩，見諸選。子繢，名時棟，所著有《二西洞吟譜》云。豫州而土州，大高季明，前錄。土州隔海東對紀州云。

　　紀藩稱多學職，若夫活所、南海、玄輔，已見前卷。永田善齋，名道慶，羅山門人，著《膾餘雜錄》，其詩見《千家詩》。荒川敬元，名秀，東涯門人，《八居題詠》有和作，又附錄他作三首，頗巧整矣。陰山淳夫，名元質，強記無倫，至今為藝苑話柄，著作非所長也。又山君彝，名鼎，根伯修，名遜志，并徂徠門人。在紀藩，而著《七經孟子攷文》者，詩并見《蘐園錄稿》。又有木村源進，名之漸，東涯門人，享保中，蘭嵎應聘紀藩，尋勸源進。源進没而無子。今嗣職者任甫，名景尹，受業蘭嵎。本姓巖橋氏，因藩府命，為源進嗣，遂冒姓木村。

　　伊勢，宗廟所在，山田、宇治之間，大小祠官無慮數百，奉職多暇，往往馳技藝途，而以文辭稱者無幾。《八居題詠》附錄度會清在、福島末茂二人詩。又有臼田陽山者，在山田講說，詩文無所解焉。丁亥之歲，祠官荒木田興正，游學京師，屢過余家。戊子之秋，余父子游勢州，留山田凡三十日，館於興正家。興正以乃翁遺稿示余。翁名正富，字君忠，其詩間有可傳。今錄其一，《答能州菊南山》云"孤鴻傳信落滄洲，玉露金風兩地秋。北海清樽分手後，南天明月使人愁。"當今山田能詩者數人，度會雅樂為翹楚云。津城勢州大藩，闤闠之富，浮於山田。文學奧田士亨，嘗受業東涯，世稱三角先生。又有石川某，亦其文學云。近時山田東仙、片岡順伯二人，來京師，攻黃岐山術，兼學詩於余，頗有才思，不懈有成，恐以刀圭故廢耳。又有大冢公黍，字稷卿，稱正藏，秉志堅固，將以有成，而溘乎夭折。頃日得一詩於筐底，覽之慘然，因為附錄。《聞鶯》云"翠柳參差弄晚晴，為聞黃鳥不堪情。一身已作他鄉客，辜負春風喚友聲。"津城支封有久居，《熙朝文苑》多載其土人士。平玄龍、押正胤、佐柳意、服彥進、西正意、平一興等，余不知其人，所睹一篇一章，難別殿最。桑名亦勢之一都會，《崑玉集》載平義憲、水應春二人詩。又有南川文伯，以詩著稱，嘗來京師，因僧金龍見余。又南宮喬卿，往下帷桑名，後遷津城。余自山田還，路出津城，留止數日，邂逅喬卿，喬卿邀余父子，讌其家樓。喬卿今在東都。又石大乙，滕文二，受業喬卿者。文二從喬卿在東都，大乙蚤來京師，講說為業。

　　志摩也，伊賀也，二國文雅無攷。大和則南都松元規詩，見《熙朝文苑》。當今今井邑，有足高文碩者，其人奇，其詩亦可傳。受業余弟者，河內則有生駒山人者，詩集行世。和泉則唐金興隆詩，見《八居題詠》。

　　攝之顯者，若水、春叟、守靜等，既已前錄。今追攷諸書，菅子旭、阮東郭以下，脫漏不鮮，異日重攷補遺，今不復喋喋。若夫當今下帷授徒，鳥山、片山之輩，名聲顯著，無俟余言，亦復亡論耳。余男惊秉在時，論詩不可一世之人，其所唱和，唯攝之葛子琴。子琴實工詩者，聞子琴社中，雁行子琴者有數人。

　　京師藝文，第三卷詳之。今追攷之，遺逸殊多，亦俟異日重攷。若夫當今藉甚之聲，無俟余之揄揚，亡論耳。湮晦無聞，而其實好詩善詩者，亦復不鮮。如松尾祠官田雨龍，為好詩者。如端文仲，為善詩者。文仲東都人，失意去鄉西游，窮困益甚。前日播磨堀生，口占文仲《秋日游巨椋湖》詩三首，記得一首"欲得新詩漫獨游，斜陽半晌又為留。菰浦經雨沙初冷，雁鶩畏人禾未收。山色猶明危塔外，水煙徐起去帆頭。終宵弄月知何處，萬頃汪汪風露秋。"

日本詩史卷之五　終

明和八辛卯歲六月

堀河通蛸藥師下町

西村市郎右衛門

平安書林

    二條通間之町西入町

    林伊兵衛

    堀河通佛光寺下町

    吉村吉左衛門

勢州津

    大森傳右衛門

跋

　　詩史就矣，使予及姪孔均校焉。予會奉藩職於關東，孔均勤焉。未畢，孔均没矣。予適歸，乃始從事云。論詩選詩，俱非容易。期主張者，率人頗僻。主調停者，或流軟弱。加之勢威所嚇，得失所眩，愛憎是非，自誣誣人。楚王弟與方城外尹，證驗非必真。鷟延項，鼈縮頭，冷热非必實。魏蛺蝶，非無史才，史以穢稱。胡釘鉸，豈有詩學，詩藉妖顯。政理道術，皆有斯諸弊。近日詩家莫甚焉，必如斯書所論，而後可謂公且正矣。若夫命名之義，讀者自當得之云。

　　　　　　明和辛卯之春　　弟　清絢拜　撰

日本漢詩整理與研究彙編 第一輯

②

主 編 莫文沁 張 錦

學苑出版社

本冊目錄

日本詩選正編 / 263

日本詩選
正編

目 錄

卷首題言 / 267

序 / 269

凡例 / 271

採擇書目 / 275

作者姓名 / 283

總目 / 315

卷之一 / 317

卷之二 / 347

卷之三 / 373

卷之四 / 425

卷之五 / 485

卷之六 / 511

卷之七 / 555

卷之八 / 615

卷之九 / 661

卷之十 / 699

補遺 / 753

跋 / 759

卷首題言

江村君錫先生所輯《詩選》就矣，詩凡幾首，諸體具焉，人凡幾家，存没俱焉，爲卷凡幾，云：吾上世，藝文炳蔚，作者寔繁。保平以來，斯道榛莽。元和維新，文運復旺。其與世代興替者可徵焉，於是乎選而梓者亦不少。雖然，或蒐諸鄉國，或採諸社盟，不無遺珠之嘆。蒐羅海内諸家，博採而精擇，如斯選者未之有矣。先生功於藝苑，豈鮮少哉！先生才略出衆，駕其藝文而行，方草斯選，其徒相歡相賀，影響從應，捷於風電。四方之士，厥角稽首，人寫其詩請選者，帆海重驛，唯恐其後。未閲歲，雷動海内外之士，不亦盛乎！乃斯選亦足以觀治化之隆者，孰不欣歡，而予辱詞垣之任，乃文運益盛，欣歡更不在言，因題數言卷端云。

權中納言菅原在家撰。

序

　　《日本詩選》編成，刊行同志。知我者謂，我苦心於藝苑，其將并作者不朽焉。不知余者謂，彼何爲，無乃爲佞乎？胡厥名書之僭妄？海内之廣，作者之繁，管窺蠡測，何所得而任之不疑？所謂其爲也易，則其傳也不遠，其將并作者污蔑焉。古不言乎，士伸於知己者，屈於不知己者。其己有所伸，屈亦何傷，何必紛縕解嘲之爲？雖然，其知己者鮮矣。衆楚之咻，終使後生末輩亡羊於莊岳之塗，其極將并作者廢之，則不能不爲之一言也。曰詩曰選，果何謂乎？所選我日本詩耳。選猶刪也，萬取千焉，千取百焉不啻也。充棟之繁，可卷而懷；汗牛之重，可挈而走。冀令作者永久，此外豈有佗哉？沙之汰之，何必瓦石在後？簸之颺之，豈言糠粃在前？人面人心，取捨各岐，膾炙與羊棗，吾嗜我所嗜，唯此而已。若夫曰刪後無《詩》，聖人之事，胡可比哉！余也老朽，屛跡蓬蒿，所謂與世相遺者，顧與不顧，無關於冀北之輩。但近時學者，勤營門户，黨同伐異，持論過激，褒乎致諸九天之上，貶乎擠諸九地之下，比比者天下皆是也。我則異於是。孟子曰："隘與不恭，君子不由也。"若君子中庸，則吾豈敢？抑亦子莫之比耳。王茂弘曰："人言我憒憒，後人當念此憒憒。"若此言，則當今之世，捨我其誰也？李青蓮曰："吾衰竟誰陳。"李滄溟曰："微我終長夜。"始吾惡夫二子狂誕，今而思之，不能無感，乃書之證諸知余者云。

　　安永癸巳冬十二月，北海江村綬題於賜杖堂。

凡 例

一 日本詩選二十卷，分爲三編，今所刻十卷，爲正編。作者自元和至今日，前編五卷，自寧樂時至天正末業已脫稿，理當并刻，但囊橐空竭，剞劂非易，衰白之齡，河清難期，故倒行而逆施之，延津劍合有待他日。續編五卷，正編遺闕，半已成編，半以待後來珠玉，遐邇俊彥，莫惜暗投。

一 聖代休明之運，布衣詠言，斐然成章，況縉纓之貴，猗伯之富，麗什佳篇孰謂不多。而是編無所收選者，余詩史凡例，已論及之，其詳載《授業編》。

一 序次作者，余意初在以年紀爲前後，迨至始起草竟不能如意，其不能如意者，其勢不能耳，言之長也。於是漫然卒業，父子兄弟、同學、同鄉，或連書焉，或不連書焉，前卷前張，後卷後李，混淆紛錯，無復論緒，有意無意，簡在覽者，要之詩之巧拙，作者輕重，無關録次前後。

一 我邦多復姓，近時作者，往往減省爲單姓，是編有然者有不然者，亦唯從作者所稱。錄名書諱，然間書字及表德者，其人以字行，又知其字號，未知諱者，無義例。且若釋門之徒，自稱己無定一，名字表德往往難詳，漫錄所聞，殊無義例。

一 當今名高之人無見此選，亡論他州，京師中已可屈指，此無他也。得其詩與不得耳，一篇一章時或寓目，其在作者果爲得意乎否不可知，則不收錄，辟不敏也。如皆川伯恭，藤谷仲達，兄弟，錄伯恭不錄仲達是也，餘可準知。但一時感及，得一詩錄之，如松士發，河伯潛，不在此例。

一 青年用力藝苑，雖一簣止，後勸子弟就學攻藝，如吹田定敏，其志可原。老大始志文藝，悔少壯不努力，如木原正直，其志可憫，擇其稿中，特收一首，亦藝苑婆心，餘可準知。

一 山邑海鄉，師友兩無，而黽勉不斷吟哦，蓋其好出乎資性，如野田寶，廣野儀，其人可稱，雖未到佳境，特錄一詩，以誘奬遐陬後進。

一 雖羽毛未成，文採未著，其執志勇猛，才資亦敏，則異日爲鳳爲鸞，足可預卜，乃選一首，以鼓舞其才，如賀子揚者，餘可準知。

一 從茂卿氏之學盛行以還，世之學詩者，必誦於鱗《唐詩選》，於是門人小子，病余選兼愛汎取，以爲於鱗之選則紀律嚴矣，何以不倣焉，是亦寸木岑樓之比耳。夫唐詩之選，高廷禮品彙無可尚焉，但病其繁，乃刪爲正聲，二書并行，作者不待於鱗而後傳也。於鱗特就其中擢若干首以見己意，何苦不嚴乎，然亦刻矣。元美巵言，元瑞詩藪，動論及焉，不特此也。於鱗古今詩刪，錄明人詩，殊爲憒憒，若夫七言律，白雪樓題詠，十居二三套腐可厭。如彼許殿卿輩庸才非作家，而收選其詩不止數首，於鱗奚爲不以選唐詩紀律施之明人，此無他也。選當今詩與選古人詩其勢固有不同者，於鱗猶且然矣，何況余不似乎，後來有繼余業者，始知余苦心。

一 採錄篇章，未必以人爲多少，大抵閱多錄多。人或誚余多收兄弟子姪詩，夫無偏無黨，吾豈敢內舉外舉。古有其言，苟有可錄，不以避嫌蔽其美，其詳載之《授業編》。

安永癸巳十二月北海江村綬題於賜杖堂

採擇書目

刻成行世者，書曰已刻，否者曰未刻，或曰藏家，録校無次，序跋不具者，雖篇章多，槩不標舉，若夫編録歲月，卷數多少，略之不載云。

1. 覆醬集（石川丈山詩集，有續集，已刻）
2. 草山集（僧元政詩集，已刻）
3. 活所遺稿（那波道圓詩集，已刻）
4. 老圃堂集（那波木菴詩稿，已刻）
5. 剛齋殘稿（江村宗珉詩集）
6. 芝山會稿（大高季明著，已刻）
7. 遯菴詩集（宇都由的詩集，已刻）
8. 排悶集（江村宗流詩集，已刻）
9. 坦菴文集（伊藤宗恕集，藏家）

10. 居間集（伊藤龍洲詩集，藏家）

11. 青甸集（江村毅菴詩集，藏家）

12. 竹墩詩集（江村青郊詩稿，藏家）

13. 桐葉編（笠原玄蕃詩集，已刻）

14. 竹雨齋詩集（余元徵著，已刻）

15. 釣虛弄筆（清水春流著，已刻）

16. 唐翁詩集（僧唐翁著，已刻）

17. 鎌倉紀行（戶田幹著，已刻）

18. 葵心集（度會勘解由著，已刻）

19. 神皋遺篇（宮崎文庫藏書）

20. 廣足詩集（同上）

21. 紹述詩集（伊藤東涯詩集，已刻）

22. 出思稿（松原一清詩集，已刻）

23. 芝軒略稿（鳥山輔寬詩集，已刻）

24. 芝軒吟稿（同上）

25. 香軒略稿（鳥山輔門詩集，已刻）

26. 西山樵唱（入江若水著，已刻）

27. 扶桑千家詩（元祿中，築前古野元軌輯錄，已刻）

28. 扶桑名賢詩集（寶永中，京師書林，林義端輯錄，已刻）

29. 扶桑名勝詩集（延寶中，京師書肆纂輯，已刻）

30. 八居題詠（享保中，京師書肆輯，已刻）

31. 熙朝文苑（張藩井鼎臣著，已刻）

32. 歸鞍吟草（築前神屋亨著，已刻）

33. 覆窠編（大井守静遺稿，未刻）

34. 白石詩稿（新井白石詩鈔，已刻）

35. 白石餘稿（同上）

36. 鳩巢文集（室鳩巢集，已刻）

37. 停雲集（新井白石纂錄，已刻）

38. 鍾秀集（祇南海纂，未刻）

39. 南海詠物集（祇伯玉詩鈔，未刻）

40. 蛻巖文集（梁景鸞集，已刻）

41. 琴浦小集（僧東明詩集，已刻）

42. 巖居稿（僧月潭詩集，已刻）

43. 漁家傲（僧百拙詩集，已刻）

44. 琴所遺稿（澤維顯詩集，已刻）

45. 海南集（關鐸詩集，已刻）

46. 凌雲樓集（三河星野龍著，已刻）

47. 芙蓉集（谷子祥著，已刻）

48. 南陽集（那波祐昌著，已刻）

49. 三角集（奧田士亨著，已刻）

50. 金澤披沙（錄金澤諸子詩，未刻）

51. 葒園錄稿（輯葒園諸子詩，已刻）

52. 防邱詩選（輯張藩諸子詩，已刻）

53. 崑玉集（淺舜臣著，已刻）

54. 玉壺詩稿（木公達著，已刻）

55. 蓬左詩歸（井鼎臣著，未刻）

56. 徂徠詩集（物茂卿詩集，已刻）

57. 東野遺稿（藤東壁詩集，已刻）

58. 周南文集（縣次公集，已刻）

59. 紫芝園稿（太宰德夫集，已刻）

60. 南郭文集（服子遷集，四編，并刻）

61. 金華文集（平子和集，已刻）

62. 鍾情集（服維恭詩鈔，已刻）

63. 蘭亭詩集（高子式著，已刻）

64. 江陵集（僧萬菴詩集，已刻）

65. 松浦集（僧大潮詩集，已刻）

66. 爽鳩詩稿（三河雍子方詩集，已刻）

67. 芙蓉記（莊子謙著，已刻）

68. 樵漁餘適（富春叟詩集，已刻）

69. 灞山詩集（長門田長温著，已刻）

70. 萍游詩卷（平君舒著，未刻）

71. 長門餘稿（縣次公録，未刻）

72. 明霞遺稿（宇士新文集，已刻）

73. 宇士朗遺稿（未刻）

74. 蘭陵遺稿（田良暢集，已刻）

75. 南陵集（荒木田正富詩集，今在刻）

76. 昨非集（僧梅莊詩鈔，已刻）

77. 不生和尚稿（同上，未刻）

78. 無孔笛（僧無隱詩集，已刻）

79. 雜華編（同上）

80. 邀翠館詩集（伊藤君夏詩集，未刻）

81. 南山遺稿（晁君採詩集，未刻）

82. 鶴皋詩集（小栗元愷詩集，今在刻）

83. 楢氏遺草（楢林伯啓詩集，已刻）

84. 甘谷遺稿（菅晨曜詩集，未刻）

85. 嵊州遺稿（岡仲錫詩集，已刻）

86. 東皋初稿（加賀橫山太夫詩集，已刻）

87. 莊岳楚語（乾祐直著，已刻）

88. 逍遥草（僧道寧詩集，已刻）

89. 芳翠窩詩稿（武欽繇詩鈔，未刻）

90. 嘯臺餘響（服伯和詩集，未刻）

91. 介石稿（僧終南詩集，已刻）

92. 一雨詩稿（僧悟心詩集，已刻）

93. 慎菴遺稿（藪慎菴詩集，未刻）

94. 馬陵詩稿（竹政辰詩鈔，未刻）

95. 薔薇館詩集（芥彥章詩集，已刻）

96. 雨新菴詩集（僧金龍詩集，已刻）

97. 草廬詩集（龍君玉集，三編，幷刻）

98. 金蘭詩集（龍君玉纂，已刻）

99. 綰柳篇（香居敬輯，已刻）

100. 晝錦集（彥根袁景陳輯，已刻）

101. 嘯社吟槁（永田俊平纂，已刻）

102. 生駒山人集（孔世傑集，已刻）

103. 孔雀樓集（清君錦詩集，在刻）

104. 龍門集（劉維翰詩集，二編，已刻）

105. 嚶鳴館詩集（紀平洲著，已刻）

106. 踏海集（服仲英著，已刻）

107. 大湫集（南宮喬卿著，已刻）

108. 弊箒集（松秀雲詩集，已刻）

109. 玉山集（秋子羽詩集，已刻）

110. 東海稿（東海豁中稿，未刻）

111. 宮水詩集（度會末雅詩集，已刻）

112. 鳳臺小稿（平義憲詩集，已刻）

113. 靜齋文集（齊大禮著，已刻）

114. 探勝草（內山栗齋著，已刻）

115. 新川集（岡田挺之詩集，已刻）

116. 舟山詩稿（櫻井良幹詩集，未刻）

117. 三洲近體稿（林文肅著，已刻）

118. 東溪講外集（僧亮潤著，已刻）

119. 環空遺偈（僧環空詩鈔，已刻）

120. 愚亭遺稿（江村秉詩集，未刻）

121. 濟洲遺稿（山根道晋詩集，已刻）

122. 落楓稿（村中漸詩集，未刻）

123. 太室集（幡文華詩集，已刻）

124. 静思亭集（赤松國鸞著，已刻）

125. 敝箒集（赤松大業詩集，未刻）

126. 垂葭遺稿（鳥成章著，已刻）

127. 名流春游編（同上）

128. 花月吟稿（明和中，浪華書肆纂刻）

129. 寰海詩稿（僧寰海詩集，已刻）

130. 愛日園稿（田子明詩鈔，未刻）

131. 小草詩筐（合麗王著，未刻）

132. 京游草（同上）

133. 北游草（同上）

134. 東游草（同上）

135. 空華菴集（僧雪鼎詩集，未刻）

136. 玄圃集（大江穉圭詩集，已刻）

137. 華山詩集（嶋津琴王詩集，未刻）

138. 讚海詩册（同人著，未刻）

139. 阿山叢桂集（同人著，未刻）

140. 南江遺稿（友淵宜卿詩集，未刻）

141. 岸翁遺稿（岸季英詩集，未刻）

142. 三橘集（川井立牧三兄弟詩集，未刻）

143. 六甲遺稿（武谷泉詩集，未刻）

144. 鶯山遺稿（永德信詩稿，未刻）

145. 石城遺稿（原子章詩稿，未刻）

146. 映山漫稿（福尚修遺稿，未刻）

147. 草菴稿（僧蘭陵著，已刻）

148. 春莊詩集（端文仲詩集，未刻）

149. 觀鵞堂詩集（永田俊平詩集，在刻）

150. 綿山詩稿（柚木仲素詩集，未刻）

151. 松蘿館詩集（巖垣亮卿詩集，在刻）

152. 玩鷗詩集（賀伯魏詩集，在刻）

153. 春菴詩稿（田文卿詩集，未刻）

154. 冬至三百首（僧亮融、大菅集、松景韶，三人，一日百首，未刻）

155. 換璋編（藤世式詩集，在刻）

156. 歸家日記（井上氏著，已刻）

157. 中山詩稿（立花氏著，已刻）

作者姓名

　　作者已夥，鄉貫氏族，不堪詳録。是以《日本詩史》《儒林姓名録》及《停雲集》等諸書所載，今悉省録，或書曰見某書，省筆減簡不得不然耳。

詩選姓名一

石川丈山　見詩史及姓名録，選中一見一首。

僧元政　見詩史，二見三首。

那波方　字道圓，見詩史，及姓名録，二見二首。

那波守之　號木菴，同上，二見二首。

松永昌三　名遐年，同上，一見一首。

山本利盛　未詳其人，蓋萬治中人，一見一首。

江村宗珉　字友石，號剛齋，爲余義曾祖。其履歷詳載《剛齋殘稿》年譜，及東涯《盍簪録》，因略之，二見四首。

江村宗流　號訥齋，剛齋長子，見姓名録，一首。

宇都由的　見詩史及姓名録，二見二首。

安東元簡　名守直，見姓名録，一見一首。

太田林菴　未詳其人，亦萬治中人，一見一首。

伊藤宗恕　號坦菴，見姓名録，二見四首。

伊藤元基　號龍洲，見姓名録，三見五首。

村上友佺　見詩史，三見七首。

松下見檪　同上，二見三首。

伊藤維楨　見詩史及姓名録，一見一首。

伊藤長胤　同上，五見八首。

江村簡　號毅菴，爲余義父，見姓名録，二見二首。

江村惊實　毅菴長子，見姓名録，一見二首。

江村如圭　毅菴次子，見姓名録，一見一首。

北村可昌　見詩史及姓名録，一見一首。

木下貞幹　稱順菴，同上，一見一首。

余元徵　字未詳，號松石，京師人，一見一首。

大高季明　見詩史及姓名録，一見一首。

松原一清　見詩史，一見一首。

鳥山輔寬　字碩夫，見詩史姓名録，三見六首。

鳥山輔門　碩夫子，同上，四見六首。

笠原龍鱗　見詩史及姓名録，三見七首。

柳川三省　同上，四見九首。

詩選姓名二

菅元繼　石井氏，字某號雄峯，彥根太夫，俗稱半平，或云僧元政俗姪，年八十，享保中没，一見一首。

僧道澄　號月潭，住直指菴，一見一首。

僧百拙　見詩史，三見五首。

源璵　白石，見詩史及姓名録，七見三十一首。

室直清　鳩巢，詳見《停雲集》，六見十四首。

祇園瑜　南海，同上，六見十九首。

雨森東　芳洲，同上，四見四首。

南景衡　思聰，同上，一見三首。

南景春　國華，同上，一見一首。

服部願　同上，一見一首。

真子明　同上，一見一首。

肥元成　同上，二見二首。

田宗叔　同上，一見一首。

松儀　禎卿，三見五首。

原玄輔　同上，一見一首。

大地昌言　字士俞，號奚疑，又號遜軒，鳩巢之姪，加賀人。嘗作岐岨道中詩，膾炙一時，一見一首。

岡島達　字仲通，本姓越智，號石梁，仕於賀州，鳩巢門人，夙有詩名，三見三首。

小瀨良正　本姓坂井氏，後更姓小瀨，字順元，業醫，工詩詠海鼴腸七律，一時傳稱爲警作，一見一首。

　　小谷繼成　字勉善，亦鳩巢門人，仕賀州，一首。

　　三宅緝明　詳見《停雲集》，一見一首。

　　梁田邦美　蛻巖，詳見《停雲集》，七見二十七首。

　　桂義樹　見詩史及姓名録，四見五首。

　　湖安　姓多湖氏，字玄泰，號栢山，受學桂秘監，以醫仕信之松本佚，其子即昌藏，其父玄甫亦以學稱，五見七首。

　　田助　鶴樓，詳見《停雲集》，二見二首。

　　星野龍　見姓名録，一見二首。

　　澤維顯　見詩史及姓名録，五見七首。

　　堀正超　景山，同上，五見八首。

　　堀正修　南湖，同上，二見二首。

　　石川正恒　麟洲，同上，一見一首

　　長野方義　同上，一見一首。

　　大井守静　同上，二見二首。

詩選姓名三

　　江兼通　見詩史及姓名録，三見六首。

　　瀨維賢　同上，一見一首。

　　富逸　見詩史，但姓名録以富逸田省吾，別爲二人者非矣，二見三首。

　　僧法霖　見《停雲集》，二見二首。

僧若霖　同上，二見二首。

僧束明　未詳名字，一見一首。

僧無隱　未詳名字，二見二首。

物茂卿　見詩史及姓名録，四見十首。

滕煥圖　同上，四見四首。

縣孝孺　同上，四見七首。

太宰純　同上，五見十首。

服元喬　同上，七見三十六首。

平玄中　同上，四見八首。

服維恭　字願卿，子遷長子，早没，一見一首。

鵜士寧　名孟一，二見二首。

高維馨　見詩史及姓名録，七見二十一首。

鳴鳳卿　見姓名録，三見三首。

土昌英　同上，一見一首。

守煥明　同上，一見一首。

雍正長　同上，二見二首。

源義治　同上，一見一首。

岡孝先　同上，三見四首。

木實聞　同上，三見三首。

田良暢　同上，二見二首。

平義質　同上，一見一首。

松尚綱　字子錦，號北溟，一見一首。

元維寧　一見一首。

僧元皓　大潮，見詩史，五見八首。

僧原資　萬菴，同上，五見十首。

僧堅卓　慧巖，號雪山，一見一首。

僧圓乘　了玄，號天門，三見三首。

宇鼎　士新，見詩史及姓名録，七見十四首。

宇鑒　士朗，同上，三見七首。

藪弘篤　見姓名録，一見一首。

水業元　同上，二見二首。

詩選姓名四

秋儀　同上，七見十八首。

高羽　字翼之，二見二首。

井通熙　同上，三見三首。

江忠囿　字子園，號南溟。一見一首。

源敏樹　字稷卿，號湖南，其先江州人。居辻村，以辻爲姓。曾祖父來，仕丹波龜山矦，受學徂徠，三見三首。

田好銑　本姓矢田倍氏，字子澤，稱豊前守，號鳳臺。給事東叡大王，爲中大夫，酷好詩詞，三見五首。

田憲章　字子漢，號龍溪，備前執法太夫，二見三首。

湯元禎　字之祥，號常山，備前矦臣，三見五首。

山根清　字子濯，號華陽，長門人，四見五首。

田泰　見姓名錄，一見一首。

瀧長愷　字彌八，號鶴臺，長門人，四見五首。

田長溫　見姓名錄，一見一首。

田公望　字望之，稱小田村伊助，長門人，二見二首。

關鐸　字啟明。零首。

乾祐直　字子健，號莊岳，加賀人，一見一首。

井鼎臣　見詩史，二見二首。

千諸成　見詩史，三見五首。

井知亮　同上，一見一首。

木貞寬　字君恕，號嶺南，又號蓬萊，本姓木村氏，尾張人。嘗游學京師，後遷居東都，講授爲業，三見三首。

松秀雲　松平氏，字某，張藩人，七見十四首。

那波祐昌　字伯熾，京師人，一見一首。

谷鸞　字子祥，號麋山，阿波人，遷住京師，一見二首。

渡邊不遠　未詳其人，一見一首。

奧田士亨　字嘉甫，號蘭汀，一號三角。伊勢櫛田人，爲藤堂矦教官，二見二首。

度會末茂　字某，號鶴溪，俗稱福島造酒。伊勢山田祠官，任從四位下，受學伊藤仁齋，一見一首。

臼田香　字升叔，號竹老，美濃人。嘗爲越中富山文學，後辭祿，浪游伊勢山田，號陽山，一見一首。

釜谷要正　號春岳，伊勢山田祠官。審明我邦古昔典故，常藩源義公，數賜書質問疑事云，一見一首。

　　荒木田氏筠　字春生，號霧震，度會末茂第二子，出嗣林氏，俗稱丹下，山田祠職，任正五位下，一見一首。

詩選姓名五
　　荒木田武遇　字斯於，慶德氏，俗稱隼人，後更藤右衛門。山田祠職，任正四位下，其子今藤藏，一首。

　　荒木田正富　字君忠又秦姓釜谷氏，俗稱數馬。山田祠職，權禰宜，正四位上。父即武遠神主，二見二首。

　　荒木田息雅　字風興又秦姓山田祠官，權禰宜，正四位下。正富弟，俗稱中西平馬，一見一首。

　　小栗元愷　字子佐，號鶴皋，若狹小濱人，四首。

　　唐金興隆　字某，號梅所，和泉佐野人，一見一首。

　　左正彬　字文藏，讚州人，授徒京師，一見一首。

　　岡長裕　字某，號長洲，俗稱平藏，讚州教官，二首。

　　葉廣　字士弘，俗稱新兵衛，青葉氏，讚州教官，一首

　　原武雅　字某，號絲江，三原氏，讚州人，一見一首。

　　水謙　字士遜，號圖南，丹後宮津人，性行純正，好學不倦，鄉里欽其爲人。本姓水上氏，稱宋右衛門，一見一首。

　　三上義從　字某，亦宮津人，業醫，一見一首。

　　菅晨曜　字子旭，號甘谷，稱小善，教授浪華，四首。

　　栖榮迪　栖林氏，字伯啓，浪華人，業醫，一見一首。

兄臧　姓兄名臧，字臧宗，號樂郊，教授浪華，三見四首。

岸季英　岸畑氏，字芳洲，浪華人，一見一首。

田温信　字惠叔，稱東閣，藤田氏，赤穗人，善書，一首。

吹田定敏　字君修，若狹人，一見一首。

木原正直　字某，安藝人，一見一首。

僧寶性　不詳名字，一見一首。

僧惠仁　號百非，尾張人，有詩名，一見一首。

僧法多　字妙解，美濃大浦產，住持華園麟昌院。《崑玉集》《玉壺詩稿》等書載其詩。稱僧宜牧，蓋是矣，二見二首。

武欽繇　見詩史，四見七首。

服天游　同上，五見十一首。

伊藤縉　字君夏，號錦里，伊藤龍洲長子，襲職爲越藩文學。住京師，安永戊辰三月卒，六十三，七見廿七首。

伊藤聖訓　字世典，君夏子，早没，一見一首。

清綏　字君履，號藍卿，龍洲姪，播州加古川人，二首。

清絢　字君錦，號儃叟，又稱孔雀樓主人，龍洲第三子，同伯氏君夏，越藩文學，住京師，七見二十四首。余之先攷本姓清田氏，祖先播州人，先攷爲坦菴先生嗣，冒姓伊藤。余兄弟三人，伯氏嗣先攷，冒伊藤氏余出嗣江村氏，先攷命弟君錦，奉清田氏之祀。

詩選姓名六

伊藤長堅　字才藏，號蘭嵎，伊藤仁齋子，爲紀藩文學，二見二首。

伊藤善韶　字忠藏，東涯子，一見一首。

宮奇　字子常，號筠圃，尾張人，授徒京師，一見一首。

松波光興　字士發，稱播磨守，東涯門人，以文學，翱翔諸縉纓間，一見一首。

柳美啓　上柳氏，字士明，柳川三省門人。下帷京師，俗稱治兵衛，七見十三首。

渡守時　渡邊氏，源姓，稱備後守，世往洛西西七條村，三省門人，四見四首。

芥煥　字彥章，號丹邱，下帷京師，五見九首。

那波師曾　號魯堂，播州人，下帷京師，二見二首。

皆川願　字伯恭，號淇園，下帷京師，五見七首。

宇成憲　宇野氏，字元章，號醴泉，江州人，二見二首。

片徽猷　字孝秩，片山氏，越後人，宇士新門人，下帷浪華，一見一首。

鳥山宗成　字世章，號崧岳，俗稱宇內越前府中人，業醫浪華，兼以此文稱，七見十八首。

中井積善　字善太，教授浪華，一見二首。

三宅正誼　字某，號春樓，稱才治，教授浪華，零首。

孔文雄　字世傑，河內人，稱生駒山人，四見八首。

龍公美　字君玉，號草廬，彥根佚文學，六見十九首。

田章　字子明，號鳴門，田中氏，俗稱七郎右衛門，近江人，遷家浪華，五見七首。

合離　細合氏，字麗玉，俗稱八郎右衛門。京師人，遷家浪華，能詩能書，有時名，五見八首。

僧全統　號大圭，住天龍寺某院，一見一首。

僧玉泉　名某，住天龍寺禪昌院，一見一首。

僧瑞源　名某，住天龍寺某院，零首。

僧承堅　字某，號翠巖，住天龍寺三秀院，二見二首。

僧令椿　字某，號湛堂，住天龍寺妙智院，二見二首。

僧亮潤　稱義瑞，稱真詣道人，一見一首。

莊允益　子謙，見詩史及姓名録，一見一首。

石正猗　築波山人，同上，二見三首。

詩選姓名七

服元雄　字仲英，本姓某，爲子遷嗣，攝人，七見十五首。

劉維翰　宮瀬氏，字文翼，號龍門，紀州人，六見九首。

野公臺　字子賤，江州彥根人，二見四首。

宮田明　字子亮，稱三右衛門本多佚臣，一見一首。

松崎維時　君修，見詩史，七見十二首。

南宮岳　喬卿，見詩史，五見九首。

紀德民　字世馨，號平洲，又號如來，俗稱細井甚三郎，授徒東都，四見五首。

餘承裕　字子綽，俗稱大内忠大夫，仕水野矦，一首。

種濟　字元民，不詳其人，蓋東都人，一首。

山維熊　藤山氏，字士祥，俗稱五郎兵衛。東都人，仕松平築後矦，二見三首。

谷友信　横谷氏，字文卿，號藍水，稱玄圃。東都人，嘗學詩高子式云，一見一首。

湯元禎　湯淺氏，字之祥，號常山，俗稱新兵衛。備前人，岡山矦世臣，三見五首。

近藤篤　字某，俗稱六之進，岡山矦臣，三見四首。

井潛　井上氏，字仲龍，俗稱仲岡山矦臣，二見五首。

赤松鴻　字國鸞，號滄州，赤穗矦文學，六見十首。

赤松勳　字大業，號蘭室，滄州長子，五見六首。

湖岳　字昌藏，號松江，信州松本矦文學，父即玄泰。昌藏初以醫仕，爾時稱玄室，後以矦命更爲學職，三見三首。

僧浄壽　號終南，二見三首。

僧惠實　雪鼎，詳見詩史，二見二首。

僧顯常　字大典，號梅莊，又號蕉中，六見十首。

僧元明　號悟心，二見三首。

源敬義　字道卿，號芥亭，江村綏長子，有故出嗣樋口氏，俗稱源左衛門。川越矦京邸監，住京師，一見一首。

江村秉　字孔均，號愚亭，江村綏次子。夙惠異常，九歲能詩，十二能文，兼巧書畫。其爲人耿介不羣，明和甲寅病卒，二十七歲，七見十二首。

柚木知雄　字伯華，江州下迫村人，稱清兵衛。嘗受業江村青郊，一見一首。

柚木太玄　字仲素，號綿山，伯華弟。江村綬門人，行醫京師，任法眼，九首。

詩選姓名八

端隆　字文中，東都人，遷家京師，隱於賈，詩才巧妙。但爲人卑謙遠名，以故世人無知，三見七首。

葛張　橋本氏，字子琴，號蠹菴，俗稱貞元，浪華人。少聰穎，初學詩兄臧宗，菅甘谷，不啻出藍也，業醫，四見八首。

岡元鳳　字公翼，稱尚達，浪華人，業醫。浪華之詩必推子琴，而公翼雁行，四見八首。

賴惟寬　字千秋，安藝竹原人，俗稱彌太郎，少敏警，今授徒浪華，有二弟，并以有才稱，三見五首。

巖垣彥明　字亮卿，號君水，大捨人。長門介，資性好學，奉職之外，日夜從事筆硯，京師人，五見八首。

伊藤榮吉　字士善，號君嶺，本姓鹽田氏。播州北條邑人，爲伊藤君夏嗣，襲職越藩文學，四見六首。

清勳　字公績，號龍川，江村綬弟三子。嬰孩撫養他家，追兄秉死，復歸綬家，年已弱冠，始就學，日夜誦讀，頗有天授。

居二年，涉獵粗遍，最有辞才，於是綏弟君錦無子，因請爲嗣，以故姓清田氏，俗稱大太郎，四見六首。

　　永田忠原　字俊平，號東皐，京師人，初師事服伯和。伯和沒，受業江村綏，詩思清雅，最以臨池稱，五見五首。

　　賀象　甲賀氏，字伯魏，號玩鷗，稱榮助，京師人。嘗游伊勢，受業南宮喬卿，後還京師，從游江村綏兄弟，二見二首。

　　僧六如　名慈周，六見十首。

　　僧萬龜　號文川，住播州赤穗，二見三首。

　　僧敬雄　號金龍，又稱雨新菴，美濃人，四見八首。

　　僧凍滴　名某，住彥根江國寺，二見四首。

　　祇園尚濂　字師援，南海長子，紀藩教官，一首。

　　田中由恭　字履道，紀藩人，一首。

　　度會末雅　字敬父，俗稱榎倉雅楽，勢州山田祠職，任從四位上，三見四首。

　　梁田邦蕭　字變夫，號象水，蛻巖子，襲職赤石教官，俗稱藤九郎，二見二首。

　　建孝銑　字澤夫，俗稱小龜寬吾，江州日野人，授徒其鄉，三見五首。

　　高彝　字君秉，長崎清館譯司，三見四首。

　　東海百邦　字嚭中，號梅居，長崎譯司，一見二首。

　　林義卿　字周父，號東濱，長門人，縣次公門人，在京師講說爲業，今在東都，一首。

詩選姓名九

春政紹　號敬齋春日黽氏，對州人，受業雨伯楊，遷家京師，隱於賈，好詩不倦，三見三首。

友淵宜卿　字伯明，浪華人，學詩梁蛻巖，一首。

飯田美允　字君成，稱玄野，阿波人，家河內，二首。

南維遷　字士長，號金溪，俗稱南川文璞，伊勢菰野人，今爲本府教授，二見二首。

村漸　字中漸，號平柯，村井氏，平安人，或自稱邱壑外史。以儒醫行，傍愛書畫，好數術，二見三首。

大江資衡　字穉卿，號玄圃，本姓某，稱久川靱負。受業龍草廬，講說京師，三見三首。

平信好　字師古，號盧門，岡崎氏，稱平太，龍草廬門人，授徒京師，二見二首。

齊必簡　字大禮，安藝人，講說京師，三見三首。

平賀晉人　字中南，安藝人，講說京師，二首。

源之熙　字君績，號神州，本姓某，今冒土岐氏，稱元忠。京師人，業醫，少小以才穎稱世，三見五首。

孔思潛　字孔彰，播州三箇月人，四見四首。

副士定　字保卿，播州三箇月人，五見八首。

藤仲導　字環夫，俗稱莊助，別號蘭齋。上州前橋人，父祖來，以儒學仕酒井矦，受經林祭酒，學詩梁蛻巖，二首。

僧文雄　字無相，嘗住持京師了蓮寺，一見一首。

僧道寧　不詳其名，豊前人，一見一首。

僧周契　號寶海，嘗住持佛通寺云，一見二首。

僧惠閏　字不識，住伊勢白子東岳院云，一首。

僧空賢　號蘭溪，讚州丸龜人，一見一首。

僧越宗　號蘭陵。一見一首。

源乘富　字大業，松平氏，服子遷集中，稱豹隱公子是也，一見一首。

源義宜　字君留，號平臺。永禄中，中原板蕩，足利相公義植，避乱阿波，爾後子孫相承，奉先祀於阿波平島，以到今云，二見二首。

源義智　字某，平臺長子，早世，一見一首。

源義根　字子寬，平臺次子，二見二首。

源義人　字某，平臺庶子，一見一首。

山良由　字君裕，號蘇門，姓大江，氏山村，稱三郎九郎，家世在木曽福島，二見二首。

詩選姓名十

山政禮　字子慎，號東皋，橫山氏，加賀上大夫，三見三首。

本多政要　號西皋，稱左門，越藩上大夫，一首。

稲葉正美　號玄圃，稱採女，越藩上大夫，一首。

源康純　字少卿，松平氏，稱倉之助，彦根太夫，二首。

菅元容　字子兌，號白圭，石井氏，彦根中太夫，一首。

藤共建　字子樹，彥根下太夫，奧山氏，俗稱右膳，二見三首。

柳里恭　字公美，號淇園，柳澤氏，俗稱權大夫。郡山太夫，以文藝及書畫風流，名高一時，一見二首。

乘竹良弼　字子賚，出石矦太夫，二見二首。

櫻井良幹　字子顯，稱善藏，出石矦文學，二首。

源敏　字子求，號東溪，松平氏，稱新助，丹波龜山太夫。天資好文，學殖才富，諸藩太夫中，無有比儔，三見五首。

晁泰亮　字君採，號南山，朝比奈氏，稱賴母，河內狹山太夫。致仕之後，稱用拙齋，嘗受業徂徠云，一見二首。

隱廣福　字德卿，隱岐氏，稱相模守，給事二條藤公，二見二首。

武川幸順　號南山，京師醫官，任法眼，一首。

今大路源浦　號愼齋，給事聖護院宮，二首。

加藤知雄　字守雌，號鹵山，京師人，一首。

隱秀明　字子遠，隱岐氏，浪華城衞騎士，一見一首。

內山之明　字藤三，號栗齋，稱藤藏，播州人，浪華天滿東衞騎士，四見四首。

萱成章　號攷碔，萱野氏，稱市平，肥後人，後爲浪華邸監，一首。

大冢公黍　字稷卿，伊勢洞津人，零首。

防寬　字子容，俗稱莊兵衞，松山矦浪華邸監，一首。

平九齡　字壽王，大畠氏，俗稱官兵衛，明石矦浪華邸監。性好文雅，邸職餘暇，日夜兀兀芸窗，二見二首。

河子龍　字君替，河野氏，岡千里長子，幼有美譽。仕蓮池矦，爲吏職，在浪華邸中，一見一首。

岡豹　字君章，岡田氏，稱善次。仕阿波矦，在浪華邸中，有詩才，三見三首。

福世謙　字益夫，號觀瀾，仕岸和田矦，二見二首。

神山正孝　字公倫，仕大洲矦，二見二首。

詩選姓名十一

榊原敬之　字子顯，稱幸八，越藩臣，三首。

前田翹　字君舉，號赤渕，越藩文學，一首。

雨森温　字如玉，稱太郎兵衛，越藩臣，一見一首。

雨森增質　字有文，如玉子，仕越藩，一見一首。

淺見寔　字君實，號東岱，仕越藩，一見一首。

阪田靖　字伯共，仕越藩，一見一首。

阪田威之　字仲鳳，伯共子，仕越藩，一見二首。

江思齋　字省卿，堀江氏，稱武右衛門，一見一首。

下川貴慶　字伯餘，號東里，稱貴一，仕越藩。精力讀書，詞才亦雄，後來必以此文，雄視北陸者，五見七首。

縢國紀　字某，稱雲昌，加藤氏，越前鯖江人，以醫仕本府，一首。

僧惠仁　號百非，尾張人，一見一首。

僧大幻　字某，備中人，一見一首。

北山彰　字元章，一字世美，號橘菴。河內一屋邑人，本姓橘氏，其系出於楠公，世住一屋邑。曾祖以來，業醫，元章學文於郡山柳淇園。而業亦益行，請治者，戶外履常盈，而不廢文雅，家畜圖書，無慮數萬卷，愛士重交。浪華名高之士，常游其家，三首。

唐崎彥明　安藝人，嘗爲某矦教授，一首。

岡冰室　不詳其人，蓋讚岐人，一首。

溝尚論　字子古，溝口氏，阿州人，零首。

尾藤肇　字志尹，伊豫川江人，授徒浪華，三首。

篠應道　字安道，號郁洲，稱長兵衛，浪華人，二首。

木弘恭　字世肅，浪華人，木村氏，稱吉右衛門，所居名蒹葭堂。以好事博交之故，其名傳播四方，一見一首。

西川泰節　字子淵，號白水，游事高槻矦，一首。

安田棟隆　字任卿，稱圖書，屈景山門人，一首。

福嘉貞　字士標，京師人，屈景山門人，二見二首。

春政美　字子濟，春日龜氏敬齋長子，一見一首。

幡文華　字某，號太室，小幡氏，業醫京師，一見一首。

芥元澄　字子泉，稱左民，芥彥章長子，一見一首。

香山彰　字吉甫，稱文內，京師人，江村綏門人，三首。

田妥壽　字雨龍，稱山田造酒，松尾廟祠職，一首。

杉信生　字子適，但馬出石人，業醫，東涯門人。元禄己卯生，明和戊己没，壽七十，生時自撰墓誌并銘，一首。

詩選姓名十二

組屋翰　字子鳳，號鯤溟，若狹小濱土豪，家世相承數百年於今。博涉多通，爲人磊砢，詞才亦豪，一見一首。

吹田定孝　字繼志，號千巖，小濱人，俗稱傳之助。耽嗜詞章，江村綬門人，二見二首。

山英　字子成，號鼎石，山田氏，稱大藏，濃州岐阜人。少小好詩，耽思二十余年，可謂勤矣，江村綬門人，三見四首。

荒木田興正　字董卿，號鼎湖，又號南陵，伊勢山田祠官，任從四位下。荒木田息雅長子，有故爲伯父正富嗣，俗稱釜谷數馬，資性好學，孜孜晨夜，江村綬門人。有二弟，正肅，興雄，同好藝業，四見四首。

度會末顯　字子榮，號錦川，度會末雅弟。山田祠官，任從四位上，二首。

佐伯樸　字季軄，越中富山人，俗稱八兵衛，江村綬門人，詩才絶人，四見六首。

高浚　字士明，俗稱西野文右衛門，越中富山人，江村綬門人，篤志勤業，辞才亦贍矣，二首。

松山造　字茂肅，越後絲魚川人，稱勇右衛門，一見一首。

松山猷　字子楨，俗稱貞吉，茂肅長子。詩才卓異，江村綬门人,二见二首。

朱义　字君宜,本姓赤田氏,俗称晋助,飞驒高山人,下帷其乡,三首。

中岛徽樸　字子淳,称专藏。本姓某,播州人,出嗣丹波龟山教授,中岛深造嗣。住江州大津,三见三首。

石作贞　字士幹,俗称贞五郎,木曾福岛人,三首。

冈田挺之　字某,尾张人,一首。

宇都宫潭　字士龙,备后三原人,俗称龙藏。仕本府,谨慎而有吏才,登庸当路,职事鞅掌,而不废文雅,二首。

山根道晋　字某,长门人,子濯长子,一首。

山根泰德　字某,称六郎,子濯次子,二首。

小田村直道　字仲行,长门人,田望之长子。谨厚勤业,去岁入洛,又从游江村绥,辞藻日鬱,今年还乡,一首。

原田直　字温夫,号东岳,称吉右卫门,豊后日出人。受学东涯,从游服子迁,今在豊前中津,一首。

井孝德　字某,号太室,东都人,仕堀田侯,二首。

平君舒　不详其人,或云服子迁门人,一首。

诗选姓名十三

石川贞　字太乙,伊势人,尝讲说京,今在东都,二首。

藤元昺　字文二,同太一,受业南宫乔卿,一首。

安於庆　字吉甫,号玉泉,东都人,二首。

菅善　字千秋，俗稱市左衛門，東都人，一見一首。

熊阪邦　字子彥，奧州人，嘗游學東都，受業松崎君修，二見二首。

岡汝肅　字士競，號雲臥，備中倉鋪人，一見一首。

岡壽卿　字元齡，稱惣左衛門，備中倉鋪人，三首。

島津義張　字琴王，號華山，稱左馬介，京師人。孩提喪父，與母居焉，困苦讀書，後游阿波，爲平島館客，三首。

阪通　字文策，本姓阪口，出嗣永緒氏，業醫京師，一首。

餘公瑟　字伯玉，青木氏，京師人，二首。

桑原安祥　字公祥，稱喜平太，京師人。初師事服伯和，伯和没，受業江村綏，一首。

薩埵元雌　字雄甫，稱雄助，三河人。移居京師，初師事服伯和，伯和没，受業江村綏，二見二首。

田爲章　字文卿，濱田氏，稱主殿，伊勢洞津人，二首。

畠中正盈　號寬齋，稱政五郎，魯堂門人，一首。

荒木喬　字子遷，攝州池田邑人，二見二首。

荒木堅　字子剛，號蘭皋，攝州池田邑人，二見二首。

井廣正　字雲卿，井阪氏，稱六郎左衛門，浪華人，二首。

西村直　字孟清，稱仁右衛門，浪華崧岳門人，一首。

中谷東洲　字某，播州加古川人，二首。

明石景文　字龜藏，播州姬路人，才子，早没，二首。

田維禎　字士祥，宮田氏，美濃加納人，一見一首。

田維圭　字士瑞，士祥弟，兄弟并富詩才，一見二首。

服元濟　字美中，美濃柁田人，二見二首。

服處和　字其一，號芝岡，美濃岐阜人，一見一首。

山田東溪　字子真，號金華，稱莊衛門，岐阜人二首。

中島恒久　字子成，加賀金澤人，稱半助，二首。

片岡承行　字子順，稱順伯，伊勢洞津人，奧田三角門人。嘗同山田東仙，游學京師，從游江村綬，三見三首。

山田敬之　字東仙，洞津人，家世業醫，一見一首。

鄭宏　字某，洞津人，二首。

倉田元頤　字養正，號螽山，伊勢洞津人，一首。

馬島安榮　字君用，號西山，伊勢洞津人，二首。

詩選姓名十四

度會光隆　字子棟，伊勢山田祠官，幸田氏，一首。

永島紀修　字明甫，號華隱，伊勢洞津人，一首。

林文肅　字敬夫，號三洲，稱又太郎，桑名人，二首。

平賀義憲　字文成，伊勢某邑人，零首。

河合維修　字子安，號東江，伊勢白子人，二首。

島田則裕　字好問，號橘山，伊勢玉垣人，二首。

竹川政辰　字子德，伊勢人，高子式門人，二首。

井高登　字子龍，三井氏，伊勢人，一首。

城戀　字照德，伊勢射和人，一首。

伊達彰　字規絹，號鼓江，伊勢白子人，一首。
源義質　字子敬，或云仙臺教官，龍草廬門人，二首。
村蒙　字某，或云仙臺文學，龍草廬門人，一首。
功君章　字子含，稱功力莊左衛門，仕彥根矦，一首。
川田資哲　字某，號芝嶠，或云某矦文學，一首。
仲和　字文平，稱道齋，阿州人，嘗講說京師，一見一首。
橘維發　字仲英，號南溟，阿州人，一見一首。
飯田居謙　字某，長門人，一首。
吉田文獻　字某，長門人，一首。
草加親賢　字公輔，號與與軒，住泉州左海，一首。
田中雅　字仲純，豐後臼杵人，一首。
永井貞卿　字孝幹，備後三原人，有詩才，沒，五首。
永井明卿　字某，稱純平，貞卿弟，今郡山住，二首。
田敬　字孔夷，吉田氏，稱喜四郎，攝州五田人，二首。
岡德瑜　字士瑾，稱大進，攝人，今住青木邑，一首。
內田士顯　字長慶，丹波龜山侍醫，一見一首。
伊藤維寧　以醫仕龜山矦，東都人，一首。
守屋元泰　字伯亨，秀緯子，美濃大垣人，一首。
安武　字子桓，安井氏，稱三郎平，備後三原人，一首。
大菅圭　字某，稱權兵衛，江州彥根人，一首。
大菅集　字某，稱權之丞圭子，有才子稱，一首。
梅幸高　字子仰，號北溟，稱梅澤三衛門，越前，二首。

田千秋　字夢鶴，出羽人，一見一首。

香國典　字太常，播州赤穗人，有才早没，一首。

久保信行　字君利，稱一學，赤穗人，業醫，三首。

平時春　字士善，尾崎氏，稱彈次，伊豫松山人，一首。

湯顯道　字達夫，湯淺氏，阿波人，業醫，一見一首。

詩選姓名十五

武谷泉　字子龍，稱六甲山人，稱六甲山人，稱雲菴，浪華人，二首。

永原紀　字伯綱，稱忠藏，和州郡山人，一見一首。

藤門周齋　字某，和州并松人，以和歌稱，一首。

福元素　號五岳，以丹青稱，浪華人，一首。

三宅芳隆　字之元、文中，號嘯山，京師人，業俳諧，而性好文雅，五七絕句時時到佳境，三見五首。

勝彥龍　字子昇，稱茂兵衛，京師人，君錦門人，一首。

鎌田鵬　字圖南，稱玄珠，紀州人，江村綬門人，一首。

蓋九齡　字伯壽，加藤氏，稱莊五郎，江州清水人，一首。

平義綱　字紀宗，江州人，住逢阪，號幽暢園，一首。

平寬　字君栗，下川氏，稱才右衛門，尾州鳴海人，一首。

永田知章　三河衣邑人，稱六兵衛，一首。

源逸　字伯民，以篆刻稱，長崎人，一首。

源義之　字義之，長崎人，一首。

橘雍　字子和，號桂山，稱川井立牧，浪華人，二首。

橘溫　字子玉，號白蓮，子和之弟，稱了節，一首。

倉溫　字伯玉，號滄州，俗稱元昌，有詩才，浪華人，一首。

福尚修　字承明，浪華人，有才子之稱，早沒，一首。

長德信　字義父，號鶯山，播州，殊有詩才，早沒，零首。

賴維彊　字百載，千秋次弟，才思頡頏伯氏，二首。

巖垣信成　字子功，亮卿從弟，苗而不秀，一首。

原含　字子章，髫髮能詩文，死年僅二十，浪華人，一首。

龍世華　字子春，號玉淵，草廬長子，一見一首。

松景韶　字九成，彥根人，今在攝之尼崎，一首。

早苗三寧　江州人，今行醫浪華，三首。

田中遜之　字志文，號箕山，稱善兵衛，浪華，一首。

北山皓　字伯甫，自稱七僧居士，浪華人，一首。

岡施國　字寶王，稱久次郎，浪華人，一首。

藤有行　字子篤，稱源右衛門，若狹小濱人，一首。

村綱尚　本姓村田，稱惣次郎，小濱人，一首。

鈴裕　字仲舒，鈴木氏，稱壽伯，浪華人，一首。

山愚卿　字　河內狹山人，奇節之士，早沒，一首。

青山寬　字子容，但馬湯島人，稱七右衛門，一首。

申邦彥　字文英，號金門，稱東作，美濃岐阜人，一首。

清伯瑜　名惟瑾，號滄浪，飛驒高山人，一見一首。

野義見　字有隣，飛驒高山人，一見一首。

詩選姓名十六

中山惟貞　字子幹，佐渡人，游学京師，一首。

鈴木有弘　字子容，佐渡人，子幹之族，一首。

滕周　字子山，佐渡人，龍草廬門人，一首。

田景化　字之躬，號葛城，河內人，以才子稱，二首。

田敬　字敬中，服伯和門人，京師人，一首。

拾一豹　字斑卿，京師人，北野菅公廟宮司，一首。

關虎　字叔文，俗稱新助，越前牧谷人，一見一首。

青木欽曾　字孝夫，俗稱莊五郎，越前府中，一首。

松井篤　字敏仲，俗稱六左衛門，越前府中人，一首。

尾瞻　字百里，俗稱龜藏，越前府中人，一首。

間英　字太彥，佐久間氏，稱七三郎，越前福井人，一首。

曾根省吾　字魯江，出羽酒田人，業醫，零首。

小倉深造　字若虛，伊豫宇和島人，一首。

長國華　字春父，號屋山，稱春次，讚岐人，一首。

奧平重該　字伯堅，號華溪，豐前中津人，一首。

奧山久武　字如山，號高水，豐前中津人，一首。

野上國幹　字允禮，號蔣江，安藝人，一首。

齋藤願中　安藝竹原人，有才，早沒，一首。

管晋帥　字左仲，備後人，一首。

中藤陬　字子元，備中勇崎人，魯堂門人，一首。

窪田之貞　字剛叔，號荊石，備前人，零首。

石文瑩　字子龍，號桃陽，浪華人，烏松岳門人，一首。
阪熙　字惟熙，阪梨氏，稱要人，肥後阿蘇人，一首。
田早胤　字公質，浪華人，一首。
小西好古　字尚奇，號梁山，京師，魯堂門人，一首。
島意征　字由陽，紀州人，一首。
佐伯寧　字公静，稱萬助。富山人，季艤姉夫，一首。
渡邊登　字公庸，渡邊氏，稱安左衛門，富山人，一首。
加治良馴　字千里，稱源五，富山人，一首。
岡淵　字士龍，富山人，一首。
芳野播　字於谷，稱杏仙，富山人，一首。
松好古　富山人，一首。
東璞　字國器，號崷眉，伊藤氏，出羽鶴岡人，一首。
竹吉泰　字了齋，出羽人，一首。
田鳳　字朝陽，田中氏，稱德右衛門，出羽大山人，二首。
栗道因　出羽大山人，一首。

詩選姓名十七

上林駒　出羽人，一首。
田濟世　字君美，飛驒高山人，一首。
藤昵　字士昵，後藤氏，美濃大垣人，一首。
草香孝敏　字孟慎，安藝三津人，一首。
武衛賴雄　字飛伯，阿波平島人，一首。

高橋言守　字固伯，阿波平島人，一首。

田景賢　字子齊，稱弥十郎，服伯和門人，零首。

蘆玄虎　字文炳，稱左文，京師人，服伯和門人，一首。

田寶　字董甫，若狹高濱人，一首。

野儀　字公逖，若狹高濱人，一首。

賀鷹　字子揚，號籥川，稱左衛門尉，京師加茂人，一首。

北圍恭　字仲温，紀州人，稱須原茂兵衛，一首。

松敏卿　字子慎，號松菴，不詳其人或云東都，一首。

三浦言　不詳其人，或云伊勢人，一首。

賴萬　千秋季弟，未字，小字萬四郎，一見一首。

馬正參　字文璧，馬杉氏，京師人，一首。

滕軌　字世式，美濃關邑人，一首。

僧明脫　字修文，嘗住叡山安樂院，二首。

僧覺淨　字文清，一字一道，尾張產，今在郡山。

僧宗勖　字某，築前人，嘗在京師大德寺中，一首。

僧中誠　字思三，隨侍天龍寺大愚禪師，二首。

僧道裕　號雪樵，隨侍延溪桂洲師，一首。

僧魯洲　不詳名字，出羽產，今在京師相國寺，一首。

僧義龍　名某，今在播州，一首。

僧竺鳳　名某，今在播州，一首。

僧處一　字號不詳，住持豐後月桂寺，一見一首。

僧圓識　字光融，號無礙，常州水戶人，一見一首。

僧靈隱　字應山，號祥鳳，尾張人，今在永安寺，一首。

僧玄韻　號棲霞，未詳鄉土，今棲止京北栂尾，一首。

僧浄芳　號蘭洲，住浪華九條島，有詩名，一首。

僧祥春　不詳名號鄉土，嘗在和州伯瀨學寮，一首。

僧亮融　字允敬，稱式部卿，江州平田明照寺崇信上人嗣法，妙齡有俊才，一首。

僧實聞　號荃菴，住京師六條圓德寺。雪鼎師嗣法，学詩江村綬，詩才敏妙，鬱然成章，二首。

詩選姓名十八

僧法嶺　不詳名字，住持越前福井超勝寺，一首。

僧了超　不詳字號，住持江州島本專修寺，一首。

僧了觀　同上，了超嗣法，一首。

僧紹拙　不詳字號，住京師妙心寺中，一首。

僧浄慧　未詳字號，伊勢洞津金剛寺，一首。

僧道眼　不詳字號，若狹小濱産，住持某寺，一首。

僧知乘　不詳名字，零首。

僧石蘭　不詳名字，出羽州産，一首。

僧浄林　不詳名字，零首。

僧楞山　不詳名字，住伊勢射和某寺，一首。

僧理空　字龍臺，號海雲，菴土佐産住持京師德圓寺，一首。

僧雪巖　不詳名字鄉土，嘗僑居京師，爲講説，一首。

僧梅山　同上，或曰大潮師徒弟，零首。

僧環空　能登產金龍道人徒弟，有詩才，早没，一首。

僧香嚴　不詳名字鄉土，金龍徒弟，一首。

僧法蘭　不詳名字鄉土，或云豐後州產，一首。

井上氏　名通，讚州丸龜士族名某女，一首。

立花氏　名玉蘭，字蘊香，築後柳川士族某女，二首。

日野氏　名小淑，加賀金澤，仰西寺某上人母，一首。

荒木田氏　名麗，詳見詩史，一首。

琴和氏　阿波平島，源義智室，一首。

小川氏　名加津阿波某醫女，琴和氏侍女，一首。

補遺

荒川爲攷　字信卿，阿波平島人，一首。

西貞　稱三菴，蓋長門人，一首。

畑柳安　字厚生，號黃山，京師醫官任法眼，一首。

總目

卷之一　五言古詩

卷之二　七言古詩

卷之三　五言律詩

卷之四　五言律詩

卷之五　五言排律

卷之六　七言律詩

卷之七　七言律詩

卷之八　五言絕句

卷之九　七言絕句

卷之十　七言絕句

補遺附錄

（今按：原編所列詩人名，是按卷而排列順序號，詩作也是按卷而標示詩人姓名順序號。因為《日本詩選》是以詩歌體裁而分類，以上順序號同詩人和詩作的統計號沒有關係。）

卷之一

平安　江村綬君錫　著
姪　清勲　公績
受業　永田忠原俊平　同校

五言古詩

1. 室直清

古風二首

（原題云，贈伊蒿先生，藤井徵君）

鳳凰翔溟漠，時鳴崑山岑。
鳴聲一何悲，生平多苦心。
所願簫韶奏，蹁躚託遺音。
世路日艱險，下視遐古今。
唐虞忽已逝，岐山不可尋。
文綵須自愛，羽儀世所欽。
誰復爲稻梁，低首從羣禽。
饑餐綠竹實，寒棲椅桐陰。
自甘隱淪久，寧辭霜露深。
清高有如此，虞羅安可侵。

二

杜若生江渚，旖旎被其涯。
長風搖紫莖，洪波浸朱蕤。
風波迭驅迫，恐爲衆草欺。
自羞無國香，非復絕世姿。
苒苒歲將晚，孤芳徒自持。

高人好奇服，佩芳固無遺。
豈料側陋質，謬辱君子知。
揄揚言亦至，微生非所宜。
但恨處僻遠，不植君園池。
願早充下陳，朝夕近容儀。

2. 源璵（白石）
送復軒之南海

南山何粲粲，白石爛其光。
長歌堯與舜，中夜一何長。
今子游南海，萬里涉沅湘。
秋風西北到，飄子芙蓉裳。
修途難共越，分襟在路傍。
行矣蒼梧遠，望彼白雲鄉。

（《白石詩草》《白石餘稿》，多載近體，古詩僅僅一二。蓋二集并非全集，其他篇章，罹池魚災，餘稿緒言可徵也，是以公之古詩傳者絕少，殊可惜焉。）

3. 祇園瑜（南海）
詠孔雀

孔雀生南越，五綵何褆褆。
十步一顧影，五步一顧尾。

致君玉堂上，恩愛無所比。
珠玉爲我籠，稻粱爲我餌。
竦尾爲君舞，滿堂誰不喜。
奇珍世所疑，奇服人所指。
一朝被讒言，恩愛不可恃。
毛羽非異初，君意已非始。
未能從鳳翔，寧爲野田雉。

下山逢故夫
上山採蘼蕪，下山逢故夫。
蘼蕪尚有香，夫妻情豈無。
枕席成胡越，容顏今已殊。
新人未諳性，好慎奉舅姑。
（樸而婉矣，怨而不違，樂府古歌謳妙境。）

4. 梁田邦美
雜詠
瓊矛開日域，寶璽萬古尊。
文之以禮樂，垂拱安元元。
叔世皇綱弛，四海浸氛昏。
簪纓變介冑，豺狼相噬吞。
奎壁沉芒綵，碩果無復存。

六蓺束高閣，流裔寓玄門。
龍德興關左，霸圖臨中原。
馬上得天下，詩書深其根。
世仁期已至，鳳鳥鳴東園。
濟濟青雲士，春風和篪壎。
老夫今耄矣，何人能立言。
賢者有大策，雕篆不足論。

二
玉露湛草野，秋花倩粲開。
一夕驚飈至，綵艷委塵埃。
候蟲失庇蔭，麋鹿鳴且哀。
佇立青松下，三嘆賦悲哉。

三
宿昔如蘭臭，飄零散四陲。
生離猶有合，游魂去何之。
秋燈風雨夜，往事空復思。
開箱得錦字，清揚宛在茲。
月下沙棠枻，花間金屈卮。
豈無新相識，菁簪獨自悲。

四

昔我客濃州，一登養老山。

斷崖數百仞，青壁不可攀。

水簾分兩道，迸落白雲間。

林風散珠玉，濺射洗塵顏。

別來三十秋，膏肓留泉石。

夢從羽人游，煙霞繞巾舄。

神漿飲椒蘭，頓覺換精魄。

飄然駕蒼虬，天閽違咫尺。

（景鷟雜詠十首，此選四首。瓊矛之章，蓋伏櫪之嘆。玉露宿昔二章，追感少時東都游跡，言簡情繁。養老，爲加納文學時所登覽。其餘六首，都論我邦前古事跡，并不收採。）

5. 澤維顯
櫻島二子見過山亭

人生從所安，靜躁各異跡。

維餘耽幽閑，空山寄落魄。

二子大雅流，時名已赫赫。

雖在冠蓋場，煙霞素所適。

春郊花雨後，遠來顧四壁。

一笑傾肝膽，清談雜今昔。

居貧寀無衾，留歡難永夕。

分首林塘西，芳草傷心碧。

6. 物茂卿
有所思
冉冉白日徂，坐看庭草滋。
朔風吹我裳，嘆息歲暮時。
人生自有老，老至亦何悲。
富貴儻爾來，榮名非可持。
置酒高堂上，聊以娛佳期。
秦箏間胡笳，嘈雜侑我卮。
酒酣淚如霰，君子有所思。
良朋滿四坐，此悲少人知。

古風五解送縣次公還鄉
遠道三千里，所歷鬱糾紛。
名山與大澤，況復出白雲。
白雲巧虧蔽，何以能望君。（一解）
君行從五馬，道路有輝光。
君歸還鄉裏，妻孥樂一堂。
君行誠不惡，居者徒悲傷。（二解）
我無黃鵠翼，安能從君游。
君馬嘶西風，徘徊不能留。

人生都如此，誰抱千秋憂。（三解）

去矣策君馬，北上岐嶒巓。

回顧中原色，芙蓉高燭天。

是我送君意，皎皎遥爲懸。（四解）

艤舟廣陵渚，君亦援瑶琴。

聽濤寫妙散，微我孰知音。

贈我非此物，何以慰我心。（五解）

7. 縣孝孺

踰碓日嶺

西登碓日嶺，反顧吾嬬鄉。

吾嬬渺無極，煙樹帶朝陽。

征馬慘不進，行人憂且傷。

躊躇弔古昔，吾嬬不可望。

（此用日本武尊之語，眷戀東都友社，章短而意長，風流可嘉。）

八月十四夜青松館集（二首節一）

微微生雲間，眼眼昇中天。

清暉耀萬户，素影落百川。

樹咸冒瓊瑶，人俱比神仙。

對此誰不娛，疣疴復爲蠲。

瞻望經幾人，輝光無間年。
良遇苦難值，歲華逝不還。
美酒宜忘老，晤言誠可嘆。
終宵樂未央，明夜許蟬聯。

8. 服元喬
人日登臺
城南有高臺，乘春且登臨。
春風吹萬物，光澤動園林。
況逢人日嘉，繁華自可尋。
宮觀何鬱鬱，闤闠麗城陰。
車馬多貴客，歡娛愜賞心。
剪綵競相贈，奇巧值萬金。
顧此應和氣，蕩滌開懷襟。
寄言幽谷鳥，亦應改好音。

答田彥愛二首
秋風摧庭樹，白露復為霜。
感此變哀候，中心坐悲傷。
鴻雁碣石來，遠過濱海鄉。
為我傳尺帛，中有相思長。
故人憶在昔，旦夕金門傍。

冠佩何委蛇，司直稱賢良。
不意浮雲變，没跡天一方。
時物怙春和，夕日回朝陽。
且勉爾遐志，願復愛景光。

其二
故人從遠方，遺我蒲虂席。
清潤冷且柔，殊勝錦與璧。
歲晚養吾老，偃偃愜枕籍。
臥見秋雲馳，感念江湖跡。
一席尚可卷，我心不可釋。
此物出君手，永言護愛惜。

奉答越君瑞先生見懷二首
燦燦機中綺，佳人裁爲衣。
遺我展殷勤，被服發光輝。
衣上錦繡字，織出以相思。
忽見感君心，恐令傍人知。
不如藏之固，且待歡娱時。

二
昔栽畹中蘭，隨時發芳香。

盛年忽一逝，憔悴徒憂傷。
凜凜歲且除，耿耿恨夜長。
悠悠遠游子，短褐寒無裳。
思此青雲士，愛慕在景光。
鴻鵠自千里，逸翮何縱橫。
爲我謂鴻鵠，四海誠難忘。

餞別於士茹，歸西京（原詩四首，今選其一）
笑言不斯須，曷爲復西行。
游子戀家親，感念發中誠。
俶裝將即路，跪申別離情。
離情各更深，別筵羣友生。
絲竹互且起，中厨酒尚盈。
門有將辭馬，蕭蕭自悲鳴。
合坐慘相顧，慷慨激歌聲。

9. 高維馨
詠懷
寒暑互代謝，奄忽歲云除。
凝霜被庭樹，百卉咸凋枯。
慄冽北風厲，吹我蓬蓽居。
短褐不掩骭，攬帶起踟躕。

浮雲逝不返，頹陽逼桑榆。

人生天地間，少壯在斯須。

朱顏忽已改，玄髮一何疎。

願借黃鵠翅，高飛翔太虛。

早春贈宮子雲

汎汎長流水，白日照江春。

徘徊芳洲上，隨流採白蘋。

馨香可以贈，遠道思佳人。

佳人不可見，惆悵望青天。

關河阻且長，執手將何年。

憂傷使人老，雙涕霑衣巾。

（子式古詩，風韻有餘，但模擬太過，所以爲累。）

10. 僧原資

擬古

落日下高臺，餘照翳更微。

江湖漫無際，客心轉淒悲。

豈曰舟無楫，故鄉不可歸。

不歸何以爾，中心有所違。

木葉蕭蕭下，商颷飄客衣。

惆悵思所懽，歲晚損容輝。

（萬菴辭藻雋拔，近體固當行矣，若夫古詩，則雋語或害古意，此章婉雅可嘉。）

11. 宇鼎（士新）
小集得爲字
少年執銳志，多病欲何爲。
林叢幾榮枯，綠髮漸成絲。
寧及饑與渴，沉淪愧明時。
客來歌相和，同調有塤箎。
塤箎各自奏，囂塵暫相遺。
羨彼巖穴士，心事夙自知。

12. 服天游（蘇門）
春夜宴野氏莊
解道良宴會，幽墅娛性賓。
蘭燈繼白日，晤言心曲伸。
相對酌金罍，何辭杯行頻。
四時相推轂，奄忽復值春。
朱華覆綠水，惠風徐轉蘋。
鴻雁何嗷嗷，求友在何濱。
茲夕知何夕，逢斯賢主人。
勸我以美酒，贈我以奇珍。

奇珍果何物，瓊瑤絕纖塵。

13. 劉維翰（龍門）
擬古
涼風吹羅幃，皎皎月復圓。
空床攬衣起，徘徊私自憐。
故鄉信可樂，出門不能旋。
踟躕西北望，一身悲棄捐。
衰老唯涕泣，歸鄉及盛年。

14. 秋儀（玉山）
枯魚過河泣
枯魚過河泣，出河欻不神。
我乃白龍子，魚服游河濱。
一被豫且辱，遂喪騰雲身。
委尾伏豆俎，翹首語庖人。
莫教割我腹，我腹葬忠臣。
（結句突兀奇樸，若爲古詩之結句，有傷風雅，此爲樂府古歌謳擬作，所以爲妙。）

晚歸
川上看欲暝，餘紅在層巒。

彎彎初弦月，艷艷媚暮寒。
岸遠行人小，村幽獨樹團。
喚舟沙際立，秋水正漫漫。

九日諸公見過林亭
弱齡戀中林，棲遲杳以深。
白雲來庭際，英英覆鳴琴。
巖壑收陽綵，水木含夕陰。
茲焉集好友，綢繆寄賞心。
芙蓉灼柔翰，薜荔間重襟。
況有芳菊酒，酌言發長吟。
世事勿復道，且坐聽秋禽。

15. 服元雄（仲英）
詠史
太古濟斯民，神聖降蒼穹。
乘龍翔紫海，正域暘谷東。
四隅三萬里，車書長一同。
日升臨六合，光自我邦通。
赫赫耶摩都，爰作橿原宮。
皇基何所卜，世祀傳無窮。

燕子

燕燕雄與雌，雙來止我堂。

故巢幸猶在，振羽一回翔。

今年復就此，此棲不可忘。

辛苦含泥土，東西頡且頑。

身微志亦小，蓄租安一梁。

哺成五六子，呢喃口正黃。

所願秋節至，歸歟共相將。

鴻鵠非儔侶，何羨冲彼蒼。

16. 松崎維時

哭源稷卿（原詩四首，此選二首）

秋風動微涼，草木稍凋落。

寒暑更徂遷，之子歸幽宅。

感物傷舊游，結交念夙昔。

在我總角時，忘年自相索。

許余以國士，投分義不薄。

兼復通家好，一身共休戚。

海內多友生，豈伊嘆寂寞。

人世知己希，神期不易託。

冉冉老將至，安得同心客。

年命如飇塵，詎云幽明隔。

其二

已矣音容邈，悠悠無還期。
送子出中野，淚爲永訣滋。
論交三十載，緬懷疇昔時。
疇昔趨庭日，與子每追隨。
時或侍公燕，并坐庇華榱。
直暇數相見，歡樂不知疲。
汎舟遵北渚，釃酒臨西池。
宴間爲相語，千載長若斯。
俄然隨物化，百歲誰能持。
慟哭動黃泉，惻惻不能辭。

（稷卿墓碣，行狀，遺稿序，并君修撰焉。蓋知己之感然矣，此詩非無疾而呻吟者。）

17. 伊藤縉（君夏）
古意

貧賤寡知遇，終年獨閉門。
區區自束縛，鬱鬱與誰言。
丈夫心一冷，百計不能温。
所以窮途士，慷慨有悲嘆。
所悲同衆人，白首老邱園。

詠懷

南山有黃鵠，將雛恒苦思。
一步一回顧，飲啄每相隨。
一朝飛北溟，形影遠相離。
渺茫雲海路，棲息未有涯。
羽翮摧將墜，哀叫一何悲。
借問何所求，唼喋常苦饑。
安知舊巢處，得不覆且危。
羣鴉鳴無謂，啞啞集昏時。

即事

環堵塵埃中，四壁東風至。
憑欄偶披襟，春鳥動詩思。
園柳生暖靄，庭蕪還新翠。
節物看如此，幽憂依舊萃。

夏夕讌會

日夕孤霞滅，衆賢共舉觴。
朱花臨綠水，隨風冉冉香。
解劍放游矚，素月出東方。
皛皛天宇净，嘉樹引流光。
金波流不盡，星綵散陂塘。

麗藻互相酬，惠言蘭吐芳。
良夜難常遇，佳人安可忘。
懽娛不及時，老大徒悲傷。

18. 柳美啓
東山游
步屧東山麓，春風襲人衣。
野梅無數落，林鳥一羣飛。
煙樹遠陰映，山光含霞暉。
春來事幽討，勝槩今不違。
徑蹊窮人跡，憩息思所依。
陟巒投亭子，晴軒坐翠微。
下窺指祇林，流眄盡京畿。
邈然幽意伸，稍久都忘機。
朗吟復舒嘯，不覺游侶稀。
林巒忽暝色，頹陽照半扉。
自酌罄柳癭，沉蕩此忘歸。
安知宿醉解，明日覺昨非。

秋初雜詠（原詩數首，今選其一）
候晴觀星斗，露坐軒南頭。
暑徂天欲澄，節早火已流。

明河一匹練，脉脉牛女愁。
列宿如貫珠，機轉何曾休。
推步非吾事，弄象聊遣憂。
熟視斗牛懸，懷古獨悵然。
世豈無神物，無復張茂先。

19. 皆川願

秋日游山寺

來攀招提境，寶塔跨煙霄。
磴道從山麓，疊險入岩嶢。
惟昔遯跡者，創基擇高超。
護法多神怪，伐林去眾魈。
遂移鎮海寶，永使白雲朝。
門樓丹青落，碧瓦撐風飈。
鐘罷蒼鼯叫，秋日空寂寥。
巖廊嵐靄積，松竹籠翠綃。
殿上金人像，跌坐闃無聊。
迥觀衆峯外，寰區何嘵嘵。
大都名利耳，塵俗無時消。
寧復知有命，淪胥就枯凋。
噂沓真可厭，相避誠有繇。
萬古被緇徒，宜矣據幽椒。

但我憂世者，志欲拯溺澆。
巖谷雖洵美，不敢易唐堯。
三十頗閱世，憒憒時見撩。
斯境多幽邃，百物形迢迢。
尚期屢繼至，湧泉滌濁囂。

20. 松秀雲
羽林騎閨人

乳鴉啼庭樹，落日掛檐隙。
良人出建章，銀鞍照紫陌。
放歌青樓中，千金恣一擲。
酩酊終不歸，起見秋月白。
含情坐閨中，垂涕竟終昔。

（語意俱古，藹然樂府遺音，可稱。但非深於詩者，無解此義。）

招隱

世途何紛擾，人情頗局促。
舉手謝朋儕，薄言歸幽谷。
結廬依林壑，把琴操古曲。
長松懸我帽，清泉濯我足。
青春啼鶗鴂，芳草萋已綠。

薜荔自可披，豈必待錦褥。
薇蕨自可飽，何須饌金玉。
寄言話同心，臨岐何躑躅。
請解蘭纓縛，山林縱所欲。

憶尾生

林園方夏首，蔥籠卉木深。
永晝讀書罷，緩歌弄素琴。
疎櫺來爽氣，緑陰多鳴禽。
情人一判袂，睽違劇商參。
索居非我志，戚戚傷中心。
焉得晨風翼，爲子寄徽音。

21. 龍公美

詠懷

秋風千里至，颯爽夜何深。
耿耿不能寐，憑軒獨微吟。
仰觀雲漢皎，斗斜月亦沉。
中情難具陳，惻愴撫素琴。
絃絃急且苦，淒其發哀音。
千載鍾期逝，誰能知我心。

22. 鳥宗成
折花

園林求春色，東風花滿樹。

將折高枝花，卻霑卑枝露。

豈厭露滴身，聊欲贈佳人。

強攀一枝去，已減樹頭春。

謝和州南溪師來訪，見惠團扇

投我南都扇，宛似三笠月。

一揮清風生，飄飄奪炎熱。

別後憶君時，懷袖頻出沒。

出沒君不見，遙望白雲窟。

（浪華諸子，不喜踏襲，其識卓矣。但勤去腐陳，易流纖巧，或反近淺俗，近體猶可也，古詩蓋遠。此二章工鍊可嘉，古意則我不知也。）

23. 赤松鴻
坂越寓居歲晚作

一去江海上，遂與世人違。

詩書從我好，富貴非所希。

曳藜出村巷，倚樹獨依依。

朝看白雲起，暮見倦鳥歸。

釣叟相迎語，投竿坐石磯。

不說人間事，但說溪魚肥。

匆匆歲云暮，雨雪故霏霏。

縕袍適身在，不復畏寒威。

24. 岡思潛（孔彰）
送赤松大業西歸（原詩六首，今選其一）

千載如旦暮，萬里爲比隣。

古來丈夫遇，自是異常倫。

神交在夢寐，天涯益相親。

（大業國鷲長子，國鷲今老於家，大業代父爲赤穗文學，自東都還播州。此篇僅三十字，而銳氣勃勃，活動紙上，孔彰大業，并青年宜仕，不失本色，所以最佳。）

25. 春政紹
歲晚作

窮臘雖多事，隱君無所營。

擁爐風雪裏，開卷慰餘生。

鶯兒來庭樹，待春未發聲。

上下寒柯際，似問我幽情。

男婦時薦饌，炙魚兼菜羹。

一飽膝幼孫，坐睡又起行。

老夫唯與汝，閑應待新正。
（真境真情，以故太樸而不失深厚之氣，所以爲佳。）

26. 清絢
雜詩二首
長安多俠客，被服艷綺羅。
中堂置美酒，佳人勸且歌。
歌聲既妙絶，嬌態亦殊多。
四座方懽呼，游子竟如何。
中心懷菽水，死生豈有他。
所懷猶未就，匆匆歲年過。
強飲不能醉，持觴涕滂沱。

其二
西山有桂樹，根幹託岑嶔。
雖無桃李艷，不使雪霜侵。
如何斧與斤，荼毒日相尋。
勁直雖自將，芳馨恐銷沉。
一旦栽華館，培養恩遇深。
青松與翠栢，矧又契同心。
永侍君子庭，凌雪方自今。

曉發木下驛

山夜正寒凛，欲曉偏難睡。

蓐食更衣裳，把火照行李。

月影尚啣山，村中人未起。

隔墻謝主人，辛苦渡溪水。

澗道次第高，羣山何累累。

回看過來村，森木朦朧裏。

27. 江村秉（愚亭）

東郊步月口號

晚歸東郊路，徐徐負手行。

吾影忽在地，月華背後生。

舉眼薄霧合，山野似水平。

霽來須臾際，輝輝萬象明。

山容頓秀媚，水光亦澄清。

數曲沙堤上，陰蛩草底鳴。

灣頭大柳樹，疎翠漸相迎。

下有賣酒店，一笑酌青罍。

28. 柚木太玄

立秋前一夕，陪君錦先生，汎舟椋湖

斜日城南路，陪從赴巨椋。

逃暑偏宜水，避喧命野航。
已遠林篁際，忽到水中央。
回瞻煙水濶，胸襟一茫茫。
天宇澄夜景，燦爛月湧光。
遠近芰荷淨，清風復送香。
蘆管時一發，逸響中清商。
測得秋節逼，夜深骨髮涼。
蕭然人境隔，曠乎物相忘。
因悟乘桴志，無奈取材妄。

29. 永忠原

古意

秋風蕭瑟至，入我良人裳。
良人今何處，遠征在遼陽。
戚戚城南婦，歲歲守空房。
砧杵催摇落，白露看爲霜。
皎皎雲間月，照我羅帷床。
相思不能寐，中夜起彷徨。
仰見連飛雁，何曾繫書翔。
愁心兼愁夢，難奈秋夜長。

30. 僧顯常
鸚哥

鸚哥産南海，今在日東邊。
綵絢驚十目，五色一何鮮。
故林失伴侶，萬里受拘攣。
條鏇縈其足，軒檻阻風煙。
衆人尚異物，吾意獨爾憐。
瞻彼雙飛鵠，千里一翶翔。
豈無羅與網，逸翮何由殀。
文章世所重，文章祇自傷。

31. 僧慈周（六如）
冬夜懷高雄某上人

微霰鳴暗竹，窗燈人未眠。
忡襟鬱不開，聽鐘眺遠天。
北山有高士，抱樸慕先賢。
先賢雖隔世，冥通欲比肩。
遥想當此夕，望月方出禪。
因憶曾游時，雨霽秋色鮮。
理策臨郊野，郊野綠芊芊。
落日林光媚，孤石激清川。
紆直沙際路，寺門散香煙。

相迎頒清供，洗鉢掬飛泉。
笑言促蘭席，白露湛池蓮。
濡翰題麗藻，暮霞落綵箋。
此游已陳跡，忽看月再圓。
清輝逼離人，斜漢心與懸。
層城鷄聲發，悠悠夜如年。

32. 畑柳安（黃山）

高雄山賞楓

城西勝槩地，楓樹稱高雄。
遥望宕山麓，連嶂鬱青蔥。
隱映霜林見，邐迤苔徑通。
澗水激危石，溪橋落綵虹。
躋險步石門，披雲上梵宮。
磴道崎嶇聳，空翠濕濛濛。
三絶觀寶鐘，懷古感那窮。
坐臨千仞壑，俯瞰萬樹紅。
參差綺散波，爛熳錦敷叢。
淨地絶人寰，造物別施工。
把杯暫憩軒，夕曛吟晚風。
真境殊多致，忘歸語山翁。

日本詩選卷之一　終

卷之二

平安　江村綬君錫　著
姪　清勲　公績
受業　永田忠原俊平　同校

七言古詩

1. 源璵（白石）

老少年行

（自注云，老少年草名，一名雁來紅，又有一種十樣錦，一名錦西風。）

西風吹老老少年，白雁來後紅娟娟。

霜葉真勝二月花，雲錦新裁十樣牋。

老年準擬少年時，不恨當筵舞柘枝。

仙姑雙鬢如鳥爪，妖姬三少是鷄皮。

白頭吟罷人愁絕，楊花徒思楊叛兒。

君不見東家阿嫗年七十，夜來向市買燕脂。

謝泉南唐生所贈棉布，因憶南紀衹伯玉

南方舊聞木棉花，奇卉殊勝桑與麻。

三尖楓葉未染霜，一寸葵心欲傾陽。

瑶池蟠桃子正結，金堤楊柳花如雪。

蚌殼剖時迸珠淚，鷥羣鬬來飄素毳。

人間一葉碧梧飛，泉女夜織月前機。

初傳海上珊瑚市，應換山中薜荔衣。

美人所贈我何酬，南望側身歌且愁。

君不見都布單衣公孫述，馬援到日不樂留。

可憐老去心空壯，卻爲平生憶少游。
（剪裁至巧，而不見痕跡，天造之妙，所謂別才。）

2. 祇園瑜（南海）
詠鸚鵡
隴山有鳥名鸚鵡，芙蓉爲冠雪爲羽。
朱樓繡户何時棲，玉鎖金籠誰是主。
隴山萬重夢已非，海外相望儔侶稀。
人語學得更禽語，好學花間不如歸。

詠紅梅
（自注云，花名未開紅，在京師誓願寺中，相傳官女和泉式部所植）
美人在時人如花，美人去後花似人。
花尚呼成未開紅，人去難逢三五春。
東風夢覺悄無語，枕痕潮頰朱未勻。
腸斷春去花亦老，紅雨狼藉撲錦茵。

雨竹
虞帝南巡不復還，千歲遺恨湘水間。
蒼梧雲深雁影晴，竹上啼痕空斑斑。
孤舟夜宿煙水浦，萬竿秋倚白雲塢。

客心半夜夢難成，鷓鴣啼斷枝枝雨。

（南海畫竹諸歌，及詩畫歌，篆隸歌，富岳行等最得意作。數書貽人，并長篇大章，波瀾縱橫，世稱傑作者，非不傑作也。但縱橫太過，規度多乖，以故不收選云。）

3. 梁田邦美
謝美濃部氏惠雜花
維揚紅藥雨後催，千朵朝捧仙雲來。
燕子花開水中央，微風欲上玳瑁梁。
美人草色艷態齊，至今楚歌悲虞兮。
白及風流不愧蘭，恨無幽香度畫闌。
名園四月清和天，攢玉光生藍田煙。
主人折來插竹瓶，錦字并寄子雲亭。
玄經草罷鬢已華，一別青春不見花。
此日何幸逢芳菲，醉倒樽前胡蝶飛。

答桂綵巖
雞林才子玉堂仙，冠佩風生筆如椽。
青天白雉弦齊發，知君韇韇相周旋。
柳絮舞風滿鄒裏，芙蓉插空焰江水。
鴻臚半日百年心，兩雄相許有意氣。
海曲梁鴻色欲飛，煙浦徒望星槎歸。

孤嶼薺沉帆影薄，落木寒岸露霑衣。
嗟吾白首宦天涯，無因金城觀國華。
黔驢一生不知虎，閑林豐草伴麏麚。
薄帳如丘君休厭，文章依然有光焰。
車輪馬足萬斛泥，不蝕真人青萍劍。
朝游樊桐暮縣圃，巖下電鏡射千古。
藍玉案高燈結花，紫石潭寒雲歛雨。
吾夢回輀入函關，咀嚼桂香輒忘還。
鶺鴒原上道如髮，欲迷煙月滯南山。
南山叢桂誰攀得，蕙洲蘭時無顏色。
獨有隴頭一枝春，聊附驛使傳消息。
（音聲縹紗，如斷如續，截作七絶八首讀之亦妙，唐人歌行，間有此體。）

4. 桂義樹

讀赤城義人錄

蒼天空洞不能言，狂瀾代鳴國士寃。
陸續忠肝四十七，海上精藍易黃昏。
二十年前春風殿，一念殺人羊觸藩。
國破家亡何顏面，廷尉三尺不足尊。
千金散盡武城市，鐵椎夜叩仇家門。
滿庭白雪踐爲血，快劍斬斷長蛇元。

歸來松楸一哭足，甘心伏誅入九原。
寒山風雨點燐火，或將孤月弔英魂。
此輩平生衆人遇，一死唯知酬主恩。
卻笑橋下漆身者，多少計較向人論。

5. 湖玄泰
看花有感
昨日催花雨，今日落花風。
艷陽三月花如錦，家家誰不醉春紅。
花開花落知幾日，一夜東風吹作空。
玉環飛燕俱塵土，到此妍媸亦相同。
請看紅顏子，今作白頭翁。
安得長白頭，不如拊髀伴鴻蒙。
中有老萼粘枝死，何事貪婪不知終。
飛乘春風最可憐，有似去從赤松仙。
落隨流水亦可愛，有似去汎五湖船。
自古急流貴勇退，向花欲聞花不對。
君不見英雄士兮殊麗人，晚節往往呈醜態。

（急流勇退四字，此篇眼目。亡何栢山乞骸退老，誅茅負郭，名賜閒亭，可謂不負前言。）

6. 堀正超
春江花月夜

浪華江上梅花樹，南枝開遍及北枝。
浪華江水接大海，西海南海無津涯。
春潮連江江不流，夜月纔生光陸離。
江花江水相掩映，江上春色更熙熙。
昔日仁皇此營都，虞廷揖讓衣裳垂。
萬井皥皥人煙暖，江花獻笑入麗詞。
龍馭一去空千載，高陵松栢雨露滋。
豐王重築浪華臺，金湯不屑函關巇。
駕御龍虎在掌握，威名赫奕震華夷。
代換臺空復何見，唯有江月閱榮衰。
江月有待夜夜明，江花居然年年披。
江水猶不捨晝夜，萬古滾滾無盡時。
仁皇邈矣豐王逝，人世興亡忽可悲。
此時須記春江好，春來勿誤花月期。

（春江花月夜，世以為隋樂府，不知陳時已有斯曲，唐人演作七言歌行，已異本辞，景山斯篇，特浪華懷古耳。）

7. 宇鼎
煮茗歌

衡門客去秋夜長，紅爐煮茗愛清香。

陰蛩吟絕秋將盡，高樹風空夜未央。
窗前明月影漸没，轉聞爐上松風狂。
松風裊裊狂且細，也堪相和弄笙簧。
清高便擬山中相，時見浮浮白雲揚。
此物有權兼有力，未問神仙金玉漿。
卻笑當時陸鴻漸，著經著論事何忙。
獨坐自斟還自飲，飲罷猶自玩遺芳。
忘卻心中不平事，五更燈火對空堂。

8. 藤煥圖

少年行

五花良馬沫如雪，平明繫向杜曲樓。
絲管紛紛春日短，燭影冲天聽吳飲。
白龍魚服誰能識，意氣分明稱貴游。
歸路直就劇猛飲，彈丸探罷縱博局。
君不見百萬輸卻顏色壯，身上還著鸂鶒裘。
（東都貴游，間有微服游狹邪，白龍魚服，蓋有所指者。）

9. 太宰純

神巫行

宕邱之山鬱崔嵬，朝雲暮雨去復來。
宕邱巫女何姣麗，弱質阿娜倚高臺。

長者二十少二八，恰似芙蓉并蒂開。
金釵玉簪羅衣裳，環姿瑋態極容光。
耀若白日照屋宇，皎若明月臨池塘。
聯娟雙眉不待畫，花顏豈假紅粉粧。
盱睞已含無限意，一顧斷盡萬人腸。
儻遇吳王便傾國，即入漢宮定專房。
清歌妙舞眞絕倫，起雲行雨信有神。
城中紛紛禱祠者，投與金幣如埃塵。
那知蛾眉能伐性，況復尤物尤傷人。
須臾神升歌舞休，美人歸去不回頭。
陽臺夢覺無消息，依舊雲雨繞宕邱。

10. 服元喬

聞笛

二月梅花洛城東，欲落不落待輕風。
君不聞風前笛裏情，翩翩吹滿洛陽城。
吹者不知聽者恨，三弄都作斷腸聲。

漢宮詞

漢武英風驅一世，升平殷富極壯麗。
當時丞相設離宮，詔賜經營北闕第。
第中行殿十二重，萬金爲給大司農。

四時恒例移仙仗，滿朝百官從六龍。
甲乙帳前奉娛歡，經筵且開進賢冠。
儀具禮畢始賜宴，笙歌響起青雲端。
八珍携從太官膳，内府更進白玉盤。
瑶階邐迤百花春，春醴薰薰醉君臣。
醉來不辭獼猴戲，列矦御史中貴人。
天顏有喜咫尺地，羅綺錦繡傾恩賜。
内外臣僚及矦家，拜舞盡擎金玉器。
讙呼萬歲樂未央，忽復耳傳全盛事。
君不見汾上歌，歡樂極兮哀情多。
只今秋風茂陵道，草木黃落舊山河。
（詳詩意託言漢宮，追詠憲廟時事，典麗儁壯）

早雲寺覽古

臺殿松杉入空翠，巋然獨存知何寺。
云是黃金長者園，唯有青苔布滿地。
古木森森歲月長，野人爲説全盛事。
綺羅春殿舊時花，墓草碑苔冢累累。
空伴名號列五公，剝石一看皆涕淚。
憶昔永正元龜中，天下車書久不同。
萬邦瓜剖相吞滅，龍戰虎爭誰不雄。

就中勃興北條氏，一朝割有海沂東。
累世子孫功業繼，八州草木共偃風。
大城列峙精兵饒，晝擐金甲夜鳴弓。
氣籠山岳風雲起，勢捲波濤江海通。
何意中原出霸王，一旦長驅入封疆。
石垣山上臨闞境，震擊天雷不可障。
計窮面縛悲瓦解，城池社稷共喪亡。
即今四海日月新，此地爲餘供香人。
關門行路通大岳，弔古且過溪水濱。
野店山橋無情甚，往來屢送馬蹄塵。

難波客捨歌

八間樓上南去客，八間樓下北來舟。
問君駐舟自何處，東極江都西帝州。
問君此去向何處，難波風俗甚壯游。
城闕邑屋海雲邊，五方雜錯萬國船。
江南江北青樓女，到處隨意擁花眠。
勸君鸚鵡杯中物，一杯一斗斗十千。
勸君行樂好自愛，明朝回首各風煙。
（情致宛轉，而駕以平調，唐人遺範。）

11. 高維馨
園中栽花盛開

蔎洲之北孤草堂，百畝爲園仄逕傍。
去歲移樹培根株，今歲着花吐芬芳。
綵雲爲幕花爲障，滿林爛熳占風光。
長條短梢花如霰，紫榮素芬使春遍。
梁王繁花菟苑游，石家風流金谷宴。
兔園金谷何足榮，金綠叢中寄此生。
春芳盛時多謝客，閉門日愛百花明。
黃鳥來窺列樹間，求友追飛何嚶嚶。
落花堪勸杯中物，風來點衣不可掃。
目送落花惜開花，可惜春色在貧家。
明歲亦應逢花信，羞殺老來鬢有花。

12. 田憲章（子漢）
姑蘇臺歌

勾吳雄圖動四郡，越王戰敗遂稱臣。
枉使西施奉箕箒，西施顏色更無人。
嫣然來上姑蘇臺，姑蘇春滿百花開。
君王此處設盛宴，日擁西施醉不回。
採香徑畔春風香，春風搖曳綺羅裳。
清歌妙舞觀不厭，長夜飲酣傾金觴。

金觴玉壺酌不盡，曉月斜懸響屧廊。
年年歲歲偏歡樂，那慮此地荊棘荒。
賴有忠良姓是伍，屢進直言棄如土。
無端越寇白日來，戰鼓鼕鼕罷歌舞。
姑蘇城郭風塵起，豪華一朝何處是。
寧忍甬冬主百家，千乘國破空到死。
君不見宴晏毒國國所憂，不獨姑蘇麋鹿游。

13. 劉維翰（龍門）
寄島子行
故人去年別我去，今年故人知何處。
千金買醉不辭貧，繫馬青樓楊柳樹。
都門微雨春草迷，郭外桃李自成蹊。
聞道君住城南陌，玉壺春酒那得携。

14. 秋儀（玉山）
春鶯囀
二月三月春欲暮，桃花李花開滿樹。
洛城東南亂嬌鶯，綿綿蠻蠻隔花鳴。
蹴花倏忽高枝去，啣花宛轉低枝語。
百囀相合落花邊，一聲忽流刺繡處。
玉箏共調漢宮姬，金梭同擲秦川女。

夢里聽之斷柔腸，碧紗朦朧窗初曙。

鍾馗掣鬼圖

深山之阿夕出雲，凄風苦雨鬼成羣。

小鬼跳梁大鬼笑，高明之家來去紛。

終南高士面如丹，青袍烏靴峩其冠。

十闈腰間三尺劍，小鬼大鬼肝膽寒。

君不見白日揶揄鬼如林，不獨女蘿荔枝陰。

（此等題詠，易流詼詭。此篇字字典故，巧而不俳，可謂高手也。）

15. 服元雄（仲英）

秋夜吟

秋夜蕭蕭秋雨聲，枕上燈下夢難成。

愁緒萬端將告誰，臥床展轉祇自知。

蟋蟀三更鳴不罷，坐疑子細解我悲。

羽林郎騎射歌

漢家英主登祚年，承藉奕世文物全。

南夷北戎盡賓貢，車軌一同通八埏。

今時豈有征討事，當塲簡閱習周施。

鸞輿朝出上林苑，霞際幔城三月天。

千乘萬騎爭扈從，細柳新花御道邊。
羽林親軍知幾隊，良家諸少誇控弦。
繡幕如雲金作埒，春光照耀錦鞍韉。
龍種養得試神足，飛兔騕褭氣翩翩。
步驟并轡齊應範，奔逸絕塵誰後先。
繁弱之弓忘歸矢，一馳縱送各參連。
巖下電激光決眥，滅沒唯看過隙駛。
楊葉百步何足論，風裏鶩毛達其志。
行止非關金鼓聲，申令嚴肅不亂次。
講蒐人人堪競雄，精鍊偏稱至尊意。
恩詔晚自有司傳，拜舞共受黃金賜。
（此亦追詠德廟時事）

16. 松惟時
送大泉大夫水明卿
四牡騑騑大道側，玉鞭羅帕黃金勒。
大夫跋涉一何勞，萬里東歸大泉國。
大泉富彊不可當，山河四塞固封疆。
羽畎夏翟傳禹貢，肅慎石砮遺職方。
大泉先公周召功，神祖賜履齊魯封。
分土風雲雄東夏，帶礪誓存磐石宗。
大夫學術經今古，丹心許國思報主。

九言可觀子大叔，三命益恭正攷甫。
列國名卿動相聞，爲政風流有如君。
非但閑燕成髦士，兼將内政寓三軍。
若道詩書不足論，卻縠何得上將尊。
明年擁節朝京國，君看輿誦滿東藩。

17. 僧大潮
驛捨書懷
客居蕭索傷遲暮，夢遶青山引歸路。
豈意青山勝事違，曉猿夜鶴啼祇樹。
紅稀綠冥晝冥冥，雨濕雲深草色青。
人道年年春不管，自憐歲歲向離亭。
（音節杳渺，如怨如慕，無香火氣，又無煙火氣。）

18. 伊藤縉
七夕詞
白紵新裁諸女兒，玉腕繚紹五色絲。
含嬌爭上乞巧樓，樓上高褰翡翠帷。
絳河一帶月欲流，烏鵲雙飛玉露秋。
誰道牛女津梁阻，一年相思一夕休。
君不見人間咫尺行路難，禍福相尋指一彈，
薄命紅顏難自持，誰得年年永相歡。

題崑崙石

聞說崑崙天下奇，假令圖寫亦應疑。
爭如造化巨靈手，鑿取雲根挺玉姿。
陽崖陰嶺都紺碧，孔隙蔣空玄玉光。
神物一朝落人間，遂爲風流靜者藏。
自誇仙訣須此求，相對含杯坐春樓。
春樓日暖雪初盡，瑞氣絪縕繞酒浮。
醉去頹然對石眠，夢中忽上閬風巓。
金母碧桃何必問，咫尺層城一萬千。
觸目琳琅洗六塵，睥睨乾坤作近鄰。
不妨爲宦混朝市，時作眠雲跂石人。

19. 柳美啓

題桃源圖

爛熳桃花寫如真，武陵風物絶世塵。
人間空想桃源趣，豈知桃源慕往春。
一自溪頭送漁客，千載無復迷花人。
（一翻古今套用故事，景境自新，而不見痕跡，妙妙。）

20. 芥煥

懸壺館歌（自注云，贈劉長叔）

長安城中大道衢，壺公賣藥此懸壺。

壺外戶庭不滿丈，壺裏宮館綴珊瑚。
羽人仙客常會集，麒麟爲羹龍爲酺。
流霞瓊液醉相勸，玉簫金管奏共娛。
借問咫尺紅塵陌，已來當年費令無。

21. 松秀雲
流螢篇
清夜追涼上水樓，樓前忽見螢火流。
誰道眇身生腐草，熠耀含輝著簾鈎。
薰風颯颯吹不已，冷焰高低更相倚。
粧點菱花明似鏡，穿過楊葉疾如矢。
楊葉菱花太液邊，飛來飛去照綺筵。
越女爭撲輕羅扇，銀燭明珠空妬妍。
獨有幽人守陋巷，十年伴汝照詩書。
詩書讀罷人不識，更憐螢火來起予。

雀羅篇
嘆雀羅，門外無人感慨多。
百年榮耀一場夢，其奈今朝寂寞何。
紆青拖紫何處客，乘勢起家二千石。
平明飛鞚入彤闈，幾人望塵追馬跡。
一朝失勢墜青雲，飛鳥鎩翼魚脫鱗。

長衢日暮獨歸處，故舊相看如路人。
炎炎威去誰炙手，游子行歌不回首。
君不見翟公題門絕送迎，一貴一賤見交情。

22. 龍公美
長相思
長相思望長天，梧桐秋落金井前。
西風蕭蕭明月懸，床下蟲聲斷復續。
孤燈華結夜若年，西方美人在天邊。
上有鴻雁下鯉魚，鯉魚鴻雁不可傳。
憶之愁心徒飛揚，關山何處路三千。
長相思夢未圓。

23. 赤松鴻
答劉文翼見寄
東方佳人絕代姿，顧我雲錦寄西垂。
披緘清香散案上，五綵飛動光陸離。
西東路阻三百里，寄來空中經幾時。
時去時來不得見，悵然空感歲年移。
憶昔武陵溪口花，金盞玉壺醉君家。
歸來投竿寒江雪，或隨樵者伴麛䴥。
誰憐憔悴漁樵間，上國繁華無由攀。

24. 烏宗成
長安道
駐馬灞陵頭，遥望長安道。

陌上紅花映白日，青樓楊柳掃碧草。

花柳如錦春可憐，唯恐行樂使人老。

25. 平延齡
浦島行
君不見浦島太郎釣鼇處，釣得巨鼇化作女。

情好婉嬺爲夫妻，蓬萊瀛洲携手去。

珊瑚之枕玳瑁床，仙宮深處娛樂長。

蘋藻巧結同心縷，漣漪細織合歡裳。

雲車俱朝龍王都，赤螭後乘蛟前驅。

水族波臣侍行酒，熊掌猩唇麟爲脯。

虬笛鼉鼓舞馮夷，奇花珍禽若春時。

可憐凡骨不可換，卻似劉阮多歸思。

夫妻把袂淚不晞，白玉小奩贐其歸。

慎莫相開再相見，雲濤路分達海磯。

自謂仙游未周歲，何知人間世代改。

偶然長生駐紅顔，七世子孫復何在。

江山無恙空吊古，**奘奘**浩嘆失所怙。

忽爾驚怪一開奩，白浪皺波滿眉宇。

26. 赤松勳（大業）
龍安寺晚歸（寺在播州）

興來朝上龍安寺，興闌夕下龍安寺。
吾愛行樂屢過此，總是無人解我意。
村村落落日將曛，一縱一橫草逕分。
獨自行歌獨自笑，回首山頭只白雲。

27. 清絢
鋩拐行

鋩拐之山大海涯，播攝風煙入望奇。
山容海色無今古，人間嘗此覆六師。
東方副將源九郎，軀幹雖小謀慮長。
大將城南戰未半，潛兵卻向城北方。
山屏千尺俯城中，石怒沙崩路不通。
異體同心三千騎，翩如逸鶻下長空。
黑風吹起滿城塵，火發雲中散金鱗。
十萬西軍如獲薙，馬上簇簇無首人。
龍舟出沒海門煙，玉璽無光殺氣懸。
勝敗永留青史上，一肱春夢五百年。

白雪魚歌

北陸雄藩福井城，三冬雪霰大雷鳴。

黑風吹海潮如馬，衝崖轉石勢縱橫。
萬艘葉點海濱漁，與波上下似安車。
垂天之網如使臂，白雪紛紛白雪魚。
進奉之餘不論錢，儋叟先生喜氣偏。
紅鱒銀鯽何須數，當稱汝是魚中仙。
鸞刀揮處水晶寒，玉碗盛來雲母團。
露下芙蓉迎曉月，風前柳絮點鳴湍。
松花仙酒金巨羅，爲汝何妨滿酌多。
白雪歌兮我愛汝，染翰還羞白雪歌。

（白雪魚，即大口魚，或曰吞魚，邦俗稱鱈者是也，北海產焉，冬雪初下，漁者捕之，而其肉潔白所以稱白雪。君錦有羊棗之嗜，因爲作歌。）

28. 江村秉

携諸子華頂良恩精捨避暑，得二冬

二三社友忽相逢，左提右携促吟筇。
云是城東華頂麓，清凉界裏可從容。
大道笑塵如霧起，葵扇揮處亂鬆鬆。
赤日射人人欲仆，火雲硉矹疊奇峯。
乾喉噴煙汗成雨，細葛何堪毒熱衝。
纔到禪關萬翠滴，梧竹槐柳雜杉松。
疎檻虛攏數十笏，玉碗冰漿滌心胸。

一陣風颯毛骨冷，滿身煩蒸頓銷鎔。
石泉鬢沸侵露榻，亂山縹碧當面重。
鳴蟬啼鳥真笙管，嘈嘈切切和晚鐘。
楸枰碁破山吐月，垂堂揮麈競談鋒。
從事督郵遭詈辱，卻使酪奴寵眷濃。
山月漸高涼逾益，炎帝苛政奈吾儂。
可笑世間輕薄子，漫稱河朔爲高蹤。

29. 柚木太玄

妓王篇

維昔平相全盛日，千金不惜求麗質。
由來麗質稱難求，會有窈窕佳人出。
娉婷絕世名妓王，顧影揚蛾入玉堂。
長袖轉風回白雪，清歌妙舞斷人腸。
斷腸不必歌舞妙，輕態逸姿嬌笑長。
朱雀街東綺羅筵，丹鳳城南艷陽天。
擅恩專寵誰得比，馳情邀歡誰不憐。
自恃恩寵長如此，自期歌舞更延年。
歌舞延年豈可期，人事須臾易推移。
新歡故愛成涇渭，不知新歡復幾時。
春草秋草俱枯死，請爾聽我懊惱辭。
新人聽之忽嘆息，相慕西郊共追隨。

西郊寂歷空山曲，松門蘿逕隔塵俗。

樂國金仙是吾師，世上榮華何所欲。

君不見當時相府女如雲，千載容色有誰聞。

（服子遷小督詞，膾炙人口，以其殊長篇故不選錄焉。爾後效顰者，詠小督及妓王佛妓等歌行長篇，多見諸子集中，雖華藻可稱，往往見疵病矣。仲素此篇，如少讓富麗，其實能守規度，無瑕顆可摘，因收之云。）

30. 下川貴慶
城南客捨歌

桃花李花流水傍，淡蕩春風滿店香。

良友相攜青旗下，欲去不去復行觴。

樽前互舞花與蝶，又聽黃鸝囀綠楊。

醉態婆娑猶呼酒，不知西山帶斜陽。

31. 僧慈周（六如）
春夜送人卜隱湖中

東溪煙樹逗微月，一窗寒梅香初發。

深嶇三聲兩聲鳥，陰崖去年今年雪。

聞說竹嶼卜隱居，煙水僅隔十里餘。

湖上山中應相憶，漁笛雲磬共有無。

將西歸預賦贈叡山鈴上人

龍盤虎踞舊帝都，天台佳麗天下無。
春風三月千峯雪，片片吹落琵琶湖。
吾將去棹月夜舟，請君灑掃江上樓。
樓下百尺含風漪，臥吹玉笙下鹿洲。

32. 巖垣彥明
鬪龍灘（播州龍野名勝）

麑水之陽何奇絕，磊落巨石數里列。
憶昔女媧補天時，謾向下土拋餘屑。
隕星紛紛化相聚，灘中縱橫如棊布。
水際屹立束洪流，怪形奇狀令人怖。
神禹命斧鑿難平，仙人揮鞭驅奚行。
驚波激揚飛霹靂，玉龍奔騰勢爭獰。
噴雪撒霰白日寒，展渦漸轉生回瀾。
金鱗鯤裂欲掠攄，紫萍綠藻相旋盤。
游人臨此久彷徨，水光射胸洗心腸。
張子汎宅度無術，米家丈人拜不遑。
千賞萬嘆一望中，當令滔預在下風。
濯足振衣斷岸上，長嘯自覺氣魄雄。

日本詩選卷之二終

卷之三

平安　江村綏君錫 著
姪　清勳 公績
受業　永田忠原俊平 同校

五言律詩上

1. 那波方
游銀閣寺

寂寞將軍廟，無邊草木肥。

苔深過客少，松臥古人非。

流水幾時盡，行雲何處歸。

長嗟山路暮，幽鳥傍吾飛。

2. 那波守之
游金閣寺

相國遺踪在，荒蹊松竹幽。

青山千古色，金閣幾人游。

雲影浮寒水，林聲接素秋。

遥憐應永日，臨眺使吾愁。

（銀閣在京城東，金閣在京城北，并足利氏遺構。那波先生橋梓之作，體裁酷肖，二詩在當時可謂合作矣。）

3. 僧元政
三游平等院

三游平等院，舉目思凄凄。

何謂鳳凰殿，獨成燕雀棲。

寶池幽草合，縹瓦古松低。
昔日文筵地，向誰問舊題。

草山晚眺
愛山頻出門，投杖倚松根。
秋水界平野，暮煙分遠村。
露昇林際白，星見樹梢昏。
自覺坐來久，蒼苔已有痕。

4. 江村宗珉
游妙光寺
城外無塵地，幽尋坐小堂。
登山觀遠水，弔古到斜陽。
心愜邱樊靜，眼明草木黃。
敝衣何日振，處處有高岡。

冬日自尼崎歸京舟中作
霜楊橫斷岸，風荻偃寒洲。
舟枕不成夢，客愁已上頭。
歲華隨水去，世事與雲浮。
說與執篙者，莫驚起睡鷗。

5. 松永昌三
春月

共愛朦朧月，微風倚小欄。

梨花珠弄影，柳絮雪何寒。

游惜寸金短，坐臻更漏殘。

緬思蕩子婦，幽賞倍秋看。

6. 太田林菴
旅夜

關山家萬里，旅夜對秋風。

遠笛孤村外，殘燈四壁中。

夢遲聞落葉，情懶恨飄蓬。

鄉信携來否，月前有過鴻。

7. 安東元簡
早行

曉起試征鞍，驛樓燈火殘。

疏鐘來水外，驚鵲遶林端。

野渡星初落，斷橋露未乾。

前村人尚夢，寧識客行難。

8. 宇都由的
游清水寺
天畔登高閣，倚欄回白頭。
蒼蒼鳩嶺樹，脉脉鴨河流。
官捨兼民捨，城樓又寺樓。
望中無近遠，富庶帝王州。

9. 伊藤宗恕
汎舟葛野川
欲極西山勝，泝流葛野川。
浪圓魚忽没，枝動鳥相遷。
落日紅霞外，行舟翠壁前。
風光隨處好，薄暮未言旋。

芭蕉翁邀宴東郊別業
勝集祇園北，東山畫里看。
疎鐘生午寂，微雨減春寒。
何用千年計，唯憐一日歡。
風花漸將少，莫使酒杯乾。

春日偶作

病軀非世用，況乃已心灰。

烏几三竿日，膽瓶小字梅。

閑詩宜自遣，靜賞任人催。

老去寒暄懶，爲愁俗子來。

10. 松下見檪

秀野亭作（原十首，選二首）

林外高亭出，背山且傍川。

幽開徵士徑，薄共野人田。

環檻春花好，穿窗秋月妍。

長生何足學，政爾日如年。

其二

亭中無俗物，幽趣一何長。

屏護風前卷，鼎添雨裏香。

傍籬戲鷄犬，諳徑下牛羊。

殿閣無須羨，胡床適意涼。

11. 村上友佺

夏日游紫雲山

琳宮東嶺下，城市隔雲煙。

燈影照沙界，鐘聲振梵天。
炎蒸三伏日，風露一床前。
吾輩何多幸，屢來廁法筵。

秋日閑情
竹風吹不休，老境又逢秋。
身抱長卿病，冷侵季子裘。
蠣頭無夢到，牛後自堪羞。
今夕有奇計，一杯解百憂。

秋日郊行
蕭索三人影，相從度野原。
溪聲寬酒渴，秋色役吟魂。
一岳原吾事，萬鍾非所論。
百年如此耳，今日又黃昏。

（余於詩史，論冬嶺翁七律，昂昂乎一時，今所錄五律亦自整莊，可謂作家也。）

12. 伊藤長胤

夏日同游紫雲山
香刹接雲岑，共穿花木深。
欲尋方外友，來問靜中心。

課業蓮花漏,遺芳薝卜林。
從今幾來此,山岳恣登臨。

秋郊閑望
一村桑柘暗,千畝稻粱肥。
藍水流紅日,白雲住翠微。
世途榮願薄,今古賞音稀。
尚愧機心在,山禽驚卻飛。

13. 木貞幹
早秋郊行遂過僧寺
郊村蕭寺靜,涼氣滿簾櫳。
老樹千年綠,名花百日紅。
詩成午天雨,香燼晚檐風。
方外交如水,共憐塵慮空。

14. 江村簡
逾大內嶺（嶺在丹後州）
地勢雄西北,崎嶇傍海潯。
溪風衝袂起,磴葉沒筇深。
小憩擇平石,窮登數列岑。
渚洲煙霧底,頃刻不可尋。

15. 伊藤元基
火後寄宿妙覺寺僧房

衡茅回祿後，寄跡苾蒭園。
地僻雲生石，寺貧雨倒垣。
松風弘景宅，竹色子鄭軒。
倚杖即原隰，不須勞駕言。

妙覺寺寓居對月

夜來雲雨霽，氣色有餘澄。
徙倚珠林月，留連寶地清。
松筠含皎潔，臺殿發晶英。
若到中秋夕，更添一段明。

16. 烏山輔寬
垂絲海棠

新著清明雨，幽芳發滿枝。
無花應誤柳，多緒是非絲。
露重憐紅濕，風收見影垂。
一春慵似我，少有起來時。

浪華郭外移居

巷南皆梵宇，無處不樓臺。

賃宅移書帙，招隣設酒杯。

小池當户湛，雙井倚門開。

僻遠任人説，未妨詩客來。

（三四雖非佳境，形容移居頗工，双井在道頓渠東，俗稱二井者，其東即一帶蕭寺街。）

17. 鳥山輔門

春日游川崎亭子

江上一亭幽，携壺得再游。

爲隣皆竹樹，過岸幾蘭舟。

望可憐青草，閑堪羨白鷗。

惜春何不醉，况解客中愁。

（川崎在浪華天滿橋東北，隔江與綱島相對，綱島歌船所集，故第四句云爾。）

八月十六夜集古松館

邀月南窗下，吟魂與露清。

一輪雖已缺，萬里不妨明。

滿地有松影，半天唯鶴聲。

堪追前夕賞，向曙尚飛觴。

18. 笠原龍鱗

與二客上東山

偶步東山路，杖藜烏角巾。
誰知探芳客，總是愛閑人。
十里村村雨，千林樹樹春。
浮生各有樂，不獨葛天民。

寒夜客懷

短景三冬暮，關山萬里餘。
飄零因計拙，異俗任情疎。
急雪殘燈暗，寒風野館虛。
夢中遇鄉友，先問有音書。

19. 柳川三省

春月有感

靄靄春宵月，依稀坐水樓。
漸從花外上，還傍柳梢流。
清影無今古，浮生有去留。
空添懷舊淚，不照昔人游。

對花懷舊

年年洛陽道，到處百花新。

豈料同游客，多爲泉下人。
露留他日淚，香放舊時春。
往事共誰語，躊躇獨愴神。

西皋晚步
採藥西皋曲，林巒日欲晡。
亂山迷曠野，細水入平蕪。
農父行相語，棲鴉飛旦呼。
不知暝色起，窈窕失前途。

觀獵
清世不忘危，治兵此及時。
烏雲分部伍，風雪灑旌旗。
高鵠應弦落，窮猿抱樹悲。
請看渭濱獵，無意獲熊羆。

20. 澤維顯
春日病中作
幽懷無所告，轉使鬢絲多。
花已爲新樹，身猶抱舊痾。
四鄰春社酒，一路醉歸歌。

煎藥孤燈下，癡兒奈汝何。
（五六無聊太甚，結句悲酸不堪多讀。）

偶作
一徑孤村曲，柴扉晝自關。
晴郊黃犢集，野水白鷗閑。
花傍疎櫺發，壺賖濁醪還。
百年棲隱地，何必鹿門山。

21. 江兼通
上巳浮舟望嵐山花
溪上尋春日，山陰修禊天。
枝低臨絶壁，花密蔭飛泉。
浮水觸漁網，飄空落酒船。
何須問源去，觴詠楽如仙。

宿釣雪翁齋
青燈春雨夜，高枕趣偏長。
雖在吳門市，似宿廬岳房。
夢驚隣寺磬，醒解博山香。
明日花應發，無心還故鄉。

游西王寺

郭外煙村寺，高僧喜賦詩。

西郊連密竹，南畝接疎籬。

貝葉分三藏，烏藤掛一枝。

曾聞裴相國，月下亦尋師。

（寺在京城郭西，東連民家，西南則田野。此詩鋪叙切實，寺奉陽明藤公香火，故結句云爾。）

22. 瀨維賢
訪江山人

一路溪橋外，孤村杳靄中。

柳垂前夜雨，花媚暮春風。

白屋經年漏，青山與昔同。

浮生須痛飲，前水月朦朧。

23. 富逸
游竹浦

經盡翠嵐裏，秋風竹浦清。

江波微雨歇，山樹晚蟬鳴。

寺與塵寰隔，人尋幽處行。

壯游知幾日，真得薜蘿情。

24. 堀正超

癸亥中秋，伏見法藏寺作

偶入招提境，更知月色清。
行雲風不定，遠水夜逾明。
松覆翳人影，蘆深過櫓聲。
一生期此夕，能遇幾回晴。

磨針嶺酒樓望琵琶湖

湖樓西望遠，鄉思忽紛紛。
霞奪神龍氣，波連天女雲。
水光含日閃，山影蘸春分。
目送晴煙末，心隨歸雁羣。

25. 堀正修

海雲席上次某叟韻

石逕寒潭畔，翩然下翠微。
野梅過雪吐，山鳥畏人飛。
閑計孤藤杖，老身一紙衣。
偶逢林客話，瀟灑竹間扉。

（南湖自少好詩，至老不倦，篇章幾乎萬首，學博才優號爲一時巨匠。其詩清新奇發，警妙不少，但意主獨造，規律多乖，以故難入選録，可惜耳。）

26. 僧百拙
歲暮
電影歲還盡，朔風五拂裳。

鳲鳩三業拙，蛺蝶百年狂。

梅塢春須宿，菱花客自傷。

明朝如應律，井凍解茶鐺。

自玉壺樓歸途歷馬山（但州）
流水寒山路，絕頂駐奚囊。

一帆天影遠，孤客鶴吟長。

生熟茱萸駁，高低禾黍黃。

樹陰過卓午，歸策尚相忘。

（百拙爲南湖方外友，詩契冥合，唱和最多。其詩體裁頗肖，才力亦相伯仲。）

27. 室直清
自賀州赴京道中作
故園有老親，游子傍風塵。

垂柳千絲恨，飛蓬萬里人。

關山朝策馬，野渡暮迷津。

桑梓村煙起，依依動晚春。

次韻井處士秋夜宴集

良辰難屢得，逸興好凭欄。

銀漢雲方淡，金樽露不寒。

團圓明月滿，荏苒素秋殘。

惜此年華晚，回首仔細看。

（井處士蓋白石，爾時白石未解褐焉，所以有此稱。）

觀獵

東門千騎出，西野百重圍。

走狗連麞起，饑鷹接雉飛。

風聲驕殺氣，日色肅寒威。

壯士尚餘勇，彈弦月下歸。

28. 源璵（白石）

送春

春去從何路，花飛處處同。

徒窮千里目，長恨五更風。

歸意蘼蕪綠，離情芍藥紅。

相思無可贈，寄在不言中。

小集同賦庭上未開梅

庭上寒梅樹，枝頭春欲歸。

臨風調玉笛，待月撫金徽。

素艷猶遮面，幽香未出衣。

幸得芳心結，還勝學雪飛。

新鶯出谷

幽谷回陽律，交交拂曙暉。

梅邊經雪度，柳上帶煙飛。

語學玉連鎖，歌傳金縷衣。

禁林春欲遍，何樹不應依。

葛城峯

天上玉芙蓉，五城十二重。

帝畿標巨鎮，神府擁羣峯。

列宿環朱鳥，飛泉掛白龍。

霓旌仙蹕度，時有羽人逢。

（白石自注云，雄略帝獵於此山，而逢仙，事出舊史。）

武庫山

萬仞鬱嵯峨，天兵一凱歌。

玄雲熊耳甲，紫電虎皮戈。

蘋渚沉魂冷，苔碑墮淚多。

年年春草色，何處見銅駝。

吉見里

雉鳴青野外，犬吠翠微間。

桃欲迷前路，桂堪歌小山。

數家機杼動，一水桔橰閑。

每隨明月到，應伴白雲還。

佐野浦

青松綠水濱，花映萬家春。

巨艦浮南浦，高城對北津。

鶴樓觀畫客，鮫室賣綃人。

因想鴟夷子，陶山此地隣。

（葛城以下四首，泉州垂祐堂八詠中詩，此選其半。佐野大賈富室所窟宅，陶山在其東北。）

29. 祇園瑜
螢火

孤飛長信殿，萬斛景華宮。

夕飲芙蓉露，曉流楊柳風。

只應伴岑寂，何必上青空。

隨意清池上，高低西又東。

送藤文鵬

南竄十餘歲，夕鴻又夜猿。

非操銛石志，安得錦衣恩。

驛路連滄海，歸裝照大藩。

明時多俊乂，君去擇卮言。

博多歸帆

霸臺商舶湊，中嶼福山隣。

歌館偏宜月，酒樓別有春。

歸帆懸落日，遠棹指雲津。

爲問扁舟子，陶朱今幾人。

哭石處士

棲棲石處士，名以草書傳。

一灑興何逸，數行醉更顛。

蕭疎秋竹雨，蒼勁古松煙。

逝矣杯中物，羞之不及泉。

（自注云，處士名學魯，號鼎菴，又號集松居士，以草書名世。）

30. 雨森東

歸雁

萬里條風至，雁歸總幾羣。

低飛聲拂曙，高舉影藏雲。
唼藻能諳候，銜蘆巧避紛。
情同弄絃客，目送到斜曛。

31. 服願（維恭）
九月十三夜作
朔風吹木葉，鴻雁復南來。
黃菊秋同老，清樽月共開。
天晴斜漢近，霜落早寒回。
負郭千家夜，砧聲幾處催。
（雖無佳句警聯，氣韻婉暢，有足誦詠者。）

32. 僧若霖
客捨新秋
小樓倚暮天，雨過半簾前。
冷艷芙蓉露，蕭疎楊柳煙。
蜻蜓空欵欵，燕子故翩翩。
舊隱長相望，稻花流水邊。
（若霖有詩名，其徒到今稱之，《停雲集》所載，大抵尖巧傷格，如此篇平暢無瑕，故選錄。）

33. 梁田邦美

碧於亭

梅巷傳芳址，春波撼水亭。

高花巖際白，疊巘檻前青。

暮雨漁樵路，朝霞鳧雁汀。

箕川墟裏近，巢許或來經。

和河間生，秋過楠子墓作

梗楠支大廈，天日炤孤忠。

邱隴薵蒿在，古今感慨同。

駿材思冀北，龍德望隆中。

不見旌旗色，秋花颭水風。

擬冬送人游邊

十月幽并道，客衣何自單。

黃河冰上渡，青海霧中看。

奇策參誰幕，壯心衝爾冠。

臨行晨飲馬，已是窟泉寒。

詠孔雀

飲啄甘蠻瘴，文章萬里傳。

炤山驕翠羽，臨水護金鈿。

荳蔻花間露，桃榔樹裏煙。
樊籠充獻貢，翻似客南遷。

巨川長流，爲會津大夫西鄉氏賦
蓊鬱稽山麓，魚龍噴作波。
九霄通絳漢，萬里配黃河。
舟楫良材在，雲霖美德多。
矧君流水曲，春調發陽和。

34. 桂義樹
辛亥正月，拜三緣山台廟，恭賦
一世風雲會，百年盤石宗。
西征曾破竹，南面更培松。
廟宇鬼神護，蒸嘗侯伯從。
長驚精爽在，園樹似羣龍。

35. 湖玄泰
送熊子孺西上
臨別賦靡鹽，賢勞鬢欲皤。
花殘辭海嶠，葉落出關門。
馬首乾坤濶，鶡程日月多。
風雲遇明主，壯志豈蹉跎。

冬日城南別莊

吏隱應如此，薄言學軸邁。

天寒山影淡，木落夕陽多。

人語隔溪聽，鐘聲穿竹過。

投閑知幾日，吾性素巖阿。

36. 物茂卿

林臥

夏木千章好，況逢三伏天。

披襟風葉底，高枕露枝前。

深映青樽色，斜窺纖月妍。

似惹南柯夢，此心已恍然。

早行

壯心凌曉發，客路不知悲。

爲抱煙霞癖，忽忘筋力衰。

雲戀微白際，海日欲紅時。

立馬千尋坂，悠然惧往期。

37. 滕煥圖

白山雜詠

落日銜山頂，秋風上古城。

曲池驚草色，邃宇供蟲聲。
生路崎嶇出，愁雲睥睨平。
雍門千載淚，目擊更縱橫。

38. 縣孝孺
中秋
淡淡輕雲合，微微素月圓。
不眠過半夜，乍霽仰中天。
陋巷我詩酒，危樓他管絃。
振衣風露淨，獨立意飄然。

江州道中
今年復行役，落日向東州。
津樹春雲合，驛樓山雨浮。
乾坤故壘在，晝夜大江流。
徙倚憐風物，龍鍾獨自愁。

39. 太宰純
贈縣次公
故國重賓師，何人最遇知。
載歸真特典，引見定多時。
席上千金壽，樽前四牡詩。

築臺應不日，莫遣壯心衰。

九月六日猗蘭臺集，賦此奉呈
東閣羣賢坐，西臺太守堂。
金風散積雨，玉露欲重陽。
興至詩皆好，樽開酒正香。
那知布衣客，爛醉任疎狂。

哭撝謙先生
昨日歌梁木，今朝失哲人。
遺書空倚壁，坐席已生塵。
架插如椽筆，窗懸漉酒巾。
從來子平願，已矣九泉身。

40. 平玄中
九日有感
復值重陽至，悲風對落暉。
百年因酒過，萬事出門非。
暮景官情拙，客中心事違。
愴然深自怪，未爲尊鱸歸。

冬日雜詩（八首選二）

山河催短景，雨雪自陰陰。
意氣憐湖海，蹉跎感古今。
酒從窮巷薄，詩入客愁深。
門外無車轍，猶堪稱陸沉。

其二

衰晚負初志，西游事未成。
蹣跚過酒肆，儒服稱狂生。
不是江湖性，寧知魚鳥情。
世間何物是，總比虞人㫋。

41. 服元喬

新霽寄人

開窗新霽好，不復畏寒威。
城鼓乾清響，簾鈎上靄輝。
興來移午枕，病起試春衣。
明日出幽谷，還求黃鳥飛。

酬宇士朗春日見寄

尺素相思字，天涯喜不疎。
陽春無變調，歲月有盟書。

上國花應好，東山錦自如。

此時君且信，吾厭武昌魚。

集飲長藩松浦氏，此日寓目矦園

主人從上捨，守邸自通家。

相引窺齊苑，忽疑游海涯。

臺池棲翠鳥，林木靜瓊花。

更有如澠酒，留連到日斜。

宇土矦凌霄閣雨集探韻

邸第爭高地，凌霄此閣看。

矦家分錦字，賓客飽芳餐。

詩重千秋業，杯深一日歡。

醉來雲霧色，忘卻雨中寒。

首夏松前氏西莊，得青字

林苑宜初夏，相携問野亭。

鳥鳴芳未歇，日霽樹愈青。

對境慚詩拙，當風任酒醒。

看山閑暫得，何似白雲停。

草堂春興（五首選一）

草堂聊寄身，起臥幾回春。
樹長稍來鳥，竹繁宜避人。
自忘雙鬢短，復對百花新。
欲問棲遲意，風光赤水濱。

42. 高維馨

烏山筵席上，贈大鵬禪師

朱邸迎金錫，衣冠入坐忘。
凌波乘折葦，觀日到扶桑。
花雨隨尊者，雄風侍大王。
羞將詞賦戲，妙偈欲爭光。

薐洲雜詩

蕭索薐洲上，閑居近海磯。
誰傳鸚鵡賦，無恙芰荷衣。
煙樹收寒雨，江帆掛落暉。
可憐鷗鳥馴，吾性久忘機。

上巳前一日

先節江亭宴，佳期對碧流。
非關修禊事，還似舞雩游。

水繞桃花岸，春深杜若洲。
一觴兼一詠，明日復何求。

擬秋宵寓直
薄暮嚴城閟，南宮傍紫虛。
商秋仙署肅，甲夜吏人疎。
禁月懸青鎖，樓雲接玉除。
不才慚補袞，明日奏封書。

壬戌八月，江水大溢
洪水侵平陸，橫流混太虛。
東南傾地軸，宇宙半舟居。
濁浪都沉稼，蒼生欲作魚。
已聞乘四載，微禹竟何如。

43. 鳴鳳卿
宿牛頭寺
江城收返照，石逕暮煙侵。
明月來牛首，寒鐘徹鶴林。
天香與風落，仙梵入雲深。
遙夜無人境，堪觀不住心。
（島秘監之詩，余未多觀，近備前湯子祥，錄秘監越中懷古五律示余，其中聯云"十年謀智士，一旦殪強吳。夜月游麋鹿，春風啼鷓鴣。"精巧可稱。惜乎起句字法有瑕，因不收選。）

44. 雍正長
答竹處見寄
天涯朋好少，悵望坐蕭然。
浮雲生海上，病葉下霜前。
故國三秋別，覊心一夜懸。
稍向南來雁，愁看碣石篇。

45. 守煥明
懷仙閣小集得深字
壯會真難得，高談睨古今。
陽春無和曲，流水有知音。
玉斗瓊醬滴，瑤笙仙閣深。
雄風聊可賦，此處好披襟。

（此詩雖非佳境，秀緯五律捨此無所目擊，因錄以存雞肋之意。）

46. 岡孝先
春夜宴友人莊
繫馬花如待，入門月共開。

青山良夜宴，綠野暮春杯。
直是吏人少，能令騷客來。
請君歌一曲，醉舞我徘徊。

春日田家
古道垂楊裏，高低八九家。
斜陽橫麥隴，流水隔桃花。
南畝農初勸，東隣酒可賒。
村村春社散，歸路話桑麻。

47. 木實聞
同諸子分題得武矦廟
鞠躬扶後主，英氣尚如生。
司馬還奔走，木牛不復行。
表文唯涕淚，廟略故縱橫。
祠畔千尋栢，凌霜黛色清。

48. 田良暢
夏日同諸子游國府臺
渡頭煙樹曉，挈榼共乘舟。
兩岸微風起，千山爽氣浮。

誰知移棹去，獨愛濯纓流。
無恙孤帆色，悠悠下總州。

49. 僧原資
里伯龍來訪
青山風雨後，詞客問祇林。
粗訊三乘路，遙論二雅心。
石谿松影亂，花樹夕陽深。
冥契離言道，寥然見宿禽。

佛原有感
貴賤雖區別，終焉共北邙。
生涯封馬鬣，履歷轉羊腸。
碧漢遙黃鶴，空山落白楊。
秋風吹不斷，天地幾滄桑。

鎌倉懷古
浮雲餘霸國，列嶂半祇林。
草木疎風雨，煙波渺古今。
蕭條朝會地，杳渺戰爭心。
似助遷流觀，鐘聲落日陰。

50. 僧元皓

春晚

縹緲煙霞色，倚欄春日斜。

舟藏南浦樹，雲宿上方花。

綠水疑無地，青山如有家。

暮年千里客，將復向天涯。

澱河舟中作

澱河秋漸晚，尚可汎扁舟。

返照紅纔歛，羣山青未收。

犬吠孤村月，燈明兩岸樓。

篷窗疑聽雨，風急一颼颼。

51. 僧圓乘

春日過山寺得鳴字

刹竿天畔立，列樹著花明。

路險雲陰濕，臺平海色晴。

經行隨細草，梵唄雜啼鶯。

殊覺發深省，晚雷幽壑鳴。

52. 僧堅卓
和滕東壁

五柳門前逕，一張月下琴。
賦詩迎夜色，高枕對秋霖。
白日時時鼓，黃昏樹樹禽。
吾廬今咫尺，交好意殊深。

53. 松儀
送田藍田之京師

墻上梨花發，檐低黃鳥飛。
因君鄉國去，霑我別離衣。
春棧杜鵑合，暮店驛樹微。
柳條各折盡，相見獨依依。

春日病懷

二月風光美，三春花柳晨。
乾坤留病客，日月苦閑神。
竹樹鶯啼密，茅檐燕至頻。
可憐芳草地，寂寞不成春。

（松禎卿，木靖恭門人，對馬文學，則宜與雨伯陽并錄。而禎卿詩傳者無幾，如《停雲集》僅載其四首。余作是編，第三卷將卒業，而適得祇南海所手鈔禎卿遺稿，因錄於此云。）

54. 岡島達
送友

青樓送君處，離怨柳條長。

江水陽侯激，山雲神女粧。

征衣經夏換，驛樹入秋涼。

莫道書難寄，南飛雁幾行。

55. 菅晨曜
哭栖伯啓

屈指已十稔，從游幾往還。

交常憐淡水，曲自對高山。

殘夢空携手，遺編猶見顏。

俟巴今逝矣，仍爾鎖玄關。

56. 宇鼎（士新）
偶作

過客未全謝，相逢隱几眠。

玄談終落落，綵筆少翩翩。

時事吾何解，古情人已捐。

此生誰獨往，徒有阮宣錢。

小集得流字

碧天寒似水，萬里白雲流。
鴻雁年華老，酒杯病色愁。
人間居未靜，客至興還空。
潦倒三秋暮，相携懶上樓。

病篤謝來訪諸客

伏枕辭過客，相知或臥迎。
死生憂共切，兄弟義寧輕。
世態寒冰薄，交情愛日明。
春風如得起，携手興縱橫。

57. 宇鑒（子朗）
送人還山

舊業空山裏，棹頭出帝城。
千峯黃葉積，一路白雲迎。
詩卷時名過，泉聲晝臥清。
誰知臨別語，不復世中情。

58. 星野龍（子雲）
山居

澗水仙源近，雲霞物外居。

層崖丹桂古,空磴翠蘿餘。
門對麋麕跡,家藏黃老書。
極知蘭茝佩,不敢易簪裾。

59. 鵜士寧
僧西游不還
不住雲游去,西天回錫遲。
書無空外字,交有世中期。
駒隙歲年過,人間生死疑。
徒勞迷路夢,何以慰相思。

60. 田長溫
秋夜
秋夜長如此,愁人無限情。
月林馧鵲影,露草乱蟲聲。
百歲行將盡,通宵夢不成。
殘燈才耿耿,可競鬢華明。

61. 源敏樹
咸光上人房,觀壁上西湖圖
勝游般若窟,別院望悠哉。
南海窗中盡,西湖坐上開。

龍宮移湧出，鷲嶺似飛來。
滿壁濃藍色，洪流擬渡杯。

62. 石正漪
七夕同集鵲巢亭得浮字
鵲巢今夜會，何用架橋浮。
暫此離城市，非關犯斗牛。
户庭繁白露，村落入清秋。
坐望星河轉，西連大野流。

63. 山根清
露
清夜降宵漢，凝光仙掌中。
玉階聲滴瀝，琪樹綵玲瓏。
曉氣驚鳴鶴，暮寒薄響虫。
吳臺荊棘長，千古泣西風。

64. 林義卿（東溟）
送人之賀州
日域三都外，大邦誰不聞。
文扰千乘國，詩駭萬人羣。
金澤杯邀客，白山雪照君。

賀中雖信美，回首帝城雲。

65. 飯田居謙
龍江汛舟
雨後龍江夕，乘涼青翰舟。

清風晴夜色，明月映潮流。

鷗鳥驚絃管，杯盤滿柂樓。

坐疑遡銀漢，近傍斗牛邊。

66. 瀧長愷（彌八）
月下懷友
離羣千里外，踪跡嘆浮萍。

江上雙鯉斷，天涯孤劍停。

悲風起中夜，明月照空庭。

又值西飛雁，哀鳴不可聽。

67. 秋儀（玉山）
銅雀妓
漳河流不盡，妾思自悠悠。

搖落銅臺晚，凄涼玉座秋。

寵恩爲往事，歌舞感曾游。

西望園陵處，蕭條孤月愁。

鼃泉羣螢，爲觀水翁賦

鼃泉鳴暮夜，螢火集菰蒲。

風到撲難住，波摇看欲無。

路傍堪按劍，衣理忽投珠。

疑是銀河上，離離種白榆。

代簡答鄉人

聞説南山下，悠然出世塵。

松間種白石，竹裏戴烏巾。

日月閑居賦，田園歸去人。

可憐千里外，游子未知津。

68. 井通熙
登白雲山

鬱盤諸嶺秀，寒峽入雲賖。

巖樹低如草，石蓮齊作花。

上方看雁塔，下界到人家。

強欲題名去，夕陽相照斜。

69. 湯元禎（之祥）
春日病中漫成（七首録一）

十年官不調，養拙且酣眠。

病著潛父論,情關客難篇。

啣杯銷白日,撫卷望青天。

國士心猶在,經綸誰復論。

70. 田好銕
以詩代書贈蘭皋師(十五首錄二)

浮雲嗟世事,駒隙過芳辰。

更以無生契,偏親有漏身。

園林花已落,風雨草逾新。

形影空相吊,何時見故人。

其二

稍忘疲頓苦,臨眺又躋攀。

極目平湖濶,入看衆岳低。

歌臺三樹北,橋柳二條西。

空指曾游處,風煙自不迷。

71. 松秀雲
題日間賀江亭

滄波南浦口,孤嶼水中央

山控三河遠,海連五瀨長。

歸檣依斷岸,漁網掛斜陽。

臨眺貪形勝，淹留對酒觴。

野游值雨
野游逢驟雨，蹇步稻畦間。
逃苦寧離苦，尋閑卻不閑。
支藜迷乱草，轉眼失雲山。
向晚荒村路，龍鐘戴笠還。

72. 井鼎臣
至日有感
客中逢至日，煙樹慘斜陽。
酒解千愁結，晷添一線長。
鄉心天外雁，官况鬢邊霜。
歲事看如此，蕭條獨舉觴。

73. 木貞寬
漫興
愛此春光好，漫傾金屈卮。
窮途餘阮籍，流水奈鍾期。
深樹黃鸝囀，疎簾白日移。
不將詩酒趣，敢使俗人知。

74. 千諸成
堂成

豈知城市裏，丘壑趣飜存。
傍竹斜開徑，種花未滿園。
雀羅將設處，鳳字孰題門。
淹側爲何事，病餘對一樽。

月夜懷關西諸弟

武昌今夜月，相照獨披裘。
起指南溟迴，臥看北斗幽。
客身憐短髮，官況戀扁舟。
本識地難縮，愈增鄉國愁。

75. 奧田士亨
夜踰志賀山歸京

行行山不盡，照炬夜歸京。
星點漁舟火，月添旅客情。
柱筇憇林樾，隔嶺辨鐘聲。
一望江湖外，雲煙萬里橫。

76. 谷鶯（士章）
夏日放舟

搖棹春風後，興深詩不孤。
輕衣含水霞，披髮稱江湖。
游必倣棲逸，飲非混酒徒。
歸途已昏黑，螢火散明珠。

山房

三夏讀書地，松枝懸薜蘿。
長霖閑苦竹，墜露走清荷。
雲影移高枕，水音助放歌。
羲皇上世者，我遂不爲多。

77. 那波祐昌
中秋懷芙蓉捨集

西風吹暮雨，東嶺白雲沉。
松竹秋聲起，芙蓉月色深。
興來誰授簡，醉後又彈琴。
多病負良宴，聊同希逸吟。

78. 乾祐直（莊岳）
仲夏喜越中某生來訪

送迎皆在此，情發舊知音。

新荷僅浮水，迸筍未作林。

隱囊供阮嘯，書帙托韋金。

吾子幸來往，慰予遺世心。

79. 岸季英（芳洲）
寒山

千峯懸夕麗，一室翠微中。

谷邃容歸鳥，野悠迷牧童。

飛泉雲外響，清梵坐邊通。

古寺寒山裏，蕭然塵慮空。

80. 春政紹
訪北海先生（爾時余在城南遂初園）

數畝閑園里，滄池與碧苔。

客來時下榻，詩就又勸杯。

好鳥簾前語，幽花檻外開。

淹留我未去，佳興醉中催。

81. 三上義從（宗順）
過水士遜後亭

環樓皆水樹，無日不清涼。
積翠添簾翠，彼蒼水亦蒼。
坐來湘岸盡，吟裏越山長。
同調此經過，復奚期帝鄉。

82. 田溫信（東閣）
宿嵯峩

投宿青山下，嵯峩深竹村。
歡情人幾在，往事月空存。
爽籟清詩思，疎鐘驚夢魂。
寂寥如在寺，夜色鎖柴門。

83. 香國典（太常）
夜泊

雨晴楊柳岸，獨夜駐扁舟。
滄海孤輪月，金波萬里秋。
風從天外起，潮湧島前流。
不寐聞鳴雁，悵然動客愁。

84. 井敏卿（松菴）
送成龍淵歸朝鮮

落日長門口，懸帆赤馬關。

望遥滄海月，夢繞白雲山。

萬里人南滯，三春雁北還。

故鄉何處是，縹緲碧波間。

85. 野公臺（子賤）
智乘院集，得中字（有小引略之）

載酒邀諸彦，池邊倚梵宫。

談高千古外，交熟一杯中。

緑水芳堪採，朱絃曲易終。

嗟予異鄉客，此會幾回開。

其二

蕭寺曾游地，今來熟路通。

相迎高士座，復借梵王宫。

詩酒盟無恙，河山感不窮。

誰知愁阮後，重醉竹林中。

86. 種濟（元民）
同前得杯字

勝游借梵臺，聊勸濁醪杯。
坐隔風塵色，人誇詩賦才。
珠林過雨濕，綠水淡雲回。
久望諸賢會，襟懷一日開。

87. 田明（士亮）
首夏，巖同甫，野子賤，種元民，携饌具，集知乘院同諸君賦，分得天字

詞賦梁園客，相携首夏天。
登廬原許酒，避暑此開筵。
彥會衹林外，良游綵筆前。
斜陽風雨起，應爲駐羣賢。

88. 谷友信（文卿）
同前得青字

叢林涼雨晚，會彥此池亭。
許酒携芳饌，論文倒玉瓶。
龍潭沉鏡碧，栢樹帶煙青。
共待輕陰散，諸天指聚星。

89. 餘承裕（子綽）
同得風字

社地分清切，蕭森古梵宮。

樹深籠氣色，池潤涵虛空。

人憶西湖水，詩驕東海風。

共憐萍梗會，一醉此相同。

90. 山維熊（子祥）
同前得林字

風流朱第侶，移宴借祇林。

捉塵乘清興，觀魚會賞心。

潢池添雨漲，樓榭隔雲深。

江左傾諸彥，斯游見古今。

漫興

柴門何所見，高枕暮雲深。

夙好違林卧，浮生任陸沉。

連城空抱璧，同捨動疑金。

不是青樽興，安知傲吏心。

91. 田景化（之躬）

蓬蒿

蓬蒿城外宅，藜藿野人家。
修竹千竿籜，甘棠一樹花。
潛父常閉戶，長者不留車。
日夕高林上，棲棲無數鴉。

（之躬河內人，少小有才子之稱，死年僅二十。余閱其遺稿，佳篇不少。又有田黃裳，字處文亦河內人，學詩宇士新，才名頗著，亦早沒。余閱其遺稿，絕無佳作，因不及收錄云。）

92. 福尚修（承明）

兼葭堂集

相逢湖海上，交熟任吾疎。
人醉三春酒，家藏萬卷書。
繞樓山色秀，傍水月光虛。
招隱非難賦，幽情本有餘。

（承明家翁，名剛字百鍊，爲醫浪華。承明幼而穎異，長而才名煥發，死年三十四，無有兄弟。家翁有詩哭承明，悲酸不忍多讀，亡何家翁亦病卒云。）

93. 僧宜牧
夏日臥病

西方爲客地，伏枕謝津梁。

世界思三藥，禪房置一床。

歸心何黯澹，狂態動飛揚。

強促登臺興，慇懃望故鄉。

94. 僧寶性
寄夢澤君

伏枕青春日，聞君解綬歸。

鳥窺移柳地，童待映花扉。

探勝支公馬，舞雩曾點衣。

昨宵芳草夢，相引到漁磯。

95. 僧圓照（普明）
僧房看花

山上尋禪窟，林花檻外開。

非關天女送，偏任遠公栽。

色映金身動，香連仙梵來。

爲耽塵外興，昏黑未知回。

日本詩選卷之三 終

卷之四

平安　江村綬君錫　著
姪　清勲　公績
受業　永田忠原俊平　同校

五言律下

1. 武欽繇（梅龍）

登南叡岳

晴景登高好，馳眸千里悠。
遠江煙際白，羅象畫中秋。
蘭阪入雲峻，桂山含日幽。
蒼茫平楚裏，處處梵聲流。

夜過逢阪

逢關山夾阪，一路月光明。
人影過松影，葉聲迎雨聲。
天吞淡海濶，雲吐朔鴻橫。
夜色秋無限，西風羈客情。

2. 服天游（蘇門）

游和歌浦

壯游南海上，秋色滿蒹葭。
風捲松根露，潮來鶴影回。
漁村舟作市，神島玉爲沙。
更見宗藩地，煙霞幾萬家。

春游仁和寺（寺舊寬平帝離宮）

此地尋芳好，離宮即梵宮。

華幢雙阜北，繡幕五雲中。

花影人顏醉，山光鳥語工。

更知靈囿樂，千載與民同。

送某生歸隱鄉裏

十載青雲志，一朝拂袂歸。

早花隨去馬，殘雪照征衣。

荒圃堪抱甕，故山好采薇。

更憐潘岳拙，裁賦侍慈闈。

3. 伊藤縉（君夏）

將赴東都（三首錄一）

花後頻多雨，綠陰入夕晴。

旅游隨日逼，客意在家生。

開筐燒書札，檢方錄藥名。

關東還往慣，不復算行程。

踰薩埵嶺

九折盤林杪，回頭遠近晴。

河流歸海白，岳雪接天明。

斷壁潮爭濺，懸崖樹倒生。
登臨思不已，況復幾年情。

七月二十一日雷雨
黑霧乾坤合，狂飈城欲摧。
迅雷驅雨至，落電截雲開。
萬壑蛟龍鬭，千山魑魅哀。
儵然天色霽，涼氣滿樓臺。

和雪鼎上人箕山瀑布作
瀑水青冥落，松杉斷壁開。
千尋分日月，萬古吼風雷。
妙偈偏奇勝，真游自異才。
知君雲霧裏，盂鉢蓄龍回。

峽中（越前道中）
登登山更合，積翠映征衣。
獨鳥驚人起，孤雲觸馬飛。
溪回泉脉亂，地瘦麥芒微，
絕嶺樵歌響，不知何路歸。

4. 伊藤善韶（忠藏）
寄題三原妙正寺
海西名刹在，鍾秀擬蓬瀛。
日月寰中瀾，雲煙畫裏清。
朝宗流水遠，拱揖攢峯晴。
若得四難并，能令杯酒傾。

5. 芥煥（彥章）
依竹堂集
青天含雨色，雲物自淒然。
一榻移花下，千竿繞酒邊。
人間多樂事，仙境眇遐年。
向晚林風響，驚吾醉後眠。

首夏再游依竹堂
春至憐花發，重游坐綠陰。
標梅敷細草，新竹住幽禽。
亭近青山趣，客同白雪心。
含杯消永晝，臥見夕陽沉。

6. 柳美啓（子明）
春日雜興（十首錄二）
輕風吹散髮，沐罷下庭陰。
桃有田園趣，松無冷暖心。
壤泉求易足，市井隱非深。
陋巷前賢樂，欲從此裏尋。

其二
連日阻風雨，名園花發時。
既違華頂約，又後仁和期。
蜂蝶應嘲我，冠童欲附誰。
古人嘗已嘆，四美易參差。

7. 渡守時（南平）
季冬和田雨龍
凜凜寒威重，病軀苦季冬。
殊因塵事劇，自失勝情濃。
欲報來書意，如何揮筆慵。
早迎春徑暖，蓬門待吟筇。

8. 清絢（君錦）

詠菊

商飆催落木，秋菊見時芳。
蕊奪黃鸝色，枝含翡翠光。
瀟湘堪獨往，彭澤好相將。
沉酌多幽賞，并生春酒香。

次駒峯和尚見寄韻

泉谷勝因在，舊盟情自依。
卜隣來近市，携友叩深扉。
妙偈清塵眼，玄風颯絺衣。
仍將茶事静，歡坐送炎暉。

9. 皆川願（伯恭）

秋雨漫成

高閣秋陰迴，斜陽欲到難。
雲兼羣雁去，雨向積煙看。
籬菊含香晚，池蓮抱葉寒。
輕愁纔倚酒，未敢玉杯乾。

10. 那波師曾（魯堂）
北海先生見枉次韻奉謝
村捨多幽意，春雲鵲一飛。
文章雕漢雋，富貴附秦肥。
落日紅梅塢，輕風白板扉。
莫嫌家釀薄，好自醉題歸。

11. 宮奇（筠圃）
游仙游巖
曲磴躡雲上，途窮望豁然。
回頭都絕壁，穩坐是中天。
襟抱曠披霧，詩情湧若泉。
不須問芝术，偶此擬飛仙。

12. 僧全統（大圭）
大堰清流（嵯峨十勝之一）
西堰一條水，微茫入遠眸。
煙中半橋斷，晴後幾舟浮。
不聽潺湲響，只看繚繞流。
天涯斜日影，過雁落何洲。

13. 僧承堅（翠巖）
真浄花雲（同上）

中庭花正發，風静有餘芳。
不作三春雨，唯垂一塢雲。
亭臺晴縹緲，簾幙暖氤氳。
應爲主怡悅，留連帶夕曛。

14. 僧令椿（湛堂）
春月

山月四時好，春宵最可憐。
光清送回雁，影澹促啼鵑。
花塢籠香霧，柳塘浮翠煙。
自無霜露冷，坐到五更天。

15. 龍公美（草廬）
中秋無月

蕭條三五夕，煙霧鎖秋城。
不見姮娥影，徒聞蟋蟀聲。
孤燈遙夜暗，四壁早寒輕。
多病文園客，轉教白髮生。

三橋客樓飲賦得明月滿前川

共醉江樓月,倚欄夜色遙。

水明浸兩岸,霜白滿三橋。

應見洛神舞,堪聞秦女簫。

詩成欲歸去,清影轉蕭蕭。

答尾陽西河生見寄

秋鴻天外落,忽得數行書。

畫本曾知爾,詩今足起余。

農桑高士業,江海病夫廬。

自此思同好,莫教音信疎。

書懷

擾擾紅塵裏,十年寄此生。

自憐狂者態,誰識腐儒名。

形骨因詩瘦,囊錢爲酒輕。

江湖今孔邇,何意負鷗盟。

16. 孔文雄(世傑)

還自浪華

浪華城下水,歸客此楊舲。

日落棉花白,江澄蘆荻青。

垂綸應我友，傍竹問誰亭。

知是家人輩，携來炬一星。

（自浪華還河內，身中景況寫得如畫，但結末輕佻失體。世傑詩才輕妙，而規度不密，往往有斯疾，可惜耳。）

17. 兒臧（楽郊）
野望

烏紗時一岸，薄暮步城陰。

南浦寒雲卷，西山爽氣沉。

江湖仍嘯傲，雨雪又悲吟。

爲聘冬郊望，轉知沮溺心。

18. 鳥宗成（宇內）
春日郊行

行藥春郊外，盤桓欲夕曛。

僧歸巖際寺，帆隱渡頭雲。

殘雪千崖窄，新花兩岸分。

茫然迷故路，城鼓隔林聞。

題友人田廬

新卜田間宅，柴門常不開。

清風三徑竹，綠水半巖苔。

麋鹿朝攸伏，牛羊晚下來。
願辭塵世累，琴酒此徘徊。

冬夜得家書
老去歡娛少，病來記憶疎。
鐘聲棋散後，雪片酒醒初。
孤影燈前淚，一封筒裏書。
平安題兩字，忽使客愁除。

仲冬集松濤樓
松濤樓上月，隱見使人憐。
悽愴會今夕，依稀憶往年。
梅花長至後，雪片大祥前。
鳳吹仙游去，何時還洛川。

合神童患痘疾，詩以訪之
九歲詩書業，芳聲闔國飛。
神靈應有護，痘疾預知微。
三五明星點，團圓紅玉輝。
浴湯何日是，共詠舞雩歸。
（神童廉王長子，客歲余游浪華，住子琴家。廉王提攜來謁，席上勒韻揮筆詩成，時十歲云神童之稱不溢美。）

19. 田章（鳴門）
題畫

心在湖山上，躊躇水一涯。
氣晴如鳥喚，峯斷爲雲埋。
遠樹斜藏墅，細流纔没鞋。
宛然摩詰賞，勝槩不吾乖。

秋山寄興

未爲採芝客，登屐一簞瓢。
墜葉人家錦，偃松山澗橋。
鹿鳴應笛到，雲影和歌飄。
過寺題盤石，恐傷霜後蕉。

20. 僧顯常（蕉中）
七夕作

天上二星會，人間一葉秋。
炎雲收北郭，爽氣動南樓。
樹影迷烏鵲，日華帶斗牛。
興來橋畔步，恍似絳河游。

游永源寺（十首録一）

浮生無伴侣，山水有良緣。

曲岸疑窮路，危峯欲上天。
澄潭藍可染，殘葉赤將然。
落日樓臺上，徘徊感昔賢。

哭宇士新先生（十首錄一）
萬古文章道，憑君且可求。
功名湮一代，慷慨轢千秋。
紫氣忽相失，白楊黯自愁。
寥寥子雲宅，非復問奇游。

21. 僧敬雄（金龍）

登飛雲閣
飛閣層層壯，雲梯裊碧空。
平臨星斗上，下見帝城中。
四郭千山合，抱都二水通。
春風倚欄夕，坐覺入天宮。

某莊蓮池
蓮池淨如鏡，迎客此開筵。
珠散葉間露，香浮花際煙。
游魚吹浪出，馴鳥近人眠。
濠濮情無限，并凭曲檻前。

22. 服元雄（仲英）

好雨知時節
恰好如絲雨，園庭擁晚陰。
風斜花際灑，煙濕柳邊深。
似解添佳色，寧無愜賞心。
芳時此相及，終日助幽吟。

春日郊行，值雨，過丈人莊
曳杖衝泥濘，郊天望轉迷。
春衣霑細雨，徑竹傍幽棲。
下榻携棊局，呼童命黍鷄。
回看踏青處，煙暗野橋西。

感春
今春重作客，去歲一還家。
復值風光好，轉憐關路賒。
斷鴻迷暮雨，芳草遍天涯。
故苑終無主，空開桃李花。

23. 劉維翰

草堂春興
放歌耽野趣，藜杖憇莓苔。

竹影侵書帙，鳥聲隨酒杯。
斷橋濃樹外，虛廊白雲隈。
一夜山中雨，小園花盡開。

送人歸南紀
似得沉冥意，杳然隨斷鴻。
人歸寒食後，春盡落花中。
熊野迷滄海，龍門倚碧空。
知君耽勝絶，況復賦辞工。

24. 松崎維時
遷接
客捨神門北，棲遲已五年。
移居公館下，益近鳳城天。
春動朱樓雪，花明紫陌煙。
偷閑憐景象，退食意茫然。

同井子慎君璋，郊行尋花
不向西郊路，參差十載餘。
同游人已異，舊賞路還虛。
老怯春衣薄，疲知酒力疎。
白頭插花蘂，笑問意何如。

其二
古寺穠花外，空亭密竹間。
此鄉稱日暮，幾客探春還。
倦鳥鳴相喚，歸雲意自閑。
微名慙小草，早晚向東山。

25. 紀德民（平洲）
題羽處士隱居
地勢西郊路，幽人此買山。
茅檐低樹裏，苔徑入花間。
白日看將夕，春禽聽轉閑。
況君玄理妙，戀賞不教還。

送人游宇治
地形幽厄道，一路翠微重。
夜色長橋月，秋聲古寺鐘。
高僧餘梵窟，女史見王蹤。
君去含毫處，誰如藻思濃。

26. 南宮岳
春日同子元太一郊游
數里城西路，相攜步淺沙。

村橋吟倚杖，古寺迥尋花。
雲霽孤帆出，林開萬嶺斜。
不妨留賞久，我意在雲霞。

秋日河村右中山房
秋郊多廓落，別墅傍江湍。
地有桃源似，人爲栗裏看。
寧知秦與漢，唯種桂兼蘭。
幽事携餘興，啣杯到日殘。

27. 僧净壽（終南）
移居東皋
紫陌紅塵密，青山白社疎。
門無車馬客，室有古今書。
笑傲風雲色，優游歲月徂。
東皋間若此，西嶺復何如。

酬丹公
傲放林邱上，逍遥曠野問。
蝸廬僑捨似，鷗鳥客心閑。
花樹春幾遍，柴門畫不關。
留歡故人意，指點暮雲還。

28. 僧元明（悟心）
賀龍文師住南山

文翁化蜀日，支遁買山時。
雌伏原吾輩，雄飛非汝誰。
夜談少林意，晝採商邱芝。
自愛巖阿裏，津梁且莫疲。

29. 赤松鴻（良平）
春盡有感

又逢春色盡，偏感昔時游。
久客年年老，飛花處處愁。
風塵留短髮，世態付長流。
起見新林綠，煙霞落日浮。

馬山客捨，悼館主人失偶

紅幃人忽去，芳草露空流。
澗水咽危石，山雲覆故邱。
鳥啼春夢散，花落夕陽愁。
猶想溫泉上，時從女伴游。

（悼人喪妻妾詩，如此點綴，亦自感愴，過此求巧，往往褻慢失體，余所不取。）

30. 赤松勳（大業）
途中晚眺

停鞭試一望，落日没長河。

樹帶秋陰暗，雲含暮色多。

疎鐘和牧笛，繁杵雜村歌。

所得非吾土，踟躕奈晚何。

31. 近藤篤
賦得野無遺賢

物色江湖遍，廟堂俱俊賢。

神龜開禹範，瑞鳳舞堯天。

嘯絕蘇門月，田荒鄭谷煙。

猶思養文豹，隱霧待他年。

32. 井潛（仲龍）
夜飲得佳字

柳絮垂當户，江流綠映階。

談隨牙後慧，酒使體中佳。

夜飲雖無量，春宵奈有涯。

好將明月色，成贈入君懷。

春雨中，山陽客捨，送人從矦駕東歸
春盡城南路，憐君歸我鄉。
一舃留絶域，千騎向東方。
山共回腸遠，江隨極目長。
淚痕知幾點，和雨濕人裳。

33. 澤貞雄（平藏）
木曾道中
岐蘇三百里，出没白雲端。
駒岳羣峯峻，鶩湖萬傾寒。
峽中花未發，巖際雪猶殘。
駐馬危棧上，行歌蜀道難。

34. 度會未雅（雅樂）
春日閑居
散步閶門外，煙霞一道通。
連橋春草緑，映水晚花紅。
但恨幽閒賞，殊無友侶同。
偶看禪宇入，杖底夕陽空。

暮春游威勝寺
林坰親杖屨，蘭若暫逍遙。

未了三車喻，先知百慮消。
階閑苔漠漠，春盡樹蕭蕭。
幽賞吾曹在，時時故寂寥。

35. 高蘗（君秉）
爲原公俞悼內
不待秋風起，摧殘連理枝。
鼓盆應當哭，舉案憶齊眉。
香爐無魂返，幃空有月窺。
安仁徒抱膝，意唱悼亡詩。

36. 岡思潛（孔彰）
長嘯
長嘯翛然起，誰同偃臥心。
遠林生雨氣，啼鳥訴春陰。
常抱山泉賞，況兼絲竹音。
新詩足淘寫，古調試高吟。

37. 副士定（保卿）
擬月夜上省中樓
冠帶登高閣，千門夜寂寥。
金階浮皎月，玉漏肅嚴宵。

華露凝仙掌，天風響鳳簫。
憑欄聽廣樂，轉覺切雲霄。

十七夜諸子過飲分得七陽
月占三秋色，晴添一段光。
連陰既見妬，少缺亦何妨。
雲盡銀河近，樽開桂子香。
恒娥殊未瘦，窈窕入新章。

38. 江村秉（愚亭）
游霞谷真宗禪院
籬花露未晞，林葉漏殘暉。
鶴迎居士杖，蟻上比邱衣。
始覺真宗在，須知假諦非。
歸到山門外，雲鐘下翠微。

同諸子賦秋雨得十四鹽
秋陰暝日色，徐見雨纖纖。
湘浦鴻書滯，巴山客袖霑。
無聲穿密竹，有氣透疎簾。
漏濕貧家苦，待晴葺敗檐。

39. 柚木太玄（仲素）

巫山高

十二連天起，峯巒望壯哉。

灘聲三峽轉，山勢百蠻開。

翳日朝輝暗，怱風暮色哀。

欲尋行雨跡，雲斷碧崔嵬。

秋日陪花山右丞相，游淨妙庵

鷹峯禪寂境，幽徑草間斜。

地設三台座，門留一乘車。

風前丹壑雨，雲外赤城霞。

月綵將催處，逾憐夜景加。

40. 端隆（文仲）

小倉堤歸途值雪

漠漠湖雲色，霏霏帶雪飛。

折蘆風拍岸，起雁草粘沙。

漁舫煙中渚，酒旗橋畔家。

窮年餘小景，歸路不愁賒。

送高維亭歸省

春風傳喜報，新歲促行裝。

雲盡吟鞍穩，梅開負笈香。
鶯應迎久客，椒好頌高堂。
重就家園樂，難奔翰墨場。

41. 合離（麗王）

石動山（在能登州）

高林曳筇進，弔古切緣攀。
海表天平寺，雲根石動山。
百年兵火後，十里戰墟間。
欲就僧房語，安居百日閑。

終南悟心二禪師，并隣結廬，因贈

并隣方丈室，道德亦何孤。
爭馥華生鉢，比明衣出珠。
論寧龍馬讓，詩不支休殊。
憶昨雙飛錫，後先卓有無。

42. 葛張（子琴）

晚秋野望

植杖西郊外，秋天靄乍陰。
草枯無放犢，菓竭有饑禽。
紫翠雨餘嶺，紅黃霜後林。

未窮千里目，渺渺暮煙深。

端午後一日，芥彦章見過，留酌
風煙堪駐客，落日一層樓。
綠樹連中島，青山擁上游。
採餘河畔草，競罷渡頭舟。
不但殘樽在，簾櫳月半鉤。

43. 岡元鳳（公翼）
抵松尾村宿夕霽菴（二首）
松尾村何處，寒山十數家。
尋籬秋菓熟，叩戶暮煙遮。
樽乏茅柴酒，瓶凋野菊花。
所期霜樹賞，夕霽一峯霞。

其二（松尾村在若州，非京師之西者）
繩床衣且薄，夜冷草菴眠。
身在白雲上，夢回青嶂邊。
山村無鼓報，溪寺有鐘傳。
曉起開窗坐，負鋤人向田。

十月五日，同倪高二子，游高雄

幽意千年寺，清音辨古鐘。

鳥歸林景薄，煙合暮山濃。

橡實拾相後，楓枝折且從。

崎嶇未全下，鈎月在中峯。

（五六游高雄光景，寫得若畫，全章亦勻稱，可謂作家矣。）

44. 賴維寬（千秋）

過子岳

偶然相契濶，明月幾虧盈。

花柳皆陳跡，詩篇獨舊情。

狂歌閱世態，酣醉嘆浮生。

文酒今宵宴，爲能尋社盟。

春初過子琴

留酌歡仍舊，新年下榻初。

悶猶因酒遣，興自有詩舒。

暖景堪行樂，春流好坐漁。

主人情不淺，柳月影扶疎。

45. 賴惟疆（千齡）
閑興

何處宜吟步，林間且水邊。

斜陽鴉認樹，殘雨竹浮煙。

耽句消長日，看花惜少年。

病身無別事，煮藥汲前泉。

46. 西川泰節（白水）
春日山行得時字

匡廬春欲半，林壑傍行移。

何寺鐘傳處，下方花落時。

瀑侵青荔掛，日與白雲垂。

個裏多仙跡，歸途向晚遲。

47. 建孝銑（澤夫）
觀德堋（市橋侯偕樂園十二詠中名題）

昇平多禮射，貫革事長休。

揖讓觀衆耦，優游擬四鍭。

鷺翎何没鏃，柳葉欲凝眸。

瞿圃當年士，饒佗縱去留。

調馬垺（同上）

良馬驪黃外，健兒馭得馴。

軀馳元有範，走過總無倫。

汗血應霑地，街衢不起塵。

王家豪貴客，金垺徒誇人。

（二題俱不易賦，而工縝整齊，語有來歷，所以爲佳。）

48. 福嘉貞（士標）
宿山家

草屋空山裏，柴門雜樹陰。

秋容岑月小，風色潤煙沉。

偶到幽清地，頓生棲隱心。

靜聞松子落，不厭夜更深。

49. 大江資衡（玄圃）
奉陪大納言菅公游西王寺

五雲開香刹，佳氣滿庭隅。

寶地迎冠蓋，瑤杯醉醍醐。

園香梅已發，竹密鳥相呼。

竟日陪歡樂，春風興不孤。

50. 村漸（中漸）
移居

書劍纔容膝，賃居便我家。

小窗愁負月，尺地苦無花。

尚植王猷竹，未隨李願車。

終焉豈遑恤，一日是生涯。

51. 平信好（盧門）
客中

行路東風裏，春光日日移。

江晴帆影疾，山暝馬蹄遲。

感物鄉愁切，臨高客淚垂。

故林千里外，遙恨過花時。

52. 石川貞（太一）
秋雨夜，懷長崎縣伯壽

山河秋雨夜，柝斷覺更深。

木葉飛無影，溪流靜有音。

孤鴻冠嶂外，遠夢鶴洲潯。

縱使同蘭臭，何時語斷金。

53. 岡田挺之
江津

舟船沙岸外，樓閣水煙中。
詩景多相似，會心即不同。
山光連夕照，江樹引微風。
杖策時回首，長天有斷鴻。

54. 林文肅（敬夫）
天然寺

晚尋城外寺，咫尺遠塵氛。
窺相諸天月，論心一片雲。
竹深人語響，江近棹歌聞。
爲愛幽閑地，徘徊到夜分。

55. 僧惠寶（雪鼎）
歷栗殼嶺

山郵高鳥道，雲霧上崔嵬。
北陸行人少，越中旅雁回。
岳雪經春減，林花向夏開。
梵宮深樹裏，靜慮此間催。

56. 僧慈周（六如）
夏日寓懷
香城花已落，遠野麥將秋。
雲結奇峯出，雷隨片雨收。
人情諳變化，世諦有沉浮。
借問膏粱客，寧無杞國愁。

57. 源義宜
夏日漫成
寄傲南窗下，睡眠長夏時。
夢尋蝴蝶古，風想虞絃遺。
琴酒任生好，劍書奈歲移。
何知城市裏，種種滿頭絲。

58. 源義根
冬夜宴高言守宅
綺筵今夜會，列燭照高堂。
絲管歌如湧，杯盤興正長。
樹疎寒落月，風動下微霜。
酣醉歡何極，隣鷄不復妨。

59. 山良由（蘇門）

聞箏

鳴箏垂柳裏，三奏坐紅樓。
風靜歌逾曼，窗深調轉幽。
纔將雙手巧，能起幾人愁。
曲罷時回首，簾前月似秋。

60. 藤共建（子樹）

寄懷源少卿

聽鶯懷故友，見雁寄新詩。
花促離居淚，雲追日暮悲。
論文知爾壯，作客嘆吾衰。
借問春園翠，尊前共賞誰。

和袁希寔寄贈之作

大藩才子滿，獨有故人名。
未得黃金諾，先知白璧情。
混塵衣不染，裁雪和難成。
多謝斯歌曲，餘音及我生。

61. 本多成要（左門）
早行

客路經千里，高秋尚早行。

天懸殘月淡，山引曙光明。

不雨征衣濕，履霜驛馬鳴。

憑陵平且氣，暫散故園情。

62. 榊原敬之（幸八）
初冬游狛太夫別墅

登樓回白首，山水似期人。

幽賞逢閑日，留歡醉小春。

遠村晴曝稻，前岸暖流薪。

農事原相憫，誰思借寇恂。

（太夫園中有農日樓故云）

暮春書懷（有小引略之）

鼓盆歌未闋，時節坐因循。

寒食花殘雨，旅裝鳥促春。

家計依老母，服飾托新人。

日永纔成醉，關山夢愴神。

63. 下川貴慶（貴一）

夜

高峯收返景，棲鳥去啾啾。
清興都依月，閑情自在秋。
涼生槐露滴，夜靜草虫愁。
詩就聊方適，更深獨倚樓。

郊居

環堵稀人到，自然幽意生。
鶴當蘋渚立，鹿傍竹園行。
九夏紅塵絕，三秋爽氣清。
不知何處寺，雲外暮鐘聲。

64. 江思齋（省卿）

避暑

爲嫌城市熱，江閣遠相尋。
涼逐歸帆至，暑隨夕日沉。
波光開鳥影，雨色迎秋陰。
更有蘭舟興，滄浪鼓枻吟。

65. 源敏（東溪）
寄懷田子亮

爲問先生柳，近來栽幾株。
隱淪逃薄俗，浪跡學潛夫。
歲月新詩句，河山舊酒壚。
何時二三子，重與醉江湖。

岐岨道中雜詩（十首錄一）

秋風吹落葉，蕭颯雨紛紛。
斷岸斜懸棧，前途半入雲。
行軒依水去，伐木隔山聞。
欲問漁樵意，林深路不分。

66. 內田士顯（長卿）
歲暮吟

結髮誦墳典，箕裘終業醫。
辛從諸子後，復辱太夫知。
酌酒青氈坐，揮毫白雪詞。
生涯如此足，賤役曷還悲。

67. 中島徽樸（子淳）

湖上

片雨過湖上，涼風入小亭。

松窗吟月客，竹徑點衣螢。

處處漁歌答，時時荷氣馨。

不嫌村酒薄，屢共叩紫扃。

（子淳嘗有題瀨田橋詩云，水色兼山色，大橋連小橋，寫景甚切。今失其全章，以故不錄。）

68. 乘竹良弼

月夜獨釣

木落秋江冷，月明宿鳥閑。

一竿坐磯石，十里對青山。

未應熊羆兆，自安鷗鷺班。

任他魚得失，自勝在人間。

69. 櫻井良幹

送中村正謙歸泉州

故人辭北極，歸路向南薰。

河內封疆接，泉中道路分。

馬牛何不及，雞犬自相聞。

詩禮趨庭日，知君轉好文。

70. 福謙（益夫）
洛陽客捨，喜柚仲素過訪

寥閴虛堂夕，一杯把向君。

鐘聲霧中寺，月色嶺頭雲。

移席鴨河近，捲簾叡岳分。

忽聞歌古調，楓葉落紛紛。

71. 內山之明（栗齋）
中秋

乾坤秋已半，圓月欲斜初。

對影須相惜，占光恨有餘。

興只隨坐臥，感自屬居諸。

曉漏縱催去，桂尊莫使虛。

72. 隱秀明（士遠）
春日游某氏別業

幽莊溝洫外，落日透林煙。

啼鳥飛花裏，游魚垂柳邊。

青山行處在，白水自相旋。

野老休爭席，無人不可憐。

73. 平九齡（壽王）
贈某故人

彼美清江上，一朝賦卜居。
芙蓉秋水佩，鴻雁暮雲書。
蘆月鳴榔後，蘋風垂釣初。
漁簑堪避世，幽意近何如。

74. 岡豹（君章）
阿波客中雜詩（十首録一）

悲哉搖落候，天地氣蕭森。
積雨川光暗，重雲山色沉。
鴻音秋欲盡，木葉晚逾深。
何耐楚臣意，還爲越客吟。

75. 飯田美允（玄野）
高津春望

故都遺廟在，春滿萬人家。
雲外暮山遠，風前弱柳斜。
浦煙籠白水，鳥影帶紅霞。
誰思布衣客，登臨獨嘆嗟。

76. 北山彰（元章）
寄懷小野耘業在平安

琴酒相思切，醉來曲更新。

高山情未薄，尺素語偏親。

下榻空終歲，歸舟只待春。

白河流水上，知己有何人。

77. 篠應道（安道）
送田夢鶴還秋田

離筵長夏夕，匹馬向風鳴。

三越雪全盡，重溟波始平。

羈身無善計，違世有交情。

聽汝蒯緱引，蕭蕭起羽聲。

78. 小山儀（伯鳳）
鳥羽道中

弔古離宮外，城南大道分。

馬邊蝴蝶近，天末杜鵑聞。

日照他村雨，風驅遠浦雲。

春光可怡悅，旅思不紛紛。

79. 武谷泉（六甲）
夏日村居

午枕陶家興，小窗對素秋。

三杯甘薄酒，五月任披裘。

雨意蛙聲亂，夕陰螢火流。

村居只偃蹇，孰與一沙鷗。

80. 僧淨芳
川口汎舟

不是天嗔河水，人疑上九霄。

塵襟茲蕩滌，仙樂已飄飄。

斜日分城闕，層波通海潮。

欲探明月璧，一掬撼星杓。

81. 伊藤榮吉（士善）
將赴有馬舟下漠河

舟行百里程，秋色滿天清。

皎月山容麗，金波樹影明。

推窗漁火點，回棹宿禽鳴。

半夜眠難就，吟詩共友生。

82. 巖垣彥明（亮卿）
溫泉寺
石磴瑠璃色，高懸慧日明。
鯨音搖壑冷，藥樹滿庭清。
燈照千年剎，泉靈萬國名。
來游仙佛境，換骨一身輕。

石山寺
山石奇蹤古，湖雲梵閣懸。
門依青嶂設，僧對白鷗眠。
八月吳江水，千年湘竹煙。
自堪觀世外，不必問安禪。

83. 久保信行（君利）
次韻子淳（子淳住大津）
杖履尋君宅，俱憑湖上樓。
文章同臭味，杯酒舊風流。
雨濕閑棲鷺，煙晴出釣舟。
不須非土感，一醉氣千秋。

84. 永田忠原（俊平）
雪夜訪友

江山雪初霽，百里布瑤華。
試步柴門下，放舟野水涯。
淡雲度鴻雁，缺月上蒹葭。
風詠興何盡，直應到戴家。

85. 早苗三寧
題壁

風雨千山暮，乾坤一葉秋。
悲哉難作賦，卒爾易生愁。
天末家書隔，世間友道休。
范張終不至，雞黍爲誰求。

86. 清勲（公績）
北野探梅

獨欲探春信，梅花北野陲。
清香風外冷，疎影月前奇。
暫駐烏藤杖，微吟白雪枝。
寄言酒樓笛，今夜不須吹。

87. 今大路源浦
懷讚州妙高文

渺渺天南郡，悠悠寄所思。
海山千里別，風雨一秋悲。
縮地元無策，寫心但有詩。
孤燈耿殘夜，正是懷君時。

88. 畠中正盈（寬齋）
岐岨道中

古城芳草沒，誰亦勒功勳。
關樹多含雨，潭煙半作雲。
巖欹隔泉脉，峯聳轉星文。
一夜投山驛，清猿入夢聞。

89. 餘公瑟（伯玉）
除夜

除夜寒燈下，尋思笑此躬。
素琴稀所值，綵筆一無功。
世路風波險，人間日月空。
今年看又過，早晚出塵中。

90. 鎌田鵬（玄珠）
歲暮
歲月悠悠晚，客愁續續新。
應知行樂地，不屬遠游人。
活計三杯酒，生涯一葛巾。
可憐將落魄，明日復遇春。

91. 僧魯洲
夏日偶成
多病苦炎熱，蕭然坐草堂。
蟬聲當户噪，松吹隔溪長。
庭際年年蘚，案頭日日香。
與誰言此意，瞑目到斜陽。

92. 僧實聞（莖菴）
游山寺
曲磴山門古，幽尋倚杖藜。
白雲秋色澹，金磬夕陽低。
松老橫高閣，楓落照一溪。
寥寥無客到，獨向壁間題。

93. 度會末顯
夏日遡宮川

稍識仙源近，柴門處處幽。
桔橰依獨樹，鷄犬隔清流。
竈有丹砂伏，崖看瑶草稠。
人間若可謝，此處是玄邱。

94. 荒木田興正
仲春訪正木見龍

尋訪櫛川曲，行行綠水邊。
莓苔印轍跡，篁樹隔人煙。
遥逐蘇門嘯，近思谷口賢。
幽棲知不遠，鷄犬敗籬前。

95. 片岡承行（子順）
首夏漫興

忽驚朱景至，筇杖出林東。
堤柳全遮日，池荷漸動風。
詠歸春服後，回望夏畦中。
還向昨游處，落花一徑香。

96. 馬島安榮（君用）
雪中尋梅

欲問春消息，試尋雪後梅。
要看一朵綻，忽迎千株開。
和月色難辨，追風香暗來。
青簑兼瘦杖，行盡水之隈。

97. 河合維修
中秋無月和答田生

浮雲千里合，遺恨各天生。
不見明珠色，空聞清漏聲。
孤燈催睡暗，斗酒與誰傾。
只有西風落，坐來傳鹿鳴。

98. 山英
白鶴老人集得長字

金花纔咫尺，邃坐白雲長。
松暗應棲鶴，石搖欲叱羊。
閑中人不老，醉裏卧何妨。
偶入游仙境，薄言對渺茫。

99. 山處和（其一）
送金龍上人還京

西天歸路迥，蘭若赤城陰。

苔滑承趺坐，松高和梵音。

華山繞寶地，白水抱珠林。

一片浮雲色，看君不住心。

100. 朱義（君宜）
滄洲書至，云，還自海西，今在京師，寓於法泉寺，贈此促歸

忽傳西土信，抵掌喜何如。

浮海探仙窟，游京託佛廬。

千山三伏日，萬里一行書。

爲報相思切，那能長索居。

101. 高浚（士明）
夏日訪觀上人

化城三伏日，山樹綠陰深。

幽鳥巢虛閣，暮蟬噪密林。

微風薰法席，迸水滌煩襟。

淹坐忘炎熱，轉論世外心。

102. 佐伯樸（季艓）
客中秋雨

九月看將盡，無衣客未歸。

江天雲漠漠，山路雨霏霏。

鴻雁聲逾亂，梧桐葉已稀。

獨斟小亭酒，更覺遠游非。

103. 松山猷（子楨）
秋夜有感

陰雲天地暗，伏枕自凄其。

寒雨撲窗夜，亂蛩近砌時。

貧交無舊態，感興入新詩。

不寐幽懷切，轉增秋晚悲。

（松山氏，世住越後絲魚川。客歲子貞游京師，受學魯堂，又學詩於余，詩才絶人，人有傑作，不懈則當爲北陸作家，此篇亦大有佳處。）

104. 鈴木有弘
游理性院

曲磴煙蘿邃，登臨一院秋。

山粧霜後色，海接檻前流。

竹裏棋聲靜，松間鶴唳幽。

坐迎東嶺月，歸路傍沙洲。

105. 滕周（子山）
秋夕
野水衡門下，棲遲秋氣寒。
樽從留客醉，琴懶向人彈。
詩賦有叢桂，歲時只釣竿。
興來更移榻，孤月照欄干。

106. 田千秋（夢鶴）
倦夜
衝窗霜氣至，展轉小堂中。
爐燼灰成雪，燈殘華落風。
枕欹愁易集，帳冷夢全空。
起坐數更柝，寒聲西復東。

107. 竹吉泰
宿全良寺
數里山中路，深秋到上方。
池荷餘敗葉，籬菊吐殘香。
林晚華鯨度，院閒蓮漏長。
夜闌參侶少，寒月照禪房。

108. 東璞
江亭

不羨輞川勝，風煙滿此亭。
集洲羣鳥白，隔檻數峯青。
遠水開明鏡，孤城列畫屏。
漁歌堪勸酒，何學楚臣醒。

109. 熊阪邦（子彥）
題某上人房

愛爾東皋好，還逢秋色深。
龍門風淅瀝，鷲嶺氣蕭森。
井上梧桐盡，窗間蟋蟀吟。
亦知遙夜月，皎皎照禪心。

110. 中島恒久（子成）
秋夜得霜字

愁心聞蟋蟀，切切繞頹墻。
官況林泉遠，貧居草露瀼。
元龍無客禮，中散但疏狂。
空見窗頭月，亭亭炤鬢霜。

111. 岡壽卿（元齡）
春日臥病

蓬門常寂寞，長者不回車。
伏枕三春雨，憑欄一樹花。
疎材無所用，多病但堪誇。
過客如相問，臨邛賣酒家。

112. 永井貞卿（孝幹）
舟次牛渚

津樹秋風起，篙燈海色寒。
鄉書雲外斷，客路月中看。
山接黃薇國，帆過白石灘。
方舟不相識，轉覺別離難。

113. 宇都維潭（士龍）
冬夜雨，讌集紅梅館

高亭冬夜宴，滿酌覺寒輕。
雨促紅梅樹，人吹碧玉簫。
英華隨筆發，流響遏雲清。
不是蘇門嘯，偶聞鸞鳳聲。

114. 奧山久武（如山）
海樓避暑

同游携手處，避暑海邊樓。
目極蜻蜓國，心閑白鷺洲。
非關王粲賦，準擬謝公游。
豐土誰言遠，人煙古帝州。

115. 島津義張（琴王）
淡州雜詩（五首録一）

海風吹古木，客路雜樵漁。
萬里雙龍劍，孤身一笈書。
波濤傷目日，雨雪霑衣初。
自笑雄飛志，圖南事或疎。

116. 荒川爲攷
同諸子游今浦（今浦或稱琴浦）

松籟響琴浦，潮平好汎船。
雲晴出遠樹，雨罷作輕煙。
飛鳥紀山外，故人淡島邊。
臨風自多思，況值月明懸。

117. 岡冰室
擬宮中行樂詞

六宮含麗景，面面繡帷開。
翠眉巧欺柳，寶髻斜插梅。
綵虹橫閣道，天樂下瑤臺。
阿監急相報，宸游簇仗來。

118. 鈴裕（仲舒）
舟中晚望

帆外水煙白，凄其殘月孤。
舟船何處所，遠近互相呼。
樹斷雲縹緲，岸回山有無。
曉鐘聲僅落，霞綵照平湖。

119. 北山皓（白甫）
謁春臺先生墓

君去歸何處，紫芝空有園。
一邱埋傲骨，片碣拜師恩。
舊事堪追憶，新編誰復論。
空留千載業，猶自壓中原。

120. 田中遯之（箕山）

五日游禪林院，聽諸子奏樂

五日蓮華社，相攜訪遠師。
罄歡時弄管，續命那須絲。
净境塵心息，妙音天樂疑。
淵明不解律，對酒獨攢眉。

121. 中山惟貞（子幹）

次韻宅美卿春日江村作

一徑江湖上，茅檐八九連。
飛花三月雨，幽竹哺時煙。
開圃何嫌小，買魚好割鮮。
晚來人去盡，鷺立岸邊船。

122. 橘雍（子和）

夏夜小集得深字

高堂同避暑，況復結交深。
風色生緗簟，泉聲和夜琴。
行杯螢照席，移燭鳥驚林。
徹曉不須去，聊酬投轄心。

123. 伊藤維寧
秋日訪井子豐臥病

偃蹇辭過客，風流伏枕求。
吟詩蘇病骨，服藥試仙游。
林下清音起，海門蒸氣收。
長生君勿怪，天地是滄州。

124. 三宅芳隆（嘯山）
九月十三夜

明月照鉤欄，苑林秋色闌。
碧天輪未滿，白露光先寒。
一有寬平詔，傳成永世歡。
清輝今夜過，三五亦空團。

125. 藤有行
秋日臥病

驟雨消殘暑，西風送晚涼。
開窗數來雁，伏枕厭鳴螿。
小徑槐花積，短籬豆蔓荒。
悲哉堪可賦，物候使人傷。

126. 村綱尚
山中
山中人不到，花落送春光。
林雨朝添翠，溪流日氿香。
窗前鶯語老，屋後柳條長。
空恨年華歇，高吟對夕陽。

127. 桑公祥
竹林避暑
爲避人間熱，相携入竹林。
微風吹散髮，濁酒滌煩襟。
賦筆平臺色，玄言正始音。
尋常松籟好，何若此君深。

128. 蘆玄虎（文炳）
送人歸讚州
憐爾歸歟嘆，扁舟逐旅鴻。
駕來逢叔夜，此去少車公。
珠可探南海，書難寄北風。
各天相憶處，回首月明通。

129. 關虎（叔文）
登高

登高四望敞，春色倚崔嵬。

鳥影層雲外，人家積翠隈。

鐘聲穿紅樹，返照落青苔。

時欲寫秋懷，愧非落帽才。

130. 僧玄韻（棲霞）
和雲律師韻

蓬門塵事絕，豆粥養殘生。

老樹交新樹，磬聲和水聲。

雨苔連屋壁，霞綵入溪明。

鳥去定僧出，經行復幾行。

131. 僧香嚴
秋夜書懷

獨夜秋窗下，吟詠轉悵然。

故園遙萬里，客捨經幾年。

鴻度無書到，月明有夢懸。

詩名非我事，豈可老風煙。

132. 立花氏

梅雨新晴

仲夏連朝雨，苔痕四壁空。
新晴含返照，濁潦浸殘虹。
開帙薰風至，把杯荷氣通。
暮蟬吟未歇，孤月掛林東。

133. 荒木田氏

姪興正齋前花發得香字

櫻花開近席，靄日照垣墻。
家卜林泉趣，座陳桂醑香。
嘉魚求不遠，好鳥哢逾長。
向晚催陰雨，咫尺歸何妨。

日本詩選卷之四 終

卷之五

平安　江村綬君錫　著
姪　清勲　公績
受業　永田忠原俊平　同校

五言排律

1. 伊藤長胤
菅公子冠，且有攀桂之榮，陪筵恭賦

紀元文化洽，舊典錄才賢。
祖德耿光遠，英風奕葉傳。
茂材登科日，榮爵拜恩年。
世守絲綸美，貴游簪裾聯。
婆娑同上壽，蹭蹬叨陪筵。
千古詩書在，為君勸勉旃。

2. 室直清
賦得殿閣生微涼

九陽驕盛夏，畏景赫長空。
御節尊炎帝，司方属祝融。
君王嘉永日，清豫樂深宮。
藝閣澄佳氣，蘭臺引景風。
綺窗交豁達，瑣闥互玲瓏。
霄漢鳳樓迴，芙蓉仙掌崇。
槐陰垂玉砌，柳影夾珠櫳。
露冷蟬常飲，檐高燕自通。
神怡寰宇敞，心適道情冲。

無復憂煩熱，何由問蘊隆。
幸逢舞干戚，淹此息兵戎。
設讌招羣士，開樽喜共功。
九農欣麥熟，四海報年豐。
藻詠頌時育，朱絃鳴聖衷。
披襟觀物化，解慍與民同。
借問窮廬下，何如廣廈中。
生靈連一體，愉樂敢私躬。
但願霑時雨，莫令草野紅。
（典莊雅健，才學并見。《鳩巢集》中多長律，或五十韻百韻者，今并不收選。）

秋夜旅懷

海風吹驛樹，搖落遍邊州。
方抱馬卿病，仍登王粲樓。
川原茫欲夕，雲物澹云秋。
孤雁天邊過，候蟲草下幽。
清霜飛荻岸，明月滿蘭州。
中夜噪烏鵲，平沙起白鷗。
林棲何寂寂，水宿亦悠悠。
去國羇臣思，離家游子愁。
一從違魏闕，相望戀朋游。

鄉信長難報，空傷歲月流。

3. 源璵（白石）
賦得碧瓦霜寒
碧瓦霜初落，上林鴻已飛。
銀河分素影，壁月帶清輝。
萬井金鐘徹，千門玉漏稀。
夢寒驚鳳枕，坐冷隔鴛幃。
綺席宵添酒，薰爐曉煖衣。
城南多思婦，不寐織殘機。

九月十三日賀平子壽七十
（自注云，子壽三世名醫者，命題云菊契千秋，即和歌題也云。）
華誕良辰會，垂弧耀畫堂。
幾望賞應月，晚節菊凌霜。
東海延仙侶，南山對壽觴。
千齡添景色，七襄襲休祥。
種玉靈苗秀，煉金繁蕊香。
夕餐供寶鼎，朝飲汎瓊漿。
馥鬱薰謌席，斑斕映舞裳。
長生真有術，何望白雲鄉。

中秋汎舟暮過牛頭寺

蘭楫中流動，長風玉笛哀。
青林圍寶刹，碧水繞香臺。
仙梵秋潮響，華鐘晚日頹。
雁王標塔過，龍女捧珠來。
槎汎天河近，桂飄月路開。
朗吟牛渚夜，清興爲誰催。

八月十六夜海天望月作

可憐今夕月，還勝舊時秋。
縱有金甌缺，應將玉斧修。
滄溟波不動，碧漢露如流。
夜靜蛟龍舞，天明罔象愁。
鴻傳千里字，人倚萬家樓。
最識無私照，清輝遍九州。

4. 梁田邦美

癸卯元日

海南多淑氣，闔郡壽千春。
銅虎專城久，土牛迎歲新。
流澌環畫舫，旭日炤朱輪。
濟濟熊羆士，區區螻蟻臣。

楚筵陪上客，鄭粲讓賢人。
齒髮今如許，可能一獻芹。

和谷子炳十六夕對月見寄韻
高臺多灝氣，憑欄瞰江清。
蘋末吹十里，樹間出五城。
煙霏湘水暮，月露楚天明。
坐久荷裳冷，醉來蘭槳輕。
絃歌應自喜，筆札使人驚。
何日攀黃鵠，孤雲度大瀛。
（子炳東都人。此詩幷前詩，景鶯赤石筮仕後作。）

5. 太宰純
送大潮禪師歸省西肥作
應化無方所，虛空任去留。
十年鄉土念，萬里水雲游。
大道元高蹈，連城不暗投。
襟期兼百氏，才調曠千秋。
文入莊周室，詩輕支遁儔。
逃禪同木石，講法蔑王俟。
爲有倚門望，難忘陟岵憂。
扶笻蘇山水，發擢浪華洲。

玄瀚風偏正，滄溟月共流。

布金擅越在，持鉢苾蒭稠。

往矣江湖興，歸與竹樹幽。

翩然從此去，別意兩悠悠。

（此詩鋪叙可觀，但玄瀚所謂玄海洋，與滄溟對，殊覺偏枯，且同是海，詩律病之，可惜耳。平子和集中，長律，有氣象超逸可稱，但結撰麁樸，疵病間出，因不採錄。）

6. 服元喬

參政滕公府，詠小池芙蓉，得四支

咫尺憑欄處，芙蓉出水時。

已含仙掌露，疑植鳳凰池。

相府生花近，雲臺捧日移。

洗頭供玉女，過步妬瑤姬。

衣整紅全艷，珠明翠未衰。

誰爭初發色，自有謝公詩。

應人請，賦得竹不改色，爲岡田公壽

苞翠南山色，壽堂映綠樽。

琅玕來鳳侶，蟠結護龍孫。

不受風霜重，偏留雨露飜。

凝光迎日御，聳䇞上天閽。

松讓蒼顏鬱，庭交玉樹繁。
江東王氏貴，長對子猷園。

乙卯之冬，狷蘭矦莊五松館側生靈芝，賦此奉賀
郊坰回鳳藪，谿壑蓄龍淵。
此處生神草，由來異瑞煙。
和蒸三秀色，氣接五松前。
倚樹宜承露，臨巖似挹泉。
晨昏紫澤潤，咫尺綵雲懸。
何必銅池上，不須玄圃田。
休祥王者化，贊育我公賢。
庶績方無事，豐穰已有年。
退朝移革履，之館展瓊筵。
堪養茹芝老，非求避谷仙。
頌聲歌誦入，賀客酒杯傳。
共醉清風德，還羞穆若篇。

諸子集，觀鄴中西園圖
丹青資不朽，盛事在千秋。
曾擬鄴中集，今觀西苑游。
披圖明月出，竟卷綠池流。
玉樹光猶動，朱華色未收。

共疑分旅食，并坐飽珍饈。
長此行杯滿，應緣飛蓋留。
文章深敬愛，藻繢久相求。
公子誰堪比，羣才自作儔。
傳神稱顧陸，曠世數曹劉。
嘆息追隨志，悵然難可酬。

7. 高維馨
九日上金龍山，與稷卿賦
爽氣龍山出，寒流牛渚開。
石蘿秋露重，隄柳夕陽催。
佳節思前跡，同游上古臺。
清風吹落帽，黃菊照銜杯。
暮嶺鳴鐘響，霜林倦鳥回。
登高惜餘興，握手尚遲佪。

出塞
星軺辭北闕，玉節指西羌。
絕漠三軍帥，長征六郡良。
風生金絡馬，霜吐綠沉鎗。
楚練臨關壯，吳鉤出塞裝。
黑山寒草白，青海陳雲黃。

祲氣低空磧，旄頭動大荒。
先登驃騎將，轉戰左賢王。
鐵鼓轅門振，牙旗幕府揚。
總戎圍朔地，破虜鎮邊疆。
胡壘月將滿，漢兵秋更防。
一身能報國，萬死獨當場。
願勒燕然石，功名數建章。

8. 宇鼎
中納言菅公挽詞

清德月卿推，名家野老知。
簪纓希鶴髮，臺閣仰鴻儀。
白璧元無玷，青蠅何得欺。
朝天聞去歲，游岱嘆今茲。
附驥非迷路，登龍奈失時。
空將三載望，長作九原悲。
且問門人誌，寧論國史辭。
沉痾堪執紼，陋巷坐題詩。

9. 秋儀（玉山）
晨起望東山晴雪

當戶東峯秀，開窗積雪鮮。

初寒高鳥外，曙色遠鐘邊。
出樹人家點，如絲樵路懸。
餘清歸縹帙，明霽落茶煙。
梁苑應裁賦，剡溪欲放船。
梅花何處發，昨夜夢相牽。

10. 服元雄（仲英）

春色滿皇州

大液冰開處，上林鶯囀辰。
好生虞帝化，迎氣漢宮春。
燮理班陽令，風光入日新。
河山非舊態，草樹發天真。
柳帶青雲色，霞連紫陌塵。
浴沂皆治服，拾翠幾佳人。
甸野宜携手，煙火必有隣。
京城通洲景，率土及何濱。

楽山公子見枉村莊賦奉謝

陋巷通軒冕，衡門駐旆旌。
葛巾寬禮數，華蓋此逢迎。
甕牖腐儒隱，春風公子行。
野呈芳草色，林擁紫騮聲。

旨酒尊何盡，落花茵自成。
郊天收昨雨，煙樹入新晴。
廢圃偏承潤，隣農迎勸耕。
丘隅憐鳥止，鼓吹有蛙鳴。
預解無供給，任他遠市城。
移厨分美饌，不羨五矦鯖。

11. 松崎惟時
邊馬有歸心
絕影隨飛將，騰光出義臺。
權奇維驥足，俶儻老龍媒。
豈傚韓原敗，誰憐屈産才。
骨兼邊月瘦，聲入海風哀。
不見埸苗久，空悲塞草摧。
秋高胡馬動，顧步獨徘徊。

12. 伊藤縉
御溝新柳
嫋嫋御溝傍，千條柳色芳。
天低分雨露，日近借輝光。
綺靡涵波暖，參差覆岸長。

枝枝還鴨綠，葉葉變蛾黃。
華蓋初堪拂，金衣漸易藏。
王恭容可想，張緒態何忘。
風蕩相磨倚，煙籠兩渺茫。
不知離別地，攀折幾人傷。

春風扇微和
帝里年光早，惠風草際歸。
分晴浮瑞色，拂曙發春暉。
綺陌紅塵暖，金爐紫熖微。
催花度殿閣，織柳入宮闈。
澹蕩迎歌扇，悠揚送舞衣。
陽和今漸遍，娛樂莫相違。

秋山極天淨
長風吹爽氣，萬嶺入新晴。
遠映連江曲，裴娟遶洛城。
仙區思縹緲，樵路指崢嶸。
日落流霞赤，天空綵翠明。
秋光來宇宙，夕麗滿寰瀛。
倚杖聊延首，躊躇愧子平。

13. 柳美啓
春臺晴望

龍盤虎踞地，梨白桃紅天。
臺榭攀千尺，都城窮四邊。
芳塵經緯路，沃土上中田。
既度人家密，載陽物象妍。
滿空飛野馬，幾處放風鳶。
鼕鼜遥岑見，葳蕤遠樹連。
心追冥雁迴，興被晚霞牽。
欲去踟躕久，疎鐘花外傳。

同木士豹，上叡岳絶頂

崎嶇三塔路，突兀四明巔。
勢壓東江壯，脉通北陸連。
威靈鎮赤縣，絶頂衝青天。
塊聚視羣阜，枝分指百川。
都城棊罫正，湖水鏡奩圓。
遠嶼蒼茫底，冥鴻咫尺前。
高歌驚伏魅，逸興想登仙。
客有風流韻，物無塵俗緣。
行藏共論志，老少各忘年。

偶酌乘微醉，遞吟成幾聯。
欠伸寬宇宙，身世淡雲煙。
借問爾時趣，人間誰復憐。

14. 皆川願
微雲淡河漢
纖月城垣隱，明河耿未收。
依林疎雨霽，籠漢澹雲流。
接地寒無色，含虛曠有秋。
歘侵龍闕暗，還拂鵲津浮。
玉繩夜難結，清霜曉欲愁。
玲瓏相望處，一夜奈羇憂。

15. 松秀雲
游富春山
秋風吹客鬢，落葉滿人家。
嵐翠浮松杪，江光冷葦花。
泠泠上方磬，閃閃遠村鴉。
野曠低山樹，潮平汎釣槎。
歸帆連杳靄，鳴雁起寒沙。
因縱登臨興，坐來返照斜。

現嶺道中作

山晴多綵翠，登覽一銷憂。

琪樹尋蕭寺，青帘問酒樓。

攀松藤蔓引，下岸檻泉流。

麥隴將雛雉，花林拂羽鳩。

餘春耽逸興，携客恣閑游。

招隱如堪誦，叢叢巖桂幽。

16. 南宮喬卿

雨中臥病，簡山共之，田子鳳

棲遲吾所分，空鎖舊松筠。

伏枕憐今雨，揮毫憶故人。

才縱稱曠達，跡自附沉淪。

白髮愁初見，金丹術未真。

恥無飄舉態，遂誤遠游身。

陸橘推前美，潘輿是後塵。

友於俱壯麗，交會弄芳辰。

不厭蓬蒿逕，出尋二仲頻。

17. 副保卿

同賦秋江夜泊，得秋字

辭家知幾日，爲客已高秋。

沙岸三更月，霜天獨夜舟。
櫂歌驚旅夢，漁火照鄉愁。
水樹凄風動，篷窗冷露浮。
雲迷鴻雁渚，波白荻蘆洲。
遙夜徒危坐，一寒奈弊裘。

18. 鳥宗成

驅蝗

千村共驅汝，去去勿夷由。
不畏炎風日，長驕白露秋。
肥田朝沒畝，瘠土夕盈疇。
忽破盛時樂，能添饑歲憂。
會聞鸇鴿啄，寧有鳳凰求。
明主吞難盡，黎民捕未休。
火攻非下策，水灌是良謀。
只願乾坤裏，無令遺種留。

19. 田章（鳴門）

登金閣寺

層臺依蔭翳，飛閣插蒼穹。
色相煙霞外，人天指掌中。
長松當戶翠，午日傍軒紅。

俯識栴檀氣，仰聞河漢風。
邱陵齊自出，林薄遠相通。
云是源公宅，今爲梵帝宫。
黄金無上客，白玉集仙翁。
蓮座知神在，鏡池悟性空。
花繁鳳城北，雉雊鹿園東。
惆悵千春後，誰詢一世雄。

20. 合離（麗王）
贈賣茶翁（有自注略不載）
鬢髮僧形古，陌東屏跡偏。
五山高法臘，六祖遠心傳。
當逕松爲麈，伺門竹若椽。
風旗疑酒肆，霜葉認茶筵。
好事他新識，清談是宿緣。
寧無博士著，不計老婆錢。
朝採梅峯種，夕和鴨水煎。
俟湯誰聽雨，赴鼎自薰煙。
本産蓮池玉，尚通雲閣仙。
飲中知淨理，一味澹參禪。

21. 葛張（子琴）

世肅席上，同諸子，詠瓶中紅白梅花

膽瓶春一種，更吐兩般奇。
折去問何處，寄來知是誰。
堪寒凌朔雪，向暖挺南枝。
蝶粉蕊全細，猩紅葩半欹。
爛星圍蓓蕾，膏雨濕臙脂。
粧點壽陽額，奪將姑射肌。
珊瑚穿鐵網，沆瀣溢銀巵。
綺席酡顏映，紙窗嬌面窺。
珠簾鈎影淡，絳燭淚痕滋。
照閱西湖志，對吟東閣詩。
因名帳須製，按曲笛休吹。
新水宜相換，狂風能自持。
香添君子室，瘦效道人姿。
既醉羅浮酒，嬋娟入夢時。

三日游青松院（院在上福島，古稱鵲林）

紅塵鹽市遠，碧霧鵲林連。
蓮社討盟日，蘭亭修禊年。

堂張唐雅樂，座滿晉名賢。
也是禁杯酒，不嘗妨管絃。
清音通八水，逸響徹諸天。
庭際花成雨，池頭草作煙。
踏青親石友，拾翠報金仙。
飯飽衆香積，茶參一味禪。
暮鴉隨覺路，春浪渺迷川。
辭出燈龕下，餘光照大千。

三月八日游墨江

臥游還有倦，行樂興無窮。
青甸花蹊達，墨江水道通。
樓船多載妓，杖屨或携童。
草嫩服添綠，桃殘顏奪紅。
農家含艷景，漁網晒晴風。
沙嘴露文蛤，海心吞綵虹。
歌筵林表裏，酒店路西東。
松暗危橋外，燈明邃宇中。
大都交佛典，只是贊神功。
一切經爲會，十天樂未終。
雁帷人雜沓，夔鼓雨空濛。
方沼舞雩晚，詠歸伴斷鴻。

22. 岡元鳳（公翼）

和葛子琴游墨江十二韻

淡島望仍遠，墨津途那窮。
潮痕漁浦接，村逕酒樓通。
步屨江湖客，追隨六七童。
淺汀行拾翠，深巷或探紅。
珠貝全遺渚，魚龍不激風。
茂林籠白日，架木吐丹虹。
猊鎮神宮北，鳳臺華表東。
文章踪自舊，景仰意新中。
法會張天樂，仙儀欽聖功。
笙簧音四起，羯鞁舞三終。
已識雲游漠，寧疑雨色濛。
飄飄君可羨，獨自愧吳鴻。

（公翼詩名伯仲子琴，子琴才妙，間傷過巧而公翼能守法度，余數稱之。）

23. 清絢

春臺望

層臺開遠矚，羣物媚春陽。
回合宮城出，縱橫市井長。
衣冠馳道上，歌吹狹邪傍。

殘雪融遥岫，晴煙擁密篁。

川平搖鴨綠，柳弱弄鶯黃。

花帶游絲映，鶯兼翡翠狂。

風流朋在坐，登覽酒盈觴。

鳳輦知時出，雲成五色光。

24. 江村秉（愚亭）
鮫人潛織（唐時試士詩題）

貝室重淵閟，鮫人弄杼時。

陽精光不徹，陰魄綵相隨。

冰綃非蠶種，青藍染藕絲。

機聲和波響，梭影亂文漪。

成匹盈筐筥，逐羣臨路岐。

泣珠原不易，海市莫相疑。

25. 柚木太玄
八月十七夜，陪北海先生，及二令子，道卿、孔均，賞月廣澤，得無字

廣澤宜明月，煙光入畫圖。

開樽臨水曲，設席對山隅。

池上秋偏淨，檻前晝不殊。

金波搖瀲灩，碧嶂涵縈紆。

霄漢纖雲盡，天階片影敷。
團圓輕趙璧，燦爛笑隋珠。
鸞鏡應非缺，仙娥未改姝。
桂花看如此，蕢莢亦何拘。
顧眄情逾密，留連興豈孤。
見君橋梓愛，羨爾鶺鴒俱。
所愧才多少，勿論賦有無。
昔聞推二陸，今喜接三蘇。
忘返慵携杖，恣懽仍擊壺。
良宵何限賞，欲去更踟躕。

26. 僧令椿（湛堂）
假山
心匠疊雲骨，爲山奪化工。
飛來疑鷲嶺，湧出自龍宮。
羣嶂環如拱，孤峯竦最雄。
青蓮開小朵，玉筍挺修叢。
高下形非一，縱橫勢不同。
樂偏屬仁者，移豈笑愚公。
盛夏猶含潤，新晴欲吐虹。
寒光侵几席，秀色映簾櫳。
穿竹暗泉迸，縈苔回磴通。

階前盈尺地，坐覺在壺中。

27. 僧顯常
九日歸京舟中
閑居無所卜，來去一扁舟。
此日登高興，飜爲擊汰游。
斷雲低遠墅，汎鳥下清流。
兩岸蒹葭晚，孤村砧杵秋。
村童逐社鼓，行客和漁謳。
顧眄移山岳，縈紆轉渚洲。
澄江茶可薦，佳節酒無酬。
明且東籬菊，猶堪裛露水。

28. 僧慈周（六如）
南紀桃谷丈，寄寓台麓讀書，賦贈
旅服春風軟，草生紀水涯。
掛帆城堞轉，驅馬墅雲遮。
楓暗沙中雨，棧懸林杪花。
乾坤康樂屐，富貴少游車。
青惜龍門樹，赤知台嶠霞。
蹤將追白足，官未忝黃麻。

鸞轍隨煙霧，儒冠笑土苴。
君看列仙傳，過半係吾家。

　　　　　　　　　　　日本詩選卷之五　終

卷之六

平安　江村綬君錫　著
姪　清勲　公績
受業　永田忠原俊平　同校

七言律詩上

1. 村上友信（東嶺）

梅花

名園桃李競嬋娟，憐汝清寒依竹邊。
東閣題詩人動興，西湖載酒鶴迎船。
點苔欲效霏霏雪，傍柳偏含淡淡煙。
玉笛誰家明月下，曉風咽斷更凄然。

歲晚小集作

青樽歲晚思難禁，共見頭顱霜色深。
忧慨強收燈下淚，低垂姑任世間心。
愁邊一笑比雙璧，老後分陰重寸金。
薄宦身閑亦天幸，清時莫作獨醒吟。

（惺窩先生，中興斯文，而後巨儒碩匠篇章傳世固多。五七言絕句，及五言律，間有可録。若七律，首尾完整者無幾，冬嶺而後體格始備，因首載焉。冬嶺前七律雖體格未全，或優柔自然，或用意精巧，可稱揚者。《草山集》所載僧元政《尋殘花》詩，《名賢詩集》所載太田林菴《游豊國廟》，松永昌三《應製賦上林》《紅白牡丹》，安藤省菴《感春》，北村篤所《山行》，其餘猶多。）

2. 松下見櫟

詠鷹

齊野玄霜楚澤冰，十分猛氣正騰騰。
目中今已無凡鳥，天外常思製大鵬。
利爪幾經紅血戰，奇毛深入白雲層。
誰言一飽即颺去，左指右呼憐爾能。

（子節一時作者，惜乎七律傳者不多，此篇今時輕俊子弟指爲宋格，然氣骨蒼老，精神雄動，自是合作。又有《養老瀑布》七律亦佳，今不全記，爲可憾耳。）

3. 伊藤長胤

詠塵

洛陽三月鬭芳菲，爭奈游人涴素衣。
客捨朝來遭雨浥，午窗影裏和煙微。
客稀榻上長相委，歌罷空梁落更飛。
城市山林隨處在，斯生避避復何歸。

中秋無月

滿架圖書散未收，仍聞絡緯動清愁。
嘗期佳會三秋半，那意賞心一夕休。
雲影無人橫北渚，雨聲伴客近南樓。
百年天地恨何限，慵去滄洲伴白鷗。

4. 鳥山輔寬(碩夫)
三月晦日送別
堂堂春事一宵殘,花底開筵欲別難。
身上青袍違我計,杯中綠蟻盡君歡。
津亭有月吟應好,野店無燈夢亦寒。
灑淚肯爲兒女態,直從醉裏發征鞍。

季春游谷口亭次友人韻
數家雞犬碧山阿,中有孤亭隱薜蘿。
幽徑埋香花片積,古松堆翠鶴羣多。
煙霞渾可遺塵想,澗壑肯容通世波。
倚遍欄干猶惜去,歸牛已下西洋陂。

5. 鳥山輔門
中秋無月
細雨如絲灑未休,賞心零落懶登樓。
嫦娥漫負中秋約,蟋蟀頻添孤客愁。
五夜銀缸明的的,一支金桂遠悠悠,
人間安得知微術,天柱峯頭把酒游。

6. 澤維顯（宮內）
秋夜喜子登來訪
一室蕭然水竹灣，胡床相對共開顏。
含杯新月窺簷隙，說劍悲風動坐間。
老去虞卿書未著，歸來陶令跡何閑。
莫辭酩酊永今夕，世路艱難鬢易斑。

7. 江村簡（義菴）
尼南晚望，次冬嶺老人韻
翠竹森森自作班，曳筇緩步白沙間。
雪花墮地旋消盡，春色留吾不等閑。
落日雙垂橋外柳，斷雲爭出海中山。
睡鷗定到華胥國，浦口風收舟未還。

8. 江村悰實
和登山韻
雙屐躡雲千丈巔，渴來松下啾清泉。
躋攀路缺榛荊合，臨眺野晴畦畛連。
幽鳥一聲鷹澗去，斜陽半嶺報昏偏。
生平空抱煙霞癖，何處高樓得息肩。

訪岳陽翁

清隱如君更可嘉，柴門斜擁竹交加。

高談留客傾家釀，幽賞品泉烹建茶。

煙際近馴窺硯鳥，雨餘半落匝牆花。

向來欲約頻頻過，温藉定知不我遐。

（翁姓江村，名宗純，嘗以文學仕肥後疾。致仕之後，退隱京城西南，鷄冠村，園中有岳陽齋，因以自號。翁亦文詞雄贍，但任意揮霍，詩律多乖，以故無所收選。）

9. 伊藤元基（宜齋）

野宮懷古

野宮陳跡久相思，次日經過無限悲。

華表到今橫古道，柴籬依舊帶叢祠。

陵園空閉春風面，齋帳爭禁秋雨時。

幸遇聖明除弊事，鵂鶹晝叫老松枝。

長濱眺望

春風十里過湖傍，拍岸餘波濺客裝。

浩蕩天隨山盡處，依稀島在水中央。

鷗聲隔霧聞纔辨，帆影入雲認卻亡。

驛路馬蹄倉卒去，不能留賞苦相望。

10. 堀正超（景山）
侍讌藝俟應命賦呈（有小序略之）

漢家盤石古諸矦，城闕雲開十二樓。
萬井人煙雞犬曉，千村社酒稻梁秋。
黔黎久受春臺楽，政典永貽金匱謀。
卜世應將仙刧數，神山紫氣海頭浮。
（神山謂嚴島）

11. 堀正修（南湖）
次韻鼎溰師

避世工夫誰若君，山林城郭本相分。
檗南蹤跡六環月，湖北夢魂一衲雲。
春色上梅擇枝折，雪聲度竹倚窗聞。
泉溪脈脈久尋取，汀鶴沙鷗不與羣。

12. 大井守静
郊行有感

春徑風香里社邊，池塘留夢草如氈。
水涯僧院梨花雪，竹裏人家柴火煙。
伏櫪誰求千里馬，齊眉徒憶五噫賢。
行行有感未歸去，華頂峯頭暮月懸。

13. 入江兼通（若水）
西河卜居次某韻

漫將山水作生涯，纔掛孤瓢即我家。
傍岸苔磯魚可釣，隔橋茆店酒堪賒。
聞笙先認游仙駕，倒屣便迎長者車。
連榻終朝觴詠處，滿林霜葉勝春花。

游猪飼氏廣澤別墅

風翻麥浪竹關開，醉坐池亭洗俗埃。
松翠暗霑頭上帽，藤花低映手中杯。
沙禽驚客飛相避，村犬馴人奔倏回。
剩水殘山君所占，清幽豈道路無媒。

14. 柳川三省（滄洲）
擬宮人入道

仙風吹斷內家粧，雲雨茫茫別路長。
環佩猶餘漢宮賜，霓裳不染御爐香。
霄間何處聞雞犬，樓上有時駕鳳凰。
早晚瑤池再開宴，碧桃花下侍君王。

新年書懷

晴窗睡起向春陽，楊柳參差日影長。

羞對菱花問勳業，笑斟栢葉附行藏。
天涯兄弟書千里，海內交游夢一場。
恨值新年卻無賴，衰年多病兩相將。

送人之濃州
西風萬里動關河，搖落何堪送玉珂。
遲暮誰憐平子賦，清時猶唱伯鸞歌。
路連山岳愁雲合，天入江湖旅雁多。
聞說濃陽秋水濶，莫將簑笠老煙波。

（滄洲七律一時之選，所錄三首之外佳作尚多，以其繁不悉載。）

15. 僧百拙
澱川舟中作
寒林鴉背夕陽紅，疎柳橋邊買短篷。
唯覺身昇天碧上，不知坐在月明中。
隔洲犬吠孤村火，罷釣人歸一櫓風。
思算往年過幾度，滿頭慚愧雪鬖鬆。

（百拙南湖詩友，才學超凡，爲方外一敵國。但勤建一家基礎，不循詩家規度，是以雖多妙語警句，全章齊整可收選者無幾，七律殊甚，余爲禪師深惜之耳。）

16. 室直清（鳩巢）
早發魚津（越中地名）
朝發魚津傍海來，平原曠野望悠哉。

清川水落石爭出，疊嶂雨收雲未開。

處處人煙分邑裏，時時蜃氣結樓臺。

越中百里山河固，明主須求撫御才。

（蜃樓海市，我邦各處之有，就中越之魚津最常現，邑人慣見不甚奇之。富山西士明，嘗圖記所目擊以寄視余，且曰春夏之交，天氣和暖，海雲釀雨之日必現云。）

琵琶湖上作
琵琶湖上水連空，萬里虛無目擊中。

疊浪涵天迭高下，羣山分地各西東。

孤村遠樹迷圖畫，百尺長橋飛綵虹。

獨覺芳洲生逸興，不知此意幾人同。

17. 源璵（白石）
鷄冠花
仙葩曾下白雲端，遙想淮南靈藥殘。

燕燕辭巢花已結，猩猩滴血色初乾。

朱冠相鬪秋風亂，綉頂如鳴曉月寒。

孤劍不須中夜舞，客情空對碧欄看。

冬日牡丹

十月江梅未吐芳，一枝妖態漏韶光。
春宵夢入吳宮艷，月夜魂歸漢殿香。
日映繡窗催短景，風飄錦幄拂嚴霜。
可憐王色寒無粟，始信溫柔別有鄉。

少年行

十二翠樓臨狹斜，長安游俠競豪華。
金堤塵動章臺柳，玉道風開杜曲花。
寶馬忽過三市陌，錦鯖還醉五侯家。
鬥雞走狗春長好，不信青門老種瓜。

和山咸中秋韻

西風吹起木蘭舟，到日江天玉露浮。
鴻雁書來千里月，芙蓉劍老十年秋。
黃金臺上誰求馬，白石歌中獨飲牛。
亦識山公終貴盛，當時不入五君流。

祇生席上贈白峯

碧瓦霜飛落木餘，燈花聊伴竹間居。
天寒紫氣雙龍劍，歲晚青雲一鶚書。
衰鬢只應知己惜，交情漸覺世人疎。

相逢共感綈袍贈,未必王門問曳裾。

重和室直清次春初韻
才名落落重中州,此日江東賦遠游。
萱對北堂春不老,草生南浦水空流。
百年壯志曾題柱,萬里鄉心獨上樓。
莫說瑤華難可報,採蘩猶自用公侯。

見梁景鸞寄鶴樓詩,悵然有感,因和其韻
綠酒天寒紫綺裘,蘭燈一夕接風流。
綵毫幾見傳新賦,華髮何堪憶舊游。
莫問五噫生感慨,遙知七序繼春秋。
當時玉笛今零落,吹盡梅花懶上樓。

18. 祇園瑜
詠燕
裊娜垂楊綠映沙,渡波歲歲記年華。
東風春恨誰相語,細雨香泥半是花。
芳草籠煙滿野暗,柴門帶水孤村斜。
玉樓繡户珠簾捲,獨入當時王謝家。

詠白鷺

孤高清瘦絕埃塵，唯與汀鷗堪日親。
疎柳寒堤雪漠漠，青莎白石水潾潾。
涼風不惜遺揮扇，生計誰爭伴釣綸。
一半斜陽林影晚，羣飛非是負游人。

（余近讀祗南海《詠物詩鈔》，宛轉流麗，嘆服才美。但脫略聲律，金石多乖，白璧微瑕可惜。）

恭奉次小倉藤公賜韻二首

名公品藻孰能先，久仰芝蘭奕葉聯。
天上星辰照環衛，人中鸞鳳出羣仙。
筆花爛熳奪宮錦，墨霧氤氳帶御煙。
更向延英殿上望，何惟風採映瑤篇。

其二

天開錦繡是神京，南鄙山川寧比清。
紀水未堪控江漢，秦童妄自認蓬瀛。
人空明月扁舟興，歌盡白潮孤鶴情。
欲報瓊章問泉石，滄浪未遂濯塵纓。

（大納言藤公，雅尚藻思，作詩寄人，乞和以爲娛樂。亡論一時名高之士，遐陬遠境，學究寒衲，僅解作詩，每聞其名，必況寄漫投，前後無慮數百千人，諸家集中，無不有奉和藤公之作，而往往輕薄失體。何則藤公官歷參議中將，是以和詩多爲台鼎之語，登壇之辞，如南海和詩，可謂能得其體，以故標出。）

19. 雨東（伯陽）
贈隱士
鸛湖山下少微星，澹泊幾年養性靈。
門外那看題鳳客，案頭時閱換鵝經。
密篁繞逕千竿碧，輕絮拂簾五柳青。
長物平生惟甑石，何論西蜀子雲亭。

20. 南景衡（思聰）
中秋對月
雲間皎月滿南樓，光綵射人逼客裘。
河漢遙流千里影，關山不隔一輪秋。
金風吹樹芙蓉老，玉露侵階蟋蟀愁。
聞道今宵海槎遠，相隨願得到神州。

次祇伯玉寄岡石梁韻以寄二首
一別參商萬里餘，悠悠往事片雲如。
鶯花空濺杜陵淚，風月每懷玄度居。
才大功名難處世，氣高詞賦欲凌虛。

休言契濶交情薄,越嶺無鴻可托書。

其二
幾歲江湖絕雁魚,詩情酒態近何如。
猶懷燈火連床話,還迎夢魂隔世居。
燕子微風春院靜,梨花淡月夜窗虛。
愁來欲訴心中事,多少情長不得書。

21. 南景春(國華)
北溟眺望(但州妙見山八詠之一)
寺臨無地出塵寰,海色浮來妙見山。
積水遠圍三島外,怒濤高蹴九霄間。
樓連蜃氣青天遠,雲斷鵬程白日閑。
誰得乘槎凌碧落,超然遙犯斗牛還。

22. 岡島達
秋日寄南紀祇伯玉
江上秋風柳色疎,故人此日意何如。
昔游渾似夢中話,生前只疑世外居。
台嶠探春凌嶮峻,海門弄月遡清虛。
祇今鴻雁向南去,欲問平安一寄書。

23. 真子明
癸未季秋，長崎留別宴上，賦十日菊，兼寄江東諸友
萬里金風客夢回，重登十日望鄉臺。
馬蹄欲向江東去，鴻影時從海北來。
厭聽月前楊柳笛，忍啣節後菊花杯。
可憐孤劍逢秋色，手裏芙蓉空自開。

24. 大地昌言
行郡歷珠洲三崎（能登州）
雙廟巍巍國北陬，土人崇祀幾千秋。
蠶成麥熟民情悅，海濶山高客路愁。
犬岳浮雲連鹿島，中天積翠擁珠洲。
政平須慰蒼生望，暇日不妨訪古游。

25. 小谷繼成
暮春游山
半醉半醒堪解襟，杖藜引興好進尋。
茆茨煙蔟村園遠，薜荔徑斜山寺深。
花落松間春寂寂，鳥啼柳下暮陰陰。
風光三月須臾事，祇見長流無古今。

26. 小瀨良正
元旦作

春星耿耿晃朝衣，晨惹爐香拜舞歸。
草色纔迎驄馬動，梅花欲傍玉人飛。
天低雪嶺東風度，日滿滄江朔氣微。
百尺鳳樓雲霧裏，簫聲響處是金扉。

（大地以下三人，并加賀人，鳩巢門人，鳩巢常稱其才。小瀨氏有《詠海鼠腸》七律，最巧緻矣。）

27. 僧法霖
春興

四山雪盡望青春，華髮誰驚鏡裏身。
一水人遙梅耐折，半宵夢斷月相親。
只今天下劍無氣，依舊世間錢有神。
竹杖多時懸蘚壁，游山合與鳳鸞馴。

28. 僧若霖
澁谷道中

曉過豐王古廟陰，半壁月殘掛碧岑。
僧廬磬響藏松塢，客店雞鳴隔竹林。
泉滴馬蹄黃葉滑，谷空人語白雲深。
江東煙水長關思，幾度斯途獨自尋。

29. 梁田邦美
七夕

溽暑南州未遽收，清樽有酒此登樓。
牽牛花謝人間夕，織女星臨天上秋。
雲渡絳河暝色合，月外碧樹露華浮。
緱山笙鶴今寥落，湖海徒期汗漫游。

詠園中梅花

十年笛裏負芳辰，且喜栽梅作主人。
臘雪深山藏寶玉，春風勺水起枯鱗。
枝腰磬折輒臨石，花氣冰清時受塵。
不羨江南千樹色，小園已覺歲華新。

寄湖玄岱

一別岐陽歲月空，可憐稅駕在江東。
青山路阻嘆衰鳳，赤石天寒悲斷鴻。
萬里樓臺人似玉，孤城風雨鬢如蓬。
吳門握手知何日，對酒聽君歌郢中。

和滕鳳陽（鳳陽余兄少時表號）

歸鴻度嶺碧雲斜，西望美人天一涯。
海驛暮寒潮拍岸，京城春早雨催花。

金贏遺訓傳韋氏，玉樹清風入謝家。
知爾寸陰能自惜，東山不敢醉煙霞。

同諸客，今泉氏宅，賞花，得西字
樽前日日醉如泥，棠棣歌成留客題。
竹裏雲來雙鶴舞，桃源晝靜一雞啼。
滿城樹色春何處，夾路花香人不迷。
共惜年華流水早，夕陽已在畫欄西。
（今泉氏名某，赤石士族，有潔癖。家無婦女，清寂如寺觀，好學愛酒，自號長醉居士。其弟即蛇巖集中稱日昇師者，自幼失明，而博涉强記，最能詩詞。此篇起句云云，因標錄之）

30. 田助（鶴樓）
夏日江村
山雲遙度水西東，茅屋斜連竹樹中。
桑柘漸深高岸隱，荻蒲猶短小橋通。
漁人網罟三竿日，佑客舟船五兩風。
江上晝長波浪靜，羣鷗來馴白頭翁。

31. 桂義樹（綵巖）
八島懷古二首
海門風浪怒難平，此地曾屯十萬兵。

金鏑頻飛魚鼈窟，樓船空保鳳凰城。

宋帝遺臣迷北極，周王君子悉南征。

不識英魂何處所，月明波上夜吹笙。

其二

宮車一去帝王州，大海風雲寄冕旒。

井底有緣還玉璽，水濱誰復問膠舟。

舞姬紈扇隨潮下，飛將彤弓學月流。

那識寒煙衰草外，幾人曾倚望鄉樓。

32. 湖玄泰（栢山）

用銀臺唱和韻，寄赤石梁蛻巖

江城秋雨晚霏微，坐感交游多易違。

昔友知爲思舊賦，故山未振遂初衣。

銀臺風月人猶在，赤石煙波夢欲飛。

不獨蓴鱸鄉味好，君聞唱和定懷歸。

（余近得常藩源義公時，《後樂園雅會詩稿》，讀之，首唱即義公。當時常藩號爲多士，就其中安澹泊、宅用晦二人名聲最顯，而余未見其二集，散見諸選者無有佳章，因不收選。）

33. 物茂卿

春臺望

携手風煙百尺臺，關中極目鬱蔥哉。
八州綺錯雄都列，萬艘萍浮大海來。
染翰春雲多點綴，啣杯落日且徘徊。
登高作賦才非易，共指芙蓉雪色開。

春日懷次公

黯淡中原一病夫，登樓落日滿平蕪。
滄溟春湧濤聲大，菡萏晴搖雪色孤。
五斗時能愈我渴，千秋未必須人扶。
袛緣寂寞悲同調，苦憶周南縣孝孺。

（結句一時游戲，固非常格但初聯雄偉，後聯突兀，此翁本色，以故選錄耳。）

和大潮禪師見訪

衡門樹影動衣襟，開士何來忽此尋。
真賞遥從方外得，冥搜偏向定中深。
玄珠映户窺無色，白璧投人叩有音。
欲使名山相應和，爲君且戛少文琴。

34. 藤煥圖（東壁）
贈川上人
四月薰風祇樹林，法筵揮麈雨花深。
給孤園敞開山色，般若臺高對海音。
寧厭生徒尋紫氣，已看長者布黃金。
虎溪倘許攢眉客，一往時聞古佛心。

35. 縣孝孺（次公）
山崎道中
西宮東去問山崎，日出春雲滿帝畿。
河上人家楊柳合，崑陽池水倉黃飛。
風塵萬里身將老，弧矢百年心事違。
平野蒼蒼鴻雁落，鞍頭回首轉思歸。

東都得弄璋報
尺素遙憑海雁投，報言生子似阿矦。
詩書待汝家將世，宗祀有人身始休。
既協熊羆良夜夢，莫貽豚犬異時憂。
朝來自笑癡何甚，事事新爲父母謀。

36. 太宰純
寧楽懷古
南土茫茫古帝城，三條九陌自縱橫。
藉田麥秀農人度，馳道蓬生賈客行。
細柳低垂常惹恨，閑花歷亂竟無情。
千年陳跡唯蘭若，日暮呦呦野鹿鳴。

（桓武帝，遷都於今平安城，而後寧楽廢爲州治，然三條九陌至今猶存旧名。今時作者賦寧楽，動作黍離亡國之音，不啻失詩體，殊害名義，如此篇頗佳矣。）

下館丹疚，見枉徂徠先生山房，謹賦一律奉呈
五馬聯翩過裏閭，於旄枉顧卧龍廬。
下賢不挾冠裳貴，乘興寧嫌供帳疎。
調合新詩吟斷處，宴開雅樂奏來初。
情深何用煩投轄，隨意淹留長者車。

37. 平玄中（金華）
上西臺疚，疚時拜參政
甸服由來教化殊，河南政事擢江都。
漢家製度參丞相，周室典章屬司徒。
雨露千秋王者跡，風雲一代大臣圖。
幾時疚邸開東閣，能使蓬蒿老腐儒。

題島歸德水亭

吏隱茅堂擁大川，白雲如水水連天。

雷過岳色陰陽逼，日落江聲風雨懸。

二代文章金馬下，十年踪跡海鷗邊。

送迎自玩人間世，還使杖頭堪掛錢。

38. 服元喬（子遷）

鎌倉懷古

相中弔古此盤旋，霸主樓臺建久年。

雄略不終三世幕，遠圖唯有八州船。

馬空窟裏留寒影，鶴去岡頭入晚煙。

行到琵琶橋上望，依然海岳媚春天。

（子遷鎌倉懷古七首皆佳，連讀之，益見其巧妙，今以其繁，錄其一云。）

舟下鹿洲江瀾不見渚涯

解纜長江下總州，漫天刀襴向東流。

客槎星犯蒼龍宿，仙閣雲浮白鹿洲。

地坼直觀滄海日，水平疑汎大湖舟。

飄飄爲欲償心賞，乘去風帆自不休。

登吉祥閣

吉祥層閣倚蒼穹，宮殿爭高此地雄。
似叩天閽朝北極，應觀世界住虛空。
綵雲近傍諸陵出，玉樹迥連御道通。
一自飛來稱鷲嶺，長懸日月照山東。

奉謁東叡大王

龍駕從來降帝鄉，白毫回照滿東方。
日邊色送青雲近，台岳天臨滄海長。
鹿苑兼開修竹綠，雁池新捧瑞蓮香。
儼然坐現金銀閣，不向西乾假梵王。

送友人游官長崎

萬里樓船迥不迷，到時波穩夕陽低。
九州節製新開府，千古司存舊鎮西。
自有越裳來翡翠，何勞遼海走鯨鯢。
幕中參佐推王掾，書檄須君手筆題。

奉和松前公，青山別莊作

青山勝事近如何，官暇風流一醉歌。
都尉篇中辭總妙，步兵厨裏酒應多。
林花待襲長裾落，野鳥鳴迎岸幘過。

我有薜蘿衣未敝，重游肯許倚巖阿。

白賁墅
郊雲深處静簾前，細雨霏霏春可憐。
已老松杉看改色，新栽竹樹更生煙。
家貧不羨山陰墅，酒薄難招林下賢。
頭白事閑幽意足，悔同塵俗誤芳年。

39. 服維恭
聞莊子謙登芙蓉，不勝企望，短述以寄
崢嶸維岳綵雲邊，攀折芙蓉捧手懸。
不啻登臨堪小暮，更知呼吸近通天。
人間長仰三峯雪，海上回看九點煙。
不是漢皇封禪日，名山且自勒銘旋。

40. 高維馨
雪中登吉祥閣
吉祥珠閣迴崔嵬，倚檻高臨雨雪開。
大岳新浮銀世界，諸陵爭出玉樓臺。
林標春奪瑤花落，塔勢寒迎白雁來。
縱失赤城霞綵色，千巖積素映天台。

行徑七里濱
東南大海接雲開，流沫侵沙日夜回。
濤勢蹴天飛似馬，潮聲動地殷如雷。
驪龍窟抱明珠出，仙女壇懸紫氣來。
七里灘頭饒釣叟，千秋誰問子陵臺。

僧房守歲
空門霜雪照莓苔，守歲還登古梵臺。
日月燈含春色動，菩提樹拂夜雲開。
聞經試問蓮華漏，許酒先傳栢葉杯。
總說人間如夢幻，諸天惜臘此徘徊。

41. 鳴鳳卿
御命，陪二藤公，汎舟隅田川
星文曉轉鳳凰樓，錦纜牙檣尋古游。
賞眺應同天上坐，乾坤寧似鏡中浮。
一時詩賦鄒牧筆，千載風流李郭舟。
愷樂陪君魚在藻，隨波好更問瀛洲。

42. 岡孝先
水閣避暑
園池避暑客憑欄，朱李甘瓜白玉盤。

人自南皮能作賦，樽應北海盡交歡。
荷間月照銀河動，蘋末風來畫閣寒。
歌闋採菱新樂府，更操綠水曲中彈。

43. 元維寧
宿山寺
上方夜色正徘徊，飛塔月登沙界來。
山擁深林清磬響，天懸兜率佛燈開。
香煙遶定驪龍窟，貝葉飜經白馬臺。
坐久偏知不染境，誰言心地竟難灰。

44. 木實聞
和答默公病中見寄
蕭條丈室鎖高秋，病起維摩談益優。
颯沓梵音振法座，婆娑月影滿閻浮。
誰知青桂山中趣，飜思白蓮社裏游。
聞説匡廬饒酒戒，將因貪飲散窮愁。

45. 莊允益（子謙）
登芙蓉（五首録二）
天邊鳥道駕晴虹，近接氤氳玉女宮。
大麓風雲餘羽獵，中峯氣象屬鴻濛。

神仙暗度三山路,日月先朝五岳雄。
呼吸更知通帝座,到來唯是在層穹。

其二
帝居何處瑞氛來,風雨全收閶闔開。
神女霓裳翻菡萏,秦皇使節訪蓬萊。
仙雲爭動連駒窟,龍氣雙懸擁劍臺。
異代誰論封禪事,空餘遺草長卿才。

46. 石正猗
雪夜宴太田笰第
甲第寒高夜色開,紛紛玉屑滿樓臺。
披裘皆是羣仙侶,授簡從來上客才。
銀燭更闌垂鳳蠟,金樽興發勸螺杯。
驊騮門外繫瓊樹,乘醉何妨踏雪回。

夏日同平子和宴懷仙樓
長夏園林蒼翠開,千重新樹映樓臺。
芙蓉雪色當窗落,滄海濤聲傍檻來。
留客頻移青玉簟,懷仙且酌紫霞杯。
綺筵向晚雄風起,誰是披襟作賦才。

47. 田好銑（子澤）
梅雨中，得叡山善光上人書及詩，賦此代簡謝，答（五首錄一）

衡門伏枕鎖蒿萊，獨坐懷人風雨來。
渤澥雲低藏白日，茅檐樹濕落黃梅。
秋鴻憑信他時約，萍水關心別後哀。
忽迎滿堂霞綵起，知君詞賦自天台。

夏日，同諸上人，汎舟楊柳橋下

聊試江頭河朔期，重携禪侶棹漣漪。
三衣不染紅塵色，一葦遙乘碧海涯。
人世波瀾傷落魄，官途危險奈相思。
離情猶駐垂楊影，厭見橋邊前日枝。

48. 源敏樹
酬田子瓊，至日，同東溪南宇二大夫，宴滕子齊席上見懷

山河氣暖待春來，佳節登臨雲滿臺。
樽酒忘家迎季孟，主賓誇伎盡鄒枚。
含黃將動風前柳，積素相疑雪裏梅。
我亦天涯一回首，獨悲歲月鬢華催。

49. 秋儀（玉山）

詠靉靆鏡

靉靆銀雲鏡裏清，三餘事業待君成。
奪將蝦目五行下，讀破蠅頭萬卷輕。
映雪孫窗同的爍，看花韓苑已分明。
還疑太乙青藜照，天祿當年劉更生。

哭南子和

知爾曾游海上山，暫將杯酒落人間。
青囊日月空高枕，丹竈煙霞難駐顏。
化鶴終從華表逝，騎龍何更葛陂還。
愁來欲掛延陵劍，風雨長松不可攀。

50. 田憲章

鎌倉懷古（八首錄二）

陰風萬里動沙塲，日色蕭蕭海霧黃。
飲馬窟寒孤菟宿，鬭鷄原晚草萊荒。
千秋戰氣空城雨，九世兵威古壘霜。
一望凄然過不得，停車獨自嘆興亡。

其二

憶昔姦臣弄國威，翠華南狩遁京畿。

六軍喋血衣冠散，諸將輿尸計略違。
傳蠡誰乘黃屋出，蒙塵偏似白登圍。
安知皇運終回轉，重使神州揚帝暉。

51. 井通熙（子叔）
送子羽還藩
春來病起動離顏，祖帳東門擁節還。
客裏綈袍交不淺，樽前綵筆老逾閑。
岳連雲湧金河路，嶺樹霞蒸玉笥山。
雄劍即今誰所贈，到時風雨滿燕關。

52. 山根清
臨池竹
修竹團欒遶作林，疎篁密篠鬱陰陰。
碧波龍動葛陂影，爽籟鳳吟嶰谷音。
千畝雲從池上起，萬竿色向水中深。
梁賓在昔爭裁賦，更憶風流帝子心。

題大隱軒
煙霞小宇郭東隅，水石卜幽三徑紆。
傲世獨能淹歲月，避名何必住江湖。
醉中春色花開落，夢裏春風蝶有無。

君自仙人誰不信，白雲珠樹似蓬壺。

53. 僧原資
寓麴坊值星夕有作
萬井青梧葉未飄，秦城暮色七襄雕。
金莖露下仙人掌，玉渚秋懸織女橋。
天上星辰多契濶，世間時序易蕭條。
客心悽斷高樓夜，月落誰家吹紫簫。

中秋舍虛亭
江城白露下蒹葭，煙水茫茫蕩月華。
夜色樓臺諸佛座，秋風簫鼓萬人家。
涼來世界渾如水，翳去虛空不見花。
火宅蕭條殘暑盡，何論門外有三車。

54. 僧元皓
四月朔，舟中坐雨
處處櫻桃久落花，春風吹雪滿袈裟。
天涯朱夏蓬窗雨，海上青山漁父家。
知與何人題別意，寧堪獨自負韶華。
此行非爲匡廬隱，回首還向漢使槎。

55. 宇鼎
擬長安春望
二月春風幾萬家，登臨轉足見年華。
鶯聲晴滿章臺柳，霞綵時迷上苑花。
山遶漢宮佳氣近，樹連秦塞暖煙斜。
翠樓珠閣笙歌暮，游子誰思故國賒。

擬上黃鶴樓
一從飛閣起磯頭，詞客登臨幾壯游。
鸚鵡洲荒名更出，仙人駕去跡猶留。
白雲自見千年色，玉笛誰思五月愁。
世事悠悠逐江水，空令感慨滿長流。

奉寄物先生（五首錄一，別有小引）
才華新照日東東，經學兼傳見國工。
治世音從門下盛，大王風借筆端雄。
時名難著潛夫論，朝議堪裁白虎通。
海內少年多俊傑，不言西蜀有文翁。

56. 武欽繇
登清水寺大悲閣
香閣崢嶸洛水東，煙霞不與世間同。

諸天日落山山紫，下界秋深樹樹紅。
拂檻珠林含瀑水，映雲瑞塔湧虛空。
道心似入清涼國，襟冷上方昏黑風。

卜居
茅茨小築羽溪邊，綠樹重陰繞檻連。
不獨幽棲通市井，由來靜者便松泉。
新題常使青山答，閑適何妨白日眠。
更喜雙親無恙在，栽花煮茗樂餘年。

57. 服天游

奉賀右大辨菅公進參議
十載含香漢省郎，遷喬此日有輝光。
御題新出金甌裏，寓直舊陪錦帳傍。
怡遇補天懸日月，具瞻贊化理陰陽。
清門元自神明冑，遺愛松林足棟梁。

游三井寺
園城古剎枕江流，游客閑探處處幽。
玉麈仍留三井潔，華鐘曾自九淵浮。
威靈永鎮新羅廟，弘誓高標薩埵樓。
更見止觀靜明鏡，孤輪影落大湖秋。

送木文炳游江州

湖勢渺茫琶象開，舊都風物亦雄哉。
遙追遷史浮湘興，肯讓木虛賦海才。
彷彿君山天女廟，岩嶤鷲嶺梵王臺。
洲頭聞說多鴻雁，到日尺素一寄來。

58. 伊藤縉

函嶺

羣山萬壑擁高巔，紫翠陰陰撲面連。
鳥道杳溟雲外路，神工劖鑿洞中天。
關門樹合通真氣，湖海峯回倒玉蓮。
十載重經函谷險，白頭誰記棄繻年。

望海

芝浦帆檣向晚連，東南形象入樽前。
丹霞日湧扶桑樹，碧水雲開渤海天。
萬里搏搖鵬際動，三山真氣蜃樓懸。
醉來欲擬玄虛賦，短髮乾坤轉惘然。

冬日海棠

仙質不爭桃李塲，幽姿應有後時傷。
微紅纔柝前宵雨，脆艷何勝寒曉霜。

銀燭照來誰拒睡，珠簾低下獨含粧。
可憐冷落窮冬日，孤負春風弄晚芳。

答子顯
芙蓉露冷武昌秋，佳節懷人賦遠游。
同捨弟兄驚聚散，中原書劍任淹留。
開簾邸第連雲起，把酒星河捲地流。
最是西山來爽氣，遙知拄笏倚床頭。

晚秋答弟君錦（君錦在越前）
露滿梧桐月滿城，官情矧復故園情。
菊花仍負陶元亮，楓詠誰傳崔信明。
客散殘燈沉夜色，夢回孤枕送秋聲。
籃輿到處逢迎在，莫道青袍誤此生。

59. 清綏（君履）
丙戌春，余六十初度
隱淪歲月鹿川隈，羞值鄉親祝壽來。
幾卷蠹書忘老至，一樽濁酒喜春回。
秦門纔有種瓜術，趙國魯無說劍才。
但見東風添樂事，鴨頭綠拍釣魚臺。

60. 春政紹
秋夜偶作
籬下寒蛩聲未稀,孤闈覺冷老夫衣。
燈殘坐側從兒睡,雨斷欄前見雁飛。
千里山河秋瑟瑟,一天星月夜輝輝。
此身未謝人間事,蕉鹿夢中爭是非。

61. 小栗元愷（子佐）
紅梅
郢樹花明淑氣融,羅浮冰骨醉春風。
枝橫碧漢霞凝綵,影落清江水漾紅。
桃李成蹊香豈比,珊瑚出海色纔同。
朱欄錦幌須淹賞,但恐人吹入笛中。

擬贈道士
羽客高蹤大華陽,還丹長秘葛洪方。
明星夜拱金壇靜,花木春深碧洞香。
天外瑤簫吹引鳳,山中白石叱成羊。
有時冠佩乘雲去,應逐諸仙謁玉皇。

同諸子登後瀨山（山在若狹）
海上名山駕巨鼇,懸梯重疊躡空高。

五雲南指京畿路，千里北通越激濤。
古壘當年誰躍馬，青樽此日共持螯。
相逢不是尋常客，總把煙霞入綵毫。

62. 田公望（望之）
失鶴
一夜仙禽思故林，翻飛萬里白雲深。
軒車空掛衛公寵，霄漢遙憐齊使心。
月落緱山迷素影，風高華表送瑤音。
明朝知在三珠樹，赤水茫茫不可尋。

63. 瀧長愷（彌八）
有所思
關塞天長道路難，含愁不見倚欄干。
深知一日三秋恨，遙想單衣九月寒。
曲裏餘情寫別鶴，鏡中孤影悲離鸞。
夜來自有今徵夢，腸斷紗窗落月殘。

64. 松秀雲
夏日游山寺
紅塵不到梵王家，山屐乘凉蘚徑斜。
竹裏懸泉濺石髮，松間落照映葵花。

瑤琴彈罷雲窺户，玉麈談餘僧獻茶。
悔向世途衝炎熱，十年蹤跡負煙霞。

和百非上人席上
一別招提歲月賒，重來衰白惜容華。
何圖詩思逢人發，無奈醉狂隨日加。
夜寒石鼎茶煙斷，坐久紗窗月影斜。
乘興若過虎溪路，肯尋松菊到陶家。

65. 千鼎臣
十四夜，鈴津二公及泰默二尊者，辱臨席上得六魚
貧家草具設筵初，酒態非關禮節疎。
徑窄莓苔侵履跡，庭蕪蟋蟀逼階除。
玄談偏熟高僧坐，白屋歡迎長者車。
縱負中秋三五月，莫教此夜賞心虛。

66. 千諸成
秋懷二首
白屋清秋晝自閑，從容養挫圖書間。
愁心暮聽雲中雁，爽氣朝浮雨後山。
寥落交游今日事，追懷侍從舊時班。
感恩豈有梁鴻嘆，不用五噫歌漢關。

其二
園林搖落慘斜陽，懷舊悠然坐半床。
身上浮名任呼馬，塵中浪跡總亡羊。
池邊紅落蓮房露，墻外黃催橘樹霜。
涕淚非關峴山碣，悲秋亦欲濕衣裳。

67. 井知亮
同諸子游鈴公南莊
探勝城東古寺傍，相携涉水又登岡。
交歡今日俱須盡，哀樂中年動易傷。
萬樹晴煙催返照，一樽秋色醉重陽。
極知落帽參軍後，也有風流吾黨狂。

68. 木貞貫
酬三州觀如上人見寄
聞君卓錫倚山岑，霜下閑房落葉深。
幾處寒泉添漏水，諸天明月照禪心。
西關氣色秋看盡，東海風雲晝欲陰。
踪跡隨緣無住著，春來芳草恐難尋。

69. 湯元禎（之祥）

級川驛重留別君修

憐君寵送醉江關，萬里西征作賦還。
馬首天寒滄海日，樽前雪滿玉函山。
風塵懷瑾功名薄，睥睨論交世路艱。
共說立言應百代，酣歌不必慘離顏。

答赤松大業見寄懷

千里鴻音雨雪闌，開緘忽映碧琅玕。
唯憐南國佳人贈，慙作關西夫子看。
海岳天橫濤色合，赤城霞起夕陽寒。
待君更汎山陰棹，握手春風十日歡。

70. 野公臺（子賤）

訪箕山人

白雲縹緲鎖岩巘，望去天涯夢裏遙。
路向巖阿看鹿豕，林連谷口問漁樵。
久知原憲貧非病，也說田生賤更驕。
今日美人殊不遠，往來携手報瓊瑤。

智乘院集，賦呈諸君

相邀杯酒此開筵，滿座嘉賓一代賢。

望去芙蓉懸白雪，聽來山水入朱絃。
千秋事業推君輩，百歲風塵老自憐。
書劍重逢從役日，中原彥會得周旋。

71. 高羽（翼之）
送松山太夫塚越君歸藩
旌旆翩翩意氣殊，揮鞭直指北溟隅。
封疆別属齊公子，跋涉偏勞許大夫。
鳥海春雲懸白雪，象江秋月照明珠。
登高更識耽詞賦，好使綵毫傳此都。

72. 安於慶（吉父）
侍游三山（山有徐福祠）
萬里神山路不難，飛揚直指綵雲端。
人間空報安期鵲，海畔猶存徐福壇。
丹洞千秋關日月，蒼崖幾處擁琅玕。
共陪鸞輅蓬萊上，何用長風問羽翰。

73. 僧圓乘（了玄）
春日同諸君上東叡山
台嶺花深百鳥鳴，氤氳佳氣接春城。
山王祠上江帆出，天女壇前鏡水晴。

高殿雲開金榜色，諸陵風送玉珂聲。
同游若促興公在，都下應傳作賦名。

74. 僧宜牧
游寺
古寺鐘聲度翠微，階庭栢葉亂斜暉。
巖中說偈花爲雨，定裏忘機月照衣。
巢鳥閑窺雙樹入，香煙細結五雲飛。
上方遥出藤蘿外，杖策探奇信宿歸。

日本詩選卷之六　終

卷之七

平安　江村綬君錫　著
姪　清勲　公績
受業　永田忠原俊平　同校

七言律下

1. 伊藤長堅（蘭嵎）
賦得籠中孤鴛鴦

一入深籠不耐愁，秦池漢苑到無由。

玉堂春静庭花落，金屋秋闌夜漏幽。

鏡裏孤鸞嘆獨舞，梁頭雙燕羨同游。

遙思當日月明夜，兩兩影浮蘆荻洲。

（蘭嵎少時詞章最鬱，紀藩筮仕後，專事訓詁，廢棄吟哦，此篇得之《八居題詠》中。）

2. 松波光興（士發）
聞雁

紅蓼白蘋秋色分，蕭蕭鴻雁忽相聞。

飛辭邊月山山雪，鳴度南天字字雲。

上苑帛書思漢武，洞庭清瑟想湘君。

蹉跎自笑官游晚，來往風塵共作羣。

（士發東涯高弟，三十年前，余卜其隣，日夜友善，自爲吏職遂致胡越。此篇得之筐笥，愴然感舊，因録之云。）

3. 石川正恒（麟洲）
赤間關懷古
一從龍駕失天衢，十萬貔貅殲海隅。
環珮雲迷潮水濶，旌旗林靜夕陽孤。
漁樵荒塚辨臣主，風雨冤魂疑有無。
回首長安終不見，空臨波際問皇都。

4. 田中履道
秋居漫詠
秋色闌珊露變霜，龍鍾仍試舊丹床。
朝修禽戲敲殘齒，夕撿龍方洗病腸。
楫水屐山行或止，哦花醉月閑猶忙。
百年能事一無有，自笑散人遠帝鄉。

5. 柳美啓（士明）
雨中過木津堤
淺草平沙十里程，長堤三月雨中行。
兩邊蒼鬢煙霞老，一片青簑身世輕。
山罩層雲黛色斷，川浮細浪羅紋清。
冥濛眼底饒幽趣，不必芳園步快晴。

晚下苑江

扁舟搖裔下長流，兩畔煙波落日愁。
孤鶩片雲鐘外去，危檣柔艣鏡中浮。
揮毫知有江山助，輟棹欲同魚鳥游。
無奈楫師貪利涉，不乘風月暫時留。

6. 芥煥（彥章）

杪秋與伯卿上如意山

共覓仙蹤踏紫氛，攀緣一徑薜蘿分。
洞煙斜散中峯雨，瀑布遙懸半嶺雲。
宛轉二川圍帝里，霏微雙闕按星文。
綵毫同弄登高賦，莫道偏憐麋鹿羣。

哭大通禪師

金風一夜作天游，共見城頭紫氣流。
西海慈雲懸幾歲，東山白日照三秋。
渡杯絕影鷗空去，飛錫無聲鶴卻愁。
妙偈長留傳弟子，龍華遍散帝王州。

7. 那波師曾（魯堂）

同賦早春登江樓

南國春從江上來，登臨百尺畫樓開。

梅花遠近波間雪，鶴羽高低空裏埃。
霜鬢他年終不改，鄉心一日更相催。
獨憐風意酡顏外，能使塵襟題快哉。

8. 渡守時（南平）
暮秋與橋柳二兄詣赤山祠
相携此日果前期，霜後風光隨處宜。
原野穰穰千頃稻，偃松落落百年枝。
行宮古道無人拂，御祖深林秋欲移。
塵裏偸閑愁短景，幽懷叵奈暮雲低。

9. 皆川愿（伯恭）
鴛鴦
翠鬣紅毛帶晚暉，排荇蹙浪傍苔磯。
晴江常映芙蕖見，煙岸時牽菱藻飛。
分影同棲金殿瓦，銜花并宿玉人機。
珠閨更有芳心巧，繡出多情上舞衣。

賦得宿雨能消御路塵
別館春游上苑東，秦山閣道跨遙空。
晴雲自傍鸞旂外，宿雨初收輦路中。
玉露新含芳草綠，輕塵細壓落花紅。

爲知明日風光好，歌吹欲迎長樂宮。

10. 清絢（君錦）
擬唐人主家應製作

主家山館瀰川隈，御輦春游麗日開。
綵鷁逢迎烏鵲渚，朱旗繚繞鳳凰臺。
花間採石移珠履，竹裏分泉汎玉杯。
聖藻新裁雲五色，微臣深愧栢梁才。

奉送中將藤公使筑紫

長安久領羽林兵，奉使星槎萬里行。
海上新開龍虎節，雲中回見鳳凰城。
祠官鐘鼓清秋響，神祖旌旗白日明。
大禮今逢修曠典，多歡博望策勳名。

其二

應神陵寢壯金題，更向香宮路不迷。
豈是銅標蠻部僻，多知青翰鄂君齊。
琉球大小新荒服，督府軍民舊鎮西。
回首長安休道遠，五雲偏自日邊低。

和禾升卿登天台山（三首録一）

人間到處感滄桑，叡岳巍然古道塲。
菅相威靈驚霹靂，武皇封祀仰金湯。
霞城遠控晴湖色，鉣柱高懸白日光。
小魯當年觀爾志，諸天囘首更飛揚。

粟津懷古

信州兵馬氣凌雲，霸業忽消湖水濱。
徒有忠臣能致死，從來驕主豈垂勳。
東風遺恨王孫草，夜月幽魂娘子軍。
父老猶談雖不逝，喬松隱隱遠孤墳。

崑崙奴

畫圖省識本聞名，蠻舶携來孰不驚。
百尺竿頭占雨立，千尋海底採珠行。
烏衣此日迎新壻，子墨當年作客卿。
安若許公稱夙惠，空傳綵筆獨縱橫。

江樓（越前客中作）

晴景遲遲春欲空，江樓把酒思無窮。
花飛不爲微風起，山靜還憐淡靄籠。
家鴨將雛汀草上，隣雞鼓翼竹園中。

幽觀洵美誰相與，唯有帆檣日日通。

11. 片猷（孝秩）
同賦早春登江樓

孤客年年不得歸，度江梅柳又春輝。

美人南國愁中草，高士西山貧後薇。

書劍天涯惟涕淚，鶯花城外自芳菲。

暮鴻送盡煙波遠，獨倚樓頭歌式微。

12. 鳥山宗成（宇內）
二月十六日，乘舟過三頭向本莊，游崇禪寺松林

樓船繫纜向平原，曲徑何辭步履煩。

探勝幸逢無雨日，吟行先問有花村。

山河遠近座來色，詞賦縱橫醉裏論。

既倒芳樽同藉草，松聲不似市中喧。

中秋六國亭觀月

高亭唧月出松標，多少騷人此見招。

六國蒼茫來綺席，孤輪皎潔傍青霄。

波濤秋湧清輝碎，蘆荻風生素影飄。

琴酒欲成終夜宴，浮雲忽向曉天饒。

琵琶湖汎月
湖光如練夜奇哉，鮫室龍宮彷彿開。
遠浪無涯千里目，長流不盡萬年哀。
金風聲斷穿雲笛，銀桂香飄邀月杯。
卻迎追隨仙侶去，廣寒高處更徘徊。

送田鼎一歸金澤
朔風吹雪曉霏霏，游子此時辭帝畿。
無那新知頻告別，生憎舊侶易相違。
行裝常共啼烏起，去馬遥隨乾鵲歸。
到日親闈奉卮酒，慈顏有喜映班衣。

13. 田章（鳴門）

葛子琴宅，詠殘海棠花
眼看風雨善傷春，偏愛猩紅未作塵。
撩亂才餘消醉露，衰殘已有竊香人。
丹紗睡足嬌無力，羅襪粧寒坐愴神。
惆悵青陽景難駐，繁華幾日就君親。

九日寄片北海先生
佳辰病肺鷫鸘裘，彭澤黃花入酒不。
詩賦懶裁空落帽，茱萸欲插幾搔頭。

陰晴難定登高意，醒醉都挤滿眼愁。
茲日恨無陪從興，風流辜負白衣秋。

14. 孔文雄（世傑）

秋日郊行
散步杖藜秋雨餘，蕭條煙露滿荒墟。
孤村落日碪聲急，九月微霜木葉疎。
錢盡誰家應買酒，途窮何者欲回車。
黃花半發東籬下，知是柴桑處士居。

客中偶作
多病伯鸞誰又尋，五噫歌罷興沉沉。
孤鴻聲斷城中雨，雙杵夜寒霜下砧。
怡悅白雲翻作夢，往來黃耳轉傷心。
灞陵舊是知無主，門逕塵埋幾寸深。

寄沼文進
颯爾西風吹據梧，回頭秋色滿平蕪。
層樓水繞三津濶，宿雨晴來六甲孤。
病渴馬卿誰是似，揮毫宋玉豈今無。
悲哉近日將催興，賦就期君傾我壺。

15. 龍公美（草廬）

浪華懷古
地比金陵古帝州，鬱葱佳氣未全收。
堯仁曾許三年貢，禹鑿猶餘一水流。
鴻雁渚邊風色老，蒹葭洲上夕陽愁。
春來唯有梅花發，人唱王郎舊日謳。

同岡文韶游鹿苑寺
來尋鹿苑古禪關，王捨城西寶樹間。
春後散花爲雨下，午時鳴磬入風閑。
諸天日射黃金閣，初地雲隣翠蓋山。
羞我未通清淨理，長因塵事鬢毛斑。

都門早秋
日落都門煙霧收，銀河一帶與雲流。
雨餘明月寒初動，城上清風聲自愁。
玉杵擣殘千里夢，紫簫吹起九重秋。
誰知孤客天涯意，不是潘郎已白頭。

酬孔世傑
秋暮風煙落木時，孤鴻天外報相思。
一寒深感綈袍贈，千里久懷湖海期。

駒岳壯游終夜夢,鳳城離別幾年悲。
何當澱水重南下,共醉君家金屈巵。

得藤子樹詩及書卻寄
一別東西消息稀,豈圖鴻雁繫書歸。
關山夜度愁人夢,風露秋寒游子衣。
世上白駒驚空過,天涯青眼恨相違。
遙知張翰鄉思切,近日江湖鱸正肥。

16. 合離（麗王）
登東福寺閣示丹叔禪師
妙雲高閣帝鄉邊,一望恒沙欲盡前。
拂檻山風生寶鐸,過窗江雨散金蓮。
名藍自古三千衆,福地於今五百年。
極是津梁如有力,綵虹飛度直通天。

17. 葛張（子琴）
北海先生致仕,作此奉寄
解印春風歸去來,衡門一半柳陰開。
琴書久爲官游廢,几席頓無公案堆。
稽古力因車馬見,遂初衣用芰荷裁。
欲看今歲黃花好,預就離邊手自栽。

哭菅甘谷
絳紗帳外淚紛紛，落日絃歌不復聞。
蘿薜衣存春稍冷，芝蘭室發夜猶薰。
關西曾播三鱣譽，冀北空餘萬馬羣。
一卷遺經孰傳得，千秋幸未喪斯文。

18. 僧顯常（蕉中）
奉賀宰相菅公，及待從公，上丁講經
北闕秋雲五色高，經筵此日侍臣勞。
聖恩一代開麟德，華冑千年見鳳毛。
玉殿傳杯承宸眷，清朝補衮屬詞曹。
掞天不忝康哉詠，相繼風流有綵毫。

秋日西出七條
洛城西出步田園，物色蕭條且避喧。
松樹林巒圍練若，槿花籬落擁荒村。
暮雲天遠丹波道，秋竹煙寒朱雀門。
千裏邦畿千古思，鳥飛鐘動向黃昏。

19. 僧淨壽（終南）
登樓寄懷諸崑仲
霜落溪林楓葉丹，天空沙塞雁聲寒。

賦成今日登樓地，歌感當年行路難。
原野蕭條凝暮色，風雲滲澹阻交歡。
倚欄更想同袍子，此意何時携手看。

20. 僧元明（悟心）
秋日上東叡山
鷲嶺秋風送雁行，峻嶒鳳闕傍朝陽。
玉毫遙照瑠璃殿，金榜高懸玳瑁梁。
天女池邊霜葉下，梵王臺上雨花香。
此中別是宸游地，日月重光萬古長。

客中新歲
武昌城闕鬱崔嵬，日出金門曙色開。
紫陌游絲縈劍珮，青春淑氣滿樓臺。
騷人夢入池塘草，驛使書傳隴上梅。
回首年年鄉國遠，愁看華髮客中催。

21. 僧敬雄（金龍）
月夜月伏樓小集
瓊樓安在五雲隈，繞郭千峯入檻來。
良夜清樽迎月醑，中秋綺席向人開。

金波偏湧蒼龍谷，練影高懸白馬臺。
祇苑兼餘招隱趣，叢叢桂樹醉中裁。

22. 服元雄（仲英）
寄題日出矦望海樓
海上新開日出光，城樓高擁對扶桑。
坐來登眺山河固，占得封疆歲月長。
萬里潮生連睥睨，九州天盡入蒼茫。
鯨波不起西溟靜，正好絃歌醉玉觴。

金井矦有伉儷之戚，詩以奉慰
三秋金屋夢難成，翠幄愁窺孤月傾。
幾年粱盛同奉祀，一朝琴瑟寂無聲。
階庭猶駐芝蘭色，配匹空傳秦晉名。
莫向高唐催作賦，楚天搖落不堪情。

春日宴某矦墨水莊
清江流水繞橫塘，宴賞疑游金谷莊。
北渚煙侵芳草暖，東園花對綺筵香。
捲簾柳絮春如雪，勸客醱醅酒滿觴。
別有池亭通畫舸，醉歌更入採菱長。

23. 劉維翰（龍門）
登樓
華樓百尺碧池隈，東嶺雲霞繞梵臺。
蓬鬢蕭條孤劍老，蘭樽潦倒短歌哀。
秋風空動鱸魚興，暮雨何堪鴻雁來。
搖落千年餘楚色，登臨徙倚賦悲哉。

24. 松崎維時（君修）
關原（二首錄一）
長城役久兆亡秦，挾主兼存指鹿臣。
自有四方徯我後，何論六尺託非人。
離心枉暴中原骨，一怒終清萬古塵。
冠望雲霓皆鳥竄，周家天地屬維新。

送赤松國鸞還赤穗
朱門春滿驢驪裘，萬里歸藩亦壯游。
即見鄒陽爲上客，還如張翰倚扁舟。
孤松夜送高砂雨，明月秋臨赤石流。
賦就應憐鄉土美，不須多暇倦登樓。

25. 紀德民（平洲）
歲初得俟澤浪華之信喜賦
客夢三年瓊浦隈，歸心日倚望鄉臺。
江南淑氣堪相憶，海國風煙尚未回。
新歲忽逢孤雁信，故人遙寄一枝梅。
何當握手都門下，共醉胡姬春酒杯。

26. 南宮岳（大湫）
秋夜懷大眉子茂，余時客湖東
湖中景勝白雲秋，方屬悲哉憶舊游。
到處幾人還倒屣，望時令客懶登樓。
雙鴻不繫相思字，片月空窺各地愁。
對酒今宵憐嵇阮，未知林下接風流。

洞津芝原子篤致書，書中說秋來再邀余，因賦此答寄
猶憶論詩對日斜，別來幽趣在誰家。
熊山曉送雲間色，鰲島晴揚海上霞。
數卷圖書君事業，一園灌溉我生涯。
如今不恨相逢晚，預訂歡期及菊花。

27. 湖岳

秋晚郊行

步離城市出風塵，到處縱觀不問津。

孤杖扶衰龍未化，行厨分食鳥相馴。

黃花經雨田園古，錦樹曝陽山壑新。

欲向川流消酒渴，水清似待濯纓人。

28. 赤松鴻

登阪越圓通閣

紺殿高開赤水東，躋攀一望倚龍宮。

無邊花雨諸天外，不盡松濤萬壑中。

觀世元悲迷幻境，憑欄更覺住虛空。

山光直接海潮色，下界齊浮落日紅。

酬劉文翼見寄兒勳之作

門衰祚薄失要津，猶喜兒年堪負薪。

翰墨豈期交長者，琴書僅免屬他人。

蕭蕭白髮兼心短，寂寂青山避世真。

獨有親知情不淺，回頭時復嘆沉淪。

29. 赤松勳（大業）
訪避喧亭
清風落日郡城西，幽徑尋君路不迷。
忽見棲鳥驚客起，何須凡鳥向門題。
避喧亭有山光映，對酒身如竹裏携。
交態俱期浮世外，厚情唯與古人齊。

30. 梁田鷫（象水）
三島驛，贈朝鮮國南秋月
棠枻蘭舟千里通，潮平無復石尤風。
紫煙朝度函關上，白雪春飄仙館中。
觀海原知難爲水，論天何用共爭雄。
使臣自有桑蓬志，遂使聲名滿日東。

31. 岡思潛
暮春游玉川
平川曠野愛寬閑，百里回頭無近山。
細石清流光似玉，激湍旋復響如環。
樵人落日乘桴下，浣女新晴抱布還。
不是浮游採真侶，那能此處洗塵顏。

32. 副士定（保卿）
送人游函關
峻嶒函嶺擁重關，幽討憐君遠一攀。
投宿民家懸翠壁，迸巖仙液駐丹顏。
夜瞻百頃湖邊月，朝對雙生天畔山。
賦就知裁白雲色，歸時持贈骸人間。

33. 近藤篤
酬蘭臺先生《杪秋登東叡大悲閣見懷》之作
天台飛閣倚巑岏，白雪芙蓉千古看。
碧殿晴搖雲五色，赤城霞起日三竿。
帝闉元氣通呼吸，仙闕秋風問羽翰。
聞說登高能作賦，側身東望欲從難。

34. 井潛（仲龍）
滕君一，從日光廟使，賦別
城門曉色送驂騑，此去天邊向翠微。
地卜龍蛇開壯麗，山懸日月有光輝。
古文先問周王鼓，戎服猶藏漢祖衣。
載筆君今隨廟使，應知篆冊讀人稀。

三日，井子章宅宴會，同賦花下尋盟

主人園在碧江隈，好勸嘉賓曲水杯。
佳節尋盟逢酒熟，春風修禊及花開。
聚時俱犯羣星座，分得誰多一石才。
瓠落平生憂才乏，何堪大白罸吾來。

嵯峨懷古

數里尋幽出帝鄉，吟行先弔古山莊。
王孫不返蘼蕪老，騷客空餘蘭芷香。
亭古雨聲添慘澹，林昏松韻鎖荒涼。
百家名詠知何處，但有閑雲生壁牆。

（仲龍氏《嵯峨懷古》五首，《福原懷古》五首，工整婉暢各到佳境，以減簡故，割愛錄一首云）

35. 祇園尚濂（師援）

鉱山即事

茅屋窮山百事貧，蟲聲秋冷枕頭親。
一溪暗水愁邊雨，半壁殘燈夢裏人。
樗散形骸空白首，羊腸岐路總紅塵。
明時未試鉛刀割，賴與老農欲卜隣。

36. 度會末雅
同賦金谷故園得春字
河陽芳樹粲成隣，云是繁華昔占春。
墜妓樓空縈澗水，明妃曲罷靜梁塵。
更無錦障臨行路，豈有珊瑚驚坐賓。
一自同歸嘆白首，悽然風物濕人巾。

37. 高彝（君秉）
分題賦司馬相如
有鳳求凰凰亦求，臨邛更典鸂鶒裘。
遠山轉艷當壚態，四壁偏寒滌器秋。
賦奏凌雲疑異代，官成使蜀擅風流。
茂陵莫道君恩薄，還問遺文帝者愁。

38. 僧萬龜（文川）
登東都慈眼山，寄鎮公
秋風吹雨入珠林，窈窕煙霞鎖翠岑。
天隔鄉關遙夢寐，月懸滄海照衣襟。
十年爲寄浮雲跡，千里雖逢流水心。
屈指曾游總陳跡，逢君此日感殊深。

39. 江村秉（愚亭）

丹波道中
野水東流夕日西，煙山嵐嶂碧高低。
王孫草色連天遠，帝女桑條與屋齊。
柳絮池塘穿浪鴨，菜花籬落浴沙鷄。
恰逢村店醱醸熟，兩袖春風路欲迷。

若狹客中作
重山峻嶺限西東，城市相連海霧中。
濕氣晨寒多是雨，潮聲夜吼乍生風。
只憐香蟹雙螯紫，未見桃花一朵紅。
客捨蕭條何所聽，浦雲深處有歸鴻。

武南山宅看花
別築茅亭小苑中，春蘭芳樹繞簾櫳。
千枝露滴今朝雨，一片香飛昨夜風。
人世開唇難數數，花時取醉莫匆匆。
賞心俱借黃昏促，更別蘭燈照粉紅。

40. 柚木太玄
嵯峨懷古

殘雨荒亭物外求，嵯峨陳跡正悠悠。

琴聲何在柴門夕，草色猶悲野逕秋。

無復小倉迎鳳駕，空臨大堰想龍舟。

漢家一自離宮廢，多少禪林領古邱。

寄題三原妙正寺

孤塔高標寶地邊，披圖靈境眼中連。

城頭煙樹東西市，海畔雲山遠近天。

霞映鷺翎秋雨散，風生鯨背暮潮旋。

乘槎自迎前宵夢，吟想相關如是緣。

（三原城，憑山臨海，閭閻夾城，有東市西市之稱，鷺島鯨島，并峙海面，詩中所以云云。）

41. 端隆（文仲）
秋晴

天氣乍晴秋正涼，江山樹色敝斜陽。

長虹一半成橋勢，遠水平鋪入鏡光。

適意巖阿唯鳥跡，投身世路各羊腸。

旗亭小酌雖添興，憨愧村村農事忙。

九日同諸君上黑龍山（山在越前）

佳節唯應作客愁，翻從好友酌山樓。
半開菊見前宵雨，已秀禾知闔國秋。
新故情濃堪盡醉，往來途熟約重游。
小詩吟澀無由謝，慙愧杯盤晚未收。

42. 源之熙（君績）

泥塑美人

芙蓉亦愧出泥姿，京樣梳粧山樣眉。
錦袖如雲難入夢，蘭湯沃雪怕銷肌。
送情宛似窺宋玉，含怨還應等息媯。
行露爲愁羅襪涴，裙檐不動立多時。

43. 嚴垣彥明（亮卿）

秋思

蘭蕙凋傷獨自知，愁來鬢髮亂如絲。
春風恩斷同心結，秋露盟寒連理枝。
孰説平陽歌舞富，徒憐長信歲年移。
深宮夜夜難爲睡，倚檻幾吟紈扇詩。

游圓通山

瀟灑禪關傍竹林，琅玕色入暮煙深。

門前空谷傳天籟，樓外鳴泉和梵音。
梧樹元無秋色染，麻衣何有世塵侵。
休公買得名山勝，長使碧雲扶朗吟。

44. 伊藤榮吉
感秋
人聲寂寂月西流，樹影沉沉萬象收。
草際陰蛩如訴恨，床前薄酒好忘憂。
梧桐一葉金風外，鴻雁幾羣銀漢頭。
淒夜頻催搖落感，今年何似去年秋。

45. 岡元鳳（公翼）
高津春望
古都形勝入新年，浪速繁華氣象懸。
江海晴分雙港雨，閭閻望合萬家煙。
畫樓柳色青何處，沙岸梅花白幾邊。
富庶於今推大邑，何須人擬黍離篇。

平安寓捨，答葛子琴見寄
一樽行樂與痾違，伏枕幽居徒掩扉。
暮雨城邊花寂寂，春煙巷口柳依依。
綈袍曾記同游是，書劍何堪獨往非。

幾度相思傳尺素，遥憐芳草上魚磯。

46. 僧慈周（六如）
早春源子澤西游，辱臨草堂
當報春漸向洛師，跫音不負隔年期。
交游寥落青雲遠，世事艱難白髮知。
望月重論懷我夜，攀梅應認贈君枝。
開襟頓覺無餘恨，也恐參差到別時。

同日席上分韻得十一尤
江城分袂忽三秋，不料春筵繼勝游。
雨後雲煙山似笑，花間觸詠鳥相酬。
由來簪紱非君好，他日蘿衣從我求。
此計茫茫如隔世，殘樽邀月更登樓。

47. 菅晨曜（甘谷）
至日
初陽應律入良辰，舉目江南雲物新。
文史三冬慙白首，風光一日憶青春。
稍知操瑟終違好，無那敝裘見厭貧。
十載交游寥落盡，梅花開早寄誰人。

48. 飯田美允（玄野）
奉寄宇士新先生
雁叫汀洲秋氣悲，白雲流水遠相思。
終年閉户蓬蒿遍，兩地論文心事知。
門下康成慙異代，關西孔子許當時。
共憐樗散供多病，總爲風塵不可隨。

49. 友淵宜卿
同友人海寺觀花
雨洗江天綠欲流，花開海寺愜春游。
園非桃李皆羣秀，路到蓬萊第幾州。
萬里潮聲懸殿遠，雙林晴影湧臺浮。
野芳休問王孫草，山色遥牽仙客舟。

50. 賴惟寬（千秋）
玉江橋春望贈子琴
玉橋乘霽好從容，麗日和風淑景濃。
侯邸古松濤陣陣，市樓春柳翠重重。
雲邊塔影天王寺，海上嵐光佛母峯。
莫道村郊青耐踏，何人此去可移筇。
（佛母峯即摩耶山）

51. 賴惟彊（百載）
得弟萬書卻寄

肯道天涯若比隣，異鄉春異故鄉春。
傳書海驛雲間雁，求句池頭夢裏人。
游子覊心蓬易亂，老親華髮雪應新。
梅花欲折幽情切，疎影暗香月一輪。

52. 大江資衡（玄圃）
濺江夜泊

漠漠秋光濺水涯，汀煙隱見野人家。
翻車咿軋追波轉，漁艇飄飄鼓棹賒。
橋上烏啼楊柳樹，岸邊霜滿荻蘆花。
鐘聲到處推窗望，雄德山頭曉月斜。

53. 齊必簡（大禮）
九日

長安歸客繫行舟，綠酒黃花潤水流。
臺上風凌青紗帽，簾前人醉紫貂裘。
城邊鴻雁三山晚，江畔雲霞千里秋。
莫道陶家已乘興，由來此地使人愁。

54. 平信好
還俗尼

春光空度化城傍，脫卻袈裟歸故鄉。

玉面還粧新粉黛，紅羅再著舊衣裳。

迎來行雨巫山夢，拂盡散花天上香。

借問人間兼佛界，絃歌孰與梵音長。

55. 石川貞（太一）
七夕過第三橋

露井梧桐已報秋，家家乞巧爲登樓。

正疑烏鵲橋邊水，瀉向鳳凰城外流。

河畔白沙清弄玉，山頭皓月曲如鉤。

他時若就君平問，應識即今於斗牛。

56. 幡文華
春日感懷

城頭踪跡混紅塵，無賴鬢華鏡裏新。

狂蝶不知身是夢，嬌鶯何厭我原貧。

香風欄外飛花晚，細雨池邊芳草春。

藜杖今年猶未試，青山應笑負游人。

57. 僧凍滴

湖中四時晚景，春（四首錄二）

沙明水碧大湖濱，釣罷吟行何處人。
煙鎖垂楊黃鳥暮，波漂綠葦白鷗春。
高低山帶晴嵐出，遠近帆懸落照新。
如此韶光誰不賞，優游況復隱倫身。

同冬

江上高亭夕照斜，遙看鴻雁落平沙。
扣鐘幽岳關雲寺，曝網荒村近水家。
渡口寒風人立馬，橋邊煙浪客停槎。
回頭北望猶堪畫，石鹿山林雪著花。

58. 僧惠聞

暮春即事

三月海風白子城，朝來引雨灑僧房。
香煙一炷書窗繞，煙柳萬條檻外長。
忽有笛聲飄客夢，豈無詞章賦池塘。
青春勝事坐消盡，空見落花滿石床。

59. 源義人
春日游海濱

城南風物弄春光，且對輕鷗又舉觴。

渡口煙關洲上暗，鳥邊雲罩遠巒長。

新林紅蕋連青藻，大海波浪浸夕陽。

借問扁舟垂釣者，濯纓此處久相忘。

60. 山政禮（子愼）
高岸寺避暑

登臨秋近雨花壇，馬首迎來暑已殘。

樓枕犀川開爽塏，樹深鹿野隱高盤。

白毫光動諸天暮，金鐸聲生萬壑寒。

幽事陪尋玄度興，滿襟風月罄君歡。

61. 菅元容
中秋游築夫洲（五首録一）

築夫神島鬱崚嶒，十二欄干客此凭。

玉宇寒生秋寂寞，銀河雲盡夜清澄。

月懸鸞鏡臨金池，松化龍鱗捧寶燈。

徙倚互忘人世趣，放歌長嘯興堪乘。

62. 藤共建（子樹）
戲詠鯉魚膾
有魚揮刃凜凝霜，三十六鱗飛且揚。
肉落玉盤鮮錦縷，卯隨犀筯滑黃粱。
醇醪一斗斟堪灌，賓客四筵邀此嘗。
縱是龍門登不得，卻教滋味潤枯腸。

63. 功君章
哭松崎子允
卜居海上早懸車，芳草青青三徑斜。
知爲鄉心勞夢寐，奈携老病學丹砂。
百年功業歸長夜，一世才名伴落花。
冥魄中原何莫思，山陰自有主人家。

64. 櫻井良幹
送乘子賷之丹後
自愛名山入五臺，又尋方外到蓬萊。
橋隨烏鵲天中落，燈逐魚龍海上來。
只道丹邱元不遠，何知白髮暗相催。
玉函他日持歸去，莫向人間容易開。

65. 杉信生（子適）
九日
書劍飄零嘆遠游，登高此日倍離憂。
幾家綠酒龍山飲，何處黃花栗里秋。
江上形容空老病，城中風雨自鄉愁。
誰知異客思親切，起向天涯回白頭。

66. 榊原敬之
早春郊行
三春行樂莫蹉跎，老後光陰夢裏過。
相喜隣童來誘引，奚嫌野老醉娑婆。
馬蹄殘雪梅邊盡，牛巷晴煙柳處多。
逢着農人時問路，嚶嚶黃鳥在山阿。

67. 前田魁（君舉）
九日寄懷錦里先生
憶昨龍山御李游，清歡回首事悠悠。
西風颯颯鴻聲晚，寒雨蕭蕭樹色秋。
別後誰家頻下榻，相思此地獨登樓。
樽前還恨逢佳節，雲水蒼茫隔帝州。

68. 下川貴慶
螢

青蒲細柳水鄉秋，熠耀宵行小雨收。
散似斑斑星綵亂，聚如點點露華浮。
窗前月暗來先見，岸上煙深逐又流。
好是涼風吹不滅，徘徊故傍讀書樓。

69. 源義質（子敬）
金華山

縹緲蓬壺碧海傍，乾坤東盡接扶桑。
仙臺長映金銀樹，天柱高懸日月光。
紫府千年人化鶴，丹邱五色石成羊。
只今誰識安期輩，此處猶傳大藥方。

70. 南川維遷（文璞）
游温泉寺（在依勢菰野山中）

深樹含煙綵翠濃，參差樓閣與雲重。
千人坐穩溪邊石，萬仞攀高屋後峯。
藥草滿林香駐客，長松跨壑影如龍。
徘徊猶欲尋佳境，橋上遙看落日舂。

71. 山維熊（秋水）
登高
雨晴山色滿高樓，縹緲長江入檻流。

落木飛鴻天外下，黃花白髮客中愁。

孤城暮笛吹明月，萬里寒衣授素秋。

薄官風塵歸不得，何時解組命扁舟。

72. 福世謙（益夫）
和柚仲素
芳郊細雨静纖埃，駘蕩物光千里催。

北闕晴雲擎日出，南山積翠接天來。

紅花綠柳春相競，畫閣朱樓晚自開。

聞道漢家重詞賦，憐君未減馬卿才。

73. 河子龍（伯潛）
壽北海江村先生五十
謝庭玉樹五雲開，何必南山引壽杯。

重席曾傳次仲業，百函今見穆之才。

詩篇豈爲文書廢，史術還將經史裁。

閥閱定知愶服政，梗柟原自棟梁材。

（伯潛幼時，已以神童稱，長而才藻益縟。但其在京時，余以爲吏職廢棄藝業，後來余辞藩職，再親筆硯，則子龍已爲吏職。

移住浪華,前後參差,不得交熟,以故筐笥所藏唯此一篇,殊可憾耳。)

74. 內山之明(栗齋)
夏日櫻社朝望
日射江心送釣船,孤亭斜在網洲前。
耕牛隔柳過煙岸,巢鷺出林飛水田。
列岳風回開宿霧,層城樹密接凉天。
此時若使丹青寫,倚檻同游亦共傳。

75. 萱成章
還鄉飲中公宅奉諸公
刀環此夕一啣杯,人云星移感轉催。
聞說學仙生羽翰,可憐牽役老駑駘。
燈前寥雨談猶熟,曲裏高山懷更開。
肯藉舊棲叢桂色,相逢忽漫賦歸來。

76. 神山正孝
病起
百憂釀病世情慵,獨坐青氈秋思濃。
半夜寒燈含四壁,幾家清杵響前峯。
玉壺將碎歌中驥,霜劍空藏匣裏龍。

強起晴窗親案牘，自憐幽興託孤筇。

77. 岡豹（君章）
同諸子游西孟清中濱莊
鞅掌常違社裏游，名園此日暫相留。
駒山蒼翠供過客，猫水潺湲好汎舟。
圍墅林花春歷亂，隔村野竹晚清幽。
煙霞醉飽飛揚甚，擬以形骸附一邱。

78. 北山彰（元章）
河港即事
黃昏穩坐石磯頭，垂釣無如此地幽。
海暗漁舫迷泊渚，天晴雁字掛津樓。
孤鐘近接雙林響，片月遙分二水浮。
縱是明朝經物色，輕簑何擬子陵流。

79. 藤仲導（環夫）
冬野望
枇杷花發郡城東，極目躊躇一醉中。
野渡舟橫從水涸，石溪橋斷恨途窮。
遠山晴色鴻邊雪，短笛寒聲牛背風。
十里郊原人去盡，參差麥隴夕陽紅。

80. 草加親賢（公輔）
寄隄正平
澱氏橋邊藩邸傍，客居宛在水中央。
琴書樓寓停雲思，樽酒筵歌伐木章。
涼入薜蘿忘赫暑，舟維洲渚賞秋光。
三叉月白聞笙鶴，吏隱幽情與夜長。

81. 明石景文（龜藏）
呈君錦先生
回首鳳城所思多，樓頭幾度費吟哦。
南天明月空長好，北渚清風今若何。
玄草經年非尚白，紅塵雙鬢或應皤。
縱君聖世朱其轂，無意鄉園問釣簑。

82. 荒木喬（子遷）
挹翠軒即事
西莊樹樹露香輕，心事殊宜秋色清。
虛室自甘墟裏隱，新詩那索世間名。
窗明風日搖柯影，人靜庭除見鳥情。
漫擬焚魚辭學士，碧山終不負斯生。

83. 荒木堅（子剛）
再游平野

翠煙深處再爲賓，幽趣依然絶世塵。
青草既兼黃花老，丹楓更與白雲新。
蟾蜍明滅檐前雨，邱壑討尋畫裏人。
留滯今逢開口笑，應須閑適養斯身。

84. 尾藤肇（志尹）
舟游墨江

佳境繫舟蘆荻邊，岸頭移步思飄然。
樹深何識天非晚，潮去疑看海作田。
帆隔茅渟春色浦，城臨浪速夕陽川。
勝情好是酬平日，況有落花代綺筵。

初秋書懷

遠游仗劍欲何依，荏苒流年感落暉。
夏木千章青未改，秋雲一片白先飛。
功名海內初心背，親友樽前舊酌違。
即有清琴誰共鼓，晚風吹入敝貂裘。

85. 小山儀（伯鳳）
京師客中上巳（客捨在鴨川濆）
麗人并倚玉欄邊，紫陌春光塵作煙。
楊柳風吹遮落日，絃歌聲湧度前川。
蘭亭跡遠重三節，鳳闕雲輕尺五天。
豈羨青樓能醉客，吾今自有杖頭錢。

86. 井廣正（雲卿）
幽居
山郭蕭條深掩門，身閑境靜樂田園。
幽花折得猶含露，嘉木移來耐託根。
圖籍簞瓢能養拙，雲煙泉石好忘喧。
草堂日暮無人到，井上梧桐月一痕。

87. 田妥壽（雨龍）
秋夜，弘源禪院，奉和君錦先生
雨後西山趣更幽，青松影冷寺門頭。
半峯日色含秋景，幾處鐘聲出暮樓。
霜下莎蹊蛩韻斷，月明桂樹露華浮。
豈圖今夜禪房裏，銷盡多年雲樹愁。

88. 芥元澄（子泉）
送石君潛赴東都
衡門有客拂蓬蒿，離別草堂勸濁醪。
高臥終非壯士志，遠游莫厭宦途勞。
芙蓉雲映千年雪，滄海天低八月濤。
此去東都君問訊，蘐園遺業今誰豪。

89. 僧宗勖
寄蘇門先生
清狂復見晉時賢，鸞嘯由來日下傳。
不向朱門求綬冕，獨將青眼對芸編。
隱深卻臥塵埃裏，心淨常游湖海邊。
閉户唯餘方外客，談玄兼又愛逃禪。

90. 僧環空
雨新菴，同諸子賦，得侵韻
開士卜居鏡水陰，風流詞客此追尋。
談論兼説三乘妙，諷詠還探二酉深。
夜冷林間浮玉露，月明地上布黃金。
憑欄未盡清宵興，已見銀河南北沉。

91. 賀象（伯魏）
賀人卜居

茅屋掃塵容膝初，江山何必問樵漁。
高情不用三閭卜，隱趣應諧五柳居。
一逕春風移竹樹，半窗斜日照琴書。
幽棲縱使嫌薰灼，自滿門前長者車。

92. 香山彰
春日同諸子汎舟琵琶湖

惜春共汎大湖中，湖上煙光奪畫工。
蝶舞偏可堤草綠，鶯吟更媚岸花紅。
魚罾閑晒沙頭日，酒斾頻飄柳外風。
借問詩心何處落，叡山雲盡插蒼空。

93. 永田忠原
庚寅秋九月十六日，蘇門先生小祥忌，舊社同賦《秋夜感懷》

獨夜蕭條茅屋幽，依稀風色去年秋。
嘯亭音絕人何在，遺草校來淚未收。
燈下寒蛩孤榻影，簷前明月五更籌。
友朋縱有尋盟會，搖落轉添宋玉愁。

94. 石作貞
汎舟桑海，贈君謹兄

釣竿相伴放扁舟，回棹逍遥任去留。
蘆荻風寒先命酒，江湖機罷好隨鷗。
漁歌遥聽孤村暮，詩興時開萬岳秋。
爲是高人憐客厚，陶然暫慰忘鄉愁。

95. 荒木田興正
癸巳三月，同賦《東山賞花》，奉壽北海江村先生六十（三首録一）

芳菲三月雨餘天，并倚高樓挹綵煙。
千樹夭桃輝酒席，一羣嬌鳥媚詩筵。
跡同安石棲遲日，齡擬文通初仕年。
莫道東山行樂地，坐中濟濟漢時賢。

96. 井孝德（太室）
春盡

西郊十里弄斜暉，曳杖幽人獨自歸。
詩就殊堪憐澹蕩，興來誰與踏芳菲。
天邊鴻雁飛將盡，池上楊花落復稀。
日暮長歌求去路，徘徊欲訪北山薇。

97. 阪通（文策）

哭武梅龍先生

一夜奎星乍没光，詞林暝色鎖凄凉。
當年授簡頻裁賦，今日遺編正斷腸。
堂上綵衣空入夢，階前玉樹尚餘芳。
九原杳渺知何處，長向青山弔白楊。

98. 木弘恭（世肅）

萱君君譽書堂集得醪字

嘉招邸第及吾曹，中有驪駒爲客操。
鄉路霜飛人賦別，雅筵醉去夢堪勞。
秋光餘菊看佳色，春信約梅弄綵毫。
洵美休言非我土，殷懃此會足醇醪。

99. 山田敬之

贈川青洲

屛跡幸無俗累牽，松聲相伴几頭眠。
三杯薄酒誰知趣，一局殘棊何似仙。
叢露虫吟墻壁外，煙波月掛海風前。
近來詩社殊寥落，郢調除非有汝憐。

100. 片岡承行
送人游須磨

送汝遥想攝陽天，到處風光媚客船。
山接赤城欹峭壁，海連淡島渺雲煙。
尋花蕭寺移遲日，讀碣莎堤感往年。
爲是江南多勝事，奚囊自滿遠游篇。

101. 鄭宏
寄京師故人

憶昔相携桂水潯，鷗盟幾日復相尋。
春郊并馬求花塢，暖岸垂綸坐柳陰。
南海孤雲千里夢，西山明月兩鄉心。
報君不是無鴻信，爲寄時時白雪音。

102. 竹川政辰（馬陵）
九日過飲子祥（時余將還鄉）

搖落千林促旅裝，開樽此日暫相留。
黃花白髮憐佳節，南雁西風對素秋。
薄宦君同陶令趣，孤吟我抱越人愁。
論交二十余年事，鷄黍胡爲負再游。

103. 島田則裕
九月十三夜，遙懷藍水先生
節後寥天宿霧開，望前明月照高臺。
星稀顥氣千家滿，雲靜清風萬里來。
聞雁南樓情不淺，憶人東海意悠哉。
今宵安得壺公術，縮地同含濁酒杯。

104. 田維禎（士祥）
秋蝶
曉霜夕露欲何依，來去應憐節序違。
金翅有情聊對舞，玉鬢無力故低飛。
菊花枝上魂偏冷，楓樹林頭影自微。
忍憶郊原春遍日，追紅問綠弄芳菲。

105. 服元濟（美冲）
十月友人宅看菊
滿籬黃菊野亭傍，三逕依然不就荒。
獨後衆芳疑綴錦，猶留秋色欲凌霜。
幽叢拂檻風偏冷，亂蘂侵杯影亦香。
請看晚來別添趣，枝枝齊伴月明光。

106. 山英（子成）
谷日
江南谷日卜新晴，坐見韶光草際生。
風暖竹蹊鶯語滑，泥乾柳巷馬蹄輕。
雕龍已老揮毫色，捫蝨猶餘披褐情。
更有村翁來往熟，相迎共欲語春耕。

長安春望
煙霞不改帝王州，更見上林春色浮。
三輔河山皆壯麗，五陵裘馬故豪游。
東郊日出龍隨駕，北闕天低鳳繞樓。
自是繁華堪此地，玉簫金管起城頭。

107. 松山猷（子楨）
九日懷洛陽舊社
去歲登高洛水潯，歸來復倚越城陰。
變遷人事愁何極，流轉年華感更深。
今日杯樽無共醉，舊時遭遇有知音。
離羣正負諸彥會，寂寞西風落帽心。

108. 吹田定孝（繼志）
寄滕子篤（時在東都）
孤飛南雁背芳辰，一別音容入夢頻。
江左交游誰岳湛，天涯故舊自雷陳。
紅花掩映銀臺路，白鳥翔飛墨水流。
客裏光陰君須惜，歸來好及故園春。

109. 佐伯樸（季醲）
送公庸游楯岳（一曰立山）
并立芙蓉城郭東，高臨北海勢逾雄。
千秋晴動峯頭雪，六月寒生絕壁風。
空谷蹊通魑魅窟，青天雲暗羽人宮。
羨君探得名山秘，綵筆縱橫不可窮。

110. 朱義（君宜）
中山道中（在飛驒州）
洞壑崎嶇驛路分，中山七里碧氤氳。
地通危棧橫蒼樹，天逼懸崖帶白雲。
江底黿鼉時起浪，林間麋鹿自成羣。
藤蘿石上三更月，夜夜猿啼不可聞。

111. 久保信行（君利）
哭中村生
病來應感遠游非，千里鄉園竟負歸。
携手三春人入夢，招魂一日淚霑衣。
何思蒲柳先秋落，遂使山河與世違。
之子風流空往事，可堪痛哭向書幃。

112. 宇都潭（士龍）
九日同諸子上旗山望海
旗山突兀倚清秋，佳節登臨萬象浮。
島嶼遙連三備出，波濤遠擁四州流。
黃金日射崖邊菊，綵鷁晴飛畫裏舟。
借問龍山高會興，何如蜃氣結成樓。

113. 永井貞卿（孝幹）
浪華客中九日
登高何處浪華臺，楓樹蕭蕭暮色來。
已悵青山望裏斷，況逢黃菊客中開。
兼葭秋冷三津水，風雨時傾九日杯。
遙念天涯諸弟隔，幾人同採茱萸回。

114. 岡壽卿（元齡）
藤門懷古
藤門日夕步長堤，麥浪疊風綠欲迷。
海路淺深隨晦朔，漁人厲揭自東西。
新梢今見投鞭樹，荒畝猶餘戰馬蹄。
將遇村夫問陳跡，渡頭唯有水禽啼。

115. 島津義張
月夜送人
一倚江樓送汝行，暮煙斂盡水波平。
笛中寒動關山色，雲外夜悲鴻雁聲。
霜落楓林連十里，風凄驛路繞孤城。
莫愁離索音書少，各自天涯共月明。

116. 原武雅
崎陽舟中作
銀漢仙槎指七襄，忽驚海路出扶桑。
羣巒倒影搖秋浪，衆壑浮花媚夕陽。
豫岫遙隨輕棹出，防城猶帶綵霞長。
行藏誰料人間世，更向溟濛天一方。

117. 源逸（伯民）

秋興

江天白露滿兼葭，步履秋林獨嘆嗟。

處處寒砧催落木，聲聲旅雁雜悲笳。

故園頻憶鱸魚膾，滄海虛留仙客槎。

蓬鬢轉憐垂老淚，鶡冠何日臥巖阿。

118. 源義之

同諸子陪北海先生游嵯峨

此日風流各自誇，琴樽似汎白雲槎。

仙山高映瑠璃水，佛寺晴薰錦繡花。

苔岸橋橫能度月，松林館古尚棲霞。

還疑勝地留吾輩，歸路濛濛雨色遮。

119. 平義綱（紀宗）

夙發逢阪訪京師故人

蓐食振衣發野鄽，蒼茫曉色斷雲天。

長河將沒鐘聲落，旭日漸昇霞綵鮮。

古道時時餘鹿跡，幽溪處處有人煙。

孟冬已看霜花白，殊覺寒威勝去年。

120. 早苗三寧
寄藤子山
少微長映故人廬，大國儁才任卷舒。
烏帽尋常耽翰墨，羊裘歲月隱樵漁。
曲中山水誰能和，名下文章士不虛。
自是神交千里路，擬將呂駕訪幽居。

121. 勝彥龍（子昇）
神泉苑
先王舊苑一蕭然，潹沆滄池碧際天。
維昔煙霞迎鳳輦，至今勝跡號神泉。
乘軒白鳥衞封日，行雨青龍湯旱年。
千載親看靈沼樂，筠蕘晚自此中旋。

122. 平寬（君栗）
寄懷清君錦先生
千里韶光眺望分，東風十載思紛紛。
鳳凰城裏曾爲客，孔雀樓頭一遇君。
名動中原傳大業，身臣前越事斯文。
春來幸有矣芭去，作賦遥堪問子雲。

123. 阪熙（惟熙）
題加藤清正廟

祠廟陰陰松栢中，羣山擁護倚秋空。

揮鞭忽出擒王略，飛捷頻傳破虜功。

俎豆百年嚴伏臘，衣冠當日想英雄。

即今陵谷浮雲合，猶見旌旗翻朔風。

124. 倉温（伯玉）
晚秋對月有感

寒林蕭瑟白雲秋，乘興獨登江上樓。

風急金天楓葉下，月明銀漢露華浮。

笛中楊柳添鄉思，杯裏葡萄緩客愁。

吟罷三更人不見，霜飛十里荻花洲。

125. 大菅圭
冬至

相携佳節此含杯，游目倚欄湖水隈。

塢外梅花堪試翰，山頭雲物擬登臺。

日行北陸添宮線，葭動東風起管灰。

澤國何須鄒衍律，煙波萬頃一陽催。

126. 蓋九齡（伯壽）
客中秋懷
高天慘澹氣蕭森，腰下劍鳴霜自深。
夢後秋風寒巷笛，愁邊落木古城砧。
關山千里登樓賦，夜月三更伏枕吟。
欲向鄉國問消息，征鴻空入暮雲流。

127. 村蒙
松島汎舟
共傳名勝海天隅，不啻江山對畫圖。
九貢黃金開聖瑞，千秋明月出龍駒。
客星東掛巖灘近，雲氣西來御島殊。
自古游人爭題詠，停舟把酒向蓬壺。

128. 長國華（春父）
上八栗寺最高頂（山在讚州）
五劍峯高紫氣中，千年樹色鬱蒼蒼。
把蘿身逐麋麢跡，攀石態應猨猱同。
緬邈阿山天際落，淼茫播海眼中空。
坐來長嘯長松下，吹起蓬萊萬里風。
（山有蓬萊巖）

129. 小倉深造（若虛）
訪葛子琴數日留宿

此去扁舟不可尋，十年踪跡共浮沉。

獨憐騷客思歸切，猶感主人恩遇深。

飛閣御風詩自聖，小園施藥杏成林。

浪華洲上雁如至，爲報江東日暮心。

130. 梅幸高（北溟）
擬送人從軍

天兵十萬發長安，多少山川行路難。

共說馬卿能作檄，誰知韓信未登壇。

旌旗日暗胡塵合，鼓角風高漢月寒。

期汝何時還獻凱，鳳凰城裏續交歡。

131. 申東作
呈南郭先生

東出美人芝水隈，流芳幾載此徘徊。

君今鳳閣徵求士，我豈龍門御李才。

遠海青山當檻出，擁關紫氣入窗來。

爲能不惜中原色，春風把酒醉登臺。

132. 青木欽曾（孝夫）

江北道中

晨光忽促發相關，籃轝匆匆帶月還。
路遶西風紅樹裏，湖分秋色翠煙間。
蘆汀日暖禽堪睡，茅店酒香人解顏。
溪壑縈回爭迎送，不知何處舊家山。

133. 滕軌（世式）

秋日同諸君登白華大悲閣

隨緣探勝此登臨，縹緲晴嵐映夕陰。
澗靜飛泉懸素練，秋深落葉布黃金。
慈雲長擁諸天座，覺路想通七寶林。
卻笑城中絃管盛，不如山水有清音。

（世式作此詩，年甫十二。余選此集，不錄童子之詩，以後來造詣地位不可預卜也。但若此篇頗能成章，自當與選，因不拘例云。）

134. 僧中誠（思三）

奉謝北海先生過訪

幽棲二月覺寒微，恰好高人來扣扉。
林外雨收紅杏發，欄前晚靜綵霞飛。
松風澗水堪供話，野蕨山羹且緩歸。

最是郊村春色遍，吟筇到處鬥芳菲。

135. 僧法嶺
訪曉應尊者（尊者住淨名寺）
飛錫行雲隨旅魂，野橋西去已黃昏。
寒松雪落山間寺，翠竹煙浮江上村。
初月影中僧閉室，晚鐘聲裏鳥窺垣。
淨名遺跡元難訪，一夜繩床相共論。

136. 僧了超
三日湖上
城東三日大湖潯，一葉扁舟興自深。
解禊何人懷洛水，流觴吾輩擬山陰。
清波濯錦桃花岸，新雨綴珠楊柳林。
行有武陵原上趣，探芳莫問夕陽沉。

137. 僧理空（龍臺）
中秋對月得庚韻
城頭明月滿輪清，乘興登樓庚亮情。
星漢影移懸玉闕，露華光冷滴金莖。
梧桐秋老風前葉，鴻雁夜深雲外聲。
詩筆揚揚堪笑傲，休言萬里羨蓬瀛。

138. 日野氏

春詞

獨自乘春登翠樓，坐見雙燕畫梁回。
江頭細雨籠垂柳，陌上輕風促落梅。
幾處尋芳蝴蝶苑，何人揮筆鳳凰臺。
金陵二月猶餘雪，遙想平安桃李開。

139. 清勲（公績）

送伊藤士善歷岐岨赴東都

東游知爾愴離羣，行過關原峽路分。
客夢猶寒千嶂雪，馬蹄長躡半天雲。
落花啼鳥愁春暮，古木巉巖易夕曛。
酒覺旗亭一回首，鄉情詩思兩紛紛。

冬日郊行

北吹蕭蕭寒色披，煙雲點綴景參差。
數聲啼鳥斜陽外，一葉輕航野水湄。
霜樹猶開石崇障，雪山遙畫馬良眉。
我生多病勞詩思，喜見前村翻酒旗。

日本詩選卷之七　終

卷之八

平安　江村綬君錫　著
姪　清勳　公續
受業　永田忠原俊平　同校

五言絕句

1. 石川丈山
野寺
孤村流水傍，曲徑入僧房。
修竹重陰合，清幽到夕陽。

2. 那波方（道圓）
岐岨道中
遠合千山水，長流數郡中。
貪看奇絕景，忘卻客途窮。

3. 笠原龍鱗（玄蕃）
秋夕
孤村前夜雨，林末起秋聲。
山市人歸去，寒砧處處鳴。

倦夜
漏水沉猶滴，鐘聲斷又聽。
東窗未生白，枕上一燈青。

4. 柳川三省
關山月

青海孤雲盡，天山片月寒。
高樓人不寐，半夜望長安。

5. 伊藤長胤
月下聞砧

寒杵丁東響，搗殘月在天。
只聞來枕上，不識自何邊。

6. 澤維顯
山中

不知山中趣，且作山中人。
只看白雲色，終日映烏巾。

7. 伊藤元基
自浪華至尼崎途中作

沿江三十里，徑細委蛇行。
夾路皆茅葦，風吹作雨聲。

8. 鳥山輔門
晚步
歸鳥沙村外，炊煙野樹間。

行行人影動，回首月離山。

（一二江南暮景如畫，輔門住伏見，後移浪華，熟眼認得，非虛綴也。三四赤壁影子亦佳。）

9. 室滄浪
茅店殘月
雞鳴霜滿屋，殘月皓無光。

輪側茅茨外，猶留半面粧。

10. 源璵（白石）
採蓮曲
十五採蓮女，羞人不出花。

青荷如小扇，試折一枝遮。

其二
打起鴛鴦兒，莫教棲綠池。

三年江上別，又及採蓮時。

歲寒林

鬱鬱長松樹，蕭蕭修竹林。
結茅松竹下，深識歲寒心。

海棠岸

紅英層層結，青枝嫋嫋垂。
不須長袖舞，一任好風吹。

題斷琴圖

流水人俱去，人間此曲悲。
瑤琴無所惜，既遇一人知。

11. 祇園瑜（南海）

歲暮寄宮麟洲

君道勿多愁，多愁使人老。
如何無愁人，紅顏亦難保。

送寶渚子歸江北二首

我在江南住，君向江北過。
江南與江北，春風何處多。

其二

美人相見時，無酒又無花。

花開酒亦熟，美人不在家。

12. 雨森東（芳洲）
長安道

雨歇南山色，春風楊柳新。

高車多喜氣，無限藉恩人。

13. 肥元成（允仲）
寄京洛故人

一別音書斷，相思秦地秋。

欲將雙淚寄，江水不西流。

14. 梁田邦美（蛻巖）
詠籠中鶯

一日別煙霞，綵籠今作家。

好音如在野，不戀舊林花。

詠千日紅

紅團千日色，何處得寧馨。

一醉中山酒，秋風吹不醒。

古意

君上望鄉臺，妾上望夫山。
相望不相見，天寒一鳥還。

姊妹詞

阿姊鏡如煙，阿妹鏡如水。
阿妹問阿姊，鏡鏡不相似。

15. 田助（鶴樓）
春盡送人

送君芳草色，并欲送春歸。
一別千山路，楊花到處飛。

16. 僧法霖
失釵怨

攀取臨池花，玉釵墮在水。
水深不可求，簪花立水涘。

17. 桂義樹
夜雨

寒雨打蕉葉，愁人奈夜何。
滴滴思鄉淚，孰與雨點多。

18. 湖玄泰（栢山）
賜閑亭雜詠（原詩二十首，今錄其二）
無日不看山，有時復臨水。
一閑孰使然，畢竟是恩賜。

其二
人老游難老，樓高臥自高。
欲歸歸不得，落日照蓬蒿。

19. 堀正超
北山寶幢寺看楓
孤磬寒山夕，寺深秋樹叢。
停車人不見，霜葉爲誰紅。

其二
霜露連山氣，楓林暮色開。
更憐添返照，還映一庭苔。

20. 服子遷
長安道
躍馬長安道，春風向冶游。
五陵花落盡，公子不知愁。

東都四時歌夏

不覺人間熱，汎舟避暑杯。
餘酣何所見，江口大潮來。

雪後即興

柴門一夜雪，轉愛沒人蹊。
不似城中色，朝來踏作泥。

題畫

峻嶺臨江海，逍遥北固濱。
相看情自遠，知是晋時人。

21. 平玄中

過山伯麟舊居

山花如有待，野鳥自相呼。
長笛隣人恨，猶余舊酒壚。

22. 高維馨

折楊柳

垂楊復垂柳，參差青江口。
攀折送君行，春風吹滿手。

題畫

翩翩雙燕子，頡頏弄春暉。

斜入垂楊去，翻銜落絮飛。

其二

閉門何處去，但見芭蕉樹。

薄暮恐人攀，片月來相護。

鎌倉懷古

骨肉三朝盡，司晨有牝雞。

荒涼荊棘裏，空見舊時棲。

23. 松尚綱（子錦）

絕句

臘雪二三尺，門前不可掃。

纔被春風吹，江上盡青草。

24. 源義治（京國）

詠史

大梁有豪傑，白首抱關門。

腰下吳鈎劍，不負公子恩。

25. 柳里恭（公美）

蘆湖

雲散蘆湖夕，風煙忘旅愁。
誰知高岳上，更望洞庭秋。

馬入舟中

川原秋氣高，風物興無極。
唯欲舟行遲，飄飄去不息。

26. 山根清（子濯）

曉鶯

黃鳥鳴何處，曉窗簾戶隔。
起求夢裏聲，月落梅花白。

27. 瀧長愷（彌八）

大堤曲

可憐娼家女，齊歌金縷衣。
聽取詞中語，須惜少年時。

28. 水業元

艷曲二首

金扇小牡丹，兩面兩蝴蝶。

各自東西飛，翩翩不可摺。

其二
君心如紅雲，妾意若白石。
白石長鄰鄰，紅雲不待夕。

29. 秋儀（玉山）
五日伏陽旅館作（三首選一）
五絲逢五日，一醉不思鄉。
但使玉壺繫，何須續命長。

老馬
老馬一朝鳴，願入燕王市。
枯骨直千金，何況心未死。

弄玉
弄玉秦王女，吹簫引鳳凰。
仙游良可樂，地上奈秦王。

山中
裊裊山中雲，英英繞茅捨。
童子採松花，飯客南窗下。

30. 僧原資（萬菴）
重詠鵞湖二首

雪盡春將暮，人登湖畔臺。
羣花無次第，映水一時開。

其二

六月諏訪郡，凄寒不待風。
芙蓉千里雪，片影在湖中。

31. 僧元皓（大潮）
感秋

南海秋風起，北山夜雨來。
聲聲心緒亂，不但望鄉臺。

32. 宇鼎（士新）
詠秋海棠

海棠秋睡熟，含露倚籬根。
曉風吹不覺，初日滿前園。

奉謝菅公賜果餌

蒲桃將荔枝，各自誇南北。
東海餌如花，翻輕造化力。

33. 宇鑒（士朗）
江行
曲曲清江水，岸垂楊柳樹。

飛絮已成萍，征人去不住。

訪隱者不遇
獨立柴門久，前峯掛斜照。

松風嶺上來，疑是先生嘯。

34. 藪弘篤（慎菴）
名劍
古匣藏名劍，已嫌三尺長。

鏽衣如自晦，誰復説秋霜。

35. 星野龍
漁村二首
早潮迎舟去，暮潮送舟歸。

大兒斂漁網，小兒脱蓑衣。

其二
昨來看曝網，今來見下筌。

稚子未知漁，嬉戲已刺船。

36. 秦正富
少年行
章臺春日晚，楊柳繫金鞍。
年少輕離別，捨杯復探丸。

37. 秦要正
元日
朝汲井華水，爐邊颺細煙。
喫茶春意動，傍膝有貓眠。

38. 菅晨曜（甘谷）
客捨花樹歌二首
昔日朱門酒，如今紫陌花。
不知春色別，還迎客愁加。

其二
客歸花作主，客住花爲賓。
賓主不長住，春風世路塵。

39. 兒臧（臧宗）
早春
雪峻白駒岳，春回碧玉江。

寒光與淑景，并映讀書窗。

40. 松秀雲
琵琶橋

訪古城西路，琵琶空有名。
潺湲橋下水，猶寫四弦聲。

41. 武欽繇（梅龍）
冬夜

書窗月忽暗，颯沓松聲寒。
前山應是雪，半夜上樓看。

早行

海東揚曉色，林壑靄氤氳。
疑見天邊雪，漸知山上雲。

42. 服天游（伯和）
梅雨

霖雨五月天，衡門晝寂寞。
閑臥枕瑤琴，時聞梅子落。

俠客
相逢游俠兒，袨服耀道路。
并馬過大梁，爭下朱亥墓。

43. 伊藤縉（惣治）
採蓮曲（五首録二）
採採芙蓉花，紅妝映水媚。
因郎憐形影，不敢盪蘭橈。

其二
貪採荷花好，不嫌水濺衣。
家在橫塘畔，月出刺舟歸。

題雜畫
滿地蒹葭水，遥空雁作行。
差池不肯下，猶自向衡陽。

客中
鄉心何處盡，客至一談清。
日暮客歸去，鄉心還復生。

44. 芥煥（彥章）
絕句

朱樓臨曠野，少婦凝粧新。

細語難聞得，纖手指行人。

松風

庭陰松樹合，蒼翠曉將流。

堪憐三伏際，時起一聲秋。

45. 柳美啓（士明）
宿僧院得妙字

霧起月昏昏，龕前一燈照。

思詩又思眠，斯境更微妙。

陌上遇雪

咫尺漫風雪，紫騮佇不前。

欲投酒樓去，呵手強如鞭。

同士乾真如堂看楓

霜楓古寺秋，無歲不同游。

一榻斜陽底，蕭然兩白頭。

46. 渡守時（南平）
發草津到梅木村

草津未鋪緑，梅木亦無花。

到處春猶淺，曉寒透帽紗。

47. 鳥宗成
風帆來去（江洲堅田十景之一）

微茫千帆影，受風鏡裏開。

遠凌青靄去，近與白波來。

芥彦章過訪

貧家無一事，偶座唯論文。

庭上數竿竹，清風亦爲君。

48. 合離
望芙蓉

天半三峯出，三峯削不成。

往還人既熟，何事再三驚。

梅若冢

公子冢頭柳，中郎橋下舟。

可憐舟去後，垂柳對閑鷗。

49. 龍公美（草廬）

雁

鄉路年年隔，歸心日日新。

秋來南去雁，愁殺遠游人。

夢梅

梅花春曉夢，慇懃入羅浮。

黃鳥時啼破，餘香遶枕頭。

鳥羽田（河內途中吟）

丹鳳城南路，孤村臨水涯。

故宮何處是，田野黍離離。

江上送客

送客立江頭，江頭搖落秋。

離情何物似，江水自悠悠。

50. 孔文雄（世傑）

螢

度水來還去，傍林暗復明。

問君天下士，誰是似車生。

贈子明
朝發草香裏，夕臨桂水濱。
一步遠一步，遂作天涯人。

51. 清絢（君錦）
聞雁
雲外哀哀雁，都傷半夜神。
江樓風又雨，中有官游人。

月夜游太元宮
日夕山中行，愛此蕋宮静。
時聞山鳥啼，林端月出影。

將赴播，口占上二兄
人謂播州好，桑梓更繋情。
春風花發日，只是不同行。

同從兄君履，游石寶殿（在播州）
石室留靈蹟，神光萬世開。
登臨何限意，更舉弟兄杯。

52. 僧顯常（蕉中）
新晴
黃梅傍逕落，綠竹繞堦深。

初日茆檐下，呼童晒枕衾。

53. 僧惠仁
竹生島
青螺渺波際，舟船通往還。

瀟湘何處所，一点似君山。

54. 僧無相
冰室（在京師北，古昔藏冰之處）
白雲青嶂合，天半有孤村。

盛夏不知熱，何知人世喧。

55. 僧敬雄（金龍）
春日入都
世上鶯花滿，春風引出山。

煙霞隨拄杖，處處題詩還。

留客
煙霞如是好，前山薇也肥。

請君且安坐，僅今沽酒歸。

56. 服元雄（仲英）
倚松館（佐倉侯觀瀾苑八景之一）
孤館倚長松，濤聲風裏壯。
朝回拄笏聞，卻似山中相。

57. 劉維翰（龍門）
少年行
馳馬綠楊堤，飛花亂碧蹄。
揮鞭渡水去，不惜錦障泥。

南總曉發
荒村春樹遠，曉月渡頭迷。
驛路無行客，落花亂馬蹄。

58. 松崎維時（君修）
排悶（二首錄一）
春來不出門，病後不窺園。
梅發誰家巷，鶯啼何處村。

59. 紀德民（平洲）
看花

散步看花去，看花不知歸。

風來花歷亂，片片撲人衣。

60. 南宮岳（大湫）
秋夜小集，懷田君祐

海上秋蕭瑟，白雲縱目初。

唯見南飛雁，不見西來書。

家書不至

江深不可渡，山高不可攀。

唯有江山隔，無地望鄉關。

61. 湖岳（松江）
中山道雜詠（八首錄一）

鳥道躡雲上，危棧一虹懸。

應言長安遠，不難到日邊。

62. 赤松鴻（國鸞）
行路難

人言行路難，行路信自難。

苟不由嶮路，何必行路難。

春眠
懶睡倚南窗，夢魂迷去路。
黃鶯一聲囀，髣髴鄉園樹。

63. 赤松勳（大業）
寄岡孔彰
起指扶桑日，浩然思故人。
故人不可見，一雁下江濱。

途中別僧知快
君向駒山去，我隨熊水歸。
山水俱迢遞，相看已落暉。

64. 孔思潛（孔彰）
別意
送別垂楊下，何枝更可攀。
春風吹落日，斜照大力環。

65. 副士定（保卿）
尋梅

一徑消殘雪，孤筇問早梅。

東風昨夜至，未識幾花開。

記東海道民謳

函山八十里，雖險猶有路。

不似大堰河，渺漫動難渡。

66. 高彝（君秉）
薄香詞（薄香地名，海舶湊泊之處）

歡如楊柳花，飄落任風起。

儂似浮萍草，不離江上水。

其二

問儂別後情，譬似春原葛。

枝蔓燒卻盡，本根不可拔。

67. 田章（鳴門）
裝劍

裝飾芙蓉劍，白蛇三尺冰。

摩挲何所用，空逐筆端蠅。

68. 度會末雅
嵯峨步月

偶爾步秋郊，月光如可掬。

鳴鐘古寺多，欲向何門宿。

69. 江村秉（愚亭）
訪雨龍

童子懇留客，開窗指翠微。

前林長嘯起，可是主人歸。

秋晚西郊即事

西郊何所見，秋老野蒿花。

杳杳天低處，山容襯暮霞。

70. 柚木太玄
王昭君

一入漢宮裏，蛾眉竟枉然。

幸爲畫圖誤，尚得君王憐。

礒浪（和歌題）

汀際雖云淺，綠波已自回。

侵沙隱且見，激石去還來。

71. 源之熙（君績）
春虹

夕陽殘雨外，綵翠劃雲低。

堪攜雞犬上，花際起丹梯。

來青閣

朝見雲出嶺，暮見嶺出雲。

欲取新句答，嶺雲聞不聞。

72. 巖垣彥明（亮卿）
俠客

燕趙游俠兒，相逢俱擊築。

悲歌纔數聲，風雨起叢竹。

73. 伊藤榮吉（士善）
綠陰

松檜午陰靜，翠疊小庭間。

獨坐彈琴罷，棲禽次第還。

莫愁樂（三首節一）

皆言莫愁樂，莫愁樂自真。

艷歌將美酒，能醉石城春。

74. 僧周契（寰海）
深江夜雨
夜雨深江黑，枕頭子細聽。
明朝松浦路，春景更青青。

掃庭
秋葉隨風至，半溪掃亦生。
擲帚還就枕，耳底一虫鳴。

75. 建孝銑（澤夫）
關山月
茫茫青海曉，羌笛雨三聲。
曲罷回頭望，月殘驃騎營。

76. 南維遷
新竹
新篁纔數尺，苞籜傍墻東。
插棘苦相護，待君拂碧空。

77. 齊必簡
題畫
垂楊山下路，芳草日萋萋。

溪上春風起,落花亂馬蹄。

78. 田敬（孔夷）
鸚鵡石
海內知己少,人間同調稀。
可憐一片石,語語竟無違。

79. 僧義龍
播州道中
閑村隣古寺,處處炊煙收。
返照枌榆路,小牛隨大牛。
（余所閱義龍《播州道中》五絶三十首,《竺鳳》和詩三十首,梁蜕巖批評,其中佳詩不少云。）

80. 僧竺鳳
同上
秋郊秋雨霽,雲散漸有村。
鐘響遥峯寺,鳥歸深竹園。

81. 源乘富（豹隱）
秋江有感
日暮風煙斂,大江秋色來。

行吟多古意，獨怜楚臣才。

82. 源義宜
秋凉

高卧深林下，泉聲夢裏殘。
忽爲清風覺，石上覺秋寒。

83. 源義智
牧童

春色平郊滿，萋萋草色肥。
自因風雨惡，白日驅牛歸。

84. 山政禮（東皋）
早秋夜坐

四隣虫韻響，三逕月光孤。
頻迎絺衣冷，金風在井梧。

85. 源康純
青樓曲

憐此尋常樹，渾著斷腸花。
春風吹不定，飛去落誰家。

86. 源敏（東溪）
贈隱者
朝朝出岫雲，夜夜涵江月。

幽人兩憐之，高歌時時發。

山中
獨處山中人，家徒四壁立。

花從檐上落，雲向窗中入。

87. 中島徽樸
秋日閑居
金井梧桐樹，窗前三兩柯。

朝來秋雨至，葉落月明多。

88. 源義質
江南意
二月又三月，阿郎未到家。

春風門外樹，空復作飛花。

89. 雨森溫
春夜
蝴蝶耶雪耶，月下梅影低。

秖恐情人夢，花邊中路迷。

90. 下川貴慶
春意
堤上春草合，堤下春水流。
思婦樓上坐，萋萋爲誰愁。

91. 阪威之
訪山家
雨後蒼苔徑，猿聲後山傳。
採芝人未返，蓬户鎖松煙。

宿寺
一宿山中寺，珠樹月影清。
夜深人語絕，但聞澗泉聲。

92. 內山之明
還鄉作
山驛看花過，歸鄉摽有梅。
光陰都如此，不怪鬢華催。

93. 岡豹
唐崎孤松

蒼松鬱相望，萬古滋賀邊。

不獨歲寒色，孤高最可憐。

94. 北山彰（元章）
江上

清江煙雨霽，楊柳拂苔磯。

恐入明王夢，斜陽捲釣歸。

95. 福嘉貞（士標）
老梅

根株托肥土，開落幾青春。

漸見清容瘦，芳香卻自新。

96. 平賀晉人
博多歲初，次韻獨笑主人

獨將二毛色，又值一年春。

唯有青山在，終能不負人。

97. 荒木田興正
題畫菊

的的黃金蕊，參差葉上開。
秋風猶未起，佳色從何來。

98. 永田忠原
北野看調馬

調馬梅林裏，銀鞍白錦衣。
揚鞭風忽起，花遶四蹄飛。

99. 清勲（公績）
竹露（二首録一）

庭上數竿竹，葉葉含曉露。
忽被微風吹，散爲窗前雨。

100. 藤本敬
送鳥翼卿之東都

縱上品川樓，莫浮墨水舟。
墨水多白鳥，恐生懷土愁。

101. 隱廣福
途中別人

相逢還欲別，暫共酒家春。

醉後東西去，俱爲道路人。

102. 今大路源浦
春日作

郊原雨新足，春色滿田家。

不知鶯啼處，高低一片霞。

103. 岡汝肅（雲臥）
夜雪

月暝天又雪，村落夜沉沉。

不見人家在，唯聞折竹音。

104. 永井貞卿
渚月亭

賈舶安檣處，高亭傍海開。

山陽一片月，夜夜送潮來。

105. 永井明卿
南都雜詠

猿澤池邊柳，春來綠若絲。
似留千古恨，嫋嫋背人垂。

106. 岡長祐
病劇不省人事，數日始蘇作

春風蝴蝶夢，花際有時還。
卻是醒時苦，不如夢裏間。

107. 山根泰德
山居

山梁人去盡，溪樹鳥飛歸。
閑坐自無厭，斜陽照翠微。

108. 吉田文獻
秋風引

昨夜秋風至，朝來吹我衣。
應是悲哉始，庭梧一葉飛。

109. 石作貞（士幹）
春閨
十載空閨裏，春風別恨長。
蘼蕪園外色，無路寄蕭郎。

110. 佐伯樸
神通川（在越中）
長江流不盡，逶迤繞高城。
不是滄浪客，水清可濯纓。

柳
旗亭楊柳綠，影映野川流。
枝上多啼鳥，不肯繫驊騮。

111. 佐伯寧（公靜）
過駒回（在越後）
斷崖臨北海，驚濤動及鞍。
家鄉猶不遠，已知行路難。

112. 山英
春暮寄題野氏柳蔭捨
堂掛一張琴，門垂五柳樹。

自非同調人，誰知此中趣。

113. 山東溪
江南曲

縱爲江上水，莫作江畔花。
花飛無處所，水流到郎家。

114. 守屋元泰
夏夜

一片雲間月，凉霄照草頭。
誰知終日暑，還作露華流。

115. 三浦言
烏夜啼

只憐春月晚，棲鳥各歸林。
獨有烏聲切，似知妾苦心。

116. 上田濟世（君美）
長安道

長安有大道，佳氣五陵來。
公子鳴珂處，春風花盡開。

117. 中島恒久
採蓮曲

落日採蓮女，花香入翠衣。
莫道舟棹晚，避人逐人歸。

118. 田景化（之龍）
江南曲

不愛江南暖，獨憂江北寒。
梅花先臘發，何得共郎看。

119. 武谷泉（六甲）
夫婦池

伉儷茲同死，至今人斷腸。
盈盈池上水，汎汎兩鴛鴦。

120. 梅幸高（北溟）
秋興

玉樹晚凉動，金風秋氣高。
壯心猶未折，屢見腰間刀。

121. 薩埵元雌（雄甫）
歸省至三河碧海郡

春風歸省日，匹馬入三川。
不見桑田變，依然碧海天。

122. 荒木堅（子剛）
偶成

枕頭蕉雨響，戶外竹風鳴。
起來風雨寂，殘月入窗清。

123. 北山熙（元寧）
秋興

庭上秋陰合，閑階人跡稀。
檻前何所見，日暮宿禽歸。

124. 三宅芳隆
春宮思

恩絕同心結，香餘舊賜衣。
殿前雙蛺蝶，自在遶花飛。

送西肥宗天

江月迎君來，君去月亦隨。

人情不如月，臨江告別離。

125. 早苗三寧
石龍山
雲根高萬丈，倒影落深潭。
龍臥知何處，明珠或可探。

126. 田爲章（文卿）
笠取山中
鬱鬱千章樹，人家在何處。
遙聞伐木聲，知從此溪去。

127. 奧平重該
楊柳浦
春風楊柳浦，落日鎖愁煙。
月下漁舟笛，猶思元曆年。

128. 原含（子章）
不寐
燈影暗無焰，更深未就眠。
吾非千里客，何事坐淒然。

129. 西貞（三菴）
將進酒得春字
君子莫辭醉，人生逢幾春。
庭花今如許，風雨落爲塵。

130. 田鳳（朝陽）
下巴水
巴水疾於矢，一瀉赤河湄。
停枻時回首，故山平若砥。

131. 栗道因
無題
青樓如玉女，趙謳又吳歌。
聞說能留客，新聲近如何。

132. 越智克忠（士明）
暮春郊行
出郭知春盡，躊躇忽生愁。
村邊如帶水，時載落花流。

133. 中藤陂（子元）
山行

深雲山逕長，鐘響始知夕。

花開不見人，鳥啼空送客。

134. 小西好古
子夜四時歌夏

南風溪水碧，携手立橋頭。

只願郎情意，綿綿若此流。

135. 尾瞻（百里）
七夕

人間多願絲，天上少佳期。

未說心中事，曙雲促別離。

136. 僧道眼
二兒島（在若州）

極浦涵天碧，煙波浴落暉。

二兒島相對，似待遠帆歸。

137. 僧圓識
春臺望

春臺一臨眺,煙雨始晴時。
村苑梅千樹,江橋柳萬絲。

138. 僧恕行
邊城秋思

十年征戍客,能得幾時歸。
笛裏關山月,空看一雁飛。

139. 僧了行
春夜聞笛

春風遠笛聲,江樓夜寂寞。
故園千里心,淚共梅花落。

140. 僧石蘭
月下寄山中人

雲有出山狀,人無入山心。
相思秋夜月,寄照柴扉深。

141. 立花氏
山居

應是武陵洞，溪流送落花。

杳然聞犬吠，何路向仙家。

（補遺）
142. 松禎卿
贈祇伯玉

春風能幾日，對酒但應歌。

不令吾曹醉，其如花月何。

143. 三宅緝明
劍

幾年腰間佩，有時手裏鳴。

龍文人不識，把示少年生。

日本詩選卷之八 終

卷之九

平安　江村綬君錫　著
姪　清勲　公績
受業　永田忠原俊平　同校

七言絕句 上

1. 那波守之
贈江村剛齋

獨倚春風愁自生，堦前啼鳥正嚶嚶。
幽窗無事難消日，何況故人爲客情。

2. 江村悰珉
郊行

漠漠春風燕子斜，幽人曳杖到村家。
臨流弄影數株柳，隔徑送香幾樹花。

月夜汎舟

清夜浮舟下澱川，月明風靜意悽然。
流光直接銀河水，始信乘槎曾上天。

3. 僧元政
伏見途中

杖藜緩步思悠悠，望盡青山傍水流。
來往風塵多少客，桃花夾路不回頭。

4. 宇都宮的
客中偶作

海色茫茫山色長，孤舟風阻轉淒涼。

天涯夜夜騷人夢，半在京城半故鄉。

5. 伊藤維楨（仁齋）
即事

青山簇簇對柴門，藍水溶溶遠發源。

數盡歸鴉人獨立，一川風月自黃昏。

6. 北村可昌（篤所）
和州道中

飛雪寒風天漠漠，長途短晷意匆匆。

閑雲本是無心物，底事營營西復東。

（小川成章，亦仁齋門人，與篤所齊名，其詩載《名賢集》，間有可稱。）

7. 伊藤宗恕（坦菴）
游吉水山得華字

節到清明已落花，應須行樂惜年華。

新晴今日東山頂，下見長安十萬家。

8. 村上友佺
題梅

宴罷瑤池王母回，月寒素袂立青苔。

仙粧難著人間語，姑喚暗香疎影來。

題畫

家在白雲重疊巔，三叉古路遶溪邊。

跨驢客子應求句，行到橋頭更不前。

9. 山本利盛
獨木橋

只呼略彴竟無名，長在溪陰松下橫。

流水夕陽僧獨過，秋風落葉鹿雙行。

10. 余元徵
細雨

催花天氣易輕陰，乍暖乍寒春未深。

薄暮偶聞檐溜滴，始知細雨灑前林。

11. 伊藤長胤（東涯）
贈小山生之東行

客路預期風日晴，好詩應自馬頭生。

忍看橋畔垂楊柳，只解送人不解迎。

即事
槿花籬落秋初到，柿葉園林雨未晴。
衮衮人從塵外老，沉沉詩向靜中成。

12. 烏山輔寬
樓上遠眺
百尺樓臺坐夕暉，故山煙樹遠依依。
白雲不爲紅塵役，直向天涯自在飛。

客中春日
辭家未肯卜歸年，羸馬東西每自憐。
欲向青山取行路，春風何處不啼鵑。

13. 烏山輔門
茶煙
綠乳香浮解宿醺，餘煙遶坐晝氤氳。
窗間忽被風吹去，恰似無心出岫雲。

秋日郊行
出郭微吟步夕陽，平蕪煙盡冷秋光。

千畦露重稻粱熟，一路霜花橘柚香。

14. 笠原龍鱗（玄蕃）
春望
花柳重重輕靄浮，東風春滿帝王州。
朱簾翠幌笙歌起，人在夕陽樹外樓。

柳
依依裊裊和煙新，雨後章臺滿目春。
卻妬長條含黛色，青樓自有畫眉人。

登槙尾山
白雲埋路幾重重，門外寒流石上松。
林鳥相呼山更靜，老僧携鉢下孤峯。

15. 松原一清
宿西條驛
西風驅暑送新涼，不厭前程雲水長。
行李幸無官事累，悉収秋色滿詩囊。

16. 柳川三省
曉鶯

香霧冥冥夜色深，黃鶯啼處月初沉。
無端喚起梅花夢，能使春心滿上林。
（滄洲絶句，傳者僅數首云。）

17. 長野方義
秋閨

摇落寒碪秋晚催，黃花戍客幾時回。
傷心最是南歸雁，萬里飛從君處來。

18. 大井守静
僧捨晚春

昔游如夢思依稀，前度道人今既非。
喚起不鳴春寂寂，寺門夕日落花飛。
（喚起鳥名）

19. 江兼通（若水）
春日舟中作

十里清江盪小舟，桃花浪暖綠揚洲。
篷窗眠覺日過午，坐看魚苗溯碧流。

20. 堀正超（景山）
江南春
多少人家煙水涯，江天雲暖夕陽遲。
落花飛絮纔吹盡，但見春風在酒旗。

楊柳枝
勞勞亭畔折殘枝，幾度傷心贈別離。
不分春風吹又綠，獨教兩鬢亂如絲。

21. 澤維顯（宮內）
擬軍城早秋
龍塞西風草已殘，戍樓曉色鉶衣寒。
胡塵遙起陰山下，十萬精兵按劍看。

冬夜感懷
夢斷山房夜更長，曾游回首感滄桑。
連床相對人何在，月照鶺鴒原上霜。
（琴所兄名某，嘗爲僧，住建仁寺。先琴所卒。）

22. 富逸（春叟）
送珠上人赴奧
春風吹起別離情，望斷東方千里程。

紅白花開吳水上，黃鸝頻囀送君行。

中秋
清逼吳江雨後秋，水光并與月光流。
夜深更識桂花落，風送天香入竹樓。

23. 僧月潭
前村
春宵寂寂掩柴門，夢醒起來步小園。
人語歇時山犬吠，月明偏在杏花村。

24. 僧百拙
舟中
野寺殘鐘處處迷，曉虹半落數峯西。
短橈指點岸花白，驚起雙鷖別渚啼。

秋日過小倉陂
孤筇隔水過湖邊，欸乃浮沉何處船。
白髮誰知無限意，晴波瀲灔綠於天。

25. 室直清（鳩巢）
富岳
上帝高居白玉臺，千秋積雪擁蓬萊。
金鷄咿喔人寰夜，海底紅輪飛影來。

宮詞
宮樹陰陰晝景遲，萬年枝上囀黃鸝。
日高眠覺猶慵起，閑看落花到地時。

春遲
楊柳未垂花未紅，家家簾幙掩東風。
春歸江上無尋處，只在青青草色中。

柳絮
忽起南隣復北隣，飄揚上下逐風頻。
洛陽城裏飛如雪，不送行人空送春。

26. 源璵（白石）
紀司馬席上和宮詞韻
梧桐枝上月團團，疎葉影移金井欄。
碧殿夜深吹鳳管，九天風露滿階寒。

次玉隱師惠韻

東林同社舊因緣，白藕花開碧水前。

多謝遠公邂跡日，猶思陶令在官年。

春初寄田長元在山北

離杯對把玉芙蓉，春酒澠澠琥珀濃。

不信千山萬山隔，醉中分手夢中逢。

和井尚綱客中秋興韻

碧天明月共清輝，霜落江樓夜搗衣。

莫怪南來消息斷，秋鴻不向北風飛。

中秋作

（原詩四首，今選其一。自注云，己巳八月十五日生女，名曰清娘，志其時也。是歲甲戌之春，清娘夭矣，今夕對月，鍾情更甚。）

天風吹月露霑衣，環珮招魂夜未歸。

琴上斷絃誰復辨，空懸素影照金徽。

27. 衹園瑜

玉島澄暉（和歌浦十二景）

風鳴江葦夜漫漫，神女不還秋月團。

二十五弦空雁影，霜花如夢水雲寒。

和白石井公春晚見憶韻
年年燕子社前飛，沅水羅紋雨濕衣。
四海今無鷹隼忌，春風自在舊巢歸。

其二
名公健筆勢如飛，殿上奪將宮錦衣。
金門退食日方午，一道風花逐馬歸。

28. 雨森東
梅
千林搖落逼窮冬，滿目寒雲淡又濃。
梅蕊應憐溪水上，含香的皪伴蒼松。

29. 松浦儀（禎卿）
無題
霓裳舞罷淚潛然，殘月枝頭哭杜鵑。
紅褪香銷空有恨，一從絃斷憶華年。

其二
三山路斷恨沉沉，鳳去鸞飛不可尋。

洛浦風流已銷盡，到今離思在瑤琴。

30. 岡島達
步月

江頭月色舊情新，蘆荻洲前淚濕巾。
悵望遙思故園月，今年不照去年人。

31. 原希翊
和客中感春作

晴川泯泯向東流，草色如煙使客愁。
那耐他鄉春日暮，飛花滿地獨登樓。

32. 田子蘂
和竹枝詞

東風花滿若耶溪，西子宅前日欲西。
春草萋萋春雨後，子規啼斷鷓鴣啼。

33. 肥允仲
客中

青樓風暖百花香，黃鳥啼殘白日光。
自是江南春色好，更教游子不思鄉。

34. 梁田邦美

登鐵拐峯

古壘鳥啼不見人，嶺雲澗水共傷春。

誰知夜半風前笛，吹落梅花作戰塵。

（結句用景季事）

游中氏園，和昇上人梅花韻

此地年年同賞春，相知不是白頭新。

樽前諸伴依然在，笑對梅花舊主人。

鹽谷晚歸口號（鹽谷邑名在赤石東）

松含斜景鳥聲幽，下有飛泉如帶流。

海曲暮霞看欲落，行人猶上酒家樓。

伯夷叩馬圖

黃鉞風生鐵馬飛，獨憐義士愧戎衣。

華山佗日春煙綠，不及首陽崑畔薇。

賦得春帆細雨來

浦口春船欲上時，布帆無力雨如絲。

東風十里煙波黑，楚竹湘山不可知。

35. 湖玄泰
初夏游光明山

仙梵穿雲不斷飛，清閑半日此忘機。
道人原自機心息，鳥雀馴階螢入衣。

36. 僧東明
游勝尾寺

中天積翠極攀躋，般若臺高羣象低。
澗道經過斜照裏，白雲深處子規啼。

37. 僧道寧
賦水邊紅葉

霜落楚江秋色分，紅楓夾岸已紛紛。
西風不借湘娥淚，染得千林映暮雲。

38. 僧無隱
送客

綰柳折花白日曛，勞勞亭畔月紛紛。
離情忽入春風去，江北江南遠送君。

39. 物茂卿
送縣次公

錦帆西盡青蜓州，赤馬關高大海流。

料識愁心秋不極，回頭東望月如鈎。

送君上人之京

處處春風黃鳥斜，驛亭垂柳映袈裟。

洛陽此去花應好，一路淹留知幾家。

懷富山人

孟光相伴出函關，短褐犢車終未還。

今說梁鴻誰得識，空傳五噫滿人間。

40. 滕煥圖（東野）
送人之築後

送爾遥懸明月心，片帆且入白雲深。

停杯爲擬秋風曲，怪似燕門築後音。

41. 縣孝孺
林祭酒宅，同賦庭樹發春輝

樓臺雪霽映霏微，簾外東風黃鳥飛。

應爲庭階生玉樹，滿園草木著光輝。

42. 太宰純
稻叢懷古

沙汀南望浩煙波，聞説三軍自此過。
潮水歸來人事改，空山迢遞夕陽多。

九月十三夜，蓮光寺翫月

樹色蒼蒼秋正深，高堂邀月轉沉沉。
對君盡夕無愁思，一任寒蛩傍砌吟。

馬山遇雨，贈逆旅主人

高卧西軒客夢殘，山中永日雨漫漫。
蕭然旅況誰相問，唯有主人青眼看。

43. 平玄中
早發深川

月落人煙曙色分，長橋一半限星文。
連天忽下深川水，直向總州爲白雲。

春日古河道中

出關千里大川通，驛樹陰陰馳道東。
微雨花飛寒食近，人煙還在水煙中。

44. 服元喬

牛門分得出塞

征旗朝拂塞雲寒，直指燕然掌上看。

十萬健兒齊按劍，更無人道憶長安。

夜下墨水

金龍山畔江月浮，江搖月湧金龍流。

扁舟不住天如水，兩岸秋風下二州。

秋夜別友人，得安字

送客三更杯酒寒，祇言別後各平安。

今宵遥指關山月，明日天涯馬上看。

起復謝問疾諸君

老年心事著寒灰，抱病偏臨永夜臺。

但爲故人招得切，游魂不遠復歸來。

三日尋子昌莊

鳥啼花發野亭西，三日重來路不迷。

處處春風桃李下，何人已是踏成蹊。

45. 高維馨
從軍行
邊城朔雪滿榆關，金甲如雲塞上還。
不是將軍能絶漠，一時何奪祁連山。

明妃曲
邊關萬里白榆秋，窈窕雲鬟獨自愁。
一曲琵琶猶未畢，風沙吹上玉騷頭。

送田子明兄弟還湖中
琵琶湖上雁行斜，歲晚還鄉道路賒。
爲憶君家雙玉樹，春來爭映舊都花。

十日簡文卿
東籬秋色映青苔，昨日無人送酒來。
猶有摘餘三徑菊，須君共汎濁醪杯。

46. 島鳳卿（皈德）
吳宮詞
吳姬緩舞白霓裳，桂苑秋風夜正長。
歌罷江波明月落，西施扶醉侍君王。

47. 土昌英（伯曄）
宮詞
金井梧桐玉露垂，芙蓉水殿月明時。
承恩長侍君王側，未信人間復有悲。

48. 平義質
上長興山
長興山色秀清秋，日抱摩尼寶塔浮。
湘水如環歸大海，連天帆影不曾流。

49. 岡井孝先
謝子玉贈竹榻
何人裁製碧琅玕，一榻贈來色未乾。
尚帶蕭條湘水影，滿堂六月動秋寒。

50. 木實聞（蘭皋）
雪夜玄洲公宅分韻得頭字
座中無客不應劉，詞賦爭雄清夜游。
飛雪自成梁苑趣，誰能授簡雁池頭。

51. 田良暢（子舒）
晚下墨水

獨放輕舟下總州，悲歌一曲白雲愁。
駒蹄口畔行人絕，唯有蕭條墨水流。

52. 鵜士寧
城門雪

雪滿千金公子裘，相逢停騎御溝頭。
樓臺夾路渾如玉，爲問何門是五矦。

53. 晁泰亮
歲杪思家

故園一別隔山河，客裏風光歲月過。
春色明朝歸未得，愁心今夜爲誰多。

和杏隱叟游南山

登臨近指葛城山，嶺上雲生杯酒間。
無限丹楓秋色裏，并將落日映酡顏。

54. 雍正長（子方）
早春書懷

客裏青山對濁醪，春風無恙鸚鷉袍。

十年不改紅塵色,唯有梅花照二毛。

55. 山根清（華陽）
春思
江城花落子規啼,碧樹如煙望轉迷。
腸斷雨中芳草色,王孫不返日萋萋。

56. 田泰（士雅）
出塞行
漢家飛將領天兵,漠北秋臨龍虎旌。
聖主只今借神武,到時可築受降城。

57. 田公望（望之）
春日行
陌上春風柳色深,煙霞處處映青衿。
誰家年少能騎馬,知是新恩拜羽林。

58. 瀧長愷（彌八）
姬人怨服散
青雀雙飛帖碧紗,仙郎日醉赤城霞。
天台山上春應好,不管人間桃李花。

送別山玄琳功子含（二子江人，時余有西京行）

萬里鄉山未得歸，送君還自向京畿。
若逢湖上秋風起，爲報鱸魚今已肥。

59. 井通熙（子叔）
當壚曲

孔雀雙飛裙帶垂，當壚紅粉畫蛾眉。
春風能醉臨邛客，那似文君新寡時。

60. 江忠囿（南溟）
西宮秋怨

琪樹西風塞雁過，夜雲如水渺天河。
自將紈扇憐秋色，不問昭陽月影多。

61. 高羽（翼之）
長干行

月出長干江上春，春風吹送下江人。
相迎齊唱相思曲，那比江流去日新。

62. 水業元（博泉）
春宮詞

紅羅小扇繡鴛鴦，瑤戶無人鎖畫梁。

日永海棠呼不起，春風銷盡博山香。

63. 秋儀（玉山）

漢宮詞
舞態翩翩掌上開，相迎七寶避風臺。
深宮月出簫聲起，女伴同歌亦鳳來。

江都春日行（六首録二）
謝公乘興日忘歸，花滿東山靄夕暉。
秖恐紛紛歌舞妓，春風吹作綵雲飛。

其二
芳草河邊春色開，浮雲西北是樓臺。
金龍閣下花千樹，多少名姬手自栽。

64. 僧元皓（大潮）

春雪夜，澱河舟中作
澱河東望帝王州，二月春風上瀨舟。
卻迎篷窗猶有月，夜來白雪滿汀洲。

四月朔對雨
風雨蕭蕭鳴乳鴉，城邊雲樹萬人家。

憑欄試問春歸處，背指流泉送落花。

寓懷
水雲深鎖梵王家，翠暗幽窗白日斜。
病後匡床都不下，園林開遍石榴花。

65. 僧原資（萬菴）
採蓮曲
荷花罨水映羅繻，畫舸低回日欲晡。
停棹愛看荷上露，微風蕩漾不成珠。

冬日即景
霜花欲結起寒風，萬丈飛濤海氣中。
吹散芙蓉峯頂雪，雲間成霰灑山東。

66. 僧圓乘
春日游墨水得春字
風花處處送江春，古渡蕭條芳草新。
爲是王孫昔游地，縱無白鳥亦愁人。

67. 宇鼎（士新）
春思
桃花爛熳柳條新，城上晴雲陌上塵。

日暮江南幽夢斷，洛陽春色更愁人。

明霞軒（五首錄一）
綠酒青樽帝里春，明霞幾處映花新。

如今霄漢誰相賞，長属閭閻卧病人。

送深卿（六首錄一，深卿蓋攝人學京者）
海門風色入秋悲，蘆葦蒼蒼白露垂。

借問詩成君獨望，何如客裏夢歸時。

68. 宇鑒（士朗）
從軍行
白草黃沙大漠寒，浮雲何處望長安。

可憐一片天山月，曾向蓬萊闕下看。

擬塞上逢故人
胡地秋風白髮新，相逢未語淚霑巾。

那知今日陽關外，還見當時勸酒人。

失鶴

仙鶴高飛不可從，孤雲邊月杳無蹤。

何年鼎裏丹砂就，問爾蓬萊第幾峯。

睡起

北窗高卧至南柯，窗下清風夢後多。

半醒未覺身非蝶，更欲乘風花上過。

（子朗七絶殊有妙境，不啻伯氏不及，恐是一時無二。）

69. 伊藤長堅（蘭隅）
戍樓春月

榆錢飛盡柳成緑，塞上春還戍未還。

獨有故園桃李月，清輝一夜滿關山。

70. 奧田士亨
答若州都築老丈

原頭楊柳雨如煙，萬里相思夜度年。

海內交游重搔首，不知春色在誰邊。

71. 福島未茂
訪隱者不遇

十里寒山一徑微，清泉灑出繞柴扉。

梧桐葉落殘棋上，空壁題詩獨自歸。

72. 秦正富（君忠）
聞笛
夜月樓頭煙霧開，飄殘玉笛幾人哀。
三更吹斷家山夢，此夜江南見落梅。

73. 菅元繼（雄峯）
岸柳
映杏映桃千萬條，春風染得翠飄飄。
岸頭不許離人折，長拂江流送寂寥。

74. 渡邊不遠
臨江亭夜坐
疏簾高捲倚南樓，鴻雁橫空蘆荻秋。
夜靜月明思舊事，棹歌何處暗生愁。

75. 唐金興隆
游明光浦
潮頭白鶴等閑飛，人自晚來傍釣磯。
五月雨晴篷底月，蒹葭深處醉歌歸。

76. 臼田香（升叔）
答越中人

仰見浮雲着葛巾，江山花月不知貧。

投竿坐處滄浪水，休道清風在富春。

77. 栖榮迪（伯啓）
寄答屈子幹（十首録一）

搖落江天雁影流，遥憐庾亮倚南樓。

故人元自無長物，爲贈白雲一片秋。

78. 江村如圭（復所）
牧童

吹笛村前日欲斜，荷蓑侵雨菽禾麻。

山花野草常爲伍，犢背穩眠是我家。

79. 水謙（士遜）
天橋舟中和北海先生

十里松洲雲影昏，孤舟暫繫夕陽村。

醉來偏動釣鼇興，欲逐歸潮向海門。

80. 僧玉泉
春盡

飛花片片水東西，游客不來山鳥啼。

落日遽然春夢覺，時看蝴蝶過前溪。

81. 僧承堅（翠巖）
春雨

積雨空濛幾日晴，霑花灑柳聽無聲。

閑人縱有踏青約，村路泥深不得行。

82. 僧無隱
九日過故人舊館

去年今日共君游，江上同登百尺樓。

樓上今朝君不見，菊花開似去年秋。

83. 松秀雲
答喬子貫

五畝閑園不受塵，琪花瑤草四時春。

春來若問爲何事，自學漢陰抱甕人。

舒嘯臺春日即興

前津無處不春風，雪後平蕪千里同。

倚盡欄干人未起，樓禽飛入柳煙中。

84. 千諸成
漢宮四時怨夏
素羅如雪暑炎空，日晚南薰落檻中。
紈扇持來偏自掩，年年不肯待秋風。

85. 木貞寬
題仕女圖
芙蓉露下夜將闌，水殿鈎簾月影寒。
御宴餘酣猶未解，當風斜倚玉欄干。

86. 武欽繇（梅龍）
游仙曲
金壇曉擁百花清，月落珠林催囀鶯。
應是真人朝帝處，五雲含起玉笙聲。

87. 服天游（蘇門）
上如意山
城東鎮岳簇雲霞，路歷談溪石磴斜。
直到山巔暫植杖，俯看九萬八千家。

送人游赤石

紅亭綠酒暫相留，羨爾揚帆赤石游。

試見煙波朝霧裏，依微島樹隱行舟。

88. 村漸（中漸）
二水亭避暑

第五橋頭碧樹傍，主人家在水中央。

相去城門纔咫尺，南窗忽覺送微涼。

歲晚書懷

草堂一夜思依稀，浪跡多年心事違。

燈火撩人人不睡，何來風霰拂窗飛。

89. 兄䃴
涼州詞

胡天何日陳雲收，幾處屯營萬馬秋。

月底琵琶多逸響，無端彈起古涼州。

題扇面富士山

六十餘州不二山，芙蓉突兀壓東關。

四時絕頂常餘雪，多少行人駐馬間。

90. 藤門周齋
秋日

桐葉風淒白露秋，暮天弄笛倚高樓。
陰晴不定江山色，暗釀騷人多少愁。

91. 唐崎彥明
將赴平安買舟出港

大海風煙秋色分，孤舟欲發思紛紛。
千山萬岳隨帆轉，忽已鄉園隔白雲。

92. 青葉廣（士弘）
題僧院

暮山紫色繡袈裟，數縷香煙戶外斜。
獨座繩床無一語，靜看白露上蓮花。

93. 岡長裕
春日訪隱士不遇

垂楊西畔是君家，一路無媒苔蘚遮。
萬壑千峯春似繡，不知何處去題花。

94. 左正彬（文藏）
送秀貞游有馬山

四十八盤有馬山，山迎水送隔風煙。

人家都在白雲裏，將道桃源暫作仙。

95. 仲和（道齋）
將歸阿州留別諸子

二月田園花發初，好追風月返茅蘆。

人間若有尋盟客，爲問南州高士居。

96. 慶德武遇
驛路歲暮有感

孤劍悠悠過攝泉，關山年暮進歸鞭。

羨看壁上掛鋤去，父老茗談燈火邊。

97. 荒木田息雅
二見浦晚景

清秋眺望海雲邊，遠寺鐘聲薄暮天。

遙過平沙回首處，江村寂寂一條煙。

98. 吹田定敏
送人歸山

秋江波起白雲飛，綠酒長歌送爾歸。
遙想鹿門山上月，清光獨對薜蘿衣。

99. 岡德瑜
簡木世肅乞酒

聞道君家麴米春，春風誰不願霑唇。
珍藏縱比金莖露，寧忍茂陵消渴人。

100. 松山造
幽居

白雲來去鳥聲閑，結屋小園秋樹間。
隨意曲肱春睡足，有錢何用買青山。

101. 川田資哲
別渡長年

泗水橋邊花落時，無端匹馬向天涯。
交情唯有數行淚，江上不堪灑別離。

102. 田中仲純
偶作

多病歸來海上秋，閑雲裊裊水悠悠。

卻思四十餘年事，何似忘機對白鷗。

103. 原田直（温夫）
某氏宅看海棠

綺筵同賞可憐春，況復妖嬌傍檻新。

借問名花能解語，紅唇妬殺息夫人。

104. 齋藤願仲
夜下瀁河

波搖月湧大江流，白露光寒蘆荻秋。

兩岸西風吹不住，雲間遥下一孤舟。

105. 木原正直
聞雁

葦簾長捲蓽門閑，露滿園林月滿山。

新雁一聲何處所，幽情遠入白雲間。

106. 僧越宗
古寺夜興

柳浦城邊古寺秋，浦頭楊柳繫扁舟。

僧眠樓上客收釣，夜靜清江蘸月流。

107. 僧惠寶（雪鼎）
落葉山（馬山温泉之西山）

落葉山邊落葉催，朝攀霜樹上崔嵬。

千家近在藤蘿外，人語時時松際來。

108. 僧空賢
秋閨怨

嫋嫋秋風拂玉欄，芙蓉零落露初寒。

誰憐一片城頭月，翡翠簾前獨夜看。

109. 僧浄慧
無題

宿雨新晴苔作紋，秋風殘柳亂紛紛。

鄉園數月無音信，獨立階前看白雲。

110. 僧雪巖

奉呈樂山公子（三首錄一）

西園勝會綵毫開，君自翩翩繡虎才。

秉興時招方外客，強教支遁賦詩回。

日本詩選卷之九終

卷之十

平安　江村綬君錫　著

姪　清勲　公績

受業　永田忠原俊平　同校

七言絕句下

1. 伊藤縉

塞下曲
青海長風雪滿關,邊聲夜動戍樓間。
雲中萬點陰山火,道是單於夜獵還。

野渡遲舟
山含斜景雨初收,駐馬芳塘望渡舟。
風裏楊花飛似雪,不知撩亂幾人愁。

濃州道中
一痕野水接芹陂,榆莢罩煙漏日遲,
麥浪風微牛穩臥,牧童相聚逐魚兒

皈家志喜
早晚歸來入洛城,依然門柳似相迎。
家人繞坐歡無恙,不似去年離別聲。

2. 柳美啓

旅泊夜雨
客身飄泊逐輕鷗,夕卸征帆蘆荻洲。

腸斷三更鄉夢破，一篷寒雨滴江流。

3. 芥煥
早春游望
已見春光滿帝州，天台雪映鴨川流。
陽和不隔蓬蒿客，一任東風吹白頭。

楚宮詞
夢斷陽臺月欲沉，霓裳空去楚江深。
行雲影暗巫山曉，十二峯頭何處尋。

4. 宇成憲（醴泉）
游仙曲
洞口碧桃花正開，羣仙共醉紫霞杯。
芝田啄啄千年鶴，日暮雲中駕得回。

5. 清綏（藍卿）
寄題蒹葭堂
元自三津古帝州，橋橋明月繫蘭舟。
未登先想堂前好，恰是蒹葭白露秋。

6. 皆川願
採蓮曲

別渚少風花亂開，移船搖槳獨徘徊。
偶因葉底輕波動，知是有人相逐來。

牡丹

殷紅浥露曉來披，恰似傾城含笑時。
顏色年光兩不住，春風向汝幾回吹。

7. 渡守時
與諸友伏見尋梅

杖履尋梅萬樹中，弟兄携手倚春風。
看來歲歲花相似，殊喜年年人亦同。

8. 清絢
游仙曲

閬苑真游路不賒，朝清歸去駐雲車。
麒麟晝卧金壇草，孔雀春啣玉洞花。

其二

蟾宮露濯桂花寒，玉女齊凭十二欄。
半夜霓裳飜曲處，人間只作月明看。

採蓮曲

畫船來往水中央，翠袖含風笑語長。
愛殺芙蓉多并蒂，花間七十二鴛鴦。

春日偶作

春雲催雨坐氤氳，日午南窗酒半醺。
黃鳥似嗔人睡去，聲聲時自柳陰聞。

雪夜泊舟

買得江魚酒滿卮，船燈照影雪如篩。
中宵聊試推篷望，楚竹湘山不可知。

9. 烏宗成

秋夜即事

螢火秋殘照寂寥，西風嫋嫋玉笙遙。
佳人既去無尋處，月度大江三大橋。

寄南越梅北溟

籬菊霜濃楓葉衰，江南十月既凄其。
關山北望雲似墨，知是故園飛雪時。

生玉池亭
醉倚池亭菡萏香,青波滌暑動新凉。
清風簾裏一塲夢,宛似仙寰日月長。

10. 田章（鳴門）
籔氏二水亭四時,夏
鴨川高瀨抱亭流,水淺砂伽不受舟。
苦熱那須北窗卧,納凉多在河之洲。

11. 孔文雄
春日雜興
楊柳絲絲春雨青,避人欲睡芙蕖亭。
過欄相戲雙蝴蝶,似是漆園夢未醒。

少年行
白羽雕弓映落暉,鳴鞭陌上馬如飛。
翩翩意氣行人避,應是南山射獵歸。

12. 龍公美
楊柳枝詞
百里隋堤汴水春,柳條依舊翠煙新。
錦帆一去無消息,裊裊爲誰清路塵。

秋閨怨

秋到江南雁影高，西風信絶夢魂勞。
芭蕉窗外三更雨，獨挑孤燈縫戰袍。

送木君恕，從勝山疾，之東都

多少關山客裏過，征鞍一駐珠流河。
芙蓉峯上千秋雪，裁入東游游子歌。

伏水宿僧本玄房

雨歇東林惠遠蘆，蓮華漏滴客心孤。
禪庭時見山螢影，飛入僧衣作繫珠。

13. 源敬義（道卿）
初秋

絺紛涼生梧葉風，窗燈猶自對殘紅。
高天未點來鴻影，先送秋聲入草蟲。

14. 柚木知雄
春曉

春風次第送羣芳，日日看花人欲狂。
醉裏等閑三月盡，殘樽寂寞對斜陽。

15. 近藤篤
暮春懷鄉
登樓北望塞鴻飛，寒食蕭然雨點衣。
故苑煙花應漸盡，春風不待主人歸。

聞雁有感
客裏寒催木葉稀，秋風吹雁度斜暉。
鄉書不識傳何處，空向雲山成字飛。

16. 湯元禎
寄子業
大海風濤此倚闌，悲歌一曲髮衝冠。
請看天際浮雲色，中有常山紫氣寒。

讚海舟歸，遭風惡浪猛，慨然賦之
南溟奉命使臣槎，直破長風萬里波。
忽值怒濤似奔馬，起堤雄劍叱黿鼉。

17. 赤松鴻
雪中懷友
城頭雪霽夕陽斜，坐愛枯林盡著花。
一望皎然千萬里，不知何處是君家。

馬山客捨

蕭條孤館絕逢迎，此地唯憐泉石清。
花落鳥啼春寂寂，馬山風雨客中情。

18. 赤松勲
奉命恭題金波樓

麗譙高倚海天秋，耿耿金波浸席流。
莫怪連城明月好，夜光原自屬隋矦。

19. 江村秉（愚亭）
唐崎

松枝十丈偃湖汀，湖水湖山上下青。
記得去年游此地，滿船風雨酒初醒。

題畫虎

深山枯草動寒風，猛虎蹲身亂石中。
洗盡吻邊獐兔血，一溪春水落花紅。

20. 葛張（子琴）
冬日游野寺

寒郊古剎樹蒼黃，幽徑無人午有霜。
一局手談何處熟，山茶花下小禪房。

21. 合離（麗王）
謁徂徠先生墓

春雨蕭蕭白日寒，三田墓樹幾摧殘。
孤碑永托長松寺，猶作徂徠山上看。

其二

修古文辞爭日光，豈圖冥府去爲郎。
千秋遺愛蔭園草，卻使深憂不可忘。

22. 賴惟寬（千秋）
留別平紀宗

山關水驛路三千，濟勝何妨梅雨天。
安知搖落秋風夕，思君或在白河邊。

早發古河

輿馬朝來發古河，行聽里婦採桑歌。
平田極目茫無際，天末青螺得築波。

23. 岡元鳳
冬牡丹

宮裏名花不怯寒，紅粧白雪兩相歡。
未知佗日春風恨，先使君王倚玉欄。

楚宮詞
渚宮風送百花香，雲雨何來濕苑墻。
偶自巫山成夢後，君王晝日引眠長。

24. 端隆
楊柳枝
大道垂楊拂酒旗，馬蹄來往日遲遲。
春風交影青青色，繫得離情都不知。

其二
楊花如雪點行舟，曾惹春來幾客愁。
借問隨風何處去，顛狂或到古涼州。

暮秋雜詠（五首錄一）
乍雨乍晴如促期，楓林風度夕陽時。
流年才爲留光景，卻愛秋紅染出遲。

25. 源之熙
雪後尋梅
天惜清香不肯開，瑤華封得數株梅。
時被輕風漏消息，一任高士竊春來。

落梅
昨夜江南花謝枝，孤鶯夢冷月來時。
香魂似惜三春別，故舞微風欲下遲。

26. 僧顯常
奈良宿中沼氏
遠城多是梵王家，無復春風駐翠華。
夜半鐘聲孤枕上，猶思長樂舊時花。

牛瀑丹楓
西風蕭颯動香臺，碧樹紅楓畫裏開。
兩岸青山千萬疊，溪流一道自天來。

27. 僧敬雄（金龍）
函谷關
羊腸險路捫蘿攀，東出函關萬仞山。
試觸巖根雲氣起，散爲風雨滿人間。

淺間嶺
山勢崚嶒黛碧天，日華爭映雪華懸。
神仙宅在最高頂，丹竈長生五色煙。

仙人床
釣倦仙人枕石眠，覺來三島路茫然。
顏華空去東流水，唯有寒巖生紫煙。

28. 僧萬龜（文川）
夏詩
南風吹送大江濆，萬丈奇峯都是雲。
唯有殘鶯啼綠樹，北窗呼夢夢紛紛。

林蘭渚，邀余於京師，余暫還故園
日落高樓此別君，河梁柳色雨紛紛。
江南萬里橋頭路，恨殺鴻邊一片雲。

29. 服元雄（仲英）
客中九日
旅館清秋楚水濱，黃花開處客愁新。
登高自有山河異，腸斷天涯萬里人。

雪夜望漁火
大江風雪夜霏霏，望暗寒潮激釣磯。
莫是漁翁依岸宿，篝燈一點照波微。

30. 劉維翰（龍門）
暮春郊行

楊柳如煙草色迷，大堤春雨綠萋萋。

郊村處處尋花至，唯有黃鸝各自啼。

懷島子行

細雨霏霏春草迷，緋桃開盡亂鶯啼。

甕頭美酒無人對，只欲迎君醉綠溪。

31. 田好銑
暮秋送無動上人從王駕之日光山

日含光綵照乾坤，樹裏金銀長者園。

更怪佳人晞髮處，中天捧出洗頭盆。

32. 源敏樹（稷卿）
吳宮怨

荒苑無人月影悲，館娃宮外草離離。

芙蓉低發天池水，猶似西施欲睡時。

（稷卿遺稿，余嘗閱之，佳篇不少。又松崎子允名堯臣，服子遷集中稱其人，湯之祥亦作其傳。但其遺稿，余未閱之，因無所錄云。）

33. 紀德民
送仲栗之攝州

太良山下海邊樓，萬里風煙落日愁。
此去孤蓬慎霜露，浪華江上芦荻秋。

34. 松崎維時
凉州詞

凉州城上畫角愁，凉州城下大河流。
河流曲曲秋風起，一夜邊聲滿戍樓。

春夜松山世子席上作

城門擊柝月西斜，清夜傳杯醉百花。
邸第樓臺千萬户，誰知春色在君家。

35. 南宮岳
山家閨怨

一別山中不記春，荊釵此日復誰親。
庭前有箇蘼蕪草，採採還能欲贈人。

聞子規懷太一

海城春盡子規飛，彷彿千聲獨濕衣。
知爾他鄉今夜恨，可堪還喚不如歸。

36. 建孝銑
元弘宮詞
禹貢頻年奉帝京，蒼生盡仰未央成。
冕旒臨殿親郊祀，庭上震天萬歲聲。

其二
再御神龍氣象雄，青雲行幸宴羣公。
功臣未賜黃金印，天馬先來高倉宮。

37. 梁田肅
春夜裁縫
翡翠簾前辭醉歸，海棠月照影依微。
西園明日催歌舞，倚檻新裁綠錦衣。

38. 大江資衡
幡文華宅集，同賦花下對酌
千樹簇霞城裏春，枝枝濃艷照樽新。
興來花下無辭醉，恐向風前飛作塵。

39. 齊必簡
秋望
茅淳南畔海門西，雲水茫茫望轉迷。

孤城落日楓林暮，秋雨蕭蕭秋草齊。

40. 湖岳（松江）
冬日養痾山中，簡城中友人
借枕青山臥白雲，清風流水與誰聞。
寒巖一片題詩石，半剝莓苔欲待君。

41. 僧六如
丙戌晚春赴東都旅中作
浦口春陰十里松，停驂幾望赤城峯。
青燈殘雨湖南驛，今夜猶聞華頂鐘。

其二
東皋夜雨三春草，南浦雲帆五兩風。
難奈春愁兼別恨，誰將夢筆代文通。

其三
路遠江山東復東，長亭短亭落花中。
鄉愁不識春將盡，二十四番第幾風。

42. 巖垣彥明
江上夜泊
月落山陰不得歸，扁舟半夜傍漁磯。
兼葭風定秋江濶，數點流螢映水飛。

漁村夕照
垂楊岸下夕陽低，斷續江村望轉迷。
一曲漁歌秋水靜，舨舟已過碧山西。

43. 伊藤榮吉
郊行
日煖霞蒸野水塘，青帘風舞弄春光。
杏花村裏沽微醉，添得紅醪一段香。

能因法師墓
山村墓道自逶迤，草樹蕭條圍古碑。
行客蘋蘩無可薦，秋風空唱白河辭。

44. 久保信行
送泉昌安歸奧州
千仞金華大海灣，玲瓏珠樹有誰攀。
憐君到日尋仙跡，採藥飄然此往還。

45. 永田忠原
九日
佳節草堂秋色斜，白雲依舊似陶家。
風流何必登高會，謾把濁醪對菊花。

46. 石作貞
送蘭江師之西京
雲游西指萬重山，山盡滄江杯度閑。
回首遙懷趺坐地，天邊白雲是鄉關。

47. 平賀晋人
宿田城
客裏逢秋又遠行，蕭蕭白髮坐來生。
西風影冷他鄉月，更聽寒砧處處聲。

48. 伊藤聖訓
夏雨
雲峯四合暗山阿，夜雨傾盆濯綠柯。
祇恐後園籬落下，離披豆蔓損花多。

49. 僧凍滴
江村即事

夜闌江上月將斜，明滅殘燈三兩家。

野渡蒼茫人不見，一聲鳴雁落蘆花。

逢俠者

慷慨悲歌音若鐘，自誇長劍是芙蓉。

頻年報冤知多少，臂上刀瘢十字重。

50. 源義根
送人游葛城山

海南遙望玉芙蓉，千嶂相連紫氣重。

知爾當年學仙地，人間共指葛城峯。

51. 山良由
客中聞子規

月落子規何處飛，雲邊髣髴不如歸。

他鄉自有思鄉淚，不用聲聲更濕衣。

52. 山政禮
夏晚雨晴

雨暗山郭夕陽西，村樹鴉歸煙色齊。

樓外薰風吹不盡，斷雲逐望過前溪。

53. 稻葉正美
春日宴城西別墅，次文卿韻
城西春色簇紅霞，更喜幽莊路不賒。
供給莫嫌村酒薄，留看花塢夕陽斜。

54. 源康純
答子樹見懷，用其韻
江頭一夜雁來時，尺素并傳寄我詩。
舊社風流久零落，故園寧減異鄉悲。

55. 源敏（東溪）
山中
幾年愛此碧山棲，家隔溪雲路欲迷。
自是柴門人跡少，新林二月鳥空啼。

56. 乘竹良弼
暮秋游山寺
香臺秋老此躋攀，祇樹丹楓寺後山。
更作飛花又作雨，天風吹送到人間。

57. 內山之明
春日感懷

同僚官捨接軒隣，花木杪高欲競春。

蛺蝶不知離落隔，隨風來去自相親。

58. 神山政孝
腰越萬福寺，觀辨慶書

鳥盡弓藏見鬩墻，中原尺布怨偏長。

丹心留得數行字，蔓草空凋五月霜。

59. 防寬
留別金邸監

日醉君家金屈巵，雙龍劍合又將離。

洛城花木江南月，相遇相憐復幾時。

60. 尾藤肇（志尹）
雨後早行，用鵜芝翁韻

前嶺殘雲疊疊橫，吟筇探勝乘新晴。

田翁不解憐春意，自向落花深處耕。

61. 藤仲導
美人病起
芳心徒負幾回春，始對東風桃李新。
自怪起來衣帶緩，瘦腰猶似楚宮人。

62. 副士定（保卿）
擬禁中看月作，分得看字
月帶恩輝照叱欄，衣冠身傍玉階看。
夜深咫尺聞天樂，怪得霓裳起廣寒。

隴西行
轅門鼙鼓更鼛鼛，胡騎將逃勢可乘。
夜向河邊齊飲馬，赫連臺畔月如冰。

63. 僧中誠（思三）
奉謝北海先生來訪
林下風寒清興稀，一爐柴火獨相圍。
山村雪解前宵雨，應爲先生扣竹扉。

64. 僧道祐（雪樵）
漁夫
維舟猶唱滄浪歌，醉臥莎衣勝綺羅。

幽夢醒來天未曉，蘆花深處月明多。

65. 清勳（公績）
西院春望得歸字
西郊無處不芳菲，愛宕嵐山接翠微。
日暮相逢探勝客，籃輿往往插花歸。

採蓮曲
菡萏如雲畫艇通，紅衣綠蓋領香風。
低頭指點游魚處，翡翠金釵落水中。

66. 香山彰
晨發水口驛
曉風吹送稻花香，野雀羣飛噪柳塘。
沿道人家未開戶，一林殘月半橋霜。

春日病中
細雨新晴夕日斜，滿庭芳草綠愈加。
三春臥病芸窗裏，夢繞西山萬樹花。

67. 春政美
鴨川別墅偶作

小亭置酒望春空，重疊青山鴨水東。
宿雨初晴雲欲散，一禽飛入積藍中。

68. 組屋翰
夏宮詞

水殿風生十二層，宸游先進玉壺冰。
宮娥祇恐衣裳冷，肯信人間苦鬱蒸。

69. 吹田定孝
郊游

相携友社踏青游，芳草如煙野色幽。
落日溪橋垂柳外，山童吹笛送歸牛。

70. 賀象（伯魏）
分題得貧家雪

雨雪年深煙火空，機聲札札破窗中。
癡兒未解無衣苦，陌上相呼舞北風。

71. 中島徽樸
清泉館惜春
萬竹翠陰侵酒巵，清泉館裏惜春時。

無風簾外殘花落，不爲詩人留一枝。

72. 下川貴慶
渡口
竹青沙白鳥飛回，微雨淡煙斜日開。

渡口有時聞笑語，垂楊堤外小舟來。

郊行
碧水連天没白沙，遥看渡口打魚家。

滿身渾被紅雨濕，行盡長堤萬樹花。

73. 雨森增質
雪夜
雪霽江頭夜景微，滿天寒月更清輝。

中宵恐有幽人訪，不使家童鎖竹扉。

74. 阪田靖
偶作
梧桐露滴暮雲流，月冷風清人倚樓。

過眼鶯花隨逝水，不堪春恨那堪秋。

75. 淺見寔
送子顯之東武
征馬翩翩曉色分，離心相望亂如雲。
春花落盡無佗贈，只有江山長送君。

76. 滕國紀
欲見一條山之瀑布久矣，官事鞅掌未果，因有感作
飛流千尺掛崚嶒，噴霧起雲如碎冰。
凡骨未離塵網苦，長嗟無道化龍登。

77. 度會末顯
擬金谷園懷古
墜妓樓前啼鳥悲，河陽流水草離離。
紅花零落無人拂，猶似珊瑚擊碎時。

78. 荒木田興正
松風，應某禪師需
清風不斷拂空門，松樹何年此託根。
不作人間琴瑟響，梵聲相和送黃昏。

79. 林文肅
寄慰千莪湖
鴛鴦空繡合歡衾，獨夜淒涼思不禁。

池上芙蓉門外柳，秋風吹入鼓盆吟。

80. 藤元昺（文二）
懷菅文哉
我在東都君帝鄉，各天愁思正茫茫。

偶臨兩國橋邊水，憶得四條河畔涼。

81. 片岡承行
荷香入簾
的的芙蓉媚夕陽，光侵水殿滿池塘。

薰風入坐無尋處，添得緗簾一陣香。

82. 竹川政辰
八橋覽古
憶昔中郎遠謫時，橋邊駐馬寄相思。

芳洲變作招提境，老衲空傳杜若辭。

83. 井高登（子龍）
晚春送景眺歸東都

芳菲垂盡出長安，休道長程行路難。
五十三亭多美酒，芙蓉白雪醉中看。

84. 城戀
携河生游逍遥軒

水館高臨濠濮隩，相逢共醉觀魚臺。
世人若問逍遥趣，爲道千秋在酒杯。

85. 鄭宏
美人對鏡

金屋凝粧媚態新，鏡中形影獨相親。
菱花照處明如月，自是廣寒宮裏人。

86. 河合維修
採蓮曲

水面芙蓉白映紅，爭開兩岸競香風。
吳姬長袖回輕棹，採去歌殘夕照中。

87. 伊達彰
送人之京師

煙花三月洛陽游,知爾兼浮湖上舟。

一望山山青靄裏,五雲多處是皇州。

88. 島田則裕
春日寄懷仰霞樓中諸子

自別都門歲幾徂,春鴻飛盡一書無。

黃壚不改煙霞色,重憶當年舊酒徒。

89. 田維圭
送士祥兄之湖中

濃北江東道路長,曉風殘月斷人腸。

離情不忍攀楊柳,涕淚千行又萬行。

暮春即事

東風嫋嫋雨絲絲,處處青山花落時。

可識黃鸝惜春色,數聲啼上最高枝。

90. 服元濟
夏日作

山下涼風不待秋,曲肱引睡小窗頭。

晚來殘雨才晴後，竹樹蒼蘢翠欲流。

91. 山田東溪
暮秋贈友
落花流水送春還，玉樹仙巖不可攀。
知爾裁成新賦色，五雲兼映鳳凰山。

92. 佐伯樸（季艅）
牡丹
名苑牡丹浥露斜，枝枝穠艷鬥繁華。
傾城自在無言裏，不用懃羨解語花。

自伏見抵浪華舟中作
西風倚棹大江流，兩岸蒹葭白露秋。
起見浪華城上月，慇懃一夜照孤舟。

93. 高浚（子明）
月夜懷朗公
山房趺坐白雲深，半夜微微鐘磬音。
更想衣珠與明月，清光并合滿祇林。

94. 朱羲（君宜）
偶作

門前栽竹自無塵，翠影蕭疎陰四隣。

一醉清風明月夕，秖應臥與此君親。

95. 野義見（有隣）
瀑布

六月寒生峭壁前，飛流千尺落爲淵。

蒼崖黑處腥風起，應有神龍窟裏眠。

96. 僧大幻（寂照）
臥病逢中秋

四壁蟲聲燈影幽，誰憐伏枕更逢秋。

懷中自賞連城色，不羨人登明月樓。

97. 僧處一
春江浮舟

綠楊連水水連天，遲日清游不繫船。

醉後更期清夜月，畫橈移入夕陽煙。

98. 井孝德（太室）
梅花落

誰吹玉笛破蒼煙，一片梅花飄暮天。
能逐春風千里去，度江即落故人前。

99. 安於慶
平安客捨作

明河如練鳳城秋，天冷星橋烏鵲浮。
自是仙裙霑玉露，可憐纖月帶銀鈎。

100. 平君舒
殘春

酴醾香入夢中殘，風攪春魂傍藥欄。
扶病起來時舉目，野禽啼向暮雲端。

101. 菅善（千秋）
南鴨祠

繡戶珠簾葵葉垂，到今王祭嚴威儀。
欲知祓禊千年事，鴨水潺湲無盡時。

102. 熊阪邦
中秋書懷

西風蕭瑟海天秋，天上孤鴻迥自愁。

遮莫浮雲蔽明月，不教清影到南樓。

103. 東海儀
首夏即事

小苑雨晴楊柳垂，送春徐步思遲遲。

最憐片片双蝴蝶，空繞薔薇落後枝。

月夜汎江

棹破冰壺萬頃波，匏樽終夜伴嫦娥。

蹁躚何異登仙客，吹徹洞簫望絳河。

104. 中井積善
邊詞

虜騎奔逃烽火閑，秋風吹老玉門關。

沙場日暮黃塵起，知是將軍射虎還。

宮怨

清鑾驚夢響丁丁，錯謂君王向此經。

不識綠陰多鬭雀，牡丹花上觸金鈴。

105. 篠應道（安道）
留別諸子

大江西盡水連天，滄海帆檣落日懸。
高閣他時窮目去，故人行在白雲邊。

106. 橘雍
春江曲

巷口春闌燕子飛，青樓晚望柳依依。
生憎日日東流水，送著郎船不解歸。

107. 橘溫（子玉）
首夏雜興

蠶豆花開大麥肥，南風此日換春衣。
紛紛蝴蝶毀垣裏，仍向殘紅樹底飛。

108. 橘維發
春盡，問津亭，同陶齊賦

樓前流水入悲歌，九十春光夢裏過。
把酒今宵須徹曉，江天明日夏雲多。

109. 井廣正
春日臥病
伏枕書堂春色閑，晚看兄弟折花還。

憐芳猶有臥游興，爲問今朝經幾山。

110. 西村直（孟清）
自中濱還家舟中作
客散清江放小舟，金波的皪月中浮。

漁歌一曲添佳興，直下秋風十里流。

111. 岡施國
某園小集贈主人
風樹黃飛秋雨後，松窗翠鬱暮煙前。

鍊丹心在彈冠外，相值相憐湖海邊。

112. 福元素
嚴島朝望
蒼茫海氣擁珠宮，雲散三山樹杪風。

七浦神燈猶未滅，一輪紅日曉霞中。

113. 田早胤（雪航）
中秋新晴

宿雨新晴海上山，雲間明月破愁顏。
西風獵獵吹衣袂，多少樓臺共欲攀。

114. 荒木喬
大坂

浪華江上天如水，浪華橋下水如天。
金樽銀燭笙歌客，半在高樓半在船。

115. 田敬（孔夷）
題曳尾亭壁

春風春雨百花香，樹裏青山入望長。
羨汝不知王矦宅，小亭把酒對斜陽。

116. 中谷東洲
贈地藏寺上人

壽命山頭古寺春，無量花木入雲新。
花邊醉客君知否，去歲中秋看月人。

送僧之京師

此去山城道路賒，五雲多處是京華。

高臺寺畔初弦月，滿地秋開天竺花。

117. 明石景文
美人晝寐

寶鴨煙消晝漏長，佳人夢熱鬱金堂。
滿庭花樹春風暖，雲髻斜垂王鳳凰。

118. 青山寬
送人之丹後

一別相思歲月深，煩君爲說索居心。
故人家在滄江上，門對天橋松樹林。

119. 岡壽卿
宿須磨

海門斜日落平沙，葦箔蕭然幾十家。
不識何人今夜主，蒼蒼夏木總無花。
（須磨家家下箔，三四友用思度和歌。）

120. 永井貞卿
赤石夜泊

海國秋迷曲浦煙，城頭月出水連天。
即今欲問千年事，彤管空留帝子篇。

早春送西公倫之安藝
山陽西望海門遥，神女峯頭雪半銷。
難奈柳條絲未掛，春風無力繫蘭橈。

121. 永井明卿
秋夜
江城一望月如霜，宛轉江流接海長。
多少樓臺離別客，不知幾處斷愁腸。

122. 安武（子桓）
山寺
桂樹花開山寺秋，白雲流水共悠悠。
登臨月照三千界，下見江波迷色愁。

123. 山根泰德
夏夜汎舟
溯洄鼓棹意飄然，無限涼風夜滿船。
明月清江天一色，坐疑身在斗牛邊。

124. 山根道晋
送子恭謝病還故鄉
雲山一別望漫漫，立馬歌悲行路難。

好去鄉園春欲遍，煙花不是客中看。

125. 小田村直道
聽箏
宛轉纖歌江水頭，抱箏月下坐紅樓。
餘音應在青天上，一點行雲凝不流。

126. 島津義張
長川即事（長川水名）
行行十里雨中移，兩岸如煙楊柳垂。
不是離人關惜別，扁舟暫繫長河湄。

127. 湯顯道
夏夜汎舟
白鳥滄波大海流，南風蕩漾木蘭舟。
步檐唯見雲間月，還似洞庭湖上秋。

128. 中山敬
送菅維忠之東都
握手津頭柳色斜，慇懃更唱別離歌。
連天海面三千里，何日風帆到浪華。

129. 野上國幹
恭觀日光山祀事
寶幢珠蓋錦爲霞，金管玉笙夾路斜。
宮觀重重五雲裏，簪纓擁出法王車。

130. 草香孝敏
十日菊
蛺蝶依依尚自來，霜花爛熳亦新開。
陶家今日殘樽在，獨對南山好啣杯。

131. 管晋帥
和元協春游
楊柳如煙花欲燃，萬家樓閣媚春天。
紅粧斜坐珠簾裏，白馬驕行紫陌前。

132. 城和光（子邈）
同賴阿松過天心居
負郭相携迤路長，薰風細細入衣裳。
行吟時到勝山下，先喫新茶一碗香。

133. 隱廣福
早度鈴鹿關

千家月色帶雞聲，曉度關門入帝京。
裘馬重來猶若此，風流空憨棄繻生。

134. 加藤知雄（鹵山）
秋日送人之浪華

扁舟載月下奠川，一道江流入杳天。
遙憶蘭舟何處繫，秋風二十四橋邊。

135. 薩元雌（雄甫）
分題賦得十書九不達

書罷空房淚濕巾，十封寄與九封塵。
連鴻雙鯉俱無賴，心事無由告遠人。

136. 田爲章（文卿）
江畔尋花

沙明水碧兩三家，幾樹紅花雜白花。
日日吟筇探勝遍，旗亭醉臥是正涯。

137. 餘弘瑟（伯玉）
中秋

把酒高樓賞月華，清光射樹起棲鴉。
笙歌此夕誰須睡，人醉長安十萬家。

138. 三宅芳隆
塞下曲

聞說黃河天上來，奔流遙遠李陵臺。
頻年征戍沙場士，唯有愁心隨水回。

秋閨怨

九月長安來雁稀，孤燈挑盡縫征衣。
金閨一夜蕭蕭雨，秪恐邊庭作雪飛。

139. 田敬（敬中）
送人之薩摩

孤帆此去水程長，鹿子城邊接大荒。
賴有中山卜日酒，一杯也好醉為鄉。

140. 拾一豹（斑卿）
悼笙工秦氏

一去飄然閬苑遙，秦臺風色畫蕭蕭。

知君已得神仙術，月下鳳鳴伴子喬。

141. 巖信成（子功）
送菅伯倫再游京師
負笈當年游漢京，琴書無恙故人情。
飄飄重向中原去，依舊鴨川秋月明。

142. 山愚卿
寄答田生
故人相見小山頭，招隱歌成憐去留。
但爲風塵能苦客，不知何處桂花秋。

143. 島意征（由陽）
草蟲
草際哀吟風露清，夢醒枕席感秋聲。
半窗燈影五更月，渾管閨怨與客情。

144. 馬嶋安榮
山行大霧
路出層巒古驛間，籃輿軋軋苦躋攀。
冥濛咫尺迷雲霧，身在山中不見山。

145. 倉田元頤
塞下曲
吹笳日暮卧沙塲，金甲秋寒露作霜。
借問關山孤月色，古來能斷幾人腸。

146. 永島紀修（明甫）
送良子謹再入京
此去青囊向帝城，欲尋舊社結前盟。
河橋楊柳春堪折，不減去年離別情。

147. 荒木田氏筠
游西行谷
燕尾羊腸幾路程，山溪窮處石泉清。
僧房空寂無人至，唯有松風答梵聲。

148. 度會光隆
同前
遥下翠微蘿薜深，孤雲寒磬晚陰陰。
傍崖瀑水飛不住，憶得高僧出世心。

149. 永田知章
首夏山樓即事

一瓢携去上山樓，躑躅花殘照澗流。
醉倚欄干詩未就，夕陽故送渡頭舟。

150. 藤昵（子昵）
彥城山根君宅看菊

花開黃菊露含光，不似陶家三徑荒。
試向階前捧杯酒，金風吹送滿籬香。

151. 田鳳（朝陽）
聞石蘭上人種竹有此寄

新移幽竹愛清陰，堪見從來高世心。
方知君能製長笛，白雲深處作龍吟。

152. 上林駒（馬卿）
題某山房

户外青山瀑布寒，曉風鳴磬坐齋壇。
不勞童子蒸芝朮，自有朝霞香可餐。

153. 清伯瑜
江南曲

清江遶宅夕陽懸，楊柳青青繰水煙。
郎去不歸春又暮，鴛鴦兩兩汎欄前。

154. 間英（太彥）
夏夜

松下清泉涵碧苔，玲瓏影落月華開。
微風小閣無人至，唯有流螢去復來。

155. 松井篤（敏仲）
秋日

野曠江長望不窮，蘆花幾處舞西風。
寥寥秋色沙村暮，白鷺羣飛寒雨中。

156. 渡邊登（公庸）
舟橋

板橋霜色透征衣，江上青煙開曙暉。
紅日遥含蘆荻渚，兩三宿鷺映林飛。

157. 加治良馴（千里）
澱河舟中

月裏浮舟下攝州，金波杳杳澱河流。

昔時橋柱今何在，兩岸蕭蕭長等秋。

158. 芳野播（於谷）
客中春盡

已聞客裏囀黃鸝，忽見楊花落盡時。

逆旅三春不相待，徒令孤客負歸期。

159. 岡淵（子龍）
楊柳送客

遲日垂楊野水濱，青絲婀娜掛青春。

春風能解添離恨，吹動枝枝愁殺人。

160. 松好古
春寒

東風猶自透衣寒，返照相催暫倚欄。

遙嶺層層殘雪色，紅花何日醉中看。

161. 平時春
酌酒與故人

杯酒何辞秉燭游，醉中歌笑是丹邱。

功名富貴君休問，綠鬢幾時又白頭。

162. 武衛賴雄
桂花亭看菊宴

黃菊參差花發時，清香日夕滿東籬。

芳筵不是陶家趣，坐上共含金屈卮。

163. 高橋言守
同前，余臥病，不得陪游

名苑黃花帶露開，西風裊裊拂欄來。

遥知採菊瓊筵上，誰捧南山三壽杯。

164. 賴阿萬
賦得美人垂釣

菊花爭發綠池潯，鈎向并頭枝下沉。

一縷柔情羨魚切，金釵落在水波心。

（阿萬賴季氏小字，此詩二三年前作，今未至弱冠。）

165. 龍世華（子春）

長安春游

東陌垂楊西陌花，綺羅幾處競豪華。

三三五五尋春客，都醉新豐二月霞。

166. 僧亮融

他鄉七夕（去歲至日一日試百首中作）

金風玉露客衣浮，烏鵲醼飛七月秋。

遥憶故園兒女輩，今宵乞巧上紅樓。

167. 大菅集

冬至宴集（同上）

相携至日此登臺，詩賦倚欄雲物開。

何用更吹鄒衍律，陽春自入郢歌來。

168. 松景韶

秋江送別（同上）

樽酒同傾江上樓，嗟君此別向悲秋。

輕舟解纜從斯去，空見遥天涵水浮。

169. 馬正參（文璧）

訪隱者不遇

鹿門山下草芊芊，茅屋無人有犬眠。

借問前溪採薪者，龐公今日在何邊。

（馬家三兄弟，幼時并有才稱，今錄伯氏詩一首。仲氏名正張字文圭，季氏幼字一學，最號敏穎。但伯氏仲氏以業刀圭故，今并廢棄文藝，季氏亦當循轍焉，可惜。）

170. 僧亮潤（真詣）

踏雲逕

一逕幽深絕俗氛，松根石面蘚爲文。

閑人時負吟筇步，踏破溶溶幾片雲。

171. 僧楞山

山中桃花

水似武陵繞碧山，桃花爛熳映雲間。

仙家何處尋無路，溪口吟詩坐未還。

172. 僧寶聞（荃菴）

江上送客

柳外寒煙雁影斜，離亭送客淚霑衣。

數聲長笛津頭暮，一片雲帆帶雨飛。

173. 僧了觀
明月來相照

衹園夜色布黃金，露濯清輝滿寶林。

紺殿不須燈燭影，白毫并掛明月深。

174. 僧祥春
登愛宕山呈識上人

龍宮千歲倚嵯峨，深洞長松掛薜蘿。

只爲主人能習靜，秋山到處白雲多。

175. 僧紹拙
丹後智恩寺作

海上禪叢秋氣澄，五臺山色碧層層。

松間影冷天橋月，捧出波心龍女燈。

176. 僧靈隱（應山）
長州別泰成師

驪棲分手共憐春，又見江山非土新。

此別依君歌楚調，朱絃誰是賞音人。

177. 井上氏（通）

天龍河

天龍河上天龍游，龍去河留二水流。

二水中分成大小，小斯厲揭大斯舟。

（河有大天龍小天龍之稱）

178. 琴和氏

對月有感

樓前明月望依依，千里無雲鴻雁飛。

天末何處不流影，愁人獨自淚霑衣。

179. 小河氏

夏夜作

樓外青山暮色來，玲瓏碧樹對樽開。

凉風吹落林端月，一榻清光映玉杯。

日本詩選卷之十　終

補遺

當録而誤不録者,已成編而後得其詩者,并録於此。

1. 江村惊流
客中秋懷（自註云亡妻訃至）

天涯家信至，病裏轉歔欷。

經雨秋花盡，受風霜葉飛。

影寒窗外月，誰寄客中衣。

遙憶長安地，無人待我歸。

2. 北園恭
秋晚到柳瀨

一路連江畔，秋光照岸殘。

林疏山景老，石出水聲寒。

魂駭歲時促，思傷霜露干。

此生多感慨，冷落不堪看。

3. 安田棟隆
竹軒

幽居避喧處，修竹自成林。

移榻重陰淨，讀書一逕深。

風前誰奏笛，月下此彈琴。

憐爾伴松栢，歲寒同我心。

4. 田敬
奉和北海先生游天龍寺

天龍清净界，禪室擁双林。

更問山中趣，都合世外心。

百年流水遠，三月落花深。

知君解印後，悠然得此尋。

5. 僧覺净（文清）
客中秋雨分韻

旅館愁風雨，況逢秋色闌。

雁声雲外濕，木葉枕邊寒。

無奈生離別，偏歌行路難。

遠游衣未授，客思更漫漫。

6. 宇成憲
寄題三原妙正寺

蘭若天涯游未成，無邊勝景獨傳名。

三原城對蜃樓聳，双鷺嶋隣貝闕清。

法雨朝含山樹色，梵音夜落海潮聲。

長風何日揚帆到，縱目西溟適素情。

7. 武川幸順
攝政近衛相公，手賜禁色扇，日，朝參特許用之，時正月八日也

禁色五明榮耀鮮，新年嘉贶相公前。
謝恩身愧袁宏辯，特賜君輕太傅賢。
進退具儀兼笏用，指揮解愠抑炎權。
小人久偃仁風德，豈啻奉揚朝上天。

8. 僧法蘭
寄題長嘯亭

聞道孤亭倚一邱，叢叢桂樹獨占幽。
卧龍隱向荊州慕，鳴鳳名從蘇嶺留。
曲罷清風常滿座，酒酣明月更臨樓。
即今胡騎堪長走，聖世何關漆室憂。

9. 永原紀
静夜思

昨夜秋風至，窗前木葉飛。
故園千里外，無日不思歸。

10. 賀鷹（士揚）
貴船廟下作

紅樹兼黃葉，青松雜其間。

誰道春如錦，當自輸秋山。

11. 大高季明
題谷生城西別業

好雨晴時草滿蹊，路回猶未到城西。

閑居春事無人管，一任煙花鶯亂啼。

12. 小栗元愷（鶴皋）
春宮曲

東風開遍上林花，太液垂楊蘸水斜。

三十六宮春若錦，不知何處駐羊車。

（初得鶴皋七律若干首，即錄三首，近得全集讀，各體佳章并多，以編已成，殊覺悵惋，因錄七絕一首於此，餘載之續編。）

13. 石文瑩（子龍）
和藤周齋見寄韻

索居屈指十餘霜，日日相望天一方。

應是龍田紅葉好，知君錦繡滿詩囊。

14. 野田寶
即事
東風次第物華濃，楊柳陰陰花影重。
自喜山村春事好，匏樽日日伴吟筇。

15. 廣野儀
夏日汎舟
扁舟載酒溯清流，避暑且宜塵外游。
借問武陵溪上路，桃花落盡卻悠悠。

16. 僧明脫（月泉）
九月十三夜臥病作
不用廣寒宮裏攀，閑眠服藥臥青山。
桂香晴度蘿窗下，月在蕭條枕席間。

冬夜
山中晴雪滿松蘿，寒月凄涼戶外多。
曲机焚香人不寐，喃喃終夜誦芬陀。
（月泉師詩，諸體并清雅矣。但得其詩稿最後，因錄二絕於此，餘篇若干首，載之續編云。）

日本詩選補遺　終

跋

　　選詩猶選士,一薰一蕕,過眼了了,不須再思。選其易乎?否否。使蒿目之徒,負且乘乎,鮎魚上竹,王孫入袋,是何有於選?採其雅乎?否否。公正之見,高邁之識,心銓手疏,如承蜩矣。先是版《詩史》而行,所謂黃金鑄賈島,鐵鞭打鬼臀,毫不作上下其手。乃於斯選,破竹之勢耳。其博而不厖,精而不苛者,較之從来之諸選,实稱未曾有矣。謂之藝苑中山公啓事,不亦可哉!

　　安永癸巳之冬,弟清絢拜撰。

日本漢詩整理與研究彙編 第一輯

③

主　編　莫文沁　張　錦

學苑出版社

本冊目錄

日本詩選續編 / 761

江村北海著述目錄 / 1207

人名索引 / 1209

後記 / 1259

日本詩選續編

目 録

序 / 765

凡例 / 767

作者姓名 / 769

總目 / 805

續編首卷 / 807

卷之一 / 841

卷之二 / 871

卷之三 / 909

卷之四 / 954

卷之五 / 1003

卷之六 / 1047

卷之七 / 1089

卷之八 / 1130

補遺 / 1173

拾遺 / 1197

題日本詩選續編後 / 1201

後序 / 1205

序

古曰"有物有則",天下未有無則之物也。詩亦物耳,選之豈無則乎?鑿石索玉,剖蚌求珠,所得幾許。採葑採菲,無以下體,蓋其則不遠,而余之所選,奈何繁蕪若是。世多笑余耄焉,乃有人忠告余者。余答之曰:"《詩》不言乎,'如琢如磨',解曰治玉石者既琢而復磨之,言其治有緒而益致其精也。蓋精之極即則之所在,雖有物有則,必也麁而至精,亦理也。夫治玉石者,琢以錐鑿,磨以沙石。今詰工人初用錐鑿曰,何不用沙石,豈理也哉?"其人又曰:"子之説是也,然則何不謂之纂,而謂之選耶?"曰:"選斯余志耳。"曰:"然則何不待其精,而遽命之剞劂耶?"嗚乎!余不幸中年爲吏職,廢業幾乎三十年,至遂初志,髮既皤皤然矣。河清難期,是以逆取倒行焉。孟子曰:"君子創業垂統,爲可繼。"如天假余餘年,則前編及斯編,盪之汰之,去沙採金,十存其一,始可不朽已矣。否則豈無子姪及受業才髦乎？業何必成於余一人乎？善乎貝原存齋《三月盡》詩曰："今年花事今宵盡，衰老難期來歲春。風光別我我何恨，留與後人千萬春。"余載之《日本詩史》，再錄之以代解嘲云。

　　　　　　安永戊戌之冬，北海江村綬題賜杖堂。

凡例

一纂詩之義，見前編凡例。斯編與之同者，不復舉錄，而間有不同者，又有相矛盾者，勢不得已耳。其詳載之《授業編》。

一斯編稱前編者，前選凡例所稱正編是也。今以前出故，權稱前編。

一前編凡例曰，續編五卷，今也斯編卷數過之，亦不得已耳。

一前編作者，斯編不再收。而間有再錄者，義非一端，前選未滿余意，而再錄者之有。若夫子弟輩及，授業才髦，孜孜乎筆硯者，歲月日新，漸至佳境，則再錄之有。其他詳之《授業編》。

一前編標舉採擇書目，大抵梓行於世者前編收過，斯編採擇無幾，因附錄一二於此。

○《彥山名勝詩集》，正德年間，書肆梓行○《雲林詩稿》，神戶由道著○《澹園初稿》，秋以正著○《牧山遺稿》，國守義著○《春山遺稿》，岡魯直著○《高東岳遺稿》，高重純著○《枕杜集》，高道昂著〇《鶴皋遺稿》，栗元愷著〇《清音樓集》，山良由著〇《翠山樓集》，石作貞著〇《詠物百首》，松延年著〇《鼎石詩集》，山瑛著。

作者姓名

錄次作者，無拘前後，詳見前編凡例。但諸州混雜，人難搜索，以故同州同鄉，必連書之。

每州必標一圈，以便撿閱。若夫前編作者，附錄之楮末。

詩選續編姓名一

山野邊義袈　字公錦，源姓。稱圖書，常藩執政，兵庫頭義胤之嗣，實佐伯俟之子，載詩七首。

山野邊義妥　字長孺，稱靱負，義袈之子，載詩三首。

白井秀胤　字某稱伊豆，常藩執政，致仕號廉山，耽樂書史，載詩一首。

人見傳　字士傳，稱又左衛門。奉仕常藩，天和中爲史館總裁，總裁蓋始於此，載詩一首。

安積覺　字子先，號澹泊，稱覺兵衛。奉仕常藩，爲史館總裁，國史之撰，多成其手云，載詩四首。

栗山願　一名成信，字伯立，稱源助。奉仕常藩，爲史館總裁，所著有保建大紀，載詩二首。

鵜飼真昌　字子欽，稱金平，石齋之子。奉仕常藩，爲史館總裁，載詩一首。

鵜飼真泰　字子權，稱權平，子欽之弟。爲常藩史官，載詩一首。

中村顧言　字伯行，稱新八，春齋門人。奉仕常藩，爲史館總裁，載詩一首。

酒泉弘　字惠迪，稱彥太夫。奉仕常藩，爲史館總裁，一首。

佐佐宗淳　字子樸，稱助三郎。奉仕常藩，爲史館總裁，一首。

森尚謙　字利涉，號復庵，原攝州人。學醫驢菴，後奉仕常藩，兼史官，所著《儼熟集》，行於世，載詩一首。

加藤博　字約，稱宗伯，原武州人。業醫，奉仕常藩兼職史官，所著《脉訣刊語》《盧經裒腋》，行於世，一首。

越克敏　字子聰，號南溪，稱十藏。奉仕常藩，爲史館總裁，載詩一首。

德田庸　字子疇，稱五左衛門，其他同上。

盧重裕　字某，號清溪，稱鈴木與市，同上。

谷遵　字義父，稱佐之右衛門，爲常藩史官，載詩一首。

詩選續編姓名二

三宅緝明　號觀瀾，稱九十郎，京師人。元祿中，奉仕常藩，爲國史總裁，後徵爲東都學職，一首。

立原豊　字子蔀，號蘭溪，稱甚藏。奉仕常藩，爲史館藏書官，載一首。

盧玄淳　字子樸，鈴木氏，號松江。常之水戶，松岡處士，好學能詩，爲鄉邑詩社之長，載詩二首。

長玄珠　字子玉，號赤水，稱源五兵衛。常之多珂郡，赤濱村人，亦好學能詩，友善子樸，載五首。

長中行　字某，稱隆軒，長久保氏，子玉之姪，載詩一首。

役祐誠　字玄通，稱多寶院，號旭峯。常之修驗，世稱小先達，嘗著《役公行藏錄》，行於世，載二首。

吉尚春　余不詳其人，或曰，常藩醫官，字芳俶，因附載於此，載一首。

山脇敬美　加賀金澤人，不詳名字，蓋鳩巢門人，載詩一首。

木保長益　同上。

朝倉景純　同上。

深山良　同上。

大澤猶興　同上。

富田景周　字監卿，號王屋，又號攖寧齋，稱權佐。奉仕加賀矦，有文集五卷，越後守重政裔，一首。

澁谷亮　字潛藏，號松堂，金澤人，載一首。

林翼 字巢生，號栢堂，金澤人，載一首。

岡貞起 字某，號南岳，岡部氏，稱左膳，越藩執政太夫，載詩五首。

橫田行道 字士明，號松臺，稱作太夫，奉仕越藩，爲東都邸中知事，載二首。

八田維清 字熙中，號東皋，稱萬五郎，奉仕越藩，載詩一首。

妹尾賢良 字師聖，號東岳，稱八十次，同上。

鈴木守約 字子簡，號東野，稱銕五郎，同上。

下川孝遷 字叔喬，號東海，稱濱三郎，同上。

平山惟明 字子明，號東洲稱弁菴，同上。

河合行慶 字叔惠，號東郭，稱長三，同上。

松永公路 字士由，號存齋，稱新九郎，越前府中人，鳥松岳之姪，載詩五首。

鈴敏雅 字士訥，稱北越隱士，不詳其人，載詩一首。

詩選續編姓名三

源廣周 字某，完戶氏，稱出雲，長門執政大夫，一首。

荊元俊 字英夫，號琴岡，井原氏，稱孫左衛門，長門陪臣，一首。

滕大中 字伯禮，號大野，稱太仲，同上一首。

草章興 不詳其人，或曰長門人，一首。

田包常 字君典，號良城，大田氏，稱十郎右衛門，長門陪臣，一首。

佐雅文 字某，佐佐木氏，稱源六，長門陪臣，載一首。

木季明 字某，號玉川，稱木村亘，讚州執政大夫，載一首。

後藤世鈞 字守中，號芝山，稱弥兵衛，讚州陪文學，載詩三首。

中弘道 字厚載，號鶴市，中村氏，稱彥三郎，同上，載一首。

青葉養浩 字知言，號紫峯，稱權左衛門，同上，載一首。

堀如圭 字好璋，號釣鼇，爲讚州人，業醫，一首。

築地尚明 字文長，號九井，同上，載詩一首。

泉川奉盈 字兼中，讚州人，今住京師，一首。

山敬通 字玄麟，讚州志渡人，一首。

多賀渤海 字子原，稱佳次郎，讚州人，一首。

安藝文江 字士湖，讚州津田人，一首。

橫幷明 字伯懷，號遯窩，奉仕張藩，掌國務。致仕，稱暮水，又稱也有，載詩三首。

千伯濟 字廷美，號華不注山人，奉仕張藩，載詩五首。

松平忠武 字純臣，號霍山，奉仕張藩，君山之嫡，二首。

松平秀彥 字伯邦，號南山，奉仕張藩，君山嫡孫，二首。

屈方舊 字維新，號恒山，奉仕張藩，三首。

恩田維周 字仲任，同上，載詩三首。

礒谷正卿 字子相，號滄洲，同上，六首。

衡時敏 字有功，號瀛洲，同上，載詩三首。
千村義高 字仰之，號南山，同上，一首。
津金和寬 字子裕，號秋水，同上，載詩一首。
平野順 字助甫，號梅洲，同上，載詩一首。
平野紀長 字士綱，號南湖，同上，載詩一首。

詩選續編姓名四

中村元長 字適之，號葛嶧，又號黃花齋，同上，載一首。
村井貞篤 字維忠，號丹山，同上，爲醫官，載一首。
柳春明 字熙甫，奉仕張藩，載一首。
宮埼重職 字子由，號睡翁，同上，載一首。
橫井時貫 字公恕，同上，載一首。
橫井時芳 字士馨，同上，載一首。
橫山信虔 字子慎，同上，載二首。
舟橋貞克 字子復，同上，載一首。
坂井利允 字執中，號東皋，同上一首。
西川翼 字黎獻，號九松，尾州人，載一首。
岡田壽 字介叔，同上，載一首。
中村維禎 字子祥，尾州人，一首。
樋口好古 字信夫，尾州人，一首。
馬島尚美 字子錦，尾州人，一首。
關照 字子乘，號元洲，尾州人，載一首。

國枝守義　字方叔,同上,已没。有《牧山遺稿》,行世,一首。

　秋以正　字子帥,號崑夷,稱秋本紀内,參州岡埼人,徂徠門人。或云,下野黑埴人,後移居岡埼,四首。

　千葉玄之　字子玄,稱茂右衛門東都人,載八首。

　越智正山　字叔岳,號桃源,東都人,嘗學詩高子式,載二首。

　松延年　字子長,號梅岡,東都人,住駒篭,教授爲業,稱松村太冲,十二首。

　村盛芳　字子蘭,東都人,稱野村又十郎,八首。

　澤致　字君雅,號東宿,以醫仕郡上矦,東都人,一首。

　室偉文　字某,號天目,飯室氏。仕津山矦,二首。

　伴處　字伯啓,初仕郡上矦,後爲篠山矦臣,一首。

　西川瑚　字子璉,號國華,原江州彦根人,今籍於東都,吉田桃源院門人,四首。

　山宮維深　字某,稱官兵衛,山宮氏,未詳其鄉裏。嘗爲今之川越矦文學,或恐東都人,二首。

　今大路玄寅　正德中,京師醫官,《彦山名勝詩集》,載其人,一首。

　向井元成　同上。

詩選續編姓名五

源重均　字叔伯，中原式，朝散大夫，石見守，給事近衛藤公，京師人，載詩三首。

佐佐木長秀　字某，號良齋，朝散大夫，備後守，給事聖護院法親王，京師人，載詩二首。

劉韶　姓阪上，名是村，一名韶，廷尉，町口氏，朝議大夫，右金吾校尉，律學博士，美濃守。其系出於漢靈帝，因或稱劉韶，字九成，號海嶠，又號蕊珠仙史，京師人，十二首。

高俊　姓高橋，字伯雅，尚食局，濱島氏，朝散大夫，尚食奉御，志摩守，號楚蘭，京師人，載三首。

源範義　字士規，號觀海，稱立野主馬，京師人，給事近衛藤公，二首。

田淵龍　字伯潛，別號芙蓉，稱芝中整卿，給事小野隨心院，爲長史，原播州赤穗人云，載二首。

源賴寬　字某，稱下間宰相，京師人，給事西本願寺，詩載一首。

户田定信　字篤夫，稱直十郎，京師二條城營騎士，載一首。

梅垣幸智　字圓卿，稱藤右衛門，京師二條城營騎士，載一首。

鈴木堯弼　不詳其人，嘗在京師，以講說爲業，載一首。

三宅逸平　不詳名諱，逸平其字稱耳，三宅尚齋長子，有俊才，早沒，載一首。

田粲　一名徵猷，字秩甫，稱田中宗益，京師人，宇士新門人，載一首。

和之璧　字克明，號荊山，稱和田清兵衛，授徒京師，或曰，原加賀人，三首。

高道昂　字伯起，號葛陂，稱嘉右衛門，在京講說，或曰攝人，載四首。

伊藤言章　一名聖謨，字世奏，稱允藏，余兄長子，弱齡而没，一首。

大江維翰　字伯祺，稱久川玄蕃，玄圃長子，載三首。

大江維寧　字仲騏，稱秀二郎，玄圃次子，二首。

杉美典　字君雅，稱杉岡道啓，京師人，業醫，載六首。

猪尾誠　字自明，稱文菴，京師人，業醫，載四首。

詩選續編姓名六

清水綱　字紀卿，號艮山，越後新瀉人，今行醫京師，三首。

野正章　字君斐，號幽竹，稱小野齋院，京師人，給事東本願寺，嘗受學屈景山，一首。

富安榮　字君澤，稱富島主計，同上，一首。

井忠昌　字孝榮，稱井上要人，同上一首。

石政直　號皋蘭，稱石井源太夫，同上，載一首。

井重之　字孟復，號藍川，稱半次郎，同上，一首。

宇直延　字如水，稱宇野三右衛門，同上，一首。

崎芳 字士蘅，號松雲，稱野埼弥兵衛，同上，二首。

菅元選 字練卿，號金臺，稱前田司書，京師人，給事西本願寺，三首。

河建 字子和，稱上河原右衛門，京人，一首。

柳宏 字廷遠，號萬年，稱黑川次兵衛，京人，二首。

石河憲 稱元亭，行醫京師，一首。

石黑暢 字周軒，同上，一首。

惠美長敏 字好古，稱主鈴，同上，一首。

黑田唯謹 號芝室，稱又兵衛，京師人，一首。

松尾直員 字伯敬，號金峯澱矦大夫，八首。

鈴木知周 京師人，見於友詩，一首。

春原光觀 字伯國，稱寺內少哉，伏見，藤森祠官，一首。

藤實義 字殷明，左右田氏，稱大學丹後宮津人，今住在醍醐，給事三寶院，載二首。

宮世恭 字子肅，號敬亭，稱駿河，宮野氏，住東寺，載一首。

森信門 字君玄，號瀉嶼，稱伊織，大和，郡山矦太夫，四首。

森規右 字左準，稱九太夫，信門之弟，一首。

古川俊德 字稚嵩，稱牛五郎，郡山人，一首。

足高文碩 一名恭，字君禮，大和今井人，業醫，載一首。

高重純 字子德，號東岳，大和人，有《高東岳遺稿》，刊行，載二首。

高士元 字某，號敬齋，高屋氏，稱要人，大和新莊村人，鳥崧岳門人，載二首。

藤直亮　字士明，稱藤林主祝，仕高取矦，載一首。同僚寺尾銛次，亦好詩詞云。

滕維熊　字孟彥，號鬼山，佐野氏，稱大助，紀州人，載一首。

詩選續編姓名七

海希賢　字齊卿，稱又玄，海老子氏，紀州湯淺人，業醫，今客居浪華，五首。

垣內桐亭　載詩一首。

垣內文徽　載詩三首。

垣內仲凱　載詩一首。

垣內爲則　載詩一首。

右四人詩，北圃仲溫取致，不詳姓名，并紀州人或云。文徽字鼎輔，東涯門人，嘗著《學庸攷者》。

大井政積　字世華，號草亭，稱新三郎，浪華城營騎士，載一首。

垣內時中　字子庸，稱伴助，久世矦臣，今從矦於浪華，其詳見《浪華人物志》云，一首。

平利　字貞卿，號梅岐，大畠氏，稱治部左衛門，赤石矦浪華邸監，即九齡乃翁，嘗學詩梁蛻巖，一首。

萱來章　字君譽，稱司馬太，萱野氏，成章之子，肥後矦，浪華邸監，載四首。

岡彪　字君炳，一字吉良，阿波矦，浪華邸中吏員，君章之兄，早没，二首。

山崎寬　字玄通，以醫術仕小倉矦，爲侍醫，今移浪華，載一首。

高盛孟　字士寅，稱高木善兵衛，浪華人，一首。

張天雨　字伯龍，號驪塊，俗稱長埼龜五郎，浪華人，載一首。

善尚雅　字公美，號蘭溪，攝之西宮人，後移住浪華，講説爲業，稱三宅春卿，載一首。

北貞卿　字仲利，號華汀，稱利助，已没，有《醉卧亭遺稿》，浪華人，一首。

森肅　字仲雛，稱義平，號姑射山樵，浪華人，二首。

橘邕　字伯英，號龍潭，稱川井玄郁，立牧之子，浪華人，載二首。

左鳳　字子岳，稱佐佐木驢菴，行醫浪華中，業餘能詩詞，載一首。

鳥文琴　字士調，號少室，鳥山崧岳之姪，養以爲子，行醫浪華，載二首。

赤石文衡　字士璣，稱捨人，浪華人，載一首。

武谷成章　字豹卿，號錦汀，稱與二兵衛，浪華人，六甲山人之子，一首。

詩選續編姓名八

林貞亮　字嘉卿，俗稱義內，原阿波士族，有故去國，後住浪華，載六首。

曾之唯　字應聖，號曼陀羅居士，俗稱曾谷仲助，平安人，今住浪華，載一首。

高載陽　字春民，稱莊二郎，浪華人，二首。

林桓虎　字子最，嘉卿之男，載一首。

川勝惟信　字義平，稱新藏，浪華人，載一首。

黑田芳故　字新卿，稱主計，浪華人，載一首。

田思明　字子壯，西田氏，稱嘉兵衛，浪華人，業賈，傍好文雅，多蓄書籍，所居名賴古堂，載二首。

永維迪　字溪志，號蘭室，稱太郎兵衛，嘗從學原田東岳云，載一首。

合達　稱細合莊六，麗王長子，載詩一首。

松平忠敦　字子厚，稱丹下，攝州尼崎矦太夫，致仕，自稱醉翁，載一首。

當捨以直　字某，號修齋，稱丹下尼埼矦文學，載一首。

馬潤　字玄澤，中島氏，以醫仕尼埼矦，一首。

阪本世直　字士清，稱順菴，同上。

阪本勇　字子義，稱松菴，同上。

中島鉉　字大鼎，號高洲，同上。

江村驥　字士駿，稱近菴，同上。

公炳園彪 同上。

堀江德 字修盈，號省山，同上。

高桑元仲 同上。

廣冲 字主信，稱末廣郡治，攝州濱村人，鳥松岳門人，四首。

岡長堅 字伯高，稱岡部賴母，泉州岸和田矦公族，載詩一首。

晁稠池 字潛龍，稱朝比奈圖書，同上，二首。

晁道恒 字惟正，號華陽，稱朝比奈丹下，實河內狹山先矦子，爲岸城晁圖書嗣，載三首。

武公美 字賓王，號芳洲，稱上條國右衛門，泉州堺府騎士，嘗從游北山元章，載二首。

水谷靖 字共夫，稱良直，泉州佐野人，業醫，載二首。

木生民 字公彝，本鈴木氏，有故稱竹田尚水，泉州府中人，業醫，二首。

詩選續編姓名九

晁太憲 字子慎，號韭山，稱朝比奈廣人，家世河內狹山矦太夫，載一首。

神戶由道 字子貫，稱莊助，河內國分邑人，學詩鳥山碩夫，所著有《雲林詩稿》十五卷，載詩十一首。

井上鶯 字子樓，一字安窩，號桐亭，稱廣仲，住河內船橋村，爲二宮祠職，兼教授鄉裏，載二首。

井上充　字盈夫，號金橋，稱右京，河內二宮祠職，桐亭之子，載詩二首。

松永久忠　字子謙，松永彈正之裔，世住河內松原邑，一首。

源國宣　字維石，號賜谷，稱菴原三郎左衛門，實東都人，仕高木矦，以吏事住河內，從游北山元章，一首。

岡本房　字士聞，稱治太夫，河內阪村人，一首。

舟因信　字珪二，河內破瓜村人，一首。

井公禮　字達甫，號荊菴河內人，一首。

小野憲　字孔章，號柳浪，同上。

【攝人失撿】岡橋世廉　字魯直，稱治兵衛，浪華人，有《春山遺稿》，一首。

大島義寔　字伯衛，號柳窩，稱太郎作，播州人，仕明石矦，學詩於梁田象水，載詩三首。

藤道政　字鵠甫，號風林，播州姬路矦文學，藤環夫乃翁，已没，一首。

平正甫　字道淳，號罏峯，姬路矦侍醫，一首。

河口光遠　字仲賓，稱三八，姬路矦文學，二首。

源時矯　字子矯，號虎淵，稱鳥山銀十郎，姬路矦臣，一首。

藤伯章　字裁之，號菊溪，稱藤塚銀八，仕姬路矦，厩吏，因自稱馬曹，一首。

馬正恭　字大肅，本姓門馬氏，東都人，出爲播州赤穗矦太夫，森某繼，稱森主馬，執政，早沒，二首。

赤松展　字大成，稱舟曳圖書，播州細月人，載一首。

赤松綸　字大經，稱治郎平，播州赤穗人，國鷥季子，載一首。

堀內杏菴　名某，字杏菴，號雲巖，播州印南郡，吉廣村人，笠原龍鱗門人，載一首。

野村文永　字子言，號西溟，稱良輔，赤穗人，一首。

加古祥　字君鳳，稱茂宣，播州北條邑人，業醫，二首。

詩選續編姓名十

林彰　字伯元，播州嘉古川邑人，嘗受學余兄之門，載二首。

中宗矩　字成規，號竹畝，中谷氏，稱甚左衛門，嘉古川邑人，邇卿族，一首。

大西因親　字敦宗，稱宗二郎，同上，一首。

山田政敬　字奉盈，稱佐衛門，同上一首。

杉儀　字子敬，杉岡氏，稱義八郎，播州新井邑人，一首。

堀口直　字子樸，稱秀輔，若狹小濱人，二首。

吹田定繁　字伯庶，稱理三郎，同上。

木崎雅言　字文攷，稱平十郎，同上。

小栗元周　字子亨，稱宗吉，同上，二首。

組德允　字元兒，子鳳長子，二首。

吹田久之　字文通，同上一首。

村田綱基 字徂卿，號南溟，稱清藏，詩才卓異，同上，四首。

松崎祐之 字多祐，號蘭谷，以文學仕今之丹波龜山矦，能詩，兼有善書名，載一首。

松崎賢 字子齊，號東郭，稱正輔，蘭谷之孫，稱才穎，年僅二十三病没，載二首。

蘆田克誠 字伯享，號渭川，稱左七，仕於龜山矦，嘗學詩高子式，三首。

荒壽 字普天，稱荒川左源治，一首。

內田士弘 字真卿，長卿之子，同上。

三上直清 稱養軒，丹後宮津人，義從子，一首。

木碩 字伴寬，木下氏，稱莊右衛門，田邊人，一首。

西元明 字季亮，稱小西林藏，湊邑人，一首。

青木元武 字士揚，但馬出石矦太夫元矩之子，二首。

太田成興 字起元，亦仕出石矦，一首。

櫻井篤忠 字士績，稱俊藏，出石文學，子顯之子，五首。

荻元善 字長卿，出石矦侍醫，嘗學詩高翼之，所著有《古今方攷》，《墻東編》等書，二首。

和田恭 字文禮，稱又三郎，仕豐岡矦，一首。

福井建 一名璉，字伯瑚，豐岡人，一首。

詩選續編姓名十一

桃源藏 字子深，號白鹿，稱源藏，雲州矦文學，嘗著《世説攷人》，二首。

　　河元休　字明良，稱柳平，雲州吏員，一首。

　　布久成　字成章，稱布施三郎左衛門，石州津和野矦太夫，載二首。長子久繼，稱左仲，亦能詩云。

　　布久敬　字子交，稱百助，亦仕津和野矦，四首。

　　佐緯　字有裕，號麗澤，稱佐田忠藏，同上，一首。

　　關祐之　字自天，自稱漁隱，江州大津人，三首。

　　關玄之　字冲淵，號潭齋，同上，載二首。

　　角文仲　字某，藤田氏，江州人，嘗仕於彥根矦，辭禄之後，稱箕山人，蓋前編所載種元民歟載四首。

　　木世興　字汝敬，稱木户兵内，彥根人，三首。

　　袁景陳　字希寔，稱遠藤多内，二首。

　　飯田豹　字公文，稱半太夫，同上，三首。

　　近藤庸顯　字子隱，稱左五左衛門，同上，載六首。

　　田緝　字文熙，號柳里，江州人，一首。

　　源景美　字成韶，號蕙圃，江州薩摩村人，一首。

　　柚木孟谷　字南畝，稱久米，江州下迫村人，伯華之孫，仲素之姪孫，一首。

　　奧田士元　字多記，伊勢洞津人，藤堂矦文學，三角長子，三首。

　　滕忠明　字文亮，伊勢龜山矦臣，大久保氏，實河内小山，晁太夫之子，出嗣大久保氏者，一首。

久田隼　字子禽，稱羽仲，伊勢河埼人，一首。

大類元格　字君致，伊勢桑名人，一首。

森正綱　字藤次，伊勢鵜河原村人，三首。

羽塲文貞　字士固，伊勢丹生川人，一首。

橫山重章　字德之，稱主膳，伊勢菰野人。

加藤清幸　字推致，同上。

味岡維重　字士弘，伊勢四日市人，一首。

源教賢　字某，伊勢人，一首。

源義禎　字公幹，號錦溪，山田氏，稱政五郎，伊勢平尾村人，三首。

詩選續編姓名十二

小澤襲美　字子紹，稱伊左衛門，菰野宿野人，一首。

縢世賢　字希卿，稱久保孝助，伊勢菰野支邑，吉澤人，載一首。

河合利正　字子鵠，稱勘左衛門，美濃大垣矦臣，一首。

岸田毘忠　字子信，稱榮良，同上，載一首。

井上適　字達夫，稱蘭汀，行醫大垣，載二首。

縢公純　字子叚，號君匃，小出氏，稱彌左衛門，美濃郡上矦太夫，寬栗翁之孫，二首。

久代景陟　字文卿，稱鄉右衛門，郡上矦臣，載一首。

尾島光齊　字子莊，稱左太夫，同上，二首。

齋藤安世　字春甫，郡上人，同上。

水谷和隆　字君山，稱孫四郎，同上。

佐藤庸矩　字平隼，稱定吉，同上，一首。

左九成　字元鳳，號龍山，稱大進，左合氏，美濃岐阜人，載六首。

紀廣　字公卅堀田氏，稱茂左衛門，同上，五首。

森球　字求玉，稱篸助，美濃嘉納府人，二首。

伊藤一元　字吉甫，號冠峯，美濃笠松人，以藝業，教授鄉隣士弟，二首。

田鑒　字君明，號桐谷，山田氏，稱宇助，美濃關人，二首。

滕有顯　字子劾，後藤氏，稱光四郎，同上，滕世式之兄，載二首。

司馬綱　字子紀，芝山氏，稱忠五郎，同上，一首。

原元真　字元同，號白梧，家世業醫，同上。

服啓　字某，稱勘左衛門，美濃梶田人，服美仲長子，服部氏，載一首。

矢橋徹　字美甫，稱勝三郎，美濃赤阪人，二首。

矢橋龍　字子淵，稱辰二郎，同上，美甫弟，二首。

正木元禮　字某，稱三郎次，黃土邑人，一首。

柴山公輔　字某，今須驛人，一首。

渡邊秉之　字伯起，稱安次，北縣人，一首。

岡吉　字子元，美濃中川人，一首。

吉安貞 字士節，號黃山，美濃泳中人，一首。

屈廣棟 字子梁，號桃菴，同上。

橋暉仍 字子貫，號喬山，同上。

肥田子潛 字淵夫，濃州中津川人，一首。

詩選續編姓名十三

上田靜 字子琴，稱武助，信州福島人，二首。

永井祥 字世吉，稱基次郎，同上。

永井仲和 字士禮，稱嘉藏，同上。

木恭 字某，飛驒高山人，二首。

須加篤 越中人，仕富山矦，一首。

松埼文直 字子溫，號北山，越中石動人，一首。

嵐浚明 字方德，號孤峯，又號穆翁，五十嵐氏，越後州新瀉人。幼時以父命學丹青，遂臻精微，因叙法眼位，亦父命云。中年有故更姓吳後復故，又性好學，少時游京師，受業宇士新，載詩一首。

嵐元慎 字士謹，稱松太郎，浚明長子，少稱才穎，年二十八没，三首。

嵐元誠 字子勉，稱竹次郎，浚明二子，一首。

嵐元敬 字子恭，稱梅三郎，浚明季子，一首。

高登 字子皁，稱孫次右衛門，越後糸魚川人，松山造之子，子貞之弟，後高野氏，一首。

松倉良 字仲温，糸魚川人，子貞從弟，一首。

松倉修 字有初，同上子貞從弟。

松之幹 未詳其名字，越後高田人，載一首。

曾根省吾 字魯卿，出羽酒田人，前編載其人而遺脫其詩，以故再録之云，三首。

伊東元豊 字萬年，出羽平鹿郡，横手人，少時負笈京師，受學宇士新云，二首。

中川愈 字快翁，稱良純，出羽酒田人，一首。

熊阪君行 以字行，奧州人，士彥乃翁，三首。

高木秉 字元彝，奧州人，一首。

高木榮 字國華，號貞菴，同上，一首。

高木三省 字忠卿，同上，二首。

小野鵠 字君翔，同上，一首。

湊逸我 字某，稱文仲，奧州松前人，一首。

石川正珀 字松年，奧州福島人，業醫，嘗負笈京師，載一首。其友高橋淳，字叔元者，亦好學業云。

役春洞 字某號餐霞，奧州修驗，一首。

關綽 字某，奧州人，一首。

谷建 字士興，土佐州人，一首。

松岡世濟 字廷美，稱八郎右衛門，同上。

詩選續編姓名十四

湯淺兼尚 字文友，阿波德島人，業醫，達夫男，一首。

木愷 字齊叔，德島人，二首。

岸文 字爲富，同上一首。

阪東殷 字某，稱孫三郎，蓋從游島津琴王。

安方教 不詳其人，詩自阿波來，以故收錄。

上杉賴龍 字子雲，稱權太夫，阿州平島人，從游島津琴王，一首。

莊治喜 字子惠，稱專助，阿波小松島人，載一首。

屋葺禮 字士幹，稱甚藏，備中某邑人。余往撿其稿未到佳境，僅收一首，近聞詩學大進。

早川貞綱 字伯紀，稱覺右衛門，備後人，仕於三原。長子貞澄，次子起綱，并志學好詩，一首。

戶田勝秀 字子蘭，稱與三左衛門，同上。

西川寬行 字公倫，稱甚左衛門，同上。

丹羽直道 字子由，稱傳丞，同上，三首。

小池信弘 字毅卿，稱寬次，同上，載一首。

秋山正芳 字某，號蘭渚，稱重三郎，以藝業仕於三原，教授藩中子弟，二首。

崎田勝易 字義質，稱文左衛門，亦仕於三原，一首。

澤元超 字某，亦仕於三原，以醫爲業，一首。

岡欽 字某，稱岡本玄亨，備中庭瀨人，一首。

關忠貫　字子恕，號西澔，稱六十郎，仕於藝州矣，載詩四首。

林維德　字子行，稱十次郎，小林氏，同上，二首。

東廉之　字清夫，稱八百之助，井關氏，同上，一首。

滕清風　字子穆，稱彌平次，藤田氏，同上，二首。

滕忠雄　字伯英，稱虎之丞，近藤氏，同上一首。

田正純　字德卿，稱此母，田中氏，同上。

田正温　字恭卿，稱金次郎，薄田氏，同上。

高盛雄　字伯雌，號仰山，稱要人，高野氏，一首。

中相救　字子惠，稱龜次郎，今中氏，同上，三首。

梅之精　字文英，號大嶺，梅園正珉之孫，以醫仕於藝州矣，二首。

奧田元行　字子盈號竹溪，稱隆哲，其人資性好文，今年七十，手不釋卷，亦以醫仕於藝矣，二首。

平元秀　字子英，稱周藏，小川氏，給事於淺野太夫家，爲藝藩文學巨擘云，載九首。

詩選續編姓名十五

山允文　字美秀，稱彥十郎，同上，四首。

松安美　字子純，稱平藏，藝州廣島人。其父定孝，及其弟安明，并好文雅，已没，安美亦今已没，二首。

新元凱　字濟美，稱才藏，橫川氏，藝州人，所著有《綠猗堂文集》二卷，一首。

　　內藤美　字子恂，稱甚十郎，同上。

　　村肅　字伯雍，號九江，稱勘兵衛，辻村氏，同上。

　　室恭豐　字子饒，號雲處，稱喜右衛門，同上。

　　室恭先　字敬叔，稱源八，恭豐之弟，巖室氏，二首。

　　堤益業　字士謙，稱柳軒，業醫，同上一首。

　　笠正美　字文珉，號蘭齋，同上。

　　安徵彥　字清甫，稱軍兵衛，安井氏，嘗仕藝藩，有故去國，今行醫京師，稱三上孝軒，載一首。

　　湯忠卿　字某，號藤洲，湯木氏，稱藤左衛門，藝州矢野村人，一首。

　　林維琉　字洵美，號蔣山，稱助十郎，藝州御手洗人，蓋海中一島，而洵美好詩兼能文章，偉矣，二首。

　　林之義　字堅良，藝州竹原人，今行醫廣島，一首。

　　加藤鼎　字泰鉉，號某，行醫竹原，一首。

　　北山憲　字君章，號春齋，行醫竹原，一首。

　　龜井魯　字道哉，下帷築前，一首。

　　伴實宣　字伊卿，號東岳，稱伊織，築後久留米人。

　　佐知隆　字伯敬，稱佐佐源藏，仕於豐前中津矦，二首。

　　菅沼恒　字子上，稱市平，同上，三首。

　　久恒秀賢　字某，行醫中津，一首。

　　廣瀨昆吾　字某，豐後臼杵人，一首。

成水直基 字某，稱儀助，同上，二首。

田中直之 字子温，同上，蓋仲純乃翁，一首。

山田君豹 字某，薩州文學詳見補遺，一首。

川上成憲 余未詳其人，蓋亦薩州陪臣，一首。

古樸 字淳風，號訥齋，稱彌助，古賀氏，肥前佐賀陪文學，載詩七首。

江友益 字某，號蘭菴，肥前佐賀陪臣，一首。

副昭賢 字士良，號崑崙，同上。

詩選續編姓名十六

西岡瑗 字子玉，號栢菴，同上。

成廉夫 字某，號柳莊，同上。

江方義 字某，號雪巘，同上。

石韞玉 字某，同上。

呂欽亮 字某，同上。

磐瀨行言 字子言，肥前島原人，二首。

松營之 字公度，稱主水，松井氏，肥後陪太夫，載一首。

有立言 字某，稱四郎右衛門，有吉氏，同上，二首。

堀完 字君綽，稱平太左衛門，同上，當路，世稱其政績，載二首。

井政賀 字文卿，稱莊左衛門，井口氏，仕於肥後，職奉行，一首。

藪愨 字士厚，稱茂二郎，仕於肥後，國學祭酒，十九首。
大城煥 字文卿，稱多十郎，仕於肥後，國學訓導，二首。
辛光輔 字翼之，號清溪，稱辛島儀助，同上，一首。
巖通亮 字大雅，稱吉左衛門，巖下氏，仕於肥後矦，三首。
巖靖 字君恭，稱宇左衛門，同上，國學訓導，一首。
岡文 字子彬，稱文平，同上，一首。
古鼎 字公鍊，古屋氏，爲肥後矦侍讀，二首。
岡維良 字子騏，稱善次郎，同上，三首。
馬成 字彥章，稱源內，肥後世子侍讀，一首。
江源 字子淵，稱源之助，江見氏，肥後矦臣，一首。
池匡卿 名某，以字行，稱平太郎，同上，五首。
山田楸 字子華，稱五兵衛，號華陽，同上，一首。
伊質 字大素，稱莊助，伊形氏，同上，三首。
美維禎 字子幹，稱兵太夫，能美氏，同上，二首。
左楨 字子幹，稱尉九郎，左右田氏，同上，一首。
山之訓 名某，稱才右衛門，山中氏，同上。
和登 字子成，稱某，和田氏，同上，二首。
秋遜 字子順，稱孫太郎，秋山氏，玉山之男，一首。
富高 字元朗，稱善右衛門，富田氏，同上，國學句讀，後爲醫，二首。

詩選續編姓名十七

烏絢　字元清，烏井氏，醫學博士，一首。

林惟俊　字子傑，林田氏，業醫，一首。

井杶　字子琴，稱大年，村井氏，同上，二首。

井桃　字蟠年，稱藤十郎，井杶之弟，零首。

阪熙　字某，阪梨氏，肥後人，一首。

板獻　字徵卿，稱運左衛門，肥藩續氏家宰，一首。

古屋鬲　字公歟，古屋氏，稱重次郎，古鼎弟，或曰，有故去國，今住東都，八首。

佐黃中　字子坤，稱藤太夫，佐久間氏，肥後宇土疾臣，二首。

山矩道　字子絜，稱類助，山川氏，同上，一首。

宇治惟典　字子儀，號錦樓，肥後，阿蘇大宮司，一首。

僧桂洲　號閑雲，洛西，天龍寺大和尚，卓錫西山延慶菴，載一首。

僧大愚　嘗住持天龍寺中，弘源寺，今退老和州某菴，二首。

僧潮音　字梵海，號東閣，嘗住侍京師大雲院方丈，今退老，一首。

僧善亮　字通洞，號西菴京師人，一首。

僧古谿　字秀蓮，住持八幡華嚴寺，一首。

僧瑚林　未詳。

僧了周　號雪溪，住京師六條正因寺，二首。

僧志剛　本神野氏，父仕河越矦，京師人，薙髮，今在北野轉輪寺，一首。

僧澄意　字朗一，一字朝海，住醍醐山，一首。

僧道困　丹波人，今隨侍桂洲長老，一首。

僧闡侃　號日觀臺，住浪華廣教寺，京師西本願寺門主連枝，一首。

僧衍機　字格外，號天山，住攝州方廣寺，一首。

僧延明　字知常，住攝州池田臥龍菴，一首。

僧秀存　字子祥，住攝州青木無量寺，二首。

僧管雲　一名了哲，住攝州味舌村，永福寺。

僧闡教　字子史，號葛嶺，稱法真，住河內顯證寺，京師西本願寺新門主母弟，載一首。

僧如彪　字弸中，住河內寶壽寺，一首。

僧雲臥　住河內葛井寺，一首。

詩選續編姓名十八

僧修　字洪道，號德菴，因州人，今住河內，一首。

僧準　字典常，河內人，一首。

僧慧海　號芸菴，寶聞上人弟，今在南都，二首。

僧謙　字道光，住和州高取清水谷，常照寺，二首。

僧妙洞　住播州斑鳩寺，寶勝院，一首。

僧大幻　名智暉，號空空菴，播州人，二首。

僧辨能　字冲鴻，號九疑，藝州廣島人，一首。
僧藏明　一名元裔，同上，嘗學詩服子遷，一首。
僧信海　住廣島萬行寺，一首。
僧日謙　號雲蘆道人，住持讚州大本寺，三首。
僧無菴　伊豫吉田人，今住宇和大梅寺，一首。
僧攀謝　豊後人，二首。
僧玄密　肥後人，一首。
僧海量　江州人，結菴里根村蓋彥根近鄉，三首。
僧玄門　載一首，失記鄉國，姑錄此以俟追攷。
僧浄瑞　字青蓮，伊勢桑名人，二首。
僧普觀　字元壽，尾州人，住光圓寺，二首。
僧秀晴　字朗公，同上，住珉光院，零首。
僧圓璟　字一澍，同上一首。
僧貫道　字茂林，同上，一首。
僧無所得　字岱州，同上，一首。
僧宥海　字觀瀾，住大須寶生院，一首。
僧宗初　美濃加納人，宮士祥之弟，今住長等某寺，一首。
僧智象　住信州諏訪佛法寺，三首。
僧獨雄　住越中眼目山立川寺，二首。
僧智旭　住能登鳳至郡法性寺，一首。
僧冲默　號義海，住新田大光寺，所著有《蕉窗漫筆》，二首。
僧崇松　一名衡嶺，常州巖前郡人，幽棲大慈菴，年八十九化，有《洞庭集》，行於世，載一首。

詩選續編姓名十九

僧禪軾　奥州白石人，佐藤氏，以詩稱於關東，或曰，今歸俗在武州川越府。教授爲業，稱要之進，余未詳其然否，載詩五首。

僧義瑞　號洞龍，水戶人，得詩晚矣，錄在於此。

僧祖禪　奥州士族，妙齡手刃父讐，後有故爲僧，今在京師，一首。

伴氏　名馨，字薰叢，築後人，伴實宣之女，二首。

村氏　名操，字美保，島津琴王室，一首。

石川氏　名清見，平安人，在阿州平島，石川丈山玄孫云，一首。

補脫

松井元規　號東菴，南都人，有《東菴詩稿》行於世，一首。

江村楠　字公梗，稱良藏，二首。

平井逸　字元章，稱甚兵衛，美濃梶田人，一首。

堀口直温　字惟寅，稱豐亮，若狹小濱人，一首。

村岡韻美　字子英，稱弥平大，讚州丸龜人，一首。

以下係前編作者

松波光興　京師人，前編作者，再錄二首。

賀鷹　同上，再錄一首。

渡守時　同上，再録二首。
巖垣彦明　同上，再録九首。
藤知雄　同上，再録一首。
畑柳安　同上，再録二首。
柚木太玄　同上，再録四首。
伊藤榮吉　同上，再録四首。
芥煥　同上，再録一首。
賀象　同上，再録二首。
江村秉　同上，再録一首。
平信好　同上，再録三首。
端隆　同上，再録五首。
阪通　同上，再録二首。
香山彰　同上，再録十一首。
鎌田鵬　同上，再録二首。
清勳　同上，再録二十一首。
薩元雌　同上，再録一首。
三宅芳隆　同上，再録二首。
永原紀　大和郡山人，同上，録三首。

詩選續編姓名二十

北山彰　河内一屋村人，同上，再録二首。
福世謙　和泉岸和田人，同上，再録一首。

內山藤三　浪華人，同上，再録六首。

河子龍　同上，再録一首。

片猷　同上，再録一首。

橘雍　同上，再録七首。

葛張　同上，再録一首。

賴惟寬　同上，再録一首。

篠應道　同上，録一首。

田早胤　同上，再録二首。

當捨景韶　攝州尼崎矦文學，本近江人，前編所録，松景韶是也，二首。

中谷友嘉　播州嘉古川人，同上，一首。

湯元禎　備前岡山人，同上，三首。

岡壽卿　備中倉鋪人，同上，十首。

宇都宮潭　備後三原人，同上，二首。

田長溫　長門人，同上，一首。

小倉深造　伊豫宇和島人，同上，五首。

源義宜　阿波平島，同上，二首。

源義根　同上，一首。

島津義張　同上，二首。

溝口尚論　阿波人，前編録其名，不録其詩，二首。

原田直　豐後日出人，同上二首。

永松瑾　豐後臼杵人，一首。

田中雅　同上，二首。

源敏　丹波龜山人，同上，八首。

栗元愷　若狹小濱人，同上，十一首。

吹田定孝　同上，六首。

藤田有行　同上，二首。

村田綱尚　同上，二首。

廣野儀　若州高濱人，二首。

野公臺　近江彥根人，同上，五首。

大菅集　同上，二首。

建孝銑　江州日野人，二首。

黍漁　字耕夫，江州大津人，前編所錄，中島徽樸，改名氏，六首。

山瑛　濃州岐府人，同上，五首。

田維禎　濃州加納人，同上，七首。

山良由　信州木曾福島，同上，十五首。

石作貞　同上，九首。

詩選續編姓名二十一

下川貴慶　越前福井人，同上，六首。

滕國紀　越前鯖江人，同上，一首。

關虎　越前牧谷人，同上，一首。

小瀨良正　加賀金澤人，同上，一首。

乾祐直 同上，一首。

高浚 越中富山人，同上，五首。

佐伯樸 同上，十首。

佐伯寧 同上，十首。

渡邊登 同上，一首。

橋修 同上，一首。

松山造 越後絲魚川人，同上，五首。

松山吉 同上，五首。

朱義 飛驒高山人，同上，四首。

田濟世 同上，零首。

清惟瑾 同上，一首。

田鳳 同上，出羽人二首。

鵜孟一 東都人，同上，四首。

菅谷千秋 同上，二首。

宮田明 同上，二首。

谷友信 同上，八首。

阪田威之 越前人，同上，誤書於此。

永田知章 參河人，同上，二首。

南川文璞 伊勢菰野人，同上，五首。

馬島安榮 伊勢洞津人，同上，二首。

片岡承行 同上，一首。

河合維修 伊勢白子人，同上，一首。

僧慈周 五首。

僧明脫 一首。

僧宏道 一首。

僧智洲 一首。

僧亮融 二首。

僧實聞 三首。

僧道眼 二首。

琴和氏 一首。

日本詩選續編作者姓名 終

總目

首卷 尊貴詩

卷之一 五言古詩

　　　　七言古詩

卷之二 五言律詩

卷之三 五言律詩

　　　　五言排律

卷之四 七言律詩

卷之五 七言律詩

卷之六 五言絕句

卷之七 七言絕句

卷之八 七言絕句

補遺附錄

續編首卷

一矦王將相寧有種乎？雖過激之言，要是異邦事跡，亦唯若斯耳。虞夏商周邈矣，漢衛青爲長公主家奴，賤亦極矣，後爲大將軍，即尚長公主。匡衡鑿壁讀書，傭作資給，貧亦甚矣，後累官爲丞相，治世且然，況板蕩之時乎。鳶飛戾天，星隕爲石，一貴一賤，一貧一富，何常之有，我邦則不然也。瓊鉾探海以來，上下正位，貴賤分定。尊貴自尊貴，士庶自士庶，豈可混乎？謹錄若干首，冠之編首。

一當今貴縉佳藻固多。若夫某某數鉅公，藻繪之美，世共稱之，而斯編無所載，非有他也。綏在草莽，青雲路隔，加之老朽脚疾，殊艱趨走，養痾白屋，絕踵朱門，以故雖有佳藻無由拜閱。古曰："匹夫無罪，懷璧斯罪。"綏懼罪戾，以故不敢請賜示。今僅僅所載，大抵散見他選者，録之冀免罪戾，輦轂下如此，何況諸藩侯伯篇章乎？其載與不載，不至河漢者殆少矣。

安永戊戌之冬　江村綬謹識

1. 九條公　左大臣，從一位，藤原公，諱尚實，號應龍公。

飛雲閣

閣臨滴翠園中聳。影入滄浪池上浮。

寫字止時何限興。逍遥無日不風流。

2. 花山院公　前內大臣，正二位，右大將，藤原公，諱定誠，懸車後，薙髮，稱自寬公。

雙峯夕照

怪巖奇石幾重圍，雲樹森森野鳥歸。

何處行人無限怨，雙峯萬仞掛斜暉。

3. 廣幡公　前內大臣，從二位，源公，諱前豊。

子規

春草池頭老，山花染血鮮。

影迷深樹外，夢破畫樓邊。

湘雨將來夜，楚雲欲曉天。

一聲何處是，落月遠鐘前。

夏日游加茂

樽酒相携松下隄，探幽加茂日將西。

蒲葵露滴池邊雨，躑躅花殘虹外溪。

移去青氈風樹戰，釣來頰尾水煙迷。
詞場忘熱欲歸處，多少飛螢送馬蹄。

二
城北祠壇晚靄連，追涼杖履弄潺湲。
林間昨日啼花鳥，山下今朝浸綠川。
密葉帶風遮畏景，長流鳴玉合吟蟬。
香魚自得上竿興，一醉忘歸橋柳前。

夏夜即事
浴後南軒耽夜涼，單衣輕扇倚孤床。
庭柯濺水無殘暑，池館對荷有暗香。
拂露時移青竹簟，聚螢或掛碧紗囊。
忽聞隣井轆轤響，矯首曉雲擁月光。

4. 菊亭公 大納言，從二位，藤原公，諱公詮。
草菴月（和歌題）
幽棲地僻遠比隣，坐見茅檐秋月明。
況復今宵纖翳盡，清輝不隔一閑人。

5. 勘解由小路公 前大納言,從二位,藤原公,諱韶光。
寄月祝君（和歌題）
綺筵陪夜玉觴傾，滿殿光華顥氣生。
聖代幸攀天上桂，千秋須仰月清明。

6. 小倉公 前大納言,從二位。藤原公,諱宜季。
松嵐亭席上卒賦贈百拙禪師
橙林礙日碧於天，珍重茶菓伴老禪。
偏羨袈裟歸去處，松間洗熱弄溪泉。

7. 中御門公 前大納言,從二位,藤原公,諱宜顯。
園蝶
紛紛日過短墻邊，飛去飛來到暮天。
似解主人憐春意，百花深處故留連。

8. 愛宕公 前大納言,從二位,藤原公,諱通晴。
山家月
老樹連雲掩蓽門，巖頭小築遠前村。
秋光引我度樵逕，萬岳千峯月一痕。

9. 五條公 前大納言，從二位，菅原公，諱爲範。

蕭寺月

山頭雲盡月輪浮，影照瓊林遶寶樓。

假使人間多雅興，不如蕭寺寂光秋。

10. 四辻公 前大納言，藤原公，諱公亨。

大津驛留別諸公

恭奉聖明詔，深知君寵優。

已辭象魏闕，遙向下毛州。

祖道諸賢意，驛亭行客愁。

分離雖一月，思慕若三秋。

將命吾眞愧，連珠君自投。

匆匆從此去，千里路悠悠。

木曾山中詠

千巖何嶮絕，曲折行人勞。

瀑布在眼下，轉知山路高。

龍脊橋

豈緣風雨起徊翔，常臥寶池百尺長。

知是行人愁厲揭，龍王應爲作津梁。

11. 松殿公　中納言，藤公，諱忠孝，號蒼龍，應龍公嫡孫，春秋僅二十捐館。
東郊望
東郊望不盡，山嶺秀芙蓉。
暮色何邊至，林煙次第濃。

12. 冷泉公　前中納言，從二位，藤原公，諱爲綱。
河柳
紙水橋西北野邊，柳條婀娜弄春風。
嫩黃已動詩人興，不是尋常二月天。

13. 風早公　前中納言正二位，藤原公，諱實種。
題昇仙石
雙峯對峙玉玲瓏，白雪青雲仙路通。
何用空勞千里目，蓬瀛縮在一盆中。

14. 高辻公　前中納言，正二位，菅原公，諱總長。
次由道梅花韵
玉樹垂垂半隔離，曉雲開處忽橫枝。
幽姿無恙歲寒後，唯有青松綠竹知。

15. 五條公　前中納言，從二位，菅原公，諱爲成，爲範卿之子。

立秋

潦盡雲凝高碧空，蛩聲漸起一叢中。
夜深夢破林庭静，梧葉吹飛月下風。

16. 平松公　前中納言，從二位，平公，諱時行。

踏花塢

花發名園春日長，千枝照塢鬭紅粧。
興來詞客吟行處，落蕊偏隨杖履香。

17. 唐橋公　參議，式部權太夫，正二位，菅原公，諱在廉。

澤邊月（和歌題）

一鏡高懸雨後天，光浮大澤浴清漣。
飛鴻亦似憐佳境，羣落蘆花淺水邊。

次首夏韻

隴麥穗垂黃雀飛，竹林筍迸紫龍肥。
夏初何處最堪賞，十里荷花晒錦衣。

18. 唐橋公 前中納言，從二位，菅原公，諱在家，在廉卿之子。
嘯月坡
坡上秋風月色多，夜清吟嘯皎兮歌。
由來此地屬精捨，正是黃金布作波。

19. 芝山公 參議，正三位，藤原公，諱廣豊。
防海風帆
亂山重疊暮雲收，蒼海微茫一望幽。
征客往來風浪裏，布帆相接是防州。

20. 勘解由小路公 從三位，藤原公，諱光潔。
海邊月
已看秋風到海隅，蒼茫萬頃接雲衢。
一輪影滿金波上，疑是驪龍頷下珠。

21. 千種公 三品源公，諱有政。
初夏游某園亭
夏景林園好，琴樽興有餘。
山形移榻出，野色傍牆虛。
積翠看難掬，殘花落不除。
酣歌憑石睡，松頂月來初。

過勝尾寺

深山開淨域，杖策出雲邊。
隔谷聞樵唱，攀林驚鶴眠。
危嵂架閣斷，喬木回廊連。
欲問上方路，疎鐘落翠煙。

登箕尾山

箕山勝景入幽玄，轟轟飛泉落碧天。
萬顆明珠爲雨散，一條銀綆破雲懸。
大聲殷地添松籟，冷氣射人連水煙。
借問仙源何處所，茫然自失立巖邊。

題僧房

翠滴松窗暗，風香藥樹深。
只聞金鐸響，不識定時心。

燈下菊

燈下無由摘，尊前不可餐。
花葉共一色，錯作畫中看。

破扇

遮面難全隱，招涼事已空。

棄捐篋笥裏，不復怨秋風。

宮詞
南風吹滿影娥池，綵鷁初浮月出時。
宮女齊歌採蓮曲，不知誰得并頭枝。

22. 巖倉公　左少將，源公，諱家具。
立秋前一夕同諸友集
南樓高聳鳳城陲，引客携尊事事宜。
萬里清風催玉笛，千門明月促新詩。
夜深涼露簾前滴，坐久銀河檻外垂。
相與興來須一醉，明朝遮莫九秋悲。

登樓
高樓一夕坐來清，况復桂樽與客傾。
雨過炎蒸簾外歛，月明爽氣檻前生。
螢囊自愧車公業，鱸鱠誰催張翰情。
醉奏南薰君莫笑，西風相和入琴聲。

23. 輪王寺公辨法親王
風月自清夜
碧天雲盡露玲瓏，樹裏猶留一半風。

無限秋光何處好,一痕清影入簾櫳。

24. 輪王寺公遵法親王
侍常寧殿恭詠垂絲櫻應詔
雨露灑韶年,承恩發日邊。
東風千萬縷,花拂玉階前。

夏日陪追涼殿 敕問"山房暑天何如",賦此奉答
那意雲霄問,及我碧山房。
但有溪泉瀉,稍似漢殿涼。

題富岳圖
萬仞玉芙蓉,垂光抱雲樹。
仙窟似可尋,臥游有深趣。

奉賀今上皇帝登極
鬱蔥佳氣帝王鄉,北極星辰擁御床。
玉机如今新定位,天顏映出袞龍光。

奉獻太上皇
上皇新殿紫微東,咫尺天門日月通。
自爲南山色無極,五雲依舊擁仙宮。

滄浪池
浄域滄池入望清，花開錦綺鏡中生。
唯今聖代如澄水，好引衆賢此濯纓。

25. 妙法院堯恕法親王
雨中偶作
細雨輕煙暗滿庭，浮雲斷處暮山青。
病來無意對花柳，卧聽沙彌獨誦經。

游清凉山贈海晏禪師
來游復此出塵寰，苔逕斜通紅樹間。
老衲不知人世事，相逢終日説雲山。

26. 梶井盛胤法親王
春巖開花
花事山巖自有期，妖紅粉白鬥鮮奇。
從來此地稱多景，第一春風爛熳時。

27. 一乘院真敬法親王
雪夜吟
玉樹珠林照牖寒，銀缸爐火展情歡。
當年雪夜乘舟者，爭似今宵屋裏閑。

首夏即景

雨後薰風生嫩篁，階前綠暗午陰凉。
檀煙飛動紗窗裏，凭几時聞燕語長。

附
28. 持明院僧正（良胤）
山家冬

積雪擁門山更深，曉猿夜鶴自知音。
松門幸絕人來往，滿架圖書焦尾琴。

旅

吳山楚水路悠悠，淚眼向誰說旅愁。
一自春城歌折柳，今朝馬上值初秋。

29. 本願寺門主　本願寺十四世，諱光常，稱寂如，諡號信解院，世所稱西本願寺。
避暑龍安寺

禪刹無塵事，唯聞鐘磬聲。
清風驅暑去，詩思與凉生。

30. 本願寺門主 同十五世，諱光證，稱住如，謚號信順院，同上。
西江浪聲
西江斜月入簾櫳，夢覺窗前五夜風。
波浪聲從枕頭起，偏疑身在片舟中。

31. 本願寺門主 同十六世，諱光闡，號蕙堂，稱法如，同上。
鼇溪觀梅
梅林花發萬株春，春到鼇溪絶俗塵。
欺雪梢頭含冷艷，清香并駐幾行人。

32. 本願寺門主 諱光暉，字子晃，號錦花，稱文如，同上，稱新門主。
緋桃
花奪珊瑚色，紛紛映日開。
自是瑤池種，誰向梵園栽。

同賦春色滿皇州
雨晴日暖百花紅，柳際鶯啼佳氣中。
北里絃歌南陌舞，長安無處不春風。

附

釋誾教 釋誾侃 釋亮融（并篇章載本編，詳見姓名條下）

33. 守山矦 從四位，侍從，源公，諱賴寬，字子猛，稱松平大學頭，封於奧州守山。

寅賓閣

海潮渺渺素秋開，煙霧遥縈三島來。

天近仙區堪採藥，一游此地不知回。

34. 樂山公子 從四位，侍從，源公，諱賴順，字君則，號樂山，又玄覽。初稱主稅，又大藏太輔，後改上總介，又飛騨守。安永五年夭矣，嗣絶。

游玉笥山

層峯東走俯仙寰，瑞靄遥連海氣間。

洞口犬鷄留塔澤，天邊驛路掛函關。

猿猴爲侶元宜性，沆瀣供餐好駐顏。

幸有游方綵毫在，藏書猶欲寄名山。

天妃山

古祠孤立碧山阿，寂寞秋光照薜蘿。

下見千帆似飛鳥，海天將夕好風多。

寅賓閣送守山疾

高閣百尋四望開,海天風色正雄哉。
知君更耽觀濤興,八月驕潮萬里來。

35. 前橋疾 從四位,侍從,源公,諱朝矩,稱松平大和守,封於上州前橋。

奉賀太翁八十八歲華誕

五雲縹緲望秦臺,米字符成綵筆開。
玉樹長含千載色,金樽新勸萬年杯。
蟠桃偏逆春風動,青鳥自隨佳氣來。
恰是南山高唱處,報君何用問蓬萊。

送源敬義還京

綠陰行色清,前路馬蹄輕。
歸到天台下,秋風滿帝城。

36. 肥後疾 從四位,侍從,源公,諱宣紀,號桃谷,又號研覃居,稱細川越中守。

賀江村節齋八十

鳩杖相扶長晏如,全家和樂孝情攄。
前山幸有松風在,想是當年陶隱居。

37. 肥後矦　從四位，侍從，源公，諱重賢，字子明，號銀臺。

石山作

石光山上白雲低，湖水煙生望欲迷。

一片月明堪弔古，當時秋色入新題。

38. 南部矦

竹臺洞天

竹臺千古地，靈跡自傳名。

松栢年年老，風雲日日生。

陰陽存變化，神鬼護幽明。

感格猶如在，洞天垂至誠。

（此詩載《彥山名勝詩集》，錄作者曰南浩然，傍錄曰南部遠江守，而不錄矦之名字，姑記之以俟追攷。）

39. 白河矦　四品，源公，諱定賢，字國器，號雲臺。稱松平越中守，封奧州白河。

寄滕子璋

別來遙憶菟裘居，幾載風煙絕雁書。

常撫素琴耽翰墨，早將烏帽易簪裾。

看花日醉中山酒，望月時乘下澤車。

況復林丘多勝事，桂叢招隱近何如。

寄懷壺山老矦
聞君別館種梅花，負郭林園野逕斜。
一自桂冠能避世，青樽應醉赤城霞。

40. 郡山矦 四品，源公，諱伊信，柳澤氏，稱松平美濃守。致仕之後，更名信鴻，字伯鸞。
和紀君爲
昨夜孤鴻度，忽聞游子吟。
思歸驚物候，恨別對秋陰。
風雨此時淚，山河他日心。
南藩比隣近，無惜尺魚音。

和紀君爲，七月既望夜，汎舟林池之作
秋池汎舟夕，清賞興何窮。
援筆書元妙，舉杯詩轉工。
月生林樹外，風度芰荷中。
滿座人如玉，高歌響杳空。

寄濱松矦
白虎門邊百尺臺，繁華樓上興豪哉。
西山月自珠欄落，東海雲臨朱邸開。
梁苑賦詩鶯宛轉，鄴中彈瑟雁飛回。

良辰樂事風流盛，遙想都多晉代才。

雜詩
秋風吹破薜蘿衣，煙水茫茫對夕暉。
楓落空山人不至，雲深曠野鳥何歸。
塵中醒醉醒皆醉，世上是非是亦非。
菊花開盡園墻雨，浮生竟欲託松扉。

遙寄懷紀君爲
秋樹疎疎雨色晴，懶夫伏枕是平生。
窗前修竹猶無恙，園裏幽禽各自鳴。
傾蓋休言千古事，斷金何限一時情。
悵然日爲懷同調，漫上高樓望海城。

春曉用孟浩然韻
春宵天將曉，窗外來黃鳥。
爲問幽谷中，梅開已多少。

留別處明
郊關賦離別，疎柳拂征鞍。
自是鄉園路，秋風日夜寒。

夜月
雲漢斜懸桂樹林，閑中幽意一何深。
月光如晝天如水，思殺高人夜夜心。

江行
風雲萬里大江流，秋色客心相對愁。
後路茫茫前路渺，舟行日日去悠悠。

月夜樓上感懷
一夜江城秋色清，西天遙望故園情。
誰知詩酒沉吟處，舒展鄉書對月明。

41. 膳所矦　朝散太夫，藤原公，諱康桓，字子威，號鵬溟，稱本多隱岐守。

病中作
五十五生涯，游山復醉花。
曉風醒蝶夢，窗外月西斜。

和滕子璋
青雲解綬白雲知，高臥常裁招隱詩。
應笑先朝同署客，至今裘馬向多岐。

42. 金井矦 朝散太夫，源公，諱乘佑，稱松平和泉守，封出羽山形。

餞武陵潮音閣

賦別茫茫潮未平，把杯閣上問歸程。
禪林日落哀猿叫，驛路風寒班馬聲。
遙望西山晴雪曉，空看東海綠波清。
躊躇共濺數行淚，休道多難萬里情。

奉和君爲大兄見寄

知君久領羽林兵，況復兼成作賦名。
寓直幾時憐夜月，壯游何處弄春晴。
大湖水動歸心濶，魏闕雲隨極目平。
只識西征乘興去，秋風更倚浪華城。

43. 諏訪矦 朝散太夫，源公，諱忠林，字子瞻，稱諏訪因幡守。

答泉矦病居秋懷

中原二三子，同病共相憐。
高臥風塵外，新詩鴻雁前。
悲哉搖落色，久矣索居年。
爲有千秋意，深看桂樹篇。

罹災後答滕子璋見寄

江陵風不返，蜀郡雨空來。
廄馬誰當問，池魚思有災。
茅茨寧免火，土木盡成灰。
此跡唯砂礫，難酬惠楚材。

答謝宮川疾

白日春風興，交游約不違。
近陪東閣樹，遙訪北山薇。
眼底歸鴻去，軒前乳燕飛。
怪來環佩地，偏羨薜蘿衣。

應相良疾

虹梁并架倚南州，蜃氣爭高海上樓。
渤澥風雲開萬里，扶桑日月對千秋。
天垂鵬翼簾前徙，雪捲鯨波檻外浮。
那讓廣陵枚叔賦，觀濤今壯使君游。

答謝宮川疾自浪華見寄

浪華秋興及分違，萬里觀濤五馬歸。
何限畫幡偏掃道，卻憑烏几穩垂幃。
人間變化多榮辱，物外交游罷是非。

開逕別莊求二仲，況能深桂芰荷衣。

送人之葛西
江雲萬里夕陽微，葛水陂頭去不歸。
試顧仙人投杖處，朝來風雨有龍飛。

44. 大久保佚 朝散太夫，藤原公，諱仲胤，字肖甫，別號具茨，稱大久保山城守，封下野烏山。

答壺山佚宿余居見贈
雨暗三清色，雲深五岳陰。
未應迷轍跡，元是解琴音。
潭底驪龍睡，山中隱豹心。
與君爲醉臥，梁甫伴高吟。

明月軒對酌得軒字
桂叢添雨暗茅軒，翰墨相招隱逸尊。
家物舊氈留下榻，社盟新酒作開樽。
深林滴響梧桐樹，古洞陰迷薜荔垣。
聞說世間多變易，石扇飜擬飲平原。

45. 宇土侯　朝散太夫，源公，諱興文，字子華，號月翁，稱細川中整少輔，封肥之宇土。

過壺山老矦

閣上秋高多白雲，相携樽酒出塵氛。
興來詩亦堪持贈，怡悅山中老使君。

桑落酒一壺，鄙詩二絶，并奉贈子璋藤君

酒熟園林桑落時，壺中桑落好誰知。
相思聊贈金漿色，孰與江南寄一枝。

二

一片壺漿題小詩，相傳遙問故人奇。
謾將桑落爲梅落，曲裏春風醉裏吹。

46. 日出矦　朝散太夫，豐臣公，諱俊泰，字明遠，號西湖，稱木下大和守，封豐後日出。

早秋送訊長老歸京

樂國知何處，西天向帝鄉。
關河秋已至，雲水路偏長。
明月思玄度，終宵夢武昌。
仏時過洛去，重接白毫光。

昭君怨

馬上思歸曲，彈來雙淚流。

厭看青海月，何似漢宮秋。

過雕龍矦花園

朱門駐馬處，將探後園春。

試問名花發，餘香墻外新。

送相良矦恊衛駿府

山川迢遞好經過，到日駿城秋色多。

更對芙蓉千載雪，知君楚調獨高歌。

47. 赤穗矦　朝散太夫，源公，諱忠興，字伯成，稱森山城守，封播州赤穗。

汎舟墨水

汎汎木蘭橈，望中煙霧消。

啣杯散炎熱，吹笛颯秋飈。

潮湧三叉水，虹橫兩國橋。

舟船互上下，歌唱晚來饒。

長安月

金井梧桐秋欲闌，嬋娟明月滿長安。

終宵思殺征人苦，獨向關山帶淚看。

秋夜江口泊舟
江頭繫纜月如霜，萬里秋風雁影長。
回首河山雲疊疊，不知何處是家鄉。

48. 壺山矦　朝散大夫，藤原公，諱忠如，稱本多越中守，封奧州泉。

招隱詩
肱卧青山底，日綵上窗櫺。
啅雀報澄霽，驪鴻入杳溟。
蘭杜經秋摧，樗栫霜後青。
漁弋非吾事，琴書寄餘齡。
穹嵌孤隱地，泉石和絃清。
緣底展心晤，明識偶相迎。
厨供菰米飯，鼎熟露葵羹。
懸蘿幽嵯路，游盤歌採苓。

公讌
瓊筵卜玄夜，鳳管悲飛榱。
商飈一颯爽，圓月滿華池。

合堂諸賓僚，留連舉金卮。
嘉肴羞脾臄，旨酒酌酴醿。
搦管抽秘思，盍簪以賦詩。
水清魚隱藻，露下鳥棲枝。
祗應相娛樂，良會能幾時。

夏晚別莊漫興
伊我棲遲處，幽篁擁草堂。
松醪宜避暑，竹榻好乘涼。
雨燕藏桑柘，風螢點稻粱。
晚來試行藥，明月共彷徨。

賀東里先生五十初度
五十甘棲隱，煙霞養性靈。
探囊皆石髓，滿架只丹經。
綠鬢存仙骨，朱顏伴鶴齡。
天臨南極老，宿應少微星。
海上行求棗，山中去覔苓。
曾攜九節杖，履歷熙康寧。

圓光寺紫藤
三月春深古道場，紫藤花罫拂池塘。

臨潭或恐盤龍蟄，映架偏疑綵鳳翔。
葉底清香迷蛺蝶，風前翠蔓罥衣裳。
元知佛國圓光遍，況復珠林帶艷陽。

明月軒對酌得明字
層軒岸幘瞑雲生，染翰啣杯待月明。
四野蒼茫來雨色，千林颯沓送秋聲。
暗珠光没驪龍窟，叢桂香空白玉京。
剪燭通宵堪酩酊，登樓不減庾公情。

夏日村居
青田漠漠繞柴荊，風起新篁萬頃晴。
春盡屋梁留燕語，雨過涓澮聽蛙鳴。
家家水碓隨流轉，處處漁舟傍岸横。
麥熟前村農事急，屢看僮豎趁牛行。

薔薇花贈曄公
薔薇花一朵，留得洞中春。
爲知高臥意，寄與愛山人。

題惠遠過虎溪圖
白雲流水擁禪關，三十餘年不出山。

溪上坐隨流水去，橋邊笑伴白雲還。

寫得萱竹雙青圖賀山子祥母六十

南州美竹北堂萱，共見青蔥映壽樽。

不啻忘憂駐顏色，他時須待產龍孫。

49. 神户侯　朝散太夫，藤原公，諱忠統，號猗蘭臺，稱本多伊豫守，封伊勢神户。

答士和

伏枕江東白髮生，淹留孤坐旅魂驚。

含香十載高樓夢，濁酒一杯今日情。

開緘浮雲來大岳，據梧冥雨動連城。

秋風自絕交游客，漫得翟公署壁名。

夏日偶作

關山白雲深，白雲萬里心。

天涯眺望盡，乾坤少知音。

夏日獨坐

夏木重陰連翠巒，微風六月拂欄寒。

有人自是山阿裏，且試蕭條着鶡冠。

薩埵眺望

征帆萬里日邊來，北望芙蓉海色開。

七十二峯看欲盡，長天一片白雲回。

50. 宮川俟　朝散大夫，紀公，諱正邦，字君爲，稱堀田出羽守。

高雄山觀楓

冬日訪山寺，前庭苔蘚清。

俯看碎錦色，仰聽伐薪聲。

淨境塵心斷，靈鐘歲月驚。

林楓飄滿地，更覺奪春英。

51. 豹隱公子（見前編）

春日尋野寺

城西芳草遍，一逕入煙霞。

寒食郊天曉，春風野寺花。

曳筇隨牧豎，躡屐到僧家。

且愛青樽酒，携來弄物華。

晚江舟歸

把酒江亭不世情，秋風吹徹暮天清。

扁舟月下乘歸興，解纜猶緣曲岸行。

附

52. 源興彭 字隼人，肥後侯弟。

和真立上人見贈韻

紅塵不到梵王臺，竹外青山繞坐開。

況許蓮華池上酌，玄談偏惜夕陽催。

53. 源義裝 即本編姓名條下所載，山野邊太夫，但得其詩稿，本編過半脫藁，以故此載數首。

七夕瑲鳴閣小集分得躋

高城秋色迥，飛閣絳河齊。

星傍紗窗宿，月含瓊檻低。

吹笙人共和，跨鶴客同携。

坐覺游仙趣，猴山不必躋。

九日

黃菊故園色，青樽他席秋。

將裁孟嘉賦，還上仲宣樓。

天濶飛鴻遠，風高落木稠。

便當笑吹帽，其奈望鄉愁。

關山月送人

關山千萬里，明月似家鄉。

一夜吹長笛，離人總斷腸。

春暮小集賞花懷谷仙菴（仙菴時在鬢髮山）
蓬萊仙子愛紅顏，採藥名山且未還。
貪見三花珠樹發，不知春色老人間。

54. 源義妥 同上。
和小泉公子晚景之作
山河含晚色，池上夕陽紅。
霞映芙蓉水，露垂蘆荻風。
園林涼氣到，臺榭暑炎空。
因想鄴中調，歌來興未窮。

【補遺】

1. 伊賀矦 從四位侍從，藤公，諱高敦，稱藤堂和泉守，封於伊賀上野。
客中惜春（席上分韻）
地僻風塵少，閑庭綠草多。
枕頭憐蝶舞，花外聽鶯歌。
景物歸期促，年光客裏過。
關山春欲盡，暮色奈情何。

賦得霜葉紅於二月花

回望幽園落日斜，霜楓故映暮天霞。

莫將紅錦千章色，不及三春桃李花。

（選刻已成後得矣詩，所以僅錄。）

日本詩選續編首卷 終

卷之一

平安　江村綬君錫　著
清勲　公績
山瑛　子成　同校

五言古詩

具體成編者，前編業已收錄焉。此編所載，多出於作者及傍人錄示託寄，大率近體，若古詩至罕矣，以故所錄殊無綸次云。

1. 源義裵
季秋同諸子集友人園亭分韻得七虞

旻天隕肅霜，孔商與節俱。
陰蟲鳴軒切，羣雁隔雲呼。
楓葉照林薄，菊英賁園蕪。
值此清朗辰，携手飲城隅。
旨酒盈金尊，嘉饌充中厨。
酪酊耳既熱，絲竹心自愉。
談如木屑起，藻若春華敷。
樂事豈無窮，歡情尚有餘。
圓景忽揚光，衆星列天衢。
游宴何厭厭，猶惜清夜徂。
四美雖難常，德隣應不孤。
願言放志意，卒歲以康娛。

2. 栗元愷

擬古

南國有高士，抱璞荊山陽。

精英本沉晦，不比珉琳光。

三獻無君識，歸來空自藏。

鬱鬱松栢色，紛紛桃李塲。

榮華衆所眩，貞固卻見戕。

孔席與墨突，九區何遑遑。

我欲問蒼昊，茫茫白雲鄉。

鳴雁行

胡雁生胡地，翱翔碣石間。

爲厭胡地寒，偶然謝燕關。

燕關三千里，南飛路何艱。

朝度吳山雲，夜宿湘水灣。

吳湘難長留，矰繳巧爲奸。

飄散天地盡，無復兄弟班。

向風思胡地，天遙未易還。

詠史

聶生勇敢士，意氣何崢嶸。

避仇屠狗市，鼓刀污其名。

爲重朝夕奉，不酬知己情。

老母一辭堂，長劍萬里行。

直刺韓相國，忽如鶖毛輕。

當時黃金賜，寧爲白骨榮。

悠悠行路際，千載慕英聲。

（鶴皋作家，近時罕儔，余於前編，已詳論焉。但爾時未見全集，故載七律三首，七絕一首，此編重錄若干首，以補前編闕漏。）

3. 山良由

茶臼山覽古（山在尾張）

孤岡如茶臼，每每繞原田。

戰場爲陳跡，青草二百年。

憶昔豐臣公，一時威赫然。

一怒掃扶桑，再怒掃朝鮮。

而今安在哉，駐馬詠暮天。

冰湍

怪巖圻通澗，古木架爲橋。

數頃藍一色，百尺虹一條。

佇立逢老僧，人語在青霄。

（蘇門公子，孜孜藝文，近作比之舊作，何啻吳下阿蒙，因再錄若干首，以表日新之美云。）

4. 千伯濟
感遇
黃鵠思千里，一舉摩蒼天。
奮然振六翮，時過大荒邊。
直下睇藪澤，燕雀噪空田。
相顧羨吾適，決起向樹巔。
微軀力不足，忽被矰繳纏。
處世求高明，焉能得長年。

5. 礒谷正卿
江樓送別
搏黍鳴林木，春氣忽云深。
携手送歸客，乃在大江潯。
清酒金尊滿，四坐響鳴琴。
雖有良宴會，哀情坐難禁。
古人重生別，適足戚吾心。
託信憑飛翼，臨風待惠音。

富春汎月
金剎叢樹中，芳汀墟落外。
來汎木蘭舟，賞此銀絲繪。
明月出林端，雲物真如繪。

攀杯互相酬，浩歌和天籟。
流螢穿岸蘆，游魚躍石瀨。
中流且忘還，露氣裛衣帶。

6. 千葉玄之

詠賢君

盛哉後辟德，仁政生輝光。
不悋玉帛聘，備禮延賢良。
登庸應運興，若競春葩芳。
庶富思孝友，多士作金湯。
皤皤明晢老，豈向草澤藏。
庶幾無疾病，謳歌詠休祥。
小人與君子，樂利不可忘。
含弘容蹇諤，令聞奕世長。

詠賢臣

天其保定爾，良弼護明君。
謀謨能偃武，燮理長修文。
飛揚鴻鵠志，羞與燕雀羣。
明慮貫白日，器宇凌青雲。
愛民施膏澤，憂國每辛勤。
濟濟重禮讓，進賢恐有聞。

烱介日新德，流化得歡欣。
獻納安社禝，世錄己功勳。

7. 野公臺
哭服仲英（二首錄一）
泱泱東海水，百川所朝宗。
藹藹東都內，實爲人文叢。
昔我遠行役，稅駕游其中。
褰裳涉赤水，薄言採芙蓉。
上有君子宅，宮墻一何崇。
入門窺厦屋，上堂仰儀容。
奄忽哲人萎，悵悵將誰從。
之子典刑存，承藉有家風。
踏海慕仲連，垂釣學任公。
問字客塡門，王矦禮待隆。
一朝去游岱，終令世業空。
（子賤名高，藝苑，老而益勤，其志可嘉。余選前編，不及見其全集，僅收近體數首，以故重錄。）

8. 村盛芳
讀張中丞傳
唐室昔喪亂，胡塵暗二京。

王師戰屢敗，上將功未成。
張公欲報國，殺身守孤城。
寧遺秦山重，偏知鴻毛輕。
治當爲伊呂，亂必期良平。
古來重儒士，不必爲談經。

9. 宮田明
東里先生墓下作
步登瑞鹿山，松栢鬱蕭森。
上有高士墓，霜露宿草深。
淒風吹高樹，泫然淚霑襟。
縱情耽邱壑，埋骨託嶔岑。
雅量江左秀，麗藻遺玉音。
精理接玄軌，從游翰墨林。
幽明忽相隔，緬邈成古今。
言存人已朽，佇立獨傷心。

10. 劉韶
關壯繆像贊
漢末英雄起，三國如鼎峙。
手提青龍刀，中原驅虎兕。
征魏復伐吳，身沒神不死。

堂堂大丈夫，義勇與誰比。

11. 藪愨
題畫菊兼壽谷子
秋霜凋百草，黃菊獨含英。
謝彼桃李蹊，結此蕙蘭盟。
客有丹青枝，一寫有餘情。
微風生縑素，香氣溢檐楹。
主人一尊酒，對此不惜傾。
隤然遺軒冕，永此得長生。

12. 柚木太玄
有感二首
松栢歷千歲，亦有枯死期。
雜卉媚春節，蜂蝶競相隨。
賢貞不可恃，況復妖艷姿。
世人多輕躁，末路安堪悲。

二
饑烏貪飲啄，哀鳴無所依。
鄙夫邀榮達，遲駭暗事機。
抑損藏我拙，益慚識者稀。

安得垂天翼，萬里一奮飛。
（仲素詩，前編不錄五言古詩，以故再錄補闕。）

13. 石作貞
送人歸岐岨（尾州客中）
朝見滿園花，暮爲滿地塵。
正是懷鄉客，還送還鄉人。
留君君不駐，恐後故園春。
（字僅三十，悠揚有餘。）

宿寺澤瑠璃殿期友人不至
登攀瑠璃殿，過橋石磴長。
松露滴不止，白鶴棲且翔。
深林倏已暝，山氣來襲裳。
夜深四聽静，清響在風篁。
美人終不至，斜月照西廂。

將登駒岳宿大原村，早起途中作
村家暮投宿，先卜明朝晴。
夜來羣動歇，夢已繞崢嶸。
新婦炊爨熟，蓐食侵夜行。
殘月照桑柘，山徑草露清。

瞑行箐篠裏，屢呼前導名。
數里天未曙，唯聞澗水聲。
巖根暫燃火，温酒杯頻傾。
聊忘草衣冷，兼忘塵網情。
須臾東方白，曳杖向前程。
（士幹給事蘐門公子，魚水契合，日夜研窮此文，同有日新之美，以故再錄。）

14. 山瑛
促織
促織知秋節，哀音繞砌長。
朝飲青莎露，夕餐紫蘭香。
辛苦雖弄杼，永夜不成章。
孰憐征人婦，感物獨自傷。

15. 高浚
贈松子貞
朝出富山郭，東望楯岳雲。
海日初照處，爛成五色文。
擷藻誰擬之，北陸獨有君。
君顏不可見，君歌或可聞。
聊託晨風翼，相思日紛紛。

（右二詩，語淺而情深，調短而義長，因收之。）

16. 平信好
猛虎行
猛虎出深山，咆哮野村側。
居民預防之，荊棘以充壁。
猛虎猶愛身，遁避不顧食。
噫人甚於虎，索利赴荊棘。

紫騮馬
紫騮能驍騰，拔出羣馬中。
千里奮逸足，一嘶起威風。
邊陣須努力，壯夫正從戎。
決戰長驅日，仗爾樹殊功。
（師古詩，前編不載古詩，所以重錄。）

17. 朱義
幽居
山林吾所適，卜居復此幽。
自脫營世務，長從物外游。
朝昏迭相易，悠悠春復秋。
雨過餘花落，涓涓泉始流。

高臥讀周易，倦來立溪頭。
既知知足分，此外復何求。

18. 黍漁
湖上偶作
湖上山疊疊，山外湖悠悠。
憶昔鴟夷子，去棹一扁舟。
汎汎扁舟中，可以傲王矦。
鳥啄豈同樂，困阨暫共憂。
君子見幾作，何處不優游。
譬之高飛鴻，冥冥不可求。
成功懸日月，青史昭千秋。
吾對琵琶水，聊比五湖流。
流水長湯湯，浮雲時去留。
古人不可見，噫我共誰游。

19. 河合維修
贈起絹
友人號鼓江，即家鼓江潯。
鼓江多鷗鳥，以共忘機心。
我廬亦隣此，來往交自深。
雖未避塵事，貪閑作清吟。

回舟蒹葭際，垂釣楊柳陰。
彈琴待月出，月出照彈琴。
共是甘市隱，何必論陸沉。

20. 長中行
有感
少小何所業，讀書崇聖賢。
邈矣賢與聖，斯文獨自傳。
日月垂經典，人才與世遷。
不知命世士，悠悠歷歲年。
家家各握珠，適從竟茫然。
亡羊迷多岐，輓今悲染絲。
滔滔天下是，何處有常師。
精理難共論，雕蟲豈足窺。
人生各有志，唯德是可期。

21. 江友益
送古淳風游學京師
風霜滿前路，留駒在祖筵。
金罍貯美酒，綵箋寫瑤篇。
人生悲別離，別離復幾年。
知子鴻鵠志，逸翮揚遙天。

皇居本壯麗，人物亦才賢。
友道須要廣，令名憂不全。
行矣勿眷戀，駕言且周旋。
鬱鬱道傍樹，藤蘿相纏綿。
中情總如許，引領涕泫然。

22. 島津義張
歲晚弊園集，平臺公携諸子見枉駕，得悠字
同雲將斂處，白雪已漫漫。
自起掃階砌，不辭海風寒。
俟門迎遺客，賞雪倚欄干。
薄酒雖家釀，行杯不遑乾。
新詩爛錦繡，揮毫興何闌。
況復伯與仲，壎篪和相歡。
共忘窮年戚，於世更何嘆。

23. 藤知雄
歲暮感懷
棲息朱雀北，寒月影婆娑。
堅冰生硯水，寫字筆屢呵。
擁爐環堵裏，世事易蹉跎。
金甑塵埃滿，衣裳破綻多。

不爲原憲病,應緣鼓盆歌。
歌罷長嘆息,駸駸駒隙過。
霜雪嚴歲暮,相映鬢邊皤。
我生時無益,身後亦若何。
唯喜慈親健,春意回庭柯。
獻杯屠蘇酒,明朝醉顏酡。
優游向西野,藜杖任吟哦。

24. 木生民
有人籠雀遺珉公,公愛養之,不日顋頦,忽焉死矣,公悔而傷之,余爲作哀詞

嗷嗷黄雀癡,身計何其拙。
本與燕燕羣,不同鴻鵠列。
爭食常依人,不知網羅設。
一朝見籠養,貪啄香積潔。
飽滿無所爲,徒傷生離別。
舊侶匝樊籠,相呼心斷絕。
羨他任高飛,一啄三四噎。
有似爰居饗,終負鶵鶵悅。
上人元愛汝,豈圖卻短折。
物命有定數,可以甘寂滅。

25. 三宅芳隆
歲暮家集呈丹邱叟

雨雪歲將暮，庭梅未吐蘂。
迎君酌三杯，醉後談更美。
短景雖匆匆，秉燭可繼晷。
結交俱白頭，唯期有終始。
（語雖淺易，漸近自然）

七言古詩
26. 大澤猶興
柳絮歌

桃李亂落柳花殘，江城三月雪漫漫。
朱簾繡帳不禁捲，輕輕隨風十二欄。
吳姬歌罷寒春院，舞衣仍見拂春霰。
碧紗窗前覆冰蠶，綠雲鬢上點白燕。
藕絲爲誰抽裊裊，織婦故故眉懶掃。
君不見世間無限輕薄交，暫時流離委蔓草。

27. 鵜孟一
賦得葛城歌送小山晁大夫

河內小山是君鄉，東南名山嶸相望。
就中葛城最秀出，聞君家園在其陽。

園中樓閣百餘尺,開軒翠屏繞床席。
不厭坐來拄笏看,登涉寧勞謝公屐。
太夫多暇足卧游,當與此山俱相適。
太夫能賦多佳篇,當與此山俱相傳。
此山絕頂稱神府,千古留跡小角仙。
役鬼空中架石橋,仙人絳節至今朝。
臺上有酒誰共酌,欲邀仙人望紫霄。
天路人間無由駕,更望紫霄何處邀。
停杯千里思舊游,舊游一別不可求。
蕭條獨倚樓臺望,葛城山上白雲留。

28. 山良由

冬日過田家

行行風寒山下村,偶繫蹇驢叩柴門。
主翁此夕不在家,白鷄黃犬護茅垣。
老嫗七十髮如絲,對我不揖亦不言。
但向茶竈益添薪,湛兮似對太古人。
龜手燎罷策驢去,滿天風雪撲衣巾。

29. 源義妥

少年行

邯鄲二月百花開,佳氣紅塵拂面來。

君不見燕趙游俠諸少年，裘馬翩翩珊瑚鞭。
按轡直馳芳草陌，驊騮繫得大堤邊。
大堤楊柳青如黛，枝枝交影酒壚前。
胡姬二八不知愁，含情漫憑春酒樓。
樓上留客能勸酒，醉裏絃歌好遨游。
不管囊中黃金盡，猶有身上鷫鸘裘。

30. 橘雍
丹青歌寄若冲山人
有隱有隱名若冲，胸次淡淡如春空。
早愛逃禪離生死，豁達還在市朝中。
伊昔學畫影響間，苦心極思日躋攀。
忽省守株終非古，辭師回去深閉關。
一朝寫出造化真，諸家閣筆皆逡巡。
四方豪貴爭覓畫，縞素一掃無古人。
近來余得十五張，展開爛燦照茅堂。
葵花梅花紅芍藥，孔雀鸚鵡紫鴛鴦。
瓦雀羣鶏又絕妙，鳥如歌兮花似笑。
坐客心醉久嘆嗟，相對不覺落日斜。
聞君以畫藏名區，以俟千載具眼徒。
即今既是淄渑分，何用後來楊子雲。

（余纂前編，子和詩，僅錄二首。後再讀《大橘集》，大嘆才妙，慚愧前鑒未透，以故此編重録幾首，以自懺悔。）

31. 秋以正
淇園歌寄英泉上人
長風萬里摇落時，淇園緑竹何猗猗。
新梢舊幹鬱相向，中有道人般若臺。
般若臺上人寂寂，蓬萊山中鳥空回。
拂雲入霧何縹緲，含風藏雨更傷悲。
繁陰時看千月至，幽篁似畏世人知。
泉公文採真鳳凰，鳳凰此處長相隨。

32. 千伯濟
送横有功還鄉
送君出西郭，野水寒漠漠。
琵琶橋上天未曉，清洲路轉月初落。
落葉不堪逐離羣，飛禽翱翔長隨君。
君家安在楚江隈，眼前駄岳日崔嵬。
看山飲酒能相憶，寄我一片白雲來。

33. 源敏
雜詩
陌頭楊柳日將曛，妾上青樓正思君。
君去十年無尺素，鶯啼花落妾心苦。
妾心君不知，君心妾何疑。
只恨春風紅顏色，歸時不似昔時姿。

江上晚歸
江上明月照青山，演漾蘆荻秋水間。
人向沙村相伴去，余亦維舟翠楊處。
翠楊風起江又波，鴻雁哀鳴秋色多。
扶筇獨歸山中室，但有松濤和琴瑟。

34. 松尾直員
壺山老侯輓歌
使君元懷明月璧，佳政風流有詩癖。
明月連城價愈高，論文常會詞賦客。
使君綵筆稱絕技，畫自虎頭宛相似。
寫字兼知王右軍，解綬曾隱叡麓裏。
叡麓近望東天台，幽棲遺世彈綠綺。
彈罷仙蹊採藥行，同社故人谷藍水。
更因顧盼許請謁，欲陪盛筵心私喜。

弊廬構成芙蓉樓，自書榜字此相投。
恨殺祝融忽奪美，永失榮寵難復求。
終是仙藥無延壽，羽化千載何處游。
床頭空絕朱絃瑟，机上無繙縹緗帙。
趨謁不果隔死生，不那官情悲此日。
悵望風物成古今，落木霜寒白雲密。
貴賤同看北邙塵，墳塋纍纍總如一。
追懷欲擬薤露吟，雙淚霑襟情難述。

35. 谷友信
勝子嗣五十壽歌
杖家爲樂葆天真，山水悠悠五十春。
春園日涉時自灌，珠樹瑤草着花新。
花間獨坐耽春色，月下長吟興不極。
圍棊吹簫此宴游，東山妓舞南山曲。
駐顏如玉酒如泉，壽星祥雲明海天。
君自風流隱君子，異粻豈羨辟谷仙。

題四時畫（四首錄一）
閉閣耽書酒自注，寒鴉集宿深林暮。
雪後晴山月滿庭，推窗試看早梅樹。
村寺僧侶定相知，遙寄山中花一枝。

36. 野公臺
養老瀑泉歌，爲大垣岡生壽大翁五十
多度之山湧醴泉，翠屏千仞匹練懸。
上池水流人間出，飲之可以得延年。
惟昔孝子奉親地，一片精誠感致然。
聖主當時巡幸此，改元膺瑞答皇天。
爾來一千有餘載，遺跡流芳萬古傳。
大垣岡生家其側，挹來日獻尊親前。
滌瀹甘旨極歡樂，爾觴上壽侍高筵。
醴泉之水可養老，何須服藥求神仙。
昔人煉丹一何苦，欲笑淮南鴻寶篇。
君不見古之孝子奉親地，今代復見岡生賢。
醴泉千載長不盡，古今孝子得比肩。

37. 松延年
曳布釀歌，贈山子祥谷文卿
中郎陳跡敏馬濱，曳布飛瀑自嶙峋。
直下千尺最清冽，挹釀醇醪寄故人。
中郎負才少親朋，放縱不拘史所稱。
作歌嘗寓不言恨，傲睨一世氣憑陵。
吾黨狂簡向古求，但恨不從王孫游。
聊分壺漿供高枕，通夢千歲談風流。

38. 村盛芳
赤城義士歌

赤城義士世所憤，海上荒墳無人問。
當時平居誰不言，生時竭力死報恩。
一朝危難如反手，猛如虎狼爲孤豚。
昨日抗面稱國士，今日倒屣去桑梓。
歲寒方知松栢姿，膠漆不固醇酊醨。
金錢如山遺如土，纓冕如雲不敢覉。
謀定志氣小天地，彊御何畏百萬師。
處身實難殺身易，臨穴伏劍不惴惴。
夜臺無由仰末光，萬古枉斷壯士腸。

39. 藪慤
琵琶潭歌，送人歸南鄙

桃花春雨滿煙嵐，瀉作琵琶百頃潭。
二月三月春將暮，千山萬山影自涵。
片月未沉夜悄然，瑟瑟微風似四絃。
湘靈不至伶倫逝，太古之音奚自傳。
城南久客夢殘春，忽移歸棹向芳津。
潭上之霞潭底花，花可掬兮霞可攬。
潭中小舫是君家。

贈劍工伊正良

君不見大東名山真鋼殖，刀劍之利冠萬國。
又不見歐公作歌長嘆息，不啻逸書存我域。
維昔神尊擘毒龍，三尺神器出尾中。
威靈并捧傳國璽，永與皇祚赫無窮。
爾來一億八萬歲，良冶名鍛世不空。
天膝邈矣天國逝，兩京三備各爭雄。
相州神工字五郎，古今斯技獨擅場。
寸鐵尚抵無價寶，連城圭璧點喪光。
薩國之南紫海陽，誰其繼者伊正良。
世隔五百地千里，如何工力相頡頏。
清秋八月霜如雪，鐵性凜凜寒欲裂。
火吐芙蓉水凝冰，百鍛千煉何時闋。
一道紅光冲九天，龍形忽躍洪爐邊。
鸕鶿之膏佗山石，一拭一礪一何鮮。
皓如江漢三秋水，燦如杓斗七星躔。
燿如霹靂飛紫電，撩如游絲帶春煙。
須臾變幻眩人目，不分龜甲與蛇腹。
缺月欲滅圓月明，大珠忽迸小珠續。
此物截金如截肉，魍魎潛藏鬼神哭。
鮫飾一倍將軍威，鞞琫偏宜君子服。
雖然滔滔天下人，貴耳賤目誰昔然。

一割鉛刀盛玉匣，千金寶劍泣埃塵。
眼前皮相勿嗟吁，寧知千載無風胡。
作歌相慰者誰子，阿蘇山下一狂夫。

畫竹歌
栽竹勿栽俗士居，畫竹勿畫庸人壁。
庸人無識俗士貪，徒使此君氣蕭索。
赤膚山人茅爲屋，滿壁唯看畫修竹。
何人妙腕合天真，一掃渭川千畝綠。
萬個琅玕礙碧空，煙飛雨濺畫濛濛。
蔥翠似含西嶺氣，清凉徐引北窗風。
山人清節少人知，日對此君把酒卮。
此君不言又不笑，風韻瀟灑有餘姿。
麗門狂客偶相過，爲君新裁畫竹歌。
試取幽琴移碧柱，葉葉枝枝狂欲舞。

40. 石作貞
聞友人卜居湖中
鶩湖山水信中奇，山圍水回勢參差。
高城影落湖天月，金波浩蕩望無涯。
聞君卜居蘆荻際，借問與誰採江蘺。
荷衣蘭佩隨處好，高吟時和秋風辭。

秋風起兮茨菰肥，漁夫樵叟相伴歸。
興來買魚沙市上，三尺金鱗玉輝輝。
濁醪麥飯從所有，霜刀何妨手自揮。
右手把杯左手鱠，醉卧長見白雲飛。

題沉山人居

誅茅空山裏，無人識姓名。
析薪且採藥，生理流水清。
終年不蹈紅塵地，盡日唯看白雲生。
飽飯有時吟窗外，啾啾野鳥相和鳴。

41. 古樸

中秋吟寄副士良

自夏至秋無雨施，其雨其雨怨炎曦。
舞雩禱祀無不爲，璧圭將卒報何遲。
祝蜥徒看童子疲，乖龍不見雷公追。
滿地黃埃草木萎，就中邦內膏腴資。
白石山下涸塘坡，提封千頃坼如龜。
沾旱共歌雲漢詩，民困士窮誠可悲。
撥悶幸有金屈卮，今宵秋半榻堪移。
一片浮雲車蓋垂。孤輪明月鏡奩披。
若使月無翳何由致雨師，更欲倒銀河又恐負佳期。

陰晴不定兩端持，人間萬事長如茲。
憶君分職牧民司，矯首彼蒼意若爲。

42. 福世謙
所思
千樹霜重葉下枝，無情月色透薄帷。
鴛鴦衾冷無遠夢，鴻雁書絕空相思。
相思迢迢千萬里，遼水遼山天一涯。
鸞鏡朝朝減容色，縱有脂粉爲誰施。
報郎塞外沍寒苦，是妾燈前不寐時。

（益夫前編作者，致仕更稱紫山。余今春南游，邂逅其人，爲余口占數詩，韻度老成，益瑧精妙，今記此一章，因此重錄。）

43. 平信好
詠燕
燕燕千飛銜春泥，頡頏南北與東西。
金屋茅檐遍相窺，穿柳遶花路不迷。
羽翼輕輕尾涎涎，雙去雙來共眷眷。
啣泥雖微黽勉營，纍日杏梁巢終成。
巢成知儓衆禽質，人間疏懶徒曠日。
由來九仞自一簣，可知成功在無逸。

44. 香山彰
第二橋步月
綠鴨河上看明月，萬象玲瓏清吟骨。
數家茅屋林外村，化作仙家白銀闕。
佇立小橋弄晴光，四圍青山望茫茫。
夜靜仰天一吟嘯，連雁鳴度半天霜。

中秋前一夕花月亭集示諸君
今春俱賞亭前花，紅紫滿庭簇錦霞。
今秋同歡庭上月，素影繞亭玉布沙。
花月年年春又秋，社裏俊彥競風流。
醉花吟月兩有致，詩酒不背春秋游。
況復東山當軒秀，嵐翠尤與花月宜。
只願年年詩酒會，長此相期花月時。

45. 松山造
冬日寄懷富山諸子
環翠名園闢昔年，先儒高詠到今傳。
清流無恙神江水，綵翠依然楯岳煙。
街衢縱橫壯麗地，橋勢繫成數百船。
圜闠詩書昇平化，雄藩士庶足才賢。
即今海天雪降日，誰擬兔園謝氏篇。

老生嗟殺周旋晚，夜夢幾回向月懸。

46. 田維禎
春日送某禪師之豐後
問師欲何之，師言將西游。
又問西游何處所，振錫飄然指九州。
平安浪華師所歷，煙花雖好不回頭。
一葦浮海破長風，二月陽侯怒於秋。
此行萬里應彈指，直到豐城古香樓。
君不見大阿龍泉出其地，雙龍一躍無所求。
今有神僧鉢底製，紫氣依舊犯斗牛。

47. 村田綱基
和某游讚州泗渡作
維昔白龍魚服時，蜑戶竄身在天涯。
千尺海底七寶塔，貝宮獨有賤妾知。
殞命感恩誠不測，秦廷完璧孰稱奇。
稗史所傳未必妄，千載歷歷在口碑。
君今弔古泗渡寺，秋水長天入新詩。
夜靜波間沉圓月，猶疑明珠光陸離。

日本詩選續編卷之一 終

卷之二

平安　江村綬君錫　著
清勲　公續
山瑛　子成　同校

五言律詩

1. 鈴木堯弼
夜雨

蕭瑟夜來雨，茅檐僅自知。

燈殘天未曉，籤冷漏何遲。

夢與芭蕉破，吟兼蟋蟀悲。

心頭十年事，起讀楚人辭。

（余《日本詩史》中，言及堯弼，其人一時作者，而身名兩朽，世無知者，悲夫，因標出一首。）

2. 神戶由道
游門氏莊

郭外幽閑地，溪陰將盡春。

暖煙蒸細草，微雨定輕塵。

隔竹鳥窺客，當欄花映人。

翻疑圖畫裏，載得此吟身。

游吉田氏亭

草徑連山郭，柴門傍水涯。

庭留霜後葉，籬放臘前花。

大道三杯酒，清風七碗茶。

世塵看此盡，疑是到仙家。

冬日旅望
未曙騎羸馬，驅愁處處催。
寒雲篩霰霂，宿霧抹崔嵬。
故國猶長路，明時空不才。
轉添雙鬢雪，終任寸心灰。
（由道，烏山碩夫高弟，余讀所著《詩窗劇談》，其刻苦詩詞也，後人無及。而落魄不遇，屏跡河內國分村，以村學究終焉，悲夫。）

3. 井上鸞
晚興
頻年甘伏枕，默默對斜曛。
車馬幸無至，牛羊自作羣。
窗前葉落響，户內雨聲聞。
坐愛山中賞，茶煙一朵雲。

4. 橘雍
送阪士清
醉別浪華口，大江秋色深。
杯留他日淚，月識故人心。
一病羨名達，十年嗟陸沉。

鼓琴枯葉墜，聊亦似知音。

四橋春望

獨立東風岸，飄然解世紛。
人煙雙井近，河水四橋分。
古木還春色，歸帆入暮雲。
狂歌清興在，遙憶鮑參軍。

（四橋浪華熱鬧之地，且接近歌吹海。而此詩蕭灑，語不涉煙花，作者眼高尋常一等，京師東山東川諸詠，亦當準之。）

5. 栗元愷

擣衣

一別關河迥，三秋草木衰。
不看歸馬日，又及授衣時。
月透紗窗冷，風飄玉杵悲。
欲知悽斷意，但讀錦中辭。

早春偶作

市井春光遍，依然舊薜蘿。
人生過四十，世路奈蹉跎。
獨隱烏皮坐，誰聞白石歌。
奚爲樗散質，無日托巖阿。

二
春氣園林靜，彷徨野趣成。
垂楊煙際重，嫩草夢中生。
山近如排闥，江清想濯纓。
須藏三斗酒，更及萬花明。

武矦廟
鼎峙三分國，感恩屢出戎。
風塵扶兩主，日月照孤忠。
廟古丹青蝕，陣殘雲鳥空。
到今遺像在，肅肅仰高風。

（使鶴皋當時在東都，締交護園諸子，不知授簡幾諸矦，才名自當洋溢海內，而其人僻在海邦，懷璧而沒，可惜。）

6. 田粲
早春游望
迢遞東郊路，游吟賞早春。
白殘連嶂雪，綠動曲江蘋。
韶景隨藜杖，和風吹葛巾。
垂楊帘影外，喜見物華新。

（田生奇才，從游宇士新，士新特愛重之。而使酒豪蕩，竟以其故落魄遐邦，或曰後為僧。）

7. 岡彪
浪華春望
高城臨碧水，春樹鬱蒼蒼。

草没孤鶯塚，梅香古帝鄉。

三津風浪静，六甲海雲長。

最是昇平日，炊煙萬井揚。

（君炳阿波處浪華邸中吏職，簿書相仍，而志存文雅，不幸早没。弟君章嗣職，詩見前編。）

8. 山宮維深
發三原（備後州）
滄海天將明，船窗氣色清。

游人悲舊國，舟子喜新晴。

帆腹風威動，岸頭潮勢平。

三原信藩鎮，行惜遠孤城。

9. 源廣周
夏日山寺
清凉祇樹林，夏木自陰森。

爲避人間熱，更游净地深。

酒醒觀世態，詩就悟禪心。

落日山亭上，端居聽磬音。

10. 荊元俊
秋懷

清秋長伏枕，夜夜聽潮聲。
月被浮雲隔，歲隨流水行。
翠煙遮遠渚，黃葉下孤城。
事事看如此，客心偏耐驚。

11. 滕太中
秋雨道中

今年還獨往，漂泊竟如何。
山野三秋色，江湖八月波。
早寒將雨至，落葉待風多。
欲問離羣恨，蕭蕭斷雁過。

（右三人，長門作者，蓋縣次公同時人，今存沒無攷，詩并見次公手錄長門稿。）

12. 馬正恭
塞上曲

胡天何杳渺，萬里白雲秋。
邊馬嘶風苦，塞鴻啼月愁。
旌旗連曠野，鼓角發高樓。
誰識征人夢，遥遥到故邱。

（馬太夫，赤穗矦世臣，青年當路，人稱爲政美，而天不假年，可惜。其人有文，可嘉賞。）

13. 佐佐宗淳
送自息軒常覺師還京
瓶錫留三載，一朝赴洛城。
秋風清道骨，落葉對吟情。
久與衣冠別，長爲雲水盟。
仙坡湖上月，顧影惜君行。

14. 秋以正
登朝熊山絕頂
杖藜登絕頂，巖穴夕陽沉。
大海兼天濶，羣山入雨深。
纖毫千里目，獨往百年心。
裹足吾何敢，遠游隨處吟。
（子帥護園作者，前編可録其詩，而偶遺脫焉。近閲《澹園稿》，因此收録。）

15. 源義根
朝陽園集賦初秋
秋色從何至，山山望自空。

蟬聲沉樹竹，雁影傍簾櫳。
幽思情雖切，悲哉賦未工。
還驚蕭瑟響，早已落梧桐。

16. 晁道恆
夏夕雨
驟雨晚來過，煙雲遠樹微。
池魚忽游泳，林鳥亦驚飛。
坐挹芙蓉露，凉生薜荔衣。
時忘三伏暑，恰似早秋歸。

17. 山良由
驟雨
南山疾雷起，盆水濺江頭。
屋角看懸瀑，階前忽引流。
重雲分窣霽，斜日隔峯浮。
一雨乾坤潤，凉風滿袖秋。

圍棊
雨雪柴門閉，圍棊樂不窮。
升沉移俯仰，攻戰競雌雄。
庭静忘機鳥，竹清傳響風。

傍人呼不顧，白日入壺中。

煮茶
偶賒陽羨茗，迎友雪中烹。
蟹眼兼魚眼，蟬聲雜雨聲。
高談風兩腋，長嘯月三更。
此意誰能解，古今一陸生。

18. 屈方舊
秋日寄橫有功
逕荒颰色少，黃菊未堪餐。
同病青雲遠，一官白髮寒。
巾因漉酒脫，鋏爲無魚彈。
將問故人意，其如出處難。

19. 恩田維周
送人歸鄉
又灑臨岐淚，驪駒不少留。
客中頻送客，秋晚轉悲秋。
柿葉凋寒徑，蘆花覆細流。
故園長在眼，豈獨有離憂。

20. 千伯濟
醉月亭夜飲
茅亭人已散,竹塢月初來。
送客強分手,呼童再命杯。
阮生隨俗意,陶令折腰才。
一笑論朝野,憐予傲吏哉。

21. 松平忠武
游東山
東林尋勝槩,携客此登樓。
地隔風塵遠,興因泉石留。
秋深山色爽,天静白雲流。
向晚論歸思,前峯返照浮。

22. 礒谷正卿
同挺之游白林寺
深境來涼氣,空庭敞午陰。
荷花開古沼,櫧葉滿高林。
物外憐幽意,禪餘獲賞音。
忽驚疎雨過,容易夕陽沉。

遙題飛州朝陸橋

迤陟天險在，絕代鬼工存。

鞭石徒傳怪，憑虛或可論。

長虹連碧漢，薄霧捧紅暾。

風景知奇勝，相思獨動魂。

23. 橫山信虔

秋夜懷人

秋風忽蕭颯，萬里白雲多。

漫擬登樓賦，還思對酒歌。

客愁催鬢髮，鄉夢度關河。

今夜晴空月，相望意若何。

早發鹽尻驛臨諏訪湖

湖上逢微雨，青山望不窮。

石梁通小逕，崢樹撐長空。

浪跡思孤棹，羈心嘆轉蓬。

憑高聊作賦，此去向關東。

24. 千村義高

納涼

夏雨新晴日，披襟獨坐筵。

露猶浮竹裏，風自起池邊。
三伏堪忘暑，一時好欲眠。
羲皇真若此，何必羨神仙。

25. 津金和寬
三义口汎舟
汎艇三义口，波摇疑岸流。
孤村寒雁過，千嶂暮雲收。
停櫂窺鮫室，回頭見蜃樓。
放歌忽乘興，何問李膺舟。

26. 平野紀長
野望
閑居人不見，乘興出柴扉。
釣叟携竿去，村童帶鍤歸。
暮煙千嶂合，寒鷺一羣飛。
倚杖時游目，吾心與世違。

27. 横井時貫
中秋無月
偶坐閑窗裏，秋分覺夕涼。
青松風引雨，丹桂露凝香。

不用吹瑤笛，秖堪對玉觴。
素娥何處在，天外望蒼茫。

28. 柳春明
野望
野望悲秋客，無如搖落何。
斜暉浮水上，遠靄蔭山阿。
露冷寒蛩咽，風高過雁多。
悠悠歸去晚，佇立發長歌。

29. 岡田壽
春日閑居
十載憐幽獨，蕭條世上情。
寧能論出處，久自罷逢迎。
細竹晴煙散，長松午影清。
春來三徑裏，何異蔣元卿。

30. 平野順
行過山村
小徑空林外，溪邊落日清。
遙聞伐木響，行見炊煙平。
紅葉繁霜早，白雲晴色輕。

僧房更何處，隔樹晚鍾鳴。

31. 乾祐直
長夏
送迎皆在此，情發舊知音。
荷葉才浮水，筍篁未作林。
隱囊供阮嘯，書帙托韋金。
吾子幸來往，慰余遺世心。
（乾記室詩，前編僅載一首，以故再此錄。）

32. 橫田行道
冬日錦里先生原子顯集文仲宅
燕市風塵裏，登樓眼界寬。
相逢千里客，共罄百年歡。
睥睨斜暉動，芙蓉積雪寒。
酒杯猶未徹，吟嘯倚欄干。
（士明受學余父兄，顯任劇職，而不廢文雅，其人可稱。）

33. 下川貴慶
寄滕伯禮（二首錄一）
佳人水一方，樓上日相望。
波底魚成隊，天邊雁作行。

千峯懸片雨，萬木已秋陽。
獨有青樽酒，空期月出光。

34. 松永公路
山寺
崎嶇芳草路，攀盡訪禪房。
松暗梵聲遠，花繁趺坐香。
朝昏雲掩户，深淺水環墻。
象外幽閑地，自教塵想忘。

35. 源重均
首夏山樓即事
一覺閑窗夢，山樓倚檻時。
巖花餘躑躅，潭水静瑠璃。
節近黃梅雨，歌成白紵辭。
石田將種菽，更與農人期。

36. 劉韶
游仙
洞府乾坤静，天壇日月遲。
雲窗辟五谷，霞俎餐三芝。
不老朱顏在，長生綠髮垂。

洪崖如得見，携手問安期。

37. 高俊
上鞍馬山
我慕源公子，奇謀千載傳。
讀書何樹下，學劍此溪邊。
京北潛藏日，海西交戰年。
精靈堪髣髴，鎧甲自儼然。

38. 渡守時
初冬過西芳精捨
蕭然溪上寺，香界簇慈雲。
探討路三里，看來秋十分。
樹懸紅錦繡，池織碧羅紋。
禪室林泉趣，清閑倍舊聞。

謝石君潛留京日見訪
偶迎千里人，對榻笑談新。
元結忘年契，今爲隔歲賓。
風流擬嵇阮，情義同雷陳。
交態總如故，更添一段親。

39. 畑柳安
登紀三井寺

晚上山樓望，長天與水平。
煙開帆影遠，岸聳海風鳴。
梵刹千年古，乾坤一色晴。
更疑駕鵬翼，雲路到神京。

40. 武公美
訪北山元章途中作

曳筇河內路，晴色興偏深。
野鳥衝煙起，山蟬飲露吟。
浮雲觀世態，流水激知音。
爲有幽期在，披來俗吏襟。

41. 垣內文徽
興國寺

禪房花樹外，鳥語自氤氳。
幽地殊分俗，靈塲近出羣。
林巒潤法雨，巖岫靄祥氛。
預約登山屐，高攀臥白雲。

42. 後藤世鈞
秋夜會琴客

抱琴眄清夜，共是避喧人。
爲說鍾期少，益知靖節真。
新聲非我好，古調有誰親。
所以龍紋斷，匣中動委塵。

43. 田淵龍
感懷（十首録一）

荏冉違初志，詩書尚自親。
煙霞成痼疾，筆硯避風塵。
知足三杯酒，憐清四壁貧。
任他逢白眼，古哲多沉淪。
（伯潛跌宕不羈，少時游普四方，起句云爾。）

44. 平元秀
梅花落

梅花學春雪，撩亂欲飛時。
幾處風前散，誰家笛裏吹。
征人鄉國淚，游子別離悲。
零落江南色，無由寄所思。

曉發山驛

曉發山中驛,行行路欲迷。

鼯啼林月落,鴉起漢河低。

曙色迎人面,水聲送馬蹄。

回看經過地,後嶺與雲齊。

45. 關忠貫
歲晚集子惠分韻

歲晚高堂會,清談到五更。

樽前同酒態,燈下結詩盟。

不惜年光盡,偏憐春色生。

爲期楊柳樹,重共聽流鶯。

46. 林維德
歲暮歸山

一朝謝衰老,拂袂故山歸。

再伴麋鹿跡,更裁薜荔衣。

乾坤年欲暮,慷慨鬢將稀。

祇愛幽棲趣,長歌獨掩扉。

47. 高盛雄
微雨蕭蕭古驛中

故園千里路，物候使人驚。
秋雨天涯暗，暮雲山外生。
窗前迷雁影，枕上斷猿聲。
古驛蕭條夜，偏傷羈旅情。

48. 山允文
曉自古江歸

茅堂殘月在，曉色媚秋天。
野草都含露，山村半入煙。
前灘漁火隱，近寺梵鐘傳。
已見東方白，圯橋信馬旋。

49. 新元凱
游須磨寺

來游須磨寺，祇樹綠陰清。
雲自松巖起，煙含蟢戶生。
玉笛傳遺愛，青簾記古名。
不覘山房靜，那知詞客情。

50. 室恭豐
擬送人游洞庭
扁舟湖上去，別酒惜離羣。
秋暮洞庭水，寒高夢澤雲。
丹楓憐楚客，明月吊湘君。
瑟調彈清夜，幾回愁裏聞。

51. 奧田元行
秋日多賀村道中
命駕秋將盡，山蹊曲曲通。
鳴泉幽竹裏，落木廢園中。
衣濕知微雨，酒醒奈朔風。
前村應不遠，明滅一燈紅。

52. 古屋鬲
次韻岡生胡笳曲
邊庭方肅殺，半夜起笳聲。
三弄燕山曉，單衣朔吹生。
霜飛青海戍，月照白登城。
無復刀環望，空存報國情。

同梅亭春潮二禪師，游蓮光精捨

冥搜隨道侶，相引入松扃。
院自觀禪寂，園堪養性靈。
林寒紅葉下，山暝碧雲停。
欲識傳心處，黃昏月滿庭。

53. 田中雅
寄越州二兄

仲夏曾分手，經秋復涉冬。
爲驚年序疾，逾使別情濃。
紆曲村前水，岧嶤屋後峯。
思之猶嘆息，況亦少相逢。

54. 呂欽亮
餞飲古君淳風，於垂裕堂

琴酒離筵會，相看興更饒。
朔風吹颯颯，寒雨降蕭蕭。
去見江湖濶，應知道路遙。
誰憐鴻鵠志，千仞上青霄。

55. 松尾直員

災後偶作

不知春色好，煙火此相蒙。
朱邸一時盡，華街十里空。
商羊無送雨，石燕卻生風。
負戴逃災者，縱橫立路中。

二

花木總灰燼，園亭只舊墟。
問何及廐馬，災已到池魚。
豈惜千鍾粟，猶存一庫書。
主恩容膝足，不厭臥蝸廬。

哭稷卿（四首錄一）

相逢三十載，永訣轉堪悲。
交態重難得，風流不可期。
那知枉駕日，已是絕絃時。
開篋頻揮淚，空看舊贈詩。

56. 大島義寔

密藏院席上，和真尊者韻

養老橋邊寺，深林無垢塵。

雲來松影沒，雨霽竹聲新。
元識拈花手，且留漱石人。
雖非嵩嶺日，斷臂意相親。

57. 森信門
秋夜聞雁
旅館蕭條夜，風高鴻雁流。
離羣今對月，去國況逢秋。
誰寄八行信，徒添孤客愁。
聲聲撫枕聽，涕淚滿征裘。

58. 布久成
呈瑞林上人
珠林無俗物，世事任行藏。
禪室雲山秀，傳燈日月長。
石床天籟落，貝葉雨花香。
爲有摩尼色，綵毫更帶光。

59. 佐綽
柿本大夫廟
廟宇臨西海，明禋照四時。
和歌千載祖，帝者兩朝師。

情盡松間月,調高霧裏詞。
遺篇長不朽,風雅大名垂。

60. 岡長堅
冬日至高田村題楓樹
停馬山陰夕,丹楓照路傍。
時時霑冷雨,夜夜染清霜。
錦綴孤林色,藍明一水光。
如何冬日短,不使賞游長。

61. 源敏
春日園居
山雨溪邊路,林園竹外扉。
苔痕都上壁,花氣暗侵衣。
草閣春長在,柴門客轉稀。
舊朋各相失,心事世中違。

二
陋巷誰須問,幽居獨在茲。
竹深人語寂,日靜夕陽遲。
歌斷鶯相續,詩成酒亦隨。
寄言城市客,莫誤百年期。

三
世路啣杯外，時名伏枕前。
虛心馴鳥雀，姿意向林泉。
雲送將晴雨，風浮欲斷煙。
此間殊有味，默默獨相憐。
（三首不事鉏餿，幽暢雅澹可喜，讀者不必求巧於字句間可矣。）

62. 蘆田克誠
暮春，陪松奧二太夫，與日照上人，宴村君山宅，得庚韻
共侍高堂宴，啣杯對晚晴。
玄談開士興，詞賦太夫情。
煙樹當軒暗，風花繞檻輕。
卻憐池上月，幽趣聽蛙鳴。

63. 內田士弘
寄子賤
君去飛鴻絕，天涯勞所思。
引杯懷別語，對月計歸期。
日落長江暗，風鳴萬樹悲。
歲華看欲盡，游子一淒其。

64. 南川文璞
秋夜旅懷

復值秋風起，雲端幾望鄉。
孤砧驚夢急，獨夜爲愁長。
婦定勞中饋，母應老北堂。
寒衣猶未至，昨已見微霜。

65. 盧玄淳
佐州翁歸鄉草堂成

數間茅屋就，寄傲聊容身。
三徑莓苔古，五株楊柳新。
風塵何混世，琴酒好相親。
自信陶元亮，行藏不負真。

66. 長玄珠
鎌崎溫泉

溫泉幽谷裏，茅屋倚嶙岣。
瀑落常聞雨，風回自拂塵。
異禽時作友，遠客共相親
舊染漸消盡，斯身覺日新。

（盧子樸，長子玉，并常州赤濱人。鄉黨好學者七人，稱常北七友，月日以文相會。子樸今年七十有二，爲之祭酒，余欽其人老而無倦。子玉曾西游京攝，赤水先生其人云。）

67. 谷友信
屈子悌，草堂投詩，賦答（三首録一）
交情元淡水，世事即流萍。
天地逢今雨，江湖問歲星。
相憐同抱病，莫擬獨爲醒。
濁酒浮雲外，新詩把袂聽。

災後口占（四首録一）
土木形骸在，清貧轉自全。
席門焉免火，丹竈只爲煙。
燼滿池魚盡，灰飛野草燃。
我家無長物，燒卻舊青氈。

68. 野公臺
喜雨
雲霓慰民望，三日雨瀟瀟。
愁苦聲終輟，炎蒸氣頓消。
西湖蘇轍鮒，南畝起枯苗。
種秋田無恙，貧家酒亦饒。

69. 角文仲

盆石

金盤石盈尺，奇色自玲瓏。
誰削三峯勢，何勞一簣功。
煙霞疑逼坐，巖壑欲生風。
臥裏游觀足，不關圖畫工。

70. 千葉玄之

朔日冬至，飲綠野樓，得開字（主人令郎年甫十歲，溫籍可愛）

月且迎長至，高樓佳氣開。
黃鐘灰自動，綠野煖應催。
雲入杯中駐，星隨膝下來。
醉鄉休品評，主客共賢哉。

五日觀妓

繢絲縱繫臂，寧若冶容新。
舞態嬌無力，歌聲妙入神。
薰風飄錦帶，佳節動梁塵。
此日榴花色，卻應羞見人。

71. 松延年
田家
春鳩鳴屋上，載耜向東阡。
村落千家雨，桑榆萬樹煙。
隴平知麥秀，室暖見蠶眠。
擊壤膏腴上，聊爲樂有年。

周洋道中
掛帆周海上，日日御長風。
百郡山相似，千村俗不同。
天晴島嶼小，波穩舸船通。
回首鄉關處，朝陽正在東。

冬日江上客居
漂零江上客，三十未爲家。
盧橘多垂子，寒梅已著花。
看雲傷往事，臨水嘆生涯。
短景山河色，偏堪感物華。

72. 村盛芳
同賦田家小春，得心字
新霽佳風景，鳴禽復好音。

曙雲開橘樹，朝日映楓林。
禾稼田疇寂，犬鷄門巷深。
不逢年谷熟，安得識堯心。

73. 室偉文
秋雨思友
閑亭思友晚，雨足滿蒹葭。
天外孤鴻斷，江頭一水遐。
雲沉雙鳳闕，煙澹萬人家。
秋興今成否，知君鬢已華。

74. 和之璧
寄宇元章
聞君棲隱處，桑柘但蕭疏。
馴雀隨揮麈，飛螢照讀書。
一身徒獨善，二頃倩誰鋤。
無乃歌梁甫，人傳諸葛廬。

75. 高道昂
溪口晚歸
歸望秋無恙，風聲晚不迷。
浮雲含獨樹，疏雨度回溪。

橋斷褰裳涉，囊輕掛杖携。
村醪須買醉，豈憶路如泥。

76. 菅元選
春日山居
幽處白雲隈，柴門午未開。
樹林籠淑氣，苔逕絕塵埃。
花傍酒杯發，鳥窺書案來。
連峯春已滿，乘醉幾徘徊。

77. 松之幹
游醍醐精捨（三首錄一）
彼岸停舟楫，登堤路自分。
天花飄迎雨，爐氣結疑雲。
地僻江湖色，林深鸞鶴羣。
賞心猶未半，回望夕陽薰。

78. 松山造
游友人亭
畫壁清齋裏，自然江海心。
片帆懸遠浦，獨鳥向前岑。
坐對琴書靜，興緣杯酒深。

最憐風月夜，迎客好披襟。

79. 永田知章
登高月院

藜杖相攜處，花香紺苑間。
一溪春水漲，衆嶺曉雲閑。
唯聽幽禽響，偶逢樵者還。
前朝千載寺，寂寞在人寰。

80. 高木三省
游仙林寺

萬竹幽閑地，安禪道氣深。
華龕含落日，飛塔隔春陰。
月照蓮花水，風傳貝葉音。
欲尋支遁跡，更到碧雲岑。

81. 菅沼恒
夏日游山寺

空門人跡斷，避暑此登臨。
爽氣從天籟，雨花浮鶴林。
鳴蟬終日響，閑鳥就陰吟。
一洗風塵色，頓生清淨心。

82. 佐知隆
暮秋汎墨水

西嶺斜陽落，蒼茫墨水流。
風寒楓葉夕，砧響客衣秋。
消息空征雁，有無問汎鷗。
可憐微月色，相映荻花洲。

秋日上石山

西客來眺望，蕭然古寺樓。
對門奇石峙，傍水碧雲流。
葉落山頭樹，月明湖上秋。
風光女史筆，千載思悠悠。

83. 櫻井篤忠
穐夜宿山寺

蕭寺秋山裏，投來對翠巒。
清霜臨戶凈，明月入窗寒。
風落鯨鐘徹，更深蓮漏闌。
紛紛塵世事，都似夢中看。

84. 荻元善
秋江送別

張筵江上別，客子今何之。
三疊我堪唱，一樽君莫辭。
霜寒凋木葉，風起漾漣漪。
去矣明年會，必逢花信時。

85. 林貞亮
春陰

一天雲霧合，漠漠雨將來。
花影淡難見，日暉没僅開。
園寒羣蝶懶，林暗衆禽哀。
遠近望中色，忽疑暮景催。

畫山水

萬里江山色，寫來咫尺中。
雖無濟勝具，坐見怪巖工。
花樹春長滿，月輪夜卻空。
岸頭垂釣者，此景若何通。

86. 鈴木守約
早行
驛樹薰風度，蒼蒼曙色催。
西山殘月落，東野宿雲回。
深巷雞聲響，長橋馬首來。
村扉人尚寢，未見日光開。

87. 松井元規
山房夜話
茆捨蒼崖下，清談分石床。
百年孤枕夢，萬事五更霜。
念起山非靜，名高人自忙。
有誰知此意，令我憶蒙莊。

日本詩選續編卷之二　終

卷之三

平安　江村綬君錫　著
清勳　公績
山瑛　子成　同校

五言律詩下

1. 河子龍
夏夕葛子琴宅小集

水館消煩熱，翛然涼意生。
壺中真市隱，鷗畔即詩盟。
一雨江頭暗，千燈波際明。
非知出塵想，安見御風情。

（伯潛雖鞅掌吏職，才學豪富，不嘗作家，而前編僅載一首，意殊不慊。間古淳風自浪華至，口占伯潛近作數首，因此收錄。）

2. 古樸
同冢克忠訪菅廟祠官十斑卿分韻

密室冬猶暖，親朋夜盍簪。
羽冠閑暇地，櫑具客游吟。
帙散明燈下，松圍玉殿陰。
祠前梅合早，好向雪中尋。

寄題潮鳴館（三原，宇都士龍書齋）

高名比照乘，賜第海之濱。
興寓琴詩酒，才兼清慎勤。

倚樓煙蜃見，支枕夜潮聞。
勝槩神游久，休言未識君。

3. 藪愨

游仙（十首録一）
道骨千齡外，神丹一鼎中。
手携蒼玉杖，笑倚綠鬟童。
鶴背凌天路，簫聲過月宮。
縱教名姓在，不與世情通。

秋夜舟下澱河
柔櫓隨流動，江天夜淼茫。
夢俱蓬鬢短，歌入竹枝長。
鴻雁三更月，蒹葭兩岸霜。
鐘聲何處寺，孤客不知鄉。

水明樓夜集
竹外溪光白，樓頭燭影明。
客皆無別調，談自有餘清。
綠酒傾銀甕，紅爐炙玉笙。
起看山月吐，歸路欲殘更。

送人游寧樂

此去尋陳跡，寧論道路賒。
舊都多感慨，何處問繁華。
馴鹿爭含草，殘僧尚護花。
知君堪信宿，自有杜康家。

4. 清勳

春色滿皇州得花字

祥雲開瑞日，韶景滿京華。
才盡天台雪，已催地主花。
鶯迎公子馬，蝶逐美人車。
將道春如錦，烏紗巾上霞。

出銀閣寺還鹿溪途中口號

吟步袷衣輕，幸逢朱景晴。
松陰苔徑滑，巖側石泉清。
山合無民捨，雲深有梵城。
棲禽似留客，各自樹間鳴。

夏日過藤希史夕佳亭

沙白庭前水，煙青屋後岑。
風來雲北去，鳥返日西沉。

樹影含緗帙，泉聲奏玉琴。
偏憐杯酒興，能緩苦吟心。

送田公封、河公象歸濃州
絳帳朝聞道，青囊夕錄方。
分燈同就學，衣錦共歸鄉。
淡海雲霞敞，濃州桃李芳。
嘆嗟千里外，從此隔參商。

同亮卿伯魏赴藤子發茶約
疎雪林園曉，迎賓陶谷家。
爐添避寒炭，瓶插漏春花。
屈膝三人座，搜腸一碗茶。
幽情聊足暢，濁酒不須賒。
（盧仝茶歌，有三碗搜枯腸語。）

5. 石作貞
春日訪山中友人
落日登山屐，溪邊一路長。
殘雲迎客散，棲鳥駭人翔。
松月棊聲靜，梅風酒氣芳。
陶然俱取醉，出處坐相忘。

先君遠諱有感

星霜十三歲，駒隙去悠悠。
心記趨庭誨，情知負米憂。
祭祠園菜薄，涕淚墓苔幽。
菽水歡無盡，如今思不休。

6. 黍漁

漁父

楓葉紛紛落，清江萬里秋。
孤峯雲上下，一水月沉浮。
天地容簔笠，歲年閱釣舟。
帝鄉空自美，此處好長留。

汎舟

津頭一片舟，買得放中流。
山色雲迎夕，水聲風動秋。
纜依橋畔繫，釣向柳陰投。
日落多螢火，亂飛蘆荻洲。

寄西士雅

洛下曾同業，別來懷不伸。
風流我所慕，德義君無倫。

雨雪山中夕，煙霞海上春。
心交天下少，莫厭寄書頻。

7. 奧田士元
過函關（四首錄一）
玉笥驚天險，崔嵬雨色哀。
高雲巖下度，大水山頭開。
卿國三千里，東西十五回。
芙蓉現半面，更倚太平臺。
（自注曰，東都往來，已十五度。）

清眺閣
九月登臨好，樓頭試一攀。
沿湖望紅樹，隔竹對青山。
經史終身足，琴樽盡日閑。
夕陽颺暮笛，知是牧童還。

8. 岡壽卿
春夜喜雨
東風催谷雨，一夜忽溟濛。
未至傾盆勢，先看潤物功。
宜添三徑綠，休奪百花紅。

燕子巢應就，春泥已自融。

落花
落花誰不惜，春盡訪山房。
林下宵疑月，籬邊朝誤霜。
翩翩風没跡，點點水成章。
孤杖歸無路，裴徊復夕陽。

病馬
馴良驅逐久，一日未施恩。
羸瘦身將斃，飛騰志尚存。
桃花失春色，苜蓿朽秋原。
鳴向長風立，空消千里魂。

螢火
陰雨茅根朽，熒熒已作形。
飄零草間露，亂點暗中星。
隔水招羅扇，隨風掠繡屏。
自從車子逝，不照讀書亭。

9. 高浚
早春偶成
病起推窗望，鳴禽已報春。
野梅應引客，江柳復愁人。
細雨霑園物，東風靜陌塵。
烏藤無意出，華髮信年新。

10. 佐伯樸
冬日野望
數里藩城外，扶筇此獨游。
寒郊無放犢，古渡有閑鷗。
朔吹來天末，陰雲起嶺頭。
望中都雪意，前路恐難求。

季秋游神江
此鄉雖慣見，游賞每如新。
村犬能馴我，沙禽亦自親。
白雲青嶂外，紅樹碧江濱。
隔岸垂綸者，寧知不故人。

神江夜歸
江日餘暉歛，前途人影空。

疎鐘從水外,微月出山東。
露重堤頭草,寒生岸上風。
欲知村落路,竹裏一燈紅。

11. 佐伯寧

秋蟲

候蟲感金氣,能自發哀音。
懶婦催刀尺,離人泣錦衾。
荒城蔓草底,廢寺古碑陰。
四壁淒風夕,秋聲因爾深。

吳山眺望

郊外吟詩過,又登吳嶂巔。
春雲含岳雪,野景渺村煙。
長水終歸海,孤帆欲上天。
眺臨如有得,藉草坐松邊。

秋江晚眺

長江紅日斂,秋水與天連。
碪杵沙村裏,櫓聲蘆岸前。
鴻邊山若黛,林表月如弦。
早已浮煙合,漁燈燃不燃。

12. 松山吉
孟夏平安客捨邂逅鄉友
客捨南薰動，棟花落樹陰。
三春紅作夢，九夏綠將深。
舊識同揮筆，他鄉亦盍簪。
壺觴君勿薄，因見故人心。

13. 吹田定孝
邊城秋思和董甫韻
邊城秋色老，慘憺易黃昏。
月暗盧龍塞，霜明白草原。
戍樓難結夢，胡角數消魂。
近有寒衣寄，可憐見淚痕。

14. 朱義
暮春山居
山中塵事少，獨坐對春殘。
白石青松路，落花流水寒。
片雲生屋裏，啼鳥響林端。
無限煙霞色，年年高枕看。

15. 田維禎
冬夜小集
集筵風雪後，各着舊綸巾。
詩思偏宜夜，醉顏先得春。
盤餐魚市近，書屋鳳山隣。
況有寒梅發，暗香佐酒新。

游崇福寺
松杉深處寺，白水隔青山。
留客諸塵外，談禪半日間。
愛花春事閙，聽磬夕陽閑。
更喜携餘興，野航乘月還。

16. 香山彰
十四夜月
玉露含秋草，金風飄暮天。
先憐千里色，未必十分圓。
灝氣驚林鳥，寒光拂嶺煙。
難期來夜霽，吟賞不須眠。

十五夜月
天上懸圓鏡，波間散碎金。

不知今夜月，更促幾人吟。
白水清寒溢，青山爽氣深。
高樓杯酒興，半醉洗塵襟。

寄題夕佳亭
簷前紅日落，佳氣滿山陰。
瀲瀲浮流水，亭亭映遠林。
金波千斛酒，綠綺一張琴。
吟賞淵明句，悠然詞客心。

17. 阪通
俠客行
稜稜游俠士，結客渭橋傍。
買笑千金盡，報讎斗膽張。
貂裘無換酒，寶劍有如霜。
直向長安道，卻投六博塲。

18. 清水綱
冬郊夜歸
短景匆匆暮，寒郊入夜回。
雪紛迷曠野，月澹掛崔嵬。
村犬傳聲吠，塞鴻失侶哀。

茅茨風静處，乞炬暫徘徊。

19. 海希賢
假山
一簣功成後，山形忽竦然。
峯頭雲欲起，林外鳥初旋。
斷岸移苔古，飛泉待雨懸。
不須慕邱壑，幽意滿窗前。

詠楊弓
堂上二三童，各携燕角弓。
一彎不虛發，百中欲爭工。
張處爲圓月，放時生疾風。
細弦適小臂，意氣自求雄。

20. 杉美典
早行
曉天辭驛館，一路炬光明。
村店繁霜冷，野橋殘月清。
水邊人影動，竹裏炊煙生。
步步漸微白，已過幾里程。

21. 石黑暢
送岡功甫歸築前
鴨水秋風暮，相携暫此過。
祇緣交誼密，即見別愁多。
鄉樹粧紅錦，雲帆泖綠波。
天涯千萬里，再會可如何。

22. 大江維翰
美人對鏡
玉女開明鏡，嬋娟對艷陽。
含情能自媚，顧影意偏長。
圓月分嬌面，菱花照靚妝。
遠山眉未畫，應是待張郎。

23. 森正綱
夏日村居
夏日田園裏，薰風綠已榮。
桑麻添舊徑，牛犢放新晴。
興與村醪熟，心兼野水平。
仰看天宇潤，聊且樂茲生。

24. 源義禎
瀑布
飛流幾千尺，仰望壯觀哉。
素練飄飄去，明珠碎散來。
觸崿勢驅雨，激石響欺雷。
恐有神龍窟，濕雲照不開。

（義禎伊勢菰野產，學詩於余，眠食爲之廢焉。其鄉有冠山，有瀑布，最稱奇絕。昔年雪鼎上人探勝其地，記之圖之寄視余，余爲作《冠山瀑布歌》，此詩即題其《瀑布》。）

25. 廣沖
題南氏隱居
歸去秋山暮，結廬野水隈。
四隣松葉暗，三徑菊花開。
仰見浮雲散，俯看飛鳥來。
相逢皆自得，把酒臥青苔。

26. 紀廣
中秋無月
江頭三五夜，暮雨灑前林。
丹桂霄間濕，銀河雲裏沉。
孤燈枕簟冷，四壁草蟲吟。

不定陰晴事，人寰感自深。

27. 矢橋徽
春夜飲滕大人宅分韻
負郭連江竹，柴門傍古坡。
因懷盛宴興，叨逐衆賢過。
梅氣透籬至，柳風倚檻歌。
尊中若川酒，深喜及餘波。

28. 矢橋龍
將東游題壁
平生探勝癖，詩賦樂天真。
欲問名山水，非求要路津。
勢交何世態，游放任斯身。
率意行裝足，乾坤一角巾。

（子淵青年白皙，資質溫謹，不意作斯放膽之言，句句脫落，不屑飣餖，可喜。）

29. 關祐之
門外
日落平湖濶，行舟夜欲迷。
鐘聲隔岸盡，樹色與煙齊。

暗聽漁人語,幾疑水鳥啼。
自誇門外望,不似市中棲。

30. 尾島光齊
東都客中諸子至
相迎官捨裏,聊共倚欄干。
花愛瓶中菊,香憐盆上蘭。
傳杯論意氣,染翰盡交歡。
斗酒君無醉,如何秋夜寒。

31. 崎芳
鶯囀皇州
煙霞滿帝里,黃鳥自翩翩。
嫩柳掛絲處,濃花晒錦邊。
金衣霑雨麗,玉舌入風傳。
更向禁園裏,莫驚宮女眠。

32. 高載陽
秋朝雜詠
觀窗眠自覺,危坐好澄神。
心每看山遠,樂因臨水真。
村橋連霧斷,江樹認晴新。

門徑殊清楚，蕣花亦可人。

33. 田思明
夏日飲田家
好酌田家酒，晴天夏景清。
窗臨流水冷，席接曠原平。
雨後深林色，風前幽鳥聲。
農談情不盡，落日與尊傾。

34. 川惟信
夏日偶成
遮莫紅塵色，經年思晏如。
朝昏親筆硯，起卧事琴書。
新樹納凉處，閑窗好古居。
清風時自至，曷與羲皇疎。

35. 田早胤
西游共歸寄鳴門兄
行行尋勝地，渡海又登山。
破夢篷窗裏，聞歌樵路間。
故園今抱膝，他席昔愁顏。
一爲思鄉切，御風颺颺還。

36. 赤石文衡
賦得日照扶桑
神德先天發，太陽仁化尊。
海光餘曉漏，嵐綵媚朝暾。
二柱傳王道，八雲護帝閽。
文明覃及久，闔國仰洪恩。

37. 鈴木知周
秋日登高臺寺
古寺楓林色，錦紅畫不成。
池浮飛鳥影，閣掛臥龍名。
斜日登臨目，高秋詩賦情。
興來欲揮筆，望裏暮雲橫。

38. 近藤庸顯
山居秋晚
側徑通幽處，雲峯四壁連。
草深閑臥鹿，山暮靜鳴蟬。
桂月秋窗外，茶煙夕竈邊。
還甘來客少，意興託詩篇。

39. 垣內時中
中穐汎舟
良宵聊載酒，桂楫汎中流。
水濶魚龍夜，天高鴻雁秋。
月疑迎綵筆，波迎接滄洲。
誰識江湖興，還優庚亮樓。

40. 西川瑚
秋日偶作
人世堪高枕，濁醪常自供。
逍遥憐潦倒，憔悴老形容。
秋雨簾前竹，歲寒屋後松。
風光皆感慨，萬事日疎慵。

二
獨坐羇亭上，蕭條暮景催。
江湖他日夢，杯酒異鄉臺。
暝樹含霜冷，寒鴻帶月回。
憑高空悵望，風物不堪哀。

41. 大菅集
送人之上野
客子今何往，關山去轉難。
北風吹旅服，東路送征鞍。
古渡舟梁斷，長江雨雪寒。
蒼茫毛野暮，回首昔時看。

42. 木世興
花集得十三元
開花如不賞，明日恐飛翻。
天上多風雨，人間少晤言。
芬芳浮臘酒，濃艷滿春園。
此會休辭醉，窮交幾箇存。

43. 袁景陳
上宕邱
宕邱鬱崔崒，石磴碧雲斜。
海吐潮頭雪，林開象外花。
金燈明日月，寶殿敞煙霞。
下見東都盛，春深百萬家。

44. 西川寬行
海城早秋
水鄉秋氣早，夕日爽涼歸。
青靄山邊起，白雲海上飛。
井梧猶未落，夜月已揚輝。
自是風霜苦，千家聽擣衣。

45. 小倉深造
旅中
關山看漸遠，驛樹路傍分。
繫馬池邊柳，回頭嶺上雲。
杜鵑千里淚，銀漢二星文。
鄉國秋風日，田園雁幾羣。

46. 井上適
贈某山人
家住青山裏，松深小逕通。
柴門見麋鹿，甃井植梧桐。
杯酌應隨意，吟哦不必工。
閑來只藜杖，陟岵白雲中。

47. 林維琉
夜泊

孤舟對孤嶼，咫尺隔蒼波。
月出潮聲起，雲開夜景多。
林鴉匝樹宿，海獺驅魚過。
旅恨曉來切，篷窗聽棹歌。

48. 阪本勇
寄平安西子玉

相憶秋江望，重雲感有餘。
昔時同社酒，今日各天書。
寂寂孤琴色，凄凄四壁居。
雖非梁苑客，正似病相如。

49. 上田靜
題山水圖

綺席開圖畫，雲霞實可憐。
遠江縈碧嶂，飛瀑落青天。
茅屋柳塘曲，柴門花樹前。
詠歸橋上客，知是舞雩邊。

50. 木恭
青松堂集得携字

一時同調侶，乘興且相携。
坐有琴尊樂，人來桃李蹊。
花間明月動，竹裏宿禽啼。
日暮攀蕉葉，新詩醉自題。

51. 嵐元敬
從軍行

漢兵三十萬，分節向龍城。
沙漠煙塵暗，胡天殺氣橫。
將運回遠略，壯士競先鳴。
早已麒麟閣，何人不作名。

52. 曾根省吾
秋日村居

蕭瑟村中趣，茅簷八九椽。
經霜林不密，隔竹徑相連。
芳盡東籬菊，秋收負郭田。
更因人事少，飽飯枕肱眠。

53. 田鳳
山行
山行迷徑路，憩石又吟松。
孤杖穿千樹，一瓢倚疊峯。
海鄉晴見市，溪寺午聞鐘。
坐覺衣裳冷，蒼嵐晚氣濃。

54. 山崎寬
他鄉九日
濁酒何辭醉，登高不誤期。
白雲無盡日，黃菊已開時。
節物何邊好，秋聲到處悲。
晚風千里外，鄉思自參差。

55. 關玄之
京師客中作
獨作京華客，年光幾度流。
孤鴻他日淚，寒雨異鄉樓。
心事空緣病，家書不解愁。
苦吟殘燭下，夢落大湖頭。

56. 滕維熊
送僧游京師
白足輕千里，飄然去御風。
雲林花點綴，鴨水月玲瓏。
珠繫三衣表，龍蟠一鉢中。
遙知赤城上，霞綵爲君紅。

57. 井公禮
梅雨同諸君集薝蔔堂
梅天連夕雨，携手故人家。
暝色郊村外，雲容野水涯。
清談情不淺，濁酒興何斜。
爲是耽吟賞，任他歸路賒。

58. 武谷成章
病中栖伯啓兄弟見訪
似得青山趣，杜門臥裏高。
春深猶擁褐，客至懶呼醪。
興逸科頭夕，病挼世態勞。
誰能將七發，起我廣陵濤。

59. 柳宏
秋日田生見過

閑居仲蔚在，自分臥蓬蒿。
愁得新詩解，興因舊識豪。
書名羨先達，酒態是吾曹。
看汝揮毫綵，轉兼秋色高。

60. 吉尚春
登吉祥閣

知是從靈鷲，飛來此一峯。
金銀今佛境，松栢舊仙蹤。
雲繞諸陵出，花圍層閣濃。
登臨開士座，高響講時鐘。

61. 高士元
秋日野望

三秋憔悴客，徐步葛城東。
釀雨山雲黑，經霜楓葉紅。
魚潛寒水底，鳥集暮林中。
徙倚向何處，鐘聲古梵宮。

62. 吉安貞
夏日游虎溪
偷閑尋古剎，空翠晝氤氳。
澗底求紅朮，峯頭對白雲。
清池荷葉滿，危石瀑泉分。
避暑高堂上，鳴蟬處處聞。
（安貞嫡子安明字士朗，亦有篇章，今略不載。）

63. 橋暉仍
谷汲山中作
步屧過村落，盤旋洞壑中。
採薇歌欲就，射雉賦誰工。
樛木藤蘿綠，懸崖躑躅紅。
崎嶇迷去路，東道待樵童。

64. 關照
山居
愛此青山趣，風光次第移。
鶴應親蕙帳，客豈到茅茨。
花媚三春晚，竹深五月時。
賞心供地主，敢道厭棲遲。

65. 藤伯章
城東即事

散步城東路，山川到處宜。
水邊留對酒，石上坐題詩。
蝶舞穠花落，鶯啼弱柳垂。
暫時忘吏職，徒倚思無涯。

66. 中川愈
旅夜聞雁

旅雁何堪聽，況經長別身。
鄉音兼月遠，哀響逐風頻。
羨爾翔雲外，嗟余滯海濱。
曾知矰繳苦，總屬未歸人。

67. 僧大愚
呈北海先生

隱棲春欲半，獨坐占煙霞。
雨過新苔長，風來弱柳斜。
城中人自遠，林下鳥空譁。
辜負同游約，夢迷芳野花。

68. 僧潮音
三野道中

信中行路難，過盡減餘寒。
不度千山險，詎知三野安。
草萋欣日暖，花落覺春闌。
漸爲京城近，轉教客思寬。

69. 僧冲默
早春雜興

幽壑容吾拙，新年感轉深。
已知蕉鹿夢，稍得薜蘿心。
郊樹餘寒色，溪雲送夕陰。
向來觀物理，遮莫二毛侵。

70. 僧闌侃
暮發河內

薄暮郊村路，稻粱露氣清。
山松留鳥語，徑草帶蟲聲。
地靜聞人響，月明送我行。
城門知可近，鐘磬隔林鳴。

71. 僧大幻
與若山君散步
秋晴携社友，藤杖水村過。
斜照蓼花岸，亂雲松樹阿。
野航人度少，藪竹鳥歸多。
步步尋芳草，與君擬楚歌。

72. 僧禪軾
贈文卿
東關千里士，聯璧重當時。
白日芙蓉雪，西風薜荔帷。
喪明通左語，結髮授毛詩。
不嘆山河邈，新秋指路岐。

過宿子祥
邱捨今何夕，新秋握手期。
文星窺客至，明月懇杯遲。
結冷金城柝，含風玉樹枝。
重來思往別，花底淚雙垂。

73. 僧亮融
偶成
吾生堪玩世，棲隱古祇林。
偏對真如月，稍觀不住心。
煙霞成痼疾，山水足知音。
伏枕蓬蒿宅，風塵豈得侵。

74. 僧衍機
賀大鵬禪師應請東渡
雲水千重外，秋風孤客船。
知辭濟北道，遠赴海東天。
標格相逢後，聲名不到前。
扶搖初展翮，期見碧霄邊。

75. 僧海量
寶泉房
勝緣尋絕境，四望對清虛。
更覺心中爽，卻憐世上疎。
湖光浮萬象，山色現千如。
若領三車喻，誰甘火宅居。

76. 僧普觀
呈君山先生

三徑多松菊，但知容膝安。
逍遙甘地僻，骯髒覺天寬。
書案耽風物，綈袍避歲寒。
養生應有術，何待大還丹。

77. 僧貫道
寄岱州

清涼池水上，結社愛逃禪。
樹色春秋遍，泉聲日夜懸。
溪風飄貝葉，山氣吐香煙。
默坐揮如意，道機得自然。

78. 僧闡教
秋夜即事

高樓多爽氣，登望對秋天。
星少銀河外，月明玉樹前。
雁鴻從北到，烏鵲向南翩。
乘興揮毫處，不才愧惠連。

79. 僧日謙
別新知人
不必關秋氣，晚來客思悲。
交情還暫得，心事聊相知。
傾蓋便如故，拂衣自有期。
只言從此去，飛錫復何時。

80. 僧獨雄
夏日偶成
由來清淨域，掛錫倚煙霞。
結夏聊留跡，隨緣暫作家。
坐看前徑竹，出摘後庭花。
欲極無窮意，此生亦有涯。

81. 僧秀存
夏日山居
青山圍四面，何限隱棲心。
柴戶無人到，竹窗有鳥吟。
酒醒午睡起，茶熟夕陽沉。
不斷松風響，那知炎暑侵。

82. 僧修
訪北山橘菴先生
故人居可愛，開庸即青山。
嘉樹圍階秀，晚雲傍檻還。
彈琴操幽意，採藥駐華顏。
卻與緇衣熟，不嫌來叩關。

83. 僧了周
赤石客中游海濱
新晴白沙上，數里曳筇行。
茅屋鹽煙動，莎堤海日明。
鳥飛知島近，帆掛覺波平。
杯酒非吾好，卻憐詩思生。

84. 僧慧海
游神護寺
秋老山間寺，閑門一徑通。
松枝罩嵐翠，楓葉帶霜紅。
橋影沉寒水，鐘聲入晚風。
盤桓多賞事，新月已昇東。

（慧海實聞之弟，俊嚴從弟，二上人，年僅二十淨業餘力，耽思詩詞，并有絕才。）

附五言排律

85. 關忠貫
出塞
將軍辭帝闕，萬馬向漁陽。
沙磧煙塵暗，玉關殺氣黃。
弓張邊塞月，劍帶漢營霜。
幕府鼓聲動，轅門旗影揚。
長驅青海上，轉戰黑山傍。
何破單於壘，飛書奏建章。

86. 松尾直員
哭頑海禪師
隻履今何在，雲昏色界天。
不寬廬岳禁，更識趙州禪。
賜紫宸恩渥，談玄妙理全。
桑門偏渴仰，蒲塞各周旋。
交結蓮華社，詩傳栢樹篇。
寥寥棲隱地，漠漠退耕田。
廢宅山鳥噪，荒垣野藤懸。
躑躅珠閣側，慟哭素床前。
抖藪思遺教，歸依失勝緣。

頭陀餘片石，追憶望凄然。

87. 越智正山
奉答白河俟見寄
梁園裁錦字，郢國聽瑤音。
春滿琴書裏，花開翰墨林。
明時逢雨露，薄宦改衣簪。
自愧遷鷥意，只憐附驥心。
雖傳三世業，空恨二毛侵。
賴有親知在，交情感古今。

88. 松延年
汪竹里再渡來賦贈
不復懷中土，孤帆度大洋。
携囊問瑤草，指樹辨扶桑。
滄海三山近，青天萬里長。
朝陽君子國，落日聖人鄉。
載籍求周典，來禽伴越裳。
乘桴非戲語，古道在東方。

89. 宮田明
爲園部世子奉壽君矦六十一初度
朱門開壽宴，綵服映華筵。
日月回初度，風雲密上天。
嘉謀弘大化，樂只定長年。
世篤忠貞美，朝稱寅亮賢。
松寒條益茂，竹老節逾堅。
衛武當同室，誰如德業全。

90. 藪慤
重陽蓮光寺集得八庚
北郭聯游騎，東林問舊盟。
偶逢佳節至，況有遠公迎。
淨地蓮爲社，重陽菊發英。
興闌烏帽落，詩就碧雲生。
出塵諸界豁，脫綏一身輕。
最好金繩路，俳徊踏月明。

聞子友宿小金峯絕頂有此寄
絕頂臨滄海，千盤出紫霄。
憐君携道侶，高此弄清宵。
碧落纖雲盡，靈臺百慮消。

嘯兼天籟響,袂與月華飄。
酒榼調松子,仙壇藉藥苗。
迢迢塵外夢,合有桂旗邀。

91. 石作貞
春日山寺
碧山圍梵刹,白社鎖東林。
經臘無僧出,乘春有客尋。
嶺雲開淨界,巖瀑滌虛襟。
金榜花光照,青簾竹色侵。
裁詩塵思少,揮麈道情深。
淹坐斜陽裏,蕭條晚磬音。

92. 下川貴慶
春日游集西皋公別墅
爲是尋前約,且憐朝雨收。
方同王氏賞,不比謝公游。
斜自橋西路,來登水北樓。
鐘聲傳谷口,帆影度津頭。
山下孤村在,雲端古木幽。
分香花底坐,鳴玉石間流。
蝶舞游絲亂,燕飛綠草抽。

披襟斟美酒，連榻對芳羞。
豈止詩情適，單教塵慮休。
清歡相共遍，落日上簾鈎。

93. 巖垣彥明
羽林藤公奉勅使鴨祠因賦奉呈
蔭山朱景敞，葵葉秀紛紜。
領詔禮容盛，題標祭典殷。
龍旗辭北闕，鳳吹入南薰。
呵殿儀衛肅，衣冠蘭麝芬。
玉蹄天廄馬，金甲羽林軍。
河繞宮垣合，樹連御道分。
風雷整年谷，日月帶祥氛。
韶舞壇墠上，恍看簇慶雲。

94. 清勳
御溝新柳
上林開淑景，新柳御溝湄。
嫩葉臨流動，桑條拂岸垂。
籠煙態仿佛，映水影參差。
漸斂鵝黃色，徐舒翡翠絲。
眉疑京兆畫，腰想楚宮姿。

飛絮歌塵起，輕風舞袖披。
酣眠催夢曉，嬌鳥喚醒時。
綰作同心結，不須連理枝。
非關攀折恨，何解別離悲。
爲是天威近，偏承雨露滋。

過西皋公別莊
西皋招隱處，東閣引賢時。
緑野堂相似，白雲心可期。
林楓開錦繡，池水疊琉璃。
迎客親茶鼎，呼童命酒巵。
清談君自妙，玄著孰堪知。
欲擬閑居賦，何論別墅棋。
昏鐘聲斷續，宿鳥影參差。
爲愛風光美，偏憐暮景遲。
懸車教衆仰，秉燭與人嬉。
歸路逍遥趣，不須倒接䍦。

山茨樓席上分題賦得夢登天
曲肱閑室裏，八翼夢中生。
恍惚經虛碧，分明到太清。
不須棹郎助，自有羽仙迎。

風歛看鳶戾，雲深聞鶴鳴。
管窺心始解，盆望或應成。
絲竹黃金闕，山河白玉京。
憂同杞國慮，興愜漆園情。
醒迎五更後，犬鷄天上聲。

95. 島津義張
汎舟同子寬世子
錦帆懸落日，蘭楫遡中流。
爽氣新回霽，清風先試秋。
彈琴驚水族，置酒伴沙鷗。
遙岸連仙島，長堤出佛樓。
鐘邊禽影動，鵬際月光浮。
吟朗袁生渚，興催王子舟。
任他碧漢轉，何似汾河游。
垂露人如玉，追隨蘅葦洲。

96. 吹田定孝
暮春同潛龍師游松濤菴
中峯攀石逕，亭子倚幽林。
海北鼇山簪，城東積翠深。
罵花春欲暮，支許此登臨。

市井炊煙起，鐘磬落日沉。
只窮千里目，寧說百年心。
趺坐消塵慮，松濤奏梵音。

97. 小倉深造
拜八幡神廟有感

玉殿松風冷，悠悠幾度春。
石清清水出，山爽爽鳩馴。
虛壁掛弓矢，間庭奏樂均。
懸知織錦女，尚憶傳經人。
廣地致殊俗，通言有席珍。
皇恩流率土，聖德及遺民。
警蹕千年絕，威靈萬古新。
猶聞征異域，不必起胡塵。

98. 野公臺
滋賀懷古

石鹿千齡地，先王一建都。
上游分澤國，通邑攄天衢。
野曠連靈岳，江開足勝區。
風猷崇禮樂，經術重文儒。

袂露悲宸藻，冠階美聖謨。
登高覽陳跡，懷古問樵夫。
井水餘香刹，邱陵拜鼎湖。
苑空花自落，林靜鳥相呼。
極浦寒煙起，荒村晚色孤。
悠悠思盛代，感嘆獨踟躕。

99. 西元明
游讚州弥谷寺
突兀孤峯秀，登攀萬象低。
雲霞空色相，金碧認招提。
路轉諸天切，樹圍下界齊。
遥天迎塞雁，近海聽潮鷄。
偶向清凉境，更悲穢土棲。
躊躇猶駐杖，落日鳥歸西。

100. 北山憲
東游舟中作
負笈出鄉土，乘春指海東。
贈袍憐社友，離酒慰家翁。
山隱臨津樹，潮生向晚風。

單身仗雙劍，萬里汎孤篷。

澄影波間兔，冥飛雲際鴻。

前途渺乎遠，客思坐無窮。

日本詩選續編卷之三　終

卷之四

平安　江村綬君錫　著
清勲　公績
山瑛　子成　同校

七言律詩上

1. 源義裵
中秋懷小泉疾
煙波弄月海隅秋,回首中原此倚樓。
紫極遙分仙掖望,銀河近擁御溝流。
抱珠鮫室泣今夕,懸夢鈞天想舊游。
安得重來攀玉樹,夜光雙照接隨疾。

得矢公栗書賦此寫感
西荒昔記月明秋,携客觀濤海上樓。
豈謂鄒枚齊厭世,安期李郭復同舟。
他鄉物候令人老,故國山河對酒愁。
天際偶逢孤雁落,纔開尺素淚先流。

2. 源義妥
古意
宵冷長安明月浮,數聲塞雁過高樓。
城南砧杵千家夕,簾外梧桐一葉秋。
鏡裏紅顏悲昔日,機中錦字滯邊州。
空床燈下徒垂淚,夜夜天涯獨處愁。

3. 安積覺
恭應一品大王令賦桐壺白

淑景名叢屬內家，香風十里遍毘耶。
移來姑射峯頭雪，擎出瑤臺月下花。
露滴仙漿杯欲溢，煙呵明鏡玉無瑕。
檀心點着羹墻感，綉幄春深占物華。
（按桐壺白，應是白杜丹種名，省中有淑景捨。）

4. 酒泉弘
同

梁園瓊萼日邊來，淑景花迎淑景開。
鳳翼將飛風未動，蟾魄欲下雪先催。
天然素質非誇艷，月裏粉光新傅腮。
多少紅粧都壓盡，御欄香氣溢銀杯。

5. 栗山願
同

種出九重雕輦忙，花圍七寶夜欄光。
露凝仙掌無邊色，雲襲廬峯一片香。
月影透簾迷午雨，雪輝流地坐春陽。
瓊姿新浴天潢水，滿面東風誇艷粧。

6. 德田庸

秋杪谷義父偶至自水府賦此言懷

千里尊羹今未忘，酪酥雖美尚他鄉。
霜寒先見鬢邊著，日短豈堪職事忙。
狂態纔存論意氣，宦轍各異感行藏。
緣君欲作還家計，既爲祝融亡草堂。

7. 盧重裕

寄赤水山人

秋來此地轉蕭然，嬾性蹉跎經幾年。
遙夜夢懸滄海上，長天望斷白雲邊。
調琴豈向他方奏，作賦欲逢同病憐。
千里飛鴻書可達，交情何必事周旋。

8. 山脇敬美

賀白石先生五十華誕

金鞍白馬此追陪，桃李陰陰映壽杯。
珠履聲殘花影轉，玉簫吹斷月華開。
綵衣偏向樽前舞，青鳥遙從海上回。
大雅清風傳盛事，賦成誰繼謫仙才。

9. 木保長益
晚夏喜諸君至呈白石先生
春來秋去待君歸，離索共嗟世事非。
風度疎簾巢燕起，雨過森木亂蟬飛。
兩都賦出何人似，八詠篇成讀者稀。
近日河梁再分手，明年此會莫相違。

10. 朝倉景純
次蘭山兄見送別韻
醉唱驪歌猶在堂，夕陽一半映漁梁。
歸鴻遙叫白雲外，征馬頻嘶青草傍。
古寺鐘鳴求夜宿，空山月落促晨裝。
主人送我交情厚，他日新詩寄幾章。

11. 深山良
歲晚奉寄大池先生
山陰雨雪近如何，過客衡門應日疎。
白社甘貧百鍾酒，青燈忘老一床書。
年華荏苒前川水，世事蹉跎下澤車。
聞道玄經能起草，時人已比子雲居。

12. 小瀨良正
詠海鼠腸

天厨臘月進鵞黃，一尺鸞刀欲截長。

獺髓非關供面藥，龍涎應似賞神香。

銀壺凍合酴醾色，玉碗凝成琥珀光。

海外由來多美味，肯論公子獨無腸。

（此詩，白石鳩巢二先生，極稱其工緻，以故傳播一時，到今膾炙人口，其詳見《金澤披沙》。山脇敬美以下五人，并金澤作者，當時鳩巢先生爲藩文學，陶化之美可觀。）

13. 鵜孟一
雨中服仲言邀飲海崖酒家

携來豪興海門東，留客胡姬酒肆中。

疑自蓬萊迎織女，且開樓閣接仙翁。

雨連曲浦人家斷，潮拍頹岠龍穴空。

回望暝濛迷暮色，誰知賴有汎槎通。

月夜宿江島

孤島崔嵬石徑通，躋攀神女妙音宮。

樓頭人傍諸天月，洞口龍吟半夜風。

鐘度清霜淒滿地，珠搖滄海皎連空。

更闌不寐聽波響，疑和琵琶入曲中。

14. 秋以正
送陸文長還相中
多情欲別此登樓，握手陽關歌且留。
醉爾十年燕市裏，送人今日鳳城頭。
深秋搖落望何限，前代豪華心自愁。
安得飛來雙白鶴，一時并駕以敖游。

15. 神户由道
青
浮雲散盡暮天晴，嵐氣如藍四望明。
葉底雨乾梅未熟，燒痕日暖草新生。
秦時松受太夫爵，衛國竹傳君子名。
懷古孤吟柳陰裏，鴨頭點破翠禽輕。

蓮
雨過平池凉滿堤，芙蓉競艷出淤泥。
露浮青蓋隋珠重，風撼紅衣蜀錦低。
塵外幽香無蝶識，波間清蔭有魚棲。
浪留騷客煩詩思，猶勝含情在越溪。

和答足立坐
老來親友幾人殘，尚憶曾游坐夜闌。

門外客稀忘敝帚，江邊誰與把長竿。
秋雲漠漠鄉千里，世路紛紛事百般。
今日謝君珠玉贈，摩挲病眼倚欄看。

16. 井上鶯
元日口號
里門雞報曙雲堆，膝下兒孫綵服開。
華髮歡心三日醉，青春消息一瓶梅。
甘閑厭見犧牛繡，弄世寧追金馬才。
前臘用餘泉十萬，乘喧將築讀書臺。

17. 栗元愷
净昌院集分題得鄽居
鐘鼎閭閻萬井開，日中貿易自喧豗。
高樓縹緲青旗動，大道縱橫繡轂回。
敢許魚鹽登壠望，時看鮫淚出淵來。
夷門無跡信陵古，清世誰知屠狗才。

壽西湖佐心齋丈人八十
煉丹何日學神仙，八十紅顏似少年。
金鏡平臨湖上宅，紫雲長護洞中天。
杯浮甘露人咸醉，花映斑衣色并妍。

自是遐齡千萬世，幾看滄海變桑田。
（鶴皋七律，合作尤多，以前編載三首故割愛止此。）

18. 橘雍
登天王寺浮圖
亭亭寶塔接煙雲，臨眺笙歌下界聞。
山勢南連春樹合，地形西折海門分。
觀音臺上花將盡，王子街頭日已曛。
千載猶傳唐樂府，黃鐘聲里醉氤氳。
（自注曰，寺南有王子街，世傳天王寺鐘聲合黃鐘調。）

19. 晁道恒
秋閨怨
秋風一夜入蘭房，夢後思人偏斷腸。
玉笛聲流雲際月，銀河影動樹頭霜。
關山白羽煙塵暗，沙塞黃榆道路長。
尺素難傳千里信，空看朔雁向南翔。

20. 山良由
菅相祠（在木曾）
叢祠秋靜亂峯傍，金榜蕭條掛夕陽。
古屋松低山殿暗，空庭梅發竹壇香。

一時遮莫青蠅染，萬世難緇白璧光。
借問鴻名何所似，舉頭雲外燦文昌。

一谷覽古
鳴鑾昔日出巡回，玉座遙臨海岸開。
絃管豈知三奏後，旌旗忽下九天來。
一時遺恨王孫笛，千載殘芳壯士梅。
總是興亡堪俯仰，斜陽浦上使人哀。

客中聞雁
夢後憑欄驛北樓，南飛鴻雁過江頭。
孤燈本自悲涼夜，四壁況逢搖落秋。
寒影高低隨月度，哀音斷續與風流。
休言千里傳書信，相對還添一段愁。

21. 橫井明

游松洞山
遠尋蕭寺步秋山，石逕盤旋草露斑。
覓菓孤猿啼樹上，荷薪樵子出雲間。
磬音常响六時禮，風景偏憐一日閑。
蓮漏漸催歸去處，慚違清境向塵寰。

22. 屈方舊
人日諸君集橫有功宅，余病不至賦寄
東風吹雨度春城，方見園中柳色明。
耽酒丁年加病懶，謝交人日負詩盟。
清貧四壁甘司馬，白眼長吟慕步兵。
此夕綺筵論故態，應憐獨酌意縱橫。

23. 恩田維周
贈泉子饒
郊居近識市南賢，竹裏衡門晝晏然。
奇字豈無童子問，禁方曾有異人傳。
同床共讀長生訣，服藥還分大極泉。
明日更逢春色好，與君携手弄風煙。

24. 千伯濟
水竹居書懷
長夏金門仙漏遲，從容退食且東菑。
墻頭山色深初服，竹裏厨煙散晚炊。
一自卜居官事嬾，纔因種柳野人知。
當年空抱蒼生望，小草風塵日日悲。

奉送君山先生奉命西到美濃畫地形及古蹟
名山載筆記風流，豈爲少文好卧游。
村落自憐魚鼇窟，公田半隸藕花洲。
居人避潦憑高岸，野女插秧轉小舟。
他日按圖論地理，疆塲應向掌中求。

25. 松平忠武
送屈秀才游五瀨
送客蓬萊一葉舟，天開溟海浪初收。
風塵何處青山夢，離別此時落日愁。
雨散雲津通絕島，煙深朝岳壯神州。
五蠻川上看明月，無限秋光照酒樓。

26. 松平秀彥
第一樓賞月
樓頭待月酒先釂，無奈江山鎖暮雲。
叢桂風幽香未度，陰螢夜暗語初分。
空愁玉女藏金鏡，何事仙人惜斧斤。
滿酌休論更漏轉，賞心元自出塵氛。

27. 礒谷正卿
秋夜千葉寺翫月
金波氾月注簷牙,竹裏僧寮夜不譁。
天上一枝懸桂樹,池中千葉湧蓮花。
故開舊社邀陶令,更見新篇屬謝家。
歡唬何堪清興發,臨風忽欲奏胡笳。

28. 衡時敏
秋夜集友人別業得流字
隱棲引客桂花秋,良夜同登庾亮樓。
欄外霧收青嶂出,天涯氣冷絳河幽。
影飛白雪歌相和,江淨澄波月自流。
本識主人金馬客,好忘塵境對芳洲。

29. 坂井利允
春日山行值雨
韻客相携出市門,春山徐步破苔痕。
花飛谷口風聲應,雨度林端鳥語喧。
新水乍侵芳草路,暮煙斜傍綠楊村。
紗巾露濕還堪笑,暫倚旗亭倒一尊。

30. 樋口好古
林亭避暑

西郊炎靄坐來分，園靜鳴蜩送夕曛。
簷下松篁全接影，門前野水自成紋。
迎風時動青繒扇，賦暑聊題白練裙。
縱飲遲回涼意足，揮絃漫欲奏南薰。

31. 垣內文徵
登南鷲峯

鷲嶺崔嵬飛閣重，長看咫尺會千峯。
楓林時望兼秋水，筼籟靜聽襍夕鐘。
大海煙波常駕鶴，積巖風雨幾降龍。
逍遙已似住天外，何處偶然逢赤松。

32. 松永公路
早行

數里侵星步大堤，蒼蒼物色望將迷。
煙籠驛樹飛花逕，露濕行裝芳草蹊。
古渡舟橫人未見，荒村鐘度月初低。
殘燈知是讀書士，明滅猶存叢竹西。

33. 下川貴慶

秋興

環堵蕭然碧水潯，不才何怪少知音。
紫蘭黃菊風霜老，翠壁丹崖夕日沉。
旅服夜寒征客夢，尺書秋寄美人心。
四絃彈罷遲明月，徒有床頭蟋蟀吟。

秋晚贈文仲

鷄黍相逢好舉杯，風聲何意入悲哉。
夕陽樹裏山鐘度，殘雨天邊塞雁回。
節物黃花秋共老，鄉愁白髮日相催。
客衣寒動家千里，嗟爾登樓作賦才。

34. 源重均

仙家閨怨

羽蓋霓旌何處留，海天一望倚瓊樓。
恐隨王母瑤池宴，或伴真人姑射游。
霞帔迎雲鴛枕冷，星冠對月鳳笙愁。
更無青鳥傳書信，閬苑蕭條紫橘秋。

幽居

檜栢陰森蓋四隣，儒宮一畝足容身。

時時携酒田翁至,日日忘機野鳥馴。
三徑年深苔色古,孤村雪盡草芽新。
吾居雖異吳門隱,澹泊應同南阮貧。

35. 佐佐木長秀
花影
林園月出照空廊,聯蕚枝斜影更長。
試背燭窺花睡處,偶移榻坐鳥棲傍。
珍襴紋細未添絢,淡墨畫成猶帶香。
樂意相關狂似蝶,繞梢自在認春芳。

36. 松波光興
詠水
原是濫觴積作泓,朝宗晝夜不休聲。
千尋底黯蛟龍蟄,四顧天空日月生。
西子浣紗雙手輭,嚴光垂釣一心清。
浮萍合處通舟跡,立岸纔看山影明。

37. 賀鷹
省中詠大披螢火
靈池不比景華宮,熠耀徘徊蒲柳叢。
似學衆星朝北極,如霑恩露散西風。

羅紈自惹新秋怨，緗帙何論輝夜功。
點點偏疑迎綵鷁，羣飛故繞水欄東。

38. 劉韶
小集賦新柳
隋堤二月馬蹄輕，復綰春風送客行。
乍暖乍寒含宿雪，半黃半綠弄新晴。
未巢頡頏斜斜燕，先喚綿蠻處處鶯。
自此東西南北路，別離無日不傷情。

漁父
一自江湖作隱倫，煙簔雨笠遠風塵。
漁舟何讓山林士，野水猶容草莽臣。
不是貪魚垂釣坐，應知避世與鷗親。
非羆入夢非吾事，休使明王問逸民。

39. 高俊
望琵琶湖
落日蕭條淡海秋，相携濁酒倚高樓。
青山倒映琵琶水，白鷺飛來蘆荻洲。
極浦波迎范蠡棹，曲灣魚上子陵鈎。
眺臨豈莫浮湘意，漫憶當年司馬游。

40. 源範義
牡丹
開元天子植花年,興慶池邊春可憐。
浥露紅粧迎御輦,含風艷態媚宸筵。
天香乍自金盤散,國色故裹錦幄傳。
此日太真恐相妒,嫣然不讓海棠眠。

41. 畑柳安
恭拜觀聖上登極宸儀
天門瑞氣五雲端,大極盛儀肅百官。
京國山河新雨露,唐朝文物古衣冠。
風飄香篆隨鴛鷺,日照冕旒舞鳳鸞。
共拜黃麻三段後,齊呼萬歲兆人歡。

42. 松尾直員
子祥向因吏事見禁錮屬聞罷職錮亦解賦贈
朱門白日照林塘,愁見浮雲暫蔽光。
縱是風塵疑薏苡,何妨松栢傲冰霜。
把杯誰共千鍾酒,染翰逾高大雅章。
多暇春來恩不淺,翻令君醉百花傍。

余以特命，再移居青山別莊養痾因寄文卿
卜宅青山境倍幽，朝猿夜鶴近人游。
養痾重對茅檐月，招隱非同桂樹秋。
已識主恩多雨露，還愁朋好遠風流。
欲聞天籟須乘興，衆竅寥寥萬木稠。

43. 森信門
訪藥園寺贈密師
藥樹花開支遁房，白雲深鎖奉醫王。
檐前邱壑供趺坐，野外煙霞繞戒場。
道德高懸明月色，詩才兼見綵毫光。
相逢許橡歸依切，聊脫囂塵下上方。

44. 布久敬
嚴島
廣陵城外碧崔嵬，絕島高臨海色開。
千里潮通華表柱，三春花發玉樓臺。
天晴瑞鳥披雲下，夜静神龍獻火來。
無限風光出塵境，仙游不必問蓬萊。

45. 青木玄武
暮秋宴城南莊
城南近隔故人莊，寬步到來秋興長。
菊布黃金連綺席，樹懸紅錦滿林塘。
高歌一曲隨絲竹，美酒千鍾飛羽觴。
不讓習家池上宴，任他終日醉成狂。

46. 松崎祐之
夏日江村
長夏江村車馬稀，遠檐松竹故依依。
岸頭花逐潮聲落，天外帆乘日影歸。
陰霧侵窗書易濕，海風吹枕暑常微。
晚來喧鬧魚成市，一帶漁家隔夕暉。

47. 松崎賢
暮春宴南宇大夫宅
積雨新晴起綵霞，霞中亭榭大夫家。
青條煙暗垂絲柳，嘉樹香馥滿苑花。
偏愛主人閑政事，能迎賓客賞年華。
颿山三月春將盡，回首高城日已斜。

48. 源敏
寄題平紀宗幽暢園
主人高興一何深，暢敘幽情入素琴。
三徑春煙芳草合，孤村樹色夕陽沉。
雲山不隔江湖夢，邱壑聊忘去住心。
漁客扁舟時自至，桃花流水杳難尋。

哭九華山人（五首錄二）
白駒已過古稀年，聞說騎箕更上天。
寥落千秋琴上友，風流異世酒中仙。
詩臨老後多奇語，病至死期同醉眠。
一夜游魂何處去，柴門明月正堪憐。

二
嗟君愛客日開尊，世上逢迎老更繁。
捐館豈無雙鶴弔，招魂徒有古人言。
荒山新墓松三尺，負郭高堂月一痕。
奏得床前琴數曲，不知此意向誰論。

49. 後藤世鈞
君矦五十壽筵侍宴
海國春融淑景催，忻逢盛宴得趨陪。

雲迎瑞氣連朱邸，日送流霞浮玉杯。
好鳥自俱仙樂囀，蟠桃更待壽筵開。
羣臣相慶歌天保，恩酒深霑荷澤回。

50. 奧田士元
歲晚書懷
蕭瑟人間歲月催，天涯羈旅思難裁。
賦成唯有文園渴，官拙偏嘆武庫才。
白雪凝華空授簡，黃金求駿已爲臺。
是非休向流年問，猶自琴書樂酒杯。

51. 山宮維深
七夕雨唐崎岡野二子來訪
積翠重陰接小亭，秋煙夕鎖樹冥冥。
雨過板屋珠爭轉，風入紗窗酒忽醒。
金井梧桐飄一葉，銀河雲霧隔雙星。
會期天上還如是，唯喜人間聚水萍。
（仲淵一時才子，使其令終，不朽不嘗也，仲淵可謂不幸尤者。）

52. 湯元禎
獨酌有感且憶亡友
獨酌蕭然欲解醒，沉吟遺悶短歌行。

經綸暫從大夫後，謫籍堪甘狂簡名。
昔游如夢流年過，嘆逝尋思萬感生。
豈謂親朋零落盡，舉觴齦哭醉中情。
（湯之祥非文學之士，而能以此文自任，名高藝苑，前編既已有載。余深愴之祥坎壈失意，又深惜之祥廢錮經年，以故再錄此詩。之祥與松君修交存知己，屬讀之祥悼君修七律五首，悲惋最甚，以省簡故不錄云。）

53. 建孝銑

福原懷古

海國西巡是帝畿，當年定鼎事終非。
枉將介胄謀經始，豈謂衣冠賦式微。
鳳闕空添新草閉，鸞輿長向舊京歸。
平原一路躊躇客，欲唱黍離奈落暉。

二

土功原是發公庭，父老頻年未得寧。
龍戶波驚人作牲，佛樓鐘響石爲經。
生前豪貴都無敵，身後滄桑豈有靈。
千古何曾存遺愛，霸圖空載史編青。
（前編不載澤夫七律，是以再錄。）

54. 片猷
江北海先生適過浪華，社友要而奉邀中洲玉川酒樓，余有事不得趨，賦以贈之

美人安在彼中洲，舟繫玉川春酒樓。
橫檻紅橋亙返照，繞牆碧水競分流。
雲山全屬登高客，賓雁才留將盡秋。
咫尺如何搔首意，不令邂逅得相酬。
（前編收片北海詩僅一首矣，因此重錄云。）

55. 篠應道
寄題三原妙正寺

雲山萬疊遠相思，菡萏華宮碧海湄。
鉢嶺秋寒行客少，鷺洲春暖去帆遲。
風煙無盡三千界，鐘磬長傳二六時。
黃蕨西垂多勝事，畫圖重向月明披。
（篠安道能詩能文，兼工臨池，前編載其詩，而不及七律，故收此一首。）

56. 岡彪
寄題宇都士龍潮鳴館

芸館高開海一涯，政聲吟思兩相嘉。
絃歌自作風流宰，文筆兼傳忠孝家。

寫出畫圖雲外島，製成美錦縣中花。
官情滌卻潮鳴夕，月色波光入碧紗。

57. 鳥文琴
寄題三原妙正寺
名寺憑高吞數州，山光水態最清幽。
慈航普濟栴檀海，寶月長懸兜率樓。
鯨嶼雌雄波上對，鷺洲大小鏡中浮。
曾知勝景無相比，何日遙尋靈地游。

58. 谷友信
暮春奉陪東叡大王園亭作此謹呈
鼍臺高傍兩花壇，修竹煙霞春色闌。
給苑鐘流山寂寂，梁池雁宿水漫漫。
落猿巖掛藤蘿出，飛鷲峯懸日月寒。
應教隨緣聊作賦，一時賓客此留歡。

寄題白河矦青山館
太守風流白玉卮，宴酣華館坐題詩。
青山春靜啼鶯谷，明月秋清浴鶴池。
庾嶺梅花曾自種，楚江楓樹更將移。
開簾授簡同游賞，不是騷人不可期。

59. 松延年
詠石
片石玲瓏淺瀨中，峯巒洞穴具神工。
雲根觸處堪來雨，山靄穿痕欲發風。
卻有一拳驅海勢，誰成五色補天功。
如今玩弄昇平日，人識當年圯上翁。

紫薇花
長夏花開百日紅，分栽掖省限西東。
雲梢近護三台坐，月樹高雙五帝宮。
皮滑獼猴攀不達，香飛桃李艷應同。
鳳池更灑朝來雨，忽奪仙郎染翰工。

鳳仙花
誰道神仙難可逢，階庭瑞鳳簇嬌容。
雌雄斂翼朝陽照，紅白交花夕露濃。
何數越裳來翡翠，無爲大掖採芙蓉。
吹笙且愛幽窗下，不問秦臺十二重。

鷺
仙姿曳步白霓裳，獨立娟娟傍野塘。
月上清波難辨色，蓮開綠水不來香。

孤飛林岫時時雪，羣集蒹葭夜夜霜。
洲渚相呼隨意宿，猶堪齊整比朝行。

（蘐園木鐸歷下，海內藝業一變，而東都爲甚，一時篇章，金石鏗鏘矣。但規字矩句，命題用事，必有常套，以故菲才淺學，爲藏拙之捷徑，千首一律，瓦釜雷同，覽者厭倦，不能卒章。服仲英頗矯其末弊，而登壇不長，屬得松子長《詠物百首》，而心目爲之一新，乃錄其數首者非爲鼓舞詠物也。若夫詠物詩之一體，作之可矣，不作亦可矣，其詳余於《授業編》別論云。）

60. 村盛芳
漁翁
自入江湖歲月多，生涯半向此間過。
秋風憔悴雙蓬鬢，夜雨蕭瑟一釣簑。
家在滄洲難物色，身隨白鳥任煙波。
世人欲識心中事，隔岸時聞醉後歌。

61. 越智正山
早春携林文華奉訪烏山老侯山莊
山莊春早此盤桓，携客重堪罄舊歡。
坐上金尊傳綠酒，林間殘雪動餘寒。
煙霞興向梅花發，詩賦情忘冠冕寬。
避世嚴耕高隱操，菟裘誤作鹿門看。

62. 千葉玄之

飲中廷仲樓

終日高樓客未歸，酡顏相對共忘機。
丹青正好通神術，詩賦兼知與世違。
泉石淋漓常滿壁，松雲點綴坐侵衣。
君筵何必勞絲竹，畫裏清音聽者稀。

煙波釣叟壽飯島汝文家翁七十

一曲漁歌鷗鳥前，簑衣笭箵倚江天。
桃花波暖移輕棹，楊柳煙濃繫小船。
數尺綸投香餌坐，雙篷鬢枕酒樽眠。
此翁瀟灑忘名利，釣得巨鼇樂大年。

63. 古屋鬲

歲抄東肥井蟠年見示新著

天涯一別感居諸，客夢迢遙舊蔽廬。
明月難同良夜飲，青山久負故人書。
西窗銀燭寒相照，北里瑤笙歲欲除。
憐爾文章成五色，寄來轉更嘆歸歟。

留別津子建

王孫草色滿汀洲，游子將歸臨水流。

柳外人歌金縷曲，梅邊䨮照木綿裘。
南州此日空懸榻，北客何年又繫舟。
醉裏江樓分手處，各天回首白雲愁。

船居
釣罷滄浪鼓枻歌，生涯自分老漁簑。
長竿曉拂瀟湘雪，短棹秋凌楚水波。
潮落青楓江上宿，月明紅蓼渚邊過。
無端驚破篷窗夢，木葉紛紛和雨多。

64. 菅谷千秋
話舊示友
一夢同游已十春，說來總是淚霑巾。
啣杯空憶紅顏好，把袂誰憐白髮新。
絳帳先生皆隔世，黃壚舊侶半成塵。
不才御李還被怪，難起龍門地下人。

病中書懷
紫芝山翠即園林，山下茅檐晝欲陰。
凋落先傷蒲柳質，病來逾長薜蘿心。
浮雲處處隨愁色，寒雨村村響暮砧。
薄祿身安稱吏隱，生涯猶憶鹿門深。

（前編不錄少卿七律，以故再及。）

65. 原田直

西京寓捨中秋賞月

啓社排筵白露秋，縉紳擒藻壓曹劉。
參辰北繞紫微近，碧漢西橫素月流。
佚女容懸金鏡麗，襄王夢對夜珠愁。
休言顧盼綈袍少，裂錦猶餘百結裘。

恭奉拜謝東叡大王之教

傑刹生天繫日華，仙班象緯擁袈裟。
青蓮夜駭王孫座，綺李春開帝子家。
一自雙龍降遶樹，頻看衆鳥盡啣花。
雍熙東海聖人出，竊擬侍從聽押麻。
（前編錄東岳詩僅一首，爲之再錄。）

66. 和之璧

古戰場

連山盡處草茫茫，傳是漢時古戰場。
夜雨何堪聞鬼哭，秋風猶自斷人腸。
深耕古壘逢金鏃，遍訪荒墳迷白楊。
野老至今說奇策，上流曾決萬沙囊。

67. 高道昂
答野季產見懷

江關意氣憶同歡，十日平原相值難。
爲客朱弦愁裏絕，懷緘白紵夢中看。
蒹葭風度三江冷，絡緯秋啼四壁寒。
賴有綈袍相贈侶，望塵不用拜衣冠。

68. 室偉文
夏日睡起

放歌一曲倚匡床，感慨千秋動易狂。
對酒黃鶯猶喚友，當筵綠樹早來涼。
鬋鬖無恙雙龍氣，蓬鬢從衰五月霜。
不是青雲因失意，何能醉臥到羲皇。

69. 南川文璞
答謝江中建澤夫問賤恙

伏枕蕭條夢亦寒，忽聞一雁雲端來。
朱絲欄上論心切，綠酒樽前握手難。
桐栢千峯爭突兀，琵琶萬頃見波瀾。
傳書只說新知樂，回首湖天路渺漫。

初秋懷山中父母寄弟

西風永夜動空林，憑几寥寥作越吟。
菽水何時同奉養，塤篪憶昨慰蕭森。
各天鴻雁情偏切，兩地雲山淚不禁。
共是弟兄過客裏，秋來轉愴倚門心。
（自註曰：爾時弟亦客在他鄉）

70. 伊藤一元

重和答米澤某

三十餘年感白駒，三千里外月明孤。
名山石室書多少，玉葉金枝雁有無。
寵禮深知米澤醴，秋風或待松江鱸。
一時彼是青雲士，念及慇懃問老夫。

寄懷南宮喬卿

各地春風吹鬢斜，東方萬里美人賒。
天台嶺上裁新賦，日本橋頭弄綵霞。
多病強甘陶令酒，相思難命呂安車。
山河迢遞情無極，獨撫瑤琴泣月華。

71. 長玄珠
客中秋興
旅館蕭條搖落秋，轉蓬何事此淹留。
登樓一夜仲宣賦，去國三年季子裘。
萬戶擣衣驚客夢，數聲吹笛動鄉愁。
可憐夙志無人識，回首西山月影流。

72. 高木秉
寄白河某文學
茅廬遙對武隈潯，紅樹蕭條繞碧岑。
江上煙收通遠色，山中雨歇動輕陰。
林開三逕人空老，月照孤樽興自深。
一避風塵甘聞寂，思君難贈白雲心。

73. 伊東元豐
呈梅龍先生
故舊天涯賦四愁，相思千里淚空流。
青雲縹緲西京色，白髮蕭條北海秋。
只覺離羣衣帶緩，何堪招隱桂叢幽。
遙知梁苑頻陪宴，授簡無心嘆倦游。

74. 松山造
姨棄山賞月
遥空霞歛夕陽頹，東嶺綵雲粧鏡臺。
分影水田千月映，沉光石瀨一川開。
客游曾記都人詠，蟲響猶殘老女哀。
覽古卻添清夜賞，桂林深處獨徘徊。

海邊賞月
賞月清筵蘆荻隈，深秋夜色滿眸來。
能溟波湧珠洲映，佐島雲飛金岳開。
曲浦沙平疑積雪，高天露下絕纖埃。
酒杯偏爲敵寒氣，銀漢光斜未說回。
（能即能登，佐即佐渡。松山茂肅越後絲魚川邑長，家業農賈，非不塵擾，而天資好學，夢寐斯文。其子姪皆能詩詞，近創銷夏樓，博蒐典籍漸將充棟，可謂風流偉人。）

75. 縢國紀
初夏同人游山寺
招提春盡樹蒼蒼，舊好尋來選佛場。
惠日光分城市敞，慈雲影擁梵臺長。
山深遥徹蓮華漏，跡少窺窺貝葉藏。
漫擬風流支謝侶，談玄薄暮對繩床。

（滕國紀赤羽作者，余纂前編得其詩晚矣，僅收一絕句，以故再錄。）

76. 永田知章
游靈巖寺
禪棲高鎖澹雲深，佛界寥寥寶樹林。
夏日溪泉飛白雪，秋風木葉布黃金。
仙禽啣菓窺趺坐，龍女捧珠聽梵音。
掬得靈巖窟中味，幾回使我滌煩襟。

77. 關祐之
病起春行
春光扶病到前川，柳岸風暄見纜牽。
佛閣參差松葉際，農家向背竹叢邊。
夕陽收處山皆紫，暮雨晴時花更鮮。
童子促歸途已遠，瘦肩倚杖喚湖船。

78. 井忠昌
七夕
梧桐一葉滿天秋，烏鵲橋成夜更幽。
桂月如鈎光皎皎，星河似帶水悠悠。
九微燈燭鴛鴦帳，七寶欄干翡翠樓。

唯怨年年相會少，深沉玉漏奈離憂。

79. 菅元選
早秋同源甲山游嵯峨
京城西去作郊吟，大堰河邊綠樹陰。
魚躍深淵如有樂，鷗馴小渚似無心。
揮毫詞客班荆坐，携網漁翁傍岸臨。
此地不須絲與竹，眼前山水有清音。

80. 三宅芳隆
秋日游高臺寺
八月東郊宿霧陰，城頭咫尺入雙林。
雨餘斜日輝霜樹，天半淒風雜梵音。
二世豪華流水盡，百年征戰影堂深。
傘亭長嘯空憑檻，幽砌向昏蟋蟀吟。

81. 平元秀
夜宿海驛
旅館殘燈客淚紛，天涯飄泊嘆離羣。
夜深遠寺鐘聲度，星落前灘漁火分。
河漢斜時烏啼月，關山盡處水連雲。
終宵不作家鄉夢，總爲風濤傍枕聞。

秋日作和林子行（七首錄一）
白雲水驛傍層巖，無數亂鴉迷落帆。
漁浦夕陽懸曬網，孤村暮雨拂風杉。
人生自斷三刀夢，龍氣誰窺雙劍函。
莫問交情近疎濶，懶將伏枕對書緘。

自讚州歸明日寄子華
囊底縱橫知幾篇，賦才才試遠游年。
名山多伴向禽侶，一水同乘李郭仙。
託跡江湖逐萍梗，寄情邱壑弄風煙。
歸來探勝徒神往，但有相思夢寐懸。

82. 松安美
送村生游東奧
詞客乘春賦遠游，行探勝地向邊州。
金華神岳三千里，珠樹仙臺十二樓。
自古封疆推大國，即今毛狄屬諸矦。
知君到處名山上，直望扶桑海日流。

83. 梅之精
塞上感秋
西風榆葉亂紛紛，日夜邊聲豈忍聞。

客淚偏添翰海浪,愁心暗結隴山雲。
笛中楊柳腸先斷,夢裏鄉關路不分。
傳道漢家新募士,只今誰屬李將軍。

84. 山允文
春日有感
犬馬空過四十餘,老身抱影在茅廬。
孤貧纔醉賢人酒,落魄猶耽太史書。
塵世由來甘後進,官途元自怨前魚。
昔時交態如流水,獨喜春花未盡疎。

85. 林維德
清暉樓避暑
日落江樓蒸氣消,披襟一望遠煩囂。
水心山疊青螺出,渡口流搖白練遙。
載酒聊催河朔飲,揮毫先賦廣陵潮。
乾坤更有神飛思,欲擊南溟上九霄。

86. 東廉之
春日小集酬竹子正
茅堂開宴落花天,坐上俊英皆惠連。
更喜奉迎同筆硯,勿言留賞爲林泉。

池頭草色牽詩興，竹外禽聲破醉眠。
末俗交游堪白眼，對君聊解子雲玄。

87. 崎田勝易
秋日游三瀧寺院
野逕荒涼秋水涯，青山行邊梵宮斜。
懸泉三道如鳴玉，墜葉千林似雨花。
飢烏相呼來就食，老僧無事坐烹茶。
一時解脫塵緣累，閑見孤雲落日賒。

88. 副昭賢
送古淳風游京師（龍泰寺席上）
相值城南古佛塲，暫留游子促行裝。
對僧堪共伊蒲食，勸客何妨般若湯。
日落鳴鐘催別意，天寒孤月照離床。
今宵同聽蓮華漏，憶爾僑居夢裏長。

89. 西岡瑗
同
龍鍾雙袖出親闈，迢遞單行向帝畿。
秋夜閨中題錦字，春風堂上待斑衣。
朱絃曲闋知音隔，白雪歌成和者稀。

果遂男兒平日志,壯游千里自雄飛。

90. 成廉夫
同

三冬霜雪度山川,游子銜恩入洛年。
殘柳疎槐臨驛路,清尊美酒對離筵。
寒雲吹斷青山外,征馬嘶來綠水前。
兩地關河相去遠,一輪明月片心懸。

91. 江方義
同

高亭斜日送同袍,共唱離歌醉濁醪。
赤馬關頭多雨雪,青牛渚畔壯波濤。
幾年藝苑懷雄志,何處名山落綵毫。
君到京畿逢小弟,爲傳薄禄就閑曹。

92. 石韞玉
同

客子登途冬雪飄,寒風颯颯馬蕭蕭。
共傾落日殘樽酒,更折繁霜枯柳條。
千里行從分手始,萬山色對別顏遥。
羨君詞翰增光綵,上國由來佳氣饒。

93. 田中雅
題曲水圖

桃李花開映綺筵，暮春韶景會羣賢。
如非洛水流觴日，應是蘭亭修禊年。
寓目游心天上客，倒壺揮筆醉中仙。
英風千載猶堪想，圖畫臻今此地傳。

94. 磐瀨行言
七夕書懷

西風此夜自秋聲，坐久衣裳冷已生。
片月暫飛烏鵲渚，長河霽下鳳凰城。
更深絃管人何在，雲散女牛宿轉明。
呼吸無由通帝所，凭欄聊問古今情。

95. 溝口尚論
寄題備後長井浦

漁歌樵唱茂松中，遺廟籠煙小逕通。
細雨陰連崷畔樹，片帆暗映海天虹。
層城近處三原出，怒浪翻時孤島空。
神后西征猶在眼，獻詩萬里仰雄風。

（溝尚論，前編載其名氏，而不錄其詩，此以補其遺脫。）

96. 林貞亮
題五岳山人所畫山水圖
一幅丹青誰用工，山河遠近望無窮。
行人常止板橋上，騷客長吟茅捨中。
雲水浸空清渺渺，松杉遶壑鬱蔥蔥。
不須短棹兼游屐，萬里風光咫尺通。
（貞亮落花詩，有"流鶯啣去再歸樹，狂蝶追來俱過墙"一聯，不記全章以故無載。）

97. 蘆田克誠
應松太夫請奉題醉月亭
宗卿華館府城隈，飛宇新臨林苑開。
勳業預思廊廟器，經營先見棟梁才。
延賢偏擬平津閣，招駿堪同冀北臺。
好是高亭稱醉月，迎賓幾勸夜光杯。

98. 鈴敏雅
廢寺
幾年祇苑長蒿萊，頹壁殘墻委蘚苔。
碧瓦飄零風雨後，綠碑埋没石泉隈。
殿寒佛坐燈何在，逕斷洞門僧不回。
獨有陰森松栢色，深留猿嘯守荒臺。

99. 中弘道
送尾子厲歸讚州
把酒江亭雨始收，離歌沉醉暫淹留。
風花此去迷長路，春草相隨到故邱。
馬上名山他日夢，客中歸雁幾年愁。
已知別後登臨地，回首天涯憶舊游。

100. 櫻井篤忠
菟道懷古
菟道川頭釣殿頭，清波千古一悠悠。
棣棠瀨上微陽照，盧橘洲邊薄霧浮。
開士津梁無雁塔，老將蹤跡有林丘。
可憐往昔英雄恨，化作飛螢映水流。

101. 大島義寔
寒夜集象水先生亭得五歌
名苑風煙豈比他，霜清紅葉下喬柯。
屠龍窗外雲臨案，趨鯉庭前雪濕珂。
赤水明珠何日採，玄亭妍月幾人過。
更懃賢友成章處，醉擊芳尊唱楚歌。

102. 近藤庸顯
春日臥病寄懷伯孔
前園花落錦成堆，伏枕三旬罷酒杯。
暖日晴光嗟我臥，湖天春色爲君開。
徒悲處仲敲壺意，深愛文通夢筆才。
秀語逼人名頓起，誰將翰墨欲徘徊。

次韻種元民旅情
霜落金天鴻雁飛，客居蕭索晝關扉。
詩篇愧我休文瘦，戰勝憐君子夏肥。
白首從來拚縱酒，青山何更問初衣。
浮生轉悟須行樂，不用人間嘆昨非。

103. 角文仲
答姪潤
五斗棲棲彼一時，而今偃蹇臥茅茨。
佯狂態任傍人怪，真隱情無過客知。
病嬾此生荒舊業，風流之子有新詩。
城中朋好如相問，爲道門前柳未垂。

二
一朝歸去事林扉，時論紛紛有是非。

壯志曾悲蒲柳質，初心終遂薜蘿衣。
鑿山故學愚公拙，違世還多癡叔誹。
獨喜吾家得賢姪，由來御侮總相依。

104. 木世輿
題環山亭
莊南莊北擁松筠，亭後亭前愜隱倫。
地僻市朝殊不遠，天開林壑亦爲隣。
白雲常繞青山外，明月長窺碧水濱。
勿怪時時鸞鳳嘯，由來蘇嶺有高人。

105. 飯田豹
澤伯華宅集
此日相逢舊竹扉，春風握手思依依。
倉庚近隔林花囀，鴻雁遙穿山靄飛。
坐上黑頭人自愧，尊前青眼世還違。
更知君是劉郎侶，一向天台採藥歸。

106. 源景美
洛陽春望
楊柳青青洛水濆，絃歌聲入晚風聞。
遙天積翠鳩峯樹，遲日輕陰鳳闕雲。

何處公孫飛蓋去，誰家游子賞花罩。
相携欲賦韶光美，難奈西山斜景曛。

107. 吹田久之
賦竹壽某君四十
名園晴吐萬竿煙，淇澳移來近壽筵。
對酒清陰浮席上，倚欄翠色滿階前。
風吹夜夜鳳笙徹，露濕朝朝龍籜鮮。
自有此君凌霜操，長儔松栢保遐年。

108. 加藤鼎
賦播磨洋送野子崇還玉島
十八洋頭望渺然，雲帆多少自相連。
淡洲海靜鷗親楫，明石夜寒月照船。
數里高砂青靄際，一拳黽島白波前。
歸程記得百篇賦，他日爲投綠鴉川。

109. 秋山正芳
賦得人跡板橋霜
北風蕭索冷衣巾，何處鐘聲月半輪。
四野雞鳴通驛店，一家狗吠達鄉隣。
殘星忽落羣飛雁，瘦馬徐行自在身。

橋上繁霜誰踏破，前村疑是探梅人。

（兩首當錄於崎田勝易下，失檢在此。）

日本詩選續編卷之四終

卷之五

平安　江村綬君錫　著
清勲　公績
山瑛　子成　同校

七言律詩下

1. 藪愨

和井元衝韻

座有知音興自寬，不妨流水入琴彈。
雲間才子爲名對，柳下先生托小官。
君合層霄輕燕雀，吾唯一室覺芝蘭。
陶家幸此秋醪熟，蒲席松窗留客安。

崎陽客捨九日文卿對飲

初來遠客少相知，海捨蕭然對賦詩。
十里潮回瓊作浦，重陽酒熟菊盈卮。
望開未必登高地，興至非關落帽時。
行路隨君身自健，異鄉秋色又何悲。

過龜道哉懷亡友永鳳介

十年分手各西東，何意杯尊此夕同。
我已二毛生兩鬢，君今一鶚在層空。
悲驩可托朱弦上，萍水難論綠酒中。
千載廣陵人不見，更將雙淚灑秋風。

紅白二菊
菊花開處媚清晨，朵朵叢叢相映新。
素艷偏欺姑射雪，紅光不減武陵春。
尊前潦倒餐霞侶，籬畔裴徊踏月人。
底事折腰求五斗，陶家秋色未全貧。

2. 端隆
夏日家居養痾三首
落絮飛花過半年，賞心春後又連綿。
蔬香手濯沙園井，衣潤身慵梅雨天。
蜂倦蝶眠風軟軟，荷舒蕉卷露妍妍。
西窗一臥斜陽遠，誰道暑氛隣并偏。

二
短衫初喜可羸肩，養病家居熟晝眠。
架豆青抽如待雨，檐柯陰合欲來蟬。
親朋面晤詩箋上，老境常拋花卉前。
穉子欣欣何得意，盆魚新放鬣鱗鮮。

三
半竿紅日屋東懸，憶趁晨鐘數著鞭。
喧熱塵蒸官道草，高涼風足渡津煙。

山窗養燠蠶眠箔，澤地耕深秧上船。
湖北旅游成昨夢，徒餘病色鬢皤然。

（端文仲深於詩者，而資性謙卑，對人話說未嘗及詩，以故人不知文仲作詩，可謂憒憒，余爲之重錄三首。文仲比年往來越前，第三首所以云云。）

3. 江村秉
東郊

東郊煙樹夕陽斜，獨倚烏藤感物華。
微雨勻泥留掠燕，垂楊及岸誘羣蛙。
百年歌哭隨春夢，一日陰晴卜暮霞。
流水無情千古恨，潺湲依舊送殘花。

（秉之死也，余鍾情之極，不忍見遺稿，凡手澤所存一切函藏，到今未能撿閱焉。屬訪武南山，後亭屏間貼斯詩，悲酸如新，因此錄以寄舐犢餘哀。）

4. 伊藤榮吉
送餘伯玉之長崎二首

一葉梧桐爽氣浮，悲哉底事促西游。
風帆直掛三津曉，島樹遥開九國秋。
縱是頻年來往慣，寧無遠別友朋愁。
願言今借雙飛翼，欲伴冥鴻送客舟。

二

汎汎舟船萬里通，波濤須慎石尤風。
煙開紫海瑠璃合，月照瓊江雲母同。
燕客吳商交自熟，湘東渭北話何窮。
遠游如此人堪羨，況有登樓作賦工。

5. 阪通
寄題三原宇都士龍潮鳴館
園樹陰森綠浦隈，中營吏隱讀書臺。
山光含雨床頭落，海氣霑雲屋後來。
花木春深留囀鳥，潮聲秋老聽驚雷。
荔墻爲隔東西市，不許一塵侵碧苔。

6. 嚴垣彥明
綠樹重陰蓋四隣得眠字
千章夏木繞墻連，百畝敷榮日鬱然。
雨濯殘花紅委地，鶯巢接葉綠遮天。
薰風傳響琴床畔，斜照漏光書案邊。
四顧偏疑隣捨遠，清陰深處足閒眠。

二

新樹重重環堵邊，柴門半掩影蕭然。

露條低處都無逕，風葉披時才有天。
偏愛比隣朱景靜，回看四壁綠陰連。
任他永晝稀人到，林下幽禽伴午眠。

詠古離宮跡
漢家天子罷游畋，五柞行宮久寂然。
偃蓋餘陰松下逕，鳴鑾遺響竹間泉。
瑤池蓮秀無人採，玉砌苔濃有鹿眠。
猶見仙雲鎖臺榭，六龍重幸定何年。

7. 古樸
游森氏假山分韻
城裏驚看山水奇，幾年巧築自然姿。
右軍觴詠懷堪暢，康樂登臨屐易移。
密樹天晴飛翠靄，細鱗日暖躍清漪。
共游輦石肩松地，更賞鶯啼花發時。

寄鳳岡山人
閑中寄句慰孤吟，白髮蒼顏遲暮心。
高臥乾坤塵事絕，幽居日月主恩深。
水流山靜烏皮几，雨霽煙生綠樹林。
堪憶沽醪人到處，一蹊斜入野堤陰。

留宿棲霞園翌朝作
一宿山中夜雨微，朝來吟倚薛蘿扉。
禾田遠近分晴色，林杪參差引曙暉。
屋後千尋翠屏列，籬前幾片白雲飛。
堪思高士棲霞意，獨向清風欲振衣。

8. 清勳
寄題三原宇都士龍潮鳴館
維公賜第郡城邊，萬里滄溟接几筵。
山氣漸佳秋欲半，潮聲將起月初圓。
閑窗時迎松風響，曲渚晴聞竹雨懸。
餘暇如裁盧肇賦，才名何必讓前賢。

八月晦日得京師故人書卻寄（於時余在越國）
園樹秋闌落日頹，客中風物屬悲哉。
時當晦盡棠全落，節近重陽菊半開。
千里夢隨征雁去，一封書託故人來。
殷勤報道君無恙，正是關山寒已催。

次韻葛子琴見寄
片紙寄來情有餘，開緘漸我舊交疏。
一宵聊寫蠅頭字，百里將酬雁足書。

風月騷人秋易感，琴尊多病興都虛。
羨君醫國乘休暇，河口扁舟親釣漁。

詠酒
孔座陳筵事獻酬，多憐詞客釣詩鉤。
百錢能買三春興，一醉長忘千日憂。
蟻綠添香花下席，鵞黃競色柳邊樓。
楚臣不解杯中趣，徒向江潭作獨游。

春水
山雪初消淑景浮，十分春水碧溪頭。
天寒未載紅花漲，風暖先涵翠柳流。
沙渚新移鷗鷺宿，漁磯已没芷蘭洲。
村橋中斷行人立，隔岸遙呼渡口舟。

9. 賀象
某公山館賞花
雲樓煙閣有光暉，桃李初開映翠微。
遲日山中春作市，和風溪畔錦爲圍。
羊腸原是樵漁逕，鳥道今披羅綺衣。
不奈鄰峯松際寺，鐘聲已逐落花飛。

龍安寺雪集
龍安精捨蓋山邊，雪裏風光自可憐。
香界原知無垢地，紺園忽作散花天。
隨緣恰好邀詞客，結社何關奉梵仙。
爲是遠公寬酒禁，歸途猶掛杖頭錢。

10. 香山彰
雨中發土山驛
雞聲斷續野村間，森木迷朦流水灣。
衣上曉寒關北雨，馬頭春色海南山。
平郊鷺立草逾綠，小塢松深花更殷。
亭午且投茅店裏，三杯濁酒客心閑。

聞雁
零露秋蘭氣象清，高天頻聽雁飛鳴。
斜侵耿耿銀河影，微和丁丁玉杵聲。
夢斷閑窗家萬里，酒醒獨夜月三更。
西風蕭颯殘燈暗，回首易傷旅客情。

寄荃菴上人
幽心常慕古人風，十載交情冷澹中。
蓮社清談忘爾我，騷壇揮筆競雌雄。

新凉静夕摇籬槿，微雨寒宵和草蟲。
自是江湖月應好，扁舟共棹石山東。

11. 山瑛
次服美仲二株寺集，見示司馬子紀韻卻寄二首
鷲嶺遙懸五色雲，雲中塔影雁行分。
躋攀訪隱盟猶在，眺覽避喧思不羣。
名達明經楊伯起，詩餘清瘦沈休文。
高筵幾日得相伴，萬壑秋聲君共聞。

二
薔卜花開映暮雲，上方秋色雨餘分。
幽尋期日人探勝，彥會當宵星作羣。
寶地何論浮白態，淨園不害殺青文。
憑欄況有凌霄調，賴遺吾曹下界聞。

12. 岡壽卿
追悼九畹先生二首
春寒庭樹見飛霜，一夜奎星忽失光。
那識人間大手筆，飜成地下修文郎。
園花無主空浮水，山月何心猶照床。
多病從今長自弃，百年誰復共行藏。

二

連年大歲在龍蛇，豈念斯人忽爾嗟。
玉笛聲悲中散宅，金丹煙斷葛仙家。
逕荒秋雨生青草，悵古春風飄絳紗。
庭樹不知詩社廢，黃橙枝茂爲誰花。
（先生後園有黃橙樹，因命詩社曰黃橙社）

13. 北山彰

秋日游墨江贈合麗王

短筇徐曳墨江頭，底事同盟負此游。
萱草枯殘堤上路，蘆花飛盡岸邊樓。
雲間螺髻知何嶺，雨外漁煙又幾洲。
吟望令君携伴去，風光悉借綵毫收。

秋日同諸子汎舟河港

紅毛橋畔日將低，更放輕舟又向西。
賈客征帆爭暮鳥，騷人歸興約晨鷄。
蓴鱸不啻張翰思，饌具仍令遠述携。
欲試蘆花清渚夢，留連未肯返前溪。

14. 高浚

春日得子貞書卻寄

遲日蕭條嘆索居，東風爲送一封書。
開花林苑人空阻，生草池頭夢不疎。
隱逸元稱陶處士，賦才偏比馬相如。
即勞遐想絲川外，尺素還驚伏枕餘。

多景樓新成

一攀高閣賀新成，秋色先憐詞客情。
畫障雲披西嶺近，練光煙斷北流明。
期春樹向檐前植，碎月竹連庭際生。
多景從兹入吟賞，誰能綵筆更縱橫。

15. 佐伯樸

同

卜築高憑泗水潯，先教我輩試登臨。
新移庭上松添翠，曾植窗前竹作林。
繞郭江流無日夜，入圖山色有晴陰。
偏憐此地容多景，詩酒從今幾度尋。

秋江晚眺

雨後江樓望欲迷，蒼波千里與天齊。

歸舟浦上人煙起，过雁雲邊海日低。
楊柳風來漁笛散，蒹葭露降水禽啼。
更憐昏黑羣螢亂，高下輝輝東又西。

送高子明
綠楊攀折大江隈，雨色晴來行色催。
握手何須垂別淚，勸君只且盡離杯。
吳山殘月人西去，越路春風雁北回。
到日長安花尚在，煙霞好映綵毫開。

16. 佐伯寧
中秋無月集芙蓉樓
西風吹雨雨縱橫，三五秋期空管情。
北海樽前迎舊友，南樓欄外待新晴。
人間不辨山河色，雲外暗傳鴻雁聲。
今夜交歡唯在酒，何妨對酌到天明。

寄懷子明客西京
梧葉蕭蕭蟋蟀鳴，臨風懷友到深更。
樓頭望斷雲山色，笛裏愁生離別聲。
書托秋鴻從北陸，夢隨明月落西京。
他鄉卻飽鱸魚鱠，桂水何如神水清。

17. 松山吉

聞子明遠游歸卧病有寄

城居秋老女川東，木葉紛紛思不窮。
西望關山寒落日，南飛鴻雁叫淒風。
歸家何問鶉裘弊，卧病猶知詩賦工。
自古悲哉屬騷客，新編好與帛書通。

18. 吹田定孝

擬金谷園懷古

淡蕩煙光梓澤隈，百花春苑爲誰開。
清泉聲咽銀橋斷，綠樹陰重錦障摧。
粉蝶飛邊知舞閣，嬌鶯囀處想歌臺。
風流一代豪華盡，留得隨樓千古哀。

美人騎馬

桃花馬上紫游韁，雙翻碧蹄芳草香。
日映雲鬟金翡翠，風吹紅袖繡鴛鴦。
琵琶非奏昭君怨，脂粉還施虢國粧。
纖手揮鞭垂柳下，紛紛落絮點衣裳。

19. 石作貞
夏夜汎舟

清凉夜色大江潯，暫避炎蒸此解襟。
繞渚雲煙迎客盡，含風蘆荻繫舟深。
詩中璧奪龍蛇窟，波際月澄湖海心。
篷底如澠尊酒在，何人時作獨醒吟。

（士幹才兼文武，又鍊達吏事，不啻作者也。詩鈔今年刻成，傳播遐邇，以故不多載云。）

20. 宇都宮潭
家慈八十壽詞

庭樹春回阿母堂，開筵更進萬年觴。
隔簾歌曲爭潮響，當席斑衣映日光。
海屋添籌盈八袠，園桃栽核筭千霜。
榮親奉養皆恩賜，幷祝我矦壽域長。

（世之稱士龍者，或稱純孝，或稱精忠。此詩祝母氏延壽，遂及君矦遐筭，足爲左券，士龍已純孝矣。是以母氏享年垂九十，已精忠矣。是以頻年超進，竟職當路，加之天資好學，又能雅尚韻事，如士龍余無聞然。）

21. 永原紀
冬日森太夫賜高作次韻

寧知君子下交心，更及衡門荊棘深。
爲政招賢時啓閣，文章會友日成林。
苦吟荏苒消年月，多病纏綿遠瑟琴。
卻怪玄冬沍寒夕，陽春漏洩郢中音。

22. 田維禎
半錢

千歲青蚨留半輪，棄捐欲委市鄽塵。
代環堪賜晉公子，非鏡何分陳捨人。
榆筴庭陰空怨月，杏花村落不探春。
初知阿堵嫌貪鄙，莫使魯褒譏有神。

煙管

知隨南草海南傳，一管中通一縷煙。
金口屢將紅袖拭，銀頭或借寶釵穿。
珮來常伴腰間劍，化去多交杖上錢。
莫擊唾壺歌伏櫪，長生堪學噏霞仙。

（如此題詠，時或試才可矣。到遠恐泥，又云如此題詠，一字不穩，全章減價。斯詩五六精巧，但以上代頭，不得不爲瑕纇可惜。）

23. 左九成
送人卜隱湖中
鸕鶿羣游淡海流，水鄉憐汝着羊裘。
二橋煙鎖龍宮路，三塔雲擎鷲嶺樓。
綠竹遥分神女島，白櫻空記帝王州。
湖中況有鯽魚美，日日扁舟垂釣浮。

秋日陪金龍師登白華大悲閣
惠日天圍菩薩宮，丹梯深入白雲通。
六環鏗爾疑乘鶴，雙袖飄然怪御風。
瀑響雨餘巖觜水，錦堆霜後嶺頭楓。
欲歸猶約探春去，芳逕踏花游此中。

24. 森球
春日游瑞龍寺
寺在龍山瑞霧深，石蹊斜繞薜蘿陰。
題詩且愛幽閑地，探勝何論遲暮心。
清磬遥流僧倚杖，夕陽已斂鳥歸林。
留連半日忘塵事，綠水溪邊独自吟。

寄河素陽
三逕蕭條日鎖門，朝來採藥又黃昏。

葛巾自愛山人態，紱冕誰輕王者尊。
看竹屢過幽澗月，沽醪偶入落花村。
清時隱逸深堪美，隨汝何時學灌園。
（求玉在車塵馬足中，而齊家有法。歌舞吹彈圍棊將戲至奴婢輩，一切禁斷。余嘗信宿其家，求玉乃翁年八十，能談名理。求玉一子年僅齠齔，爲余暗誦六經幾章，可謂偉矣。）

25. 鎌田鵬
蝸牛
渺身自迎託吾生，雨後忽看粘草莖。
已是殼中知出處，何須角上事功名。
抱枝薜荔墻陰臥，成字莓苔壁上行。
底事今朝更蕃息，前宵凉月露華清。

26. 杉美典
春游
游人相伴步幽蹊，野外新晴綠欲迷。
霞綵連綿山遠近，風花散亂水東西。
詩囊已借春光滿，酒榼偏因鶯鳥携。
竹樂可憐閑雅趣，芳菲踏盡醉如泥。

27. 猪尾誠
晚秋郊行
散步杖藜野水東，平蕪露冷小蹊通。
菊花憔悴前宵雨，荷葉摧殘連日風。
斜巷砧聲迎晚急，孤村樹色歷霜空。
盤桓欲慰鄉愁切，難奈西山夕照紅。

28. 海希賢
新雁
鴻雁南飛不少留，江湖萬里路悠悠。
胡天望濶風霜曉，湘水夢寒蘆荻秋。
字字未傳雲外信，聲聲偏惹客中愁。
月明游子思鄉夜，無奈哀音到枕頭。

29. 橘邕
次岡兄德瑜韻
柳色陰陰遶水灣，冥冥細雨隔人寰。
花迎杯酒歡常足，風送茶煙意自閑。
碧草青苔沒車轍，清池白石擬江山。
羨君忽有芳蘭贈，坐客傳看開醉顏。

寄九華中島氏

知君千里迥相憐，別後山川望杳然。
曾向窮交心自醉，翻緣浪跡事堪傳。
微才詎有驚人句，大藥難求托酒仙。
他日參商如得合，天涯何恨送流年。

30. 大江維翰
寄題平紀宗幽暢園

林居寂寞絕逢迎，避世墻東山色晴。
勝地堪供宗炳臥，風流何讓辟疆名。
尋芳竇夾煙霞入，取月林當溪水清。
況復一觴將一詠，乘閑恰好暢幽情。

31. 大江維寧
送單海師經木曾還越後

翩翩飛錫岐岨邊，幽壑重崖地勢偏。
嶮棧高懸開癔瘑，石床深鎖簇風煙。
將軍古廟喬松裏，巴子清淵夕日前。
憐爾長程相望處，白雲搖曳故鄉天。

（世或訛玄圃啾名，余謂不然也。古曰好名猶好利，在漢土則然也。當今我邦假令文名籍甚，亦復何爲，適足自困。玄圃二子，并能從事學業，思無或逾，如玄圃豈易得乎。）

32. 片岡承行
首夏園林雜興

春服詠歸彼一時，園林朱景忽相移。
披襟已覺南風快，對局初知午日遲。
垂柳枝分騎馬路，新荷葉動養魚池。
逍遙自有幽情適，拂蘚漫題石上詩。

33. 馬島安榮
次韻酬京師橘斐徠見寄

臥病秋深蓬蓽居，天涯鴻雁憶封書。
江雲渭樹情無極，山月野花興有餘。
知己百年心似水，懷人一夜眼如魚。
謝君千里憐同調，窗下朗吟思不疎。

34. 源義禎
和橫山生宮怨

瑤階雨滴長莓苔，坐愴君恩冷似灰。
翠輦無過花自落，珠簾不捲月空來。
黃金難買長門賦，紅葉徒懷汎水才。
自古深宮多薄命，不須團扇獨裴徊。

35. 紀廣
訪道士不遇

欲從方外羽人游，曳杖遙尋萬壑秋。
宿雨收時霜葉落，閑雲來處石泉流。
藥爐煙斷仙壇靜，巢鶴晝眠巖樹幽。
洞口柴門關寂寞，知師此去問丹丘。

36. 廣冲
贈服栗齋

敝裘深愧舌猶存，貴賤交情難復論。
誰問薺簪成故物，獨憐竹箒掃高門。
絃中流水空懷友，世上浮雲易斷魂。
仙吏應知掛冠好，可憐五斗滯朝昏。

37. 矢橋徽
春夜送人

前程試指綵雲邊，望裏青山驛路懸。
但道四方堪遂志，還愁遠別更經年。
交情頻勸芳尊酒，花月暫同春夜筵。
明日斷篷作飄轉，不知何日復周旋。

38. 矢橋龍
秋葉山
秋葉之山有洞天，紫煙一片振衣前。
石門雲鎖神人座，古廟松高老鶴眠。
灌木千盤嵐氣合，奔流百道雨聲懸。
吾曹若可求瑤草，此處淹留欲學仙。

39. 上田靜
登駒岳絶頂
簞瓢鞋杖極攀躋，元氣蒼茫萬象低。
雲散松杉無鳥喚，林深溪谷有鼯啼。
勢連天闕陰陽隔，望盡地維煙雨迷。
他日誰爲探勝客，詩篇應與此心題。

40. 藤田有行
秋日偶作
梧桐葉落小池漂，秋半園林轉寂寥。
昨夜淒風催蟋蟀，五更寒雨碎芭蕉。
生前不識形容減，往事看來歲月遙。
非是尊鱸動羈意，平居追憶一蕭蕭。

二
平居蕭索世塵幽，濁酒青燈足解憂。
龍蟄腰間三尺氣，霜飛鬢際二毛秋。
鳴鴻聲響知新月，叢桂花開報古丘。
慼愧從來牛後在，人間回首奈吾儔。

41. 廣野儀
自京歸後奉寄龍川先生
兩地江山望不分，楊花片片亂如雲。
煙霞痼疾誰憐我，翰墨名譽無似君。
爲客暫同風月會，歸鄉復與鷺鷗羣。
芳菲徒記南游興，把酒憑欄對夕曛。

42. 村田綱基
蛇化章魚
乘暖小蛇臨海涯，先投淺渚試漣漪。
纖鱗漸脫長身變，尖尾頻敲八足披。
忽見鰻鱺疑舊侶，初逢烏賊結新知。
貝宮深處須談法，恰是魚中老衲師。
（北陸濱海之地，春時小蛇入海化章魚，余所親聞，若狹州最多，土人慣見不甚爲異。今春綱基目擊其狀，詩以記之。或曰，蛇所化者一種章魚，俗稱長脚章魚者。）

43. 組德允
九月盡
白屋蕭條欲暮時，郊村物色轉淒其。
四山霜葉徒搖落，三逕寒花亦變衰。
雙鬢唯餘潘岳恨，孤忠孰識屈平悲。
秋光九十今將盡，一任西風徹夜吹。

44. 清水綱
十六夜澱水賞月和崎士薔
美酒金尊澱水傍，相携餘興月如霜。
中洲露下蘆花冷，後嶺風來桂子香。
永夜陰蟲聲斷續，寥天行雁影翺翔。
清光未減前宵賞，賦客何妨擬謝莊。

45. 黑田唯謹
秋夜書懷寄永田君
燈影沉沉百感生，蕭條四壁帶蟲聲。
三秋屋裏琴書静，子夜街中砧杵鳴。
鴻雁影開千里月，芙蓉劍老九重城。
頻傾濁酒懷君處，搖落西風無恨情。

46. 田思明
客中九日
搖落千林木葉催，他鄉佳節獨登臺。
同袍難索龍山宴，游子空啣彭澤杯。
細逕雨餘苔蘚厚，荒籬秋老菊花開。
離羣日日回頭處，雲際鴻聲別恨長。

47. 水谷靖
送小田生之江户
千里東行山復川，名區勝跡自連綿。
平湖夜對三秋月，大岳朝看萬古煙。
滴露霑衣新樹裏，微凉駐馬亂流前。
奚奴肩得雲霞色，知汝囊中錦作篇。

48. 久田隼
登長谷寺
仰見豐山古梵臺，巍巍層構擁崔嵬。
長廊遙自諸天起，曲檻斜臨下界開。
寶地春深花掩映，祇林日落鳥飛來。
吾曹雖不歸依客，徙倚時生浮世哀。

49. 關虎
椿嶺道中
峻嶺層巒百里程，一條官道峽中行。
深溪五月長封雪，高樹千重猶聽鶯。
駄馬頻嘶前驛近，乳鴉羣噪夕陽傾。
從來此地經過熟，投宿未煩通姓名。

50. 曾根省吾
經藤碕村謁了重上人墓
寺開龍尾碧池潯，幽逕斜通琪樹林。
曾有高僧留白馬，更令長者布黃金。
海潮音絕松濤續，佛殿香消花氣深。
春色猶餘墳墓側，啼禽無處不悲吟。

51. 湊逸我
松城養痾
伏枕蕭條感慨中，愁聞夜雨撲簾櫳。
黃花期近遇多病，白雁秋高恨轉蓬。
同學飄零吾最老，舊游聚散孰能通。
寄言江左不羈子，此境殷勤問土風。

52. 清惟瑾
冬日上三井寺
大悲層閣倚蒼穹，湖上雲霞落日中。
萬傾波平連汶港，千重峯聳對簾櫳。
曇華遍散諸天色，鈴鐸遙傳下界風。
自怪隨緣來此地，飄然回首帝州東。

53. 小倉深造
古戰場
平沙落日望陰陰，白草原頭白草深。
萬壑鳥啼秋寂寂，三軍鬼哭夜沉沉。
誰尋飛將失蹤處，寧問嫖姚報國心。
感慨猶懷千古事，能令過客淚霑襟。

54. 菅沼恒
春曉發海驛
城中鐘響五更深，旅服何堪春露侵。
山影纔分殘月色，風聲忽送早潮音。
一時星散離人恨，萬里蓬飛游子心。
匹馬長嘶滄海上，似憐天外望鄉吟。

55. 當捨景韶
至静亭春集得先韻

新築高堂綠水邊，躋攀一望弄春煙。
東隣李樹懸瓊雪，南畝菜花鋪錦筵。
兔苑追隨梁後輩，蘭亭修禊晉先賢。
豪游不用言歸去，欲卜夜來明月天。

56. 渡邊秉之
登高明山

峭崖絕壁薜蘿垂，行見凍雲出岫時。
紆曲千盤微有逕，橫斜萬樹半無枝。
嶺頭曉雪人攀少，溪畔寒飇馬去遲。
試問山翁遙指點，松杉深處奉靈祠。

57. 屈廣棟
泳中新歲作

泳中佳氣入新年，早起先臨丹水邊。
梅萼雪消連白玉，柳絲日暖動青煙。
八龍共護叢祠劍，雙鯉永傳靈沼篇。
帝躔到今餘懿德，春風永此戴堯天。

（自注，泳中有景行天皇離宮遺趾，事見於《日本記》。又有八劍祠，《萬葉集》《詠泳池鯉魚》，故及。）

58. 馬島尚美
送石仲車之陸奧

弧矢由來事遠游，金鞍珠勒紫貂裘。
城頭歸雁驚鄉夢，驛路飛花動客愁。
滄海北通鞨靺國，白雲東盡蜻蜓州。
仙人臺上多鳴鳳，月下吹簫莫滯留。

59. 石川憲
送友人之三崎

七月乘涼三渚游，探奇不復繫扁舟。
西山霞映秋雲起，南海潮追落日流。
島嶼參差孤岸峙，城樓縹緲萬松稠。
裴徊自迎登仙去，直御長風到十洲。

60. 惠美長敏
石鹿

斜陽原上牧牛還，小逕逶迤杖履閑。
峯聳白雲來去處，溪迴晴靄有無間。
孤帆影動琵琶海，萬樹綠圍桐栢山。
更憶四明幽勝地，崢嶸九折不堪攀。

61. 木愷
贈繭公
金蓮臺上此攀躋，初地玲瓏望不迷。
平野煙連長水遠，遥峯雲斷夕陽低。
霜花坐怪天花落，寒鳥亦疑春鳥啼。
幸有同游惠休在，名山勝景入新題。

62. 龜井魯
麛川驛，謁北海江村先生，賦此奉呈。時先生撰《日本詩選》，故及七八
中原譽望董生帷，不料乘春游在兹。
講道麛川鸞鳳簇，探書石室鬼神悲。
應觀謠俗過都邑，非爲塵囂厭洛師。
解道周家文未墜，煩君方採國風詩。
（道哉，築之巨匠，名重一時，篇章之富可知矣。此詩逆旅草率，非經思作亦復可知。但余客中邂逅，不遑請錄他作，即錄所得一首，以存其人，且以俟他日云。石室即石寶殿。）

63. 萱來章
中秋前一夕南窗賞月
長空點綴暮雲橫，猶喜天心月色清。
未棄齊紈風自冷，纔磨趙璧水逾明。

山河遠影秋千里，窗牖餘輝夜五更。
斯夕尊前只須賞，來宵不易卜陰晴。

有與諸子探梅約，值雨不果，因簡子琴
西山十里鎖蒼煙，料峭餘寒歲首天。
雨水看過三日後，陰雲未散一樓前。
預求嶺上探梅句，空阻江頭載酒船。
更待春禽報新霽，會當理楫向灘邊。

64. 堀完

早春送米太夫歸鄉
送別江城淑氣開，西藩萬里路悠哉。
輕裘日暖歸鄉色，緩帶春生濟世才。
立馬函關山月落，揚帆築海雪濤來。
故園到日花應好，嘉樹相迎待爾回。

（堀大夫，大藩執政，當路殷劇，而能文如斯，可嘉稱也。余所見和答藪秀才七律，殊合作矣，以省簡故不載焉。大夫子名大簡，字廉卿，一字丈八，亦能文事，亦以省簡故，割愛不錄云。）

65. 井政賀

八代諦堂長老見過因賦贈別
遍參嘗得出人寰，雲水彌天指掌間。

千里翻經關外地,十年留錫海邊山。
多時笏室難容膝,此日書窗偶解顏。
深識高僧心不染,明朝霜雪送君還。

66. 大城煥
善音堂集初接津輕山文學
有客遙從瀛海濆,爲思同志此相尋。
東夷貝錦詩中麗,乙岳煙霞袖裏深。
早已韋編修舊業,終能蓬矢遂初心。
新知更引杯尊興,把臂風流入竹林。

67. 馬成
秋日送人之東奧
分手天涯嘆斷蓬,雲山千里渺無窮。
白河秋早關門迥,玄塚霜飛木葉空。
不是金華開禹貢,何知皮服慕王風。
當年修聘堪論樂,海表應看齊國同。

68. 秋遜
賦得松契遐年,奉壽某夫人六十
松林高秀海東方,仙女樓臺靄曙光。
千歲流膏供寶鼎,百尋貞幹傍萱堂。

金壺酒帶花香釀，繡戶風傳琴韻長。
遙識繁陰開宴處，和鳴雙鶴勸飛觴。

69. 巖通亮

秋興（二首錄一）

負郭秋深一草堂，後園涼葉墮衣裳。
茇葵着玉朝朝露，橘柚含黃顆顆香。
床上菊脂猶未熟，村前桑落謾相將。
何妨野老無長策，二頃田餘稻與粱。

（斯詩，草堂、涼葉、茇葵、橘柚、菊脂、桑落、稻與粱，句句重出，不無微瑕。而全章瀟散，出脫嘉靖七子飣餖之習，以故收錄。）

70. 巖靖

寄懷松子哲

秋高城上桂枝殘，羨爾閒棲倚翠巒。
採藥時隨樵客去，栽松無復世人看。
苔封片石孤雲宿，月照流泉萬玉寒。
借問琴床幽獨夜，清商一曲向誰彈。

71. 岡維良
送銕牛師之京
送師重唱遠游篇，別後蒼茫翻錫前。
潮蹴層空帆似鳥，雲迎雙屐岳如蓮。
壯心徒恥屠龍技，駿骨猶驕愛馬禪。
四海唯教名對在，何論暫爾隔彌天。

72. 美維禎
春日閑居
前山過雨濕桑麻，返景纔開八九家。
聽鳥玉壺傾臘酒，呼童石鼎煮春茶。
暖煙漸長園中柳，薄暮閑飛檻外花。
已見墻頭微月出，斜移林影上窗紗。

73. 佐黃中
送某上人歸省
津梁幾載別慈闈，此日相從訪舊扉。
不厭版輿勞白足，何妨毳衲換斑衣。
報恩一爲堪飛錫，成道元應慰斷機。
苦問摩耶說經處，牛車早晚向東歸。

74. 和登
春日閑居
洗馬橋南綠水涯,垂楊深處是吾家。
池頭芳草牽春夢,郭外青山帶晚霞。
石榻自憑三逕竹,籃輿誰問滿園花。
西鄰幸有香醪熟,興至能令穉子賒。

75. 池匡卿
冬夜從秋先生過孤山亭得寒韻
携手幽亭夜未闌,隱囊紗帽此相看。
梅花爲借陽春色,濁酒還開高士歡。
凭几玄風生麈尾,推窗微雪下林端。
休言浮世人間事,深坐論交心自寬。

76. 岡文
過春光寺
一逕斜分熊水邊,江東蘭若翠微連。
山雲影傍窗中落,石瀨聲從樹杪傳。
遁跡時聞獅子吼,焚香兼見貝多編。
人間宿障渾如脫,坐以齋心近法筵。

77. 井杶
長埼客中寄小弟
欲報平安寄渺茫，家山遙隔海雲長。
東風別後驚花落，二月天邊少雁行。
客裏一書三灑淚，愁中十夢九歸鄉。
寧堪春草萋萋綠，猶是王孫意自傷。

（堀大夫以下十四首，并肥藩詩，鈔出於《樂泮集》中者。但得其集最晚，故載在諸人後，又曰《樂泮之集》。作者無慮數十人，篇章不啻幾百首也。若縱意收選當得幾十首也，亦唯得其集之晚十僅錄二，可憾可憾。）

78. 僧大愚
酬愚亭先生見寄
日暮秋天雁過初，瑤音忽到野僧廬。
黃花籬畔重陽後，丹鳳城西十里餘。
顏色宛迎新月見，頭風每誦雅篇除。
因循未報綢繆意，愧我從來才思疎。

79. 僧宏道
寄題三原妙正寺
崚嶒香刹出塵寰，畫景分明俯仰間。
煙島高低看似湧，風帆遠近卻如閒。

飛鴻落木三原暮,殘雨斜陽四國山。
聞說嶺頭盂鉢在,何時傳法一相攀。

80. 僧崇松
閑居
蕞爾山村一敝廬,申申常與白雲居。
春回幽谷遷鶯報,家在遠方交友疎。
嘉遁得閑衰老後,題詩遣興坐禪餘。
人生知足都無慮,遮莫屢空擔石儲。

81. 僧慈周
江村閑步
十月水鄉晴且暄,一林黃葉數家村。
渡頭煙隱嘔啞響,洲觜沙留郭索痕。
禾斂閑牛籬巷臥,年豐醉客市樓喧。
此中投老多佳處,花竹他時將買園。

寒夜
寒燈青燼睡難成,晏坐較秋神更清。
瓶水有冰梅轉活,樹林無葉月添明。
迎雲熠熠疎星動,灑竹霏霏急霰鳴。
好是朝來盈尺雪,掩門高臥到新晴。

82. 僧明脫
春日六如師齋頭邂逅源子澤
東山雨歇簇煙霞，睍睆啼鶯落日斜。
苔逕深封支遁隱，柴門時駐謝公車。
開軒邱壑添詩思，屈指交游感歲華。
誰料雲床今邂逅，玄談此處醉園花。

83. 僧亮融
客中感秋
鄉園一別少知音，況又天涯秋色深。
夜夜思朋勞遠夢，年年作客損閑心。
光寒萬里空中月，聲亂千家風外砧。
木葉只今零落盡，人生不啻有浮沉。

84. 僧冲默
送友人之西京
憐爾孤身向鳳城，西風吹送衲衣輕。
探經欲問三車轍，策錫何辭萬里行。
驛路楓衰霜後色，汀洲雁落夜來聲。
遙知無意登樓賦，元自浮雲不世情。

85. 僧祖禪
寄題宇都士龍潮鳴館
洲邊卜築趣悠哉，隔樹潮聲坐上來。
地坼層城鼇脊起，天低明月蚌中開。
遙思枚叔觀濤興，兼識玄虛賦海才。
更見雲間去帆影，仙槎似問女牛回。

86. 僧實聞
聞蟬
園庭氣爽早秋天，珍簟方床坐聽蟬。
井上梧桐殘雨後，池頭楊柳夕陽前。
數聲恰似傳寒笛，餘響還同學斷絃。
莫怪由來無俗韻，松根尸解舊如仙。

落葉
深林遠屋晚風生，坐看紛紛木葉輕。
高亂寒空隨雁影，多飄古砌伴蟲聲。
檐前不礙行雲色，床上殊通片月明。
一夕欲裁枯樹賦，又嫌蕭颯攪閑情。

87. 僧智洲
寄題銷夏樓
飛樓近海自清涼，倚檻堪消夏日長。
菅簟留賓愈綺席，金樽避暑灑瓊漿。
層雲擎出奇峯勢，灌木晴來積翠光。
聞說炎蒸都不至，應緣詩律挾風霜。

88. 僧道眼
和肥後德溟上人見訪
僻地柴門野水潯，喜君千里此相尋。
西溟月照衣珠影，北陸風傳杖錫音。
綵筆能凌懷素帖，新篇更擬惠休吟。
同鄉舊話情無盡，況復堪論物外心。

89. 僧海量
贈伴蒿溪
君曾湖上挹風流，屏跡只今在帝州。
茅屋容身忘世態，竹窗會友倚林丘。
三春花滿青山曲，夜月光清白水頭。
邂逅相逢談舊事，杳然還似故園游。

90. 僧延明
奉贈弸中和尚

蘭若蕭條薝卜林。西村數處急寒砧。
呦呦鳴鹿丹楓雨。切切吟螢叢桂陰。
一臥青山嗟世路。十年白髮問浮沉。
交歡如舊此情厚。共賦思玄話斷金。

91. 僧如彪
至日偶成

葭管飛灰暖自新，嶺梅江柳暗催春。
白雲常住青蓮坐，鶴髮蕭條烏角巾。
已有陽和扶色相，豈將衰折老風塵。
漢宮不分窮愁日，紅粉可憐感激人。

92. 僧辨能
南郭先生宅新成賦賀

卜築新開赤水潯，知君高臥擬雲林。
園中花木栽應遍，床上琴書坐轉深。
自笑雕龍千古技，誰憐金馬一時心。
多喜幸近三緣社，問字何勞得得尋。

93. 僧智旭
題元上人幽居
一室蕭然琪樹清，到來閑寂隱心生。
白雲當戶南山近，碧浪映軒北海橫。
下榻微風吹寶鐸，吟詩明月出高城。
無限光景茶爐側，乘興同談世外情。

94. 僧獨雄
眼目山晚眺
出門散步萬松間，巖壑風寒殘雪斑。
寺下晴川春水至，村邊荒逕暮煙閑。
東看信越（信濃越後）雲中嶺，北望加能（加賀能登）海上山。
移杖晚來時極目，漁樵相伴幾人還。

95. 僧攀謝
游天德寺
路自箟簹谷裏尋，松門竹逕對森森。
臺邊羊石聽經起，林外鳩峯呼雨陰。
幽洞花圍天女室，懸崖泉奏貝師音。
梵編誦歇僧何去，香案唯看空翠侵。

（箟簹谷、羊頭石、天女祠、陰鳩峯、懸水洞，境內地名，此日山主不在。）

96. 僧無所得
答馬子錦見寄

悲哉秋氣滿山房，竹栢陰陰隔夕陽。
鏡裏自憐頭半白，籬邊回見菊全黃。
新詩清徹江湖月，閑卧蕭然蘿薜裳。
因憶何時飛錫去，風流一過四明狂。

97. 僧圓璟
聞倉龍渚歸豐前遥有此寄

垂楊一別杳難攀，忽向豐城且自還。
張海思君頻濺淚，都門送客更傷顏。
錦帆濤動須磨浦，紫氣天高文字關。
此日真人提劍去，幾回愁見斗牛間。

98. 琴和氏
秋夜

丹楓林裏肅清霜，吹落西風古道傍。
明月影高寒四壁，陰蟲聲咽入孤床。
悲哉秋色腸將斷，蕭索心期夢亦傷。
非是楚臣何限恨，閨中深夜淚霑裳。

日本詩選續編卷之五　終

卷之六

平安　江村綬君錫　著
清勲　公績
山瑛　子成　同校

五言絕句

1. 神戶由道
秋夜宿山房

野寺鐘聲近，山房燭影幽。
鄉心千里外，斷續獨回頭。

2. 橘雍
納涼

移榻對泉石，獨啣避暑杯。
林深人不到，月出水風來。

3. 河口光遠
雨中小集得静字

雨細濕鶯聲，雲深迷雁影。
借問五矦家，何如草堂静。

4. 秋以正
和謀野湖上

憐汝江湖際，望鄉數上臺。
一篇二十字，字字使人哀。

5. 源義宜
幽居
林深無客至，閑情寄白雲。
唯有青苔色，朝見麋鹿羣。

6. 山良由
元日草
才得初陽色，數莖秀盆中。
花信二十四，許汝一番風。

福島關
美矣山河固，關門傍水濱。
只今何用閉，來往太平人。

巴淵
美人何地去，千載水悠悠。
中有盤渦處，猶作巴字流。

7. 衡時敏
山房書壁
茅屋傍青山，歸來經幾歲。
常見一片雲，遥隔人間世。

8. 橫井時芳
秋興
高齋秋雨霽,新雁兩三聲。
獨捲疎簾見,孤村夕霧橫。

9. 松平秀彥
題畫
卜築寒山頂,茅檐半入雲。
中有餐霞客,隱机讀三墳。

10. 安積覺
古意
絃促秦聲急,分明說妾愁。
廣陵城下路,憶昔與郎游。

11. 立原豐
題畫
皎然山水色,屏上雪花飛。
唯有剡溪趣,扁舟歸不歸。

12. 岡貞起
避暑

避暑山陰步，泉聲竹樹中。
草堂人不至，日夕足涼風。

江邊秋雨

柳煙秋雨暗，罷釣一舟歸。
古渡人行少，寒汀白鷺飛。

13. 劉韶
題畫

扁舟何處去，相望望湖亭。
應是載歸夢，夜來過洞庭。

古意

一掬相思淚，滴作泯江水。
千里向東流，入楚終無底。

（入楚之楚，讀爲辛楚哀楚之楚，六朝小詩，多有此體。憐謂蓮，遇謂藕之類，不可枚舉。）

無題

燕子樓前柳，青青幾度春。

春光依舊好，但少倚欄人。

採蓮女
若耶秋水緑，落日採蓮時。
倚着吳王膝，蕩舟知是誰。

七夕雨
天漢夜來雨，渺漫兩岸遥。
不愁秋水漲，烏鵲自成橋。

（以上五首，亡論唐宋元明，但是漢土人語，絕無海東口氣，可嘉可嘉。）

14. 户定信
奉和北海先生
城西官捨側，野菜簇黄花。
不是陳平宅，漫期長者車。

15. 梅幸智
同前
春風吹野菜，十里疊黄花。
小禽鳴上下，似是迎巾車。

（京師城營騎士官捨，西南臨郊，墻外總是菘田。春時花開，瀰茫數十里,可稱金世界也。今春三月,加藤守雌、戶田篤夫、梅垣圓卿,及同僚數人,設菜花宴,邀余父子。古人集中賞菜花詩不多見,因標出於此云。)

16. 野成章
八月十六夜
長安今夜月,何異昨宵明。
絲管家家賞,不妨到五更。

17. 野公臺
冬雨
北風吹寒雨,日暮鳴不歇。
呼僮劚園蔬,明朝恐成雪。

18. 松延年
奉和壺山疢俠客行
燕趙游俠窟,悲歌士如雲。
每飲邯鄲酒,先說平原君。

19. 村盛芳
子夜歌
歡如一幅帆,儂如一葉舟。

縱使風波起,何用別處流。

二

下堂折花枝,折得在儂手。
未肯持贈郎,待郎就儂取。

20. 柚木太玄
子夜夏歌
豈謂羅衣薄,流汗自成漿。
夏天炎熱甚,郎意獨何涼。

二

芙蓉可憐色,求藕非容易。
水面多風波,志願恐難遂。
(子夜歌辭,五言四句,與唐以後五言絕句,體同而調異,造語殊有逕蹊,右四首頗得其義。)

21. 巖垣彥明
石寶殿(在播州)
昔造神仙室,斧斤劈半峯。
巖扉叩不應,知是紫泥封。

題赤城義臣碑

古城人代改，碑碣綠苔生。

今日兒女輩，猶傳豫讓名。

22. 香山彰

夏晚口號

蟬聲送夕陽，涼風清吟骨。

浴罷坐東窗，閑看松間月。

23. 清勳

朋來逕（下川伯餘，此君園八詠之一）

草色滿柴門，窗前夕陽暝。

爲是良友多，不限以三逕。

春日野望

四望春煙合，平原杳不窮。

野水細於髮，流入草間空。

晚歸

秋郊歸路迥，西風夜色澄。

微雲翳月處，初見遠村燈。

秋江

秋水片雲盡，穮水無纖塵。

水天同一色，俯仰月二輪。

（勳也刻苦求巧，頗見精細，而此等逕路如一失脚，則入鍾鐔域中，因書以戒之。）

24. 後藤世鈞
賦松壽某初度

高岳一孤松，歲歲翠蓋重。

由來巖穴貴，詎假太夫封。

25. 青葉養浩
會仙巖

不是人間物，曾題仙客名。

於今明月夜，猶聞步虛聲。

26. 古屋鬲
題畫

淡淡遙峯出，濃濃一水縈。

山人眠未覺，枕上白雲生。

27. 松永公路
蝴蝶

雙雙花外舞，片片葉間翻。
相逐似相妬，深情不忍言。

28. 下川貴慶
待月遇雨

密雲圍四野，急雨和鳴雷。
巖下看閃電，猶疑月色開。

29. 黍漁
山中作

巖下抱膝眠，松杉影滿地。
爲是清風多，不知紅日墜。

30. 佐伯樸
夜猿啼

夢破巴山曉，愁猿愁裏啼。
欲知斷腸處，月落數峯西。

31. 佐伯寧
中秋無月

一年一夜賞，月色暗山河。

南樓詞客恨，多於雲霧多。

（唯是二十字，說盡中秋無月感慨，公静沉深苦思，所以造妙。）

賞雪

聞說江南樹，先春素艷斜。

何似今朝雪，松杉盡着花。

32. 松山吉
秋夜懷西子明

竹凉侵枕畔，山影落床前。

月色看如此，友人眠不眠。

33. 朱義
詠史

鮑叔善知人，桓公善用人。

英主待賢相，不棄射鈎人。

（議論明徹，而無經生口氣，詩之所以爲詩，可嘉。）

送伯瑜之張州
朝來分手處,別淚正潺湲。
河上數株柳,躊躇未忍攀。

34. 高道昂
臨江
淼茫千里水,其奈別離情。
帆影入天際,唯愁薄霧生。

35. 青木玄武
冬日郊行
點點山林雪,行作花樹看。
一枝試攀折,片片着衣寒。

36. 櫻井篤忠
秋閨怨
愁見紗窗月,深閨獨夜寒。
飆來塞鴻至,何不報平安。

37. 布久敬
畫竹
畫出淇園竹,涓涓墨色鮮。

清操誰不愛，元是此君賢。

山中
隔谷聞人語，忽見兩三家。
荒祠通一徑，古木自橫斜。

38. 平元秀
賦楊白花
江南二三月，楊花作雪飛。
春風似有意，吹着游子衣。

39. 關忠貫
題畫
回望都秋色，布帆湖上飛。
山蹊人獨去，應是送客歸。

40. 中相救
歲暮歸山
宦途多失意，歲暮故山歸。
唯見峯頭月，依依照柴扉。

41. 滕清風
大堤曲

薄暮寒雲起，雨雪大堤頭。

何人騎白馬，何人着狐裘。

42. 田正純
冬日得論字

黃昏閭巷静，心事與誰論。

唯見窗前雪，紛紛掩柴門。

43. 田正温
同前得交字

白雪埋深逕，風鳴枯柳梢。

今夜非相訪，何得稱心交。

（平常語言，有時插入詩中，翻作五絕佳境。）

44. 梅之精
閨怨

郎在蕭關北，妾長守空閨。

山川幾千里，夢魂夜夜迷。

45. 笠正美
古意

傷心明月色，相望各天涯。
別後無消息，生死不可知。

46. 堤益業
橋邊柳

橋邊一株柳，拂水影參差。
唯憐春色好，不關送別離。

47. 山允文
冬月

冬天催曙色，殘月照窗前。
開匣菱花鏡，清寒上下圓。

48. 長玄珠
芳野見花

千里尋花來，可憐爛熳節。
臨風都不寒，疑見滿山雪。

49. 役祐誠
誓願寺古梅
美人遺愛梅,長傍古梵臺。
年年花自發,不見美人來。

50. 林貞亮
夏日
日長一草堂,移榻屢追涼。
水近微風起,滿地荷氣香。

51. 田中直之
山生繼業爲醫賦贈
業與水俱進,名兼山同高。
曾見盈科去,下流遂滔滔。

52. 海希賢
曲肱菴即事
暫避風塵色,獨憐負郭幽。
屋後多栽菊,高臥待三秋。

澱水舟中
澱水涵秋月,風煙夜色清。

篷窗夢未破，舟到浪華城。

53. 豬尾誠
真如堂看楓
移榻楓林下，霜葉遶坐紅。
往來多少客，宛在錦雲中。

二
游人都去盡，獨立楓林中。
返照含霜葉，更添一段紅。
（溫存可嘉，豬尾生，未見二毛，而資性忠厚，絕無浮薄習氣，此詩全類其人。）

54. 杉美典
秋曉
綺窗人未起，玉砌曉寒生。
滴滴梧桐露，帶風作雨聲。

宮詞
疇昔羅衣賜，尚憐帶御香。
時時開匣見，似欲待君王。

55. 田維禎
月夜寄藤一元
吾家在山側，君家在江濱。
一天清夜月，分照兩地人。

56. 左九成
夏日即景
山山雲出岫，卷舒勢不同。
誰道無心物，奇峯結得工。

晚歸
犬吠江村火，鳥歸山寺鐘。
不與人爭渡，欲待月移筇。
（終身讓路不枉百步，終身讓畔不失一段，是教世之語，今一轉爲遺世之語，亦妙。）

57. 紀廣
秋葉山中作
人間三月盡，此地鶯花新。
試問山中客，山中別有春。

題畫
青山連樹杪,瀑水落雲間。
中有荷钁客,可是採藥還。

58. 加古祥
舞妓浦
海風吹不盡,隨步綠陰垂。
松影與人影,夕陽次第移。

59. 田早胤
冬夜訪友
短筇歷冰雪,數里到君家。
葉葉風吹盡,枯林月自斜。

60. 宮世恭
柴門清流
野水涓涓過,柴門竹樹陰。
徹底清如此,想見主人心。

61. 近藤庸顯
淮陰侯
登壇定漢業,將略古來無。

獨惜功成後,扁舟負五湖。

62. 嵐浚明
敗荷鷺立圖
耶溪荷已敗,參差偃水中。
繁華能幾日,一鷺立秋風。

63. 嵐元慎
送友人
胡姬勸酒舞,一曲月光移。
朝來分手去,願及未醒時。

機中織錦秦川女
美人機上錦,只解織鴛鴦。
終日不成尺,昨夜夢遼陽。

64. 河合利正
驛路秋日
山路日將暮,秋風初月孤。
前程今幾里,駐馬問樵夫。

65. 草章興
游涪溪
十里聽鷄犬，白雲花樹西。
此中誰避世，疑是武陵溪。

66. 荻元善
結客
結客酒樓上，千金何足論。
相值重然諾，寸心一劍存。

67. 林翼
明妃曲
一曲悲風起，聲聲入塞雲。
路傍無限怨，彈過李陵墳。

68. 澁谷亮
鶯兒
奮飛才數尺，學語未全成。
宛轉垂楊裏，金衣映翠清。

69. 河合行慶
春日偶作
裊裊垂楊柳，千絲動暖風。
鶯啼看不見，長在翠煙中。

70. 八田維清
塞下曲
萬里沙塲月，秋風獵獵寒。
遙聞城上笛，不寐懷長安。

71. 平山惟明
春游曲
春滿長安道，花明處處樓。
橋頭垂楊柳，公子繫驊騮。

72. 大島義寔
秋夜懷山中友
不寐聞哀雁，歸心與夜長。
故山君住處，叢桂想芬芳。

73. 伴處
兼葭池
園林含野景，暝色起池頭。
霜露兼葭裏，更知天下秋。

74. 澤致
落雁田
高田秋水滿，暮色蓼花紅。
遠影一行雁，數聲下碧空。

（余弱冠，爲今郡上矦青山公文學，祇役東都，住公之西莊中三年。爾時從游之士，無慮數十人，其中俊髦六七人，時見佳篇。距今幾乎四十年，花飛葉散，恍如隔世，今筐中僅存二首。又有木村生，字子固，俗稱小平太，最好吟哦，其人已没，遺稿不存，所謂幽冥中負斯良友，不無慚悔，因此云及。）

75. 菅沼恒
中川舟中作
中川春雨後，孤棹破風煙。
遥見桃花浪，淼茫入海天。

76. 磐瀨行言
游玉川
曝衣玉川石，濯足玉川流。
龍泉真耐磨，不必他山求。

77. 堀如圭
江上雜詠
江水長如帶，曙雲山上斜。
人煙樹裏起，總是漁樵家。

78. 溝口尚論
夙發須本作
寒草空山裏，曉風吹客衣。
峯頭動日色，一鳥破煙飛。

79. 湯淺兼尚
秋閨怨
紅粉樓前柳，垂絲日日新。
春風吹翠去，好寄遠征人。

80. 小倉深造
義仲塚

古碑陰雲合,威名緑字新。

朝日長不照,露濕塚邊塵。

81. 永井祥
宿山寺

一宿山中寺,窗前月色清。

上方人響斷,通宵聞猿聲。

82. 永井仲和
曉發

曉天山霧合,殘月更無光。

曳杖溪橋上,斑斑昨夜霜。

秋日登樓

獨自上高樓,樓前木葉秋。

斜陽歸鳥外,雲煙處處愁。

(平易自然,近唐人語。)

83. 熊坂君行
白雲洞
巖岫殊鬱勃，鷄犬天半聞。
出洞一長嘯，四面起白雲。

隱泉
來過隱泉上，雲松夏日寒。
幽人抱甕汲，明月在林端。

84. 廣冲
折楊柳
楊花亂如雨，點點落儂衣。
卻恨河橋上，春歸人未歸。

85. 藤實義
鏡中月
粧樓將薄暮，新月影如絲。
似是明鏡裏，教儂畫蛾眉。

86. 河建
客中作
殘燈挑不盡，蕭索客心哀。

千里鄉心絕，唯聞風雨來。

87. 北貞卿
詠史
失鹿秦皇帝，紛紛馳逐人。
陳嬰幸有母，能自保其身。

88. 高子元
偶作
轉蓬今既老，寶劍可酬誰。
抱膝微吟意，世間何者知。

89. 高重純
拜天巖戶
空翠流堪掬，洞中燈影微。
千載仰德處，初日照巖扉。

90. 高載陽
題雙宜亭
室成才十笏，筆硯稱雙宜。
堪問桂叢處，隱心招得時。

91. 肥田子潛
題岡氏隱居
青蘿垂作戶，綠竹綰爲門。
白雲屢來往，未識世間喧。

92. 西川翼
秋日懷洛陽故人
秋風何限意，懷友不堪聞。
遙向洛陽道，望中皆白雲。

93. 大菅集
山行
深山行不盡，縈回一路斜。
漸見多田畝，始知近人家。

94. 森正綱
詠柳
青春楊柳色，帶雨傍江湄。
好代漁翁手，毿毿似釣絲。

95. 山敬通
雨中春望
雲傍斷山出，雨灑遠樹寒。
篷蓽無人至，春色獨自看。

96. 屋葺禮
冬夜
吟行城外路，寒月照霜華。
多病怕衣薄，夜尋賣酒家。

97. 田淵龍
登牧牛閣
登臨百尺臺，青嶂入眸開。
斜陽郊樹外，隱隱笛聲來。

98. 二木恭
度猿橋
西風霜冷夜，橋上月紛紛。
斷續猿聲苦，愁人不可聞。

99. 松永久忠
題鏡山

一峯天外聳，鏡樣望何奇。

風捲浮雲去，宛同磨出時。

（詩意頗巧，故收載之。但所題鏡山，江州鏡山，則不圓而鏡樣，又不尖而峯形，漫然土山，絕無奇賞。觓不觓，觓哉觓哉。若夫在越前州勝山上流者，則宛然鏡樣，而玲瓏透徹，毛髮可鑒，但其地深幽，世無知者。）

100. 林桓虎
春日偶成

園林黃鳥至，枝上嚶其鳴。

何知幽居意，不復求友生。

101. 井上充
望桃山

一望桃花嶺，桃花映碧流。

唯看霞綵麗，不見古城樓。

102. 小野憲
雪中送人

風雪江南路，馬蹄舊國回。

倚門含笑見，綵服映寒梅。

103. 丹羽直道
游西村梅林
行看西野雪，道是梅花開。
未辨梅與雪，自有香風來。

104. 田緝
山家
高山茅屋在，隱見白雲阿。
唯聞清猿叫，終年少客過。

105. 舟因信
偶作
月升煙霧散，漸見兩三家。
山逕無人跡，秋風在桂花。

106. 源教賢
訪隱者不遇
寂寂空山裏，遙聞伐木音。
茅廬人不見，只是白雲深。

107. 安藝文江
泉上獨酌
爲憐泉石色，藉草坐溪頭。
獨酌樽中物，醉來欲枕流。

108. 高桑元仲
春雨
夜來春雲合，細雨灑千家。
今日樓前樹，無樹不着花。

109. 江村驥
俠客
壯士不辭死，結交重一言。
自誇燕趙客，來往過吾門。

110. 齋藤安世
龜尾島途中吟
曲曲山間路，夾溪綠樹深。
停筇聽流水，果是有清音。

111. 水谷和隆
夜雨話舊
秋雨蕭條夜，相逢意更親。
共疑雙鬢白，不似舊時人。

112. 關綽
游西行菴
東風芳樹下，寂寞鎖柴扉。
春色無人賞，落花向西飛。

113. 公炳園彪
遡大堰川
雨霽雙峯秀，峽流綵翠沉。
欲乘槎遡去，忽入白雲深。

114. 堀江德
謝藪田直夫贈梅花
君家春信早，遙寄一枝來。
將道江南色，入我瓶中開。

115. 飯田豹
春日偶作
遲日東風暖，林花照眼開。
幽人何限意，把酒坐青苔。

116. 國枝守義
宿山寺
禪居山靄外，偶坐對僧棊。
唯爲前林茂，閑窗得月遲。

117. 關玄之
湖中孤島
白雲時生滅，碧水日回環。
誰爲割三島，一拳湖上閑。

118. 滕有顯
寄人
去歲與君別，春風江上亭。
君今何處住，春風柳復青。

119. 田鍌
子夜春歌
前溪春水漲,欲濟無輕舟。
綠楊紅杏裏,隱隱情人樓。

120. 野村文永
秋望
秋山都落葉,暮色釀陰雲。
故國千餘里,鳴鴻不可聞。

121. 松崎文直
南紀道中
攀躋山險盡,絕頂望更新。
微茫海濤裏,落日若車輪。

122. 黑田芳故
秋日視田子明
門前不植柳,籬下菊堪餐。
但有素琴在,君來相共彈。

123. 柚木孟谷
丙申八月十四夜，陪北海先生，賞月城北僧院

清夜執几杖，相從歷郊村。

欲與高僧賞，更敲月下門。

（柚生小字南畝，伯華之孫，受業於余，年甫十四，穎敏絶人。）

124. 合達
寄人在南都

三笠山頭月，蕭蕭玉露秋。

鹿鳴驚客夢，一夜故鄉愁。

（合生，麗王長子，作此詩歲甫十二，才穎，且能書，有家翁風云。）

125. 江村楠
題琴詩堂（餘伯玉書齋名）

高山原可愛，流水意亦深。

悠悠山水意，寫來詩與琴。

又用前韻

愛此高堂靜，主人詩思深。

清風時忽至，鏗爾一張琴。

126. 僧禪軾
宿玉甌山

獨宿秦關下，誰何意不平。

漸看山月落，蓐食待雞鳴。

127. 僧信海
中秋賞月海上

曉天風颯颯，尊盡露霑巾。

月落烏啼後，携歸沙上人。

128. 僧藏明
綠野亭得船字

婆娑臨江竹，中繫打魚船。

推窗東嶺出，坐待明月懸。

129. 僧日謙
楊柳橋送人

楊柳橋邊柳，朝來折向君。

客中還送客，客思轉紛紛。

130. 僧智象
題隱者圖
白雲埋幽徑，落葉響寥天。
主人如有待，獨立石門前。

題泰立上人房
不必紅塵外，市中一茅廬。
常隱烏皮几，心閑好著書。

131. 僧古溪
山中四時（春）
茅檐遲日暖，鳥語送花香。
只爲塵緣薄，偏令興味長。

132. 僧準
聞笛
一曲誰家笛，關山路自難。
縱令明月好，何若故園看。

133. 僧淨瑞
登鷄足山思故鄉
登來人不見，山上白雲飛。

遥望故園道,天邊孤雁歸。

134. 僧秀存
芭蕉
寺門芭蕉樹,婆娑綠滿庭。
看來似貝葉,攀取好寫經。

135. 僧無菴
謝寔公惠茶
故人遥惠茶,清風醫病骨。
欲酬一物無,片心對明月。

136. 僧澄意
歸山吟
歸筇隨澗水,遠遠晚寺鐘。
回首題字處,白雲已溶溶。

137. 僧道困
席上得庚韻
小春日正暖,紅葉映窗明。
與客吟詩處,西山暮色生。

（甲午十月，余游延慶菴，與桂洲長老，山亭賦詩。因沙彌年十二，侍師側，勒韻作斯絕句。）

日本詩選續編卷之六　終

卷之七

平安　江村綬君錫　著
清勲　公績
山瑛　子成　同校

七言絶句 上

1. 今大路玄寅
出東都
馬蹄得意發江城，杯酒何傷離別情。
新綠殘花東海道，吟行無恙到皇京。

2. 向井元成
含玉神泉
老樹幽篁塵外途，靈泉湧出是名區。
白雲深鎖無人到，定有驪龍護寶珠。
（前詩見《名賢詩集》，後詩見《彥山名勝詩集》，二詩在當時可稱合作，因此標出云。）

3. 白井秀胤
奉和守山矦高韻
海上高樓一望開，秋風萬里帶潮來。
鄂君今夕興無盡，青翰舟中載月回。

4. 三宅緝明
和澹泊先生碧於亭春興
庭院晝長芳草滋，不瞋稚子打黃鸝。

人行如畫紛相過，正是春城市散時。

5. 人見傳
月下雁
金風吹動桂花秋，新雁一聲寒影幽。
傳信不辭雲路遠，南飛叫月起汀洲。

6. 森尚謙
同
孤輪高掛暮雲晴，賓雁成行度海城。
記得古來傳遠信，一聲呼起故園情。

7. 栗山願
漁村秋夕
沙岸隨鷗釣艇歸，晚風吹網動斜暉。
水濱欲問村醪熟，蘆荻秋深鱸正肥。

8. 加藤博
對菊讀書
數叢燦燦隔窗紗，取次想看靖節家。
案上清風香一段，閑攤黃卷對黃花。

9. 安積覺
春閨
湘簾蘄簟夢回時，寶鴨香殘玉漏遲。
半掩紗窗人不見，夜深月在海棠枝。

水仙花
帝子董修倚石壇，金仙觀古暮煙寒。
步虛聲斷人何處，留得舊時黃玉冠。
（前詩嫵媚，後詩工緻，可謂佳絕，余未見其全集，可憾。）

10. 鵜飼眞泰
山寺冬月
青嶂霜深夜色沉，時聞松鼠叫禪林。
淒風吹送前山月，照見清涼古佛心。

11. 鵜飼眞昌
杜鵑
曙色欲分殘月微，聲聲蜀魄入雲飛。
可憐啼血為誰苦，不信行人已自歸。

12. 中村顧言
次韻雪蘭兄在京師與某
知己如君有幾人，暮雲回首立江濱。
開花時節最求友，千里鶯啼兩地春。

13. 越克敏
初春作
斜逕閑門倚柳陰，朝來移榻聽鳴禽。
無端江上蘼蕪色，萬里春心一夜深。

14. 谷遵
山中四時歌夏
綠樹陰陰野逕迷，山中自愛一幽棲。
月清夜静無人問，夢後時聞杜宇啼。

15. 田長温
送源季鱗
征馬蕭蕭曉度河，白雲如水水層波。
故人自有秋風曲，裁作長安客裏歌。

（子恭詩，前編僅載一首。此篇韻度縹緲，可誦，以故又錄一首。）

16. 田包常
早春贈滕卿
南山一路白雲邊,五柳春風對醉眠。
負郭從來堪種秫,知今歸去賦將傳。

17. 鵜孟一
送人還信中
千峯萬峯湖水西,四月五月子規啼。
直置崎嶇信陽道,知君歸馬雨中迷。

18. 晁道恒
塞下曲
銕騎何論行路難,旌旗飜處北風寒。
關山徹夜胡笳動,十萬征人不解鞍。

19. 源義宜
海樓月下吟
皎皎月輪懸海天,清光萬里望蕭然。
何人吹笛沙堤上,殘柳紛紛落檻前。

20. 山良由

秋日黑水橋晚望
橋北橋南木葉飛，秋山秋水夕陽微。
側看幽逕通閭巷，前後相呼樵者歸。

送山人還山
偶然爲客偶然回，宛似浮雲自去來。
寄語曉猿兼夜鶴，莫疑蘭佩染塵埃。

寺門晴雪
雁塔雪晴雲樹開，東西一色白銀堆。
山門唯有孤筇跡，應是村翁禮佛回。

21. 横井明

塞下曲
戍卒憑樓夜未眠，別來敢望故鄉天。
秋風只恐壯心撓，一劍試揮明月前。

旅館書懷
遠笛銷魂不忍聞，郵亭對月淚紛紛。
歸心附與秋風去，遙入鄉山一片雲。

22. 中村元長
畫梅

疎影寫成淡墨新，毫端生意果精神。
誰將雪後孤山色，壁上長移一朵春。

23. 礒谷正卿
燕子花

雨晴新水滿清渠，紫瓣纔開綠葉舒。
燕子有情花有意，啣泥相近不相疎。

24. 屈方舊
和暮水叟見寄

空翠當窗惹夕曛，秋光無處不思君。
西風遙自傳清嘯，欲向蘇門攀白雲。

25. 恩田維周
對花

一番花落一番開，每值花開即把杯。
只道三春花底醉，不知雙鬢鏡中催。

（雖無警句，全章杳紗，意度可嘉。）

26. 衡時敏
甘泉歌
金莖直入五雲長,青雀飛來繞建章。
昨夜甘泉新報瑞,羣臣各進萬年觴。

27. 村井貞篤
擣衣曲
九月長安夜正長,閨中少婦擣流黃。
月明偏照清砧上,想見玉門關外霜。

28. 垣內文徵
送文翼之東都
故人東望綵雲隈,相送頻傾琥珀杯。
驛路更聞黃鳥好,春風何處不花開。

29. 富田景周
山居
屋外青松高十尋,濃陰獨對夕嵐深。
忘機抱甕田園晚,山鳥飛來掌上吟。

30. 岡貞起
秋夜
山山秋色入樓臺,江上煙波暮景催。
紅蓼汀邊獨憑檻,閑看鴻雁嶺頭來。

二
池邊荷破帶微霜,夜色凄然孤月光。
唧唧蟲聲衰草下,秋風吹入客愁長。

31. 橫田行道
偶作
十載攜家游海隅,朱門久客愧齊竽。
誰憐萬里登樓賦,更向高陽混酒徒。

32. 松永公路
新秋
梧葉報秋初戰時,幽窗寂寞弄殘棋。
晚風陣陣新涼動,蛩語蟬聲各自悲。

暮春郊行
柳煙和水草萋萋,行藥逍遙步大堤。
難奈前宵風雨惡,落花十里踏成泥。

33. 下川貴慶
俠客行
幽谷深淵冒夜行，刺蛟搏虎氣縱橫。
一從肝膽輕周處，節俠何論郭解名。

34. 栗元愷
戲題庭中芍藥
玉蘂瓊葩映日鮮，花中丞相品題傳。
誰知廊廟調羹手，空老荒籬蔓草邊。

征婦吟
蕭蕭落葉撲堦飛，月透紗窗照錦機。
理得回文何處寄，三秋無雁向金微。

35. 神戶由道
郊吟
野竹參差蓋石磯，一雙幽鳥掠波飛。
半山殘照藤蘿外，僧向白雲深處歸。

林棲
林棲且喜世人稀，不使紅塵上素衣。
細雨半收春色靜，風花輕打小柴扉。

訪隱者

入門先愛好林泉，桂子松花落檻前。
香爐酒醒賓亦去，清風窗外抱琴眠。

和中秋無月

薄霧輕雲掩月明，也知天上似人生。
不眠懷古孤燈下，何若看書到五更。

36. 橘雍
里社

秋風吹送樂神歌，玉笛何人和薜蘿。
夜半庭燎寒欲盡，長松樹裏月明多。
（此詩用我邦古神樂之語，筆端鼓舞輕妙，可見才氣。）

寄懷魯山和尚

獨夜懷君夢幾回，分明攜手到天台。
一路空山松子落，飄然共上雨華臺。

37. 平正甫
送中公簡之東都

東風細雨度河梁，楊柳枝枝綠漸長。
此去前途春色遍，鶯聲解侑別離觴。

38. 藤道政
冬日書懷
荏苒居諸似擲梭，幽懷此處獨吟哦。
明時抱病蓬蒿裏，白髮紛紛奈老何。

39. 平利
福原懷古
東風細雨草萋萋，羈思如秋意轉迷。
昔日管絃零落盡，春山唯有暮禽啼。

（平貞卿即九齡乃翁，少時在赤石學詩蜺翁，九齡今以詩雄乎浪華，不無緣由。）

40. 佐佐木長秀
田家花
餉婦時忙東復西，村園處處亂鶯啼。
兒童亦似憐春盡，俯拾落花巡野蹊。

41. 松波光興
詠錢
何以二戈爭一金，人間因汝有浮沉。
誰腰百萬揚州去，不若杖頭當醉吟。

42. 源範義
柳
東風吹雨汴河頭，染得千條翠色浮。
二月隋堤春欲遍，枝枝猶似待龍舟。

43. 高俊
春月奉和某公
何必南樓秋夜情，孤輪靄靄滿春城。
清輝似伴仙郎夢，故向梅花枝上明。

44. 劉韶
從軍行
西風颯颯度榆關，鐵騎橫驅大漠間。
萬里煙塵天欲晚，前軍先奪祁連山。

詠柳
湧金門外綠婆娑，影映西湖萬頃波。
故惹東風歸客恨，蘇堤春色不勝多。

美人晝寢
嬌倚琵琶面半遮，碧紗窗外夕陽斜。
夢魂化作春園蝶，應繞沉香亭畔花。

45. 源賴寬
和源龍岡韻

夜雪北風過雁哀,投來明月照樓臺。

更乘晴後山陰興,一棹扁舟訪戴回。

46. 木季明
明妃曲

黃榆風急雁南流,抱得琵琶獨自愁。

誰道單於臺上月,清光不異漢宮秋。

47. 青葉廣
題僧院

暮山霞色繡袈裟,數縷香煙戶外斜。

獨坐繩床無一事,靜看白露上蓮花。

(士弘詩余不多見,前編僅載一首。近得此篇,韶婉可稱,以故重錄。)

48. 松尾直員
梅柳渡江春

水碧風輕柳色新,梅花隔岸向芳辰。

年光不借舟師力,先到長江萬里春。

49. 森信門
蓋山秋月
三蓋山頭明月秋，影流寧楽古皇州。
清光一入晁監詠，依舊猶能惹客愁。

得剡山師書，曰，近寓居松山，因有此寄
聞師近日在松山，山隔溪回不易攀。
一片白雲唯自愛，持歸早晚贈人間。

50. 森規右
有感
折腰今日有誰憐，歸去鄉園栗裏田。
自愛門前楊柳色，青青依舊更含煙。

51. 布久成
一谷懷古
白旗赤幟亂如麻，鋨馬縱橫擁帝車。
二八風流青葉笛，紅顏難駐落梅花。

52. 布久敬
舊宮人
顏色年光不兩留，鏡中霜鬢又驚秋。

月明依舊珠簾下,空抱雲和獨自愁。

53. 大田成興
七夕
桂樹秋風早晚催,星橋影落入瑤臺。
不知緱嶺登仙子,雲路猶能乘鶴來。

54. 滕公純
丹溪散步(在虞城附郭)
西山樹裏日將沉,河畔涼風好解襟。
樵路縈回人隱見,應緣此處白雲深。

小集同賦寒雨呈北海先生
可憐殘菊偃庭籬,濁酒枯魚卜夜時。
秪恐深更君去後,堪聞寒雨滴茅茨。

55. 尾島光齊
山居雜詠
茅齋無事夕陽曛,濁酒尊前籬菊芬。
落葉滿庭何用掃,床頭書帙自紛紛。

56. 馬正恭
望芙蓉

松間駐馬眺風煙，無數青山傍海連。
更見芙蓉三萬丈，千秋白雪接中天。

57. 松平忠敦
秋夜

夜來風起草堂頭，寂寂孤燈影亦幽。
不向秋聲作新賦，呼童温酒思悠悠。

58. 當捨以直
塞下曲

萬里沙塲戰已闌，陰風動地銕衣寒。
不知鄉國何邊是，落日黃雲立馬看。

59. 川上成憲
送藤大夫歸高取城

送君離席惜金卮，一別秦胡未有期。
芳野三春行樂日，還將郢調寄相思。

60. 平元秀
春盡送人
花盡園林落日低，關河萬里望將迷。
只餘芳草萋萋色，欲送王孫去馬蹄。

殘春
春盡深林望不分，流鶯啼處隔溪聞。
前途行認殘花過，唯是山中多白雲。

東山觀楓
東山秋色近如何，蕭寂無人載酒過。
欲問當年携妓地，丹楓深處夕陽多。

61. 關忠貫
春游曲
白馬金鞍楊柳煙，長堤春色夕陽前。
半酣認得青樓女，笑把珊瑚三尺鞭。

62. 中相救
同
銀鞍玉勒度春風，踏盡落花斜日中。
無數章臺楊柳樹，不知何處繫驊騮。

宿山寺
松杉深處鎖巖扉，秋色蕭條人跡稀。
搖落西風山寺夕，翠嵐吹上芰荷衣。

63. 滕清風
暮春山行
溪流曲曲簇春雲，落盡桃花路不分。
應是昔人避秦地，山中遠近犬鷄聞。

64. 滕忠雄
重陽前一日送人
西風相送此登樓，無限雲山兩地秋。
明日縱令雖載酒，黃花空自對離愁。

65. 山允文
子規啼
蓬窗月落子規啼，杳渺鄉關江水西。
此夜聲聲無限怨，扁舟夢斷望逾迷。

66. 藤美
巖島神燈
落日清風海上秋，孤舟繫處即滄洲。

瑶宮更迎驪龍窟，多少明珠照浪浮。

67. 松安美
望嚴島
蓬萊何處五雲中，海上仙山咫尺通。
此際秋濤看自壯，釣鼇直欲駕長風。

68. 安徵彥
月夜登樓
海國青山萬里秋，凉天明月入欄流。
玉簫聲冷銀河近，更迎廣寒宮裏游。

69. 村肅
七夕游日通寺
碧天秋色白雲飛，嫋嫋西風吹竹扉。
一笑相憐高卧客，山中自曬薜蘿衣。

70. 室恭先
長安月
萬戶千門夜色流，寒砧聲度鳳凰樓。
凉風到處天如水，望斷長安明月秋。

寄田君赫在滄浪亭
故人信宿古江村,羨爾風流此避喧。
聞說山中無長物,白雲明月滿柴門。

71. 奧田元行
東都客捨重陽
重陽物色屬悲哉,客捨蕭條風雨來。
遙想鄉園手栽菊,今朝花發汎誰杯。

72. 桃源藏
春怨
春來轉嬾拂蛾眉,誰道閨人不解悲。
楊柳掛絲爲君折,折殘楊柳復成絲。

歸雁
春城雁度月婆娑,夢後聲聲添恨多。
借問關山萬餘里,何時能向故園過。

73. 宇都潭
送都叔度之廣島
廣陵城外小蓬萊,海上祥雲五色開。
行矣扁舟春欲盡,波間蜃氣見樓臺。

74. 湯元禎
春日擬元人

南窗睡起對明霞，摹罷蘭亭日欲斜。
草色滿庭人不到，春風吹落海棠花。

秋夜擬明人

朔雲邊月雁南飛，丹鳳城中人未歸。
露濕梧桐天似水，金閨玉杵擣寒衣。

（之祥詩尚氣格，志在高岑。此兩首一時游戲作，自以爲纖弱者，而婉約翻可愛也。余所以載之，使人知之祥高手無不爲耳。）

75. 松崎賢
丁亥春

去年梅發醉無妨，今歲鶯啼淚濕裳。
寂寞柴門深自鎖，不知春日爲誰長。

76. 古屋鬲
尼院

松門深鎖女僧家，鐘磬寥寥蕙日斜。
解脫六塵渾不染，晴窗繡出白蓮花。

送別井岡生
芳草萋萋映客衣，王孫此去欲何依。
縱令杜宇能啼到，萬水千山不可歸。

77. 萱來章
送僧赴永平寺
雲水由來行腳輕，飄然復向北風行。
何妨白雪埋迷路，飛錫彌天入永平。

題蘆雁圖
屏障新圖足臥游，風煙漠漠荻蘆洲。
枕頭時聽寒聲起，一幅平沙落雁秋。

78. 武公美
搗衣曲
誰家雙杵搗秋霜，和月聲聲惹恨長。
腸斷深閨愁夜夢，先衣早已到遼陽。

79. 源國宣
山居
窗前落日樹棲鴉，澗水潺湲晚眺賒。
數點燈光遠林裏，不知何處有人家。

80. 盧玄淳
送赤水先生游西京（五首錄一）
淹留不厭帝王州，四顧名山二水流。
好去如君須問訊，古來文物在西周。

81. 長玄珠
留別京師友人
渭城一曲不堪悲，折去橋邊楊柳枝。
別後屋梁殘月色，應知夢裏憶君時。

送人之石城
秋風一夜度關門，明月誰家開酒尊。
聞說石城多樂事，知君駐馬莫愁村。

82. 役祐誠
漢宮詞
集靈臺上月明時，獨自君王有所思。
青雀西飛白雲渺，天邊何處是瑤池，
（雖襲李義山詩，字法恰好，所以錄之。）

83. 谷友信
送松子長之崎陽（十二首録二）
驛途遙向浪華過，潮水蒹葭秋若何。
多少樓臺從此去，九州天地慎風波。

二
東西萬里隔山川，驛使封書不易傳。
好待冥鴻歸碣石，紫溟春寄紫霞篇。

84. 千葉玄之
送僧歸豫州
西望滄溟萬里開，知君遙拂海雲回。
風濤無恙衣珠色，唱起天龍護度杯。

送玄路玄玉二禪師歸肥後
秋風萬里動離顏，兄弟聯翩杖錫還。
五十三亭行盡後，天邊何處壽安山。

85. 松延年
篠池
蓮池十里送香風，霞起台峯上下紅。
天女洲邊渾若錦，坐疑身在織機中。

題隱居圖

青山繚繞白雲重，結屋高樓第一峯。
如問此中怡悅意，清風不減華陽松。

86. 村盛芳
游山寺

暫追遁跡出塵氛，擬叩禪關拂白雲。
山轉溪回行未到，鐘聲遙在上方聞。

雨後下深川舟中戲示通卿

宿霧冥冥曉未收，門前潮水暗添流。
江風不散陽臺夢，爲雨爲雲送客舟。

87. 和之璧
送某州別駕之關東

萬山中斷一川青，道似劍門遶翠屏。
縱有行人題麗句，非君誰繼孟陽銘。

88. 高道昂
過廣福寺

珠林春色倚嵯峨，嬌鳥啼花相引過。
不必洞天尋藥去，題詩秖是綵雲多。

89. 櫻井篤忠
晚望
秋色西山夕照收，高樓獨上意悠悠。
疎鐘殘雨聲聲雁，不是客中生暮愁。

遠村燈
蒼茫煙霧夕陽低，匹馬蕭簫路欲迷。
今夜前村何處宿，孤燈一點竹林西。

90. 赤松展
漫成
小園雨過引清風，散髮蕭然落日中。
客去林間禽語歇，半輪新月上梧桐。

91. 赤松綸
春夜過道院
空山一路洞門懸，花樹玲瓏棲鶴眠。
月下金簫人不見，春風吹落玉壇前。

92. 蘆田克誠
軍城早秋
秋風昨夜度龍堆，萬里平沙雁北回。

日落軍門金鼓動,月明狐塞角聲哀。

93. 荒熹
宮詞
長門夜夢侍君王,覺後笙歌在未央。
誰識深宮無限恨,春風吹送御爐香。

94. 妹尾賢良
春色滿皇州
五雲春滿帝王州,柳色青青朝露流。
日照上林花若錦,香風吹入鳳凰樓。

95. 下川孝遷
碧瓦霜寒
碧瓦霜飛玉殿寒,砧聲遠遠夜將闌。
月明翡翠簾前影,空作金閨獨臥看。

96. 菅元選
山房春事
山房春滿綵雲濃,門掛青蘿絕俗蹤。
一月尋花花不盡,經旬漸過第三峯。

97. 富安榮
南鴨祠乘凉
千樹重重夏亦寒,西山日沒亂蟬殘。
河邊把酒人多少,誤作山陰禊事看。

98. 石政直
秋夜宿山寺
西風雁叫滿山秋,落木紛紛斜景收。
溪霧岫雲看欲盡,無端初月掛松樓。

99. 崎芳
客中秋思
旅亭秋晚月光深,落木蕭蕭動客心。
不見鄉園八行信,雲間徒聽雁鴻音。

100. 井重之
梧桐
露冷梧桐金井頭,清風明月此相求。
可憐一葉窗前落,天下俱知昨日秋。

101. 宇直延
平安四時樂春
丹鳳城中二月天,東山北野簇春煙。
梅花落盡櫻花發,何處風光不可憐。

102. 善尚雅
送友人歸南紀
江城白雪客衣寒,留別重歌行路難。
若向日邊朝眺望,雲霞深處是長安。

103. 曾之唯
古寺梅花
十二寶樓半鎖煙,上方不夜月嬋娟。
清香斷送人間夢,共入梅花一味禪。

104. 張天雨
白牡丹
一種名花本出塵,清香素艷不勝春。
無端更映珠簾月,獨立新粧浴後人。

105. 林貞亮
夏雨和某
積雨林間標有梅，層雲嶺外殷其雷。
衡門寂寂似秋至，巢燕啣泥去還來。

採蓮曲
并棹扁舟向若耶，羅衣偏帶晚風斜。
佳人似妬芙蓉色，折盡溪頭多少花。

106. 木生民
折花贈人
名花自愛漢宮姿，欲寄同袍折一枝。
瓶裏縱含仙掌露，天香不及在園時。

107. 森肅
澱江汎舟
煙花三月汎輕舟，極目茫茫百里流。
鳩嶺螺峯相對出，布帆指處是皇州。

游芳野山
勝游乘霽訪仙蹤，白雪白雲知幾重。
獨立巖頭回首處，花薰七十二金峯。

108. 垣內仲凱
苦雨
梅子將黃雨不晴，旅窗日永客愁生。
枕邊還有攪吾睡，聽得杜鵑三兩聲。

109. 垣內桐亭
巢燕
燕燕營巢王謝家，飛來飛去夕陽斜。
可憐簾外春光老，梁上和泥一片花。

110. 近藤庸顯
懷菅瓚美
煙霞日暖墨河頭，處處春風多白鷗。
莫問王孫昔游跡，萋萋草色使君愁。

送規則還鄉
歸程遙指萬重雲，送別琴尊坐夜分。
到日鄉園值搖落，秋聲何似客中聞。

111. 袁景陳
寄嚴叔瓊
別後輕舟興奈何，洞庭無處不煙波。

知君偏弔湘娥夜,依舊白雲明月多。

112. 西川瑚
送人之參州
鳳來山色倚嵯峨,碧海城邊望若何。
行過漢王提劍地,五雲長傍沛宮多。

江上漫興
煙波江上對斜暉,白髮漁翁坐釣磯。
羨汝扁舟心不繫,蒹葭深處得魚歸。

113. 角文仲
和笙州道人
相見玄談日已斜,共知幽意在田家。
爲嫌俗客來游數,園裏不栽桃李花。

114. 飯田豹
暮春訪海量師得鵑字
大洞山中興杳然,與君相對轉相憐。
楊花落盡春將暮,處處新林響杜鵑。

115. 木世輿
送人
離亭一自唱陽關，隔絕千山復萬山。
爲是故人能愛客，他鄉雖惡不思還。

116. 關祐之
重訪志賀山人
先年一夕宿君家，猶記村醪留我賒。
今日山翁幸無恙，春風復醉舊園花。

117. 堀口杏菴
冬日麑川作
雨後輕寒麑水濱，長堤木葉落成塵。
洲前睡鴨夢應熟，憨愧斜陽爭渡人。

118. 松山造
冬景
離離茅屋倚江濱，點點霜紅岸樹新。
雨雪欲來山色暗，野橋簑笠獨歸人。

119. 嵐元慎
曉發山驛
曉發山城雨始晴,人煙處處欲平明。
雞聲喔喔殘雲裏,多少峯巒次第生。

120. 嵐元誠
黃備海上作
布帆無恙掛秋晴,島嶼參差難計程。
月落波濤鳴枕上,不知半夜海風生。

121. 熊阪君行
寄懷友人
江山秋動夏雲殘,坐覺聚星天上難。
屈指故人零落盡,南樓明月好誰看。

122. 高木榮
春日偶作
主人茅宇大隈東,僻地蕭條一逕通。
南岳綵霞飛筆底,西山白雪照樓中。

123. 高木三省
湖上作
琵琶湖上客心閑，獨倚高樓夕照間。
愁見煙波千里色，孤帆遥帶白雲還。

124. 役春洞
早秋偶成
山館蕭條秋氣多，晚來乘興步巖阿。
因聞野寺鐘聲起，負杖長吟向薜蘿。

125. 春原光觀
杪冬即事
雁鴻啼度暮雲端，秋盡窗前玉露寒。
此夜憶人千里外，獨乘明月倚欄干。

126. 柳宏
墨水
日落大江渺夕波，津頭幾處起絃歌。
乘風十里扁舟興，白馬金龍次第過。

127. 中村維禎
訪隱者不遇
千嶂堆嵐晝亦昏，長藤古木掩柴門。
仙翁應向前峯去，一路青苔見履痕。

128. 岡吉
園中桃花開
去歲園中手自栽，今年已見數枝開。
縱然花下無人賞，不向春風把一杯。

129. 木碩
花下酌
滿枝芳艷雪成堆，多少游人載酒來。
日暮春風吹不斷，可憐片片點蒼苔。

130. 永松瑾
別青山
東歸卻恨別青山，山屐何時可復攀。
身後千年如作鶴，羽翰遙向嶺松還。

131. 佐雅文
宮詞
白露玲瓏金井欄，秋風吹動綺羅寒。
明明三十六宮月，誰侍君王夜夜看。

132. 松岡世濟
留別千頭玄仲
東溟千里久離羣，僻地風光獨有君。
寵送何情分手後，遙天共望暮江雲。

133. 谷建
遙壽田柏吾乃翁六袠
壁間常插四時花，更說薰風來舞新。
不啻君家千石酒，壽筵兼進菟山茶。
（自注云，翁精于茶禮，故及。）

134. 多賀渤海
中秋半夜月晴
細雨濛濛清賞違，忽看玉鏡發明輝。
千家砧杵頻添恨，轉覺露華霑袷衣。

135. 泉川奉盈
春日作
平安大道七香車，日日春游弄綺霞。
歌管待人何處是，陰陰桃李出墻家。

136. 小倉深造
早春貽書葛子琴無報而《日本詩選》至
日計浪華幾路程，春天何事雁無情。
東風忽送新緗帙，開卷先探李杜名。

137. 屋葺禮
江村即事
二月東風燕子斜，江南江北弄年華。
紅粧十五誰家女，杜若洲邊坐浣沙。

138. 林維琉
喜南海禪師過訪
蔦蘿延蔓上柴扉，歲月門前剝啄稀。
豈料摩尼寶珠色，携來更照野人衣。

139. 永維迪
東郊即事

宿雨初收柳掛絲,青嵐裊裊忽離披。
田間行袂多紅紫,正是春風淡蕩時。

140. 久恒秀賢
少年行

章臺楊柳日隨風,直折一枝鞭玉驄。
爲是豪游能使氣,千金忽散賭塲中。

141. 藤直亮
送人之東武

旗亭分手淚闌干,嗟爾不辞行路難。
縱使客心爭日月,芙蓉白雪駐征鞍。

日本詩選續編卷之七 終

卷之八

平安　江村綬君錫　著
清勲　公續
山瑛　子成　同校

七言絶句下

1. 藪愨
太平楽
太平天子楽時雍，朝罷簾前曉日紅。
報道禁園花若錦，鸞車先幸望春宮。

軍城早秋
滿城榆葉入秋黃，獵罷三軍膽尚張。
大白一星高未落，轅門舞劍有飛霜。

送人歸南紀
萬里雲山夜月輝，秋風吹動故人衣。
誰知黃鶴摩天去，卻向和歌浦上飛。

賀古公款自京還時近重陽
匹馬遙辭洛水濱，歸來茰菊近良辰。
知君忽值秋風起，不忍登高少一人。

2. 古樸
留別慧範禪師
結交方外歲年過，塵累秪今棄舊窠。

嘯月吟風從此去,飄然有髮一頭陀。

3. 端隆
春日病中偶作
好花時節近清明,駐杖偏憐春靄輕。
處處流鶯啼破去,晚來還作十分晴。

二
簾幃漏日漸微明,春暖減衾憐病輕。
昨夜東風無賴過,晨窗頓少賣花聲。

4. 嚴垣彥明
嵯峨晚眺
歸舟汎汎下溪流,岸寺鐘聲返照收。
松樹朦朧花樹白,山間初月細於鈎。

上巳游鴨水
三月晴光滿鴨川,花含香霧柳含煙。
春風不待詩思熟,吹送流觴過岸前。

柳氏快哉樓
置酒高樓醉不歸,青山落日坐忘機。

煙霞縹緲春如海，鳥影還疑帆影飛。

5. 伊藤榮吉
再次芥彥章見寄韻
梅花開遍上林枝，玉管金簫處處隨。
也識人間春已到，東山北野雪晴時。

泗渡羣鷺（丹後日間浦十二勝之一）
楊柳渡頭秋未闌，北天風日水煙寒。
扁舟繫後閑羣鷺，十里沙汀作雪看。

（丹後州日間邑，外海內湖，山環島峙，景境絕勝。即有十二勝，曰：雙峯餘雪、三島春煙、珠山涼翠、甲嶺曳雲、松江印月、鹿野繁霜、泗渡羣鷺、曲灣浴鳬、靈巘朝輝、長沙暮景、西寺鐘聲、北溟帆影。邑之土豪，小西士績，雅好書畫，頗涉文事，創一樓名聚景，專其勝槩云。）

6. 清勳
漁村夕照
茅屋參差蒲柳中，漁舟如葉逐秋風。
新晴浦上澄波綠，添得斜陽一抹紅。

虎杖關（在江越之界）

千里北行山復山，鄉園一去不言還。
丈夫原有雄飛志，馬首風生虎杖關。

孟厚賞月玄三堂，余有故不赴，賦贈

獨憐人世事紛紛，空負佳期坐望雲。
對此清風明月色，誰知玄度亦思君。
（翻用清風朗月輒思玄度）

九月訪田雨龍（雨龍在喪三四及之）

柴門停杖夕陽斜，五柳蕭條啼宿鴉。
愁殺君栽籬下菊，誰知今日奉香華。

7. 伊藤言章
北野觀調馬

梅花歷亂廟前春，調馬塲邊氣色新。
年少爭驅紅叱撥，碧蹄翻處漲香塵。

8. 黍漁
題彭津僧房

暇日來尋古寺春，幽花細竹照尊新。
僧房卻是無僧住，附與狂生爲主人。

9. 香山彰
飲伏水望苑臺
探春人醉錦霞中，麥隴蝶狂斜日風。
十里桃花一川水，好山多在大橋東。

春雨游嵯峩
雲籠深樹碧川濱，渡月橋邊冷笑春。
滿地落花無客過，雨中山色屬幽人。

10. 南川文璞
送楚傾之遠州
楓丹雲白滿山秋，秋晚袈裟作遠游。
五十三程何歲返，詩成句句爲君愁。

社日諸君見過
燕辭巢去雁方來，秋社田園好引杯。
我已欲眠君亦宿，何須扶得醉人回。

11. 山瑛
山寺避暑
昏黑曳筇到上方，塵襟溽暑兩相忘。
山風時送寒泉響，添得安禪一味涼。

送某生之京師
雲裏京城淡海西，中山官驛路何迷。
春風三月河橋柳，片片飛花送馬蹄。

12. 吹田定孝
暮春客中吟
天涯寒食落花飛，鄉思綿綿淚霑衣。
傳語風光竟無答，杜鵑秖道不如歸。

同伯庶撲道游縹渺樓
春光日日逐東流，漁笛樵歌各自愁。
寒食清明風又雨，沉吟共倚夕陽樓。

13. 岡壽卿
聽角思歸
故園遙隔洛陽西，萬里邊雲望欲迷。
片月城頭聞曉角，無人不道憶金閨。

寄衣曲
閨裏裁衣秋夜長，金刀先斷別離腸。
萬里雲山遙寄與，不知何日到遼陽。

湖上秋興

吳山楚水杳難分,一片征帆掛白雲。

湖上採蘋多少女,清歌回棹賽湘君。

二

日落南湖漁艇還,長沙出沒水煙間。

青楓浦上雨新歇,一陣晴嵐度暮山。

14. 永原紀
草堂集

東風延客拂茅茨,園裏梅開纔一枝。

春淺家醪猶未熟,空令黃鳥和君詩。

15. 高浚
初秋養魚亭即事

霜露未全脆柳枝,槿花初白水邊籬。

秋凉尚好凭欄坐,鱠細酒香舉玉卮。

16. 佐伯樸
客中聞雁

霜下梧桐葉巳稀,秋風處處雁鴻歸。

不傳千里家鄉信,徒見天邊成字飛。

謁南山墓

墓下蕭條宿草生，陰蟲日夜此悲鳴。
可憐一片松間石，空駐南山不朽名。

城西訪友不遇

門庭寄莫野川西，終日相呼黃鳥啼。
游子不歸春已暮，楊花落盡草萋萋。

17. 佐伯寧

夜歸

山色蒼蒼夜色沉，天心明月落波心。
歸途神水長堤上，復酌殘尊松下吟。

新雁

西風嫋嫋柳條疎，新雁鳴飛八月初。
今夜洞庭多旅泊，誰舟先得一封書。

秋盡

城外西風木葉飄，繁霜淒露野村橋。
不知秋去從何路，望裏山川一寂寥。

18. 松山吉
夏日汎海
雲峯聿兀上蒼穹,移棹滄溟暑已空。
秖恐涼風吹我去,扁舟如矢碧波中。

送從兄仲溫赴岐岨
漁翁昔日此垂釣,岸下依然碧水流。
君試仙人床上卧,豈無清夢到瀛洲。

19. 高登
西郊夜歸
雨後西山靄夕暉,郊村吟望自依依。
沿江蘆葦看將暮,多少水螢飛入衣。

20. 松倉良
送高子卑歷岐岨赴京師
雞鳴驛樹曙光催,相送旗亭暫把杯。
餘雪峽中春未遍,巖花往往待君開。

21. 松倉修
同
匹馬春風姬水潯,橋邊柳色帶煙深。

旗亭杯酒縱成醉，醉裏何忘離別心。

22. 田維禎
春日山居

柴門不掩白雲閑，一畝生涯萬仞山。
唯恐前溪夜來雨，落花流出向人間。

23. 左九成
白銀村賣酒店即事

巖邊路轉水邊村，且醉田家老瓦盆。
山雨欲來風更急，前林紅葉後林翻。

24. 紀廣
少年行

五陵年少競豪華，玉勒金鞍白鼻騧。
十二街中春欲暮，碧蹄今去向誰家。

25. 杉美典
尋梅

脈脈清香林際來，隔溪遙認數株梅。
應知騷客尋春信，幾處履痕印綠苔。

過友人故居
一逕斜通野水邊，柴門人去更蕭然。
風流猶自荒籬下，殘菊枝頭秋蝶眠。

26. 鎌田鵬
病中吟
孤燈孤枕夜沉沉，臥病秋來感轉深。
寂寞蓬門孰相問，唯令蟋蟀佐伸吟。

27. 猪尾誠
新竹
新篁脫籜已堪憐，疏影參差落檻前。
遲得千竿遮日後，倒尊應對此君眠。

28. 藤實義
題林氏別業
茶煙細細白雲斜，散作窗前五色霞。
借問山中無數樹，春來已着幾回花。

29. 足高文碩
寄山中人
羨君屏跡倚青山，獨往朝昏人事閑。

春日看花秋夜月，幽情長在月花間。

30. 烏文琴
秋閨怨

簾外棠梨葉落秋，西風瑟瑟思悠悠。
可憐紅粉樓中月，應照良人獨夜愁。

31. 清水綱
仁和寺賞花

蓋山春遍氣氤氳，帝子芳園花似雲。
綺席金尊羅幌裏，醉歌狂舞日紛紛。

32. 大江維翰
志賀懷古

帝都陳跡大湖濱，細雨如煙草色新。
輦路蕭蕭人不見，山花依舊照芳春。

33. 大江維寧
七夕

秋色蕭條銀漢賒，夜來天霽月華斜。
請看烏鵲橋頭露，落濕牽牛籬下花。

34. 廣沖
中秋小集

金風蕭瑟暮雲收，月滿澄江人倚樓。

坐上清尊多少興，誰家此夕更悲秋。

35. 高重純
從田口赴山糟山

夾岸桃花日色低，仙蹤宛似武陵溪。

煙霞何處覓雞犬，爛熳紅霞前路迷。

36. 高成孟
奉寄白水先生

城上孤鴻鳴不停，別來心事共飄零。

清秋人隔高陽會，夜夜中天望客星。

37. 湯木忠卿
寄衣曲

多情月色照空房，獨自裁衣寄朔方。

更想邊庭風雪苦，窗前今夜見微霜。

38. 滕忠明
小山池上作
秋風吹起小山池，池上煙光雨後宜。
蓴滑鱸肥秋已老，莫令游子誤歸期。

39. 村田綱尚
月夜獨釣圖
寒林明月影疎疎，垂釣秋江僅尺餘。
獨立還嫌浪紋動，杖竿磯上數游魚。

40. 村田綱基
春宮怨
落花飛絮鎖長門，蝶舞鶯歌易斷魂。
鳳輦無過春亦去，一簾風雨自黃昏。

春曉
西窗殘月夢醒時，楊柳青青帶露垂。
早起步庭天未曉，鶯聲已在最高枝。

41. 木崎雅言
夢歸故鄉
鄉思悠悠心事違，關山千里夢中歸。

分明慈母裁縫夜，覺迎今朝身上衣。

42. 吹田定繁
紵羅村賞桃花得游字
爛熳桃花流水頭，千株紅艷綵霞浮。
春風溪畔行蹊熟，不似漁郎迷再游。

43. 堀口直
惜春
風光無處不依依，難奈等閑韶景歸。
二十四番春欲盡，亂鶯啼裏落花飛。

44. 小栗元周
春日幽居
春風春色滿林園，紅紫爭開鶯語新。
盡日誰知忙應接，任他無客訪柴門。

45. 組德允
歲暮家書至
客裏光陰春欲回，倦游深慚馬卿才。
望鄉臺上望鄉處，故國故人寄信來。

46. 秋山正芳
悼岡某病没於東都
去年行裝見光輝，今日如何淚濕衣。
生別誰圖爲死別，夢魂仿佛望君歸。
（三四情至不必佳句也，亦唯讀之使人惻然焉。正芳安藝州人，可錄在湯忠卿上下，今誤在此。）

47. 森正綱
秋夜聞雨
月暗雲間哀雁鳴，深秋落木動山城。
愁聞板屋蕭蕭響，不似花時風雨聲。

48. 源義禎
夏日村居
寄傲閑窗幽興多，薰風細細動松蘿。
可憐里婦勞農事，北捨南隣打麥歌。

49. 水谷靖
山居雜詠
終年枕石臥煙霞，聽盡溪泉夕日斜。
多病春來慵出戶，松窗獨見手栽花。

50. 丹羽直道
舟中曉望

萬里西風動客情，維舟一夜聽潮聲。
東峯忽有朝霞發，岸上人家次第生。

51. 早川貞綱
送人之京

江畔雨晴楊柳斜，扁舟千里向京華。
遙知此去山陽道，次第春風處處花。

52. 小池信弘
送人還廣陵

廣陵千里渺煙波，憐汝風流索句過。
別後舟帆看不見，西山只自白雲多。

53. 澤元超
題含暉院

藤蘿裊裊掩禪扉，古佛樓臺含落暉。
邱壑雨晴風色好，白雲生處石泉飛。

54. 源時驕
夏日郊行
山梔花發繞村扉，梅雨新晴弄日暉。
五五三三里中婦，携兒郊逕鰪夫歸。

55. 加古祥
瀦隄口號
堤柳汀花輕燕斜，春風江上拂烏紗。
曳筇村口時回首，落日桃山簇錦霞。

56. 林彰
秋閨思
秋盡阿郎猶未歸，空閨燈下理征衣。
傷心窗外三更雨，白草原頭作雪飛。

月下訪友
月下尋君山復山，褐衣風冷薜蘿間。
主人聽得跫然響，迎我始開修竹關。

57. 中宗矩
月夜浮舟麑川
清江夜色一孤舟，百里金波六月秋。

不用輕橈苦相盪，只向涼風引處流。

58. 田政敬
浪速夜泊
蘆際繫舟浪速城，去來漁火映波明。
鐘聲曉起寒山寺，宛似楓橋夜泊情。

59. 杉儀
中秋青嵐亭雅集得飛字
南樓一望月清輝，萬里秋天朔雁飛。
只道園林夜如玉，不知零露點人衣。

60. 西因親
同得寒字
賞月南樓興不闌，三更猶自倚欄干。
共君今夜拚沉醉，遮莫庭階玉露寒。

61. 阪田威之
姬人怨服散
玉簫吹斷綵雲流，月下秋風獨夜愁。
若道神仙妨脂粉，人間何有鳳凰樓。

62. 永井祥
別意
春風雨歇板橋傍，亭上鈎簾對夕陽。
請見江津楊柳色，枝枝不及客愁長。

63. 須加篤
送高士明之京師
離亭杯酒挹煙霞，此去長安道路賒。
行矣東山探勝處，知君綵筆亦生花。

64. 橋修
同
柳邊斟酒暫相留，風絮紛紛亂別愁。
假使江山春色好，何堪杯杓背同游。

65. 渡邊登
送松山子貞還絲魚川
怪得南風促北歸，柳絲川上鱖魚肥。
羨君多暇時携酒，綠鬢何妨坐釣磯。

66. 田鑒
題蓬島石應司馬生需

碧玉盆中勺水寒，誰言蓬島可求難。
羨君能得神仙術，鼇背三山掌上看。

67．滕有顯
松蘿館集得四支
書堂夜靜漏聲遲，彥會張燈對酒卮。
庭際猶留秋後色，紅蘿高掛古松枝。

68．司馬綱
三保松原
三保松林綠作堆，滄溟日落暮潮回。
煙中一曲漁村笛，猶迎羽衣天女來。

69．岸田昆忠
春夜游僧院
偶游初地暫裵徊，夜色朦朧般若臺。
祇樹春深玉欄外，天花疑自月中來。

70．服啓
即事
清江十里夕陽天，兩岸連山寒影懸。
雪後村蹊人不見，炊煙僅起折蘆邊。

71. 井上適
題某家臨池柳
裊裊垂楊臨綠池，徒含黛色影參差。
絲絲長拂清波上，不使離人折一枝。

72. 柴山公輔
晚春呂久堤口號
長堤柳色映征鞍，飛絮撲衣春不寒。
更把玉鞭指駒岳，煙霞三月雪漫漫。

73. 小澤襲美
送人還但馬
匹馬蕭條行路難，故園遙指碧雲端。
郡城霜白雞聲曉，更想山陰雨雪寒。

74. 滕世賢
上溫泉山藥師寺
磴道躋攀四望開，醫王宮殿倚崔嵬。
修筒日夜分靈液，知是瑠璃壺裏來。

75. 伊東元豐
中秋無月得十五刪贈友人
陰雲裊裊綴秋山，細雨蕭蕭落木間。
此夜思君君不見，西窗剪燭幾人閑。

76. 曾根省吾
新涼
蘆花楓葉未全秋，雨送微涼入水樓。
昨日共憐消暑飲，扁舟繫在最河頭。
（最河即最止川）

77. 田鳳
水亭晚望
桃李陰陰流水遙，落英處處晚風飄。
惜春何啻吾儂在，朦朧夜月人立橋。

78. 福井建
夜猿啼
巫峽巫山月若霜，孤舟孤枕客愁長。
夜猿叫起殘宵夢，不待三聲淚萬行。

79. 三上元清
奉呈北海先生
文旆乘春此往還，逢迎何幸侍清閑。
今朝怪得雲霞粲，可是揮毫海上山。

80. 垣內爲則
七夕
秋河縹緲夜明通，經尺小盤涵碧空。
兒女穿針笑相見，千年舊俗太平風。

81. 齋藤安世
夏雨
雲峯四合逼高樓，急雨傾盆綠欲流。
坐愛前林煙漸歛，憑欄靜待夕陽浮。

82. 佐藤庸矩
訪友人別墅
來訪柴桑處士居，秋過三逕轉蕭疎。
清閑此日還堪賞，門外更無長者車。

83. 水谷和隆
明妃曲

馬上琵琶不忍彈，胡雲漠漠路漫漫。
愁看白草黃沙色，更有寒風拂玉鞍。

84. 正木阮禮
楊柳枝

汴河一帶草萋萋，獨上長堤望欲迷。
唯有蕭疏楊柳色，行人不見鳥空啼。

85. 當捨景韶
秋宮怨

梧桐秋老漢宮陰，獨對殘燈思不禁。
薄命空期金輦過，薰籠尚護鴛鴦衾。

86. 坂本世直
和子籀見寄懷作

蘆中日日片帆通，碧水秋深煙霧空。
莫道隣村行路近，相思幾度望飛鴻。

87. 馬潤
度函關
一過函嶺似攀天，鬱鬱林端萬嶂連。
將道行行仙路近，白雲長傍湖水懸。

88. 中島鉉
塞下曲
漠漠平沙草木稀，寥寥夜月照征衣。
天涯一望腸堪斷，況復孤城未解圍。

89. 井上充
題洞庭湖圖
洞庭湖水接秋空，月湧波間帶細風。
誰奏岳陽樓上笛，金龍騰躍縹茫中。

90. 岡本房
水亭避暑
垂柳涼通綠鴨濱，高亭同侶此相親。
雨餘流淨滄浪水，濯足須知苦熱人。

91. 林之義
湖陽
多少人家傍海磯，蒼煙動處水禽啼。
行行欲問天陰霽，認得漁舟映夕暉。

92. 橫山重章
送士弘還鄉
東風相送郡城隈，一望滄江意遠哉。
卻想堂前春草色，萋萋今日待君回。

93. 羽塲文貞
留別南川先生門下諸子
離席共衡金屈卮，花飛韶景坐來移。
夏雲若作奇峯勢，是我山中怡悅時。

94. 加藤清幸
採蓮曲
長袖回舟暮色濃，清江採罷玉芙蓉。
歸來不認誰家女，曲曲新歌和遠鐘。

95. 大類元格
秋日旅懷
天涯爲客又逢秋，秋色自知添旅愁。
黃耳齎書何日返，故園一望淚先流。

96. 築地尚明
舒嘯亭納涼
高亭一望夏雲來，雨後重陰蓋綠苔。
繞砌疎松與垂柳，喜君好爲納涼栽。

97. 安方教
中秋陪公宴
月滿江天夜色幽，偏教清影照高樓。
瓊筵非奏羽衣曲，何識廣寒宮裏秋。

98. 阪東殷
冬日即事
江上暮寒經雪多，懷人窗外月婆娑。
疎慵未試山陰棹，把瑟先操招隱歌。

99. 岸文
關山月

白草茫茫大漠秋，西風斷雁度城頭。
關山萬里懸明月，照盡征人多少愁。

100. 上杉賴龍
古寺花

藤蘿一逕此攀來，風物蕭然古梵臺。
更看紺園春樹下，年年花落錦爲堆。

101. 木愷
途中吟

路轉山間暮色來，白雲相伴意悠哉。
天寒野曠孤村遠，好是放歌步月回。

102. 莊治喜

乙未秋，繫船築之柳川，有國禁，不能私發，淹留數旬，不堪鄉思，因有此作

綠楊川畔繫船時，無奈孤身離別悲。
鴻雁秋來鄉信斷，柁樓俯誦陟岵詩。

（治喜字子惠，稱專助，阿州小松島人。家業操舟，所謂長年三老者。讀書能詩，業已可稱，而其人不止此也。資性孝慈，

崇道尊經，操行有常。而治喜男亦能孝敬治喜，且好讀書。其家政，士君子無過焉，可謂奇偉人矣。）

103. 小野鵠
奉送台州先生陪使君游仙臺
五馬遙臨滄海濱，仙臺仙吏送迎新。
使君最愛名山色，更賦東征能幾人。

104. 石川正珀
猿跳
峭壁懸崖水亂流，山鳴谷應大陰愁。
不是篙師能蕩漿，轉谷何能下瀨舟。

105. 宮崎重職
秋山晚歸
秋山緩步曳孤筇，暮色蕭條送遠鐘。
一路獨歸風露裏，幽叢切切聽吟蛩。

106. 舟橋貞克
漁村晚眺
落日江村四望閑，漁歌斷續水煙間。
竿頭曬網新晴後，少婦市中沽酒還。

107. 味岡維重
舟中聞子規

夜色中流望轉迷,扁舟月落子規啼。
一聲何事歸心切,家在白雲萬里西。

108. 成水直基
山中孤店

短墻破壁一仙翁,巖下清泉穿竹通。
孤店纔留來往客,茶煙輕颺暮山風。

征婦詞

一別邊城消息閑,人傳三箭定天山。
忽看雲際如弓月,更待郎懸猿臂還。

(三四奇新生色)

109. 大城煥
山居送僧

金錫翩翩一衲衣,空山直指下方歸。
再游好認幽深處,桂樹叢生掩石扉。

110. 伊質
入赤馬關

長風破浪一帆還,碧海遙環赤馬關。

三十六灘行欲盡,天邊始見壽安山。

111. 古鼎
尋梅

澹煙流水小橋斜,夢繞孤山處士家。

雪滿前村人跡絕,不知何樹是梅花。

112. 岡維良
水竹居即事

誦罷淮南桂樹辭,漫漫長夜獨眠遲。

東林微白隣鐘動,正是山人淪茗時。

即事(二首錄一)

洗馬橋邊一病夫,販鹽街上混漁徒。

青雲舉目終千里,手展周王八駿圖。

(其一云,昨夜前川風雨惡,東邊已有化龍魚,氣槩可想。)

113. 富高
浪華作
河北河南十萬家，丹樓翠閣帶朝霞。
海門西望長風起，一夜千帆入浪華。

114. 山之訓
夜聞落葉
遙夜柴門月色開，西風蕭瑟思悠哉。
紛紛木葉掃窗落，卻迎幽人問我來。

115. 佐黃中
寄東都高之道
秋來何日不相思，搖落應同送我時。
十載舊交君自愛，故鄉雖樂半新知。

116. 宇治帷典
寄懷高子友
楚澤風霜月影寒，愁心欲寄紐幽蘭。
美人只隔秋江水，猶似雲山道路難。

117. 阪熙
幽居雜詠

十年高卧在煙霞，屋後清泉瀉白沙。

庭戶無人春晝靜，黃鶯啼落碧桃花。

118. 池匡卿
贈老將

曾征胡虜見殊勳，邊塞蕭條夜柝聞。

白髮秖今從一騎，田間沉醉李將軍。

（大城文卿以下十一首，并肥後詩，說見七律下卷。）

119. 僧桂洲
感興

透脫樊籠縱大虛，隨風高下閱居諸。

從佗凡鳥論毛羽，不管暮林密又疎。

（桂禪師博學能詩，但於今叢林巨擘，不必以詩稱焉，所以僅錄一絕也。）

120. 僧慈周
野州道中

南塘經雨渺如湖，燕子花深藏乳鳧。

村婦也知端午近，撐舟行芟縛粽菰。

秋夕獨坐

覊懷最惡在黃昏，疏柳高風半掩門。

莫怪幾莖添白髮，暮蟬纔歇夜蛩喧。

中川放舟

蘆港月明夜繫舟，燕支露染藕花秋。

酒醒疑坐冰壺裏，不着人間半點愁。

121. 僧管雲

秋杪還故山

三逕蕭條秋色殘，西風歸路白雲寒。

衰顏自愧振衣晚，爲把黃花子細看。

122. 僧大幻

秋日作

秋來寂寞野僧家，幽砌苔深籬落斜。

自是風霜衆草盡，階前唯愛橐吾花。

123. 僧善亮

和答金臺生見贈

皇城明月鴨河秋，十里波光練影流。

借問君携希逸賦，西風一夜上何樓。

124. 僧日謙
答總中故人
去者日疎來者親，桃花落盡李花新。
悠悠行路都如此，交誼同君更幾人。

125. 僧瑙林
從軍行
羽檄徵兵漢將營，擣虛直擬取龍城。
旌旗十萬邊霜冷，一夜金鉦肅不鳴。

126. 僧實聞
赴靈山詩社
野服山巾此伴君，登攀曲逕入煙雲。
當知宴會諸賢集，笑語忽從樓上聞。

127. 僧宗初
行脚歸鄉途中作
杖錫飄然向故鄉，關山萬里白雲長。
歸途更覺歸心切，夜夢先余拜北堂。

128. 僧海量
訪人不遇
城南城北似天涯，臘雪春風數失期。
今日來尋桃李下，空庭空立夕陽明。

129. 僧謙
聞合神童東游賦之寄懷
昨日聞君辭攝城，東游千里幾崢嶸。
行行偏自探幽去，瞻望寧無陟岵情。

130. 僧玄門
新雁
中庭木葉看將稀，蕭瑟秋風動竹扉。
遙望樓頭新雁度，金天一路繫書飛。

131. 僧普觀
詠石
天上何年隕列星，望夫猶自見精靈。
谷城山下相逢處，長使功名滿漢廷。

132. 僧宥海
和福尾生九日作
東籬徒對菊花新，憶得龍山落帽辰。
今日秋光催我老，揮毫附與少年人。

133. 僧智象
次韻中秋
白露清風滿地秋，前峯寒影入湖流。
月明今夜光如玉，人在瑶池十二樓。

134. 僧淨瑞
送龍山師之浪華
驛途遥向五雲行，宇水橋邊明月清。
禪客由來無所住，逢人漫說故園情。

135. 僧志剛
月下作
雨後松林夜色淒，桂花香動滿幽棲。
草間點點露如玉，被拂清風落小溪。

136. 僧攀謝
寄田仲絖

海上芝山雲裏峯，知君別業是仙蹤。
何隨縮地蒼龍杖，吟倚幽崖百尺松。

137. 僧了周
西行菴

薜荔閑門祇苑東，前山積翠映房櫳。
風流歌詠人何處，唯有小園花樹紅。

138. 僧慧海
歸燕

金風玉露澹斜暉，雙燕差池何處歸。
花柳明年春社日，啣泥好認舊園扉。

139. 僧妙洞
梅雨

天上何人行此雨，看來如霧又如絲。
南風日日吹難散，雲黑黃梅欲熟時。

140. 石川氏
田家春興
菜花黃裏麥青青，柳上鶯啼未掩扃。
少婦窗中止機杼，靜排篷戶喚郎聽。

141. 村氏
新晴
積雨夕晴棲鳥還，紅霞一抹在前山。
柳堤莎岸看堪賞，散步何人不解顏。

142. 伴氏
汴河曲
草色青青汴水濱，長堤楊柳半成塵。
黃鶯啼斷春天暮，微雨蕭蕭愁殺人。

詠雁
白露青楓變色時，南飛先點楚江涯。
聲聲呼起鄉園夢，一夜西風旅客愁。

日本詩選續編卷之八 終

補遺

五言古詩

1. 伊賀
萬年杯（杯中畫小赤龜）
崑崙一片玉，琢作萬年杯。
金波映靈龜，粲然光綵開。
一酌延人壽，再酌通仙才。
黃安駄爾背，昨夜海中來。
遭我三島路，勸酒宴雲臺。
醉後一身輕，飄忽御風回。
褰裳濟弱水，舉袂拂天台。
笑彼秦漢主，求藥徒裴徊。
非是杯中物，金丹何在哉。

2. 林惟俊
送人之東都
羨此芳草色，長途送馬蹄。
即今梅花落，到日子規啼。
遙夜春雨時，總是多子規。
啼破故園夢，枕上使君悲。
行矣三千里，會遇不可知。

3. 古鼎

秋山夕興

日落秋山靜，澗戶白雲深。

已有泉上酌，復此松下琴。

一杯彈一曲，蘿月澹幽襟。

寄言朱門客，幾人是同心。

七言古詩

1. 藪慹

還山吟送人

爰居哂鐘鼓，野鶴恥軒車。

所以曠達士，難將利祿挐。

夫子淵明流，五斗非其志。

忽唱歸去來，浩然脫塵屐。

南山秀出南斗上，舊廬依舊夾青嶂。

門外蒿萊未全蕪，墻頭薜蘿覺日長。

須臾林壑生光輝，猿鹿欣欣待汝歸。

數畝石田王稅薄，足以耕耘代採薇。

山中酒熟不要錢，相就相迎醉即眠。

上有高枕之磐石，下有漱玉之清泉。

我亦夙心存林藪，掛冠慚在夫子之後。

願待桃花爛熳時,扁舟欲泝青溪口。

2. 池匡卿
西溪捕魚歌
西溪之水淨如練,游鱗在空觀不倦。
忽呼扁舟凌鏡中,提網鳴榔落日紅。
岸上松籟暑一掃,水煙澹澹迷西東。
會稽未借任公釣,泠然且御列子風。
加餐若有報游子,即今捕得數尺鯉。

3. 江源
暮春送人
欲攀桃李樹,桃李歇芳菲。
欲唱楊花曲,楊花爲雪飛。
唯有芳草萋萋色,洲南洲北映行衣。
煙雨紛紛水茫茫,春江一曲半斜陽。
君今不飲爲何事,明日開樽是異鄉。

五言律詩

1. 松營之
春日游松濱亭
別園花滿樹，聊此得幽期。
忽聽林間鳥，閑題竹裏詩。
樽開春色靜，坐久夕陽移。
爲憶山公興，風流倒接羅。

2. 有立言
山寺偶成
落暉入古寺，山壑暮寒多。
曲逕經冰雪，禪房帶薜蘿。
梵音知淨理，人世覺風波。
寂寂香臺外，但看麋鹿過。

3. 堀完
豐州田伯德見贈小松樹因賦謝之
盈尺蒼松樹，飛來似忽生。
鶴棲期蓋偃，龍臥待鱗成。
愛此後凋色，憐君遠寄情。
微風吹解帶，早已有餘清。

4. 辛光輔
失鶴

仙禽何處去，碧海杳難尋。

明月三清夢，秋風萬里心。

蓬壺路已隔，珠樹巢何深。

仿佛相思夜，長鳴入素琴。

5. 嚴通亮
宴邊將

北風油幕動，蕭颯夜方長。

釃酒招前部，椎牛宴後堂。

鐃歌振漢月，劍舞拂胡霜。

壯士休辭醉，邊城鬢易蒼。

6. 美維禎
首夏山園

雨後乘輕屐，逍遥步落暉。

攀林窺菓熟，坐石見雲歸。

谷鳥過春變，園葵入夏肥。

溪邊尋藥去，夕月照柴扉。

7. 板獻

初冬同公楝先生過井大年

修竹寒流上，閑園木葉疎。
樽開賢者酒，架插古人書。
青眼交相得，黃花色有餘。
厭厭長夜飲，欲去此躊躇。

8. 鳥絢

過古谷院

白日禪關靜，藤蘿一逕深。
殘花紅點水，新竹綠成林。
野鹿眠空殿，木魚響翠岑。
清泉兼爽籟，時自拂塵襟。

9. 和登

夏日雜興

竹間堪獨酌，天地一狂生。
形骨緣詩瘦，囊錢爲酒輕。
杯中纖月白，袖裏晚風清。
起坐還高臥，悠然隔世情。

10. 池匡卿
曉行

窮陰人事促，冒曉戒行裝。

煙樹孤村外，梅花十月香。

雞聲通板屋，曙色鬱漁梁。

殘月西州路，微微照驛牆。

11. 僧玄密
村居

灌園愜嘉遁，曳杖事躋攀。

樵唱漫成曲，農談自解顏。

終朝唯聽鳥，無日不看山。

笑彼輕肥士，何如耒耜間。

（右松大夫以下十二首，得之於肥後《樂泮集》中，但得之五律刻成之後，因此録焉。）

12. 山田君豹
題麛川中谷氏庭松

伊昔移嘉樹，永懷好事心。

嚴霜憐勁節，畏日托清陰。

千里流芳遠，百年遺愛深。

何時攜美酒，對此一披襟。

（前編不載薩州詩，以海山阻隔無有因緣也。斯詩整佳矣，由此推之，則山田文學爲作家可知。亦唯海山阻隔，不見他作可撼焉。中谷遜卿先翁，撫愛庭松，曾需諸家題詠，裝作橫披卷軸，今春余游麂川，信宿遜卿家覽之。）

13. 岡貞起
春日郊行
菜畦連麥隴，野水遠田家。
傍岸漁舟去，臨橋酒斾斜。
白煙迷白鷺，青草聒青蛙。
歸路垂楊下，吟魂入暮霞。

14. 內山藤三
感春
蹉跎縈世事，宦路入艱難。
百計孤燈下，一詩萬感間。
背花春亦暮，對月夜逾閑。
徒抱採薇志，故山不可攀。

（栗齋雄才，原自作家。但鞅掌餘暇，矢言遣興，亦唯英雄欺人耳。唯客歲閉户中作，精細殊異平常，因此收錄。）

15. 晁太憲
雪中待友

風雪過江暗，前途不可尋。
寒光連四野，素影滿千林。
橋上人蹤没，雲間雁影沉。
扁舟猶未至，夜月在波心。

16. 中谷友嘉
謝杉西二子來訪

相携聯璧至，滿室有光輝。
卜得青山好，歌成白雪非。
花邊多暖氣，柳外静斜暉。
薄酒幸無厭，屢兹扣竹扉。
（遜卿大有詩才，學亦頗達。但磊落游俠，欠鍛鍊功，可憾。）

17. 馬島安榮
春日汎湖

琵琶湖水上，煙景媚三春。
非是濯纓客，偶同垂釣人。
波光晴瀲灩，山色鬱嶙峋。
回棹向何處，花開志賀濱。

18. 永原紀
夜泊
孤舟繫岸處，夕露濕莓苔。
旅況詩難寫，愁心夜自催。
星稀知月出，香至覺花開。
故國千餘里，片帆何日回。

19. 薩元雌
北野春望
紙水冰全盡，煙霞入望新。
日暄悅鳥雀，梅發媚松筠。
調馬青年士，賽神紅袖人。
吾居真咫尺，隨意弄芳辰。

（薩雄甫前編收七絕一首，近來詩學大進，更錄一首。）

20. 廣野儀
答吹田繼志
雁鴻天外落，忽傳故人心。
疎嬾吾多愧，交情君自深。
孤輪兩地月，半夜千家砧。
同調彈琴友，堪聞正始音。

21. 丹羽直道
客堂秋夕
千山搖落暮,一劍倚天涯。
夢寐家鄉近,歲時書札遲。
林塘雲點淡,江海月淒其。
兀坐空堂上,高歌對酒卮。

22. 僧道眼
和村田徂卿大谷口作
三义谷口路,小憩山間家。
峭壁秋煙合,危梯夕照斜。
松濤幽壑雨,霜葉數峯花。
不啻逢佳境,村人懇勸茶。

七言律詩

1. 芥煥
送松前湊子淵歸鄉
疑君此去覓蓬瀛,溟渤飛帆逐巨鯨。
千島雲峯鵬際散,半天胡月蚌中明。
鳳城花鳥他年夢,鴨水絃歌異域情。
歸國儻逢塞塵動,和戎勳績屬書生。

（斯詩彥章自以爲得意作，余纂前編，心許錄之，而有故刪去。今再思之，所謂背此良友者，乃收之以謝罪云。）

2. 大井政績
同僚宴集得章字
報言諸友會高堂，盛宴能容酒客狂。
遠郭江流藍水澹，鎮城山勢綵雲長。
春遲黄鳥聲猶澁，雪盡紅梅花漸芳。
酩酊探腸將作賦，幾回援筆不成章。

3. 內山藤三
重疊前韻和醉月師
結交方外自連綿，離索今春似隔年。
身如蜀鳥啼終夜，心似杞人憂仰天。
數行錦字千端思，一段綈袍百感前。
洋洋曲裏留意聽，涕淚近時流作川。

4. 葛張
諸君見訪同賦得苗字
一點篝燈照暗潮，南軒留客買魚苗。
初更夜色松間動，盡日炎威座裏消。
淺酌凭欄歌窈窕，微凉曳杖學逍遥。

滿江珠玉君須探，月上門前百尺橋。

5. 賴惟寬
游三原妙正寺
尋來寶剎到岧嶢，過市還疑絕市囂。
樹竹鬱蔥籠海郭，雲嵐搖曳鎖山寮。
豫峯當座夏看雪，豐水通津夜聽潮。
流峙催詩爭獻勝，使人吟思不堪饒。

（子琴，千秋，一時作家，名高震世，不待余而後傳者，且前編已載數篇。此兩首，古淳風自浪華攜至見視，因此收載。）

6. 左鳳
寄題三原妙正寺
黃備名藍古佛塲，勝情展畫意飛揚。
霞蒸春嶺櫻千樹，霧霽秋汀鷺幾行。
香界慈雲連貝闕，華臺法雨遶烏檣。
諸天遙隔波濤外，早晚隨緣問寶航。

（子岳，渾沌社中作者，前編遺脫，因此收載。）

7. 左九成
詠小野小町
內家粉黛甲三千，簑笠藏身白髮年。

摧雨花容應自惜，任流萍態有誰憐。
百宵曾負鴛鴦夢，一字新酬鸚鵡篇。
佳句驚人炎旱日，天龍降雨滿神泉。
（此詩以同社嗒賞故重録）

8. 僧禪軾
宿東林寺
窈窕廬山萬仞岑，東方月出倚東林。
金龕影靜真如界，淨域光分不染心。
雲裏松濤秋颯颯，夢中蓮漏夜沉沉。
躋攀更宿禪棲地，三笑風流見古今。

初春東游道中值雪留宿文卿宅
東關夜雪歲華新，老向愁雲客更親。
四塞寒高天府色，九重花滿漢宮春。
青燈慘澹青樽酒，白屋蕭條白髮人。
夙昔風流殊不惡，鳴琴染翰到清晨。

五言絶句

1. 晁稠池
和南溟夏日游山詩
避暑深林裏，黃昏猶未還。
詩成欲題石，明月上東山。

2. 古川俊極
島田驛雨中漫成
秋水大堰口，玄珠不可探。
欲驚驪龍眠，天地風雨暗。

3. 廣瀨昆吾
長安道
春風大道上，驕馬日東西。
爲熟章臺路，柳間去不迷。

4. 內山藤三
曉懷
杜鵑啼血夜，燈影故幢幢。
舊恨兼新恨，曉光忽映窗。

夜雨

幽閨終夜雨,一滴一淚垂。
雨自有晴日,淚竟無盡時。

5. 有立言
偶成

好酌蘭陵酒,千觴未用辭。
醉來花下臥,不復問歸期。

6. 伊質
詠鷺

孤影何清潔,飛來白雪寒。
纔過花外失,還映柳陰看。

7. 嚴通亮
曉望

東嶂帶青靄,城頭起亂鴉。
卻望湖水上,落月在蘆花。

8. 左楨
俠客行

片言渾膽氣,一死即鴻毛。

未見仇家血，腰間橫大刀。

9. 池匡卿
秋浦歌
放舟南浦夕，南浦水悠悠。
欲投洲渚宿，敗荷不勝秋。

10. 富高
月灣
明月照秋水，流光十餘里。
山雲將樹影，總在金波裏。

11. 山田梾
題畫
秋風浦浦舟，追飛如相語。
後帆忽入煙，前帆不知所。

12. 山矩道
山居
振衣辭魏闕，求藥住青山。
朝入白雲去，暮伴白雲還。

13. 井屯
舟中口占
南天無一雁,西海少雙魚。
不知潮水信,何日傳家書。

14. 村岡顒美
播北道中口吟
千里讚陽客,出山還入山。
炊煙連茅屋,犬吠白雲間。

15. 河元休
子夜夏歌
清風朱夏晚,携手倚江樓。
妾意何所愛,綿綿綠水流。

16. 和田恭
關山月
今夜關山月,玲瓏照古城。
不聞橫笛切,自起故園情。

17. 久代景陟

尋僧不遇

黃落寺門裏，只聞風竹聲。

芭蕉已敗後，何處可題名。

18. 僧謙

臨高臺

江上送扁舟，登臺又臨水。

欲窮孤帆影，天際暮雲起。

七言絕句

1. 晁稠池

十輪寺作

供養堂前一碗茶，秋風氣爽梵王家。

捲簾閑見白雲色，寫出山山妙法華。

2. 川口光遠

相州雜詩

當日繁華說與誰，荒村煙雨正堪悲。

虎娘墓畔垂楊柳，不似十郎繫馬時。

（斯詩，當時梁蛻巖，讚稱不措，於是膾炙人口。）

3. 三宅逸平
游清閑寺

苔色鳥聲溪路長，招提遠在白雲鄉。

住僧似解清閑意，不掃門前落葉黃。

（逸平俗稱，不記其名與字。尚齋先生之子，有雋才，不嗇其家學，而弱齡夭矣，世共惜之。斯詩內山栗齋爲余誦之。）

4. 內山藤三
春日即事

桃紅李白繞樓檐，坐愛春風香透簾。

開落朝朝花不斷，前花似待後花添。

感秋

殘魂餘魄共衰遲，北燕南鴻并惹悲。

跡委浮萍身委疾，秋風似爲一人吹。

5. 戶田勝秀
山行有感

青溪窮處樹陰森，峭壁崚巖積翠深。

寂歷山中爲誰贈，可憐一片白雲心。

6. 原元真
初夏偶成

花褪柳垂乳燕飛，薰風試著芰荷衣。

閑庭日午堪移步，雨後紅塵總是稀。

7. 岡橋世廉
從軍行

十萬旌旗龍虎文，從戎幾載傍邊雲。

胡笳何意聲添怨，永夜征人不可聞。

8. 失名
摩尼山

苔逕縈回古堂前，摩尼山下絕塵緣。

風光似解騷人賞，留與殘花照暮天。

（斯詩蓋丹後宮津，某生詩，記詩，而不記其名。三四有趣，不忍遺之，因收錄之。）

9. 伴實宣
東山賞花

花滿東山落日紅，家家簾幙動春風。

祇園南接大悲閣，一路高低香雪中。

（選刻已成，而得詩稿。以故攙錄一首於卷末，後三篇亦準之。）

10. 平井逸
牧牛巖
雲間削出數峯懸，影映牧牛巖下淵。
曳杖欲窮奇絕處，棲禽已噪夕陽天。

11. 堀口直温
獵塲雪
將軍游獵渭城東，雨雪紛紛滿大弓。
萬里寒風回馬暮，四蹄蹴踏六花中。

12. 僧雲臥
和人春郊作
遲日春風蛺蝶飛，路邊芳草迫蘿衣。
垂楊深處柴門鎖，携酒推敲奈是非。

13. 僧義瑞
代人壽某六十
如澠春酒好交歡，壽席東風自不寒。
況有桃花門外發，何妨人作武陵看。

日本詩選續編補遺　終

拾遺

1. 岡欽
社集同賦夏風得頭字

吹盡池塘絮，新過綠樹頭。

荷珠圓易亂，蟬翼薄難留。

聲拂綺琴起，涼隨羅扇浮。

昭陽殿裏夕，未使班姬愁。

（岡生，沉敏，不啻能詩，文可亦誦。其人載在姓名條下，而誤脫其詩，以故，此錄一首。）

2. 屋葺禮
愛妾換馬

驂驔將窈窕，雙絕賞心迷。

京樣芙蓉髻，胡雛碧玉蹄。

畫梁塵暗積，金埒柳齊低。

拋卻流黃帳，新裁錦障泥。

3. 小栗元周
詠枯木

一株枯木傍江涯，更見摧殘歲月賒。

猶有盤根橫水石，更無高幹拂煙霞。

春天雨過藤延蔓，寒曉風收雪點花。

他日若逢張博望，應成碧漢犯星槎。

4. 堀口直

白雪曲

粉壁臨大道，墻頭出梅花。

唯因飛雪白，難認阿郎家。

5. 村田綱尚

春江曲

曲灣數橡屋，出入起眠鷗。

柳陰傳笑語，可是採菱舟。

（斯編，起草以來，已經數年。矢菩以下四人，不啻突弁，詩學大進，余不堪婆心，重錄一首。）

6. 堀田正慶

京師客中送人還越溪

違卻章臺柳，歸去越溪春。

縱無鳴箏女，猶有浣沙人。

（正慶，岐阜人，爲余故人。夙亡，得詩最晚，卷首不錄姓名。今其男春琳，行醫於鄉大尾。）

日本詩選續編拾遺　終

題日本詩選續編後

　　君子論詩先情性而後體格，何也？明則動金石，幽則感鬼神，此得情性之驗有如斯者也。夫情發而詩之用可見矣。而仲尼之教子弟也，獨在詩。故雅言不啻縱曳，可以觀可以怨，四始正變，以辨治亂。六詩經緯範圍天地而不遺，認情認神興衰誦嘆，方與思無邪者忠厚相契，爰知三百篇都取諸達，不拘貞淫情態自然，乃引作者之精神以接聖人之心目，使其心目有所止焉。故情性神化悲壯淋漓，有不可以已焉者也。於戲美刺之實明而天地鬼神之情，亦可察也，則詩之爲益其溥矣哉！漢魏之時古風契雅，屬意楚調，致思無邪，曄曄雅頌，齊梁繼響。六朝而下變作道家，又定科舉之製，其文駢麗，其詩模擬，皆弇於私而非自然也。場屋之士綺靡衒曜，猶幸尸位時出，龍鬼蛇神以眩蕩一世之耳目。固雖是奇曷谷，乃是前修所謂診痴符也，雖多亦奚以爲然。而三百篇而下不失比興之旨，惟古樂府爲近。若夫築臺之選，操觚家之所珍，且初盛近體雅頌餘響。伐柯取則炳於丹臒矣，而若梵龕之選，其意雖異，何妨所謂芙蓉發於淤泥，採之而已，置淤泥勿問可也。庶幾格則高峻而效唐四傑，腸則浹洽以飫三百篇，而不敢龎糅纏繞以變其操也。京師江君北海先生真是蓋代一人也，其於詩也，切劘騷雅諷詠，涵濡自得，躍如也。皆以情性而得之者，而非一時流輩之所能班也。是以格之與效遵其高蹤，腸以與飫待其神解，故麗逸翩翩大有奇氣，不惟與盛唐諸家相雄長也。嚮著《熙朝詩選》不踁而走四裔，其賈貴重不減連城。近次之，又選當代搢紳大家之什意，是該驗名實，提核品象，標指論擬，不可粗糯。余在西垂游息，菽苑先生書來，問其題跋，感喟之至。瞿瞿然曰，吾豈敢雖然狂奴故態，尚喜盛事。鍾期逝而伯牙之絃絕，獶人亡而匠石之斤斁。作之難知之難也，亦謂之選之難也，何者？自非能詩，庸詎殫當鑒識先生結撰甚工，則妙於搣捃可知矣。余嘗聞有此編，渾玉之功成而未與觀之，蓋精選之意必欲腹心，廷禮臣僕仲言要使大雅扶世，變正聲調元氣斯爲至也，則當是非若昭明選體之類也。

　　國家右文，四海一家，天垂其象，地曜其文。妙工馳騁，沿槊抗衡，可謂泰階之平，王者之瑞矣。而士林慾慂皆稱東都物翁，推爲一代詩宗。翁性快軒豁磊落，居恒景，慕王司寇李歷下曰，吾豈敢其季孟間哉。然竊有志焉，於乎髦傑爽邁宜哉！其於吾邦真爲曠世古文辭之嚆矢也。然而今有北海先生妍雅娟麗，孰辨嬙施。余斷以爲翁當是執殳爲王前驅，不翅雁行，李生謂天地偶，而物無孤美者人亦然。孔氏之世乃不有左丘乎？余每揄揚此言，乃擬之先生以爲二大家，集相協相悅之言，何任誕乃緣此，欲敢使海內君子知此編。方與李於鱗之選其功頗垺也，狂夫之言聖人懌焉，敢請世之有識試記余言而爲定論也。於是乎書。

聖和安永歲坎乙未冬復月　豐府原直溫夫謹撰

後序

　　詩之爲教也，尚矣。其見於經者，自殷周之際，皆本於人心，發於哀樂，止於禮義，王者以觀風俗知得失。降自漢魏，體裁不一，乃雖語有巧拙，情有淺深，與彼發咨嗟詠嘆之餘者異然。均之爲理之大經聖賢世論述，今不勝載。

　　本邦之有詩未詳厥始，乃津友二皇子見懷風之首，則此可稱肇造。獨奈時當唐初，其味淡薄不免嚼蠟。至延天之時，文教大敷，篇什如林亦專力。晚季別自爲風，亡幾王綱解紐，四海鼎沸。士君子金革是衽，僅有禪侶知韻語，亦偈頌與混，豈可論風雅乎？

　　昭代惟新之化林羅山，石丈山，僧元政之徒頗開草昧，而其明未融者承六七百歲。無文之餘雖有俊傑，豈能一旦而旋復乎？

　　列聖相承升平百年，寶正之間白石源先生者出焉。違天咫尺附日月之末光，攷鐘伐鼓以振竦天下，乃郊廟之肅雝，朝廷宏亮，雅頌之音洋洋如也。其於風人之旨可謂有大功矣，一時并興之彥蜚聲騰，實不啻海沙澤蕉。其傑出則南海祇伯玉，北地室士禮，實左輔右弼之崇古深造無遺力焉。然其徒往往朝紳君子，鏗鏘廊廟之上，未暇及民間也。至於享元赤羽萱洲繼起，布韋之文由是而顯。瓦礫化珪璋，炳如煥如於戲稱極盛矣。夫物盛則衰，自然之符也。

　　自二家之業布天下，薄劣之徒剽竊，是務以為藏拙之具莫之如也。識量漸小至於今日纔解作詩則自錄其俚腐鏤板，而布者一歲之中不下數十家，萬篇一律不入於服。則入於高而動輒曰，我為唐我為唐明，已下不當一錢。高論誇大喋喋，捷給氣燄如可畏然。要其實則髣髴二家影響架下，構架愈摸愈拙，滔滔者天下皆是也。當此時奚有馳思溟渤萬里，窺彼中土者，況其於唐明，邈乎如隔世然。苟如是，謂海內無詩亦可也。北海江子慨然於此，乃遴選本邦之詩業已行矣，猶以為未精嚴益發憤覃思，掄選續編冊若干，不奪於俗習，不眩於球珠。終療赤羽之膏肓解萱洲之膠柱，所謂觀風俗知得失者，不待他求，美哉江子也！始可與言詩已矣，此編果行於世，寶正之音可復風雅之旨不墮，則其功不在子昂少陵之下焉。予自少小嗜此技亦未曾襲蹈，倭習知音絕少，孤立文場者有年矣。及讀江子論，竊有於樂酈心頃辱，書諭千里締交且有拙序之命，則應而不辭，庶圖報知己，其厚顏得毀固所不恤云。

安永七年戊戌閏月吉日　東都 松延年撰

江村北海著述目録

○蟲諫　　○北海詩鈔

○日本詩史　　○日本詩選

○北海詩鈔二編　　○明七才子詩釋説

右六部之書已刻行世

其詳見詩選正編卷末

○日本詩選續編　刻成玉樹堂發行

○北海詩鈔三編　今在刻　　○授業編　同上

○日本詩史後編　嗣出　　○日本詩選前編　同上

○樂府類解　同上　　○日本文選　同上

○日本經學攷　同上　　○日本史略　同上

○删定日本詩選　同上　　○唐詩選評註　同上

安永八年己亥十月　西堀川佛光寺下町

唐本屋吉左衛門發行

人名索引

A

安東元簡 376

安方教 1159

安積覺（澹泊）250、957、1050、1092

安田棟隆 754

安武（安子桓）737

安藝文江 1079

安於慶 553、731

安徵彥 1109

安子桓（安武）255

岸季英 418

岸田昆忠（岸田毘忠）1152

岸文 1160

奧平重該 656

奧山久武 477

奧田士亨（奧田三角）416、687

奧田士元 915、976

奧田元行 892、1110

奧田士亨 257

B

八田維清 1069

白井信胤 250

白井秀胤 1090

百非（僧惠仁）550

斑卿（拾一豹）741

阪本勇 932

阪東殷 1159

阪田靖 724

阪通 599

阪威之（阪田威之）647

阪熙 608

坂本世直（阪本世直、士清）1156

坂井利允 967

板獻 1179

伴處 1070

伴實宣 1194

伴氏 1171

豹隱公子（源乘富）837

北村可昌（篤所）216、663

北溟（梅幸高）334、525、553、610、654、703

北圃恭（北圃仲溫）754

北山皓 478

北山熙 655

北山憲（春齋）953

北山彰（北山元章）464、592、648

北貞卿 1074

人名索引

本多成要（本多政要）458

伯恭（皆川願）431、559

伯啓（楢榮迪）408、689

伯潛（河子龍）590

伯魏（賀象）597、723

伯玉（餘公瑟、餘弘瑟）468、608、741

布久成 895、1104

布久敬 973、1059、1104

C

綵巖（桂義樹）350、529

倉田元頤 743

倉温 608

草加親賢 593

草香孝敏 739

草章興 1068

柴山公輔 1153

長國華 609

長卿（內田士顯）379、460、539

長玄珠 898、987、1062、1113

長野方義 219、667

長中行 854

晁稠池（潛龍）1188、1192

晁道恒 879、963、1094

晁太憲 1182

晁泰亮（君採）681

朝倉景純 959

成廉夫 994

成水直基 1162

城和光 739

城戀 727

乘竹良弼（子賚）461、719

池匡卿 1038、1165、1176、1180、1190

赤石文衡 928

赤松鴻（國鸞）339、365、443、572、638、706

赤松良平（赤松鴻）256

赤松綸 1116

赤松勳（大業）367、444、573、639、707

赤松展 1116

川口光遠（河口光遠）1192

川口子深（川口光遠）256

川上成憲 1106

川田資哲 695

川惟信（川勝惟信）927

吹田定繁 1146

吹田定敏 695

吹田定孝（繼志）253、603、723

吹田久之 1000

春叟（富逸）668

春原光觀 1125

春政美 723

春政紹 340、418、548

湊逸我 1029

村岡顗美 1191

人名索引

村渐（中渐）454、692

村井貞篤 1097

村綱尚（村田綱尚）481

村蒙 609

村上友佺（冬嶺）378、512、664

村盛芳 847、864、901、981、1053、1115

村氏 1171

村肅 1109

村田徂卿（村田綱基）1184

村田綱基（村田徂卿）870、1026、1145

D

大城煥（文卿）1035、1162

大島義寔 894、997、1069

大地昌言 526

大高季明 212、257、757

大菅圭 608

大菅集 748

大江維翰 923、1022、1143

大江維寧 1022、1143

大江資衡（大江稺圭、玄圃）453、583、714

大井守静 222、517、667

大井政績（大井政積）1185

大類元格 1159

大禮（齊必簡）560、583

大年（井杶）982、1179

大田成興（太田成興）1105

大業（赤松勳）340、367、444、552、573、607、639
大澤猶興 857
大冢公黍 258
岱州（僧無所得）942
丹羽直道 1078、1148、1184
澹泊（安積覺）970、1090
當捨以直 1106
島鳳卿（島歸德、鳴鳳卿）679
島歸德（島鳳卿、鳴鳳卿）534
島津琴王（島津義張）256
島津義張（島津琴王）477、605、738
島錦江（鳴鳳卿）241
島田則裕 601、728
島意征 742
道卿（源敬義）506、705
道圓（活所、那波方）209、616
道哉（龜井魯）1004、1033
稻葉正美 719
德田庸 958
堤益業 1062
荻元善 906、1068
鼎臣（井鼎臣）247
冬嶺（村上友佺）214
東海儀（東海百邦、東海懿中）732
東廉之 992
東璞 475
篤夫（户定信、户田定信）1053

人名索引

篤所（北村可昌）512、663

度會光隆 743

度會末顯 470、725

度會末雅（度會雅楽）445、576、641

度會雅楽（度會末雅）257

渡邊秉之 1031

渡邊不遠 688

渡邊登 745

渡守時 430、559、633、702

端隆（端文仲）448、578、709

端文仲（端隆）259

多賀渤海 1127

E

恩田維周 880、965、1096

二木恭（木恭）1076

幡文華 584、714

飯田豹 999、1081、1122

飯田居謙 412

飯田美允 463、582

芳野播 746

防寬 720

肥田子潛 1075

肥元成（肥允仲）620

肥允仲（肥元成）673

鳳凰 318

服伯和（服天游）226

服啓 1152

服天游（服伯和）329、426、545、630、691

服維恭（服部顧卿）536

服元濟 601、728

服元喬（服部南郭、服子遷）325、355、399、491、534、678

服元雄（仲英）331、360、439、495、569、637、711

服子遷（南郭）221、225、235、240、241、249、251、253、254、370、622、712

福島未茂（度會未茂）257、687

福嘉貞 453、648

福井建 1154

福謙（福世謙）462

福尚修 423

福世謙（福謙）590

福元素 734

副保卿（副士定）500

副士定（副保卿）446、574、640、721

副士良（副昭賢）867

副昭賢（副士良）993

富安榮 1118

富春叟（富逸田省）221、223

富高 1164、1190

富田景周 1097

富逸（春叟）386、668

G

蓋九齡 609

岡豹（君章）463、592、648

人名索引

岡本房 1157

岡彪 876、978

岡冰室 478

岡長堅 896

岡長祐（岡長裕）248、651

岡長裕（岡長祐）693

岡島達（石梁）408、525、673

岡德瑜 695

岡吉 1126

岡井孝先（岡孝先）680

岡橋世廉 1194

岡欽 1198

岡汝肅 650

岡施國 734

岡壽卿 476、605、736

岡思潛（孔思潛、孔彰）340、446、573

岡田壽 884

岡田挺之 455

岡維良 1037、1163

岡文 1038

岡孝先（岡井孝先）403、537

岡淵 746

岡元鳳 450、505、580、708

岡貞起 1051、1098、1181

岡仲錫 256

高成孟（高盛孟）1144

高道昂 902、985、1059、1115

高登（高子卑）1140

高君秉（高彝）254

高俊 887、971、1102

高浚（西野士明）472、729

高木秉 987

高木榮 1124

高木三省 904、1125

高橋言守 747

高桑元仲 1079

高盛雄 891

高士元（高子元）936

高維馨（高子式）327、358、401、493、536、623、679

高彝（高君秉）446、576、640

高羽（翼之）553、683

高載陽 926、1074

高重純 1074、1144

高子卑（高登）1140

高子式（高維馨）241

高子元（高士元）1074

葛張（葛子琴）449、503、566、707

葛子琴（葛張）222、258、505、563、580、610

公炳園彪 1080

公静（佐伯寧）652

公餗（古鼎）1179

功君章（子含）587

宮奇 432

宮崎重職（宮埼重職）1161

人名索引

宮世恭 1066

古川俊極（古川俊德）1188

古鼎（公餗）1163、1175

古樸 867、910、1008、1132

古屋鬲 892、982、1056、1111

谷建 1127

谷鶯 417

谷友信 421

谷遵（義父）1093

關綽 1080

關虎 482

關玄之 934、1081

關祐之 925、989、1123

關照 937

關忠貫 890、945、1060、1107

管晉帥 739

廣沖 924、1024、1073、1144

廣瀨昆吾 1188

廣野儀（野儀）758

龜井魯（道哉）1033

桂山綵巖（桂義樹）237

桂義樹（桂山綵巖）251、351、395、529、621

國鶯（赤松鴻）340、570、638

國枝守義 1081

H

海希賢 922、1021、1063

合達 1083

合離（麗王）449、502、566、633、708

和登 1038、1179

和田恭 1191

和之璧 902、984、1115

河合利正 1067

河合維修 471、727

河合行慶 1069

河建 1073

河口光遠（川口光遠）1048

河元休 1191

河子龍（伯潛）590

賀象（伯魏）597、723

賀鷹 757

鶴樓（田助）235、391、522、529、544、621

黑田芳故 1082

黑田唯謹 1027

橫井明（暮水）964、1095

橫井時芳 1050

橫井時貫 883

橫山信虔 882

橫山重章 1158

橫田行道 885、1098

衡時敏（有功）967、1049、1097

後藤世鈞 889、975、1056

湖栢山（湖安）251

湖松江（湖玄岱、湖岳）251

人名索引

湖玄岱（湖松江、湖岳）237、528
湖玄泰（湖安）352、395、530、622、675
湖岳（湖松江、湖玄岱）572、638、715
户定信（篤夫、户田定信）1052
户田勝秀 1193
煥圖（滕東壁）239
荒川爲攷 477
荒燾 1117
荒木堅 594、655
荒木喬 593、735
荒木田氏 205、483
荒木田氏筠 743
荒木田息雅 694
荒木田興正 257、470、598、649、725
惠美長敏 1032
活所（道圓、那波方）209–211、214、238、257

J

緝明（三宅用晦）234
吉安貞 937
吉尚春 936
吉田文獻 651
季䑌（佐伯樸）473、603、729
紀德民（平洲）441、571、638、713
紀廣 924、1024、1065、1141
紀宗（平義綱）606、708
寂照（僧大幻）730

稷卿（源敏樹）332、333、493、712

繼志（吹田定孝）603

加古祥 1066、1149

加藤博 1091

加藤鼎 1000

加藤清幸 1158

加藤知雄（守雌、藤知雄）740

加治良馴 746

菅晨曛（菅子旭）408、581、629

菅甘谷（菅晨曛）567

菅善（菅谷千秋）731

菅元繼 688

菅元容 586

菅元選 903、990、1117

菅沼恒 904、1030、1070

菅子旭（菅晨曛）258

間英 745

建孝銑（澤夫）452、643、714

江村秉（孔均、愚亭）342、368、447、506、577、641、707

江村悰流（江村宗流）754

江村悰珉（江村宗珉）662

江村悰實 515

江村驥 1079

江村簡（毅菴）380、515

江村楠 1083

江村如圭 689

江村宗珉（江村悰珉）375

人名索引

江方義 994

江兼通（入江若水）385、518、667

江思齋 459

江友益 854

江源 1176

江忠囿（江子園）683

江子園（江忠囿）243

角文仲（箕山人）900、998、1122

皆川願（伯恭）336、431、499、559、702

芥煥（芥彥章）363、429、558、632、701

芥彥章（芥煥）255、450、633

芥元澄 596

今大路玄寅 1090

今大路源浦 468、650

津金和寬 883

近藤篤（近藤士業）444、574、706

近藤士業（近藤篤）256

近藤庸顯 928、998、1066、1121

荊元俊 877

井出識明（井知亮）247

井枻（大年）1039、1191

井鼎臣（千鼎臣）246、415

井高登 727

井公禮 935

井廣正 595、734

井敏卿（松敏卿）420

井潛 444、574

井上充 1077、1157

井上鶯 873、962

井上氏 204、751

井上適 931、1153

井通熙（井子叔）413、542、683

井孝德 598、731

井政賀 1034

井知亮（井出識明）551

井忠昌 989

井重之 1118

井子叔（井通熙）256

景鶯（梁田邦美、蛻巖）225、235–237、322、490、522

景山（堀正超）353、517、668

靖恭（木下錦里、木下貞幹）228、230–233、252

久保信行 466、604、716

久代景陟 1192

久恒秀賢 1129

久田隼 1028

酒泉弘 957

臼田香 689

橘㟁 1021

橘維發 733

橘温 733

橘雍（子和）479、733

君錦（清絢）173、195、207、227、245、342、368、431、547、560、593、595、607、635、757

君履（清綏）547、635

人名索引

君夏（伊藤縉）333、427
君章（岡豹）463、592

K

孔均（江村秉、愚亭）173、195、207、227、245、506
孔思潛（岡思潛、孔彰）639
孔文雄（世傑）434、564、634、704
孔彰（岡思潛、孔思潛）340、446、639
堀江德 1080
堀景山（堀正超）219
堀敬夫（堀正意、杏菴）210
堀口杏菴（堀內杏菴）1123
堀口直 1146、1199
堀口直温 1195
堀南湖（堀正修）219
堀如圭 1071
堀田正慶 1199
堀完 1034、1177
堀正超（堀景山）353、387、517、622、668
堀正修（南湖）387、517
堀正意（堀敬夫、杏菴）209

L

賴阿萬（賴萬）747
賴惟彊（賴惟彊、賴維彊）452
賴惟寬（賴維寬、千秋）255、582、708
賴維寬（賴惟寬、千秋）451

瀨維賢 386

嵐浚明 1067

嵐元誠 1124

嵐元敬 933

嵐元慎 1067、1124

立花氏 204、483、660

立原豊 1050

栗道因 657

栗山伯立（栗山願）250

栗山願（栗山伯立）957、1091

栗齋（內山藤三、內山之明）462、591

笠原龍鱗（玄蕃）383、616、666

笠原雲溪（笠原龍鱗）217

笠正美 1062

麗王（合離）449、502、566、708

鎌田鵬 469

梁田邦美（景鸞、蛻巖）320、350、394、489、528、620、674

梁田萹（梁田邦萹、象水）573、714

亮卿（巖垣彥明）466、579、642

林桓虎 1077

林惟俊 1174

林維德（林子行）890、992

林維琉 932、1128

林文肅 455、726

林義端 222

林義卿 254、411

林翼 1068

人名索引

林彰 1149

林貞亮 906、996、1063、1120

林之義 1158

林子行（林維德）991

麟洲（石川伯卿、正恒）219、254

鈴敏雅 996

鈴木守約 907

鈴木堯弼 225、872

鈴木有弘 473

鈴木知周 928

鈴裕 478

劉韶 848、886、971、1051、1102

劉維翰（文翼）330、359、439、570、637、712

柳川滄洲（柳川三省）218

柳川三省（柳川滄洲）383、518、617、667

柳春明 884

柳宏 936、1125

柳里恭（淇園）625

柳美啓 335、363、430、498、557、632、700

龍草廬（龍公美）252

龍公美（龍草廬）338、365、433、565、634、704

龍世華 748

瀧長愷（瀧彌八）412、549、625、682

瀧彌八（瀧長愷）254

盧玄淳（盧子樸）898、1113

盧重裕 958

盧子樸（盧玄淳）898

蘆田克誠 897、996、1116
蘆玄虎 481
魯堂（那波師曾）432、473、558
呂欽亮 893
輪王寺公辨法親王 817
輪王寺公遵法親王 818

M
馬成 1035
馬島安榮（馬嶋安榮）471
馬島尚美（馬子錦）1032
馬嶋安榮（馬島安榮）742
馬陵（竹川政辰）600
馬潤 1157
馬正參 749
馬正恭 877、1106
馬子錦（馬島尚美）1046
梅龍（武欽繇）426、599、630、691
梅幸高（北溟）610、654
梅幸智（梅垣幸智、圓卿）1052
梅之精 991、1061
美維禎 1037、1178
妹尾賢良 1117
夢鶴（田千秋）454、464、474
孟清（西村直）592、734
妙法院堯恕法親王 819
明石景文 593、736

人名索引

鳴鳳卿（島錦江）402、537

木菴（那波守之）209、210

木保長益 959

木公達（木實聞）246

木恭（二木恭）933

木弘恭（木世肅）599

木季明 1103

木君恕（木貞寬）247、705

木愷 1033、1160

木崎雅言 1145

木生民 856、1120

木實聞（木公達）246、404、538、680

木世肅（木弘恭）235、695

木世輿 930、999、1123

木碩 1126

木下錦里（靖恭、木下貞幹）228

木原正直 696

木貞幹（木下貞幹）380

木貞貫（木君恕、木貞寬）551

木貞寬（木君恕、木貞貫）415、691

暮水（橫井明）1096

N

那波方（道圓、活所）374、616

那波師曾（魯堂）432、558

那波守之（木菴）374、662

那波祐昌 417

南部國華（南景春）233
南部僕 824
南部思聰（南景衡）232
南川維遷（南川文璞、南維遷）589
南宮喬卿（南宮岳）258、500
南宮岳（南宮喬卿）441、571、638、713
南郭（服子遷）239-243、246
南海（祇園伯玉）230、233、236、238、240、255、257
南湖（堀正修）387、388、517、519
南景春（南部國華）525
南景衡（南部思聰）524
南維遷（南川維遷、南川文璞）643
內山之明（栗齋、內山藤三）462、591、647、720
內田士弘 897
內田士顯（長卿）460
鳥山輔寬（鳥山碩夫、碩夫）381、514、665
鳥山輔門 222、382、514、618、665
鳥山碩夫（鳥山輔寬、碩夫）222
鳥山宗成（鳥宗成）562
鳥文琴 979、1143
鳥絢 1179
鳥宗成（鳥山宗成）339、366、435、501、633、703

P

磐瀨行言 995、1071
弸中（僧如彪）1044

人名索引

片岡承行（片岡順伯）470、600、726

片岡順伯（片岡承行）257

片猷（片徽猷）562

平賀晉人（平賀中南）648、717

平賀中南（平賀晉人）255

平井逸 1195

平九齡（平延齡）463

平君舒 731

平寬 607

平利 1101

平山惟明 1069

平時春 747

平臺（源義宜）481

平信好 454、584

平玄中（平子和）398、533、623、677

平延齡（平九齡）366

平野紀長 883

平野順 884

平義綱（紀宗）606

平義憲（平賀義憲）258

平義質 680

平元秀 889、990、1060、1107

平正甫 1100

平洲（紀德民）441、571、638

平子和（平玄中）241、491、539

Q

崎芳（崎士蘅）926、1118

崎士蘅（崎芳）1027

崎田勝易 993、1001

齊必簡（大禮）583、643、714

千伯濟 845、860、881、965

千村力之（千諸成）246

千村義高 882

千鼎臣（井鼎臣）550

千莪湖（千諸成）726

千秋（賴惟寬、賴維寬）324、400、438、451、466、488、490、492、526、531、533、537、541、553、567、582、603、609、670、705、708、727、731

千葉玄之 846、900、982、1114

千諸成（千莪湖）416、550、691

前田翹 588

乾祐直 418

潛龍（晁稠池）951

淺見㝢 725

淺瞬臣（淺舜臣）246

橋暉仍（子貫）937

橋修 1151

秦要正（釜谷要正）629

秦正富（釜谷數馬、荒木田正富）629、688

琴和氏 751

青木欽曾 611

青木玄武（青木元武）974、1059

人名索引

青山寬 736

青葉廣（葉廣）693

青葉養浩 1056

清伯瑜（清惟瑾）745

清水綱 921、1027、1143

清綏（清田君履）547、701

清田君履（清綏）256

清絢（君錦）173、195、207、227、245、341、367、431、505、560、635、702

清勳（龍川）347、373、425、467、485、511、555、613、615、649、661、699、722

慶德武遇（荒木田武遇）694

秋山正芳 1000、1147

秋遜 1035

秋儀（玉山）330、359、412、494、541、626、684

秋以正（秋子帥）860、878、961、1048

秋子帥（秋以正）249

求玉（森球）1020

屈方舊 880、965、1096

屈廣棟 1031

泉川奉盈 1128

荃菴（僧寶聞）469、749

R

人見傳 1091

人見野傳 250

日野氏 613

入江兼通（江兼通、若水）221
若水（江兼通、入江兼通）221、222、258
薩埵元雌（薩元雌）655
薩元雌（薩埵元雌）740
三浦言 653
三上義從 419
三上元清（三上直清）1155
三宅芳隆 480、655、741
三宅緝明（宅用晦）660
三宅逸平 1193
三宅用晦（緝明）234
桑公祥（桑原安祥）481
澀谷亮 1068
森規右 1104
森球（求玉）1019
森尚謙 250、1091
森肅 1120
森信門 895、973、1104
森正綱 923、1075、1147
僧百拙 220、388、519、669
僧寶性 424
僧辨能 1044
僧藏明 1084
僧禪軾 940、1084、1187
僧闓教（釋闓教）942
僧闓侃（釋闓侃）939
僧潮音 939

人名索引

僧承堅（僧翠巖）433、690

僧澄意 1086

僧崇松 1040

僧處一 730

僧慈周（僧六如）344、370、456、508、581

僧翠巖（僧承堅）226

僧大潮（僧元皓）362

僧大幻（智暉）730、940、1166

僧大愚 938、1039

僧道寧 675

僧道眼 658

僧道祐（僧道裕）721

僧道囦 1086

僧東明 675

僧凍滴 585、718

僧獨雄 943、1045

僧法蘭 756

僧法霖 235、527、621

僧法嶺 612

僧古溪（僧古豀）1085

僧管雲 1166

僧貫道 942

僧桂洲 1165

僧海量 941、1043、1168

僧宏道 1039

僧寰海（僧周契）255

僧環空 252、596

僧惠仁（百非）249、636

僧惠實 223、455、697

僧惠閬 585

僧慧海 944、1170

僧堅卓 407

僧金龍（僧敬雄）252、258

僧净芳 465

僧净慧 697

僧净瑞 1085、1169

僧净壽（終南）442、567

僧敬雄（僧金龍）438、568、636、710

僧覺净 755

僧空賢 697

僧楞山 749

僧理空 612

僧亮融（釋亮融）748

僧亮潤 749

僧了超 612

僧了觀 750

僧了行 659

僧了玄（僧圓乘）243

僧了周 944、1170

僧靈隱 750

僧令椿 433、507

僧六如（僧慈周）715

僧魯洲（僧魯州）469

僧妙洞 1170

人名索引

僧明脫 758

僧瑙林 1167

僧攀謝 1045、1170

僧普觀 942、1168

僧謙 1168、1192

僧全 432

僧日謙 943、1084、1167

僧如彪（珊中）1044

僧若霖 236、393、527

僧善亮 1166

僧紹拙 750

僧石蘭 659

僧實聞（荃菴）469、749

僧恕行 659

僧萬颹 576、711

僧無菴 1086

僧無所得（岱州）1046

僧無相（僧文雄）636

僧無隱 675、690

僧顯常（梅莊）344、437、508、567、636、710

僧香嚴 482

僧祥春 750

僧信海 1084

僧修 944

僧秀存 943、1086

僧玄門 1168

僧玄密 1180

僧玄韻 482

僧雪巖 698

僧延明 1044

僧衍機 941

僧宜牧（僧法多）249、424、554

僧義龍 644

僧義瑞 1195

僧宥海 1169

僧玉泉 690

僧元皓（僧大潮）406、543、627、684

僧元明（悟心）443、568

僧元政 211、374、512、662

僧原資（萬菴）328、405、543、627、685

僧圓乘（僧了玄）406、553、685

僧圓璟 1046

僧圓識 659

僧圓照 424

僧月潭（僧道澄）669

僧越宗（蘭陵）697

僧雲卧 1195

僧志剛 1169

僧智象 1085、1169

僧智旭 1045

僧智洲 1043

僧中誠 611、721

僧周契（僧寰海）643

僧竺鳳 644

人名索引

僧準 1085

僧宗初 1167

僧宗昴 596

僧祖禪 1042

山本利盛 664

山處和（服處和）472

山根道晋 737

山根清（山子濯、子濯）411、542、625、682

山根泰德 651、737

山宮維深 876、976

山敬通 1076

山矩道 1190

山良由 457、718

山崎寬 934

山田大藏（山英）252

山田東溪 729

山田東仙（山田敬之）257

山田敬之（山田東仙）599

山田君豹 1180

山田梾 1190

山維熊 422、590

山脇敬美 958、960

山英（山瑛）471、602、652

山愚卿 742

山允文 891、992、1062、1108

山政禮 586、645、718

山之訓 1164

山子濯（山根清、子濯）254

杉美典 922、1020、1064、1141

杉信生 588

杉儀 1150

善尚雅 1119

上林駒 744

上杉賴龍 1160

上田静 932、1025

少卿（源康純）457

申東作（申邦彦）610

深山良 959

神戶由道 872、961、1048、1099

神山正孝（神山政孝）591

神山政孝（神山正孝）720

榊原敬之 458、588

慎菴（藪弘篤）628

勝彥龍 607

失名 1194

石川伯卿（麟洲、正恒）219

石川氏 1171

石川憲（石河憲）1032

石川丈山（石丈山）211、616

石川貞（石大乙）454、584

石川正恒 557

石川正珀 1161

石大乙（石川貞）258

石黑暢 923

人名索引

石梁（岡島達）524、530

石文瑩 757

石韞玉 994

石正猗（石子游）539

石正猗（石正猗）411

石政直 1118

石子游（石正猗）243

石作貞 598、652、717

拾一豹（斑卿）741

矢橋徹 925、1024

矢橋龍 925、1025

士發（松波光興）556

士明（高浚、子明）472、520、557、632、657

士清（阪本世直、坂本世直）873

士祥（田惟禎、田維禎）601、728

世傑（孔文雄）434、435、564、565、634

世式（滕軌）611

室滄浪（室直清）228、252

室恭豐 892

室恭先 1109

室偉文 902、985

室直清（室鳩巢）318、388、486、520、522、670

釋闇教（僧闇教）822

釋闇侃（僧闇侃）822

守煥明（守秀緯）403

守屋元泰 653

守秀緯（守煥明）242、252

水博泉（水業元）255

水谷和隆 1080、1156

水谷靖 1028、1147

水謙（水士遜）689

水上士遜（水謙）253

水士遜（水謙）419

水業元（水博泉）625、683

碩夫（鳥山輔寬、鳥山碩夫）514

司馬綱（子紀）1152

松安美 991、1109

松波光興（士發）556

松倉良（仲温）1140

松倉修 1140

松岡世濟 1127

松好古 746

松井篤 745

松井元規（松元規）907

松景韶（當捨景韶）748

松君修（松崎維時）240

松平秀彥 966、1050

松平忠敦 1106

松平忠武 881、966

松浦儀（松儀、松禎卿）672

松浦禎卿 231

松崎惟時（松君修、松崎維時、松惟時）496

松崎維時（松君修、松崎惟時、松惟時）332、440、570、637、713

松崎文直（松埼文直）1082

人名索引

松崎賢 974、1111

松崎祐之 974

松山吉 919、1016、1058、1140

松山猷（子貞、子楨）473、602

松山造（茂肅）695

松尚綱（松子錦）624

松惟時（松君修、松崎惟時、松崎維時）361

松尾直員 861、894、945、972、1103

松下見樸 216、378、513

松秀雲（松平君山）247、337、364、414、499、549、630、690

松延年（子長）863、901、946、980、1053、1114

松儀（松浦儀、松禎卿）407

松營之 1177

松永昌三 209、210、376、512

松永公路 886、968、1057、1098

松永久忠 1077

松元規（松井元規）258

松原一清 214、255、256、666

松禎卿（松浦儀、松儀）407、660

松之幹 903

松子錦（松尚綱）243

藪弘篤（慎菴）628

藪愨 849、864、911、947、1004、1132、1175

T
太田林菴 376、512

太宰純（太宰德夫）354、397、490、533、677

太宰德夫（太宰純）240

湯木忠卿（湯忠卿）1144

湯淺兼尚 1071

湯顯道（達夫）738

湯元禎（湯之祥）413、552、706

湯之祥（湯元禎）256、712

湯忠卿（湯木忠卿）1147

唐金興隆 258、688

唐崎彥明 693

桃源藏 1110

縢伯禮（縢大中、縢太中）885

縢東壁（縢煥圖、藤煥圖）239、407

縢公純 1105

縢軌（世式）611

縢國紀 725

縢煥圖（縢東壁、藤煥圖）396、676

縢清風 1061、1108

縢世賢 1153

縢太中（縢伯禮、縢大中）877

縢維熊 935

縢文二（藤元昺）258

縢有顯 1081、1152

縢忠明 1145

縢忠雄 1108

縢周（子山）474

藤本敬 649

人名索引

滕伯章 938

滕道政 1101

滕共建（子樹）457、587

滕煥圖（滕東壁、滕煥圖）354、532

滕美（內藤美）1108

滕門周齋 693

滕眤 744

滕實義 1073、1142

滕有行（藤田有行）480

滕元昺（滕文二）726

滕直亮 1129

滕仲尊（滕環夫）592、721

鵜士寧（鵜孟一）410、681

鵜飼金平（鵜飼真昌）250

鵜飼真昌（鵜飼金平）1092

鵜飼真泰 1092

田包常 1094

田伯隣（鶴樓、田助）235

田粲 875

田長溫 410

田鳳（田子鳳）657、744

田公望（望之）549、682

田好銑 414、540、712

田緝 1078

田濟世 653

田鑒 1082、1151

田景化 423、654

田敬（字孔夷）644、735、741、755

田良暢 404、681

田明（宮田明）421

田千秋（夢鶴）474

田思明 927、1028

田泰 682

田妥壽（田雨龍）595

田望之（公望）254

田爲章 656、740

田維圭 728

田維禎（士祥、田惟禎）601

田温信 419

田憲章 358、541

田雨龍（田妥壽）259、430

田淵龍 889、1076

田早胤 735

田章（田子明）437、501、563、640、704

田正純 1061

田正温 1061

田政敬（山田政敬）1150

田中履道（田中由恭）557

田中遜之 479

田中直之 1063

田中仲純（田中雅）696

田助（鶴樓、田伯隣）529、621

田子鳳（田鳳）500

田子明（田章）679

人名索引

田子彝（田宗叔）233、673

畑柳安 345

畠中正盈 468

樋口好古 968

土伯曄（土昌英）242、254

土昌英（土伯曄）680

土肥允仲 234

蛻巖（景鸞、梁田邦美）529、530、620、644

蛻巖（景鸞、梁田邦美）217

W

萬菴（僧原資）329、627、685

望之（田公望）549、682

尾島光齊 926、1105

尾藤肇 594、720

尾瞻 658

梶井盛胤法親王 819

味岡維重 1162

溫夫（東岳、原田直）696

文卿（大城煥）863、940、973、1004、1165、1187

文翼（劉維翰）365、572

屋葺禮 1076、1128、1198

武川幸順 756

武公美 888、1112

武谷成章 935

武谷泉（六甲山人）465、654

武欽繇（篠士明）426、544、630、691

武衞賴雄 747

物徂徠（物茂卿）218、224、237

物茂卿（物徂徠）323、396、531、676

悟心（僧元明）443、449、568

X

西川瑚 929、1122

西川寬行（公倫）931

西川泰節 452

西川翼 1075

西村直（孟清）734

西岡瑗 993

西野士明（高浚）251

西因親（大西因親）1150

西元明 953

西貞 657

下川貴慶（伯餘、東里）370、459、589、647、724

下川孝遷 1117

縣次公（縣孝孺）239、323、397、676

縣孝孺（縣次公）324、397、531、532、676

香國典 419

香山彰 597、722

向井元成 1090

象水（梁田邦萹、梁田萹）573

小倉深造 610

小池信弘 1148

小川成章 216

人名索引

小谷繼成 526

小河氏（小川氏）751

小瀨良正 527

小栗鶴皋（小栗元愷）253

小栗元愷（小栗鶴皋）548、757

小栗元周 1146、1198

小山儀 464、595

小田村直道 738

小西好古 658

小野鵠 1161

小野憲 1077

小澤襲美 1153

篠士明（武欽繇）225

篠應道 464、733

辛光輔 1178

新井白石（源璵）229

新元凱 891

星野龍 409、628

杏菴（堀敬夫、堀正意）210、219

兄臧（臧宗）435、629、692

熊阪邦 475、732

熊阪君行（熊坂君行）1124

熊坂君行（熊阪君行）1073

須加篤 1151

萱成章 591

萱來章（君譽）1033、1112

玄蕃（笠原龍鱗）616、666

1249

玄圃（大江穉圭、大江資衡）453、492、583
雪鼎 428、455、697

Y

巖靖 1036

巖通亮 1036、1178、1189

巖信成（巖垣信成）742

巖垣彥明（亮卿）371、466、579、642、716

野成章（野正章）1053

野村文永 1082

野公臺（子賤）252、420、552

野上國幹 739

野田寶（董甫、田寶）758

野義見 730

一乘院真敬法親王 819

伊達彰 728

伊東元豐 987、1154

伊藤長堅（伊藤蘭嵎）556、687

伊藤長胤（伊藤東涯）379、486、513、617、664

伊藤縉（君夏）333、362、427、496、546、631、700

伊藤仁齋（伊藤維楨）215

伊藤榮吉（伊藤士善）465、580、642、716

伊藤善韶 429

伊藤聖訓 717

伊藤士善（伊藤榮吉）613

伊藤維寧 480

伊藤維楨（伊藤仁齋）663

人名索引

伊藤言章 1135

伊藤一元 986

伊藤元基（伊藤龍洲）381、516、617

伊藤宗恕（伊藤坦菴）377、663

伊賀 1163、1174、1189

礒谷正卿 845、881、967、1096

役春洞 1125

役祐誠 1063、1113

義父（谷遵）958

翼之（高羽）553、683

隱廣福 650、740

隱秀明 462

櫻井篤忠 905、997、1059、1116

櫻井良幹（子顯）461、587

雍正長（雍子方）403、681

雍子方（雍正長）249

永島紀修 743

永井明卿 651、737

永井祥 1072、1151

永井貞卿 476、604、650、736

永井仲和 1072

永俊平（永田俊平）226

永松瑾 1126

永田知章 744

永田忠原（永田俊平）347、373、425、467、485、511、555、597、615、649、661、699、717

永維迪 1129

永原紀 756

柚木伯華（柚木知雄）253

柚木孟谷 1083

柚木太玄（柚木仲素、仲素）342、369、448、506、578、641

柚木知雄（柚木伯華）705

栖榮迪（伯啓）689

友淵宜卿 582

有功（衡時敏）860、880、965

有立言 1177、1189

余元徵（餘元徵）664

愚亭（江村秉、孔均）342、447、506、577、641、707

餘承裕 422

餘公瑟（伯玉、餘弘瑟）468

餘弘瑟（伯玉、餘公瑟）741

餘元徵（余元徵）213

宇成憲（宇元章）701、755

宇鼎（宇士新）329、353、408、494、544、627、686

宇都宮的（宇都由的）663

宇都宮由的 213

宇都潭（宇都宮潭、宇都士龍、宇都維潭）604

宇都維潭（宇都宮潭、宇都士龍、宇都潭）476

宇都由的（宇都宮的）377

宇鑒（宇士朗）409、628

宇士朗（宇鑒）399

宇士龍（宇都宮潭）255

宇士新（宇鼎）224、423、438、582

宇直延 1119

人名索引

宇治帷典（宇治惟典）1164

羽塲文貞 1158

雨東（雨森東）524

雨芳洲（雨森東、雨森芳洲）229

雨森東（雨芳洲、雨森芳洲）392、620、672

雨森芳洲（雨芳洲、雨森東）230

雨森温 646

雨森增質 724

玉山（秋儀）199、255、330、359、412、494、541、626、684

元民（種濟）421

元維寧 538

垣內時中 929

垣內桐亭 1121

垣內爲則 1155

垣內文徵 888、968、1097

垣內仲凱 1121

原含（子章）656

原田直（東岳、温夫）696

原武雅 605

原希翊（原玄輔）233、673

原元眞 1194

袁景陳（袁希寔）930、1121

圓卿（梅幸智、梅垣幸智）1053

源乘富（豹隱公子）644

源範義 972、1102

源廣周 876

源國宣 1112

源教賢 1078

源京國（源義治）242、249

源景美 999

源敬義（道卿）705

源康純（少卿）645、719

源賴寬 1103

源敏 460、646、719

源敏樹（稷卿）410、540、712

源時 1149

源逸 606

源義根 456、718

源義褧（山野邊義褧）838、842、956

源義人 586

源義妥（山野邊義妥）839、858、956

源義宜（平臺）456、645

源義禎 924、1023、1147

源義之 606

源義治（源京國）624

源義智 645

源義質 589、646

源璵（新井白石）319、348、389、488、520、618、670

源之熙 579、642、709

源重均 886、969

越克敏 1093

越智克忠 657

越智正山 946、981

人名索引

Z

臧宗（兄臧）629

早川貞綱 1148

早苗三寧 467、607、656

澤村伯揚（澤維顯）252

澤夫（建孝鋐）452、643

澤維顯（澤村伯揚）322、384、515、617、668

澤元超 1148

澤貞雄 445

澤致 1070

曾之唯 1119

齋藤安世 1079、1155

齋藤願仲（齋藤願中）696

宅用晦（三宅緝明）530

張天雨 1119

真子明 235、526

正恒（麟洲、石川伯卿）219

正木阮禮（正木元禮）1156

鄭宏 600、727

衹伯玉（衹南海、衹園瑜）348、524、525、660

衹南海（衹伯玉、衹園瑜）407、523

衹園伯玉（南海）230

衹園尚濂（衹園師援）575

衹園瑜（衹伯玉、衹南海）319、349、391、522、619、671

中川愈 938

中村顧言 1093

中村維禎 1126

中村元長 1096

中島恒久 475、654

中島徽樸（黍漁、子淳）461、646、724

中島鉉 1157

中谷東洲 735

中谷友嘉 1182

中弘道 997

中漸（村漸）454、692

中井積善 732

中山敬 738

中山惟貞 479

中藤陬 658

中相救 1060、1107

中野攝謙 240

中宗矩 1149

終南（僧浄壽）360、442、449、567

種濟（元民）421

仲和 694

仲素（柚木太玄、柚木仲素）370、448、462、590

仲温（松倉良）1140

仲英（服元雄）331、360、439、495、569、637、711

舟橋貞克 1161

舟因信 1078

朱義 472、603、730

猪尾誠 1021、1064、1142

竹川政辰（馬陵）600、726

竹吉泰 474

人名索引

築地尚明 1159

莊允益（子謙）538

莊治喜 1160

莊子謙（莊允益）241、242、254

子長（松延年）981、1114

子淳（黍漁、中島徽樸）461、466

子鳳（組屋翰）253

子含（功君章）683

子和（橘雍）479、541

子紀（司馬綱）1012

子賤（野公臺）420、421、552

子賚（乘竹良弼）587

子明（高浚、士明）430、635、729

子謙（莊允益）536、538

子山（滕周）474、607

子樹（藤共建）457、566、587、719

子顯（櫻井良幹）547、725

子章（原含）575、656

子貞（松山猷、子楨）473

子楨（松山猷、子貞）473、602

子濯（山根清、山子濯）625

足高文碩 258、1142

組德允 1027、1146

組屋翰（子鳳）723

左鳳 1186

左九成 1019、1065、1141、1186

左楨 1189

左正彬 694

佐伯季艤（佐伯樸）251

佐伯寧（公静）652

佐伯樸（佐伯季艤）473、603、652、729

佐綽 895

佐黄中 1037、1164

佐藤庸矩 1155

佐雅文 1127

佐知隆 905

佐佐木長秀 970、1101

佐佐宗淳 878

後記

作爲2016年度教育部人文社會科學重點研究基地重大項目"日本漢詩彙編與研究"——《日本詩史》《日本詩選》項目的主持人，我們彙編整理的《日本漢詩彙編與研究叢書》——《日本詩史》《日本詩選》卷就要呈現給讀者了。

在此，首先感謝這部叢書總顧問李均洋教授和佐藤利行教授的統籌規劃，在主編《日本詩史》《日本詩選》卷中，始終得到了兩位先生的細心指導。

學苑出版社楊雷主任對這部叢書暨《日本詩史》《日本詩選》卷呵護有加，從立項到出版，可謂熱情周到、細緻入微。在此表示謝忱。

在《日本詩選》的早期整理階段，莫婷婷也參與了部分整理研究工作，在"序言"中也吸收了莫婷婷的研究觀點，在此表示感謝。

日本漢詩整理研究，對我們是一次挑戰，更是一次難得的學習。以此爲起點，願我們的辛作，爲中日文化交流做些許貢獻，爲中華民族偉大復興增磚添瓦。

莫文沁　张锦
2020 年小雪時節

圖書在版編目（CIP）數據

日本漢詩整理與研究彙編.第一輯 / 莫文沁，張錦主編. -- 北京：學苑出版社，2021.7
ISBN 978-7-5077-6210-5

Ⅰ.①日… Ⅱ.①莫… ②張… Ⅲ.①漢詩－詩歌研究－日本 Ⅳ.①I313.072

中國版本圖書館CIP數據核字(2021)第143833號

責任編輯：楊　雷
出版發行：學苑出版社
社　　址：北京市豐臺區南方莊2號院1號楼
郵政編碼：100079
網　　址：www.book001.com
電子信箱：xueyuanpress@163.com
銷售電話：010-67601101（銷售部）67603091（總編室）
經　　銷：新華書店
印　刷　廠：英格拉姆印刷(固安)有限公司
開本尺寸：787mm×1092mm 1/32
印　　張：40.125
字　　數：800千字
版　　次：2021年7月第1版
印　　次：2021年7月第1次印刷
定　　價：256.00圓（全三冊）